출생을
넘어서
Beyond Birth

출생을 넘어서
한국 사회 특권층의 뿌리를 찾아서

2022년 6월 30일 제1판 1쇄 인쇄
2022년 7월 13일 제1판 1쇄 발행

지은이   황경문
옮긴이   백광열
펴낸이   이재민, 김상미

편집   정진라
디자인   지희령, 정희정

종이   다올페이퍼
인쇄   청아디앤피
제본   국일문화사

펴낸곳   (주)너머_너머북스
주소   서울시 서대문구 증가로20길 3-12
전화   02)335-3366, 336-5131, 팩스 02)335-5848
등록번호   제313-2007-232호

ISBN 978-89-94606-70-5 93910

www.nermerbooks.com
너머북스와 너머학교는 좋은 서가와 학교를 꿈꾸는 출판사입니다.

출생을 넘어서
Beyond Birth

한국 사회 특권층의 뿌리를 찾아서

황경문 지음 | 백광열 옮김

너머북스

윤치호(서 있는 이) 및 그 밖의 아이들과 함께 한 윤웅열, 1905년경.

멀고 가까운 내 가족, 친척들에게

이 책은 제2 신분집단인 (기술직) 중인, 향리, 서얼, 서북인, 무반에 대한 영어 또는 다른 언어로 된 최초의 체계적 연구 서적이었다. 그들은 주로 가계에 기반을 둔 원칙과 사회조직 아래 수백 년 동안 국가 관료와 사회계층 모두에서 지배 귀족(양반) 아래 종속적 위치에 있었다. 이 때문에 제2 신분집단의 형성과 발전은 조선시대 사회 전체를 잘 보여주는 몇 가지 특징 중 하나이다. 그러나 사회정치적 차별에도 이들은 박제가, 허준, 황진이, 김홍도, 신윤복, 신재효, 조희룡 등 조선시대 중요한 인물을 많이 배출하였다.

또한 이 책은 이들 제2 신분집단의 후손들이 19세기 말~20세기 초 사회적, 정치적으로 출세하는 것을 보여주었다. 이것은 출생이 일방적으로 결정했던 사회신분제와 사회구조가 교육과 부를 포함하는 여러 요소의 혼합으로 변화한 것을 몸소 보여줌과 동시에 그것을 추동하기도 하는 과정이었다. 특히 주목할 만한 것은 근대에는 이 신분 집단의 구성원들이 국가 관료제의 고위층으로 올라갔다는 점이다. 예로부터 한반도 문명에서 사회적 지위에 대한 중요한 조정자 역할을 했던 국가 관료제야말로 이들을 조선왕조의 준엘리트 지위에 앉힌 장본인이다. 윤치호, 현진건, 현채, 최남선, 나혜석, 주시경 등 근대기의 많은 중요한 인물들이 그러한 배경 속에서 배출되었다. 그리고 서북 출신의 수많은 인물, 특히 정치·문화계의 안창호, 조만식, 이동휘, 이승만, 박은식, 이승훈, 이광수, 김소월, 김동인, 백인제와 같은 인사들도 만약 조선시대였다면 관리로서뿐 아니라 다른 사회 영역에서도 그러한 큰 영향력을 지닐 수는 없었을 것이다.

20세기 초 지배 엘리트로서 제2 신분집단의 후손은 근대의 정치, 교육 및 기업뿐 아니라 문화 영역으로도 진출하여 종종 그 영역들을 주도하는 집단이 되었다. 이 포괄적 과정의 함의와 효과는 한국의 근대 국가와 사회 전체의 발전으로 확장된다. 예를 든다면, 이들 후손들은 적어도 일제 식민통치 동안 사회 질서와 가치에서 온건하고 억제된, 심지어 보수적이기도 한 발전을 이끌었다고 볼 수도 있다.

1945년 해방 이후 북한에서는 사회혁명이 일어났지만 이후 세습 지배는 거의 바뀌지 않았다. 이 점은 이 사회주의 나라가 평등을 무엇보다 중시한다는 점에서 비극적인 아이러니일 수밖에 없다. 출생에 기반한 사회정체성의 압도적 우위는 여전히 북한의 거의 모든 것과 마찬가지로 기이하게 옛날 패턴이 지속되고 있다. 남한에는 사회혁명이 없었기 때문에 특권을 할당하는 데 있어 일종의 '신분제'나 신분의식의 고갱이가 어느 정도 유지되었지만, 사회적 지위의 구성 요소는 결정적으로 '출생을 넘어' 개인이 성취할 수 있는 경제적 부나 학력, 정치적 파벌 등으로 발전했다고 볼 수 있다.

모든 현대 사회와 마찬가지로 한국인은 특권과 권력의 배분과 배치에 무엇이 가장 공정한지를 계속 고려한다. 대부분의 사람은 모든 사람이 근본적으로 평등해야 한다는 것에 동의하지만, 이러한 이상을 더 잘 구현하고 사회 정의를 개선하는 방법은 항상 논쟁의 여지를 남긴다. 아마도 기본적인 문제는 한편으로 출생(가족, 혈통, 가계 또는 교육에 대한 접근 능력)이 결정하는 상속과 같은 구조적 특권과, 다른 한편으로 기회의 개방성, 개인의 재능 및 노력이라는 양자 사이에서 균형을 맞추는 적절한 방법을 찾는 것이라고 할 것이다. 즉 전체 국가 차원의 역사 그 자체의 근본적인 문제이다. 무엇보다, 민주주의를 확보한 대한민국에서 경제 불평등의 위기가 지속되고 있다는 것은 옳고 좋은 사회를 건설하는 데 존재하는 끊임없는 도전을 상기시킨다. 이 문제의 깊은 뿌리를 한국의 과거로부터 이해하는 데 이 책이 도움이 되기를 바란다.

2004년에 처음 출간된 이 책을 한국에서 번역 출판하게 되어 기쁘다. 당시 조선시대의 '제2 신분집단'에 대한 학계와 대중의 관심이 모이기 시작했는데, 그 여정에 이 책이 조금이라도 기여했으리라 짐작해본다. 이 연구는 한국 학자들의 귀중한 학문적 성과의 도움을 상당히 받았지만, 주로 북미와 서양 학계 독자를 염두에 두고 진행되었다. 이 연구가 아직도 유익하고 흥미로울 수 있기를 바란다.

호주 캔버라에서

9

차례

머리말

한국에서는 거주하는 주민이든 외국인 방문객이든 할 것 없이 모두 사회적 상호작용의 변치 않는 특징으로서 높은 지위의식[*]을 자주 언급한다. 어떤 사람의 사회적 가치의 상당 부분을 그의 학력, 가족, 그리고 지역적 배경이 결정하는 것 같다. 지위의식의 효과는 일상 행동과 의례에 국한되지 않는다. 사람을 지위에 따라 평가한다는 것은 사회 전체의 차원에서 사회적 특권, 경제적 기회, 정치권력에 있어서의 차별화를 의미하는 것이다. 이것은 어느 사회에나 있는 현상이다. 하지만 현대 한국에서는 유달리 민감해 보인다.

이런 인식이 생긴 것은 근대화되고, 산업화되고, 고도로 다양화되었으며, '열린' 사회처럼 보이는 것들과의 현상적인 부조화 때문이다. 그런데 실상을 살펴보면 일반화에 신중하게 된다. 더욱이 21세기로의 전환기에 자유선거로 선출된 세 명의 대통령도 거론할 수 있다. 이들은 하층

---

* 지위의식(status consciousness): 'status'는 (전근대적) 신분이라는 의미도 되고, (근대적) 지위라는 의미도 된다. 원문에서는 양자 모두에 대해 status라는 용어를 사용하고 있다. 문맥에 따라 둘을 적절히 섞어서 쓰기로 한다. 이하 본문의 각주(*) 설명은 역자 주이다.

출신이기 때문에 사회적 지위가 지배적인 역할을 한다는 인식을 무화시키는 것으로 보인다. 김영삼과 김대중은 섬에서 태어났고, 2002년 선거 운동 때 '특권' 배격을 기치로 내걸었던 노무현은 심지어 대학도 나오지 않았다. 이들의 이력에서 보듯, 현대 한국 사회에서 성취가 가져다주는 보상 능력을 부정할 수는 없다. 그러나 특권과 기회를 결정하는 데 있어 지위의 두드러진 역할을 발견하기 위해서는 이 사회정치적인 최상층부 권력자들 바로 아래층에 있는, 내각의 각료, 고위 관료, 국회의원, 재계, 법조계, 교육계, 언론계의 엘리트들을 살펴보기만 해도 된다.

이 책은 한국에 있어 사회 위계*의 현대적 변화 과정을 고찰한다. 이를 통해, 오늘날에도 여전히 한국 사회에 영향을 미치고 있는 사회적 지위에 대해 이해하는 데 기여하고자 한다. 그 초점은 20세기 전환기의 '제2 신분집단secondary status group', 즉 2류 엘리트인 비귀족 인물이다. 이들이 사회적 명성을 얻게 되었다는 것은 지위 구성이 출생 일변도에서 교육이나 부와 같은 보다 복잡한 요소의 혼합에 의한 것으로 전환되었다는 것의 예증이 된다. 특히 주목할 것은 이러한 인물들이 관료제에서 높은 위계로 올라갔다는 점이다. 관료제는 오랫동안 한국 문명에서 사회적 지위의 거대한 조정자 역할을 해왔다. 그러한 역할은 한국 근대**의 초기 단계에도 강력한 과거의 잔재를 유지함과 동시에 전례 없는 결과를 낳으면서 계속되었다.

---

* 사회 위계(social hierarchy): 이 책에서 이 용어는 계급, 신분(제), 지위 등 사회적 불평등의 의미로 쓰인다. 관료제에서의 위계(bureacratic hierarchy)라는 개념에 대비하여 사회 속에서의 위계를 나타내는 의미라고 할 수 있다. 사회 위계라는 말이 한국어에서 자연스런 조어는 아니지만 마땅히 대체할 용어가 없어 축자적으로 번역하였다.

** 근대(modern): 원문의 'mondern'이라는 용어는 '근대'로 번역하기도 하고, 경우에 따라 '현대'로 번역하기도 하였다.

이러한 근대적 신분 변화의 시작은 한국 근대의 발전에 지속적으로 큰 영향을 미친다. 왜냐면 근대라는 것은 궁극적으로 집합적인 의식을 만들어내기 때문이다. 근대적 경험 속에서 한국적인 것이란 무엇인가? 그것은 어디서 왔는가? 미래를 상상하는 데 있어 그것이 가져다주는 교훈은 무엇인가? 하는 질문들이 그것이다. 평론가 고종석은 에세이 「서얼 단상」(《인물과 사상》 12호, 1999)에서 현대 한국의 특징을 제2 신분집단의 수 세기 신분차별로부터의 탈출과 연관지어 논의했다. 이것이 이 책의 함의이기도 하다. 이 책의 표지에 사진으로 실린 가족도 서얼 가족인데, 이들은 첩의 자손으로서 제2 신분집단을 이루고 있었다. 고종석은 서얼, 더 정확히는 서얼이 전근대기에 직면해 있던 차별은 한국 사회의 주변부 집단만이 아니라 일반인이 느끼는 억압적 분위기도 상징한다고 주장했다. 이러한 종류의 사회적 심성은 국가 지배, 민족주의, 지역주의, 남성 중심주의 혹은 지위 집착 등 그 어떤 것으로 나타나든 간에 오늘날 한국의 진보를 가로막고 있다고 주장했다. 고종석은 이에 대한 해답이 서얼의 대의를 상징적으로 감싸안음으로써 이 편견의 사슬을 끊어버리는 것이라고 썼다. 즉, "우리 모두 서얼이 되자"라는 것이다. 이 책이 그러한 감수성에 대한 판단은 놓치지 않으면서 그것을 이해하는 데 도움이 되었으면 하는 것이 나의 희망이다.

* * *

지난 몇 년 동안 내 논문들을 이 책으로 바꾸는 작업이 가능하게 된데는 많은 사람의 큰 도움이 있었다. 가장 먼저, 한국 사학계의 두 거장을 기억하고 싶다. 에드워드 와그너Edward Wagner 교수와 송준호 교수이다. 이 책에서 논의된 핵심 현상들에 대한 나의 이해는 이들로부터 힘입은 바 크다. 나를 지적으로 단련하여 내 연구의 원천이 된 마르티나 도이힐러Martina Deuchler, 존 던컨John Duncan, 카터 에커트Carter Eckert, 제임스 팔레James Palais 등의 멘토에게도 특별한 감사를 전한다. 이들과 마찬가지로 돈 베이커Don Baker, 유영익Young-Ick Lew, 앙드레 슈미드Andre Schmid 등이 완성된 원고를 읽고 값진 피드백을 해주었다. 매우 감사하게 생각한다. 내가 감사해야 할 한국학 분야의 다른 동료들도 있다. 비판 찬드라Vipan Chandra, 최경희Kyeong-Hee Choi, 헨리 임Henry Em, 김자현JaHyun Kim Haboush, 김선주Sun Joo Kim, 마크 피터슨Mark Peterson, 켄 퀴노네스Ken Quinones, 마이클 로빈슨Michael Robinson, 신기욱Gi-Wook Shin, 에드워드 슐츠Edward Shultz 등이다. 나의 학창 시절 친구였고 이제는 역사학자가 된 최재근Jai Keun Choi, 밀란 히트매넥Milan Hejtmanek, 김종범Chong Bum Kim, 크리스틴 김Christine Kim, 마이클 김Michael Kim, 커크 라센Kirk Larsen, 크리스틴 로Christine Loh, 형구 린Hyung Gu Lynn, 유진 박Eugene Park, 치호 사와다Chiho Sawada 등은 지적 교류의 소중한 원천이었다. 이들에게 감사한다.

또한 저작과 전문지식으로 나에게 큰 도움을 준 한국의 많은 학자에게도 감사드린다. 내가 10년 넘게 지혜와 지식과 우정의 원천으로 신뢰해온 이훈상과 박찬성은 이 작업에 중요한 공헌을 했다. 또한 제2 신분집단 연구의 최고 전문가인 정해은, 김필동, 김양수, 이종일에게도 감사드린다. 이들은 내가 기대한 것보다 더욱 관대하게 시간과 지식을 제공해주었다. 차창섭, 최진옥, 최희정, 정근식, 홍성찬, 김경일, 김용선, 고성희, 오수창, 배재홍, 박용운, 이해준, 이성무, 이영훈, 윤휘탁 역시 귀중한 조언과 충고를 해주었다.

한국에 있는 규장각, 장서각, 국회, 국사편찬위원회, 충남대, 서울대, 동아대의 도서관 관계자 여러분께도 감사드린다. 특히 이숙현과 국립중앙도서관 직원들의 아낌없는 배려와 동료애에 감사드린다. 미국에서는 하버드-옌칭 도서관, UCLA와 UC 버클리의 동아시아 소장품, 남가주대학 동아시아 도서관, 특히 조이 김과 코리아 헤리티지 도서관의 이선윤에게 감사드린다.

UC 버클리 한국학센터, 한국국제교류재단, 한국학아카데미, 아시아연구협회의 동북아 위원회, 남가주대학 교수연구보조금, 점버지Zumberge 펠로우십은 이 작업을 추진하는 데 없어서는 안 될 존재였다. 이 연구의 예비 버전을 위한 귀중한 지원과 포럼을 제공한 연구기관으로는 유럽한국학회, 남가주대학 한국학센터, UCLA, UC 버클리, 컬럼비아대 동아시아연구소, 한림대 아시아학센터, 한국학중앙연구원, 하버드 옌칭연구소 등이 있다. 옌칭연구소는 *Harvard Journal of Asiatic Studies*(vol. 62(1), no. 2002)에 제6장의 초기 버전을 실어주었다. 나아가 나는 하버드대학 아시아 센터에서 발표한 초고를 읽고 가치 있는 비평을 해준 두 독자에게도 감사드린다.

남가주대학의 친구들과 동료들은 작업을 위해 놀랍도록 자극적이고 생산적인 분위기를 만들어주었다. 우선, 역사학과 직원들과 동료 교수들에게 감사드리며, 특히 고든 버거Gordon Berger, 샬롯 퍼스Charlotte Furth, 조앤 피그고Joan Piggot, 잭 윌스Jack Wills 등에게 감사한다. 이들 모두가 더 넓은 범위에서 이 책의 주제를 둘러싸고 있는 문화적 영역에 대한 나의 이해를 형성하는 데 도움을 주었다. 내가 알리고 싶은 그 밖의 남가주대학 사람들로는 베틴 버지Bettine Birge, 조인수Insoo Cho, 크리스 에반스Chris Evans, 피터 노스코Peter Nosco, 스탠리 로젠Stanley Rosen, 그레이스 류Grace Ryu, 오토 슈네프Otto Schnepp 등이 있다.

끝으로 나는 가깝거나 먼 나의 가족들에게 가장 감사한다. 한국에 있는 나의 친척들은 내가 방문할 때마다 언제나 기쁨과 위안을 선사해주었다. 그들이 없었다면 나의 작업은 의미가 반감되었을 것이다. 미국에 계신 어머니 모니카와 미경, 기, 제니, 매튜, 에린의 사랑과 지원이 없었다면 이 작업을 해낼 수 없었을 것이다. 마지막으로 자주 불안정한 삶을 살아왔음에도 수년간 변함없는 동반자였던 아내 황에 대한 사랑과 감사를 표현하고 싶다. 이제 우리는 자리를 잡았다. 그리고 이 원고 준비의 막바지 단계에 아들 세진이라는 인생의 보물을 얻었다. 이 책을 세진과 나의 다른 가족들, 그리고 사랑하는 아버지의 영전에 바친다.

황경문

도(道)급 행정구역
- - - 남·북 도 구분(1895)
• 주요 고을

경성

함경

북청

평안

의주
정주
안주   선천   함흥
평양   원산

동해

황해

해주

서울
인천   경기

강원

황해

충청
공주

안동

군산
전주

남원
전라

경상
대구

울산
동래(부산)

남해

쓰시마

제주도

조선 후기~20세기 초의 한국

서론

오늘날 한국의 양적으로 확대된 직업들과 복잡한 사회구조의 중심에는 수 세기 동안 한반도를 지배하다가 20세기를 전후하여 극적 변화를 겪기 시작했던 위계 서열의 원리와 패턴이 강한 울림을 남기고 있다. 한국 사회에 대한 대부분의 기존 연구는 경제 발전에 대한 분석을 통해 이 문제를 다루어왔다. 이들은 산업화가 근대사회의 결정적인 기준점이며 근대 한국의 사회 계층화는 주로 계급 차이에 따라 이뤄진다는 확고한 관념을 전제하고 있다. 이 접근법이 중요하다는 것은 의심의 여지가 없다. 하지만 이것은 근대사회의 변동을 평가하기 위한 또 다른 중요한 기준을 간과하고 있다. 조선왕조(1392~1910)의 사회 계층화를 지배한 기준인 사회 신분이 그것이다. 이것을 결정한 것은 출생이고, 두드러지게 한 것은 관료제였다. 조선의 관료제는 실제에 있어 단순히 국가를 상징하는 것을 넘어 세습적인 사회 신분을 강화하고 제련하는 현장이었다. 이 힘으로 정치권력을 독점하여 지배력을 보호했던 견고한 귀족의 이익에 기여했다. 이런 역사를 감안할 때 한국 근대 개막기 관료제의 역할에 대해 연구할 수밖에 없다.

20세기 초반에도 관료제는 계속 큰 영향력을 행사했다. 하지만 20세기 초반 관료제의 발전은 조선 시대와는 반대로 귀족 지배를 강화하는 대신 오히려 약화시켰다. 그러나 이 변화는 한편으로 전근대 질서에 대한 통념 속에서 은폐되어 있던 사람들인 조선왕조의 제2 신분집단을 드러나게 하고 부상시키는 심오한 효과를 가져왔다. 정부와 민간 사회에서 귀족(제1 신분집단)과 평민* 사이의 세습적, 폐쇄적 층위를 차지하고 있던 제2 신분집단은 다음과 같은 부류로 구성되어 있었다. 역관譯官, 율관律官, 의관醫官, 산관算官 등 중인, 지방 관아의 일상 사무를 담당한 향리, 첩의 자식 및 후손으로서 거대한 인구로 인해 잠재적 사회 세력이 된 서얼, 지역 배경 때문에 사회적, 정치적 차별을 겪었던 서북 지방 엘리트, 원래 지배귀족에 속했으나 17세기 무렵 격하되어 문반 아래에 별도 위치를 점했던 무반, 즉 중앙 군관 등이다. 이들 중인, 향리, 서얼, 서북인, 무반은 가계에 기반하여 그들을 영구적으로 귀족의 아랫자리로 보낸 사회 기강과 조직 속에 관료제의 위계에서나 사회적 위계에서 수백 년간 종속적인 위치를 점해왔다.

그러나 19세기 말~20세기 초, 비중화非中華 세계의 침입에서 시작해서 이후 1910~1945년까지 일제 식민화에 의해 생겨난 정치적 혼란과 지적, 제도적 중요도의 재구조화로 인해 제2 신분집단 구성원이 새로운

---

* 귀족(제1 신분집단)과 평민: 이 책에는 조선시대의 신분을 나타내기 위한 다양한 영어 표현이 사용되고 있다. 대표적으로 aristocracy(aristocrat), commoner, slave 등의 개념이 자주 쓰인다. 저자는 일단 서구와 한국의 신분사에 유의미한 차이가 있음을 염두에 두면서, aristocracy는 사족(사대부, 양반)을, commoner는 상인常人을, slave는 노비奴婢를 가리키는 용어로 쓰고 있다. 그러나 서구의 귀족(aristocracy)과 한국의 사족, 서구의 평민(commoner)과 한국의 상인, 서구의 노예와 한국의 노비가 사회적 위상과 구체적인 존재 양태에서 같지 않다. 따라서 기본적인 번역어로는 사족, 상인, 노비 등 한국사 맥락에 맞는 용어를 사용하였다. 하지만, 저자가 이것들을 세계사적 비교의 관점에서 사용하는 경우가 많다. 이 경우에는 귀족, 평민, 노예 등 조금 더 형식적인 번역어를 사용하였다.

관료제 질서에서 가장 높은 자리에 위치하게 되었다. 그들은 재능, 재산, 정치적 혼란, 시대에 대한 예리한 인식 등에 의존하여 신분상승의 경로를 밟아갔다. 그리고 무엇보다도 전근대 시기의 성취와 능력이라는 기반에 의존했다. 이로 인해 관료적 운명에 영향을 미치는 요소들의 근본적 변화를 기회로 활용할 수 있었고, 결국 지배 엘리트로서 새롭게 입지를 구축하여 사회적으로 영향력 있는 여타 분야, 즉 정치, 교육, 사업, 나아가 문화, 학문, 예술의 영역에까지 진입하고, 종종 그것을 지배하기도 했다. 이 같은 발전이 가지는 함의 속에는 한국 근대사의 중요한 주제들이 다양하게 관련되어 있다. 무엇보다 사회 위계의 문제이다.

어떤 문명을 이해하거나 인류 자체의 집단적 경험을 조명하기 위한 방법으로서 사회 위계를 중심에 두는 것은 거기에 불평등의 처리 방식, 특권에 접근하는 길, 주된 윤리-종교 체계의 영향력, 공동체의 질서, 사람들의 상호작용 등 정치적, 경제적, 문화적, 윤리적 관심이 포괄적으로 걸려 있기 때문이다. 사회적 위계는 사회학적 스케치로서 특정 시대 특정 문명의 성격, 가치체계, 그리고 그것이 작용하는 기본적인 특징들을 드러낸다. 사회 위계를 시간 경과에 따라 검토하는 것은 근본적인 변화를 조망할 수 있는 강력한 렌즈를 제공한다. 왜냐하면 현저하게 다른 환경으로 전환 중인 사회—예컨대 한국의 19세기 말 제국주의 침략기나 일본 식민지배 시기—가 직면하는 핵심 사안은 특권과 기회불평등의 안착이기 때문이다. 한국에서처럼 반드시 급작스런 사회혁명으로 극적 변동이 일어나지는 않은 곳이라 하더라도 획기적인 역사적 전환기에는 그러한 것이다. 당연하게도 계급 형성과 갈등에서 역사의 원동력을 찾은 마르크스 자신부터 시작해서 근대 세계의 징후를 해석한 많은 사람들이 사회계층화의 역학에 대해 언급했다. 막스 베버의 위대한 공헌은 물질적 인과관계를 넘어서서 사회적 행위와 지배가 지위집단* 등 사람들에 대한 다양한 범주화와 어떻게 조응하는지를 보여주려고 한 그의 고집에서 비롯되었다. 한편 빌프레도 파레토Vilfredo Pareto는 경제적, 정치적, 문화적 우월성을 이용하여 불균형한 영향력, 심지어 강압적인 권력까지 행사하는 집단인 엘리트들의 복잡한 순환이라는 사회발전의 과정과 그 파장에 대해 상세히 논의했다.[1] 여기에 제2 신분집단의 중요성이 있다. 그들의 전근대적 기원과 발전은 조선 시대 사회적 위계의 작동을 요약하고 있을 뿐 아니라, 이후 이들의 엘리트로의 성장은 20세기 초 한국 사회구조의 전면적이고 심오한 변화를 보여준다. 이상의 것들이 한국의 근대적 전환의 성격을 구체화하고 결정했다.

한국 근대와 전근대의 제2 신분집단

근대성의 문제는 가까운 과거의 역사를 탐구하는 데 있어 핵심에 위치한다. 그러나 이 탐구 작업은 세계의 서로 다른 지역에 대해 각기 다른 형태를 띤다. 비록 유럽의 역사가들이 유럽의 근대적 감각의 발달 과정에서 비서구 문명과 접촉한 것의 중요성에 대해 인정하기 시작했지만, 그럼에도 그들의 연구는 여전히 유럽 내부 과정을 중심으로 이루어지고 있다. 세계의 다른 지역의 학자들, 특히 식민지 팽창의 희생물이 된 사회

---

* 지위집단(status group): 베버에게 지위집단이란 유사한 종류의 사회적 위신(privilige), 생활방식(life style)을 공유한 사람들의 집단을 의미한다.

의 학자들은 근대성에 대해 고찰할 때 이러한 특권을 누리지 못하고 외부 충격에 대해 훨씬 더 많은 것을 설명해야만 했다. 폴 코헨Paul Cohen이 지적했듯이, 적어도 미국의 중국사 학자들에게 이러한 학문적 불균형은 내재적 과정의 이해 대신에 외부 충격을 강조하고 중국의 최근 역사에서 중대한 계기가 된 변화를 '근대화' 패러다임 안으로 몰아넣어버리는 경향을 야기했다. '근대화' 패러다임이란 서양의 사례에서 도출된 적절한 발전이라는 준거에 비추어 중국사의 발전을 판단하는 것이다.[2] 이러한 왜곡을 낳은 문화적, 지적 편향들이 '근대성'이라는 용어 자체를 탑재했기 때문에 코헨을 비롯한 많은 사람들은 이 개념이 가치를 잃었다고 주장한다. 하지만 이것은 너무 지나친 것 같다. 충격-반응, 근대-전통, 선진-후진이라는 이분법이 실제로 너무 안이하게 쓰이는 것은 사실이지만, 가까운 과거에 여러 문명에서 대체로 외부 세력이나 위협에 대한 대응으로서 포괄적이고 전례 없는 변화가 일어났던 것은 부인할 수 없다. 그래서 우리는 '근대'로 귀결된 역사적 시대를 설명해야 한다고 느낀다. 이것은 근대성의 특성을 어떤 종류의 후진적인 '전통'으로부터 일거에 탈출하는 것이라고 주장하는 것이 아니다. 그보다는 지난 2세기 간 전환의 정도와 형태가 가진 특별함을 강조하기 위한 것이다. 서구식 근대화 개념에 대한 비호감이 이해는 가지만, 그로 인해 '근대성'이라는 개념을 포기하는 것은 전 세계적으로 두루 적용되는 최근의 중요한 역사적 변화를 설명하지도 않고, 또한 한국의 경험이 이 지구적 과정 속에서 어떻게 일부분을 이루고 있는지도 말하지 않는, 또 다른 형태의 보편사로 귀결될 수 있다. 근대성과 한국적 근대성 양자의 역사성을 주의 깊게 관찰한다면, 근대성 개념으로 보편주의 패러다임의 함정을 피하면서도 이러한 과제를 충족시킬 수 있다.

이 연구도 (관례를 따라) 한국에서 근대성의 탄생은 1876년 일본과의 강화도 조약 체결로 대표되는 19세기 후반 제국주의의 위협에 대한 제도적 대응과 관련된다고 주장한다. 간단히 말해서, 이러한 위협에 대응하여 정부의 책임 영역이 갑작스럽게 증가하고 그것이 관료기구의 규모 및 복잡성을 급속하고도 실질적으로 증대시키는 폭발을 야기한 결과, 국가의 형태가 기능에 맞게 변화하는 과정*을 겪은 것이다. 이는 20세기 초, 일본 제국주의와 식민주의의 이익을 강화하는 지배구조가 모식되는 과정에서도 지속되어, 경찰과 같은 광범위한 강압적 메커니즘에 의해 뒷받침되는 전례 없는 국가의 확장을 촉발시켰다. 이러한 구조 변형은 관료 선발과 승진의 오랜 패턴을 빠르고 극적으로 뒤엎는 결과를 가져왔다. 비록 이 과정은 서로 다른 시기에 다른 요인에 따라 진행되었지만, 그것들은 모두 한국인 중에서 새로운 집단이 관료 조직의 상층부로 진입하는 것에 친화적이었다. 이러한 발전의 결과는 정부 기관의 테두리 밖으로 확산되어 사회 위계의 재편에도 영향을 미쳤다. 그렇게 재편된 사회 위계가 경제, 문화 및 사회적 행위로부터 주요한 변화를 이끌어내고 또 그것을 자극했다.

이러한 변화가 단순히 '새로운' 것이 아니라 '근대적'인 이유는 무엇인가? 다른 말로 하자면, 이 한국 근대성의 모습은 다른 곳에서 볼 수 있는 일반적인 근대의 패턴과 어떻게 비교되는가? 앞서 주장했듯이, 이것은 잘못된 질문일 수 있다. 1920년대에 존재했던 한국 사회는 직업의 확

---

* 형태가 기능에 맞게 변화하는 과정: 기능을 중시한 근대 건축의 이념을 잘 표현한 루이스 헨리 설리번의 명언 "형태는 기능을 따른다(form follow function)"를 차용한 표현이다.

장, 과학에 기반을 둔 인식론의 광범위한 수용, 사적 계약에 대한 국가 관리, 통신과 교통 체계, 근대적 기술의 확산 등 일반적으로 받아들여지는 근대성의 조건을 많은 부분 충족시켰던 것 같다. 그러나 그렇게 따진다면 1720년대의 한국 역시 그랬다. 중앙집권국가와 같은 근대성의 표준적 요소는 조선시대의 특징이다. 종합 과세와 강제적인 권위, 관료적 합리화, 사회적 권위의 세속화, 체계적인 법전에 나타나는 국가 주도의 표준과 법률 시행, 그리고 민족정체성이라는 집합의식 등이 존재하고 있었다. 그러나 이런 유비는 불완전하고 심지어 오해의 소지도 있다. 근대성의 본질적, 보편적 조건들을 전제하는 것은 역사적 디테일이 가진 설명력을 언제나 과소평가한다. 이 연구의 입장은 근대성과 관련한 현상을 기본 주제와 그에 대한 변주라는 두 가지 문제로 다루는 것이 보다 의미 있고 역사적으로 건전한 접근이라는 것이다. 여기서 기본 주제라는 것은 보편적으로 적용 가능한 성질을 가진 물화된 대상으로서의 근대성이 아니다. 그것은 지난 2세기 간의 역사적 과정으로서의 근대성이다. 이 과정은 어떤 한 문명이 발전의 촉발제가 되는 자극을 전달받아 기존 체제로부터 체계적으로 이탈하면서 시작된다. 이때 변주란, 말할 것도 없이, 외부 자극의 성질만이 아니라 상당 부분 이 문명의 기존 형태에 의해서도 결정된다.

근대성은 그 자체가 보편적인 현상이라기보다는 역사적 현상이었다. 자본주의(또는 산업화), 국가 설립, 그리고 많은 사람에게는 서구화 등 일반적으로 인정되는 구성 요소들도 그러하다. 산업화가 고립 속에 발전하는 예가 없듯이, 근대라고 간주되는 것으로의 전환은 언제나 다른 문명으로부터 경제적, 군사적으로 위협은 아니더라도 도전을 받고 그에 대한 대응으로부터 일어났다. 이러한 접촉은─지적인, 경제적인, 군사적인, 정치적인, 또는 이 모든 것의 조합으로서의─자극을 야기하고, 수많은 오래된 인식과 관습과 조직적 패턴에 문제를 제기하며, 심지어 그것을 버리게도 하였다. 이어달리기의 바통처럼 근대성은 한 요소에서 다른 요소로 전달되었다. 자극이 주로 중국과 일본이 전달한 외부 모델의 형태로 온 한국도 마찬가지이다. 그러나 전달 그 자체는 출발점만을 나타낼 뿐이며, 결과와 의미를 결정지은 것은 그 자극의 수용이었다. 근대성의 변주들이 가진 고유성은 역사가 결코 반복될 수 없다는 공리에서 비롯된다. 모든 역사적 시간대는 거기에 누적된 경험의 합이며, 특정한 역사적 순간을 특징짓는 상황은 다시는 같은 방식으로 합쳐질 수 없다. 원래의 자극이 전달되는 과정에는 공통점이 있고, 어떤 곳에서는 그러한 공통점이 크건 작건 근대화 과정을 형성하는 데 역할을 했을 수도 있음은 확실하다. 하지만, 한국과 같은 곳에서는 전근대성의 일부 측면도 마찬가지로 결정적인 역할을 수행했다.

먼저 관료제에 대해 살펴보자. 조선은 상당한 정도로 관료적인 사회였다. 사실, 직업 분화가 최소화된 농업경제 속에서 도처에 존재하는 정부 행정은 어색해 보인다. 관료제가 조선왕조의 공적인 일상의 몸체를 이루고 있었다고 주장할 수도 있을 것 같다. 왜냐면 그것의 영향력이 정치권력의 영역을 넘어서기 때문이다. 그것은 사회 질서에 대한 비판을 투영하고 여과하는 기능을 하기도 했고, 심지어 상당한 정도로 경제적인 부의 분배를 조절하기도 했다. 조선의 가치체계에 있어 두 가지 주요 요소를 관료제도가 통합했다. 하나는 유교 윤리이고, 다른 하나는 한국 전래의 관행, 즉 출생에 따른 사회적 지위의 결정이다. 유교는 원나라

(1271~1368)와 명나라(1368~1644) 초기에 주로 '신유학'의 형태로 중국에서 한국으로 전해졌다. 신유학은 조선에 대해 그 이념적 기반뿐 아니라 조직 구조의 상당 부분을 제공했다.[3] 관료제는 또한 출생에 따른 위계 결정이라는 지배적 관습에 따라 형성되었다. 이것은 한국 사회의 상호작용과 조직의 핵심 원리였는데, 유교적 국가 운영의 원리로 천명된 능력주의적 대의와는 충돌했다. 그러나 조선 시대 한국인은 유교적 이념을 자신의 전통에 맞게 각색하였다. 이는 능력지향적 평가 체계의 적용을 세습 지위에 맞추어 제한함으로써 외부의 사회 위계를 내부에 반영하는 관료적 위계질서를 만들었다. 그 결과로 나타난 사회 위계의 모습은 경제 활동에서부터 철학적인 질문에 이르는 모든 것을 말해준다. 아마도 지배 귀족과 평민 사이에 존재하는 몇 개 층위의 세습적 신분집단보다 더 흥미롭거나 더 명확히 한국적인 것은 없을 것이다.

이들 제2 신분집단은 조선 시대 그들의 중요성에 걸맞은 학문적 관심이나 대중적 친숙함을 최근에야 얻게 되었다. 이 책은 그들을 주인공으로 한다. 앞서 주장했듯이, 19세기 말~20세기 초, 특히 일제 식민지 시대의 고위 관료나 여타 사회 엘리트의 배경을 살펴보는 데 있어 이들을 피해가기는 어렵다. 일단 한국 관료제의 근대적 변동에서 그들의 위치가 확고하다고 할 때, 더 깊이 파고들어갈 경우 다음과 같은 피할 수 없는 깨달음으로 이어진다. 즉, 전근대의 사회 질서와 조선왕조에 대한 현재의 지배적인 역사상은 불완전하다는 것이다. 실제로 일부 잘 알려진 역사적 인물들의 제2 신분적 정체성은 그러한 재고를 불가피하게 만든다. 사회정치적 개혁에 대한 조선 후기 담론에 주목할 만한 기여를 했던 서얼 출신 관료-지식인 박제가, 한국 미술사에서 가장 유명한 작품들을 남긴 중인 출신 궁중화원 김홍도와 신윤복, 판소리를 체계화한 향리 출신의 신재효, 17세기 초 한국 문명의 위대한 기념비의 하나로 간주되는 역작 『동의보감』(한의학 백과사전)의 저자인 서얼 출신 의원 허준 등이 그러하다.[4]

비록 지배 귀족은 아니지만, 그럼에도 이들 제2 신분집단은 평민 집단과 상당히 구별되었다. 이들은 귀족과 마찬가지로 교육도 받았고, 유교적 통치 이념에 정통하여 국정 운영에 없어서는 안 될 존재였다. 비록 출생 지위로 인해 최고 관직에는 접근할 수 없었지만, 각각의 제2 신분집단은 사회 신분제 속에 안정적인 위상을 가지고 있었다. 그것은 그들에게만 특화된 관직에 대한 접근 자격을 나타내는 것임과 동시에 그것을 강화시키는 것이기도 했다. 제2 신분집단이 조선왕조의 강력한 상징이 된 것은 다름 아닌 이러한 세습적 사회신분과 관직 자격 사이의 두드러진 상관관계였다. 한국인들이 스스로를 발전시키는 과정에 자주 참조하던 문명인 중국에서조차 모든 관료 기능의 배분이 세습적 사회집단에 맞춰져 있지는 않았다.

이 연구의 주목표는 제2 신분집단이 어떻게 전근대적 사회 위계의 근본 특성을 포착하고 관료제를 통해 상승하여 한국 사회 전체의 근대적 변화를 몸소 구현했는지 그 과정을 보여주는 것이다. 따라서 이 책은 본질적으로 장기 사회사 연구이다. 17세기 중반을 시작으로 근대 시기까지 이어지는 사회구조의 역사, 특히 사회 위계의 역사를 다룬다. 초점은 19세기부터 일제 식민지기 중반(1930년대)까지이다. 이 책은 이 같은 질문을 품고 당대 한국 관료제의 발전, 특히 비귀족 집단의 구성원이 관료 엘리트 계층에 합류할 수 있도록 변화된 관료 선발제도와 승진제도를 전반적으로 소개할 것이다. 또한 조선왕조에서 형성되고 발전된 제2 신분집단의 역사를 소개하며, 뒤이어 20세기 초 그들의 가족과 개인에 대한 사례 연구도 제시될 것이다. 전체적으로 이러한 발견들은 한국 사회사에 대한 재검토의 근거를 제시할 것이다.

예를 들어, 제2 신분집단은 조선왕조의 고유한 특성을 전 범위에 걸쳐 보여주는 사례가 되고 있다. 국가의 권위 및 지배력의 확장성, 가족·친족 체계의 강력한 사회적 영향력, 기술·실용·전문화에 대한 철학·도덕·일반화의 인식론적 우위성, 경제적 부에 대한 규제, 심지어 세계 속에서의 한국인의 위상을 의식하는 것에 이르기까지 광범위하다. 또한 제2 신분집단에 관한 서사는 근대 한국의 중요한 주제들 중에서 전근대 시기에도 마찬가지로 존재했던 것이 놀랍도록 많다는 점이 우리의 관심을 끈다. 국가 개입, 지역주의, 군대의 역할, 사회 질서에 있어 전문가가 차지하는 위상, 관료의 부패, 그리고 아마도 가장 설득력 있는 것일 텐데, 사회적 상호작용에 있어 지위와 지위의식이 차지하는 크나큰 영향력이 그것이다. 제2 신분집단은 이 같은 장기지속적 패턴의 근대적 형태들을 몸소 체화하여 전승했고, 그것을 직접 만들어내기도 했다.

궁극적으로 이러한 문제에 대한 본 연구의 관심은 한국의 근대성을 재인식하는 시도를 촉진시킬 것이다. 이 문제에 대한 전통적 접근법, 즉 민족주의적 열정, 자본주의 및/또는 자본주의 계급, 그리고 중앙집권적이고 강제적인 국가 등에 대한 탐구는 불완전한 역사상을 남겼다고 주장할 것이다. 20세기 이전의 한국은 천 년간 통일 정부에 의해 통치되어왔다. 국가의 구조가 바뀌는 것이 한국 근대 경험의 주요 내용이었지만, 이것은 종류의 문제라기보다는 정도의 문제였다. 사실은 이 연구에 나오는 몇몇 역사적 인물이 보여주듯이 근대적 사회 개혁의 일부 패턴은 정부가 직업 가치의 배분에 대한 독점권을 상실했다는 점에서—비록 사회적 상호작용에 대한 개입을 지속하기는 했지만—'국가 건설'만큼이나 '국가 쇠퇴'의 과정을 암시한다. 그 함의는 시민사회와 전문성의 출현으로부터 나아가 민족주의의 성격으로까지 확장된다. 민족주의에 대해 말하자면, 그것이 중심적인 이데올로기적 힘을 구성하고 있었다는 것은 의심의 여지가 없다. 이 때문에 20세기 한국 민족주의의 발전이 상당한 학문적 관심을 끌었다는 것도 예기치 못할 바가 아니다. 그러나 제2 신분집단 후손들의 운명은 한국의 근대성이 비민족주의나 심지어 반민족주의에도 많은 영향을 받았음을 시사한다. 최소한 이것은 한국사에서 민족주의 정서의 뿌리에 대한 재고를 요한다. 경제에 대해 말하자면, 비록 식민지 시대에 산업화와 한국인 부르주아가 등장하였지만,[5] 사회적 가치의 '부르주아화', 즉 자본주의 윤리의 일상화라는 것은 설사 생겨났다 하더라도 훨씬 이후에나 뿌리를 내린 것이 분명하다. 제2 신분집단의 이야기는 여기서도 빛을 발한다. 사회적 힘으로서 돈이 가지는 지배력의 극적인 발전을 이들이 보여주었기 때문이다.

예측 불가 자본주의라는 서사는 한국의 근대성에 물질적 변화보다 훨씬 더 많은 것이 들어 있음을 시사한다. 물질적 변화는 결국에는 전체 사회에 퍼지게 되었지만, 영향력 측면에서는 삶의 여타 영역에 미치지 못했던 것이다. 실제로, 한국의 근대성에 대해 경제 영역을 넘어 더 깊이 들어가보면 우리는 근본적 변화들에 관한 혼란스럽고 모순되는 지표들을 마주하게 된다. 그것은 한국의 근대성 속에 옛것과 새로운 것, 내재적인 것과 외래적인 것이 비균질적인 상태로 끊임없이 유동하는 중첩 구조를 이루고 있다는 명백한 신호이다. 예를 들어, 한국의 식민지 근대성에 관한 글들은 식민지 경험을 형성한 복잡하고 다의적인 이해들, 가치들 그리고 고려 사항들을 반복적으로 드러내어 지배와 민족성에 기반한 이 시대의 이분법적인 개념화로부터 참신한 전환을 제공한다.[6] 한국인이 자기 시대의 도전에 대응하고 스스로의 근대성을 주조한 다양한 방식의 실례를 마주하는 것은 고무적이지만, 이 중대한 과정이 1910년 일제 식민화와 함께 시작되었다는 함의에는 의문이 남는다.

사실, 근대 전환의 과정은 아마도 식민지기 이전 서울과 평양 지역에서의 지적인 개화에서 가장 뚜렷했다고 할 것이다. 이런 발전은 1880년대부터 다양한 사회 및 정치 행위자들에게서 점차로 자라난 어떤 인식의 결과이다. 그것은 외부 모델의 도전에 대한 지속적 경험이 촉구한, 새로운 일련의 가능성들─고전적 이념에 의해서는 결코 상상도 할 수 없었던 변화들─을 고려하고 수용해야 할 필요성에 대한 인식이었다. 한국의 문화적 전통을 거부하기도 하고 동시에 재구성하기도 한 이러한 '근대주의'적 전망은 20세기 한반도를 휩쓸었던 외래 사조의 영향에 대한 한국인의 반응에 깊은 영향을 미쳤다. 따라서 한국 근대성의 역사는 공식적으로 '근대화'라는 지시문 아래에 속하는, 자본주의, 산업화, 도시화라는 측정 가능한 변화에 선행하거나 적어도 그것을 넘어서는 문화적 근대성 혹은 '심성의 근대성'에 대해 설명할 수 있어야 한다. 이것은 물질 변화의 중요성을 부정하는 것이 아니다. 다만 흔히 무형의 과정인 근대성에 대한 보다 전체적인 인식을 주장하는 것이다.

권희영은 담론 및 가치지향의 발전에 연구의 초점을 맞출 것을 제안했다. 이를 통해 그는 한국에서 근대성의 출현과 관련해 이제껏 등한시된 경로를 재발견하고자 했다. 권희영은 한국의 근대성은 개인주의-민주주의의 천명, 계약주의, 정치적으로 국민국가, 경제적으로 자본주의, 그리고 문화적으로 핵가족과 개성의 표출로 특징지을 수 있다고 결론 내렸다. 그는 한국인의 담론과 행동에 개인주의가 포함된 정도야말로 한국의 근대화를 나타내는 척도라고 주장한다.[7] 권희영이 좀 더 포괄적이고 포용적인 시대정신을 강조한 것은 경제 및 정치의 변화에 대한 고루한 강조에서 벗어났다는 점에서 환영할 만하다. 하지만, 진보 혹은 근대성의 완성에 대한 그의 측정 기준은 여전히 새로운 특징들의 고정적인 집합이라는 근대성 이해에 의존하고 있다(예컨대, 그의 모형은 국가 주도 산업화와 민족주의 같은 집합적이거나 반개인주의적인 행위를 설명하지 못한다). 이 연구는 심성과 행위에 대한 권희영의 탐구열은 공유하는 한편, 한국에서 사회 위계와 사회적 행위의 견지에서 볼 때 근대적 전환은 그 전근대적 기반을 적어도 거부하지 않았으며, 오히려 그것을 전유와 개혁을 통한 심화 발전의 추동력으로 삼았다고 주장한다. 이런 과정이 한국 근대성의 정당성을 부정하는 것은 아니다. 그 역사성을 강조하는 것이다.

서술 및 접근법

이런 발견들은 한국의 역사학계에 통상적으로 받아들여지던 서술법을 상당 정도로 확장할 것을 요구하고 있다. 종종 그것을 완전히 바꿀 필요도 생긴다. 이하의 모든 장에서는 그 장이 다루는 주제에 관한 역사 서술법을 논의에 포함시킬 것이다. 여기서는 관련된 보다 일반적인 문제에 대한 이 책의 입장을 밝히겠다. 이 과정에서 어쩔 수 없이 기존의 연구들을 단순화시킬 수밖에 없다. 이것은 다른 연구들의 관점을 무시하려는 목적이 아니다. 그것들과 이 책의 차이를 강조하기 위해 감내해야 할 비용일 뿐이다. 목표와 전제의 차이가 종종 극적으로 다른 결론으로 이어질 수 있다는 것을 보이려는 것이다.

보편주의적 역사 서술에 대해 비판하는 것으로부터 시작했다면, 그것을 확장하여 지배적인 역사 서술에서 상정하는 근대성 자체에 대한 비판으로 나아갈 수 있다. 지배적인 역사 서술에서는 한국사를 진보의 증대라는 정해진 단계를 밟아가는 것으로 본다. 그런데 이 정해진 단계라는 것은 서유럽사의 시대 구분이라고 가정된 것을 반영한 것이다. 아이러니하게도 이 방법은 일본의 결론을 뒤집으려는 것임에도 불구하고 식민사학을 반영하고 있다. 20세기 초, 식민사학자들은 조선이 일본과 달리 봉건제에서 자본제로 가는 정상적인 역사 발전의 경로를 따르지 못하는 정체 상태에 빠져 있다고 주장했다. 해방 후(1945년 이후) 반식민주의 역사학은 의식적으로 이러한 방법론적 전제들을 폐기하지 않은 채, 일본의 간섭만 없었다면 자본주의, 즉 근대성의 독자적 창출을 이끌어냈을 것이라는 궤도에 조선사를 올려놓으려 했다.

그리고 조선 후기에는 계급적 사회구조를 향한 방향으로 신분적 사회 위계가 '해체'되었다고 거의 기정사실로 이야기한다. 발전 모델에 따르면 이러한 해체는 자본주의와 근대성으로 가는 길에 필수적인 단계인 것이다. 게다가, 근대 이전의 시대는 '봉건적'이었는데, 자본주의적 경제 관계가 증대함에 따라 붕괴되었다고 한다. 이 역시 역사 발전의 보편적 경로라고 인식된 틀에 끼워 맞춘 것이다. 논리는 다음과 같이 이어진다.

즉, 초보적인 계급 체계와 마찬가지로 원시 자본제의 요소가 더 이른 시기로 밝혀질수록 근대성을 향한 한국의 경로는 더욱 확실하다는 것이다. 하지만 중세 유럽이나 심지어 도쿠가와 일본의 사례에 근거하면 조선적 체계를 봉건적 사회정치 유형으로 간주하기는 어렵다. 지주와 소작인 사이의 강력한 계급 분화, 그리고 완전한 국가적 통합을 가로막는 유의미한 요인들이 있긴 했지만, 지역의 유력자들은 중앙행정체계의 간섭을 벗어난 정치경제적 자율성도 누리지 못했을뿐더러 국가적 특권 부여의 기준과는 다른 독립적인 사회적—상징적 헤게모니도 향유하지 못했다. 다시 말해서, 중앙 국가의 존재와 그것의 영향은 조선 시대에 대해 봉건제 상표를 선험적으로 붙이지 말라고 경고한다.[8]

역사 발전이라는 이러한 보편주의적 공식에 의존한 결과로 생겨나는 가장 유감스런 점은 아마도 그러한 보편주의 모델로부터 명백하게 한국적인 이탈을 시사하는 증거가 무시되는 일일 것이다. 앞서도 주장했듯이, 한국 근대성에 대한 탐구는 한국의 역사적 경험에 확고한 기반을 두어야 하며, 이 경험이 가상의 정상 조건을 반영하는지에 대한 고려는 배제되어야 할 것이다. 다시 말하지만, 이 연구는 근대성의 외부 자극을 제외한다면, 근대성을 향한 고정된 경로는 없다는 점을 기정사실로 한다. 이것은 증거가 밝히는 바를 강조하는 길을 열어 준다. 이 연구에서 보겠지만, 전근대 한국은, 특히 사회 위계에 있어 역동적인 발전이 많이 일어났다. 그중 일부는 극적이기도 했다. 그러나 통치 질서의 유의미한 약화는 발견되지 않는다. 다시 말해서, 조선왕조의 역사적 변화는 다른 문명에서 나타난다고 가정된 발전과 일치하지 않으며, 그럴 수도 없다. 더욱이, 조선 시대 '봉건제 붕괴'라는 전제를 제거하면, 한국 고유의 역사적 동학에 기반해서 전근대와 현대 사이의 보다 안정적인 연관성의 증거를 찾을 수 있다. 식민사학에서 학문적으로 독립하는 데 있어 그 핵심 방법론을 벗어나는 것보다 더 나은 방법이 어디 있겠는가?

식민주의 학문에 대한 증오는 이해할 만한 것이긴 하지만, 그것은 조선왕조를 이상화하여 그 결함을 알고도 덮어버리는 결과로도 이어졌다. 이는 한국사를 '봉건제에서 자본주의로'라는 발전주의적 관점으로 접근하는 데서 벗어나기 시작한 학자들에게도 마찬가지였다.[9] 마치 가까운 과거, 특히 19세기의 역사에 있어 지나치게 강한 전통의 존재는 어떻게든 근대의 달성에 먹칠을 한다는 태도였다. 그러나 조선왕조의 결점이라고 생각되는 것을 무시하는 것이 그것들을 사라지게 하지는 않는다. 사실, 더 큰 위험은 조선의 매혹적인 측면과 심지어 잠재적으로 '선진적인' 측면을 간과한 데 있다. 사회적 인정을 배분하는 데 중요한 역할을 한 교육, 체계가 잘 갖춰진 정부와 법, 그리고 제2 신분집단의 존재 등이 그것이다. 이 책이 주장하듯, 제2 신분집단이 가진 기술과 여러 특성들은 비록 당대 사회에서 더 큰 차원의 지배에는 영향을 미치지 못했지만, 20세기 초 일단 근본적 변화에 의해 발동이 걸리자 그들을 높은 사회적 권력에 위치하게 만들었다.

전근대 시기를 연구하는 다수의 저명한 한국 사학자들이 제2 신분집단에 관심을 가진 것은 놀랍지 않다. 예를 들어, 이성무와 한영우는 각각 서로 대립하는 조선 시대 신분 경계 형성에 대한 종합 연구서 속에 제2 신분집단 연구를 포함시켰다.[10] 이기백은 조선 후기 제2 신분집단의 집단사group-centered histories 편찬에 큰 의미를 부여한 최초의 학자 중 한 명이다.[11] 한편, 금장태와 최재근은 천주교 전파에서 제2 신분집단이 얼마나 중요한 역할을 했는지 보여주었다.[12] 제2 신분집단의 빼어난 문학 활동도 많은 연구자의 관심을 끌었다. 특히, 서울 중인의 경우가 그러하다. 연구자들은 이것을 제2 신분집단이 근대성의 진보적 선구자였다는 신호로 보는 경향이 있다. 그러나 윤재민의 철저한 연구가 보여주듯이 이러한 문학 활동은 당대의 지배적인 에토스와 사회구조에 기반한 바가 매우 컸다. 제2 신분집단이 예외적으로 앞을 내다본 것도 아니고, 어떤 식으로든 사회의 주도 세력이 되기 위해 준비한 것도 아니었다.[13] 이상과 같은 차이에도, 이러한 모든 논의는 뒤늦게나마 제2 신분집단이 조선 사회 지형에 없어서는 안 될 부분이라는 일반적인 합의에 기여했다. 김필동은 조선 후기 사회 위계를 체계적으로 조사한 저서에서 이러한 종합적인 인식을 반영하고 있다.[14] 이는 지난 몇 년간 한국에서 출판된 조선왕조에 관한 많은 인기 있는 책도 마찬가지여서, 이제는 예외 없이 제2 신분집단을 다루고 있고, 때로 상당히 상세한 수준이다.[15] 이 현상에 대한 학문적 관심의 뚜렷한 고조는 최근 근대 전환기 제2 신분집단을 다루는 주요 회의의 규모에서 정점을 찍고 있다.[16]

그렇다면, 이 중요한 주제에 대해 학문적 관심이 지연된 이유는 무엇으로 설명할 수 있는가? 20세기 초 명성이 높아졌음에도 계속해서 중인 인물들에게 상대적으로 학문적 관심이 주어지지 않았던 것은 무엇 때문인가? 이에 대한 부분적인 답은 식민사학의 또 다른 유산에서 찾을 수 있을 것 같다. 그것은 식민사학에 대한 반작용인데, 완고한 민족사학의 외양을 띠고 있다. 이 기준이 잘못됐다고 말하기 망설여질 수도 있다. 왜냐하면 이 역사 서술의 주된 목표가 가지는 정당성을 무시할 수 없기 때문이다. 그것은 대체로 교훈적이다. 하지만 이 연구는 민족 중심적인 도덕적 관심을 염두에 두면서도 그것을 넘어서고자 한다. 이 연구에 나타나듯, 한국에서 근대로 가는 길을 닦은 것은 주로 외국의 모델과 지적 영향력을 수용하고 종국에 일제 식민 통치의 틀 안에서 일했던 한국의 지도자들이었다. 그러나 식민지기 행위자들에 대한 민족주의적인 기준은 이런 역할을 인정하지 못한다. 왜냐하면 이것은 어떻게든 그들의 비민족주의, 심지어 반민족주의적인 활동을 용인하는 것이기 때문이다. 그러나 갑오개혁(1894~1896)이나 20세기 초의 한국 관료들을 무차별적으로 '친일'로 명명하는 것은 그들이 복잡한 상황의 상호작용이 낳은 산물이자, 관심과 동기의 복잡한 조합으로부터 행동이 도출되는 인간이라는 정체성을 부정하는 것이다. 이 점을 상기하는 것은 민족주의에 관한 태도를 평가하는 데도 적용된다. 당시는 20세기 초의 시대전환기였다. 이 시기의 인물들을 독립된 한국 국가에 대한 헌신에만 기초하여 평가하는 것은 다소 단순하고 몰역사적으로 보인다. 왜냐면 이는 모든 한국인에게 강한 민족의식을 전제해야지만 나올 수 있는 논리이기 때문이다. 개인의 이익을 맹목적으로 추구하면서 외국인이든 내국인이든 상관없이 권력자에게 달라붙는 악명 높은 사례들이 있긴 하지만,[17] 대부분의 관료들에게는 자신들이 한국 군주제에 고용되었는가 아니면 조선총독부에 고용되었는가 하는 것은 위신, 기회 그리고 관직을 통해 직업 안정성을 확보할 가능성보다는 덜 절박한 문제였다. 간단히 말해서 이 시기 한국인 관료들은 관직을 통해 인생의 성취를 가늠하는 수 세기 간의 관행을 좇고 있었던 것이다. 한국의 근대적 변화에 대한 탐구에 기초하여 얻은 통찰 중 하나가 바로 이런 것이다.

　이렇게 말했지만, 이 연구는 비교와 사회 이론의 가치를 무시하지 않는다. 사실, 비교는 궁극적으로는 중요하다. 그러나 이 연구는 한국의 역사 경험에 대한 탐구로부터 나온 것이 아니라면(사실, 이런 것은 드물다), 사회 이론은 한국사 연구의 접근법에 방향을 제시하는 역할을 할 수 없다고 주장한다. 한국의 사정을 나름대로 철저하게 따져보고 나서야 의미 있는 결론을 도출할 수 있고, 그래야 세계 다른 지역과의 비교를 시도할 수 있다. 한국에 대한 연구는 다른 곳에서 일어난 역사적 현상을 답습하는 것으로는 시작할 수 없다.[18] 그러한 것에 한눈팔지 않고 집중할 때 한국의 역사적 경험에 바탕한 연구는 실제로 더 유의미한 비교를 가능케하는 발견으로 이어진다. 예를 들어 한국 전근대의 사회 위계에 대한 연구는 그것이 인도의 카스트 제도만이 아니라, 미국 사회에 있어 계층의 작용에도 비교되며, 조선의 귀속적인 신분 정체성은 미국의 인종에 인상적으로 대응됨을 보여준다.

이 연구의 발견은 또한 사회적 권력의 구성 요소에 대한 재검토를 요구하며, 조선의 신분집단들 내에서의 힘의 균형이 혁명 없는 근대적 전환을 겪은 한국의 사회구조에 미친 영향을 시사한다. 사실, 사회 위계의 철저한 전복이 없었다는 사실은 자본주의, 산업화, 도시화에 의해 촉진된 것 이상의 근대적 사회 행위의 역학이 있었을 것임을 암시한다. 결국, 한국이 중국, 나중에는 일본과 공유했던 특징인 중앙집중적인 유교 국가라는 전근대의 오랜 경험은 한국의 독특한 사회 조직 패턴과 결합하여 동아시아 밖의 사회들은 말할 것도 없고 이웃 문명과도 상당히 다른 근대적 사회 위계를 창출했다. 이러한 비교는 이 연구에 필수적이다. 이것은 개별 장들에, 그리고 이 책의 발견에 관해 마무리하는 장에 제시될 것이다.

1

출생과 관료제
조선 시기의 사회계층

한국의 가장 유명한 민간 설화인 『춘향전』은 신데렐라 이야기의 일종으로 쉽게 받아들여질 수 있다. 이 이야기는 남서부 지역 남원 관아를 배경으로, 두 젊은 연인의 고난과 궁극적인 승리를 재조명한다. 이들은 낮은 사회적 지위의 아름다운 소녀 춘향과 권세 있는 귀족 가문의 십대 상속자이다. 육체적 끌림에 의한 첫 만남은 헌신의 서약으로 이어진다. 두 사람은 가족 및 더 큰 사회의 연이은 장애를 극복해야 했지만, 결국 춘향의 끈기는 귀족과의 약혼으로 보상받는다.

동화 같은 이야기지만, 조선왕조 사회를 공부하는 학생들에게는 매우 역사적인 방식의 이야기이다. 사랑이 고난과 악을 이긴다는 교훈을 넘어서 두 가지 점을 생각하게 한다. 하나는 사회 질서 속에서 출생 지위가 가진 힘을 가슴 아프게 묘사했다는 것이다. 거의 모든 등장인물의 이름, 행동, 생각이 세습적 신분 정체성에 의해 규정된다. 두 주인공 사이에 존재하는 엄청난 신분 차이의 극복은 필연적 대단원에 대한 만족도를 상승시킨다. 이로 인해 이 친숙한 이야기는 18세기 한국 고유의 노래인 판소리 형태로 최초로 등장한 이래 조선 후기 대중의 감정을 한껏 사로

잡았던 것이다. 사실, 이 판타지의 호소력은 실생활에서는 그러한 결말을 상상도 할 수 없었던 점과 어느 정도 관련이 있을 것이다.[1] 다른 하나는 이야기에 나타나는 국가와 사회의 관계에 관한 생생한 묘사이다. 사회 영역 속에 강력한 국가가 존재하며, 역으로 국가 속에도 사회가 존재한다. 주요 등장인물의 대부분은 관직이 있다. 춘향에 대한 욕망으로 그녀의 꿈을 좌절시키려 위협하는 사악한 적대자는 남원부사이다. 몇 년 후 암행어사가 되어 마을에 돌아와 부패한 수령의 손아귀에서 연인을 구출하는 젊은 영웅은 이전 부사의 아들이다. 여주인공과 수령 사이의 중개자는 향리, 즉 지방정부의 세습 사무원이다. 춘향의 어머니는 기생, 즉 관아에 배속된 천한 창기로, 일찍이 수령과 관계를 맺어 춘향을 낳았다. 그리고 춘향 자신도 비록 국가와 공식적인 관계는 없지만,[2] 자신의 어머니와 같은 '공무'를 수행해야 한다는 사악한 수령의 기대에 희생되고 있다.

조선 사회를 관찰하는 이에게 이 이야기의 압권은 자신은 자기 어머니와 같은 신분을 갖고 있지 않다는 춘향의 (올바른) 항의에 있다. 사실 『춘향전』이 조선의 사회질서에서 출생과 관료제의 복잡한 연결고리를 그처럼 효과적으로 표현할 수 있게 된 것은 주인공의 신분정체성 때문이다. 춘향은 아버지와 같은 귀족도 아니고, 어머니처럼 천한 사람도 아니고, 더욱이 평민 계급도 아닌 것이다. 그보다는 그녀는 제2 신분집단인 서얼의 일원이다. 앞서 언급된 중간자인 향리뿐 아니라 서얼녀가 이러한 판타지에 존재한다는 사실은 조선왕조의 사회 위계에서 제2 신분집단의 역할이 없어서는 안 된다는 점을 강변한다. 이 위계에는 명백하고 장기지속적인 차별화 원리가 가득차 있었다. 이 차별화 원리는 인간의 상호작용에 스며들어서 그의 직업 선택, 조세와 국역 의무, 혼인 기회, 의복, 심지어 말하는 방식까지 규정했던 사회적 정체성, 즉 지위(문벌, 문지 혹은 근대 학술 용어로 신분)를 결정했다. 이 차별화 원리가 출생이다. 다시 말해서 개인의 지위는 그 기본 형성 요인이 자신의 통제권 밖에 놓여 있다. 하지만 이뿐 아니라 다른 형성 요인도 있었다. 한국의 사회 신분 결정에 세습의 작용을 증진시킨 요인은 여러 가지가 있는데, 이 중 관료국가만큼 중요한 것은 없다. 통치 이념으로 편입된 신유교와 전례 없는 정도로 중앙집권화된 국가의 성립은 정확하고 체계적인 방법으로 귀속적인 사회 위계에 대응하는 관료적 질서의 출현을 촉진시켰다. 이런 방식으로 조선은 국가와 사회의 놀라운 통합에 도달했다. 관료 영역과 정부 밖의 영역, 심지어 가족의 영역까지 체계적인 전체 속으로 융합되었던 것이다.

세습, 혼인, 국가

한국 문명에서 거주민 사이의 세습적 차별화는 기록이 존재하는 초기 시대부터 제도화된 것으로 보인다. 삼국시대(4~7세기)를 통일하여 7세기부터 10세기까지 한반도의 대부분을 지배한 신라왕조에서 '골품제'(뼈등급)는 왕족에서 평민에 이르기까지의 인구를 세습적 신분으로 배치했다. 혼인관계는 분리된 신분의 경계를 넘지 않았다. 20세기에 이르기까지 한국의 사회 위계는 이러한 구도로부터 생겨난 세 가지 패턴에 의해 이뤄져왔다. 즉, 귀속적 사회 지위, 세습 왕권에 기초한 정치적 주권,[3] 그리고 군주제를 보완하고 종종 그것을 지배하기도 했던 귀족 엘리트들의 지배가 그것이다. 이 시스템은 이어진 고려왕조기(918~1392)에도 지속되었다. 5세기에 걸친 고려 통치 기간 동안 외부의 침략과 위협이 이 시스템의 기반을 약화시킬 우려도 있었지만, 모델 자체는 유효했다. 몽골이나 고려 무신 찬탈자의 지배 아래에서도 왕조의 궁궐은 그대로 남아 있었고, 두 부류의 귀족 즉, 수도에 거주하거나 전국에 흩어져서 반+영주 노릇을 한 귀족 집단은 사회질서의 유지에 조력했다. 출생 기반의 이러한 종합적 지위 시스템은 상당한 수의 세습 노예(노비), 그리고 백정, 갖바치 등의 '천한' 사람들로까지 확대되었다. 이 사람들도 귀족, 평민과 더불어 조선왕조로 이어지게 된다. 조선왕조에서는 네 번째 주요 범주인 제2 신분집단이 합류하게 된다.

조선 초기 3세기 동안 이러한 제2 신분집단의 등장은 이 시기에 지배질서가 상당한 변화를 겪었음을 시사한다. 이것은 고려-조선의 시대 구분에 관해 귀족주의 원리 혹은 귀족 그 자체인 사족士族[4]의 연속성을 인정하지 않고 대신 지배계급의 끊임없는 변동을 주장하는 많은 역사가의 견해다. 이 관점은 14세기 후반 고려-조선 과도기에는 중소 지주인 신유학 이상주의자들이라는 새로운 집단이 지배했고 16세기 초에는 또 다른 새로운 집단인 사림이 지배했다는 것 등으로 이어진다. 1980년대와 1990년대 일부 역사가들은 조선 초기에 공식적으로 인정된 유일한 신분 차별은 대규모의 '양인'(평민)과 대부분 노예인 하층민(천인) 집단 간의 차별뿐이었다는 훨씬 더 극단적인 논고를 제출했다. 다시 말해서 조선 초기에 엘리트 세습은 없었다는 것이다. 대신, 관료적 경쟁 및 여타 수단을 통해 16세기 무렵 귀족 신분을 출현시킨 공평한 경기장이 있었을 뿐이다.[5] 공교롭게도 이 연구는 한국사가 물질적 성장을 통해 더 높은 발전 상태를 향해 일련의 단계를 거쳐갔다는 견해와 잘 부합한다. 확실히 15세기 초 조선왕조의 창시자인 이성계 추종자들의 편입도 포함하여, 강화 혹은 부분적인 대체를 통해 귀족 집단이 일신되는 주기적 과정을 간과할 수는 없다. 그러나 존 던컨이 설득력 있게 보여주었듯이, 조선왕조의 설립은 수 세기 동안 지속되어온 중앙 엘리트 형성 과정의 절정에 해당한다. 새로운 왕조에 대한 귀족의 비판적 지지는 주로 고려 시대 말기의 혼란 속에서 사회-정치적 세습 특권을 강화하고 제도화하려는 욕망에서 비롯되었다.[6]

나아가, 조선 초기에 귀족적 지위에 대한 법적 규정이 없었다는 주장은 이와는 정반대의 강력한 증거와 모순된다. 예를 들어, 15세기 초의 국가 지원 귀족 가문 목록과 15세기 후반의 왕조 법전은 사실상 귀족과 여타 계급 간 차이를 구별하고 있었다.[7] 그리고 세습적으로 예속 상태에 있는 다수 인적 집단의 명백한 연속성을 고려할 때,[8] 이들의 노예 노동에 의존하고 있던 그 사람들의 존재를 부정하는 것은 상식에 반하는 것이다. 결국, 조선 귀족의 규모는 지역, 시기, 규정 방식 등 여러 요인에 따라 다르겠지만—제2 신분집단의 경우 더욱 그러할 것이다—, 연구 결과는 대략 인구의 10퍼센트에 달하는 눈에 띄게 많은 존재가 있었을 것임을 시사한다.[9] 그러나 그러한 거대한 귀족 집단이 어떻게 영속될 수 있었는가에 대한 미스터리는 세습 원칙이 혼인 패턴이나 관직접근권 bureaucratic eligibility과 결합하여 작용한 방식을 고려해야만 풀릴 수 있다.

혼인, 가족, 가문

가족제도, 특히 혼인과 가문은 조선의 사회 위계 발전에 중요한 역할을 했다. 이 연구에서 '가문lineage'(가계, 때로 문중)이라는 것은 개인이 속한 부계 혈연집단*을 말한다. 사람들과 가문들은 보통 특정한 '씨족clan'**(혹은 성씨) 소속으로 인식되었지만, 가문과 씨족 사이에는 중요한 차이가 있다. 공통의 성, 공통의 '본관clan seat' 및 대개 공통의 시조를 갖는 씨족은 하나에서 수십 개의 가문으로 구성된다. 각 가문은 가까운 후손의 공유, 동일 씨족 내 다른 가문과의 구별을 특징으로 한다.[10] 가문 또는 가문의식은 출생에 따른 신분 차별화의 중심에 놓여 있다. 왜냐하면 같은 씨족 내 서로 다른 가문의 경우 가까운 조상뿐 아니라 사회적 지위에서도 차이를 반영할 수 있기 때문이다. 전주이씨, 김해김씨 등 몇몇 거대 씨족***에는 귀족뿐 아니라 무반, 서북인, 중인, 서얼, 심지어 향리 가문도 있었다. 보다 가까운 확실한 혈연만이―한마디로 가문―자신의 사회적 지위를 결정하는 데 중요한 역할을 했다. 사실, 가문의식을 반영하여 씨족 내에서 분리된 가문은 고유한 세대별 이름자인 항렬자(종종 '돌림자'라고 불림)를 사용했고, 조선 후기부터 수천 개의 '동족부락'으로 군집을 이루기 시작했다.[11]

개인이 아니라 몇 세대에 걸친 조상의 계보를 통해 지위가 인정되는

---

* 부계 혈연집단(patrilineal descent group): 'descent'는 특정 인물의 후손을 말한다. '출계'라고 번역하기도 한다. 부계 출계 집단이란 특정 인물의 부계 후손들의 집단을 의미한다. 그러나 우리말에서 '출계'라는 말이 자주 쓰이지는 않으므로, 여기서는 부계 혈연집단 혹은 부계 후손집단 등으로 번역하였다.

** 씨족(clan): 원문에 'clan'을 'ssijok' sŏngssi'로 적고 있지만, 한국의 '씨족(성씨)'은 부계 성씨의 출계 집단만을 의미하므로, 이러한 구분에 중요성을 두지 않는 영어 clan과는 개념상 일치한다고 보기 어렵다. 여기서는 일단 원문을 그대로 따르기로 한다.

*** 전주이씨~큰 씨족: 통상 '대성大姓'이라고 칭한다.

것, 그런 것이 바로 출생의 힘이었다. 마찬가지로, 사회엘리트의 경우 한 개인의 삶은 주로 자기 가문의 위신을 유지하거나 높이는 능력에 의해 평가되었다.[12] 이러한 체계는 유교적 이상과 토착 현실의 독특한 조합을 반영했다. 신유교 원칙에 따라 세상을 개조하려는 열풍이 불고 있는 가운데 조선의 건국자들은 올바른 가족 예절family ritual(가례)과 가족 구조에 따라 사회를 질서 지워야 한다고 주장했다. 이 프로젝트를 위한 그들의 모델은 고대 중국의 관습과 주희의 『가례』(『주자가례』)에 정리된 규정들이었다.[13] 이것은 조상 숭배, 가계 계승, 상속, 결혼, 장례 의식 등에 관한 지침의 도입을 정당화했다. 가족제도의 기초는 종법 개념, 혹은 부계 후손 집단이었다. 간단히 말해 아버지의 계보가 곧 조상이 되었다. 이 정책이 인구의 모든 부분에 뿌리내리는 데는 2세기라는 시간이 더 필요했지만,[14] 부계 후손 집단에 기반한 친족 이데올로기는 오늘날에도 유효하다.

그러나 종법 이념의 완전한 실행을 막은 것은 개인의 지위가 동시에 아버지, 어머니 양쪽의 지위에 의해 (법령과 현실 모두에서) 결정되는 관행의 지속성이었다. 다시 말해, 계보는 부계이지만 지위 자체는 양측적이었던 것이다. 마르티나 도이힐러Martina Deuchler에 따르면, 양측성은 고려 이래의 오랜 관습이었으며,[15] 이러한 관습은 한국 고대 관행에 기반했을 가능성이 높다. 양측성은 조선왕조 전반에 걸쳐 종법주의 원칙 그 자체만큼이나 강력했다. 출생에 따라 관직이 배분되는 한국의 관행이 유교관료제 이념의 업적주의 경향을 희석시켰듯이, 양측성 역시 사회적 유동성을 희생하여 세습 권력을 강화시켰고, 이 결과 내혼적 신분집단으로 인구의 계층화가 일어났다. 출생 정체성에 대한 대중의 인지에 의존하여 특권과 사회적 상호작용의 양식이 결정되는 사회 공간 속에서, 혼인 양상은 조선 사회 질서의 역동성과 안정성 양자 모두에 중점이 두어졌다. 가문 집단은 지위를 유지하기 위해 단순히 남성의 입지에만 의존할 수는 없었다. 그들은 동등하거나 더 높은 지위를 가진 모母 측 계보를 제공할 혼인 파트너를 구해야 했다. 낮은 지위의 가문과 혼인하는 것은 어김없이 모든 후손의 지위를(그리고 조상의 지위마저도) 떨어뜨렸으므로, 배우자는 같은 지위 집단 내의 사람 중에서 찾았다.

관료제는 이러한 사회적 관행을 정교화하고 강화시키는 역할을 했다. 예를 들어, 국가시험 응시자들은 시험 응시 자격에 대한 일련의 신원 조사를 통과해야 했다. 법적으로는 첩과 개가改嫁한 여성의 아들·손자를 배제시킨 유명한 조항*이 적용될 따름이었지만, 널리 인정되듯이,[16] 얼마 지나지 않아 몇몇 예외를 제외하고는 검열 조직과 기타 정부 기관에서 낮은 지위의 사람들이 응시하는 것을 막게 되었다. 신분 확인은 후보자가 자신의 사조四祖 즉, 아버지, 친할아버지, 친증조할아버지, 외할아버지의 이름을 제출하면서 시작되었다. 종법 이념에 따르면 후보의 부계 구성원에게만 주의를 돌려야 하지만, 후보자의 외할아버지가 포함됨으로써 신분 정체성 결정에 양쪽 부모 계보의 기여가 모두 중대하다는 점이 거듭 강조되었다.[17]

관료제와 사회 위계의 조응

따라서 귀족의 지배를 제도화하고 그것을 유지하는 과정은 국가 관

---

* 첩과~조항: 『경국대전』「예전」 '제과諸科' 조를 말한다.

료제가 세습 원리를 정교화하는 것의 영향을 받았다. 출생에 기반한 조선 귀족의 지배는 경제적 이점(지대 수입과 면세)과 의례적 특권(유교적 생활 방식과 교육)에 의존하고 있었지만,[18] 귀족의 사회적 우월성을 합법화하고 강화시키는 데 필수불가결한 것은 관료 지배에 의해 부여되는 정치권력이었기 때문이다. 조직과 기능 면에서, 조선 관료제는 20세기 한국 근대국가가 가진 많은 요소들의 전조가 되었다. 그것은 전적으로 상업화된 경제에 의존하지도 않았고, 혹은 그것을 규제하는 정책을 취하지도 않았지만, 높은 수준의 합리화와 성문법화를 이루었다. 성문법화는 1471년 왕조의 법전인『경국대전』을 통해 달성되었다. 이 법전은『대명률』과 신유교 원리에서부터 고려의 전례에 이르기까지 다양한 법원法源에서 유래하여 조선 말기까지 통치의 전범으로 남아 있었다.[19]『경국대전』에는 국가의 기본 법령 외에도 세금 체계, 군령軍令, 외교 의전, 형사刑事 절차, 심지어 왕족을 위한 귀족 작위까지 상세히 기술되어 고도로 체계적인 행정의 청사진이 포함되어 있었다. 모든 관료 직급에 대해 수백 가지의 서로 다른 직책과 봉급을 명문화한 것에서 볼 수 있듯이, 인사 관리는 최우선 순위를 차지했다. 아마도 이 점에서 가장 인상 깊었던 것은 관료를 채용하고 승진시키기 위한 복잡한 조항들일 것이다. 적임자 선발·배치의 업적주의적 과정을 보장하기 위한 출발점으로서 국가 시험은 이 정교한 시스템의 핵심에 놓여 있었다.

　관료제적 합리화의 이 같은 수준을 감안할 때, 특권과 샛길을 귀속적으로 할당하는 제도가 정부와 민간에 지속된 것은 어떻게 설명할 수 있을까? 나아가 국가 행정을 군주전제정의 도구가 되도록 만든 것은 무엇인가? 두 질문에 대한 답은 귀족의 이해관계가 관료제와 사회 영역에서 합치되어 있었다는 것이다. 전근대 한국에서 관료제는 그것이 통치하는 백성으로부터 독자적으로 존재하는 지배기구가 아니었다. 그것은 사회—정치적인 차별화 그 자체의 표현(그리고 촉매제)으로서 작용했다. 조선왕조에서, 그리고 어느 정도는 한국의 역사를 통틀어, 귀족의 지배층으로서의 사회적 지위는 정부의 행정 작용 속에서 존재를 드러냈다. 실제로 조선 귀족의 통칭인 양반은 고려왕조에서 유래했는데, 문반과 무반이라는 관료의 '두 계열'을 가리키는 말이다. 귀족적 특권이 강화되는 데에 관료제의 중요성이 단적으로 나타나는 대목이다. 행정 합리화와 성문법화가 군주에게 전제적 통치의 법적 근거를 제공했을 수도 있겠지만, 사실 군주는 귀족과 경쟁해야 했다. 귀족은 통치 이데올로기의 조정자, 관료 진입로의 규제자 역할을 통해 사회적 헤게모니를 유지했던 것이다.[20] 이로 인해 군주 자리가 제도적 권력의 안정적인 원천이 되기 어려웠다. 관료 엘리트 형성에서 세습주의와 유교적 업적주의 사이의 긴장이 지속되었다.[21] 그러한 잠재된 갈등은 왕조 전반에 걸쳐 주기적으로 분출되고, 때로 군주와 귀족 사이의 유혈적 정치 충돌로 나타나기도 한다.[22] 그러나 현실적인 해결은 지배계급의 출생 기준과 관련된 관료제도의 수정을 통해 국가적 지배 엘리트의 자격을 규제하는 것으로 귀결되었다.

이러한 패턴은 사회의 나머지 부분에도 적용되어서, 사람들은 관직 보유, 조세, 부역 등 통상 국가에 대한 책무, 즉 직역職役에 따라 구분되는 귀속 지위 집단으로 차별화되었다. 그러나 그것은 관료적 성취라기보다는 출생 신분에 의해 결정되는 관직접근권eligibility이었다.[23] 실제 관직 접근권의 분포는 사회 위계를 반영했다. 양반, 중인(제2 신분집단), 평민, 천민이라는 4대 신분 범주는 각 구성원의 관료제에 대한 접근권에 대응했기 때문이다. 특히 관아 소속 노비(공노비)나 (춘향의 어머니 같은) 관기와 무당이 국가의 일에 종사하긴 했지만, 천민(노비, 백정, 광대, 무당 등)은 여러 직위에 부적격으로 남아 있었다.[24] 평민(농민, 장인, 상인, 어부)은 법적으로는 모든 관직에 접근권이 있었지만, 가장 낮고 천한 직책을 제외하고는 그로부터 배제되어 있었다. 제2 신분집단과 귀족 계급의 구성원이 거의 모든 관직을 차지했다. 사실상 제2 신분집단의 존재 그 자체가 관직 접근권상의 차별에 기반해 있었다.

사회 이동의 변수

관료제가 귀속적 사회위계에 가한 중요한 개선점들은 또한 사회 이동에서의 성취를 위한 작지만 중요한 역할도 지속시켰다. 예를 들어 조선 귀족 내의 지위 차이에서 이런 동학이 작동하고 있음을 알 수 있는데, 이 점은 세습적 엘리트를 설명할 때 양반이나 사족 같은 단일한 용어를 사용할 수 있는지 의심이 들 정도로 충분히 회자되었던 것 같다. 특히 차장섭[25]은 최상층 귀족 가문으로서 상대적으로 작은 범위의 집단인 벌열의 형성과 지속을 조명해왔다. 벌열은 조선 후기(17~19세기)에는 누대에 걸쳐 최고 관직들을 장악하고 있었다. 차장섭은 귀족 계급 내의 이러한 분화에 대한 다수 지표를 인용한다. 소수 경화사족이 배출한 압도적인 고위 관직자 수, 왕비를 배출할 수 있었던 소수 가문—모두 벌열에 속한다—, 특히 벌열과 하위 귀족 가문, 구체적으로 지방 출신을 구별하고 있던 많은 문헌 기록 등이다.[26]

지리地理는 사족 분화의 강력한 지표였다. 한국의 산악 지형은 역사, 인구, 지형, 서울과의 거리 등이 그러했던 것처럼 공간적으로, 개념적으로, 정치적으로 지역사회의 세분화를 촉진시켰다. 예를 들어, 동래부(현재의 부산을 포함하는 행정구역)는 제한적이나마 일본과의 무역을 위한 주요 중심지였을 뿐 아니라 군사적 요충지였는데, 이 때문에 다른 지역보다 더 크고 영향력 있는 엘리트 무관들이 주둔했다.[27] 전북 익산군은 귀족 인구가 많은 것으로 유명했으나, 이것은 이 지역을 대상으로 한 송준호의 사례 연구에서 보듯이 익산의 귀족 가문 인정 기준이 다른 지역보다 낮은 데서 비롯된 것이다.[28] 존 소머빌John Somerville이 보여준 것처럼 울산부 일부 마을에도 비슷한 조건이 적용된다.[29] 반면 경북 안동 지역은 강력한 귀족적 기반을 자랑했다. 신라 시대까지 거슬러 올라가는 한국의 귀족 계급의 발전 과정 속에서 그들의 역사적 활약은 여러 신분집단에 대한 보다 엄격한 규제와 자신들에 의한 보다 긴박한 지방사회 통제를 창출했다.[30] 지역별 차이는 도道 수준으로까지 확대되었다. 에드워드 와그너Edward Wagner가 '양반 초승달' 지역[31]*이라고 불렀던 경기도와 충청도는 중앙정부 관료와 가까운 친족관계를 맺고 있는 지방 거주 귀족(재지사족)의 비율이 훨씬 높았다. 서울과의 근접성 때문이다. 한편, 고려 시대 이래 전라도[32]—이곳은 한때 고대 백제왕국의 영토였고, 이후 고려왕실의 초기 경쟁자였던 후백제의 영토였다—출신의 지방 귀족은 이곳 출신 중앙 관리들이 적지 않게 높은 지위에 오르긴 했지만, 관료로서 차별을 받았다. 그러나 일반적으로 최고의 권세와 명망을 갖춘 가문이라고 하면 중앙정부 관료와 문과 급제자를 꾸준히 배출하고 서울이나 그 근교에 거주한 (문과 출신) 엘리트 집단의 가문을 뜻했다. 반면, 재지사족

---

* 양반 초승달 지역: 경기도–강원도 서부–충청도를 위에서부터 이으면 세로로 서있는 초승달 모양이 된다.

가문의 인지도는 고향 지역에서 멀어질수록 낮아졌다. 예를 들어, 경상도 남부의 재지사족이라면, 전라도 북부에서 같은 수준의 인정을 받기가 어려웠을 것이고, 이 문제는 서울이라는 경쟁적 환경에서는 더욱 민감하게 나타났을 것이다.

관건은, 만약 그런 게 있다면, 이 경계를 넘는 혼인관계의 빈도수이다. 차장섭은 하위 사족 출신들이 중앙 관료 조직에서 가끔 최고 직위를 얻었고 많은 경우 벌열과 혼인관계를 맺는 데 성공했다는 것을 보여준다. 조선 후기에 서울에 기반을 둔 강력한 엘리트 집단이 등장했다는 것은 의심의 여지가 없다. 이것은 다른 학자들도 지적한 것이다. 하지만 문제는 그들이 다른 귀족 가문을 혼인 연대나 고위직에 대한 접근에서 제외시킨 것이 어느 정도냐이다. 차장섭도 증명했지만, 이러한 배타성에 대한 예외의 기록이 많다. 더욱이 이들 두 귀족 집단의 사회-관료적 거리는 그들과 제2 신분집단 등 그 아래층을 비교할 때 희미해져버린다. 이런 사실들로 볼 때 일반 개념으로서 사족귀족제라는 우리의 목적을 유지하는 것은 정당하다.[33]

나아가 국가가 주도하는 사회 규범의 표준화는 전반적인 조선 사회 질서의 유지에 필수적이었으며 지방 귀족(재지사족)의 이익을 보호했다. 재지사족은 자신들과 같은 조상으로 연결된 서울의 경화사족과 마찬가지로 군포와 요역 면제의 혜택을 누렸다. 또한 정부는, 서원이라고 하는 지방의 유교 학원에 사액을 내렸고 지방의 의례 생활에서 귀족을 부각시키기 위한 다른 조치들도 시행했다.[34] 이러한 특권을 강화하기 위해 조선 정부는 330개가 넘는 고을 각각에 중앙에서 임명한 지방관, 즉 수령을 파견했다. 다시 말하지만, 재지사족에 대한 국가의 지원은 관료제 영역에서 가장 두드러졌다. 특히 생원과 진사(생진) 국가 자격시험은 반드시 실직實職을 제공하지 않고도 관료적 성취의 기회를 제공했다. 생진시는 종종 더 높은 시험인 문과 급제의 비공식적인 예비 단계로 기능했지만, 그 자체로 가문의 영광을 유지하는 종착점의 역할도 했다. 특히 조선 후기에 그랬다. 시험에 급제했다는 것은 그가 학문적으로 능력 있고, 의례에 숙달했으며, 신유교 경전에 전념해왔음을 증명해주는 것이다. 이 모든 것은 적절한 귀족적 행동의 징표였다.[35]

사족 계급 내에서 가문의 영광을 유지하거나 증진시키는 역할을 한 생진시는 사회 위계 속에서 비귀속적이고 성취 지향적인 관료제적 요소가 잠재적으로 강력하다고는 하지만 그 영향은 제한적이라는 사실을 부각시킨다. 세습이 지위 결정에 필수적 요소로 남아 있었던 것이 확실하다. 하지만 관료제는 점점 더 출생에 기초한 신분 정체성을 수정하는 역할을 했다. 특히, 사회 서열의 상층에서 그러했고 때때로 상승하는 사회이동을 가능케 할 정도였다. 사실 관료제는 사회적 계층화에서 성과와 공로가 가장 큰 영향을 줄 수 있는 제도였다. 관직접근권은 출생 집단에 의해 결정되지만, 이렇게 결정된 접근권의 기준 내에서 관료적 성취는 시험 급제나 직무 완수와 같은 비귀속적 성취가 역할을 하도록 허용했다. 결국 관료적 성취는 장기적으로 가문 지위에 영향을 미칠 수 있었다. 즉, 성과merit와 그 밖의 성취 가능한 요인의 작용은 관직접근권과 관료적 성취 사이에서 영향을 미쳤다(그림 1.1).

전반적으로 비집고 들어가기 어려운 신분집단 간의 차이와 대조적으로, 신분집단 내부에서 가문 간 명망의 차이는 더 유연해서, 비세습적 요인들, 가장 두드러지게는 관료적 성취가 관건이 될 수 있었다. 특히 누대

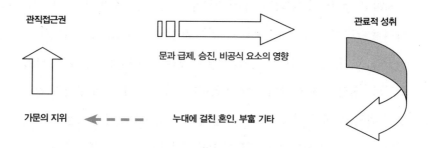

그림 1.1 관직접근권, 성취, 지위의 상호작용

관직접근권

문과 급제, 승진, 비공식 요소의 영향

관료적 성취

가문의 지위

누대에 걸친 혼인, 부富 기타

에 걸친 혼인 연결망뿐 아니라 경제적 부유함이나 여타 요소가 복합적으로 작용했을 때 사회 위계 편성에 두드러진 변동이 일어날 수 있었을 것이다. 사실, 혼인관계의 장기 패턴에 따라 신분집단 간 경계 그리고 그 내부의 경계는 시간이 지나면 바뀔 수 있었다. 예를 들어 차창섭과 같은 학자들이 사족에 대해 주장하듯이, 신분집단 내의 차이가 굳어져서 한 집단이 두 집단으로 바뀔 수 있었다. 또는 반대로 다양한 가문이 계층 내 혼을 통하여 고유한 신분집단으로 통합될 수도 있었다. 조선 후기 중인의 경우가 그랬다. 제2 신분집단 형성 과정에 이 두 가지 동학dynamics이 모두 작용했다. 이들은 압도적으로 귀속적인 사회 위계하에서 이 제한된 역동성을 자기 것으로 만들었다.

그렇다면 경제적 부富의 역할은 무엇인가? 이것은 조선 후기의 사회 위계 발전에 대한 논쟁으로 되돌아간다. 신분제 붕괴에 대한 인식은 일정 수준의 지속적 경제성장, 나아가 사회질서를 뒤엎기에 충분한 일종의 원시 자본주의를 상정하기 때문이다. 앞서도 언급했듯이, 한국전쟁 이후 한국의 역사학은 식민 통치를 조선 시대의 정체와 쇠퇴를 극복하기 위한 수단이었다고 정당화하는 일본의 역사 서술에 대한 반박을 무엇보다 우선시하고 중시했다. 한국의 역사학자들은 조선 사회가 농업적, 상업적, 사회적 활력 때문에 자율적으로 큰 변화를 겪고 있었다고 주장하면서 맞서왔다. 이기백은 자신이 저술한 유명한 한국사 책에서 평민 농부 사이의 농업 생산 증대 현상에 대해 언급했다. 이들은 시장으로부터 이익을 얻기 위해, 나아가 관료 직함을 구입하기 위해 여유자금을 사용하고 있었다. 그는 이를 신분제가 **"경제적 부를 바탕으로 하여 … 성격상 중대한 변화를 겪고 있었다"**[36]는 증거로 언급했다(강조는 인용자). 이 과정은 1960년대부터 이기백 등이 주장했던 '내재적 발전론'이라는 폭넓은 한국사 패턴과 맞아떨어졌다. 한국사는 이전의 지배 엘리트들을 능가하는 새로운 사회경제적 계층의 주기적인 출현에 의해 추동되었다는 논의이다.

아이러니하게도 일제강점기 일본인 학자 시가타 히로시의 저술은 19세기 조선에서 전통적인 신분제가 끝났다고 선언하는 이러한 전후 역사학의 흥기를 불러일으켰다. 시가타는 17세기 후반에서 19세기 중반까지 대구부의 호적에 대한 통계 분석을 실시하면서, 1850년대 평민 인구는 1690년대 총계보다 약간 감소했지만 '양반' 인구는 놀랍게도 500퍼센트 증가하여 대구 인구 전체의 거의 절반을 차지하게 되었음을 발견하였다.[37] 표면적으로 이것은 사회구조의 중요한 (사실, 혁명적인) 변화의 증거였다. 그러나 시가타 자신이 독자에게 거듭 상기시키기 위해 고심했듯이, 호적상 데이터를 왜곡할 수 있는 수많은 요인이 있었다. 직역 명칭의 의미 변화, 높은 직역을 사기 위한 수많은 동기의 존재 등이다. 그중 면역免役은 매우 큰 문제였다. 그렇다면 시가타의 통계 분석은 엘리트 직역 명칭의 엄청난 증가를 확인한 것에 불과하다. 확실히, 엘리트 직역명의

그림 1.2 김득신, 「노상알현도路上謁見圖」
18세기 초, 출처: 한국학중앙연구원

확산은 경제 영역의 발전이 평민 신분 바로 위아래의 경계를 약화시키고 있었음을 시사한다.[38] 그러나 지배 계층에 관한 한 하위 계층에서 상향 이동하는 흐름이 있었다는 증거는 없으며, 심지어 그런 것은 개별 사례도 없다.[39] 직역을 구입하기 위한 경제적 수단을 가진 서민과 나아가 노비는 수만 명의 17세기 무과 급제자와 다를 바가 없었다. 이들은 세금 명부에서 빠지기 위해 새로 얻은 직역을 가까스로 사용했지만 후손에게 이 특권을 물려줄 수는 없었다.

지배 계층으로의 상향 이동이라는 명제에 의문을 제기하는 것 중에 가장 설득력 있는 것은 아마도 비계량적 요인들일 것이다. 첫째, 관료나 여타 지배 엘리트의 글에는 부유한 상민, 제2 신분집단의 일원, 또는 사족 후손이 아닌 여타 인물 그 누구도 사족으로 인정한 흔적이 없다.[40] 오히려 관직 구매의 남용에 대한 언급이 끊이지 않는 것은 사회신분 차별의식의 강력함을 반영하는 것이다.[41] 둘째, 선교사든 관리든 19세기에 한국을 방문한 외부 관찰자들은 활발한 상업 활동의 부족을 공통적으로 지적했다. 이는 이 사람들이 가진 경험과 관찰의 한계 때문일 수도 있지만, 시장경제가 사회구조를 뒤엎을 만큼 충분히 강했다면 눈에 띄었을 것이라고 추측할 수 있다. 그렇다고 한다면, 17세기 이후 농업 생산과 시장 활동의 증가는 농업경제의 작용을 크게 변화시키지는 못한 것으로 보인다.

이것은 왜 경제적 위상이 관직접근권과는 달리 사회 신분에 반드시 조응하지 않았는지를 설명해준다. 호적대장과 양안을 살펴보면, 많은 지역에서 귀족이 집단적으로 경제적 우위를 누렸지만, 일부 귀족 가구보다 토지를 더 많이 소유한 상민호常民戶와 심지어 천민호도 있었다는 것을 알 수 있다.[42] 그러나 부유한 상민들은 비록 형식적인 직역을 살 수는 있지만 귀족의 전유물인 혼인 연결망과 관직을 얻을 수는 없었다. 귀족은 하층 출신의 사람들이 경제적 지위에서 그들과 동등하거나 심지어 능가하는 것은 용인할 수 있었지만, 그들이 관료 조직에서 영향력 있는 위치에 접근하는 것을 결코 허락할 수 없었다. 더구나 혼인 상대자로서는 더더욱 말할 것도 없었다. 이는 사회 위계에서 경제적 부의 중요성을 부정하는 것이 아니라 사회적 상향 이동에 있어 부의 한계를 독립적인 변수로 부각시키는 것이다. 관직을 획득할 수 있는 두 개의 주요 집단인 귀족과 제2 신분집단의 경우, 특히 관직 획득에 필요한 교육과 연망緣網에 자금을 댈 수 있기 때문에 가문의 부가 장기적으로 신분집단 내에서의 위상에 큰 역할을 했다. 역으로, 관직은 급여(녹봉)뿐 아니라 더 많은 비공식적인 수입을 위한 기회도 제공했다. 특히 사족이 상업에 관여하는 것

그림 1.3 호패(신분 증명 패찰)
출처: 한국학중앙연구원

이 (적어도 공공연하게는) 제한된 상황에서 그들의 재정 상태를 크게 향상시켰다.[43] 최근의 연구들은 심지어 중간급 관직들에도 엄청난 잠재적 이익이 있었음을 보여준다. 예를 들어, 고을 수령은 관곡官穀의 분배를 통제했고, 이 권한을 이용해서 부를 취할 수 있었다.[44]

그렇다면 경제적 부는 관료적 성취와 밀접하게 연결되어 있었지만, 이 연결의 영향은 세습적 지위에 의해 제한되었다. 흥미롭게도, 부(또는 더 정확히 말하면, 그것의 부족)는 하향 이동을 유도하는 데 훨씬 더 큰 잠재력을 가지고 있었고, 하향 이동은 상향 이동보다 훨씬 더 빈번하게 발생했다. 관직에서의 행운이 몇 세대에 걸쳐 고갈되면, 재정의 궁핍과도 결부되어 한 가문의 혼인 지평은 때로 더 낮은 신분집단으로 내몰리기에 충분할 만큼 급격히 축소될 수 있었다. 그러나 한 가문의 지위를 승급시키는 데에 경제적 부의 능력은 명확한 한계가 있었다. 사실, 제2 신분집단은 이러한 한계의 수많은 사례를 제공한다. 이들 속에는 조선 후기 최고 부자들이 포함되어 있었던 것이다.

제2 신분집단

제2 신분집단을 두드러지게 만드는 것—그리고 그들을 명확히 조선적 산물로 만드는 것—은 그들의 세습적 정체성뿐 아니라 낮은 관직접근권에도 있었다. 고종은 1882년 이러한 차별을 근절하기 위한 지침을 발표하면서 이제까지 피해를 본 부류를 특정하는 한편 다음과 같이 관련성을 명시했다.

> 우리나라에서는 항상 문지門地를 숭상해왔지만, 실제로는 이것이 천리의 공변됨에 해당되지 않는다. 사람을 관직에 임명하는 것에 어떻게 높고 낮은 [출생 지위]에 근거하여 제한을 둘 수 있겠는가? 이제 우리는 경장을 하고 있으니, 그에 걸맞게 관로를 넓혀야 한다. 서북과 송도[45] 출신, 그리고 서얼, 중인(의醫, 역譯), 향리(이서), 군오軍伍[46] 출신 모두 고위 관직顯職에 오를 수 있게 하라.[47]

하지만 제2 신분집단에 고위 관료 자격이 없다는 것은 사태의 일부만을 반영한 것이다. 왜냐면 위로 귀족과의 거리는 아래로 상민常民과의 거리만큼 멀지는 않은 것으로 판명 났기 때문이다. 즉, 제2 신분집단은 (주변부) 엘리트 집단으로서 사회-정치적 질서에 절대적으로 필수적이었

고, 또한 사회 위계 이면의 전반적인 제도적, 이데올로기적, 문화적 요인
들의 모체를 장악하고 있었다.

우리는 이 점을 무반에게서 발견할 수 있다. 그들의 존재는 한국의
문치주의적 엘리트와 군부 엘리트들 사이의 오랜 투쟁의 시금석이었다.
초기 국가 형성기의 삼국시대와 15세기 조선의 안정적 체제 사이에 존
재하는 천년의 시간 동안 한국 지배 집단의 성격은 군사 지향 중심에서
강한 문치 지향으로 점차 변화해왔다. 고려왕조의 마지막 세기 무렵 문
치적 지배 엘리트들은 점점 더 국가와 사회를 유교적 가르침으로 조직
하는 모델을 찾으면서 그들의 위치를 확고히 했다. 나아가 15세기와 16
세기에는 정치적, 군사적 상황으로 인해 무과의 격하가 일어났다. 1차적
원인은 위기 시나 특별한 필요가 있는 기간 동안 무과 급제자가 급증한
데 있었다. 하층 신분에서 이 방법으로 급제를 거머쥔 사람들이 홍수처
럼 쏟아져 나왔다.[48] 그 결과 하층 출신이라는 오명이 영원히 무관 가문
의 등급을 끌어내렸다. 조선 후기가 되면 군을 기피하는 문치적 귀족에
게는 단순히 무과를 치르거나 군직을 맡는 것만으로도 지위의 격하가 초
래되었다. 조선 초기에는 문무 양반 가문이 서로 혼인을 했고, 두 반열에
모두 관료를 배출한 가문이 있었지만, 17세기 초에 이르면 중앙의 무관
이 세습적 신분집단인 무반으로 분리되어 발전하기 시작했다.[49] 그러나
하층 사회의 침입으로부터 사회신분의 더 깊은 침식을 방지하기 위해 배
타적 혼인관계를 유지하고 군부 요직을 독점하는 무반도 유의미하게 형
성되었다. 이들이 차별을 유지하고자 했던 하층 집단들은 저층으로부터
상향 이동의 수단을 획득하기 위해, 접근성이 높아진 무과 시험과 군직
을 이용했던 것이다.

서울에 거주하는 또 다른 제2 신분집단인 중인은 전근대 한국 사회 위계의 가장 두드러진 특징의 하나로 간주된다. 통치제도에 있어 같은 유교적 원천을 가지는 중국에서조차도 중앙정부에 전문기술직 — 역관, 의관, 율관, 음양관, 산관算官, 화원畫員, 사자관寫字官 — 의 세습 신분집단은 발달하지 않았다.[50] 그들의 존재는 부분적으로 무반을 종속적 위치로 격하시키는 데도 일조했던 현상으로부터 비롯되었다. 그것은 즉 군사 또는 기술에 비해 유교 윤리와 철학의 지배를 더 우위에 둔 지배이데올로기이다. 이러한 편향은 왕조 초기, 별도의 교육 프로그램과 시험인 잡과가 기술 관료들을 위해 할당되었을 때 고개를 들었다.[51] 그 후, 혼맥과 관직접근권의 상호 강화하는 힘이 조선 후기에 이르러 이 관료들을 영원한 제2 신분집단의 위치로 몰아넣었다. 전반적으로 그들은 국가 정통성의 내부자였지만, 또한 희생자이기도 했다. 국가의 올바른 기능 작용에 있어 중인은 필수불가결한 존재였다. 이 점은 관료제와 사회 양쪽에서 그들의 예속적 위상과 극명하게 대비되었다.

　서얼은 지배 이데올로기의 희생자일 뿐 아니라 매우 많은 경우 바로 그 산물이기도 했다. 서얼 서사는 조선왕조 전 시기에 등장한다. 일부다처제가 흔하게 존재했던 고려 시대 엘리트들과 대조적으로 조선 초기의 통치자들은 정실부인과 기타 부인들을 구별했다. 가족에 대한 성리학의 가르침에 따른 것이었다. 그 결과 기타 부인들의 사회적 지위가 첩으로 강등되면서 그들의 자녀들은 '불법'이 되었다. 부모 양측 가문의 혈통을 이용해 세습 지위를 결정하는 한국의 오랜 관행이 결합되어 결국 서얼이 생겨난 것이다. 따라서 첩에게서 난 자식뿐 아니라 그 후손 모두가 그들의 혼인, 관직 자격, 사회적 위상을 크게 떨어뜨리는 사회적 낙인을 안고 있었다. 서얼 인구의 증가와 그들이 가진 불만의 확대는 조선 사회 질서 속에서 매우 위력적이고 영향력 있는 요소가 되었다. 이것은 심지어 이 질서의 핵심 원리에 대한 도전이 되었고, 수 세기에 걸쳐 유교 이념가들이 힘들여 직조해온 바로 그 사회적 구조를 찢어버리는 결과를 가져왔다. 법적 사회적 스티그마를 탈피하기 위한 바로 그 공적 운동 속에는 수천 명이 연명한 집단 상소가 포함되어 있었다. 공적 생활과 가족 생활에서의 배척에 대한 그들의 점점 커지는 도전은 18, 19세기 서얼과 지역 귀족 사이의 긴장을 증가시켰다. 이러한 활동들은 지배 엘리트의 일원으로서 더 많은 인정을 받고자 하는 여타 제2 신분집단들을 자극했다.

이 중에 향리가 있다. 서얼처럼 향리도 도처에 두루 존재했다. 향리는 도, 군 관아의 일상 운영을 담당한 세습 사무원이었다. 가장 중요하게는 세금을 부과하고 징수하는 일을 했으므로 지방행정에 꼭 필요한 존재였다. 향리 가문의 상당수는 비슷한 기능을 수행하면서도 더 큰 자율성과 지위를 누렸던 고려 시대의 가문에서 비롯되었다. 또 다른 향리 가문의 설립자들은 이러한 임무를 수행할 수밖에 없었던 몰락 양반들이었다. 왕조 초기부터 지배 신분 측에서는 향리를 경멸하면서 관부의 필요악을 처리하는 전문가이거나 곤란한 때에 이용하기 편리한 희생양으로 보았다. 향리는 중인과 마찬가지로, 전문가specialist에 의존하면서도 그보다 종합적 지식인generalist을 더 중시하는 관료주의적 기풍에서 비롯되었다. 그들도 중인과 마찬가지로 조선 국가의 작동에 없어서는 안 될 존재였다. 실제 향리는 향촌의 고정기관으로서, 지역사회에 국가의 존재감을 넓히고 중앙정부의 직접 지배가 이루어지지 못하는 곳을 채우고 있었다.

제2 신분의 마지막 집단은 서북 지방*의 지역 엘리트이다. 이들은 서울과 지방의 격차를 보여주기도 한다. 조선왕조 이전 여진족의 본거지이자 변방이던 서북 지역의 위상은 조선 초 남부 지방에서 수만 명의 이민자가 유입된 것과 더불어 매우 다른 신분적 혼합 집단을 만들어냈을 뿐 아니라 독특한 사회 계층화 시스템을 창출했다. 예를 들어, 수도에서 파견된 수령과 관찰사로 표현되는 국가의 존재, 과거제에의 융화 등을 통해 최종적으로 표준화된 지침이 서북 지방으로 전달된 한편, 남부 지방과 서울을 지배한 사족이 없는 상황으로 인해 출생과 관료제 이외의 두 요인이 서북 지방의 엘리트 지위에 크게 작용했다. 그것은 군대와 상업 활동이다. 시간이 흐르면서 점점 세습적으로 변해가는 서북의 문인 엘리트도 등장했다. 남쪽의 사족과 마찬가지로 서북의 문인도 지주적 부富, 내혼 관행, 관료제에서의 성취 등을 통해 지역사회의 정점에서 입지를 굳혔다. 실제로 마지막 2세기 동안 서북 엘리트는 남쪽 귀족보다 과거시험에서 더 성공적이었다. 그렇다면 다른 제2 신분집단처럼 서북 엘리트가 공개적으로 더 큰 인지도와 특권을 요구할 것은 시간문제였다. 그러나 지배 귀족에 대한 혈통 연계가 부족하고 서북을 후미진 곳으로 계속해서 인식하는 점 때문에, 이곳의 엘리트는 과거제에서의 확고한 발판을 확보했음에도 불구하고 높은 관직에서 배제되어 있었다.

---

* 서북 지방: 이 책에서 'nothern', 'notherner'는 대체로 평안도(관서)와 함경도(관북)를 지칭하지만, 때로는 황해도(해서)까지 포함하기도 한다. 예를 들어, 황해도 출신인 이승만, 김구, 박은식을 'notherner'로 지칭하는 것이 대표적이다. 하지만 이 경우에도 번역어로 기존에 익숙한 용어인 '서북(인)'을 활용하기로 한다.

조선 사회구조의 도식

서북인의 주변화는 출생과 관료제의 이중적 작용이 지역주의 차원으로 대체된 것이다. 이것은 조선인의 규정에 작용하고 있는 신분의 범위와 종류를 보여준다. 사실, 제2 신분집단은 이 메커니즘을 잘 체현하고 있다. 신유교 가족제도가 귀속적 사회 위계에 융합된 결과 서얼이 탄생했다. 행정 기능에 존재하는 우선순위는 서울의 중인과 지방의 향리를 주변화시켰다. 군대가 사회 이동의 출구였다는 사실은 무반의 출현이 잘 보여준다. 경제적 부는 영향력이 제한되어 있었지만, 중인과 서북인은 민감하게 느꼈다. 조선에서 주민을 구별 짓는 방식을 구성하는 모든 요소가 제2 신분집단의 서사 속에 작동하고 있었던 것이다. 조선 후기 사회에서 물리적으로나 개념적으로 그들은 도처에 존재했고, 이로 인해 그들은 근대 이전의 사회적 위계를 탐구하는 데 귀중한 도구가 된다.

그러나 이 제도를 시행한 것은 귀족이었다. 여기서 마이클 만Michael Mann의 사회 계층화 이론이 도움이 된다. 마이클 만은 사회 권력의 4가지 원천, 즉 이념, 경제, 군사, 정치 중 하나 이상을 지배하는 지배집단의 네트워킹을 통해 계층화가 나타나는 것으로 보았다.[52] 조선왕조의 지배 귀족은 그 형성에 있어서 결국 4가지 원천을 모두 활용하였지만,[53] 특권의 장악에는 주로 이념적, 정치적 자원을 활용하였다. 이것은 각각 조선인을 신분에 따라 위계적으로 구별 짓는 관습적 근거 및 법적 근거에 가까운 것이다.[54] 고려왕조 말기 무렵 이미 사회 질서의 정상을 굳건히 지키고 있던 귀족은 이성계 장군의 고려왕실 전복 이후 단지 그의 왕위 탈취에 호응하여 그와 그의 추종자들을 흡수했을 뿐, 그 후로는 흉포한 무력에 의지할 필요가 거의 없게 되었다. 게다가 무력은 우리가 보아온 것처럼 축적과 상업 활동에 대해 눈살을 찌푸림으로써 경제권력을 길들인 유교 정신에도 역행하는 것이었을 터이다. 귀족이 경제적 특권을 누리지 않았다는 것을 의미하는 것이 아니다. 그들은 시종일관 노예 소유주이자 지주였다. 그보다는 귀족의 경제적 이익의 규모가 그 지배의 정도에 부합하지 않았다. 이는 막스 베버가 제시한 일반적인 견해에 부합하는 것으로, 지위에 기초한 지배는 대개 "재산의 단순한 과시에 대해 예민하게 반발한다"는 것이며, 그 반발로 인해 경제적 이득을 얻는 경우가 그 반대의 경우보다 오히려 더 많다는 것이다.[55] 조선 시대에는 사회적 위상이 낮은 사람들이 부를 얻을 수 있었지만, 이들 졸부들은 물질적 자원을 가졌다 하더라도 지속적인 사회적, 정치적 권력이라는 훨씬 더 가치 있는 상품에 접근하는 것은 거의 불가능하다는 것을 알고 있었다. 그것들은 관료적 성취에 의해 주어지는 것이기 때문이다. 포괄적인 정치적 자원으로서 조선의 중앙정부는 마이클 만이 다른 행위자들에 대한 귀족의 **집합적 권력**collective power이라고 부를 만한 것을 확보하고 있었지만, 마찬가지로 중요한 것은, 전체 인민의 상대적 지위를 결정하는 지배 집단의 **분배적 권력**distributive power을 명확히 선언하고 또 행사하고 있었다는 것이다.[*]
결국, 조선에서 귀족의 지배는 이념적 혹은 더 정확히 말하자면 의례-윤리적 자원에 의존했다. 이러한 통치 윤리는 다시 두 가지 요소로 분류될 수 있다. 하나는 유교이다. 이것은 중국에서 수입되어 지속적으로 한국화되었다. 다른 하나는 출생에 따라 인간의 가치를 부여하는 토착적

---

[*] 집합적 권력, 분배적 권력: 집합적 권력이란 자연의 개발에서 보듯이 지배력의 확장을 위해 협력을 창출할 수 있는 능력을 말한다. 분배적 권력이란 경쟁을 통해 쟁취되는 권력을 말한다.

관행이다.

상징 자본으로서의 조상

이 연구에서 정의되고 분석되겠지만, 신분status이라는 것은 많은 경우 출생에 근거하여 "사회적 존중을 요구하는 것"이라는 베버의 정의에 가깝다.[56] 더 넓은 차원에서 본다면, 전근대 한국의 맥락에서 신분은 피에르 부르디외Pierre Bourdieu의 '상징 자본' 공식에 가깝다. 그러한 물질적, 문화적 또는 기타 형태의 자원과 속성은 가치 범주로 전환된다.[57] 이러한 가치 범주화는 '상식의 생산'과 '명칭 부여의 정당성'을 통제하기 때문에 대개 특정 사회 공간에서의 권력 관계를 반영한다. 이런 의미에서 변환 가능한 자본에 관한 이론은 조선의 계층화 제도를 이해하는 현실적인 방법을 제시한다. 세습적 특권은 상징 자본의 지배적 형태인 문화 자본의 한 형태로 작용했다는 점에서 신분 그 자체의 주된 요소였다.[58] 이 장에서 주장하듯이 출생, 나아가서는 조상의 혈통이 신분, 혹은 더욱 구체적으로는 신분집단 정체성에 대해 압도적인 설명력을 보인다. 그것은 개인 삶의 가능성의 범위를 결정했다. 혼인 패턴, 특히 집단 내혼은 이 체계의 유지에 필수적인 것이었다. 출생 지위에 대한 궁극적인 결정력을 지니는 가문의 위상이 남성과 여성 양쪽 모두에게 달려 있었기 때문이다.[59]

부르디외는 사회적 차별화와 행위의 역사성을 강조함으로써 전근대 한국의 사회 위계가 생겨나고 지속되는 과정을 이해할 수 있는 하나의 방법을 제공했다. 그 단서는 출생을 통한 구별의 오랜 역사이다. 조선 사회가 완숙기에 접어들면서, 특권에 대한 상대적 접근권을 규제하는 이런 방식은 확실히 제도화와 강압에 의해서만이 아니라 습성의 힘에 의해서도 인정되고, 내면화되고, 당연시되었다. 즉, 자명하고 '합리적'인 것이 된 것이다. 대부분의 한국인은 이러한 집단 구조를 받아들이게 되었고, 이 체계에 대한 만성적 반란을 자제했다. 그것은 의식하지 못해서만이 아니라, 마이클 만이 주장하듯이, 조직력이 없기 때문이기도 했다. 대중적 문화, 문학, 기타 표현물 등 그들의 문화적 산출물에 반영되어 있듯이, 지배 귀족 이하의 사람들, 특히 이 책의 나머지 부분이 보여주는바 제2 신분집단의 구성원은 한국 학자들이 '양반 지향 의식'(양반이 되고자 하는 욕망)이라고 부르는 것에 젖어 있었다. 위계질서 속에서 개인이 처한 위치에 따라 이것의 전망은 더욱 세밀하게 다듬어졌지만, 일반적으로 수 세기에 걸쳐 발전한 귀속 지위 원칙은 널리 유효하게 받아들여졌다. 일련의 이념적, 문화적, 의례적, 경제적, 행정적 영향력을 포함하는 이 집단적 의식은 부르디외가 아비투스라고 개념화한, "동일한 조건에서 나온 모든 결과물에 공통되는 성향 체계"에 해당한다.[60] 또한, 조선적 아비투스 개념은 사회적 위계화의 통상적 인식 속에서 신분집단의 정체성에 따른 중요한 변이들을 설명한다. 물론, 역사적으로 정초된 '규범'으로부터의 그러한 이탈의 한계에 대해서도 설명한다. 이 책의 이후 장에서는 한국 사회구조의 근대적 변천에서 두 테마가 어떻게 제2 신분집단의 위치를 이해하는 비결을 제시하는지 상세히 기술할 것이다.

부르디외가 각 아비투스의 역사적 특수성을 상기시키기는 했지만, 한국의 사회 위계를 인류 역사 속에 자리매김하고 이를 통해 그것의 독특한 특성을 구체적으로 나타내기 위해서는 유의미한 비교 대상을 찾아야 한다. 예를 들어, 한국 전근대 사회의 사회 위계를 고찰할 때, 우리는

"전근대 한국 문명은 카스트 사회였는가?"라는 질문을 마주하게 된다. 얼핏 보면 이(카스트) 범주는 맞지 않는 것 같다. 한국은 귀족제나 귀속적 사회 위계가 의례나 종교적 순수성에 대한 관념에 근거한 것도 아니고, 인도 카스트와는 달리 한국의 신분집단은 극소수의 배제 집단을 제외하고는 모두 같은 지리적 공간을 차지하고 존재했기 때문이다. 한국의 경우 사회 위계에 국가 관료제가 긴밀히 통합되어 있었다는 점에서도 강한 대조가 나타나고 있는데, 이것은 인도의 광범위하고 극단적으로 분산되어 병립하는 카스트 제도에는 나타나지 않는 것이다.[61] 만약 우리가 인도의 사례를 단순화하려는 유혹에 잠시 굴복하여, '카스트 제도'에 대해 인구를 귀속적 기준에 따라 엄격히 구획하는 복합적 사회 질서라고 넓은 의미로 이를 개념화한다면, 그 유사점들은 두드러져 보인다. 통일신라에서 조선 말기까지 한국인은 출생에 따라 위계적으로 배치된 내혼 집단들로 분할되어 있었다. 인도의 브라만과 유사한 세습적 지배집단은 정치적, 경제적 특권을 통해 지위를 유지하면서 동시에 그러한 지배를 정당화하는 이데올로기를 전파했다. 그러나 베버가 암시하고 여타 학자들이 주장했던 것처럼, 이러한 정교한 카스트 제도는 보통 미국 같은 역사적 배경에서는 '인종'이나 민족에 기반한 차별이 체계화된 것으로 등장한다.[62]

눈에 띄는 신체적 차이도 없는 조선 사람들 사이에서 이러한 현상이 일어났다는 것이야말로 한국적 예외의 놀라움을 시사하는 것이다. 하지만 한국만은 아니다. 실제로 이웃한 도쿠가와 일본의 계층화는 귀중한 사례를 제공한다. 사회 위계에서 중간 계층의 세습화 정도에 대해 학문적으로 불확실한 점이 있기는 하지만,[63] 한국에서처럼 신유교의 제한적 채택에 의한 귀속적 차별화라는 일반적인 원칙이 도쿠가와 사회 질서를 유지했다. 사실 도쿠가와 및 그 부속 가문, 다이묘, 상층 사무라이 등 일본 지배 엘리트에게 있어서 세습화 정도는 조선의 사족土族을 넘어섰을 수도 있다.[64] 중국 명청 시대는, 한국보다 사회적 이동의 가능성이 더 컸음에도, 특히 남동부의 경우 가문 배경은 엘리트 지위를 얻고 유지하기 위해 채택된 다양한 자원 중 가장 중요한 것으로 오랫동안 남아 있었다.[65] 이것은 장기적 관점에서 볼 때, 사족 귀족제, 귀속적으로 사회 지위를 할당하는 오랜 관행, 심지어 노비 세습의 전통[66]조차도 전근대 한국 사회계층화만의 독특한 모습은 아님을 시사한다.

그러나 제2 신분집단을 고려한다면 이러한 역사상에 대한 우리의 이해는 한결 쉬워진다. 제2 신분집단은 조선 후기 인구의 상당 부분을 차지했을 뿐 아니라, 『춘향전』처럼 당대 사회를 묘사한 작품이 보여주듯이 그들은 어디에나 존재했다. 서울의 중앙 관아나 귀족의 집안에서 일하고 생활했고, 향촌의 지방 관아와 마을 공동체를 종행무진했다. 사족도 없고, 인구의 대부분을 차지한 노비도 볼 수 없었던 한반도 북부도 이들로 가득 차 있었다. 사회 위계의 다른 층위에 존재하는 사람들과 마찬가지로 제2 신분집단의 정체성도 출생이라는 근본 범주에 달려 있었다. 이들의 집단 내혼 실천의 고수, 가문의 지위 향상을 위한 노력을 보면 그들이 사회의 지배적인 기풍을 수용했던 정도를 알 수 있다.

상징 자본으로서의 관료제

또 다른 형태의 상징 자본은 관료제이다. 세습적 특권은 관료제라는 중요한 수정 보완 수단이 없었더라면 그 시행에 있어 명백한 한계에 부덮혔을 것이다. 조선 시대에는 중앙집권화된 국가 관료제가 사회 위계에 큰 영향을 끼쳤는데, 이는 귀족이 지배권을 행사하기 위해 관료제 독점에 의존한 것과 같은 이유였다. 관료제는 국가 자체의 실현물이었다. 부르디외가 발견한 바와 같이, 국가는 사회 구성원이 맺고 있는 관계들에 대해 '헌정적 권력'을 유지하고 있다. 즉 강압적인 권위를 장악함으로써 세습적 특권이나 관직 같은 상징 권력의 작용을 제재하거나 정당화할 수 있는 것이다. 따라서 관료제는 통상 사회 위계가 정해지는 데 없어서는 안 될 역할을 한다. 사회를 다양한 영역으로 분할하고, 그것의 의미를 구성하고, 인증하는 이 같은 권위는 사실상 국가를 정치권력의 독보적인 담당자로 만든다.[67] 부르디외는 '국가state'와 '신분status'이 공통 어원을 갖고 있는 것이 그럴 만한 이유가 있다는 사실을 상기시켜주는 것으로 보인다. 하지만, 전근대 한국 사회는 그 스스로 이 관련을 꽤 철저하게 내재화시켰던 것 같다. 이는 한국 고대사에서 유교적 통치론의 영향력이 문서화되기 전부터였을 것이다.[68] 사실, 조선왕조의 통치 질서는 국가를 이용해 지배적인 세습 특권이라는 상징 자본을 정당화하고 집행하는 것 이상으로까지 나아갔다. 국가는 관료제를 통해 이러한 관계 자체를 현실화시켰다. 관료제는 단지 국가 권력의 도구였을 뿐 아니라, 바로 국가 그 자체이기도 했던 것이다. 따라서 관료제는—부르디외는 '행정 자본'이라고 불렀음 직한데—출생과 막상막하의 영향력을 가지는 일종의 상징 자본의 형태로 전환되게 되었다. 그렇다면 관직접근권에 놓여지는 제약이 출생에 기반한 사회적 차별을 뒷받침한다는 것은 놀랄 일이 아니다. 제2 신분집단은 그것을 매우 잘 알고 있었다. 바로 자신들의 존재가 그것을 증명하고 있었기 때문이다.

제2 신분집단은 이 원칙의 반대 측면, 즉 관료제가 안정을 위한 틀로서뿐 아니라 변화를 위한 촉매 역할을 할 수도 있음을 증명해 보였다. 사실 고려 중후기 조선 귀족이 형성된 이면에는 관료로서의 성과가 있었다. 관료제는 제2 신분집단 형성에 주된 촉진제로서도 역할했다. 무반, 중인, 향리의 경우 낮은 직위로 관직접근권이 한정되면서 귀족과의 세습 분리가 강화되었다. 서북인과 서얼 편에서는 통치 질서가 관직접근권에 대한 조작을 통해 자신들을 쉽게 억압할 수 있다는 것을 알게 되었다. 문과에 합격한 서북인은 고위 관직으로의 진출이 부정되고, 서얼은 조선시대 대부분의 기간 동안 과거에 응시할 기회조차 갖지 못하였다. 따라서 관료제는 귀족의 세습적 특권을 강화했지만, 거기에는 변화를 유도할 수 있는 강력한 잠재력도 포함되어 있다는 것을 귀족 아래의 집단뿐 아니라 귀족도 항상 이해하고 있었다. 이 책의 나머지 부분에서도 알 수 있듯이, 조선 후기 제2 신분집단이 통치 질서로의 진입을 추구했을 때, 그들이 초점을 맞춘 것은 관직접근권이었다. 실제로 일어난 관직접근권 개방의 많은 배후에는 그들과 그들의 지지자들의 노력이 있었다.

조선 시대 대부분의 시기 동안 제2 신분집단은 근본적인 변화를 일으키는 데 특별히 성공하지는 못했다. 하지만 19세기 후반 제국주의에 노출된 이후 관료 사회의 오랜 잠재력이 되살아나고 사회 질서의 대규모 변혁이 발생했다. 따라서 한국에서 사회적 지위(혹은 선호에 따라서는 상징 자본의 집적)가 세습 현상에 의해 지배되던 상황에서 다원적 요인에 기반한 것으로 변화한 과정을 탐구함에 있어, 우리는 20세기의 전환, 그리고 관료제의 변화에 초점을 맞추어야 한다. 두 가지 이유에서이다. 첫째, 이 장에서 주장했듯이 관료제는 조선왕조 사회 위계의 척도였다. 둘째, 이후의 장들에서 증명하겠지만 관료제는 오랜 규범과 체계적이고 근본적으로 결별하는 데 있어서 가족제도, 혼인 양상, 경제 관계, 그리고 대부분의 다른 사회적 또는 제도적 지표에 선행하고 있었다.

2

신분의 개방
관료 엘리트에 임명되다,
1880∼1930

한국의 근대적 관료제는 1880년 통리기무아문의 설립과 함께 시작
되었다. 통리기무아문은 4년 전 강화도 조약(1876)에 따라 개항 이후 새
롭게 생겨난 정부의 많은 책임 사항을 처리하기 위해 창설된 기관이다.
이전 2세기 동안은 한국 내부의 질서와 동아시아의 장기 평화로 인해 정
부 구조에 큰 개혁이 필요 없었다. 이 상대적인 고요함은 19세기 후반
국내 봉기와 제국주의의 압력에 의해 산산조각이 났다. 1876년 조선왕
실이 일본의 무역 및 외교 관계 요구에 굴복한 이후, 국정 운영은 실질적
으로 그 시대의 새로운 기능적 필요에 맞추어 확대 개편되었다. 이 과정
은 1890년대 중반의 획기적인 갑오개혁에서 절정을 이루었다. 일제 식
민지배는 특히 1919년 3월 1일 독립항쟁 이후 또 다른 차원의 행정 변화
를 도입했고, 1930년 무렵 국가는 규모와 사회침투력 모두에서 엄청나
게 성장했다. 이러한 발전은 관료 엘리트 계층으로 진입하는 데 있어 이
전에 없었던 새로운 조건을 마련했다. 조선 시대에는 관료제가 귀족의
세습 특권을 유지시켜왔는데, 이제는 다양한 배경에서 나온, 하지만 특
히 제2 신분집단 출신의 야심찬 한국인을 상위 계층에 흡수시킴으로써,

이들이 근본적인 사회정치적 변화의 주체로 기능하게 했다.

나라를 불안의 소용돌이에 빠뜨렸던 국내적, 국제지정학적 사건들이 그랬던 것처럼, 정부의 권위와 관직을 둘러싼 정치 투쟁도 19세기 말~20세기 초 관직 배분에서 주된 역할을 계속했다. 20세기 초에는 비록 한국의 군주가 명목상으로는 주권을 쥐고 있었지만, 중앙정부의 통제권을 쥔 주체는 자주 바뀌었다. 군주제, 그리고 조선왕조는 1910년 일제 식민지배와 함께 끝났다. 한국인에게 관직접근권이라는 측면에서 보자면 세습적 지위에 따른 차별은 없어졌다. 하지만 그것은 악랄한 민족 차별로 대체되었을 뿐이다. 그러나 한국의 사회 위계에 관한 서사에서 중요한 점은, 식민지 관료제에서 높은 지위에 오른 사람들은 1880년대에 시작된 비귀족적인 하위 사회 집단을 내부로 불러들이는 방식을 계속해서 따랐다는 것이다. 관료 선발 패턴의 극적인 변화는 정치, 전쟁, 여타 사건에서 일어난 격동뿐 아니라 공식적으로 시행된 개혁에 의해서도 생겨났다. 예를 들어 외부 세계와의 접촉이 증가하면서 과거에 소홀시되거나 저평가된 소양, 즉 군사훈련 경험, 기술적 전문성, 외국어, 외부 모델을 받아들이는 능력 등이 중시되고 이로 인해 관료 경력에서 '신학문'의 가치가 높아졌다. 요컨대, 1880년부터 1930년까지의 한국 관료 엘리트의 구성을 결정했던 조건들은 조선 시대와 마찬가지로 공식적 요인과 비공식적 요인의 결합에 따라 정해졌는데, 그럼에도 그 내용은 조선 시대와는 상당히 달랐다.

두 요인 모두에 대해 유령처럼, 이상ideal으로서, 그리고 현실로서 다가온 것이 일본이었다. 이 시대에는 관료의 채용과 승진이 일본의 영향력과 최종적인 통제하에 있었다. 이 때문에 모든 중요한 변화를 일본의 정실주의 탓으로 돌리거나 혹은 그것으로 질문을 해소하고픈 유혹에 빠진다. 이러한 결론은 지나치게 단순화한 것이기는 하다. 하지만 1905년 을사늑약의 강요 이전에도 일본의 영향력은 상당했기 때문에 1905년 이전에 일본의 도움을 받았던 한국 관리들, 그리고 그 후 일본의 주권침탈에 협력했던 한국 관리들에 대해 공모의 문제가 제기된다. 예를 들어 식민지 정부의 한국인 관료의 대부분이 제2 신분집단 배경을 가지고 있다고 한다면, 제2 신분집단의 구성원에게 민족감정이 결여되어 있고 그들이 좀더 기회주의적으로 행동하는 경향이 있다는 것을 의미하는가? 우리는 이 중요한 문제를 다루지 않을 수 없다.

엄밀히 말하면 이 문제는 이 장의 범위를 넘어선다. 이 장의 목적은 이 시대 한국 관료 엘리트의 사회적 배경을 살펴보고, 공직 접근 정도를 결정한 일반적인 요인을 설명하며, 이러한 발전이 한국의 사회 위계에 미치는 의의를 논하는 것이기 때문이다. 특정 인사 결정의 동기를 설명할 수 있는 자료는 심각하게 부족하다. 따라서 이 장은 다음과 같은 자료에 의존한다. 즉, 관료의 채용과 승진에 관한 규정, 관찬 사서, 동시대인의 보고와 관찰, 직원록과 족보, 그리고 고위 관리가 된 사람들의 교육적, 정치적, 출생적 배경을 보여주는 여타 기록이 그것이다. 비록 이러한 자료들이 인물 연구를 추구하기에는 충분하지 않지만 관료 엘리트 계층 내의 주요 채용 및 승진 패턴에 대한 강력한 지표가 된다.

선행 연구

외세의 지배와 민족주의 활동에 초점을 맞추는 경향이 있는 정치사 분야에서 19세기 후반과 20세기 초반 한국의 관료 집단은 상대적으로 학문적인 관심을 거의 받지 못했다. 이에 대한 예외로는 식민지기 이전의 개화기에 대한 연구부터 거론할 수 있다. 김영모는 비록 최종 판단의 준거로 민족/반민족이라는 기준을 확고히 고수하고 있기는 하지만, 새로운 관료 집단이 출현한 사회-제도적 맥락에 대한 많은 통찰력을 제공한다.[1] 예를 들어, 김영모는 갑오개혁이 이 시대의 주요 전환점을 의미한다고 본다. 관료제에서 역할 분화와 전문화가 일어났을 뿐 아니라 채용의 기준으로 '신교육'과 개인 추천이 강조되었기 때문이다. 김영모는 이러한 발전 과정과 한국 관료들의 이력서에 대한 조사에 근거하여, 갑오개혁에서 한일병합에 이르는 15년 동안 '양반'이 최고위직을 계속 장악하고 있기는 했지만 그 대표성이 크게 감소했다고 단언한다. 김영모의 분석에 명백한 방법론적 문제들(예를 들어 씨족과 가문을 혼동하는 것과 같은)이 있기는 하지만, 그의 발견들은 이 시기 관료 질서에 있어서의 몇 가지 경향에 대한 유용한 참고가 된다.

좀 더 분석적이고 통계적으로 엄격한 접근법은 케네스 퀴노네스 C. Kenneth Quinones의 연구에서 찾을 수 있다.[2] 퀴노네스는 고종(재위 1864~1907) 초기 30년 동안의 최고 관료들을 가계, 교육, 출신 지역의 측면에서 조사했다. 그 결과 그는 가계, 특히 양반 신분 및 다른 관료들과의 친족 관계가 관료적 성공을 결정하는 지배적인 기준이었다는 것을 발견했다. 또한 19세기 후반 대부분의 고위 관료가 문과에 급제했고 '양반 초승달' 지역, 즉 서울, 경기, 충청 출신이라는 것을 발견했다. 요컨대, 퀴노네스는 1876년 개항과 그 이후의 변화에도, 적어도 최고위 관직에 대해서는, 1894년까지의 결정적인 성공 기준은 처음 조선 후기에 들어선 직후의 경향에서 벗어나지 않았다고 결론짓는다. 비록 이 발견이 설득력이 있지만, 이 연구는 퀴노네스에 의해 검토되지 않은 관료제 영역, 즉 1880년대의 새로운 개혁 기관과 이들 기관에서 새로운 전문가 자리를 차지하고 있던 사람들에게서 중대한 변화가 일어나고 있다고 주장한다. 1894년 갑오개혁 이전에도 1880년대의 발전은 몇 년 후 시행될 새로운 질서의 발판을 마련하고 있었다.

유영익의 연구도 비슷한 결론을 보여준다.[3] 그는 1894~1896년 갑오개혁기에 개혁 시도를 주도하면서 정부 고위직을 차지한 관료들에 대해 그들의 신분, 가계, 교육, 경력 등을 추적했다. 유영익은 이들 인물들, 특히 1894년 여름에 군국기무처를 조직한 인물들의 사회적 지위가 이전의 패턴에서 크게 벗어났으며, 이들의 부상이 1880년대의 새로운 기관에서 시작되었음을 보여준다. 이 책은 유영익의 연구 결과를 토대로 이런 관료들의 배경을 찾아 조선 후기로 거슬러 올라가며, 동시에 식민지 시대를 포함한 20세기 초 이들이 고위 관료로 상승하는 과정을 추적하고자 한다.

식민지 관료제에 대한 몇 안 되는 연구들은 대개 그 제도의 억압성을 보여주기 위해 그것의 조직에 집중해왔다. 그러나 역사학자 김도형의 연구는 관료들을 직접 조사함으로써 기존의 접근 방식에서 벗어나고 있다.[4] 김도형은 한국의 도지사governors와 도 참여관vice-governors*에게서는 별로 주목할 만한 점을 발견하지 못했지만, 거의 모든 군郡의 군수, 경찰의 상당 부분이 한국인이었다는 것을 발견했다. 김도형은 그들의 '친일'과 반민족적 성격을 비판하면서도 이러한 식민지 시대의 한국 관료 중 상당수가 '신지식인'과 계몽운동가 반열에서 나왔다는 데 동의한다. 박은경의 면밀한 연구 또한 같은 결론을 보여준다.[5] 박은경은 1920년대 후반까지도 대부분의 한국인 관료는 20세기 첫 10년 동안 경력을 쌓기 시작한 인물이었음을 발견했다. 박은경은 이것을 식민지 체제의 한국인 관료 채용이 개화기 때부터의 연속적 흐름을 반영한다는 의미로 받아들인다. 이 두 저작의 발견은 분명 기여하는 바가 크지만, 민족주의적 고려에 대한 김도형의 강조와 박은경의 통계적 접근법에 대한 고수는 이러한 한국인 관료에 대한 분석을 사회와 관료제의 발전이라는 프레임에 가둔다.

이러한 문제는 한국 고대사 전문가로 더 잘 알려진 한 연구자의 연구로 인해 실질적으로 극복되었다.[6] 이기동은 식민지 시대 관료들의 이력 경로를 추적했고, 식민지 이전과 해방 이후 시대의 상당한 연속성을 발견했다. 그러한 사람들의 반민족적 성격에 대한 통념적 판단으로부터 벗어나지는 않지만, 일제 치하 한국 공직 사회가 발전한 이면의 상황과 그 특성에 대한 그의 결론은 흥미롭다. 예를 들어, 이기동은 많은 한국 관료, 특히 군인 출신이 차별에 직면해서도 식민지 관료제의 상층에 도달했다는 사실을 발견했다. 게다가 이러한 식민지 시대의 관료들은 후일 대한민국 제1공화국, 제2공화국, 제3공화국에서 엘리트 관직을 압도적으로 채웠다고 한다.

---

* 도지사와 도 참여관: 각도의 행정 책임자에 대한 명칭은 병합 전까지 관찰사, 1910~1919년에 장관長官, 1920년 이후 지사知事였다. 한편, 원문 vice-governors는 도지사의 바로 아래 직책을 의미하는 것으로 보이는데, 일제강점기 총독부에서 이 직책의 명칭은 참여관參與官이었다.

그러나 이기동의 이 중요한 연구도 식민지 시대의 한국 관료와 그들이 발원한 조선 시대라는 배경 사이의 관계를 설정하거나 혹은 그들 관료들을 조선왕조의 사회적 차별화의 주요 결정 요인이었던 세습적 사회 지위에 비추어 살펴보는 시도는 하지 않았다. 이기동은 비록 누구에게 어떤 정체성이 적용되는지 구체적으로 밝히지 않았지만, 한국 최고위층인 도지사와 도 참여관의 '압도적 다수'가 '중인·향리' 출신이라는 점을 언급하고 있다(그가 조선 후기로 거슬러 올라갔다면 이들 관리들의 배경을 알 수 있었을 것이다). 뒤에 보겠지만, 그는 부분적으로만 옳았다. 그럼에도 그는 중요한 주제를 제시했다. 중인과 향리는 이 시대의 관료제에서 두드러진 인물들이었으나, 중인은 병합 직전 개화기에 더 큰 영향을 미쳤고, 향리는 도지사나 도 참여관보다는 군수와 경찰관으로 더 두드러졌다. 그러나 비귀족적 주변부 엘리트들이 관료제 내에서 두각을 나타냈던 일반적인 경향에 대한 이기동의 지적은 이 장의 연구 결과와 정면으로 일치한다.

조선왕조의 관료 선발과 승진 제도

고종의 재위기에는 그가 물려받은 조선의 제도와 극명한 대조를 이루는 정부가 출현했다. 고종이 즉위한 44년 동안의 포괄적인 변화는 기존 정부 모형이 19세기 외척 지배의 폐해가 있긴 했어도 전제주의의 자의적인 도구가 아니라 고대와 근세의 중국으로부터 상황에 맞는 사례들을 취한 체계적인 조직이었다는 점을 고려한다면 매우 이례적이다. 조선왕조 법전의 최종 개정인 1865년의 『대전회통』은 기관들 사이의 권위와 기능이 현저하게 변화했음에도 1471년 최초의 왕조 법전인『경국대전』에서 반포된 기본 체계와 거의 차이가 없는 정부 조직의 개요를 제시했다. 그러나 1880년대에 이르러, 통리아문의 설립에 보이듯이, 조선의 기존 제도로는 명백히 수용할 수 없었던 국가 자강과 발전을 위한 새로운 기능적 필요를 충족시키기 위해 새로운 정부 기관이 등장하였다. 이를 위해서는 오랫동안 확립된 관료 선발과 승진 방법 또한 개혁되어야 했다. 새로운 인재를 양성하고 19세기의 정실인사와 부패를 척결하기 위해서이다. 조선의 관료 선발과 승진 과정은 그것의 이상적인 형태에서조차 정부 행정에 참여 가능한 사람 수를 상당히 제한하고 있었다. 공정한 접근을 보장한 한줌의 규칙들, 특히 과거 제도는 정치적, 혈연적 연줄에 기반한 지배나 세습 신분의 압도적인 영향력처럼 법외 장애물의 우세함에 의해 훨씬 더 많이 상쇄되었다.

조선의 관품 등급과 승진 체계

조선 후기 중앙정부에서 군주를 보좌하는 기관은 세 갈래였다.[7] 형식적으로 국왕은 정부의 공식 최고 기관인 의정부와의 협의를 통해 통치했다. 왕조 후반기에는 당초 군사 목적으로 설립된 기관인 비변사가 최고 심의기구의 역할을 대신하였다. 결국 고종 즉위 첫 10년에 섭정 대원군은 의정부를 원위치로 복귀시켰다. 의정부의 기능은 1880년대에 내각제와 함께 공동 채택되었다가 갑오개혁 때 대체되지만, 그 명칭은 1907년까지 존속되었다. 의정부와 별개로 정부의 주요 행정 업무를 책임지는 것은 육조였다. 권력과 위상을 기준으로, 이조(인사), 호조(과세), 예조(의례), 병조(전쟁), 형조(형벌), 공조(공공사업) 순이었다. 육조는 표면적으로는 현대의 내각제를 닮았지만 그들의 행정 기능, 특히 이조(인사)와 예조(의례)의 기능은 정부 조직과 책임에 관한 유교적 이상에 확고히 기반하고 있었다. 이런 방식이 훨씬 더 두드러진 기구가 있었으니 이것들이 느슨하게 정부의 세 번째 가지를 형성했다. 이 중 일부는 규장각에서 보듯이 교육적이었고, 선혜청 같은 기관들은 잡다한 세금의 징수와 분배를 관리했다.[8] 이 세 번째 가지에서 가장 영향력 있는 기관은 승정원과 감시의 담당자들, 즉 통칭 삼사三司라 불린 기구들이었다. 삼사는 모두 정부의 일상적 활동이 적절한지에 대해 비판적으로 주시하면서, 필요시 관리들의 행실과 심지어는 국왕에 대한 감시도 지속적으로 수행했다. 게다가 이들 세 감시 기관 중 둘은 '서경署經'이라는 절차를 통해 관직 후보자의 가문 배경이 적합한지 검열할 수 있었다. 삼사는 중앙 관료 구조에서 의정부와 육조에 대해 균형추가 되었고, 때때로 다른 두 부류와 권위를 두고 다투기도 했다.[9] 이처럼 적어도 제도적으로는 관료적 분업기구의 어느 한 부분이나 혹은 국왕의 일방적인 지배를 방지하는 심의, 행정, 감시라는 날개의 균형이 맞춰졌다.

또한 조선의 관료 선발과 승진제도는 국가의 기본 법전인 『경국대전』의 반포 때부터 왕조 말기까지 본질적으로 동일하며 주기적인 수정만으로 지속되었다. 1865년 『대전회통』「이전吏典」은 특정 관직에 대한 추천 방법에서부터 연령 제한까지 모든 것을 포괄하는 규정을 담고 있어 매우 상세하고 체계적이다. 품계 체계는 이 규정들의 꼼꼼함을 전형적으로 보여준다. 모든 관직은 정1품부터 종9품까지 18계급 중 하나에 속했다. 다른 규정에서는 직급별 자격 요건을 명기하고 직급별 체계적인 급여의 척도를 정하였다.[10] 그러나 연령에 따른 서열도 함께 나타낸 품계제도는 관직의 위상과 위력을 반영하기는 했지만, 그것은 일정한 한계가 있었다. 예를 들어 왕실의 구성원은 최상위의 관품을 누렸지만 행정에서의 역할은 없었다. 마찬가지로 중인과 같은 제2 신분집단 배경을 가진 사람들은 오랜 재직이나 특별한 업적을 통해 때때로 높은 지위를 얻었지만, 의정부나 비변사, 이조·예조·호조 판서 혹은 삼사의 수장과 같은 가장 권위 있고 강력한 직위에 오른 제2 신분집단 출신은 한 명도 없었다.

관직 진입 과정에서의 품계는 시험 제도와 관련이 있었다. 법전에는 문과나 무과, 잡과 시험의 급제자에 대해 각각의 첫 관직 품계가 지정되어 있다. 예를 들어, 문과에 급제한 사람은 시험 성적에 따라 정9품, 정8품, 정7품으로 초입사했다. 장원급제자는 종6품에서 시작했다.[11] 다른 시험의 급제자들은 하위직에서 출발했다. 저명인사의 후손이나 친인척은 때때로 특별한 '보호陰敍'의 특권을 통해 출사할 수 있었다. 그러나 이들 관료도 재임 중에 과거에 급제하지 못하면 승진에서 분명한 한계에 직면했기 때문에 급제하려고 했다.

일단 관직에 들어서면 고위직으로 가는 길은 비공식적 요인 즉 권력자와의 가문 연결, 정치적 조류(특히 당쟁), 뇌물, 사회적 지위에 따른 관행의 제약 등에 더욱 좌우된다. 점진적인 승진 경로에 대한 세분화된 규정들이 상대적으로 더 큰 영향을 미친 하급 관직에서도, 직위에 추천된 사람은 누구나 가문에 대한 조사를 받았다. 법전에는 5품 이하 관직은 간관에 의한 신원 확인을 통과해야 한다고 규정되어 있었다.[12] 5품 이상 직급의 승진은 압도적으로 인적 연계에 달려 있었다. 모든 고위 관료들은 중간 직급에 사람을 추천할 수 있었지만, 이조, 병조, 호조 및 그와 대등한 고위직에 후보자를 추천할 수 있는 것은 오직 의정부 삼의정三議政

뿐이다.[13] 무과나 잡과 급제자는 공식적인 제약을 받지는 않았다. 하지만 실제로는 이들이 제2 신분집단에 속한다는 사실에서부터 이미 기본적으로 고위직에 오르지 못한다는 것이 기정사실이었다. 19세기에 문과 시험에 응시하거나 급제하는 데 있어 비교적 제약을 받지 않았던 두 제2 신분집단, 즉 서얼과 서북인도 승진에 대해 신분이 제약하는 장애를 벗어날 수 없었다. 서북인은 관습적인 편견의 희생양이었고, 다수 서얼은 법적으로 금지당했다. 법외 출생자가 얻을 수 있는 가장 높은 계급에 관한 구체적인 조항들이 있었는데, 그의 아버지의 품계와 어머니의 신분, 즉 평민이었는지 노비였는지에 따라 달랐다.[14]

고을 수령직은 조선 관료 임용제도에 있어서 이러한 형식적, 비공식적 요인 사이의 균형이 유지된 사례이다. 귀족에게 고을 수령은 중간 수준의 관직을 대표했지만, 제2 신분집단에게는 가능한 승진의 한계선이었다. 법에 의해 중앙 군직에서 가장 높은 직위를 차지한 무반은 군사적 주의가 필요하다고 판단되는 고을에서 정기적으로 수령직을 맡았다. 다른 제2 신분집단은 조선 후기에는 재산이나 훈공의 결과로 수령직을 얻을 수 있었다. 예를 들어, 중인으로서 유명한 궁중 화가였던 김홍도는 만년에 뛰어난 업적에 대한 보상으로 군수로 임명되었다. 1811~1812년 관군을 도와 홍경래 난을 진압한 일부 서북인의 경우도 이와 유사하다.[15] 그러나 18세기와 19세기 비귀족 수령의 수가 증가한 것은 대부분 관직 매매에서 비롯한 것이며, 특히 상당한 재산으로 유명한 중인의 경우에 더욱 그러했다. 만약 그렇다면, 이것은 비록 신분상 획정된 범위 내의 일이긴 하지만 관료 임용 체계 속에 꾸준히 증가하고 있던 부패의 영향력을 반영하는 것이라고 할 수 있다. 이는 결국 이 제도의 최상위 요소인 문과 시험마저 퇴색시키게 된다.

문과 시험의 문화

조선의 관료 임용 체계에서 문과보다 큰 역할을 한 것은 없었다. 심지어 조선왕조 마지막 수십 년 동안에도 그랬다. 케네스 퀴노네스가 찾아냈듯이, 문과 급제 경력은 (과거가 폐지된—역주) 1894년 이전 고위 공직자의 가장 흔한 특징이었다.[16] 갑오개혁기인 1894년 시험 자체가 없어진 후에도 인사 제도는 1년 6개월의 짧은 공백기 이후 다시 예전에 배출된 문과 급제자 중에서만 최고위 관리를 선택하는 것으로 회귀했다.[17] 과거시험과 문과의 문화는 수험 과정 자체만이 아니라 예비 수험생 양성을 위한 교육시스템을 아우르는데, 이것은 관료 선발과 승진의 토대를 형성하고 있었고, 이 점은 이 제도의 옹호자와 비판자 모두가 잘 알고 있었다.[18]

문과의 양면성, 즉 법적 강제, 공식성, 업적주의적 동력과 한편으로 주관성, 신분의 영향력 등은 모두 문과 관련 행정의 복잡성 속에서 빛을 발했다. 문과 시험에는 두 종류가 있었는데, 정기 시험인 식년시와 특별시험인 별시가 그것이다. 별시는 국왕의 즉위와 같은 일을 기념하기 위한 것이다. 수도에 모여 치르는 최종 시험(회시會試)에 앞서 몇 번의 예비 단계가 있었다. 보통 매 시험마다 33명이던 식년시 급제자들은 군주가 직접 보는 앞에서 최후 면접(전시殿試)을 치르며 급제자의 순위를 매겼다.[19] 후보 선정은 엄격히 통제되었다. 지방 수령과 귀족은 예비시험에 응시할 후보자를 추천했다.[20] 이 단계에서 걸러지지 않고 통과했던 비귀족 후보는 종종 다음 단계에서 서울의 검열 관료에 의해 부적격 판정을 받았다. 후보 선정에서 귀족들의 관리감독과 복잡한 운영 과정의 이 같은 결합으로 인해 문과 시험은 조선 관료제에서 가장 높은 자리에 걸맞은 가장 숙련되고 재능 있는 인재를 뽑는 능력에 심각한 제한을 갖게 되었다.

여기에 문과 문화의 또 다른 층위의 제한이 더해져 접근 불가능성을 강화하고 관료제 개혁의 숨은 동력을 제약했다. 바로 유교 경전에 대한 배타적인 고평가였다. 왕조가 지속되는 과정에서 과거는 1590년대 임진왜란과 같은 끔찍한 위기 속에서조차 3년마다 시행되었지만 그것의 근본적인 내용은 변하지 않았다.[21] 1894년 폐지될 때까지 문과는 항상 후보자에게 똑같은 내용과 똑같은 기술에 관한 지식을 시험했다. 유교 경전의 해석과 유교적 가르침을 정책에 적용하는 것 등이다. 관료적 성취도를 결정하는 데 있어서, 나아가 정치적, 사회적 계층의 배치에 대한 이 시험의 역할을 고려할 때, 관료 문화뿐 아니라 조선 교육 전반에서 유교 윤리의 중요성은 엄청났다. 향리가 완성한 행정 지식과 기록 보관 능력, 중인의 기술력, 무반, 서북인, 기타 비귀족 집단의 군사 기능이 유교 윤리의 숙달에 비해 열등한 것으로 평가된 것은 이러한 까닭이다.[22] 그리하여 유교의 지속적인 우월성은 신분 기반의 시험 응시 자격과 함께 관료제 개혁의 가능성, 그리고 새로운 인물과 사상을 정부 행정에 유입시킬 가능성을 크게 제한했다. 심지어 특권층 내부 구성원들로부터도 개혁 요구가 있었지만 여전히 그러했다. 예를 들어 18세기 후반과 19세기 초의 저명한 학자—관료였던 정약용은 이러한 일련의 상황을 지방정부의 궁극적인 폐단의 근원으로 인정했다.

백성을 다스리는 것이 관리의 임무라면 관직 시험이 측정하려는 능력, 임용에서 선호되는 기예, 관직 수행에 대한 평가, 관계에서의 승진 등이 모두 백성을 다스리는 것과 직결되어야 한다. 그러나 오늘날에는 일이 그런 식으로 행해지지 않는다. 우리는 후보자들의 시와 문학에 대한 지식을 살펴보고, 가문 배경을 기준으로 관직에 임명하며, 이들이 어떤 관직을 맡아왔는지 등을 기준으로 평가하고, 당쟁에의 개입을 근거로 승진시킨다. 백성을 다스리는 일에 대해 관리들은 그것이 하찮은 일이라고 말하며 하급 관리[향리]들에게 맡긴다.[23]

왕조 말년에 문과 시험 자체가 오래전부터 지방정부에 스며들었던 부패의 희생물이 되었다. 19세기 마지막 20년 동안 국내외의 관찰자들이 모두 지적했듯이, 정부는 복합적인 여러 비리에 물들어 있었다. 외척의 정치 관여, 지방행정에서 부패의 만연, 그리고 아래로는 고을 수령직에서부터 위로 중앙정부의 관직에 이르기까지 관직 매매가 일어나고 있었다.[24] 1880년대 무렵, 당대의 한 관찰자가 비꼬아 지칭한 '거대한 전국 시장'이라는 말에서, 문과 급제는 그 자체가 하나의 상품이었다.[25] 그러나 바로 이와 동시에 군주가 직접 지원하는 개혁파 관료들은 새로운 정부 기관을 설립했는데, 이는 기존의 범주를 명백히 우회한 가장 중요한 직책이었다.

1880년대와 1890년대의 정부 조직

1880년대에 설치된 통리아문을 한국에서 관료적 근대성의 시초로 보는 데는 그럴 만한 이유가 있다.[26] 통리기무아문은 1876년 강화도 조약 체결 이후 중앙정부가 처음으로 만든 새로운 기관이었다. 더욱 중요한 것은, 통리기무아문은 몇몇 묘사된 중국 고대의 이상적인 정체政體가 아니라, 지난 수십 년 동안 청나라가 취한 정부 개혁을 모델로 했다는 것이다. 이는 유교 경전이나 오래된 관행까지도 벗어나겠다는 의지의 표시였다. 이러한 경향은 1894년부터 1896년까지 갑오개혁이라는 거의 혁명적인 변화로 절정을 이루었고, 이 변화는 조선의 통치 체제를 완전히 폐지했다. 이 15년간의 개혁은 관료를 선발하고 승진시키는 새로운 접근법을 확고히 했고, 새로 설립된 이 기관에서 몇몇 고위직은 비귀족적 배경을 가진 인물에게 돌아갔던 것이다.

통리아문

1880년 말 통리기무아문의 설립을 강행한 왕과 그의 개혁파 관료들은 그것이 나타내는 새 시대를 인식하고 있었다. 새 기관은 청나라의 총리각국사무아문總理各國事務衙門*에서 그 이름의 일부와 기능의 전부—즉 외교와 결부된 무수한 새로운 업무들—를 차용하여, 즉각적으로 한국의 군사, 기술, 경제발전 수준을 동아시아 주변국의 그것으로 끌어올리겠다는 정부의 의지를 알리는 세 가지 프로젝트를 지휘했다. 첫째, 청나

---

* 총리각국사무아문: 1861~1901. 제2차 아편전쟁 이후 청나라에서 외무 전담 기구의 필요에 의해 설립된 기관이다.

그림 2.1 외무아문의 관료들, 1880년대
출처: 가톨릭출판사

라로 군사 및 산업 연수를 위한 학생 대표단 파견, 둘째, 메이지 일본으로 신사유람단 파견, 셋째, 현대 군사 기법을 훈련받은 정예군 연대인 교련병대教鍊兵隊('별기군'으로 더 유명)의 창설이 그것이다.[27]

사실, 통리기무아문의 업무 범위는 중국 측 유사 조직인 총리각국사무아문의 업무 범위를 능가했다. 중국(사대) 및 기타 국가와의 외교(교린) 이외에도, 군사 문제, 국경 관리, 기계 생산, 외국어 교육, 무역 등이 있었다.[28] 1882년 말 통리기무아문은 통리군국사무아문 혹은 '내무아문'과 통리교섭통상사무아문 또는 '외무아문'이라는 두 개의 새로운 '통리아문' 조직으로 대체되었다.[29] 공식적으로는 둘 다 의정부 소관이었으나, 통리기무아문의 경우와 마찬가지로 그들의 권한은 다른 기구의 권한보다 우선하였으며, 정부 내 고위 관료들은 전통적 기구에 자신의 자리를 유지하면서 통리아문의 직책을 겸임하였다.[30]

특히, 외무아문은 관료제 개혁의 전조가 되었다. 4개 부서에서 각각 외교 관계, 세관, 자연 자원 개발, 근대적 통신을 담당했고, 학교인 동문학同文學은 외국어, 행정 교육과 더불어 출판도 담당했다.[31] 관료 선발과 승진에서 가장 극적인 변화는 대외적 문제에 대한 우려 때문인지 외무아문에서 일어났다.[32] 외무아문은 1884년 초 중인인 변원규卞元圭를 4명의 참의 중 한 명으로 임명하고, 이후 차관급(협판)으로 승진시키는 등 처음부터 차별성을 과시했다. 3명의 또 다른 중인, 즉 변수邊燧(1861~1891, 변원규와는 관련이 없음),[33] 고영희高永喜, 정병하鄭秉夏(1849~1896)도 모두 개화기의 영향력 있는 관리가 되었고, 후에 참의로 임명되었다.[34] 이처럼 중인을 높은 지위에 임명하는 것은 그 자체로 기성 관행에 대한 놀라울 정도의 일탈을 나타내는 것이지만, '보조원'인 주사 수준에서는 더욱 극적인 전개가 이루어졌다.

외무아문 주사 자리는 근대 관료 집단의 요람 역할을 했다. 주사직은 제2 신분집단을 포함하여 다양한 배경을 가진 야심찬 관료들이 중앙정부에 진입하는 거점이었고, 전문성과 기술을 향한 한국 정부의 방향 전환이 구현되는 지점이었다. 오랫동안 (천시는 아닐지라도) 무시해오던 것이 갑작스럽게 긴요해졌다. 제2 신분집단 중에서 중인이 가장 많았던 것은 놀랄 것이 없다. 주사의 10퍼센트 이상이 중인으로 확인되는데, 이는 아마도 외교와 관련된 기술 및 전문 분야에 대한 외무아문의 중시를 잘 보여주는 것이다. 무반과 서얼 가문에서 놀랄 만큼 많은 인물이 주사직을 차지했다. 눈에 띄는 사례로 윤치호가 있다. 외무아문 주사로 관료 생활을 시작한 것으로 보이는 유명 인사의 수를 고려하면, 잘 알려지지 않은 다른 많은 서얼도 이 그룹에 합류했을 것이라고 추측할 수 있을 것이

표 2.1 주목할 만한 외무아문 주사, 1883~1892

이름(임명일)	본관	신분 배경	비고
안경수(1887. 4)	죽산	서얼	군국기무처 의원, 1900년 처형
장화식(1889. 12)	인동	무반(?)	통감부 시기 종료 시까지 무반직 유지
장박(1884. 11)	인동	서북인	장석주로도 알려짐. 유명한 친일파 관료가 됨, 함경도 출신
장학교(1884. 7)	나주	중인	유명한 화가
정경원(1888. 1)	연일	양반	시카고 만국 박람회의 조선 책임자, 1890년 문과 급제
정만조(1883. 1)	동래	양반	궁내부 근무, 조선총독부 조선사편수회 위원
정병기(1886. 1)	온양	중인	중인 명문가 출신, 1914년까지 총독부 관료(군수)로 근무, 1880년 의과 합격
정병하(1886. 1)	온양	중인	정병기의 형, 갑오개혁의 중심인물, 1896년 암살
정태유(1888. 7)	나주	중인	정학교의 아들, 유명한 화가, 서예가, 문인
현은(1890. 11)	천녕	중인	저명한 중인 가문 출신, 1880년 역과(일어) 합격, 식민지기 관료로 근무
김창현(1886. 3)	광산	무반(?)	1910년대 군수로 근무
김하영(1888. 8)	원주	서북인/향리(?)	임명 당시 함경도의 전형적인 향리직에 근무, 군국기무처 의원
김가진(1883. 1)	안동	서얼	갑오개혁기 군국기무처의 저명한 의원, 1920년 임시정부 참가
김사철(1883. 1)	연안	양반	통감부기 관직 유지, 1878년 문과 급제
고영철(1883. 1)	제주	중인	19세기 후반 고위직에 진출한 3형제 중 막내, 1876년 역과(한어) 합격
권중현(1891. 6)	안동	서얼	군국기무처 의원이며 '을사오적'
박제순(1883. 4)	반남	양반	종종 '을사오적'으로 간주되며, 통감부 및 총독부 자문으로 두드러진 역할을 함, 1885년 문과 급제
변수(1884. 6)	원주	중인	저명한 중인 가문 출신, 1883년 초대 주미 공사관 근무, 갑신정변 참여
이전(1884.10)	금산	중인	1879년 역과(한어) 합격, 1880년대 육영공원 관료
이학규(1883. 4)	홍주	무반	1911년 강원도 도 참여관
이현상(1888. 7)	정읍	중인	저명한 중인 가문 출신, 1885년 역과(한어) 합격
이강하(1892. 3)	전주	무반(?)	통감부기까지 무관직 유지
이건호(1883. 7)	전의	무반	후기 갑오개혁 정부의 관찰사, 통감부기 고위직 유지

이응익(1889. 3)	연안	양반	군국기무처 의원, 통감부기 관직 유지
이원긍(1883. 1)	전주	양반	군국기무처 의원, 20세기 초 유명한 학자이자 관료인 이능화의 부친
유길준(1883. 1)	기계	양반	군국기무처 의원, 최초 일본 및 미국 유학생의 한 사람
유성준(1885. 5)	기계	양반	유길준의 동생, 식민지기 고위직 유지
윤치호(1883. 4)	해평	서얼	유길준과 같은 온건개화파이며 최초 일본 및 미국 유학생의 한 사람

* 출처: 내용 중 다수는 『통리교섭통상사무아문 주사선생안』(규장각, 규18156)에서 발췌. 이것은 외무아문 주사 명단인데, 여기에는 임명자의 생년, 아호, 본관, 임명일, 임명 당시 관직이 기록되어 있다.

다. 〈표 2.1〉에서 알 수 있듯이, 외무아문 주사직은 한국 개화기의 가장 유명한 인물들을 포함하여 19세기 말과 20세기 초의 많은 영향력 있는 한국인 관료에게 고위직으로 오르는 디딤돌이었다.[35]

귀족과 제2 신분집단 배경의 다양한 인물이 같은 위치에서 함께 일했다는 사실만으로도 조선의 규범으로부터의 놀라운 이탈이었다. 사실, 주사가 전문적이면서 부차적인 역할을 했다는 점, 그리고 외교부를 새로운 한국 관료제의 선봉장으로 만든 숙련되고 야심차며 대부분 젊은 개혁주의자인 인물들이 거기에 선발되었다는 점[36]으로 인해, 그 자리는 정치로부터, 특히 민씨 과두정권을 둘러싸고 있던 보수파의 책동으로부터 보호될 수 있었다. 저명한 귀족 출신의 주사 120명 중 오직 8명만이 그 시대의 지배적인 왕실 외척인 풍양조씨, 안동김씨, 여흥민씨 가문의 사람이었다.[37] 그렇다면, 이 시기에 여전히 고위 관료 수준에서 유효하게 작용하고 있던 외척 정치의 영향력이[38] 외무아문 주사에 대해서는 현저히 감소했던 것으로 보인다. 이들의 후기 경력이 이 평가를 뒷받침한다. 120여 명의 외무아문 주사 중 62명은 갑오개혁기의 정부에서 근무했다.

그리고 가장 인상적인 것은 외무아문 주사가 군국기무처 의원 중 3분의 1 이상을 배출했다는 것이다. 군국기무처는 1894년 여름, 국가와 사회의 획기적인 변화를 선언함으로써 갑오개혁을 개시한 기구이다.

갑오개혁

갑오개혁(갑오경장)의 의의는 때때로 과대평가되기 쉽다.[39] 그것은 19세기 말 급증한 '개화' 시도의 정점을 상징했기 때문이다. 18개월이라는 짧은 시간 동안, 당시 서울을 점령하고 있던 일본인들의 비호 아래,[40] 정치적·지적 집단의 진보적 분자들이 서로 모여 종합적인 변혁을 만들어 낸 것이다.[41] 세기 전환기 신문, 정치 단체, 교육 기관과 같은 정부 밖 기관의 활동가들도 이 집단에서 나왔으며, 이들은 종종 유교적 학자—관료가 대책 없이 현실감각 없고 사리사욕에 빠져 있다고 비난했다. 갑오개혁의 지도자들은 정부 관료제 밖의 지도자들과 마찬가지로 조직, 행동, 그리고 정부의 목적에 있어 포괄적인 변혁을 추구했다. 이는 그들도 조선의 앞선 사람들과 마찬가지로 올바른 사회질서란 올바른 정부질서의 논리적 연장선상에 있으며, 그 반대도 마찬가지라고 생각했기 때문이다.

개혁은 1894년 여름에 '군국기무처'가 설립되면서 시작되었다.[42] 국가와 사회의 전면적인 쇄신을 위해 고안된 임시 기구인 군국기무처는 불과 몇 달 만에 200개 이상의 구속력 있는 결의안을 통과시켰다. 이 법들은 노비제도를 없애고 과거제도를 폐지했을 뿐 아니라, 새로운 내각제도를 확립했다. 1880년대로부터 물려받은 중앙 관료 조직의 모든 기구는 궁내부를 제외하고 모든 부서가 일거에 하나의 내각으로 합쳐졌고 각 아문은 국과 과로 세분화되었다. 내각은 총리대신이 이끌었으며, 8개 아문

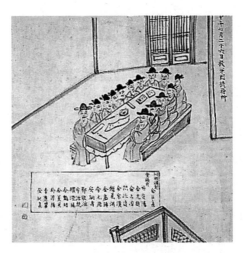

그림 2.2 1894년 군국기무처 당시의 모습
출처: 한국학중앙연구원

의 대신으로 구성되었다. 내무, 탁지, 외무, 군무, 법무, 농상, 공무, 학무 아문이다. 이전에 이조와 예조에서 하던 업무는 탁지, 학무, 법무로 나눠졌다.[43] 이리하여 조직 개편, 관료 기능의 통합, 권위의 집중 과정이 시작되었다. 이것은 식민지 시대까지도 대체로 유지되었다.

군국기무처에 의해 시작된 갑오개혁은 정치권력의 잦은 변동과 막후 책동들에도 불구하고 1894년 말 군국기무처가 해체될 때까지 지속적으로 이 기구에 의해 주도되었다. 1894년 7월 27일, 심의 첫날에 통과된 첫 10개 결의안은 이 기구가 표방하는 가치의 우선순위를 보여준다.[44]

1. 금후 국내외의 공사문첩에 [청나라 연호가 아닌] 개국기년을 쓴다.
2. 청국과 조약을 개정한 뒤 특명전권대사를 [외교 관계를 맺은] 각국에 파견한다.

3. 문벌, 반상班常의 등급을 벽파하고, 귀천에 관계없이 인재를 선용選用
   한다.

4. 문무 관료의 존비 구별을 폐지하고, 다만 품계에 따라 상견의相見儀
   를 갖는다.

5. 죄인 자신 외의 연좌율을 일절 시행하지 않는다.

6. 적처와 첩에 모두 자식이 없은 뒤에야 비로소 입양을 허한다. — 원전
   原典(『경국대전』)에 명한 대로 한다.

7. 남녀의 조혼무婚을 즉시 엄금하되 남자는 20세, 여자는 16세 이후에
   비로소 혼인을 허가한다.

8. 과부의 재가는 귀천을 막론하고 본인의 자유에 맡긴다.

9. 공사公私 노비의 법을 일절 혁파하며 인신의 매매를 금한다.

10. 비록 평민일지라도 진실로 이국편민利國便民하는 견해를 가진 자는
    군국기무처에 상서上書하여 회의에 부치게 한다.

4, 5번째 결의안만이 관료 채용과 승진 문제에 대해 직접적으로 언급
하고 있다. 하지만 실제로는 청나라로부터 한국의 독립을 선언한 첫 2개
항을 제외하면, 모든 결의안이 출생에 따라 관직접근권을 제한하는 체
제에 기여했던 오랜 관행을 표적으로 삼았다. 예를 들어, 6번째 결의안
은 서얼의 불만, 즉 가족과 관직 양쪽 모두에서 이들을 차별로 몰아넣은
15세기의 법령을 다루었다. 군국기무처 구성을 보면,[45] 이것은 갑작스런
전개가 아니었다(표 2.2 참조).

갑오개혁에 관한 연구에서, 유영익은 23명의 의원 중 11명을 '핵심
의원'으로 지명했는데, 이들은 개원에서부터 1894년 말 해산까지 이 기

표 2.2 군국기무처 의원

이름	본관	신분 배경	비고
안경수*	죽산	서얼	전 외무아문 주사
조희연*	평양	무반	조선 후기 저명 무반 가문
김종한	안동	양반	1876년 문과 급제
김학우*	김해	서북인	시베리아 연접 지역(함북 경흥–역주) 출신. 일찍이 함경 지역 출신의 또 다른 서북인 장석주에 의해 관직 진출
김하영	원주	서북인/향리?	전 외무아문 주사, 1894년 9월 6일 사임
김홍집*	경주	양반	군국기무처 총재, 1896년 처형 시까지 갑오개혁 운동 지도
김가진*	안동	서얼	전 외무아문 주사, 예조판서의 아들
김윤식*	청풍	양반	오랜 개혁가, 1880년 영선사 대표로 청국 파견
권재형*(권중현)	안동	서얼	전 외무아문 주사, '을사오적'
권영진†	안동	서얼(?)	1894년 9월 18일 사임, 1895년 명성황후 시해 사건 연루로 처형
민영달	여흥	양반	형식적 참여였을 가능성이 높음, 민씨 과두정의 대표
어윤중*	함종	양반	1894년 9월 2일 참여
박정양*	반남	양반	부총재, 온건개화파이며 시문과 서예로 유명
박준양†	반남	서얼(?)	박제순의 조카
신기선	평산	양반	1882년 문과 급제, 1894년 9월 21일 참여
서상집	대구	?	일설에 따르면 부유한 전직 인천 세관원이었다고 함
우범선	단양	무반	1876년 무과 급제, 1894년 9월 21일 참여, 1895년 명성황후 시해 사건 가담, 1903년 암살
이태영	?	?	대원군파 인물, 1894년 7월 30일 사임
이도재	연안	양반	1882년 문과, 1880년대 개혁가, 1894년 해배, 1894년 9월 21일 참여
이응익†	연안	서얼(?)	통감부기 군수
이원긍	전주	양반	대원군파 인물, 1894년 9월 9일 사임
이윤용*	우봉	서얼	이완용의 양형養兄
유길준*	기계	양반	갑신정변 주동자들과의 연관으로 1년 전까지 가택연금

* 핵심 구성원(유영익, 『갑오경장연구』 141쪽)
† 신분 정체성 미확인. 모호한 배경이라든가 군국기무처 의원의 반 이상이 서얼이었다는 복수의 관찰을 고려할 때, 서얼로 의심.

구의 원동력이었다.[46] 이들 11명 중 4명은 김홍집을 비롯한 저명한 귀족 가문 출신의 개혁파 관료(46세 이상)로서, 과거 10년 동안 정부 고위직에 있었고, 1880년대 초반의 개혁 성과를 보존하는 데 일조했다. 그러나 이들 네 명의 원로 정치인은 각각 중앙정부에서 고위직을 차지하고 있었다. 이들이 이 집단 내에서 주도적인 행동조였다고는 상상하기 어렵다. 유영익의 연구에 따르면 당시의 기록에는 이들 4명은 나머지 7명의 핵심 구성원에 의해 영입된 것으로 나타난다. 이들 7명이 군국기무처 설립을 추진하고 대부분의 결의안도 주도했을 것이다.[47] 행동조 집단의 선두에는 흠잡을 데 없는 귀족적 덕목을 지녔지만 19세기에 두드러진 정치적 가문 출신은 아닌 유길준이 있었다. 놀랍게도, 김가진, 안경수, 이윤용, 권재형 등 다른 인물 4명은 유명한 서얼이었다. 나머지 두 명의 핵심 멤버 중 김학우는 서북 출신이고 조희연은 조선 후기의 저명한 무반 가문 출신이었다.[48] 군국기무처 핵심 의원의 거의 절반과 행동조의 대부분은 서얼이었던 것이다. 그러므로 '적서' 차별의 폐지와 문무 관료의 차별―이것은 종종 적서 모순이 변형되어 나타난 형태이기도 했다―을 폐지하기 위한 조치들이 첫 결의안 중 하나인 것은 놀라운 일이 아닌 것이다.

더욱이 군국기무처의 주인공들은 한국이 외부 세계에 노출되고 접촉하는 최전선에 서 있었다. 이윤용(서얼)을 제외한 핵심 멤버들은 지난 수십 년 동안 학생, 공식 시찰단의 일원, 외교관으로서 일본과 중국, 그리고 미국 등 외국을 방문했다. 또 핵심 의원 11명 중 4명을 포함하여 군국기무처 의원 8명이 지난 10년 동안 외무아문 주사였다. 실제로 핵심 의원은 거의 모두 1880년대에 통리아문 기구 중 한 곳에 재직하고 있었다.

표 2.3 제1차 갑오개혁 내각의 구성원

부서	대신	협판	참의	주사
의정부	김홍집, 김수현, 이유성	박용대, 이충하, 이태영, 조인성		
내무아문	민영달	이준용	박준양, 정만조, 이원긍	유성준, 이전*
외무아문	김윤식	김가진†	김하영**, 이학규	정태유*, 진상언*, 현채*, 변숙상*, 현영운*
탁지아문	어윤중	김희수	이근교†, 이근배†	이범학†, 변영기*, 이상설
군무아문	이규원†	조희연†	신임†, 박제빈	
법무아문	윤용구	김학우**	장박**	오세광*
학무아문	박정양	정경원	조병건, 이응익, 고영희*, 이돈수*, 이상재	유한봉*
공무아문	서정순	한기동	서상집	이하영, 현제복*, 구연수§
경무청	안경수†‡ (경무사)			

주: 맨 오른쪽 두 개의 열은 신분 배경이 확인된 경우만 기록. 서상집과 이하영은 신분이 확인되지 않지만 양반
배경이 아니라는 것은 거의 확실하며, 제2 신분집단 출신도 아닌 듯함.
  *중인 †무반 **서북인 ‡서얼 §향리
출처: 『고종실록』, 1894년 7월 15일; 유영익, 『갑오경장연구』, 172쪽; 『구한국관보』, 1894년 7월 19일.

비록 군국기무처 의원 임명이 이러한 경험에 의해 자동적으로 보장된 것은 아니지만, 그것은 해외에서 온 아이디어, 모형에 대한 더 큰 수용력뿐 아니라 제도 개혁의 필요성에 대한 높은 인식을 촉진시켰을 것이다.

관료 선발의 세습 장벽을 허무는 갑오개혁의 노력은 1895년에서 1896년 초까지 힘을 얻었고, 그 결과 제2 신분집단 출신의 관료들이 고위직으로 더 많이 유입되었다. 김홍집, 박정양, 박영효, 유길준이 각기 이끌고 있던 명망가 기반 분파 간의 정쟁에도 불구하고, 1880년대 초반 및 이후 군국기무처에서 수립된 관료 선발 원칙은 계속해서 갑오개혁을 이

끌었다. 외무아문과 군국기무처처럼 갑오개혁 내각의 지도부는 신구新舊가 혼재된 모습을 보였다. 귀족 가문 출신이 가장 높은 자리를 차지했고, 제2 신분집단 배경을 가진 사람들이 다음 단계의 많은 자리를 메웠다. 〈표 2.3〉에서 알 수 있듯이, 1894년 늦여름의 갑오개혁 내각은 최고 지도자들인 삼의정과 대신들에 관한 한, 전통적인 조선 정부의 그것과 유사하다. 반면 이들 최고위직 바로 아래 인사의 구성에서는 조선 시대의 관행을 대거 탈피하고 있다. 군국기무처에서도 활동했던 김가진, 김학우, 조희연 등 비귀족 출신 인사가 차관급 관직을 차지했는데, 몇 년 전만 해도 이런 일은 없었을 것이다. 갑오개혁 내각의 이러한 패턴은 1895년에도 이어져 고영희와 같은 유명한 중인 관료들이 대신大臣직에 진출했고, 관찰사직이나 각 아문의 중간 직급들도 제2 신분집단 출신이 자주 차지하게 되었다.

관료제에서의 이러한 새로운 요소의 진전은 선발과 승진에서 개혁의 필요성에 대한 분명한 선언과 함께 나왔다. 첫 번째의 중대한 진전은 군국기무처가 과거제 폐지를 선언한 것이다. 이것은 관료 평가의 기준이었던 유교 자체를 부정하는 결과를 낳았다.

우리 조정은 처음부터 과거를 통해 관료를 선발했습니다. 그러나 오직 문학적인 재능에 대한 시험만으로 실무 능력을 가진 인재實才를 선발하기는 어렵습니다. 그러므로 저희는 전하께 과거제를 폐지하고 관직 채용을 위한 새로운 규칙을 제정할 것을 요청합니다.[49]

'실무 능력'을 측정하는 새로운 관료 선발 시험이 급히 제정되었다.

관직 시험으로 유교 경전 대신에 시행된 새로운 최소 자격 요건은 국어, 한문(문해), 수학, 국내외 시사 등에 관한 지식이었다.[50] 1895년 초, 정부는 또한 귀족 특권의 종식을 명시적으로 선언하였다.

고위 관료를 선발함에 있어서, 문지門地에 구애되지 않을 것이다. 인재士를 구할 때 조야朝野를 두루 살필 것이다.[51]

물론, 서울로부터의 이러한 지시들이 반드시 전국 단위에서 즉각적인 실천으로 이어지는 것은 아니며, 기성 권력자, 즉 왕실, 외척, 대가 세족의 영향력은 여전히 관직 배분을 결정하는 데 있어, 특히 지방관 임명에서 큰 역할을 했다. 더욱이 외부 상황, 그중에서도 1894~1895년 청일전쟁에서 되살아난 일본의 영향력은 갑오개혁기 내내 정치 간섭으로 지속되었다. 그러나 근본적인 개혁의 정신과 대부분의 개혁 조치 자체는 한국의 정치공동체에 안착하여 1896년 초 갑오개혁 지도자들의 몰락과 추방 이후에도 존속했다.

관료 양성

갑오개혁에서 지속된 조치 중 하나는 관립 교육 프로그램의 방향을 바꾸는 노력의 강화였다. 이것은 1880년대부터 시작된 것이다. 이 시대에 정부는 외국어, 법률, 상업, 의학, 역사, 경제, 정치와 같은 분야에 대해 몇 개의 관료 교육기관을 설립했지만, 이 교육과정에 유교 경전은 들어 있지 않았다. 새로운 교육의 우선순위는 이전과는 완전히 달랐다. 관료 선발과 승진에서 귀족의 전통적인 이점은 1880년대의 구조조정 노력과 특히 갑오개혁에 의해 이미 소멸되었는데, 유교적 윤리가 대부분 무용지물이 되면서 또 한번 타격을 받은 것이다. 정부는 서원書院에 대한 지원 대신 실무 교육을 강조하는 관료 양성기관을 운영했다. 특히 오랫동안 천시되었던 외국어 및 법률에 대한 전문지식이 새로운 관료사회의 교육과정에서 필수적인 부분이 되었다. 이는 특히 조선 시대에 이러한 전문 분야의 실무자였던 중인에게 혜택을 주었다.

외국어와 법률 교육

전문 기술 중 일류로 여겨진 번역, 통역 기술도 조선의 제도에서는 모든 다른 전문 분야와 마찬가지로 부차적인 지위로 밀려나 있었다. 그러나 새로운 시대에는 외국어 실력이 관료의 자질에서 중요해졌다. 1882~1883년 서구 열강과의 국교 수립 이후 통역 수요가 증가하자 정부는 1883년 말 외무아문 내에 동문학同文學이라는 외국어 학교를 설립했다[52](당시 중국에 동일 명칭, 목적의 학교가 있었다). 그 졸업생 중에는 한국 계몽운동의 주요 인물이자 후에 독립협회의 지도자이자 고위 관료이며 교육 운동가였던 남궁억이 있었고, 1910년대에 도지사가 되었다가 1920년대에 식민지 정부에서 조선인 중 최고 지위에 오른 이진호도 있었다.[53]

동문학은 '왕립 영어학교'라고 일컬어진 육영공원에 자리를 내주었다. 1886년 가을에 육영공원이 문을 열었을 때 동문학 출신의 졸업생과 강사들이 조교와 행정관으로 활동했고, 곧 정부는 호머 B. 헐버트Homer

B. Hulbert, 델젤 A. 벙커Delzell A. Bunker, 조지 길모어George Gilmore라는 세 명의 미국인 강사를 고빙雇聘했다. 모두 뉴욕에 있는 유니언 신학교의 학생들이었다.[54] 길모어는 『서울에서 본 한국Korea from Its Capital』이라는 회고록을 통해 고종이 뿌리 깊은 보수적 관료들과 맞서 싸우는 과정에서 자신을 도울 수 있는 관료들을 양성하기 위해 이 학교를 설립했다고 회고했다. 이에 대해 길모어는 학교가 대체로 그 목적을 달성했다고 말했다. 흥미롭게도, 길모어는 학생들이 "귀족에 속했지만", 최고의 모범생들은 "관직을 가진 높은 사람이나 학자들"이 아니라, "가장 어린 소년들과 영어 공부를 통해 승진을 희망할 수 있는 사람들"이었다고 언급했다.[55] 이러한 최고 집단에는 당시 하급 직책에 있던 이완용이 포함됐다. 우수 학생에 대한 길모어의 관찰은 의미심장하다. 개교 배경에 대한 정보를 담고 있으며 강사와 학생 인명이 기록된 현전의 『육영공원등록育英公院謄錄』은 대부분의 학생이 귀족 출신이지만 가장 어린 학생은 대부분 중인이었다는 것을 보여준다. 이들 중에는 조선왕조의 가장 성공적인 중인 가문인 정읍이씨 출신으로서 전년도 한어 역과에 합격한 이현상 같은 인물이 있다. 또한 유명한 중인 형제인 제주고씨 고영기와 고영철의 아들들도 포함되어 있다.[56]

학생 출석 문제와 느슨한 관리로 인해 결국 1894년 육영공원은 폐교되었으나, 1895년 봄 관립 외국어 학교가 설립되면서 관료 대상 어학 훈련의 노력은 다시 시작되었다. 이 학교는 1910년 병합 때까지 정부 통역사를 배출하는 1차 기관으로 역할하였으며, 근대적 발전에 발맞춰 급속히 일본어 교육기관이 되었다. 학교의 관제상 어떤 외국어를 가르칠 것인지는 학부대신이 "그때그때 적당히" 결정하도록 규정했지만,[57] 영어와 일본어가 초창기에는 단연 최고의 등록률을 보였다.[58] 그리고 학부대신이 "필요에 따라" 분교를 설립할 수 있었지만, 1907년 인천과 평양 단 두 개의 학교만이 설립되었다. 둘 다 일어학교였다.[59] 외국어 학교는 비율은 크지 않았지만 그 당시의 다른 교육기관과는 대조적으로 전반적으로 성공적이었다. 이것은 정부가 그들의 중요성을 인식했다는 것을 반영하는 것이다.[60] 학생들 자체도 육영공원과 마찬가지로 주로 귀족적인 배경에 무반과 중인이 뒤섞여 있었던 것으로 보인다.[61]

조선왕조에서는 통번역과 마찬가지로 법률 지식도 정통 귀족들의 주목을 별로 받지 못했다. 중인 법조인의 양성에 대해서는 알려진 바가 거의 없지만,[62] 연구에 따르면, 법 자체는 분쟁 해결과 정부의 기능에서 중심적인 역할을 한 것으로 나타난다.[63] 역설적이게도 법 자체의 지위는 법률 전문가의 지위보다 훨씬 더 높았던 것이다. 20세기에는 법률 전문 지식의 위상이 상당히 높아졌는데, 이 과정은 갑오개혁에서 시작되었다. 메이지 일본에서는 가토 히로유키 등 가장 유명한 관료들도 법학자였다. 이러한 일본의 영향 탓인지 갑오개혁기의 한국 지도자들은 법적 전문성과 관료적 위신을 동일시하게 되었다. 그들은 1895년 봄에 서구화된 새로운 법제도를 시행하고 법관양성소를 설립함으로써 이를 시연했다.[64] 말할 필요도 없이, 여기에 등록하는 데 세습적 제약은 없었다. 실제로 양성소 초대 소장은 1882년 율과에 합격한 법무부 중간 관리인 중인 피상범*이었다.[65] 미국인과 일본인 고문을 초대 강사로 채용한 양성소는 연말에 첫 졸업생을 배출했다. 이들을 철저히 조사해보지는 못했지만, 졸업

---

* 피상범: 원문에 이상범으로 되어 있으나 오류로 보여서 바로잡았다.

생 중 일부는[66] 윤성보와 장낙헌을 포함하여 식민지 시대까지 고위 법관을 지냈다. 놀랄 것도 없이, 1880년 역과(한어)의 합격자였던 통감부기의 판사 이용성을 포함하여 성공한 학생 중 일부는 중인이었다. 법관양성소는 1896년 초 갑오개혁이 끝나면서 문을 닫았으나, 1903년 회복되고, 이후 1910년 총독부에 편입될 때까지 계속 법관을 배출하였다.[67]

해외 유학

아마도 한국 예비 관료들의 운명에 영향을 미친 가장 중요한 변인은 해외 유학이었을 것이다. 군국기무처는 정부가 재능 있는 젊은이들을 국외에 보내도록 하겠다고 발표했다. 유학의 가치를 재빨리 인식한 것이다.[68] 사실, 수십 명의 학생이 1880년대에 이미 그렇게 했고, 1895년까지 한국의 관료 엘리트 중 상당 비율이 국외에서 공부했다. 식민지 시대에는 압도적으로 많은 학생이 외국에서 공부했다. 이들 중 상당수는 귀국과 동시에 관직을 얻었는데, 이는 신분이 높은 사람에게 필요한 지식의 실체가 바뀌기 시작했지만, 한편으로는 여전히 젊은 세대에서조차 관직을 가장 높은 직업으로 추앙했음을 알려준다. 게다가, 국내에서의 '신교육'의 기회처럼, 유학은 특히 1905년 이후의 관료 임명 과정에서 일본의 중요성을 높였다.

중국과 미국으로의 유학

역설적이게도 한국이 중국의 지배에서 벗어나고 비중화非中華 세계에 더 크게 노출된 것은 중국에 시찰단을 파견하면서부터였다. 청 왕조는 18세기에 서양과의 접촉이 증가하면서 사회경제적으로 변화가 가속되었고, 정기 사행使行으로 북경에 간 한국 일행들은 중국의 변화에 대한 놀라운 소식과 한국에도 비슷한 개혁을 실행하기 위한 아이디어들을 가지고 돌아왔다. 북부 중국*을 찾은 사람들의 이러한 흐름은 20세기 들어 실학으로 알려진 한국의 개혁 유교 운동에 기름을 부었다. 중국을 방문한 저명한 학자-관료 중 박지원은 1780년 건륭 황제의 일흔 번째 생일을 기념하기 위한 연행사燕行使의 일원으로서 중국을 방문하여 그들의 사회경제적 활력을 목격하고 중국 관리들의 말에 감명을 받았다. 그는 귀국 후 자신의 여행을 극찬의 언사로 묘사했다.[69] 당대의 또 다른 유명한 학자 박제가는 서얼 자손으로서 18세기 후반에 규장각(왕립도서관)에 임명된 유명한 사검서四檢書의 한 명이었다. 그는[70] 중국에 두 번 갔으며, 그 역시 조선이 당대 중국의 발전상으로부터 배워야 한다고 주장했다.

청나라를 모범으로 삼는 이러한 패턴은 19세기까지 유교 개혁자 집단에서 계속되었다. 박지원의 손자 박규수는 한국의 곤경이 잘 드러난 사건들의 중심에 있었다. 1860년 중국 사행을 이끌고 귀국한 박규수는 1862년 삼남지방의 대규모 민란(임술민란-역자)에 안핵사按覈使로 즉각 임명되었다. 그 후 1866년 평안감사로서 군대를 일으켜 미국 선박인 제너럴 셔면호의 침입에 대한 군사 공격을 지휘하였다. 이러한 경험들로 인해 1875년 일본이 군함 외교를 펼치며 외교와 상업 관계의 수립을 요구했을 때, 국가의 중신으로서 일본과의 타협을 옹호하는 정부 내의 몇

---

* 북부 중국: 박제가의 『북학의』를 염두에 둔 표현이다. 북학이란 『맹자』, 「등문공편」에서 유래한 표현인데, 여기서 북부 중국은 문명의 중심으로 이해된다.

안 되는 목소리를 대변했다.[71] 그사이, 중국을 방문한 또 다른 인사인 중인 역관 오경석은 공식 사행의 일원으로 천진을 몇 차례 방문할 기회가 있었다. 그곳에서 그는 서양의 기술과 문명에 관한 최신 저술들을 접할 수 있었는데, 서울로 돌아와서는 또 다른 중인 지식인 유홍기(대치라는 필명으로 더 잘 알려져 있음)와 그것을 공유했다.[72] 박규수, 오경석, 유대치는 개항의 대표적인 세 지지자였으며, 이 중 오경석과 유대치는 김옥균이 이끄는 최초의 개화파를 지도하였다. 이 세 사람에게 중국은 더 큰 외부 세계로 통하며 한국 자체의 내부 개혁의 필요성을 보여주는 렌즈였다.

한국이 중국에 의존하여 문명을 배운 긴 역사에서 바로 다음 장이자 마지막 장을 시작한 것은 국왕 자신이었다. 1881년 초 고종은 중국 관리들에게 신호를 보내고 그에 대해 좋은 반응이 오자, 화학과 전기 역학에 이르는 기술 및 군사 기술을 습득하기 위해 중국에 대규모 훈련 사절을 보낼 것을 지시했다.[73] 영선사행領選使行으로 알려진 이 대표단은 김윤식이 지휘하고 12명의 통역관, 의사, 군 관계자, 19명의 수행원, 38명의 학도學徒와 공장工匠을 포함했다. 1882년 여름 임오군란이 일어나자 학도들은 정부의 명에 따라 본국으로 귀환했다.[74] 그렇다고 모든 것을 잃은 것은 아니었다. 이 사절단은 1883년 봄 한국 최초 기계 공장의 기초를 제공했고,[75] 진행 중이던 한국 관료제 변환에 중요한 전환점을 제공했다.

1880년 여름, 이 사절에 적합한 견습생을 모으기 위해, 정부는 관리들이 사회적 지위에 상관없이 유망하고 재능 있는 젊은 후보자들을 추천해야 한다고 명시했다.[76] 귀족들이 자신들의 자녀가 하급 계층의 성원과 섞이는 것을 꺼려해서인지, 아니면 귀족들이 선발의 기준에 맞지 않아

그림 2.3 외국인 자문과 함께한 미국 최초의 한국인 사절, 1883.
뒷줄 왼쪽에서부터 세 번째 유길준, 네 번째부터 최경석, 고영철, 변수. 출처: 가톨릭출판사

서인지, 사절단의 구성원은 주로 중인이었던 것으로 나타났다. 사실 대부분의 '학도'는 잡과 급제자였다.[77] 학도 집단에는 다음과 같은 인물들이 있었다. 고영철은 1876년에 역과(한어) 시험에 합격했고 중국에서 돌아온 직후에는 외무아문 주사가 되었다. 진상언은 한국으로 돌아온 후에 역과(한어)에 합격하여 외무아문 주사로 근무했고 1896년까지 군수로 일했다. 조한근도 1876년 역과(한어) 합격 후 갑오개혁 때 나주부 관찰사가 되었다.

　미국에 진출한 한국 학생 중에 중인도 있었다. 일본이나 심지어 중국과 비교했을 때, 미국은 이 시기에 거의 한국인을 유치하지 않았지만, 이학생들은 19세기 후반에 한국 교육과 관료제 발전에 중요한 역할을 했다. 미국에서 가장 먼저 정식으로 공부한 사람은 1883년 워싱턴에 첫 부

임한 한국대표부에 수행원으로 동행한 유길준이었다. 유길준은 바로 귀국하지 않고 남아서 매사추세츠 세일럼에 있는 고등학교에 다녔다. 수행원 속에 중인도 두 명 있었는데, 고영철과 변수가 그들이다. 변수는 1884년 실패로 끝난 갑신정변에 참가하고 그 후 일본으로 망명했다가 이어서 미국으로 돌아왔다. 그는 1891년 메릴랜드 대학교에서 학업을 마치는 등 미국 대학 최초의 한국인 졸업생이 되었다.[78] 다른 두 명의 미국 유학생은 서얼 윤치호와 귀족 서재필이다. 그들은 갑신정변에 참여한 후 미국으로 건너갔다. 둘 다 결국 미국 대학에서 학위를 받았고, 정치적 분위기상 안전이 보장된 1895년 갑오개혁 때 한국으로 돌아왔다. 변수는 메릴랜드에서 사고로 사망했지만, 나머지 3명의 한국인 유학생은 미국 교육을 받은 후 한국으로 돌아왔고, 각자 나름대로 길을 개척하는 인물이 되었다. 이 중 2명은 제2 신분집단이었다.

한국 근대 엘리트의 학습장으로서 일본

한국의 근대 관료제에 대한 서사는 한국 엘리트를 교육시킨 일본의 엄청난 영향을 인정하지 않고서는 불완전할 것이다. 19세기 후반에는 지적 영향을 미치는 주요 외국 세력으로서 일본이 중국의 자리를 대체했다. 일본은 해방 후(1945~) 미국에 이 자리를 내줄 때까지 반세기 이상 지배적인 역할을 했다. 식민지 시대 중반까지 모든 한국 최고위급 관료는 일본 대학에 다녔다. 그 이전에도 일본은 최고위급 관리가 될 한국인의 대다수를 끌어들이고 있었다. 식민지기 첫 10년 동안, 중앙정부의 몇 안 되는 고위 관료뿐 아니라 모든 도지사를 포함한 거의 모든 최고위 관료가 일본에서 공부했다. 갑오개혁 내각 관료의 상당 비율도 1880년대에 일본에서 교육을 받은 바 있었다.

이것은 분명 우연이 아니다. 갑오개혁 시기부터 일본에서 공부한 한국 최고위 관료들이 임명되자, 한국 정치에 대한 일본의 영향력이 커지고 결국 일본의 지배가 강화되었다. 그리고 역으로 일본의 영향력이 커지자 일본에서 공부한 한국인들이 고위 관료로 임명되었다. 실제로 식민 지배 이전에도 한국 정치 문제에 대한 일본의 영향력은 일본에 파견된 한국 학생의 수와 상관관계가 있었다. 메이지 정부는 집안이 좋고 개방적인 한국의 젊은이들에게 자신들이 거둔 근대화의 결실을 보여주고자 했다. 단기적으로는 한국 정부 내에 우호적인 파벌을 조성하고, 장기적으로는 잠재적 정부 지도자들과의 관계 발전이 일본의 이익을 증진시키리란 것을 알고 있었기 때문이다. 1870년대와 1880년대 일본 서구화 운동의 주창자였던 후쿠자와 유키치는 처음부터 이 발전에 적극적인 역할을 했다. 10년이 훨씬 넘도록 후쿠자와는 한국 학생들에게 '개화'의 등불로 역할했다. 그러한 행동의 이점을 확신한 일본 관료들의 협조로, 그는 20세기 벽두에 이르기까지 수십 명의 한국인을 그가 설립한 사립학교인 경응의숙이나 다른 관련 기관으로 데려왔다.[79]

1881년 정부가 후원한 제3차 일본 시찰단에 최초의 한국 학생들이 동행했다. 이 시찰단은 1876년과 1880년의 단기 임무와는 달리 4개월 동안 머물렀고,[80] 임무가 끝난 후 계속해서 훈련을 이어가도록 다수의 수행원을 일본에 남겨두었다. 이 중 3명은 관료인 어윤중과 동행하여 후쿠자와 유키치의 지도하에 공부했다. 3명 중 유길준과 그의 매부 유정수는 경응의숙에 등록했다.[81] 나머지 1명인 유명한 군관(그리고 서얼)의 아들 윤치호는 영어를 공부하기 위해 그 부속학교에 입학했다.[82] 윤치호와 유길준은 이 경험을 한평생 외부세계에 대한 관찰과 연구를 위한 발판으로 삼았다. 두 사람 모두 갑오개혁 정부에서 주요 역할을 했고, 여러 세대에 걸쳐 한국 관료와 지식인에게 영향을 미쳤다. 1880년대 일본 유학 유행의 제2기도 마찬가지라고 할 수 있다. 1883년 여름 60여 명이 김옥균과 동행했다. 이 중 서재필 등 14명은 일본 육군사관학교 예비 생도의 훈련학교인 도야마 군사학교에 입학했다. 1881년부터 1884년 사이에 70명에 가까운 한국 학생이 일본으로 건너갔으나, 갑신정변(도야마 군사학교 졸업생들이 참여한) 이후 대부분 소환되었다.[83]

1880년대 초의 일본 유학은 병합 때까지 계속되어 19세기 말~20세기 초 한국 관료의 운명과 특성에 상당한 영향을 준 패턴을 확립했다. 첫째, 일본에 대규모의 학생 그룹을 파견하는 정부 관행, 특히 미래의 관료를 훈련시키기 위한 관행이 1881년 조사시찰단과 1883년 유학생 파견에서 시작되었다. 1895년, 1904년, 그리고 그 이후에도 관비官費 유학생 무리는 다시 한국으로 돌아와서 한국의 관료주의에 중요한 지적, 인적 자원으로 역할했다. 둘째, 이러한 초창기에는 일본에서의 군사훈련이 미래 관료들에게 두드러진 공통의 경험으로 등장했다. 1883년 도야마 군사학교에 입학한 학생으로는 1884년 갑신정변에서 김옥균과 박영효를 도운 서재필, 유혁로, 신응희, 이규완 등이 있었는데, 이들은 모두 정변 실패 후 일본으로 망명하여 10년을 보냈다. 서재필은 미국으로 갔고 나머지는 일본으로 갔다. 4명 모두 1895년 귀국해 갑오개혁 정부에서 직책을 맡았으며, 1896년 갑오개혁 내각이 몰락한 후 유혁로, 신응희, 이규완 등 3명은 또 다른 10년을 일본에 망명하여 보낸 후, 모두 총독부 초기 한국인 도지사 6명 중 일부가 되어 복귀했다. 셋째, 일본 유학은 비귀족 인물이 관료제 상층에 점진적으로 편입되는 데 기여했다. 많은 제 2 신분집단 구성원이 일본으로 갔기 때문이다.[84] 넷째, 세 번째와도 밀접하게 관련되어, 1880년대에는 사비私費 유학생이 일본으로 가는 첫 사례가 등장했고, 그들로부터 총독부 최고위급 한국인 관리들이 일부 나왔다.[85] 이 학생 중 많은 수가 비귀족이지만 부유한 배경에서 나왔던 것은 당연하다. 1884년 일본으로 건너간 구연수와 1890년대 후반에 간 박영철은 총독부의 상층 관료가 되었다. 두 사람 다 향리의 후손이므로 이 현상의 가장 대표적인 사례라고 할 수 있다. 유학은 거의 모든 학생에게 그들의 이후 진로를 향상시켰지만, 특히 제2 신분집단 출신의 수많은 미래 관료에게 사회적 신분이라는 전통의 제약을 벗어날 수 있도록 선견지명, 추진력, 그리고 자금을 활용할 기회를 주었다. 대부분의 경우, 이런 기회는 일본을 매개로 해서 왔다.

일본 망명

일본은 한국 유학생을 교육하는 것 외에도, 고국에서 기득권에 맞서고 있는 개혁적인 한국 관료들의 피난처 역할을 했다. 일본은 진보적 사상의 가장 가깝고 접근 가능한 원천으로서, 사회 정치 개혁의 모델로서, 그리고 한국 문제에 있어서 가장 적극적인 개입 세력으로서, 근대 한국의 관료제 형성기에 여러 세대의 한국 지도자들을 키워냈다. 실제로, 한국 망명자들을 보호하는 이러한 패턴은 1876년 강화도 조약 이후 10년 이내에 시작되었다. 한국의 양대 망명 집단 중 첫 번째 집단은 1884년 말 갑신정변 붕괴 이후 일본으로 망명했다. 두 번째 집단은 1895년 말에서 1896년 초 정세 급변의 희생자들이었는데, 여기에는 첫 번째 집단 인물이 다수 포함되어 있었다. 일본에 각각 10년간 머물었던 두 집단의 멤버들은 망명 중에도 한국 정치에 지속적으로 개입했지만 각자 귀국 후 한국에서 고위 관료가 되면서 그 영향력은 정점에 이르렀다. 두말할 필요도 없이, 그들이 망명 생활을 하는 동안 맺은 일본인들과의 인맥은 일본의 한국병합에 중요한 기여를 한 것으로도 판명되었다.

갑신 그룹

갑신정변 사흘 뒤 청나라의 대궐 기습으로 인해 가담자 절반이 죽거나 체포되었다(체포 후 즉결 처형). 그러나 포위를 가까스로 뚫고 결국 조선을 벗어난 사람 중에 정변의 네 지도자 중 김옥균, 박영효, 서광범 등 3인과 후에 고위 관리가 된 몇몇 추종자가 포함되어 있었다. 이들은 거의 모두 10년간 지속된 망명 생활에서 살아남아서 갑오개혁이 시작되었을 때 한국 정계에 재등장하였다.[86] 집단적 시련이 유대를 공고하게 하였고, 이 유대는 1920년대까지도 지속된 것으로 보인다.

1880년대 통리아문의 관리들처럼, 이 갑신 그룹은 귀족 출신의 지도자들과 제2 신분집단 출신 추종자들의 흥미로운 결합으로 구성되어 있었다. 4명의 (매우 젊은) 지도자들은 모두 정변 이전에 정부의 일본시찰단에 참여했으며, 흠잡을 데 없는 귀족적 자격을 가지고 있었으나[87] 1870년대 후반에서 1880년대 초 중인 출신의 스승 유대치의 지도 아래에서 각성하여 '개화'파가 되었다. 이들이 전통적인 이익과 특권을 초월한 열성적인 이상주의에 의해 추동되었음은 분명하다. 그러나 망명에 합류했던 유혁로, 신응희, 정난교, 이규완 등 추종자들은 그렇지 않았다. 신응희와 이규완의 가문은 불분명하지만,[88] 정난교는 서얼 출신이며 유혁로는 무반 출신이었다.[89] 이들 4명은 비귀족 신분으로 추측된다는 점 이외에도 공통점이 많다. 그들은 박영효와 긴밀한 관계가 있었다. 박영효는 1880년대 초 이들을 자신의 휘하로 모았던 것이다. 또한 이들은 김옥균의 인솔하에 대규모 학생 사절단의 일원으로서 후쿠자와 유키치의 학교로 갔다가 1883년 도야마 군사학교에서 공부했다. 또, 망명에서 귀국한 직후 갑오개혁 기간 동안 높은 무관직에 있었다. 다시 1896~1906년 동안 2차 망명객의 일원이 되어 일본으로 도주했다. 게다가, 4명 모두 식민지 지배의 첫 10년 동안 도지사나 도 참여관을 지내기까지 했다. 그들의 멘토인 박영효도 한직에 있던 때였다.

갑오 그룹

일본 망명의 두 번째 물결은 식민지 시대에 훨씬 더 큰 영향을 미친다. 1895년 늦여름에 박영효와 그의 추종 세력에 의한 왕위 전복 음모가 폭로되자 정부는 즉각 체포영장을 발부하고, 박영효 일행은 일본으로 다시 한 번 피신하게 되었다.[90] 그와 함께한 사람들 중 대부분은 갑신 망명자 그룹에 소속되어 있었고 갑오개혁기에는 서서히 한국군 최고 부대인 훈련대의 지도적 위치를 향해 순항하고 있었다. 1895년 가을 명성황후 시해에 연루된 한국 관리들이 곧 그들을 뒤따랐다. 그러나 이러한 행위에 대한 분노에도 1896년 2월 고종이 러시아 공사관으로 피신하여 일본군의 손에서 벗어날 때까지 내각은 갑오개혁 지도자인 김홍집과 유길준의 손에 맡겨져 있었다. 내각이 무너지고 김홍집은 정병하와 함께 죽었

표 2.4 갑오 망명 그룹의 성원

이름	신분 배경	1910년대 총독부에서의 직책	비고
장박	서북인	중추원 고문	일명 장석주
조중응	양반	중추원 고문	갑오개혁 정부 참여
조희문	무반	황해도지사	저명 무반 가문 출신
조희연	무반	중추원 고문	조희문의 사촌형
정난교	서얼(?)	충청남도 도 참여관	도야마 군사학교 수학
황철	무반(?)	없음	1908~1910 경상남도지사
고영근	중인	없음	
구연수	향리	경무총감부 경무관	1910년대 조선인 경찰 최고 지위, 한국은행 초대 구용서 총재의 부친
권동진	무반	없음	1919년 3·1독립선언 민족대표 33인 참가, 1927년 신간회 조직에 조력
박영효	양반	중추원 부의장(총독부 내 조선인 공식 최고 지위)	태극기 도안, 근대 초기 지도적 정치가
신응희	무반	함경남도지사	갑신정변 참여
우범선	무반	없음	명성황후 시해 가담, 1903년 암살
이진호	무반	경상북도장관	저명 무반 가문 출신
이종원	?	없음	
이춘용	양반	중추원 고문	고종의 조카
이규완	무반	강원도지사	갑신정변 참여
이범래	무반(?)	함경북도 및 평안남도 도 참여관	
이승구	?	없음	
이두황	평민	전라북도지사	1882년 무과
유혁로	무반	경기도지사	갑신정변 및 명성황후 시해 가담
유길준	양반	없음(작위 거절)	1914년 사망
유세남	?	없음	갑오개혁기 중앙정부 고위층
육종윤	?	없음	

출처: 「주한일본공사관기록」 13, 429쪽.

다. 유길준 등은 간신히 일본으로 탈출해 기존의 망명객 무리에 합류했다.[91]

박영효와 유길준이 이끄는 갑오 망명자들은 그들의 송환을 요구하는 한국 정부와 이들을 보호할 의무가 있다고 느끼며 10년을 더 생존시킨 일본 정부 간에 외교 마찰을 일으켰다. 이 기간 동안 망명자들은 일본 관료뿐 아니라 자기들끼리도 관계를 발전시켰다.[92] 이러한 접촉은 결국에는 망명자와 일본 측 모두에 상당한 성과를 가져다주었다. 조선인은 정치적, 이념적 영감의 땅에 안식처를 얻었고, 일본인은 후에 식민지 제도를 시행하는 데 도움을 주게 될 핵심 관료 집단의 충성을 얻었다. 한국 정부가 1900년 범죄인 인도 요청서에 열거한 망명자들은 조선의 몰락과 일본의 점령, 그리고 20세기 첫 10년간 거기에 공모한 한국인의 상징으로서, 1910년 관료제 상층부에서 한국인 관료의 핵심 집단이 되었다(표 2.4 참조). 실제로 병합 초기 6개 도지사 중 5개 도지사가 갑오 망명자 집단에서 나왔고, 도 참여관도 상당 부분 그랬다. 귀족 작위와 더불어 순응적인 조선인으로 구성된 한직인 '자문 위원회' 중추원에 공식 직함을 얻은 인물도 있었다(표 2.4 참조).[93]

1884~1894년 갑신 그룹이 그랬던 것처럼, 갑오 그룹 구성원에게도 망명 10년은 더 큰 관직을 향한 중요한 발판이 되었다. 갑오개혁이나 을사조약을 통한 일본 지배의 재확립은 두 그룹의 귀국을 가능하게 했고, 나아가 그들에게 관료제 상층의 안전하고 저명한 지위를 부여했다. 그러나 이들 망명자 그룹은 일본이 한국에 진출하는 데 있어 그것을 돕고 그로부터 혜택을 받기는 하였으나, 그 과정에 결정적인 역할을 하지는 않았다. 1894~1895년과 1904~1907년 일본의 지배가 부활했던 두 시기

에, 망명자 그룹은 귀국하여, 일본을 지배적 위치에 등극하게 한 정부 집단에 가담했다. 두 번째는 영구적인 것이었다.

국내 소요, 1897~1910

1897년 선포된 대한제국은 조선왕조의 마지막 발버둥이었다. 대한제국은 관료제 발전 측면에서 볼 때 세 시기로 나눌 수 있다. 제1기는 갑오개혁 직후 시기인 1897~1904년으로, 이 시기는 외교에서 러시아의 영향력이, 내정에서 왕실의 우위가 특징이다.[94] 둘째는 1904~1907년으로, 러일전쟁과 을사조약 그리고 일본 재등극의 시기이다. 셋째는 1907~1910년, 즉 일본의 지배권 통폐합으로 결국 합병으로 이어진 시기이다. 고위 관료직에 대해 말하자면, 첫째 시기에는 19세기 말 개혁 노력의 배후에 있었던 지도자 중 상당수가 국외로 쫓겨나 정계에서 퇴장하고, 강력한 귀족 가문의 관료들이 다시 정권을 장악하면서 갑오개혁 이전의 방식으로 부분적인 복귀가 나타났다.[95] 예를 들어 1890년대 내각 관료와 관찰사를 대상으로 한 한 연구는 1896~1902년대의 고위 관료들이 갑오개혁 지도부와는 대조적으로 외부 세계에 대해 거의 노출되지 않았다는 공통점이 있음을 밝혀냈다.[96] 이 시기 내각 관료와 관찰사의 이직률이 높아 관료 인사제도의 일관된 요인을 파악하기 어렵지만, 장관급 공무원을 대상으로 조사한 결과 이 같은 사실이 확인되는 것으로 보인다. 심상훈, 조병호 등 많은 각료들은 갑오개혁 시기 동안 개혁에 줄기차게 저항해왔다. 다른 보수주의자들, 예컨대 이용익 같은 인물[97]은 갑오개혁 이전 시기에 부패한 관찰사로 악명이 높았다. 이 시기에는 또한 1904년과 1905년에 최고 관직을 차지하여 결국 일본의 병합을 돕는 데 결정적인 역할을 할 관리들이 점차적으로 양성되었다.

한국 고위 관료와 일본의 통치권 강탈, 1904~1907

일본이 한국 정치무대에 재등장한 것은 1904~1905년 러시아와의 전쟁을 성공적으로 추진한 이후부터다. 조금씩 야금야금 한국 정부를 탈취하기 시작한 신호탄은 1904년 2월 한일의정서 체결이었다. 이로 인해 일본군이 한국 땅에 주둔할 수 있게 되었다. 일본군이 한반도에 자리 잡은 후 러시아보다 일본에 호의적인 각료가 점점 더 많아진 한국 정부는 1904년 8월 제1차 한일협약에 합의했다. 대외관계와 재정 문제에 대해 국외 고문을 고용하기로 합의한 조약이었다.[98] 1년 후인 1905년에는 악명 높은 을사조약이 체결되었다. 일제 침략의 시작이라는 역사적 서사에서 볼 때, 이 조약으로 인해 공식적으로 일본의 보호국 정부, 즉 통감부가 설립되었다.[99] 보호국 정부는 한국의 외교권을 강탈하고, 내정에 대해 스스로 '자문' 역할을 강요했다. 이 통치체의 수장인 통감은 원로 정치가인 이토 히로부미가 맡았다. 이토의 지휘 아래 보호국 정부는 통감부와 소속 관서로 구성되었는데, 그 구조는 크게 바뀌어갔다. 규모도 몇 년 동안 두드러지게 확대되었는데, 전체 인원이 1906년 1,000명을 조금 넘었던 것에서 1909년 말에는 1,751명으로 늘어났다.[100]

한편, 한국 정부는 비주류인 다수 갑오 시기 잔존자를 포함하여 일본의 개입에 호의적인 성향의 인사들과,[101] 1896년에 정권을 장악하고 지정학적 조류에 합류하기를 단호히 거부하는 반일 및 보수 관료 혼합 세

표 2.5 을사오적

이름 (본관–신분 배경: 문과 급제 여부)	정부 내 직위, 1904~1907	비고
권중현 (안동–서얼)	육군 부장, 법부대신, 농상 공부대신*, 군부대신	갑오개혁기 고위 무관
박제순 (반남–양반: 문과)	법부대신, 학부대신, 외부 대신*, 참정대신	1880년대 외부 주사, 갑오개혁 정부 참여
이지용 (전주–양반: 문과)	외부대신, 법부대신, 농상 공부대신, 내부대신*, 학부 대신	1904년 초 외부대신으로 일본군의 한 국 주둔을 허락하는 조약에 서명, 이 에 따라 일본 부활의 과정이 시작됨
이하영(경주–?)	법부대신*, 외부대신	몇몇 동생도 고위직을 얻음
이근택 (전주–무반: 무과)	강원도 관찰사, 육군 부장, 법부대신, 군부대신*, 궁내 부 특진관	1896~1904년에 기간 평리원 재판장 (최고법원장) 등 다양한 고위직 역임
이완용 (우봉–양반: 문과)	궁내부 자문, 학부대신*, 외 부대신, 총리대신	갑오개혁기 '친미'파로 분류, 1904년 까지 '친러'파

* 1905년 11월 보호국 조약 서명 당시의 직위

출처: 『대한제국관원이력서』, 750~752쪽·763~767쪽; 『구한국관보』

력 간의 분열에 시달리고 있었다. 신분 배경에서 볼 때, 일본의 한국 주권 강탈을 도운 악명 높은 1905년의 을사오적[102] 중 3명은 귀족 가문을 자랑했고 문과에 급제했다. 이완용, 이지용, 박제순이 그들이다. 유일한 무반 출신 관료인 이근택은 전주이씨의 저명한 무반 가문 중 한 곳 출신이었다. 남은 두 관료인 권중현과 이하영은 갑오개혁 정부의 최고위직을 차지했으나, 갑오 지도부와의 연루에서는 벗어나 있었다. 모두 1905년의 내각 각료들이었던 이들 인물은 일본의 압력에 굴복하고 보호국 조약에 동의함으로써 악명을 떨쳤다(표 2.5 참조).

대한제국의 마지막 고위 관료들, 1907~1910

1904년 이후 수적으로 늘어난 경찰과 군부대의 지원으로 일본인의 한국 이주가 점차 증가하고, 이는 일본 행정의 인력 면에서 그리고 한국으로 유입되는 자본량의 측면에서 엄청난 증가를 초래했다.[103] 이 과정은 1907년 고종 황제가 그의 아들[104]에게 강제 양위하고 1907년 7월 신협약으로 명명된 합병 전 최종 조약이 체결되는 것으로 절정을 이루었다.[105] 이 조약은 통감 이토 히로부미와 그가 연초에 총리로 앉혔던 이완용이 주선한 조약으로서,[106] 한국 독립의 관에 박은 마지막 못이었다. 한국 정부의 기능은 대부분 명목상으로만 살아남았다. 통감부기 마지막 3년 동안의 한국의 고위 관료들은 1905년의 을사오적과 마찬가지로 한국 정부의 저명인사로서 과거 10년 동안 일본이 지배력을 재확립하는 것을 묵인했다. 그러나 한국인 관료의 미래는 다른 곳에 놓여 있었다. 그것은 지방관직이었다. 이곳에서는 일본인이 한국인과 함께 근무했다. 이들 한국인은 식민지 시기까지도 근무했다. 1908년 6월과 1910년 9월 병합 시기 사이에 임명된 13명의 관찰사 중 권봉수, 김상목, 황철 등 3명을 제외하고는 모두 식민지 관료 체제에서 고위직에 재임한다. 내각 각료의 경우 협조에 대한 보상은 관직이 아닌 귀족 작위, 물질적 부 그리고 자문 기관인 중추원의 직함 형태로 이뤄졌다.

　중추원은 독립 한국의 마지막 시기에 두 가지 중요한 목적을 수행했다. 첫째, 그것은 일본인이 권위를 박탈하고 싶었지만 노골적으로 그럴 수는 없었던 얼마전까지의 한국의 저명 관료들에게 편리한 명예 훈장(및 주요 수입원)이 되어주었다. 둘째, 일본은 합병을 앞둔 2년 동안 갑오 망명자 집단의 구성원들을 관찰사와 군수에 배치할 준비를 하는 데 있어 이 기관의 하위직을 이들을 위한 임시 대기소로 활용했다. 합병 당시 취임한 6명의 한국 도지사와 13명의 도 참여관은 거의 모두 그 전 2~3년 사이에 더 높은 관직으로 진입했는데, 처음에는 중추원의 관리직(부찬의)으로 들어갔다가 그 후 얼마 지나지 않아 도지사직이나 이와 유사한 고위직에 올랐던 것이다.

일본에서 메이지 유신 및 국가 건설 과정의 원년 멤버들은 (야마가타 아리토모를 제외하고) 1910년까지 현장을 떠났다. 그러나 중추원에서도 분명히 볼 수 있듯이, 일본의 지도자들은 급속한 변화의 구현에 눈에 띄는 진전을 가져온 그 방법을 새로 얻은 영토인 한국에도 똑같이 사용하였다. 1880년대에 메이지 국가가 여전히 잠재적으로 걸리적거리는 세력을 대변하는 이전의 다이묘와 귀족을 한직閑職을 이용해서 누그러뜨렸듯이,[107] 1910년 일본 지도부는 중추원을 이용해 잠재적 적대 세력을 매수하는 한편, 협력적인 한국인에게는 보상을 해주었다. 지난 30년 동안 대부분 고위관직을 차지했던 76명의 한국인(이씨 왕족 제외)이 귀족 칭호를 받아들이고 현존하는 망국의 상징으로서 1930년대까지 존속했던 중추원으로 조용히 은퇴했다. 중추원은 합병을 도왔던 고위 관료들과 식민지 정부 내에서 고위 공직에 재직하는 인물 등 두 그룹의 의원들에게 공식적으로 고위직이라는 위신과 재정적 안정이라는 위안을 제공했다.[108]

식민지 관료제 속의 한국인

1910년 8월 22일에 일제 식민통치가 선포되었다.[109] 조선총독부는 지난 5년 동안 나란히 존재했던 두 정부를 융화시켰다. 하나는 초대 총독이 된 데라우치 마사타케가 통감으로 있는 통감부의 강압적인 조직이고, 다른 하나는 형식적으로는 한국인이 이끌었지만 1907년 여름 이후 일본의 확고한 지배하에 있었던 '정규' 정부이다.[110] 이러한 일반적인 틀은 1919년 3·1 운동으로 인해 식민지 정권이 외견상 더 관대한 노선을 따라 재정비되고, 통치 구조를 합리화하며, 중앙의 경무총감부를 뒷받침하는 헌병부대를 폐지할 때까지 그대로 유지되었다.[111] 식민지 시스템은 외견상 갑오개혁이 제정한 정부의 기본적인 틀에서 극단적으로 벗어나지는 않았다. 물론 주요 차이점은 이제 일본인이 주권을 쥐고서 수탈과 강제적 지배를 극대화하기 위해 총독부를 구성했다는 점이었다. 중앙 권위의 엄격한 통합은 총독이라는 인격 속에 표현되었는데, 총독은 사실상 일본의 정치적 간섭으로부터 자유로웠고 명분상 천황에게만 직예直隸했다. 이는 마치 근대 국가의 기구를 가지고 지배하는 중세 봉건 영주와 같은 것이었다.[112] 한편 강력한 정무총감을 비롯하여 그 아래의 일본 관료들은 중앙 식민지 관료기구의 모든 주요 부서를 지휘하며 비인격적인 기계의 모든 자질을 발휘했다.[113]

한국인 관료 엘리트 1세대, 1910~1919

병합 당시 총독부는 한국 관료들의 유임과 추가 채용 계획에 대해 모호한 태도를 보였다.[114] 간결한 한일병합조약은 8개 조항 중 7번째 조항을 한국 관료의 문제에 할애했다. 한국의 왕실 부양, 존경받는 한국인에게 귀족 작위 수여, 상층 한국인의 부와 특권 보호에 관한 조항 등이다. "만약 상황이 허락한다면, 일본 정부는 충분한 자격을 갖추고 새 제도를 진심으로 충실하게 존중하는 한국인들을 제국의 관리로 고용할 것이다."[115] 총독부는 즉시 하위직(판임관) 진입을 위한 관직 시험을 도입하였고, 1911년 첫 번째 한국인 합격자 집단이 선발되었다. 그러나 명백히 이는 일본인과 동등한 입장에서 한국인을 대하겠다는 약속은 아니었다.[116] 실제로도 1919년에야 식민지 정부는 공식적으로 한국 관리가 앞으로 동등한 대우를 받을 것이라고 선언했다.[117]

그러나 통념과는 달리, 몇몇 한국인은 실제로 중앙정부에서 고위 행정직에 있었다.[118] 학무국 편집과의 두 '기사技師' 이동수와 유한봉은 비교적 연로한 중인이었다. 이들은 19세기 마지막 20년 동안 한국 정부의 중간 계급을 거치며 거의 동일한 진로를 거쳐왔다. 또 다른 사람인 박용구는 탁지부 서무과에서 관료로 근무했는데, 병합 전 2년 동안 한국 정부에서도 같은 부에서 근무했다. 그는 분명히 하층 귀족 가문 출신으로, 1898년에 관립 일어학교의 첫 졸업생 중 한 명이었다. 관료제의 사다리를 오르는 데 이 일본어 기술이 도움이 되었음이 확실하다. 특히 1905년 이후 일어 능력자의 수요가 늘어나자 더욱 그랬을 것이다.[119] 전국 모든 토지의 체계화와 소유권 규명을 담당하는 기관인 임시토지조사국에서 한국인으로는 유일하게 고위직에 오른 한규복의 경우도 있다. 놀랄 것도 없이 한규복은 일본 대학(와세다대 경제학과)을 졸업하고, 1905년부터 정부 통역관으로 일했으며, 대한제국 정부의 토지개혁 기관에서 높은 자리를 차지하고 있었다.[120] 마지막으로 1910년부터 1922년까지 총독부 경무총감부에서 2인자로 활동한 구연수가 있었다. 동래 출신의 성공적이고 오랜 향리 가문의 후손인 구연수는 1883년 무과에 급제한 직후 일본으로 건너가 학업을 시작했다. 귀국 후 갑오 내각에서 주사직을 얻으면서 관료로 진입했다. 갑오 망명자 그룹의 일원인 구연수는 1907년 귀국하여 1909년 경찰로 진급할 때까지 일련의 지방 관직을 지냈다.[121]

표 2.6 한국인 도장관, 1910~1919

이름	지역 (재임 기간)	관직 (1908~1910)	일본 유학	신분 배경	갑신정변 가담 여부	갑오 망명 여부
조희문	황해도 (1910~1918)	한성부윤	군사 교육 (1880년대)	무반		○
박중양	충청남도 (1910~1915)	관찰사	아오야마학원(1897), 러일전쟁 당시 일본 측 통역관	향리(?)		
신응희	함경남도 (1910~1918) 황해도 (1919~1920)	관찰사	도야마 군사학교 수학(1883)	무반	○	○
이진호	경상북도 (1910~1916) 전라북도 (1916~1921)	관찰사	망명기 군사훈련	무반		○
이규완	강원도 (1910~1918) 함경남도 (1918~1924)	관찰사	도야마 군사학교	몰락 양반	○	○
이두황	전라북도 (1910~1916)	관찰사	망명 시 군사훈련	평민		○
장헌식	충청북도 (1917~1919)	관찰사	경응의숙, 동경제대 법학부(1902), 일본 대장성 사무견습	무반		
원응상	강원도 (1918~1919)	탁지부 사계국장	경응의숙(1895)	향반		

대부분의 경우에서 식민지 지배 첫 10년 동안 한국인이 오를 수 있는 가장 높은 직위는 도장관, 도 참여관 및 도청의 고위직이었다. 원칙적으로 모든 도 참여관은 한국인이었다. 반면 도지사는 대부분 일본인이었다. 조선인이 명목상으로 도청 내 최상위인 이 두 개 직책을 차지했을 때도 일본 관리들은 사실상 그 아래 단계의 모든 행정직을 맡았다. 한국인이 이러한 직책을 얻은 것 자체가 주목할 일일 수 있겠지만, 〈표 2.6〉과 〈표 2.7〉에서 알 수 있듯이, 1910년에 임명된 모든 한국 도장관과 대부

표 2.7 한국인 도 참여관, 1910~1919

이름	지역 (재임 기간)	관직 (1908~1910)	일본 유학	신분 배경	갑신정변 가담 여부	갑오 망명 여부
유혁로	경기 (1910~1916)	관찰사	도야마 군사 학교(1883)	무반	○	○
최정덕	경북 (1910~1912) 경남 (1912~1922)	관찰사	?	?		
신석린	경남 (1910~1912) 경북 (1912~1921)	창원부윤	1890년대 오사카 사비 유학	?		
김윤정	전북 (1910~1920)	인천부윤	?	?		
원응상	전남 (1910~1918)	(표 2.6 참조)				
유성준	충북 (1910~1916) 경기 (1916~1920)	내각 법제국장	경응의숙 (1883)	양반–유길준 의 동생		
정난교	충남 (1910~1920)	관찰사	도야마 군사학교	서얼	○	○
김창한	황해 (1910~1920)	동래부윤	?	?		
이학규	강원 (1910~1920)	?	?	서얼		
윤갑평	평북 (1910~1921)	관찰사	?	?		
장헌식	평남 (1910~1917)	관찰사	(표 2.6 참조)	무반		
이범래	함남 (1910~1917) 평북 (1917~1920)	관찰사		무반		○
조병교	함남 (1910~1920)	함흥군수, 덕원부윤	도야마 군사학교	무반	○	
박영철	함북 (1918~1920)	지방 군직	일본 육군사 관학교(1903)	향리		
서상면	충북 (1917~1920)	?	?	?		

분의 도 참여관은 통감부기의 마지막 2년간 관찰사직에 이미 재직하고 있었다. 이들 관료들은 분명 일본인의 신뢰를 얻어왔고, 대부분은 수년 간 식민지기의 직책을 담당해왔다. 실제 1910년 이후 새로 임명된 도장 관과 도 참여관은 각 2명씩뿐이었다. 이는 1920년대에 비해 상당히 낮은 수치이다.

일본과의 긴밀한 관계 외에도, 그리고 그것을 감안한다면, 이 인물 중 다수가 군인 경력을 가지고 있다. 이는 단순히 무반 후손의 상향 이동 이상을 의미한다. 무반 후손은 여타 제2 신분집단 출신과 마찬가지로 1880년대와 1890년대에 고위 관직 진출의 활로를 열기 시작했다. 사실 1910년에 임명된 6명의 한국 도지사는 모두 군대 경력을 자랑하고 있었다. 이 중 이진호, 조희문, 신응기 등 3명은 무반 가문에서 나왔다. 나머지 3명은 일본에서 훈련을 받았다. 이들의 경력은 고위 공직으로 가는 디딤돌로서 군의 중요성이 커지고 있었던 실증 사례이다. 양주(서울 바로 북쪽에 있음) 출신 향리였던 듯한 박중양[122]은 일본에서 고등학교를 다녔으며, 1904~1905년 러일전쟁 당시 일본군의 통역관으로 활동했다. 이규완은 하급 귀족, 즉 '몰락 양반'이었던 것으로 보인다.[123] 이두황은 훨씬 더 미천한 출신으로 평민이었다.[124] 이 세 인물은 오랜 관행에 따라 군대에서 경력을 쌓았다. 이는 교육, 훈련의 기회는 물론이고 종국에는 위신을 갖게 해주었고, 출신 신분이 낮은 이들에게 일반적이었던 차별을 극복할 수 있게 했다.[125]

2세대: 3·1운동 이후

고위 관료직에 한국인 수가 급격하게 증가한 것은 식민지 지배의 두 번째 10년간의 특징이다. 1920년대 동안 16명의 한국인이 도지사로 임명되었는데, 이는 처음 10년 동안 8명이 임명된 것과는 대조적이다. 도참여관은 34명으로 처음 10년의 두 배에 달했다. 각 도별로 대략 3년에 한 명 정도의 비율이다. 게다가 도 참여관 직급 바로 아래에서는 수십 명의 한국인이 지방 부서의 수장으로 취임했지만, 첫 10년 동안에는 단 두 명만이 그러했다. 중앙정부에서도 3월 1일 이후 고위직에 있는 한국인의 수는 첫 10년의 두 배였다. 실제로 갑오 망명자 그룹의 일원이자 1910년 이래 도장관이었던 이진호는 1925년부터 1928년까지 각료급 직책인 학무국장을 지냈다.

1920년에서 1930년 사이의 식민지 관료제에서 한국 관료의 출신 배경은 초창기의 그것과 대비된다. 앞서 논의한 바와 같이, 첫 10년 동안 모든 한국인 도장관과 대부분의 한국인 도 참여관은 다년간 일본인과 긴밀한 관계를 유지해왔다. 그들이 임명되고 오래도록 재임한 것은 한국에서의 일본의 대의에 대한 믿음직스럽고 충실한 조력자로서의 지위가 반영된 것이다. 그러나 1920년대에 이러한 지위에 있던 한국인은 일본의 이해와는 관련이 뚜렷이 약화되었고, 직업 관료의 틀에 더 잘 맞았다. 이 기동의 연구가 지적하듯이, 이 2세대 한국인 도지사들은 시험 체계와 표준화된 진급 경로가 갖춰진 새로운 식민지 관료 조직에서 성공신화를 일군 첫 번째 집단을 대표했다.[126]

놀랄 것도 없이, 이러한 보다 체계적인 채용과 승진 과정은 예비 관료의 사회적 지위 배경에 훨씬 더 적은 관심을 기울였다. 조선 시대 제2 신분집단 출신 인물의 부상이라는 직전 30년간의 일반적인 추세는 계속되었다. 그리고 다양한 신분 정체성을 가진 한국인이 등급을 뚫고 올라갔다. 아이러니하게도, 식민지 관료제가 신분 기반의 고려를 폐지했다는 최상의 지표는 아마도 조선 귀족 출신 인물들의 부활일 것이다. 병합 첫 10년 동안 귀족 출신 중앙 관료는 오직 박용구뿐이었던 반면, 1920년대에는 귀족 가문 출신이 많았다. 예를 들어, 학무국에서는 유길준의 아들인 유만겸이 지방 관료에서 승진하여 1924년에 종교과장이 되었다. 학무국은 또 19세기 말 고관들과 동족적 유대를 형성하고 있던 두 귀족, 이능화와 정만조를 총독부의 각종 연구 과제를 총괄하는 자리에 임명했다. 여기에는 37권짜리 『조선사』(조선사편수회) 편찬 등이 포함된다. 귀족 가문의 후손들은 지방의 최고위직도 채웠다. 유길준의 동생인 유성준은 1927~1929년간 강원도 도지사로 재직했고, 김옥균의 (사후) 양자였던 김영진은 1920년대 중후반 경상북도 및 전라북도 도 참여관으로 일했다. 19세기 말의 영향력 있는 정치적 인물이었던 어윤중의 4촌 어윤적은 1928~1929년간 경기도 도 참여관이었다.

상승 이동의 통로: 지방 관청과 경찰

그러나 이 같은 고위층 인사들과는 달리 20세기 초 도장관, 도 참여관, 군수 등 중상급 직책을 맡은 대다수의 한국인은 지방 관청에 근거를 둔 두 가지의 입직과 승진 경로를 따랐다. 이전까지 열위의 신분 배경을 가진 사람들에게는 지방정부의 관료직, 특히 경찰직이 관직에 입직하고 승진하는 데 중요할 뿐 아니라 고도로 효과적인 통로가 되었다. 이것은 식민지기 행정기구의 엄청난 확장으로 인한 것이다.

지방정부의 발전

1910년 가을에 식민지 지배를 시작했을 때, 그전 3년간에 걸친 조치들로 인해 지방정부는 일본의 식민지 지배 전략에 원활하도록 맞춰져 있었다. 따라서 지방행정에 있어 변화는 거의 필요하지 않았다. 정치적 권위는 총독의 손에 있었고, 지방행정은 통감부 시기의 단순화된 구조를 유지했다. 군수 및 소수의 조력자와 사무원 외에는 지정된 관리가 없었다.[127] 이처럼 느슨한 형태로도 외부인 통치는 충분하다는 것이 입증되었다. 빈약한 행정의 이면에는 수천의 일반 경찰 및 군사 경찰이 지방 사회의 전역에 흩어져 있었기 때문이다. 그러나 1919년 3월 1일 봉기로 인해 이 같은 강압적인 접근법은 결국 용납 불가능한 것으로 판명되었다. 3·1운동은 한국의 독립운동뿐 아니라 식민지 지배의 방법과 효과, 나아가 관료 질서에 있어서도 전환점이 되었다. 대규모 격변의 충격으로 식민지 정부는 적어도 표면적으로는 좀 더 포용적이고 덜 강제적인 '문화정치'를 도입할 수밖에 없었다. 아이러니하게도 이것은 식민지 국가와 그 강압적인 능력을 엄청나게 확장시키는 효과를 가져왔다. 이러한 변화는 거의 전적으로 지방정부의 영역에서 일어났는데, 그 변화는 좀더 괜찮은 방향은 아니었지만, 더욱 교묘해진 방식으로 나타났다. 이후 드러난 것이지만, 이러한 지방행정으로의 전환은 1910년에 도입된 제도보다 더 효과적으로 식민지 경영의 이익에 기여했다.

총독부가 3·1운동을 계기로 시행한 수많은 대책에는 군사경찰의 폐지, 서울 밖의 모든 경찰공무원을 지방정부 관할로 이관하는 것, 특수한 필요에 부응하기 위한 도·군 행정 기능의 다양화, 더 큰 수준의 지방 자치 등이 포함되어 있었다. 이 세 번째 목표의 지향점으로서, 총독부는 지역 주민들의 참여를 증진시키기 위해 지역에 더 많은 '자문' 기관을 만들 수 있도록 허용했다.[128] 지방정부에 대한 관심이 높아진 것은 도지사 집무실 개편에서도 엿볼 수 있다. 도지사는 1920년대에 더 많은 권위와 독립성을 얻었다(훗날 공식 역사는 이러한 변화를 식민지 지배의 첫 10년 동안의 과도한 중앙정부 권력에 대한 적응으로 묘사했다). 각 도정 내 기능 분배는 다양화되고 팽창하였으며, 행정의 대응력과 효율화를 위해 지방정부의 관할권을 확대하자는 제안이 논의됐다.[129] 마지막으로, 1910년 이전에 시작되었지만 병합 후 상당히 심화된 일본의 인프라 투자는 이 같은 지방정부에 대한 관심을 더 크게 만드는, 말 그대로 토대를 놓았다. 도로, 철도, 그리고 전신과 전화선 들은 정부의 풍부한 자금 지원을 받았다.[130] 이것들은 더 큰 경제적 착취를 가능케 했을 뿐 아니라, 지방행정의 규모, 속도, 그리고 침투력도 촉진시켰다. 이러한 다양한 조치의 필연적 결과인 지방행정직의 확대는 사무원, 회계원에서 군수까지 수천 명의 한국인을 관료 집단으로 만들었다.

지방정부 확장에서 경찰의 역할

이 시대의 어떤 지방정부 기관도 경찰만큼 중요하지는 않았다. 심지어 군수郡守도 마찬가지였다. 일제 통치 초기 10년 동안 경찰(그리고 1919년 이전의 군사경찰)은 침략의 배후에서 물리력을 제공했고, 무장과 비무장을 막론하고 한국인의 저항을 진압할 수단을 제공했다. 그리고 3·1운동에 따른 경찰 제도의 극적인 변화는 일제 식민 지배의 남은 기간 동안 지속될 구조를 형성시켰다. 이 변화는 일제 식민 지배를 넘어서까지 상당 기간 지속될 한국 국가의 모델을 제도화한 변화였다. 일상에서 국가를 당연한 존재로 만들었고, 수천 명의 한국인을 관료제 질서 속으로 진입시키는 진입점을 제공한 변화였다. 다른 학자들도 관찰했듯이, 어디에나 존재하는 경찰은 한국 사회 속에 식민지 국가의 거대한 팽창과 사정권射程圈을 구현했는데, 이 과정은 사실은 통감부기에 시작된 것이다.[131]

1905년 말 재한 일본인 수가 약 3만 명으로 증가함에 따라 일본 경찰관은 통감부 설립 당시 271명에서 그 직후 600여 명으로 두 배 이상 늘어났다.[132] 을사조약 1년 후 1,000명에 가까운 일본 경찰 관료가 한국 정부에 대한 자문과 일본인 사회에서 근무하는 정규 인원으로 나뉘어 한국에 있었다. 하지만, 이 수치조차 통감부기 경찰의 강압적 존재에 대한 정확한 그림을 제시하지는 못한다. 여기에는 일본인의 주거지, 상업적 이익, 일본이 건설한 철도 노선을 보호하고 의병을 진압하는 데 있어 통감부와 한국 정부를 지원하기 위해 한국 땅에 주둔한 헌병대 등이 포함되지 않았기 때문이다.[133] 공식 병합 3년 전인 1907년, 이 두 부류의 일본 경찰 관료는 한국 경찰제도에 통합되어 일본의 통제를 받게 되었다.[134] 〈표 2.8〉에서 알 수 있듯이 1908년과 1909년에는 일본 경찰과 군인뿐 아니라 훨씬 더 많은 한국인 파견 부대로 구성된 위용 있는 대규모 경찰 병력이 출현했다. 비록 한국인 헌병대 병사들은 하위 계급인 '보조원'으로 충원되었지만, 1908년 가을 통감부가 전국을 대상으로 한국인 모집을 시행했을 때 4,000명이 넘는 지원자가 첫 번째 모집에 응했다.[135] 1909년 말에 이르러 경찰과 헌병을 합친 병력은 약 1만 2,000명에 이르렀다. 이는 의병을 진압하고 병합으로 가는 길을 닦기에 차고 넘치는 규모였다.

〈표 2.9〉와 〈표 2.10〉에서 볼 수 있듯이, 경찰과 헌병부대의 합산 규

표 2.8 한국 내 경찰의 존재, 1908~1909

연도	경찰			헌병대			총계
	일본인	한국인	계	일본인	한국인	계	
1908	1,862	3,128	4,990	2,374	4,234	6,608	11,598
1909	2,077	3,259	5,336	2,369	4,392	6,761	12,097

출처: 『朝鮮統監府施政年報』(1909), 59~60쪽.

표 2.9 1910년대 헌병대 병력

	1912	1914	1916	1918
부대	956	1,009	1,056	1,110
병력	7,769	7,971	8,041	7,978

출처: 『朝鮮總督府統計年報』(1917~1918).

표 2.10 총독부 경찰, 1910~1930

범주	1910	1915	1919	1921	1925	1930
	부대					
경찰부(도)	14	14	13	13	13	13
경찰서(군)	107	100	251	251	250	250
경찰관 주재소(면리)	269	522	2,354	2,366	2,301	2,320
	병력					
일본인	2,266	2,344	8,294	12,168	11,125	11,398
조선인	3,428	3,228	7,098	8,582	7,333	7,413
계	5,694	5,572	15,392	20,750	18,458	18,811
조선 인구 대비 일본인 비율	0.66	0.73	1.17	1.42	1.52	1.54

출처: 『朝鮮統監府施政年報』(1930), 334쪽.

모는 식민지 지배 초기에는 거의 증가하지 않았다. 이는 일본의 지배가
통감부기에 결정적으로 제도화되었음을 보여주는 설득력 있는 지표이
다. 식민지 시대 초기(5,694명) 경찰력은 통감부기 말기(1909년 말 5,336명)

와 비슷했다. 그러나 1912년 무렵 헌병대에 1,000명의 군인이 추가되어 병력은 이후 1910년대 동안 전국 헌병 수 약 8,000명 선에서 안정되었다. 전국 도처의 헌병은 일반 경찰보다 수적으로 많고 위력적인 확대를 보여, 1910년대 총독부 무단정치의 상징이었다.

　3·1운동의 충격은 총독부를 뒤흔들어 우선순위를 바뀌게 했다. 총독부는 비록 식민지 행정을 문화통치의 새로운 신조에 맞게 외견상 더 자애로운 형태로 재편하였지만, 아울러 통치의 강압적인 메커니즘도 강화했다. 이 목적을 위해 총독부는 경찰력을 강화하는 것만큼 긴급한 일은 없다고 생각했다.[136] 첫 번째 단계는 헌병을 해산하는 것이었지만 〈표 2.9〉에서 알 수 있듯이 헌병은 단지 명칭과 제복을 바꿔 재구성된 일반 경찰에 합류했다. 1918년과 1919년 사이에 식민지 경찰의 수가 1만 명이나 급증한 것은 이전 헌병대 병력 수와 대략 일치하는 것이다.[*] 그러나 경찰의 확장은 거기서 그치지 않았다. 그 후 2년 동안, 총독부는 일본에서 3,000명의 경찰을 추가로 불러들이고 1,500명의 한국인을 더 채용했다(1921년에 약 2만 1,000명으로 정점에 달했다).[137] 문화통치의 중심축인 강화된 경찰 체제는 식민지 관료제의 필수불가결한 특징이 되었다. 그것의 운영 범위는 광범위하여 공중 보건 규제, 농업 진흥, 토지 조사에서부터 정치적 감시, 파업 심지어 공산주의 게릴라에 대처하는 군사 작전까지도 포함했다.[138]

　이 같은 경찰력 증가는 관료제 자체가 확대된 배경이었다. 관료제 확대는 주로 경찰이 집중된 하위 계층에서 발생했기 때문이다. 〈표 2.11〉

---

[*] 〈표 2.9〉에 더하여 〈표 2.10〉의 1915~1919년 변화도 함께 참조하라.

표 2.11 조선총독부 관료 수 총계

연도	칙임관	주임관	판임관	계
1910	43	1,124	9,602	10,769
1915	50	1,029	12,914	13,993
1918	51	1,005	10,025	11,081
1919	54	1,067	24,081	25,202
1920	59	1,081	27,113	28,253
1925	60	1,171	27,963	29,194
1930	78	1,425	30,217	31,720

출처: 『朝鮮總督府統計年報』(1930)

표 2.12 도, 군의 전업 관료 수

	칙임관 (총계에서의 %*) 일본인/한국인	주임관 (총계에서의 %*) 일본인/한국인	판임관 (총계에서의 %*) 일본인/한국인	계 (총계에서의 %*) 일본인/한국인
1910	5 (12%)	406 (36%)	2,117 (22%)	2,528 (23%)
1915	13 (26%) 8/5	342 (33%) 114/228	2,617 (20%) 1,319/1298	2,972 (21%) 1,441/1,531
1919	17 (31%) 8/9	413 (39%) 191/222	19,041 (79%) 10,182/8,859	19,471 (77%) 10,381/9,090
1925	13 (22%) 8/5	418 (37%) 193/225	20,570 (74%) 12,263/8,307	21,001 (72%) 12,464/8,537
1930	14 (18%) 8/6	476 (33%) 251/225	21,344 (71%) 12,888/8,456	21,834 (69%) 13,147/8,687

* 중앙청 포함 총독부 각급 기관 내 해당 등급 관료의 총수 대비 비율
출처: 『朝鮮總督府統計年報』, 1910·1915·1919·1925·1930.

그림 2.4 1920년대 한 지방 군청의 한국인 관료들
출처: 『朝鮮寫眞帖』

은 이러한 성장을 관료 등급에 따라 도표로 나타내고 있는데, 칙임관은 최고 직위에 해당하고, 국과장, 군수와 같은 중간 직책은 주임관*에 해당되며, 대다수인 신입 및 하급 직책은 판임관에 해당된다. 1918년부터 1919년까지의 극적인 증가는 전적으로 하급 관료 사이에서 일어났다. 1910년에서 1930년 사이에, 국가 관료제(약 2만 명의 시간제 임금 근로자와 운영자는 제외)의 규모는 세 배가 넘게 증가하여, 그 수가 3만 1,000명을 돌파하였다. 이들 모두가 급료를 받았다는 것이 중요하며,[139] 이러한 증가의 압도적 다수는 경찰에 의한 것이었다.

나아가 〈표 2.12〉에서 보듯이, 관료제 규모에 있어서 이러한 급격한

---

* 원문에 '친임親任'으로 되어 있으나, 이는 잘못으로 보인다. 총독부 국과장, 군수 등은 주임관이기 때문이다. 여기서는 주임관으로 수정한다. 이하 같다.

증가는 거의 전적으로 지방정부(도, 부, 군, 면)에서 일어났다. 1910년대 지방정부는 전체 관료 조직의 20~25퍼센트를 차지했는데, 1920년대에는 약 70퍼센트로 증가했다. 이들 지방 관리의 정체성이 경찰의 영향력을 이해하는 열쇠를 제시한다. 식민지 관료제 전반이 그러하듯 지방 관료제의 확대는 주로 하급 판임관에 국한되었다. 여기에는 1919년 임명된 대부분의 경찰, 면장, 초급 관료가 포함된다. 도지사와 일부 도 참여관 등 칙임관 수는 거의 변동이 없었고, 주로 군수인 주임관은 도 경무과장 등 일본인 관리자급의 임명으로 인해 수적으로 소폭 증가에 그쳤다. 지방 관료제에서의 급격한 증가는 판임관급 때문이다. 1915년 총독부 전체 판임관 수의 20퍼센트에 불과했던 지방의 판임관급 관료가 1919년에는 거의 5분의 4로 증가했고 1920년대에는 약 70퍼센트로 안정화되었다. 한국 경찰의 대규모 투입이 그 존재감을 발휘한 것은 바로 이 지점이었다. 이 책의 사례 연구에서 알 수 있듯이, 이 시대 지방의 많은 한국인 관료, 특히 군수가 될 인물들의 직업 경로에는 경찰이나 헌병대 중 한곳에 취업하는 것이 포함되어 있었다.[140]

결론

총독부 첫 20년 동안 도 및 군 단위 관청의 규모와 권한이 증가하고, 조선인 경찰 등 지방 관리 수가 대폭 늘어난 것은 관리 선발과 승진의 전통적 방식을 뒤집어엎는 마지막 단계였다. 이러한 변화는 병합 몇 년 전부터 국내의 관료제 개혁을 통해 시작되기는 했지만, 식민 통치는 관료 선발 제도에 역동성을 불어넣어 식민지화 이전의 흐름을 확장하고 방향 전환시켰다. 그리고 한국 관료제의 현대적 변혁에 비록 혼란스럽기는 하지만 흥미로운 성격을 부여했다.

예를 들어, 갑오개혁기 그리고 다시 통감부 시기 동안 일본의 정실주의적 개입이 한국 관료 선발 패턴에 결정적 영향력으로 작용했다는 것을 부정할 사람은 아무도 없을 것이다. 혹은 식민 통치에 협력하거나 최소한 스스로를 그에 맞춘 한국인이 관료제에 특혜적으로 접근할 수 있었다는 것도 부인할 수 없을 것이다. 그런 결론에 반박하기도 어렵고, 또 이 시대 한국 관료의 복잡성과 기회주의라는 진지한 문제를 무시하는 것은 본 연구의 의도가 아니다. 그러나 그렇다고 해서 이 현상에 대한 더 이상의 탐구는 무의미한 것일까? 이 장의 주요 발견은 그렇지 않다는 것이다. 사실 일본 지원하에서의 관료제 발전의 근거는, 만약 그것이 너무 조잡하게 표현되지만 않는다면, 민족의 이익에 앞서 사적 이익을 충족시키고자 한 단순한 의지를 훨씬 넘어서는 것이다. 따라서 우리는 현대적 변화라는 더 넓은 서사의 맥락에서 이 주제에 접근할 필요가 있다. 더욱이 1880년에서 1930년까지 관료 선발과 승진 제도의 개혁이 일어난 시대는 전체로서 다루어져야 한다. 일본의 점령은 1876년 강화도 조약 직후부터 시작된 공식적, 비공식적 흐름 모두를 상당 부분 이어나갔기 때문이다.

공식적 요인: 인사 관행 및 교육

법률, 규정, 기타 공식적 조치 등의 변화를 통해 관료 선발 제도의 발전을 추적하는 것은 회의감을 불러일으키기에 알맞다. 법이 시행되지 않는 일이 잦았기 때문이다. 그러나 가용한 자료로 정부 주도의 변화가 적용되는 것이 증명되는 한, 이 반세기 동안 조선의 관행이 극적으로 바뀌었다고 결론지어야 한다. 그 과정은 순탄한 경로를 따르지는 않았고 거의 항상 관료제를 넘어서는 상황에 내맡겨져 있었다. 하지만 1930년 고위 공직으로 가는 공식적인 길은 1880년과는 매우 다른 방향으로 나아갔다.

1880년대 초 이 같은 흐름을 시작한 외무아문 주사직은 공식적 변화의 신뢰도를 보여주는 척도이다. 실제로 120여 명의 주사 중에 한국 개화에서 중요한 인물이 다수 출현했다는 점으로 볼 때, 여러 면에서 이 부서가 현대 한국 관료제의 진정한 요람이라고 할 수 있고, 특히 다양한 신분 배경을 가진 사람을 수용했다는 점이 가장 중요했다. 이 같은 발전은 1894년 여름 갑오개혁을 개시한 군국기무처의 구성에 핵심적인 역할을 했다. 군국기무처는 모든 것을 아우르는 임시기구로서, 구성원의 절반 가까이가 제2 신분집단(3분의 1이 외무아문 주사) 출신이기 때문에 정부 인사 선발에서 신분 차별의 거부를 선언했고, 스스로 설파한 것을 실천했다. 이러한 고위직으로 가는 경로에 대한 개방은 1896년 초 갑오개혁이 끝날 때까지 지속되어 관료제 지형에 굳건한 족적을 남겼다.

비귀족 계급을 고위직에 임명하는 것 외에도, 갑오개혁의 가장 중요한 순간은 천 년간 영향력을 행사한 후 관료 선발 제도로서의 중심적 지위를 상실한 상태였던 과거 제도를 폐지한 것일 것이다. 이는 법적으로 예비 관료의 교육, 훈련 내용을 바꾸는 과정의 정점을 알리는 신호탄이었다. 이 변화는 중국 경전의 유교적 윤리와 문학을 제외한 모든 것을 중시했다. 그리고 새로운 교육을 통한 관료 진출 통로는 관료 기회를 세습 신분제를 통해 효과적으로 제한했던 종합적인 '문과文科 문화'와는 달리 귀족층에만 국한되지 않았다. 실제 19세기 말~20세기 초의 예비 관료들은 조선 시대 고위 관료의 관점에서 천시되었던 기술을 익히고 숙달되기 위해 경쟁했다.

관료 양성 교육의 새로운 동학은 1880년대에 해외 유학생 파견의 물결과 함께 시작되었다. 한국 정부(또는 한국 정치)가 이 10년 동안 중국, 미국, 그리고 무엇보다도 일본에 보낸 학생들이 갑오개혁의 정치 지도층의 핵심이 되었다. 마찬가지로 대한제국 시기인 1897~1910년에 일본에서 유학한 사람들도 식민지 시대에 한국인에게 허용된 대부분의 고위직을 차지하였다. 일본 유학은 1945년 일본 지배가 끝난 훨씬 후에도 계속해서 최고위직에 오르는 통로가 되었다. 신교육에 대한 접근은 국내에서도 가능했다. 1880년대의 개혁 지향적인 관료들은, 예컨대 외무아문 같은 곳에서 요구하는 새로운 기술에 대한 관료적 훈련을 용이하게 하기 위해 정부가 후원하는 여러 기관을 만들었다. 1880년대 중반 육영공원을 시작으로 정부의 외국어 교육기관과 1895년 법관양성소와 군사훈련 기관까지 관료 양성에서 새로운 지향점을 제시했고, 이들 모두 장차 한국의 고위 관료가 될 인물을 배출했다.

일제강점기에 관직에 들어가는 가장 확실한 공식적인 길은, 일본어와 일본 행정에 대한 숙달이었지만, 이를 제외하면 아이러니하게도 조선 시대에 중요했던 특징인 시험 합격과 지역에서의 명성을 통해서였다. 지역적 명성은 관운官運에서 경찰이 우월한 이유를 설명한다. 1911년 일본인에 의해 복권된 문관 시험은 관료적 성공을 위한 '신교육'의 중심성을 부각시켰다. 여러 측면에서 볼 때 식민지 시대의 관직 임명제도 특히

1920년대의 그것은 이민족 통치에 기인하는 초법적 요인들의 우위, 즉 일본 본국에 대한 종속과 민족 차별만 없었다면 철저한 합리화를 이룰 수 있었을 것이다. 이러한 차별은 3·1운동 이후 1920년대 한국의 고위 관료들 사이에서 일본과의 연결이 가지는 중요성이 감소하고 대신에 교육과 시험 합격, 졸업 후 진급 경로 등의 가치가 높아졌음에도 한국인의 상승 이동을 제한했다.

비공식적 요인: 정치, 군대, 자금력

법적 수단의 영향이 중요하긴 했지만, 19세기 말과 20세기 초 격동의 역사는 관료 선발에서 정치적 상황, 사건, 기타 비공식적이고 초법적인 요소들을 우위에 놓았다. 그렇다면 어떤 의미에서 '정치'나 '정실주의'의 선차성은 이 연구가 다루는 기간 동안 거의 변하지 않았다고 할 수 있다. 19세기에 당파와 외척의 영향력이 관료 선발을 지배했듯이, 20세기 초 정치권력의 잦은 변화는 줄서기의 우연성이 선발과 승진에 지속적으로 가장 큰 영향을 미치도록 만든 것이다. 많은 한국 관료에게 관직에서의 성공이란 종종 적절한 시기에 적절한 위치에 있는 것을 의미했다.

두 차례 일본 망명 물결이 이를 가장 극명하게 보여준다. 1884년 갑신정변은 거기에 참여하게 된 사정이 어떻든 간에, 간신히 탈출하여 10년 동안 일본에 머문 사람들로 하여금 공통의 시련으로부터 결정적 이익을 얻게 했다. 이 가운데 박영효, 서광범, 서재필 등 유력 인사들은 1894년 여름, 정세가 극적으로 변화하자 정계에 상당한 영향력을 행사했다. 1895년 말과 1896년 초에 갑오개혁 자체가 흔들리기 시작하자, 원래의 갑신 망명자 그룹 출신의 다수 인사를 포함하여 또 다른 망명자 그룹이 일본으로 도망쳐 다시 10년 동안 머물게 되었다. 이전과 마찬가지로 그들은 결국 한국 정부 고위직에 복귀했는데, 이번에는 통감부기에 일본인을 따라 한국에 돌아온 것이다. 실제로 망명자들이 새로운 지배세력인 일본과 맺은 오랜 연대는 식민지 시대 첫 10년 동안 한국인이 가질 수 있는 가장 높은 자리에 이들이 임명되는 결과로 나타났다.

한국 관료계에 군부가 매우 영향력 있고 크게 보아 비공식적인 요소로 복귀한 것도 비록 전적으로는 아니지만 일본의 침략에 기인한 것이다. 병합을 전후하여 한국의 무관 출신 관리들에게 호의적인 대우를 약속하는 법은 없었지만, 보호국기 일본 지배와 식민 지배의 군사적 치중을 보장하기 위해 활용된 무력은, 적어도 1910년대만큼은, 한국 고위 관리들의 성향 속에 나타나게 되었다. 이 사람들의 이력은 식민지 지배자들에게는 혈통적 지위보다 경험이 더 중요하다는 것을 강하게 시사한다. 1910년에 임명된 6개 도장관 등 식민지 시대 첫 10년 동안 한국인 고위 관료가 모두 조선왕조의 중앙 군사 엘리트인 무반 출신은 아니지만, 개별 인물들은 각각 군사적 배경을 뽐내고 있었다(그렇지만 이들 중 절반은 실제 무반 출신이었다).

이 시대에 한국인의 관료적 운명을 좌우한 마지막 비공식적 요소는 특별히 주목할 만하다. 그것은 돈이다. 돈은 두 가지 방식으로 기능했다. 그것은 교육과 관료적 훈련의 비용을 지불했다. 그리고 그것은 관직을 구입하는 데 사용될 수 있었다. 1880년대와 1890년대에 개인 자금을 이용해 해외에 간 학생들 이외에도 이 시대는 교육의 이득을 보여주는 사례가 많다. 외국 유학은 식민지기 결국 관직행을 택했던 수백 명의 한국 학생을 끌어들였던 것이다. 게다가, 점점 더 많은 수의 국내 사립학교가 관직 이력에 필수적인 것으로 판명되고 있던 신교육을 제공할 수 있었는데, 해외에서 공부하는 것과 마찬가지로(다소 낮은 수준이기는 하지만), 그러한 교육은 상당한 재원을 필요로 한다.

한편, 관료제에서의 상승을 위한 수단으로서의 뇌물은 특정 사례를 추적한다는 견지에서는 정확히 밝히기 쉽지 않다. 정의상 부패는 법외의 것이기 때문에 공식적인 기록은 이 점에서 거의 도움이 되지 않는다. 그러나 이 시대로부터의 관찰과 일화, 특히 조선왕조의 마지막 수십 년과 대한제국 시대 관직자의 높은 회전율을 보면 매관매직이 만연했음을 알 수 있으며, 이러한 관행이 식민지 초기까지도 널리 퍼져 있었을 가능성이 크다. 뇌물과 매관매직이 임용 결정에 미치는 상대적 영향은 다른 공식적, 비공식적 요인과 비교해 일반화되기 어렵다. 그러나 우리는 종합적인 결과, 즉 신분 배경이라는 견지에서 측정했을 때 관료제 위계가 재배열되었다는 것을 알고 있다. 사실 돈의 폭넓은 역할은 제2 신분집단 부상의 역사적 의미를 감소시키기보다는 오히려 높인다. 다른 의미로, 그것은 처음으로 부富가 출생보다 더 강력한 수단이 되었음을 의미할 것이다. 이것이 다시 '신분' 개념의 재구성에 기여하게 된다. 그리고 제2 신분집단은 관직과 사회의 사다리를 오르는 데 있어 새로운 시대에 걸맞은 다른 많은 적응법과 더불어 경제적 수단도 능히 활용할 수 있었다는 것을 의미할 것이다. 만약 그렇다면, 이것은 그 점에 있어서만큼은 오늘날 한국이나 여타 사회의 규범으로부터 벗어난 것은 아닐 것이다.

이러한 다른 사회들 중에서, 일본은 몇 가지 이유로 가장 설득력 있는 비교 대상이 된다. 조선 시대와 마찬가지로, 도쿠가와 체제에서도 귀속적 지위가 관료제 인사 패턴을 지배했다. 메이지 일본 역시 제국주의의 압력에 의해 관료제 개혁을 강요당했고, 한국의 제2 신분집단에 해당하는 하급 사무라이들이 변화를 추동하여 마침내 에도 시대라면 허용되지 않았을 최고 관직의 대부분을 차지했다. 나아가 1887년 문관 시험 시행 이전에는 구미 교육 경험, 권력자와의 사적 연계, 정치적 모험 행위 등 비공식적 요인이 한국에서처럼 관료 선발과 승진을 결정하는 데 폭넓은 역할을 했다.[141] 일본 메이지 시대 형성기 비공식 요인의 지배가 근대 변환의 성격에 결정적이었을 수 있다. 시드니 드베레 브라운Sidney DeVere Brown이 시사한 바와 같이, 고정된 관직 진출 제도의 부재로 인해 주로 하급 사무라이 출신의 혁신적이고 젊은 비전통적인 인물들이 부상할 수 있는 여지가 생겼다. 이들은 시급한 민족주의nationalism에서 비롯된 체계적 개혁 시행에 대한 동기를 갖춘 이들이었다.[142] 만약 그렇다면, 여기에 한국의 경우와는 확연히 다른, 어쩌면 충격적인 대조가 있다. 식민주의에 의해 희생된 많은 다른 사회와 마찬가지로, 20세기 초 한국 관료 엘리트의 등장은 민족주의의 부상이 아니라 외세 지배에 대한 순종을 동반했다. 제2 신분집단이 일본 지배 훨씬 이전에 공식적인 경로를 통해 관직 위계에서 상승하기 시작한 것은 확실하다. 일본의 지배로 인해 그들은 일본으로의 장시간 망명과 같은 결정적인 비공식 요소로부터 이익을 얻게 되었다. 그러나 결국, 1905년 이후까지 상승을 계속하던 사람들에게 있어 그 동기는 민족주의적 감정이 아니라 관료제가 사회적 지위의 진원지로 지속적으로 역할 한 것에서 나온 것이다. 사회적 지위 그것의 내용은 점점 더 출생에 따르는 경우는 쇠퇴하고 한국의 외부 세계에 대한 노출과 관련된 다양한 다른 조건들에 의존해 갔다.

이것은 이 연구의 중심 논지로 우리를 되돌린다. 그것은 19세기 후반

~20세기 초반 사회 위계 전개의 선봉에 관료제가 있었다는 것이다. 귀족이 관료제의 변화에 더 잘 적응할 수 있었다면, 그들은 사회 위계의 꼭대기에서 높은 지위를 유지했을 것이다. 그러나, 이 장에서 보여준 바와 같이, 공식적 및 비공식적 발전이 점점 더 결합되어 다른 사람들, 특히 제2 신분집단 후손들의 상대적 우위로 기울어졌다. 이 연구의 나머지 부분들은 이러한 제2 신분집단의 구성원이 관료제에서의 극적 상승을 이루어낸 다양한 수단, 그들이 어떻게 이러한 운명의 반전을 확대하여 수세기에 걸친 사회 위계의 전복에 이르게 했는지, 그들의 이야기가 어떻게 한국 역사에서 전통적인 관점을 재고하는 데 필요한지에 대해 상세히 다룰 것이다.

3

중인

외국어나 미술 등 그 목적에 따른 엄밀한 과학이 있는 공부는 문학이나 철학 공부만큼 높은 존경을 받지 못한다. 거기에 헌신하는 지체 높은 학자는 거의 없으며, 만약 있다면 그것은 순수한 호기심에서 나온 것이다. 그것들은 한국에서 거의 배타적인 소수 가문의 전유물이다. 그들은 왕과 대신들을 섬기고 있기 때문에 특별한 특권을 가지고 있고 이 땅에서 상당한 존경을 받고 있다. 그들은 귀족과 서민 사이의 중간 위치를 고려하여 중인이라는 이름으로 자주 거론된다. 이 계급에 속한 개인들은 보통 그들끼리 결혼하고, 그들의 직책은 자손에게 대대로 전해진다.
—샤를 달레, "Traditional Korea," 1874, pp.76-77.

조선에서 지식은 실제로 권력이었다. 하지만 지식에는 두 가지 종류가 있었다. 첫째는 유교 윤리와 철학이었는데, 이것들은 도덕적 수양과 의례가 국가 사회 질서의 근간이 될 것을 요구했다. 그리고 그것을 확장하여 통치자인 국왕과 관료들이 무엇보다 유교 원리를 중시할 것을 주장했다. 이는 정부 관료기구 내에서 통치 이념의 지도력을 입증한 관료들이 그러한 지도력을 획득하는 데 필요한 학문적 소양을 가지고 지배적인 집단을 구성하여 두 번째 종류의 기술과 지식을 갖춘 하위 공직자들 위에 존재한다는 것을 의미했다. 여기서 두 번째 지식이란 실용적, 기술적 지식을 말하며, 점차로 군사적 지식도 포함되어갔다. 관료제 기능상의 이러한 위계가 세습적 지위와 결합하여 독특한 사회적 신분집단이 생겨났다. 중인이다. 이들은 전문적이고 기술적인 기능을 수행했다. 귀족이 천시하지만 중앙집중화된 조선 국가에는 필수적인 것들이었다.

19세기 말 한국이 외부 세계의 도전에 대응하기 위해 대대적인 정부 개혁에 나섰을 때, 이러한 기술과 그 종사자의 중요성은 극적으로 높아졌다. 서울의 세습적 기술직 관료인 중인이 한국 개화기에 개혁의 선두에 서게 된 것은 아마도 놀랄 일이 아닐 것이다. 19세기 후반에서 20세기 초반 사이에, 이 집단의 후손들은 그들의 독특한 전통적 입지 즉, 외국어로 된 문헌 학습의 중요성에 대한 인식과 많은 경우 상당한 물질적 부를 결합하여 사회 속에서 그리고 관료제 내에서 위계의 상승에 큰 진전을 이루곤 했다. 관료제뿐 아니라 문학, 미술, 지식, 교육, 사업, 정치 분야에 대한 그들의 기여로 인해, 그들은 자신들의 적은 수에 비해 그것을 훨씬 초월하여 한국의 근대적인 문화와 사회에 영향을 미칠 수 있게 되었다.

제2 신분집단에 대한 연구 일반이 그렇지만, 이 중요한 중인 집단에 대한 분석은 대부분 그것을 20세기까지 추적하지는 않았다.[1] 부분적으로 이것은 가용한 자료의 상황 때문이다. 주요 자료원인 전근대의 족보, 방목榜目 및 개인 문집[2] 등은 수적으로 부족하다. 그러나 중인이 구축한 특수한 지식 분야에 관한 몇 가지 주목할 만한 연구 사업과 최근 증가하고 있는 연구들이 보여주듯이, 그것들의 범위는 조선 시대 중인에 대한 의미 있는 조사를 추진하기에 충분하다.[3] 지난 20년 동안, 중인은 문학 연구자들로부터도 상당한 주목을 받았다. 문학 연구자들은 19세기 대중 문학작품의 증가와 20세기 초 근대 문학의 등장 속에서 중인의 중요성을 밝혔다.[4] 이러한 연구의 결과는 족보, 전기적 문헌, 관찬 문서, 일기 등과 결합되어 이 연구의 토대가 되었다.

중인 집단의 발전

흥미롭게도 중인을 규정하는 관료제 내에서의 역할은 고려조에서 비롯되었다. 고려 시기에는 잡과와 잡직이 문관 관료의 일부였다.[5] 고려 지배 질서에서 잡과와 그에 병행하는 관직은 이중적인, 거의 대립적인 목적으로 행해진 것 같다. 그것은 중앙 관료로 상승 이동하는 경로를 제공했다. 또 한편으로, 그것은 조선 시대 무과 시험이 그랬던 것처럼 하층 신분에 대해 국가가 후원하는 출구를 마련해줌으로써 그들을 달래는 역할을 했다.[6] 다시 말해, 고려조는 사회-정치적 위계를 조절하기 위해 기술직 시험을 채택했는데, 이는 그 후에도 지속된 관행이며, 사실상 제2 신분집단의 존재 자체가 이에 대한 증거이다. 그러나 조선 시대에는 국가가 이러한 기술 분야를 육성하는 데 중심적인 역할을 하기는 했지만, 국가의 노력은 상승 이동성을 제한하는 쪽으로 방향을 틀었다. 한국에서 스페셜리스트보다 제너럴리스트를 중시하는 유교적 국가 기구는 결국 필수적이지만 종속적인, 사회-정치적 틈새에만 제한적으로 존재하는 세습 신분집단을 낳은 것이다.

관료제 내에서의 역할, 1600~1880

중인은 통역, 의학, 법률, 천문학(지리학, 풍수지리학, 점성학 포함), 회계 및 산학, 문서 작성, 도화圖畫 등을 담당하는 관직을 채우고 있었다. 각 분야는 각기 별개 정부기관의 소속으로서, 관할 기관에서 예비 관료를 양성하고 인사를 총괄했다. 조선 초기부터, 통치 계층의 관료들은 이러한 '하찮은 기술'에 대한 시험이 경서(유교 경전)의 전문지식을 시험하는 문과 그리고 심지어 무과와도 동등한 체통을 향유해서는 안 된다고 주장했다.[7] 왕조 초기 2세기에 걸쳐 이러한 낮은 지위에 대한 차별은 강화되었다. 기술 분야에 대한 귀족 청년들의 이탈도 한 요인이었다. 그럼에도 이러한 직무들은 중앙정부의 적절한 기능에 필수적인 것이었고, 종종 귀족의 관직보다 훨씬 폭넓은 경험과 기회를 중인 관료들에게 주었다.

예를 들어 통역 담당 부서인 사역원[8]은 외국어(한어, 몽골어, 여진-만주어, 일본어) 예비 관료를 양성하고, 외국어 시험인 역과를 설행했으며, 정부 통역관인 역관譯官을 조정에 공급했다. 이들 역관은 임용에 성공하기 위해 극도로 치열한 경쟁을 통과해야 했던 선발 집단으로, 문서를 번역하고 교과서를 만들고 외국어 교육 과정을 개발했다.[9] 그러나 그들의 역할 중 가장 두드러진 것은 중국과의 국경인 의주와 남동해안의 부산 등 변경 지방에서, 그리고 중국, 일본에 대한 주기적인 외교사행단 속에서 조정을 대변하는 것이었다.[10] 이러한 사행단에 참여하는 것은 무역을 통해 상당한 부를 쌓을 수 있는 기회가 되었다. 그러나 더 중요한 것은, 수년간의 전문적 연구를 통해 갈고 닦은 그들의 언어 능력이다. 이를 통해 이들은 대부분의 한국 귀족에게는 불가능했던 아이디어, 모델, 연줄에 접근할 수 있게 되었다. 이것은 한국의 개화기에 특히 중요한 것으로 판명될 것이다.

역관보다 훨씬 적은 숫자지만, 의관醫官도 이 사행단에 동행했다. 그러나 국경 지역이나 외국 땅에서 더 많이 활동했던 역관과는 달리 의관은 국가 주도 의료체계의 토대 역할을 하면서 국내 곳곳에 존재감을 구축했다. 전국적인 의관 네트워크는 국왕과 중앙 관리들 그리고 서울의 서민을 돌보는 사의사四醫司의 지휘를 받아 군현 단위에까지 침투해 있었다. 의관은 여러 직무 중에서도 지역 내 진료소를 감독하고, 정부의 전염병 및 기근 대응책을 시행하며, 의약품 시장을 규제하였다.[11] 이 구조의 최하위 단계에는 대부분 수백 명의 지방 의학생, 즉 '의생'이 근무하고 있었지만, 도道급 이상에서 근무하는 이들은 의료 시험인 의과를 포함하는 중앙 집중의 선별 과정을 통과해야 했다. 정부는 의료에 대한 광범위한 관여를 통해 대중적 온정주의적 통치라는 맹자孟子적 비전을 도입함과 동시에 무당과 기타 민간요법 제공자의 역할을 폐지하거나 최소한 보완하기 위해 노력했다. 이로 인해 국가 권위에 의해 뒷받침되는 엄청난 위신과 영향력이 중인 의료 전문가들에게 주어졌다.

이들보다 덜 알려져 있지만 중요한 것으로 관상감이 있다. 관상감은 천문, 지리, 역상曆象, 측후測候, 각루刻漏, 점서占筮에 대해 관료의 훈련, 시험(운과雲科 혹은 음양과), 선발 임용을 주관했다.[12] 이 전문가들은 의관처럼 기후와 계절적 현상을 예측하고 분석함으로써, 농경 사회의 경제 질서에 대한 유교 국가의 가부장적 지배를 실현하는 데 필수적인 역할을 했다. 그들의 기능은 실용적인 것(측우기나 물시계 같은 기계류 고안)에서부터 의례적인 것(무덤의 명당을 찾는 것), 일상적인 것(역서曆書 제작)까지 다양했다.[13] 이들이 높은 지위를 얻은 것은 예언 능력으로 인정된 것과 천문, 지리에 관해 축적된 한국 전통의 성과를 유지하는 역할 때문이다. 그들은 여러 면에서 근대 시기에 자연과학이라고 부를 만한 것의 전문가이자 실천가였지만, 그 방식은 이론적이라기보다는 훨씬 더 응용적인 방향이었다. 산업화 이전의 한국에서 공공복리에 매우 중요했던 그들의 전문 지식 분야가 19세기 후반 서양 과학 인식론 수용으로 점점 대체되어간 것은 이 때문이다.

이런 운명은 네 번째 주요 기술직 집단인 율관律官에게는 닥치지 않았다. 현대 한국에서 그에 대응하는 변호사 집단은 소득과 지위 면에서 가장 높은 계층 중 하나를 차지하고 있다. 이는 많은 다른 근대사회의 변호사도 마찬가지이다. 그러나 조선왕조의 율관은 그와 같은 명성을 누리지 못했다. 거기에 그들의 역할을 이해하는 열쇠가 있다. 그들이 담당했던 것은 국가의 방향성을 결정하고, 모든 고위 귀족 관료가 통달했던 유교적 가치 체계로서의 '법Law'이 아니었다. 국가가 유교적 이상에 따라 예 혹은 의례의 보급을 통한 사회 질서가 불충분하다고 판단될 때에만 적용했던 복잡한 미로와 같은 강제적 '법조문들laws'이었다.[14] 이들은 '법학legal studies', 즉 법률의 구체적 세부 사항에 대한 전문가로서, 보다 고차원의 윤리 즉 '유학儒學'에 관한 전문가에 비해 단순한 기술자로 여겨졌다.[15] 중인 율관은 가장 힘이 약한 부서인 형조의 감독 아래에서 근무했다. 마찬가지로 형조가 이들을 선발하기 위한 율과 시험도 관리했다. 이러한 조직 정체성은 조선에서 법률 전문가와 실정법 일반의 기능이란 다양한 범죄에 대해 적절한 처벌을 선택하는 것이었음을 시사한다. 이를 위해 그들은 조선왕조의 기본 법전뿐 아니라 그것의 처벌 조항이 근거로 삼고 있었던 『대명률』과 중국 고대의 많은 다른 법률 설명서에 대한 지식을 시험받았다. 국가가 있는 곳이라면 어디든 중인 율관의 전문성이 필요했기 때문에 그들은 중앙과 지방 감영 수준의 양쪽 모든 기관에서 일하면서, 상급자에게 종합적 지식인generalist인 귀족 관료의 능력을 훨씬 벗어나 있는 복잡한 문제, 더 정확히는 훨씬 현장 중심의 복잡한 문제에 대해 조언했다.[16]

법적 전문지식이 형조에 속했다면 회계는 자연스럽게 호조 소관이었다. 관상감의 중인 관리들이 한국의 전근대 과학자들이라면, 회계 전문가인 산원算員(혹은 계사計士)은 수학자들이었다. 이들은 다른 부서에 속하는 경우도 있었지만 호조 내의 부서와 연계되어 관료기구의 회계와 기타 통계적 정보의 계산과 유지를 담당했다.[17] 미로와 같은 조선 부세제도에서, 회계사들이 하는 일의 복잡성과 지난함은 다른 중인 전문분야의 일을 능가했던 것으로 보이며, 이는 그들의 상대적으로 낮은 지위에 기여했을 것이다. 그럼에도 불구하고, 이들의 업무가 국가의 세입 체계에 근접해 있었던 점은 그들에게 상당한 권력을 부여했음에 틀림없다. 이는 그들이 일부 업무를 수행할 때 협력해야 했던 지방 향리의 경우와도 유사하다.

마지막 중인 관료 집단은 화원畵員과 사자관寫者官이다. 이들을 정부 전문가 영역에 배치할 수 있을지는 불확실하지만, 통치 질서의 관점에서 보면 잡다한 기술직 분야에 속했다. 정밀한 필법으로 공식적인 정부 문서의 표준화에 도움을 준 사자관은 정부 내 다양한 직책에서 활동한 반면, 공식 화가인 화원은 대부분 도화서圖畵署에 속해 있었다.[18] 화원과 사자관도 중국과 일본 사행에 동행하여 각각 그림과 글로 여행을 기록하고 주최국에 대한 예술 사절 역할을 하였다. 조선 내에서 도화서 관원은 대나무, 풍경, 초상화를 그리는 기술로 시험받았다. 아마도 그들의 가장 중요한, 혹은 적어도 가장 높이 평가되는 임무는 정부 소속 예술가 경력의 최고 명예인 왕실 초상화(어진)를 그리는 것이었을 것이다.[19] 그러나 조선 후기, 특히 18세기에는 김홍도와 신윤복이라는 두 명의 중인 궁중화가가 그들의 지위가 가지는 관습적인 기능을 벗어나 놀라울 만큼 아름다운 필치의 풍속화를 남겼고 오늘날까지 한국 미술의 대표 작품으로 소중히

여겨지고 있다.[20]

예술 영역에까지 드리워진 국가의 역할을 통해 우리는 더 큰 이익을 위해 필요하다고 여겨지는 이러한 전문 분야가 정부의 후원 및 통제에 얼마나 의존했는지 알 수 있다. 산원, 사자관, 화원을 제외하고 각 분야마다 해당 잡과 시험이 있었지만, 잡과 시험이 없는 이들 예외 분야조차 하위 수준의 시험에 응해야 했고 정부가 감독하는 다른 심사 과정을 거쳐야 했다.[21] 그러한 시험의 통과는 한 가문이 관료사회에서 생존력을 유지하는 데 중요한 바탕이 되었다. 따라서 이러한 자격증 발행 관행은 문과와 무과가 문반 귀족 및 무반 가문에 대해 그러했던 것과 유사하게 중인을 위해 기능했다. 그러므로 경쟁은 갈수록 치열해지고, 시험과 선발에서의 성공이 시간이 지날수록 엄선된 소수 지배적인 가문에 더 집중된다는 것은 놀라운 일이 아니다.[22]

통역과 의술이 가장 높은 지위를 누리면서 중인 세계에 위계가 생겨났다. 국가의 법 자체가 이러한 질서에 기여했다. 즉, 역과 시험의 합격자는 다른 잡과 시험의 합격자보다 더 높은 관직에서 경력을 시작했다.[23] 또한 이 두 집단의 전문가들은 임명 가능한 자리의 범위가 넓었다. 반면에, 예를 들어, 율관은 대부분 몇몇 정부 직책에 제한되어 있었다.[24] 게다가, 중인이 얻을 수 있는 가장 높은 관직인 수령직은 역관과 의관이 가장 많이 차지하였다.[25] 놀랄 것도 없지만 이 두 집단은 조선을 넘어 세계와 더 많이 접촉하고 국내적 지위도 높아져서 19세기 초 가톨릭이 강력하게 중인을 흡수할 때 그리고 19세기 말의 개화운동에서 중인 출신 지도자들의 선봉에 서 있었다.[26]

중인 가문의 발전과 사회적 위상

그러나 이 같은 분야별 위계는 기술 관료의 인구 내에 별도의 지위 집단을 설정할 만큼 충분히 강력하지는 않았다. 여러 세대에 걸쳐 한 분야에 특화하게 된 가문이 많았지만, 족보들을 살펴보면 지배적인 중인 가문 중에 종종 동시대 형제나 사촌 사이에도 두 개 이상의 다른 전문 분야를 가진 경우가 많았다. 더 중요한 것은 혼인 패턴에 분야별 내혼의 징후가 전혀 보이지 않는다는 점이다. 역관이 율관의 사위가 되거나 음양관이 의관이나 화원의 가계로 혼인해 들어가는 식이었다. 서사관과 화원이 중인 중에 가장 낮은 지위를 차지하고 있었음에 틀림없다. 그들은 합격할 시험이 없었고 그들의 기예는 기생이나 유랑 악단처럼 낮은 태생의 신분(낮은 신분 태생의) 그룹에 배정된 예인藝人 지향의 작업과 가장 흡사했다. 그럼에도 역관이나 의관은 이들과 혼인관계를 맺고 있었다. 이는 학문적 분석은 물론 중인의 족보와 족보 등재자 기록이 분명하게 보여주는 바이다.[27] 분야와 무관하게 중인은 중인이었던 것이다.

그러므로 중인 가문은 하나의 집단으로 간주되어야 한다. 특히 여러 가계로 이루어진 독자적인 집단이 서울의 전문기술 관료직을 점령하여 그것을 가문의 계보를 따라 전수했던 조선왕조의 마지막 3세기 동안이 그러하다. 거의 모든 중인 가문은 16세기에서 17세기 후반 사이에 기술직을 가진 한두 명의 시조로부터 시작된 것으로 보인다.[28] 하지만 자료들은 이 조상들이 여러 집단으로부터 왔음을 시사한다. 그중에는 왕조 초기 2세기 동안의 잡과 시험 합격자들이 있었다. 그들은 고려 시대의 기술직 전문가에서 이어져 내려온 이들이다. 15~16세기의 관료들에까지 이어지는 이러한 중인의 시조는 기껏해야 소수인 것 같다.[29] 나머지는 아마도 공적에 대한 보상으로 통치 관료가 아닌 기술 관료가 될 기회가 주어진 비귀족 인물들이었을 것이다. 일부 자료들은 중인 세습 가문이 형성될 당시, 즉 17세기 전반부터 문서에 나타나기 시작한 '중인'이라는 용어가 16세기 초 중종 시기 반정공신으로 인정된 인물을 지칭하는 말에서 유래했을 수도 있다고 추측한다(이것은 후대에 최남선을 배출한 중인 가문인 철원최씨의 기원일 수도 있다).[30] 중인 가문의 기원에서 세 번째를 구성하는, 아마도 가장 큰 집단의 하나로 서얼을 들 수 있을 것이다. 『경국대전』규정은 서얼로 하여금 문과, 무과, 소과에 응시할 수 없도록 했는데, 동시에 이들에게 잡과 시험을 통해 전문 분야에서 관직을 추구할 수 있도록 했다. 이는 첩의 후손에 대한 관직 제한을 완화하는 첫 조치의 하나였다.[31] 16세기 후반의 존경받는 내의內醫인 허준은 서얼에서 기술직 관료로 변신한 많은 사례 중 하나이다. 비록 허준의 후손들이 중인 가문을 형성하지는 않은 것으로 보이지만, 아마도 궁중 화가 신윤복의 조상을 포함하여 다른 많은 서얼 시조의 후손들은 그랬을 것이다.[32]

이와 관련된 문제가 중인이라는 용어의 유래다.[33] 앞서 언급했듯 중종과 연관 짓는 이론 외에도, 이 명칭은 서울의 중심中心 지구에서 유래했을지도 모른다. 거기에 대부분의 중인이 거주하게 되었기 때문이다. 보다 합리적인 설명은 조선 후기의 관점에서 기술 관료들이 지배적인 귀족과 평민 사이의 사회적 지위 즉, '중간'에 있었다는 것이다. 어쨌든 19세기 초 중인이 최고위직에 걸맞은 엘리트로서 인정받기 위해 캠페인을 벌였을 때, 그들은 그들의 세습 정체성이 위에서부터, 그것도 단지 최근에 와서야 부과되었다고 강조했다. 그들은 16세기 말~17세기 초를 자신들의 지위가 격하되고 세습 신분집단이 되어 '중인'라는 별칭을 갖게 된 시기로 지목했다. 흥미롭게도 이 같이 호소한 사람들은 또한 이 형성기가 그 악명 높은 당쟁의 출현과 일치한다고 언급했다.[34] 일부 중인은 이에 대해 주석을 달고 중인 명칭은 당쟁에서의 '중립적' 입장과 관련된다고 주장한 것 같다(후술). 만약 사실이라면, 이 주장은 징벌적 기원을 가리킨다.

그들의 기원이 어떠하였건, 조선 후기 중인의 사회적 위상은 가장 빼어난 무반 가문 바로 아래이고, 대략 서얼과 동급이며, 향리 위 어딘가에 안착된 것으로 보인다. 18세기 중엽 이중환李重煥은 중인을 무반 그리고 서얼과 함께 묶었으며, 19세기 후반 황현黃玹은 이들을 경아전이나 향리와 같은 등급으로 분류했다.[35] 중인은 공문서에 거의 등장하지 않는다. 실제 조선왕조의 가장 유명한 중인은 17세기 후반 숙종의 한 후궁이었다. 바로 희빈장씨이다. 그의 집안은 대부분이 역관이었다.[36] 19세기 후반의 외국인 관찰자들은 중인을 호의적으로 보는 경향이 있었다. 샤를 달레는 중인이 면역免役 등 일정한 특권을 누렸고 귀족조차 "그들과의 관계에서 어느 정도 평등하게 대한다"고 언급했다. 1894년 귀국한 갑신 집단의 망명자들과 동행하여 1898년까지 한국에 머물렀던 쓰네야 세이후恒屋盛服는 중인이 개화와 근대 세계에 대한 적응을 추구하는 과정에서 귀족을 앞질렀다고 주장했다.[37] 그러한 주장의 진실이 무엇이든 중인의 갑작스런 정치적, 관료적, 문화적 상승과 두각은 한 세기 이전부터 시작되었으며, 이들이 활기찬 집단의 인상을 주었음은 분명하다.

다른 제2 신분집단과 마찬가지로 중인은 19세기에 분명한 집단의식을 발전시켰는데, 이는 일반적으로 세습적으로 주변부화된 자신들의 처지에 대한 한탄으로 표현되었다. 국왕에 대한 상소에서, 중인은 그들의 관료적 경력에 가해진 법적, 관습적 제약에 대해 불만을 제기했고, 자신들은 통치 관료들과 같은 가계의 후손이라는 점을 주장했다.[38] 중인은 공식 영역의 밖에서 그들의 사회적 명성과 집단적 정체성을 강조하기 위한 활동을 강화했다. 예를 들어 19세기 중엽에는 평양조씨 중인 가문 출신의 궁중 화원 조희룡이 『호산외사壺山外史』를 편찬하였는데,[39] 이 책은 주로 중인 출신으로 명예롭고 모범적이지만 대체로 잊혀진 인물들에 관한 전기이다.[40] 또 19세기 중엽에는 중인 족보가 편찬되는 속도가 빨라졌다. 귀족이 편찬한 족보에서 오랫동안 제외되어 있었던 중인 가문은 이 족보들에서 명목상 자신들보다 상위에 있는 이들과 동일한 유산을 공유하고 있다는 주장을 자신 있게 옹호했다. 마지막으로, 많은 사람들이 한시漢詩 창작과 감상을 전문으로 하는 중인 주도의 문단을 조직함으로써 그들의 엘리트 자격을 과시했다. 중요한 것은, 오늘날 학자들이 언급하고 있는 이 '중인문학 운동'(위항문학 운동)은 대중과의 동일성이 아니라, 예를 들어 자국어의 사용을 옹호하는 것이 아니라, 대중과의 거리를 벌리려는 노력을 더 크게 보여주었다는 점이다.[41]

20세기 초 이러한 세계관의 잔재가 「中人 來歷의 略考(중인 내력의 약고)」(중인의 역사에 대한 간략한 고찰)라는 제목의 글에 나타나 있다. 이것은 일제강점 초기 천녕현씨 현은玄檃이 쓴 것이다.[42] 실제로 현은은 이 책에서 조선왕조의 어떤 중인도 감히 할 수 없었던 대담한 주장을 했다. 그는 "중인은 귀족(사족)의 후예로서 다양한 실용 기술을 전공하여 그에 상응하는 관직을 대대로 전수하였으며, 이를 통해 엘리트의 지위를 잃지 않은 순수인들, 즉 청족清族으로 남았다"고 주장했다. 현은의 주장은 중인이 조선왕조 정계를 지배했던 당쟁에 참여하기보다는 스스로 물러나 낮은 관직을 차지했다는 것이다. "그러니 당파적 소속감을 전혀 드러내지 않은 중인을 고위직에 앉히려는 당파가 어디 있었겠는가?" 나아가 이것은 중인 가문이 "거의 10대"를 지속해온 이유를 말해주며, 이들이 16세기 말 붕당의 출현 직후부터 생겨났음을 설명한다고 현은은 썼다. "중인(중립인)이라는 명칭이 어디서 왔는지 분명하지는 않지만, 중인의 '중'은 분열하는 조정 당파 간 다툼 속에서 중인의 '중립'을 가장 적절하게 나타낸다"고 현은은 말했다. 다른 중인 가문의 사람들도 이 관점을 공유했다는 징후가 있다. 일본 평론가 호소이 하지메細井肇는 1910년에 쓴 '중인 고영희'에 관한 소개서에서 고영희가 "중인적 성격"을 내세우면서 임금에게만 충성을 다했으며, 이것이 고영희가 중요한 관직에 오래 머무른 비결이었다고 주장했다.[43] 이 해석에서 중인이 낮은 관직으로 강등된 것은 한국의 사회적 동학의 결과가 아니라 당쟁의 폐해에 동참하기를 거부한 '순수인들'이 스스로 정계를 떠난 자발적 망명을 나타낸다. 어떤 의미에서는 중인이 귀족 위에 서기까지 했다는 주장이었다.

현은의 조카인 한국계 미국인 피터 현은 조선 사회에 대한 중인 중심 시각을 더욱 발전시켰다. 그는 집안에서 들었음이 틀림없는 이야기를 되뇌면서, 고려왕조의 영웅적 상황에서 유래한 것으로 추정되는 자기 가문이 어떻게 제2 신분집단의 지위를 차지하게 되었는지 설명했다.

그 뒤를 이은 이조[조선] 아래에서 현玄가는 귀족의 지위를 잃고 '중인'이 되었다. 가장 낮은 계층은 '상인常人', 즉 평민으로 알려져 있었다. 이조 때 '양반', 즉 귀족은 단지 정부의 얼굴마담에 불과했고, 실제 정부를 운영한 것은 '중인'이었다. 이 시기에 현가는 역관—외교관—으로 알려졌다.

11대에 걸쳐 외교부인 사역원에서 중요한 직책을 맡고 있었다.[44]

여기에는 두 가지 놀라운 주장이 있는데, '얼굴마담' 귀족이 아닌 중인이 사실상 정부를 운영했다는 것과, 양반이 단순한 기술 전문가로 여겼던 역관이 '외교관'이었다는 것이다. 이러한 대담한 명제는 19세기 중엽 중인의 활동과 더불어, 그들이 조선 지배 이념의 족쇄에서 해방됨에 따라 그들 사이에 강한 집단의식이 출현하였음을 더욱 부각시킨다.

관직접근권이라는 측면에서 그들의 공식적인 지위는 어떠했는가? 이미 지적한 바와 같이, 그리고 현은 자신도 인정했듯이, 잡과 시험 합격을 통해 관직에 들어선 중인에게는 법률적, 관습적 제약이 모두 가해졌다. 중인이 문과를 통과한 적이 있는가? 현은은 중인이 문과에 급제하는 데 아무런 제약이 없었다고 주장했고, 실제로 적어도 법적으로는 중인의 입격을 금하는 조항은 전혀 없었다. 그러나 실제로 1880년대 후반에서 1890년대까지 중인 문과 급제자는 극히 드물었다. 다해서 5명 미만이었다. 또 관료제 내에서 높은 계급을 획득한 사람은 아무도 없었다.[45] 그들은 무과에 정기적으로 급제했지만, 무과는 문과의 위력과 위상에 근접하지 못하고, 이 격차는 7장에서 보겠지만 시간이 지날수록 커졌을 뿐이다. 마지막으로, 중인이 당쟁 참여를 거부했다는 현은의 주장은 어떤가? 이것은 단정적으로 대답할 수는 없지만, 그들이 불참한 이유는 현은의 주장대로 중인의 항변에 있는 것이 아니고, 조정 당쟁에서 바깥에 위치했던 그들의 입장 때문이었을 것이다. 당쟁은 여전히 귀족적인 특권이었던 것이다.

경제 활동

많은 중인은 정치권력의 중심에서 배제되어 미덥지 않고 수지도 맞지 않는 정부의 급료를 받아들일 수밖에 없는 처지였다. 그래서 그들은 관직을 이용하여 사적 축적을 더 많이 한 것으로 보인다. 중인이 부유했다는 사실은 잘 알려져 있었다. 18세기에 일본어 역관 변승업은 조선 조정에 돈을 빌려줄 만큼 부유했다.[46] 19세기에 황현은 이 나라 최고 부자의 한 사람으로 또 다른 역관 이덕유를 지목했다. 황현에 따르면, 이덕유는 민씨 과두정권의 유명한 부자였던 민영준보다 훨씬 더 부자였다. 사실 이덕유는 나라 밖 중국에 땅을 소유한 유일한 한국인이었다. 군주와 직접 교류한 그였지만, 관직에는 무관심했고(음죽陰竹이라는 작은 군의 군수로서 잠깐 일했을 뿐), 오직 축적에만 관심 있었다.[47]

중인의 부는 대부분 그들의 공적 업무에서 나왔다. 중인은 중국 조공사행이나 일본 통신사행 그리고 엄격한 제한하에 시행되는 국경 무역 등에서 필수적 존재였다. 역관뿐 아니라 의관, 지관, 심지어 화원까지 따라다녔다.[48] 조공 유형에 따라 통역 인원은 수십 명에 이를 수 있었고, 중국과의 공식적인 무역 중재자로서의 지위를 통해 각자 개인적으로 이익을 취할 기회가 있었다. 중인이 이러한 경로로 축재를 한 전성기는 17세기 중엽~18세기 초 사이이다. 당시 정부는 역관에게 공무역뿐 아니라 사무역을 이끄는 것도 허가했다. 여기에는 주로 한국의 은이나 인삼을 중국의 명품으로 교환하는 것을 포함했다. 이러한 방법들이 18세기 중반부터 민간 상인의 대규모 무역에 자리를 내준 후에도, 조정은 역관을 계속 우대하여 무역 허가증을 발급했다. 역관들은 주로 서북 지역에서 활동하는 민간 상인과는 달리 서울 외곽에서 활동했다. 게다가 이 무렵 많은 역관은 이미 부재지주, 광산 채굴, 인삼 재배 등 다른 활동에 투자할 만한 충분한 부를 축적해놓은 상태였다.[49]

중인은 일본과의 무역에도 관여했다. 중인은 동래(현재의 부산)항에 있는 일본 영사부인 왜관(倭館)에서의 지위를 통해, 비록 매우 제한적이었지만 쓰시마 다이묘와의 정기 무역을 관리하는 데 일조했다. 매달 6번씩 왜관에 장이 섰다. 일본 관리와 상인 들은 한국 관리 그룹과 마주 앉아 각 측의 상품을 검수하고 무역 결제를 협상했다. 조선의 대표단은 동래의 상업 감독관인 동래감시감관(東來監市監官), 호조의 세무 회계원인 호조수세산원(收稅算員), 동래 향리, 역관 등으로 구성됐다.[50] 수세산원과 역관은 물론 중인 관리들이었다. 이들이 경상도 남부 지역에서 일본 상인들과의 비공식적인 상업 활동에 참여하는 것뿐 아니라 공식적인 직책을 이용해 사익을 얻는 것도 널리 인정되었다.[51] 18세기에 이중환은 현풍 지역, 그리고 대구와 밀양 사이 낙동강변의 통로에 "서울에서 온 역인(譯人)이 많이 거주하며 일본인들과 상업적 거래 관계에 참여하는 지역"을 형성한 것을 관찰했다.[52]

중인 의관도 정부로부터 받는 빈약한 급료를 보충하려 했고 그들의 전문 지식으로 이익을 얻을 수 있는 수많은 방법을 찾아냈다. 이들은 중국에 사행단의 일원으로 파견될 때 의약품을 취급하여 공무역에 접근하려는 민간 상인들로부터 수수료를 챙겼다. 한편, 조정의 의관들은 서울에서 정치적 이권 다툼 속에서 자리를 차지하기 위해 그들의 전문지식을 활용했다. 심약(審藥)으로 지방에 파견된 이들은 자신들의 큰 권한을 이용하여 인삼 상인 등으로부터 약재 유통을 허가하고 수수료를 받았던 것이다.[53]

19세기 중엽 중인의 집단적인 통청운동, 즉 고위직 진출 자격에 대한 허통 운동이 그들이 축적한 막대한 부에 기대고 있었으리라 추정하는 것은 합리적이다. 거기에는 상당한 비용이 필요한 대규모 상소 운동이 포함되었기 때문이다. 그러므로 중인은 19세기에 이 옵션을 행사한 여타 제2 신분집단과 닮았다. 하지만 다른 집단의 노력과 마찬가지로 중인에게 돌아온 이익은 희박했다. 그럼에도 중요한 것은, 한국이 19세기 후반 예상치 못한 상황에 빠졌을 때 강력한 경제적 기반은 그들의 전문지식, 그리고 조선의 국경을 넘나들었던 경험과 결합되어, 지적, 관료적, 그 밖의 다른 방법으로 두각을 나타낼 수 있는 좋은 기회를 제공했다는 점이다.

중인과 한국의 개화

중인의 운명은 한국이 일본과 서구로부터 들어온 사상과 모델에 개방됨으로써 현격히 반전되었다. 중인은 수 세기 동안 낮은 관직과 그에 상응하는 제2 신분집단에 처해 있었지만 외부 세계와의 접촉이 제공하는 기회를 이용할 수 있는 큰 잠재력을 배양해왔다. 예를 들어 그들은 정치권력의 중심부 근처를 맴돌았는데, 거기서 다른 제2 신분집단 구성원보다 더 높은 수준으로 정책에 영향을 미칠 수 있었다. 더구나 그들은 중국을 여행할 기회가 있었고, 그곳에서 서구와의 접촉에서 비롯된 변화들을 목격할 수 있었다. 1876년부터는 메이지 일본을 방문한 최초의 조선인 집단에 속하게 되었다. 마지막으로, 그들에게는 일본 유학을 포함하여 많은 신교육 기회에 접근할 수 있는 경제적 수단이 있었다. 그 결과 그들은 한국 개화기를 특징짓는 정부와 사회 개혁의 물결을 형성하는 데 일조했고, 관료제에서 등급을 상승시켜 현대 한국의 새로운 엘리트 출현에 괄목할 만한 기여를 했다.

먼저 1870년대와 1880년대 개화운동의 지적인 멘토 역할을 한 두 위대한 중인 지도자 오경석과 유대치(유홍기)가 있다. 오경석은 자기 연배에서 가장 여행을 많이 한 세계적인 한국인이었다. 그는 정부 사행단의 역관으로 중국에 13차례 다녀왔다. 그때마다 그는 책을 한 아름씩 가지고 들어와서 자신과 생각이 비슷한 사람들에게 보여주었다. 그중에는 유명한 개혁파 귀족인 박규수도 있었다.[54] 오경석은 해주오씨 일족의 작지만 빼어난 역관 (대부분의 경우) 가계 출신으로서,[55] 1846년 그 역시 한어역과에 15세의 나이로 합격했다. 그를 이어 네 명의 동생도 각각 합격했고, 이 중 오경림吳慶林은 1895~1896년 제주부 관찰사를 역임했다.[56] 그와 대조적으로 유대치는 현달한 조상이 거의 없었다. 그의 직계 계보는 5대 전에 한양유씨 중인 가계의 더 성공적인 지파로부터 갈라져 나왔다.[58] 비록 중인이고 동시대인에게도 그렇게 인지되고 있는 하급 의관직 가계였지만,[57] 유대치 자신도 잡과 시험에 합격하지 못했고, 몇 대 내 직계 조상 중에도 합격자가 없었다. 그러나 그의 가문은 다른 중인이 결혼 상대자로 중시할 만큼 충분한 재산을 모았다. 유대치의 장인은 운과(천문-지리) 시험 합격자였다.[59] 유대치는 오경석보다 약간 어렸지만 지적인 능력으로 인해 명망을 얻었다. 이로 인해 이후 많은 귀족 출신 개화 운동가들의 관심을 끌 수 있게 되었다. 그들의 관계에 관한 이야기는 20세기 중반 오경석의 아들 오세창이 소개한 것이다. 그 역시 근대 한국의 선각적 지식인이자 문화인이었고, 유명한 서예가, 화가, 관료, 지식인 그리고 민족주의자였던 오세창은 20세기의 다른 인물들과 달리 양반보다 낮은 출신 배경을 숨기려 하지 않았다.

나의 부친 오경석은 조선의 역관으로서 당시 사행단을 수행하여 중국에 나가계셨다. 중국에 계시는 동안 세계 각국에 관한 이야기를 전해 듣고 깊은 자극을 받으셨다. 후에 각국 역사를 공부하시고는 그들의 흥망성쇠를 깨닫게 되었으며, 그로부터 자신의 나라가 겪고 있는 정치적 쇠퇴, 세계 열강의 희생양으로 떨어질 위험에 대해서도 인식하게 되었다. … 중국에서 돌아오신 후 교류하고 새로운 가르침을 받은 친구들 중에 유대치(홍기)라는 동료가 있었다. 이 어른은 지식과 인격에서 당대 최고였으며, 학식이 깊고 세련된 분이었다. 부친께서는 유대치 어른께 그가 중국에 있는 동안 수집한 서적들을 가져와서 그것을 연구하도록 요청했다. 이후 두 분은 지적으로 일치를 보았다. 두 분은 나라가 재앙의 벼랑에서 비틀거리고 있는 것에 대해 탄식하면서, 어떻게 하면 대경장大更張을 이끌어낼 수 있을지 토론했다. 부친께서 제안하기를, "먼저 우리는 북촌 양반 자제 중에 추종자를 모아야 한다. 그리고 개혁정신을 자극해야 한다(당시 북촌은 서울에서 귀족들이 살던 동네였다)"고 하셨다.[60]

오세창은 감수성이 뛰어난 양반 자제들에게 주요 개혁을 선동한다는 생각을 해낸 것이 자신의 부친이라고 믿었지만, 1884년 갑신정변을 이끈 젊은 이상주의자 집단의 멘토로서 개화운동에 가장 큰 영향력을 발휘하고 이 시기 개혁운동의 선봉에 서 있었던 사람은 유대치였다(오경석은 1879년에 사망했다). 1884년까지 이어진 시기 동안, 유대치의 집은 김옥균, 서재필, 윤치호, 서광범, 박영효 등 자칭 개화파 멤버에게 정부와 세

그림 3.1 오경석, 1870년대
출처: 한국학중앙연구원

계 각지의 일에 대해 토론하는 집회 장소의 역할을 했다.[61]

　여타 많은 중인이 개화기의 발전에 중요한 기여를 했다. 역관은 한국이 국제관계의 새로운 시대로 '개방'을 하는 동안 자연스럽게 자신들이 맡은 전통적인 통역 임무뿐 아니라 전면적인 외교적 역할을 통해 이러한 활동의 중심에 서 있었다. 오경석의 절친한 친구인 변원규는 1880년대 최고의 중인 관료가 되어 외무아문에서 협판을 지냈고, 고종이 청淸나라의 상주 자문(정식 직명은 주차조선총리교섭통상사의駐箚朝鮮總理交涉通商事宜)인 위안 스카이와 협상할 때 개인 통역을 맡았다. 이에 앞서 변원규卞元圭(1837~1896)는 중국에 파견된 바 있으며 서구와의 접촉으로 중국의 사회, 경제에 일어난 급격한 변화를 목격한 바 있다. 이 때문에 그는 1881년 한국의 훈련 사절단인 영선사를 중국에 파견하기 위해 협상을 벌였다. 또 다른 역관인 백춘배白春培는 1880년대 초 비밀리에 북방 국경 너머로 파견되어 러시아의 잠재적 위협을 조사하고 조정의 대러시아 정책을 수립하는 데 조력했다.[62] 일어 역관 중인도 중요한 역할을 했다. 1876년 강화도 조약 직후 메이지 일본에 파견된 한국 최초의 외교/시찰 사절단은 대규모의 중인 전문가를 데려갔는데 거기에 현제순玄濟舜, 고영희高永喜(1849~1916), 현석운玄昔運 등 세 명의 일본어 역관도 있었다. 당시 이들은 조약 교섭을 담당하고 있었고 부산 왜관에서 역관의 일원으로 활동하고 있었다. 세 사람 모두 역과의 왜학(일어) 시험 합격자이다.[63] 나아가, 이들 세 명은 조선왕조에서 더욱 유명했던 두 중인 가문인 천녕현씨, 제주고씨를 대표한다. 이 가문들은 19세기 말~20세기 초 관료제 안팎 양쪽에서 아마도 가장 성공적인 성취를 이뤄냈을 것이다. 조선왕조가 끝날 때까지, 이들 가문의 구성원은 외부 세계, 특히 일본과의 더 많은 접촉을 통해 이익을 얻고 또 그 접촉을 조장하는 데 중심적인 역할을 했다.

관료제에서의 지위, 1880~1930

1894년 군국기무처 회의 첫날 채택된 모든 신분 차별을 폐지하는 법안에 의해 중인의 신분 정체성이 정식으로 없어졌고, 한 달 후(1894. 7. 17) 통과된 결의안을 통해 중인은 세습 직역에서 공식적으로 해방되었다. 따라서 전통적인 중인의 직책(의역잡직醫譯雜職)에 임명된 중하급 관리들이 "원래 [중인] 직책과는 무관하게" 새로운 직급 제도하에서 근무하게 되었다.[64] 이를 포함해서 군국기무처가 선포한 의정안들은 1880년대에 이미 진행되어온 관료 임명 과정의 변화를 공식화하고 확정하여 중인의 승진에 대해 훨씬 큰 가능성을 허용했다.

표 3.1 외무아문의 중인 주사

이름	본관_시험_합격 연도	비고
정학교	나주	화원
정병기	온양_의과_1880	저명 의관 가문 출신
정병하	온양	김옥균과 함께 농학을 공부하러 도일(1882~1885), 농업 경영 기술에 관한 저술(1885)—국한문으로 된 최초의 공식 저술 중 하나
정태유	나주	부친 정학교처럼 저명 화원이자 서예가
현은	천녕_한학_1880	『중인 내력의 약고』 저술
강채륜	승평_산과_1859	부친, 조부가 모두 운과(천문–지리) 시험 합격
고영철	제주_한학_1876	고영희의 동생
박영류	밀양_의과_1882	저명 의관 가문
변수	원주	미국 대학을 졸업한 최초의 한국인
이전	금산_한학_1879	육영공원 교관
이현상	정읍_음양과_1882 한학_1885	가장 성공적인 중인 가문 출신
이시렴	합천_산과_1859	산원, 음양관 직책에 특화된 가문 출신
윤영두	평양_여진학_1874	성공적인 산원 가문 출신

제2장에서 지적한 바와 같이 통리아문 조직의 창설, 특히 1883~1893년 외무아문의 설치는 한국 근대 관료제의 탄생을 대변했다. 중인에게 외무아문 주사라는 새 직위는 그들이 이전에는 성취할 수 없었던 단계로 진입하고 승진할 수 있는 거점을 제공했다. 외무아문이 존립한 10년간 임명된 주사의 10퍼센트 이상이 중인 출신이다(표 3.1 참조).

외무아문에서 재임한 많은 중인이 1894~1895년 관료제 개혁의 물결에 올라탔다. 전직 주사 중 다수가 갑오개혁 정부로 쏟아져 들어갔다. 비록 갑오개혁 초기에는 중인이 군국기무처 의원직에서 배제되어, 두 경

표 3.2 갑오개혁 정부의 고위직 중인 관료

이름(본관)	관직	비고
조한근(한양)	나주부 관찰사	1876년 역과(한학) 합격
정병하(온양)	농상공부 대신	민비의 총애를 받은 것으로 널리 알려져 있으나, 또한 그에 대한 암살을 도운 것으로도 널리 의심받고 있다. 그 자신 1896년 2월 갑오개혁에 대한 반격으로 김홍집과 함께 암살당했다.
고영희(제주)	학부 협판 및 농상공부 협판	1896년 말부터 일본 공사로 재직. 1867년 역과(왜학) 합격
고영주(제주)	개성부 관찰사	1859년 역과(한학) 합격
오경림(해주)	제주부 관찰사	1855년 역과(한학) 합격. 오경석의 동생
이명선(해주)	해주부 관찰사	1864년 역과(한학) 합격
이돈수(흥양)	학부 참의	1858년 운과 합격. 병합 전 대부분의 시기 동안 관상소장(觀象所長)으로 재직

우의 예외[65]를 제외하고는 주사 정도의 직책밖에 얻지 못했지만, 지방 제도 개편 등 여러 주요 개혁이 시행되었던 1895년 봄에는 일부가 최고 관직에 올랐다(표 3.2 참조). 실제로, 1895년에 제정된 23부제하의 부(府) 관찰사는 다수가 중인과 여타 제2 신분집단 출신이었다. 중앙정부에서는 1895년에 한 중인이 장관급에 오르기까지 했다. 농상공부 대신 정병하이다. 협판은 1876년 제1차 조사시찰단에 참여했던 역관 고영희였다. 그는 대한제국 시기인 1897~1910년 가장 저명한 중인 관료가 되었다.[66]

그러나 식민지 시기가 되자 중인은 상위직 관료 명단에 없었다. 식민지 첫 10년간 중신 출신 도장관이나 도 참여관은 없었던 것으로 보인다.[67] 중앙정부에서는 유한봉과 이돈수 두 사람만이 학부의 전문가로서 높은 지위를 차지하고 있었다. 제2장에서 지적했듯이, 이 두 인물의 경력은 서로 매우 닮아 있다. 둘 다 1830년대 후반에 태어났고, 1858년 운과 시험에 합격했으며, 관상감에 재직했다. 제1차 갑오개혁 내각에서 둘 다 학부에서 직책을 맡았고, 그대로 대한제국 시대 내내 남아 있었다. 일제 식민 통치가 시작되자 중앙정부의 유일한 한국 고위 관료로서 자리를 지켰으나, 이내 둘 다 60대 중반이던 1912년 3월 30일(같은 날이다) 은퇴하였다.[68] 학부는 1930년까지 총독부 중앙청에서 대부분의 조선인 고위 관료들을 위한 부서로 남아 있었다. 전통적으로 중인이 행하던 직책과 직무의 유사성을 감안할 때 이들 직책에서 중인 후손을 발견하는 것은 놀라운 일이 아니다. 1920년대 고위직에 새로운 한국인 관료가 대거 유입됨에 따라 중인—혹은 이 문제에 대해서는 비귀족 출신—을 식별하는 것이 더욱 어려워졌지만 적어도 한 명의 저명한 중인 현헌이 1921년부터 학무국 '편수관'으로 근무하고 있었다. 사실, 현헌은 병합을 2년 앞둔 시기에 유한봉, 이돈수 등과 같이 학부 편집국 관리직을 역임한 적이 있다.[69] 1920년대에 현헌은 갑오개혁으로 설립된 교육, 지식을 다루는 근대적 직책과 중인 사이의 연결고리에서 마지막 유일한 생존자였다. 이 연결고리는 관료체제 밖에서 더욱 유명했다.

20세기 초 중인의 정체성과 운명

다른 제2 신분집단과 마찬가지로, 중인은 전통적인 신분적 오명을 떨쳐버리고자 하는 강한 욕구를 보였다. 뚜렷하게 엘리트적인 사회적 지위에 배치되었을 때조차 그러했다. 에드워드 와그너는 1890년대~1900년대 중인 가문이 자기들의 조선 시대 씨족 정체성을 명백한 중인 성씨로부터 양반이 중심인 보다 큰 성씨의 그것으로 바꾸려고 노력했던 몇몇 사례를 상세히 밝혔다. 중인은 자기들이 원래 이 양반 성씨의 후손이라고 오랫동안 주장해왔다. 예를 들어 의심의 여지없이 중인이었던 한양유씨 일족 중에 현재 자신들을 강릉유씨로 부르는 예가 많다.[70] 이 현상의 다른 측면은 전통적으로 평민처럼 낮은 지위의 집단과 스스로를 구별하려는 열망이었다. 공식적으로 신분집단 개념이 소멸한 후에도 그랬다.

현은은 위에 언급한 중인에 대한 에세이에서 이런 전망을 분명히 드러냈다. 그는 "귀족의 후손들(예를 들어 중인)과 자기 출신을 속이는 사람들의 차이는 자명해질 것"이라고 단언했다.[71] 피터 현은 앞서 인용한 구절에서 자신의 가족이 속한 '중인'은 '상인常人, 즉 평민'과 다르다고 주장했는데, 이것도 이러한 전통적인 신분의식을 드러낸다. 일반 대중으로부터 스스로를 완전히 분리하고자 하는 현은과 피터 현의 열망은 의심할 여지없이 이 시대의 많은 중인 후예의 특징이었다.

그러나 관료제가 무슨 이유에서든지 중인의 엘리트적 지위를 표출하는 수단으로 그들을 끌어들이지 않았다면 어떤 일이 있었을까. 중인은 다양한 사회 분야에서 두각을 나타냈으며, 전체로서 그들의 업적은 가장 인상적이었다. 예를 들어 식민지기 및 해방 이후에 활동한 위대한 민족주의자 김규식은 해주김씨 중인 가문(양반 청풍김씨 일족으로 병합) 출신이다. 그가 미국인 선교사 호레이스 언더우드의 후원으로 교육을 받았다는 사실은 그를 서구식 교육에 노출시키고자 하는 가족의 열망뿐 아니라 사회정치적으로 서울 상류층에서의 부와 연망緣網을 암시한다. 1848년 김규식의 친조부 김재기가 운과 시험에 합격하고, 아버지 김지성이 조정의 관료 자격으로 러시아와 일본을 다녀왔지만, 김규식 자신은 관료로서의 가풍을 탈피하여 관직 밖에서 이름을 날렸다.[72] 문학, 학계, 교과서 출판, 언론과 같은 계몽운동의 영역은 20세기 초에 많은 중인 후손을 끌어들인 것 같다. 이런 노력을 포함하여 여러 시도를 한 선구자적 인물인 최남선은 가장 확실한 사례이다. 하지만 다른 중인 문인도 많이 있다. 특히 주목할 만한 인물들로 식민지기 한국 소설에서 부상하고 있던 현실주의를 대표하는 작가들, 즉 현진건, 박태원, 염상섭 등이 있다.[73] 문화계의 또 다른 인물로 의학 분야에서 가장 큰 성과를 거둔 지석영이 있다. 그는 한글과 국문의 발전에도 귀중한 공헌을 했다. 회화(고희동), 연극(현철), 음악(현제명) 분야에서도 현대 한국 문화의 형성에 공헌한 중인 선구자를 찾을 수 있다.

이러한 사례들은 많은 중인이 관료제 밖에서 이용할 수 있는 다양한 기회에 충분히 잘 적응했음을 보여준다. 그러나 다음에 제시하는 사례별 연구가 보여주겠지만, 관료제가 이러한 전문화를 위한 토대를 제공했고, 일부 사람에게는 지속해서 그러했다는 사실도 명심해야 한다.

중인 가문

천녕현씨

가장 유명한 중인 가문 중 하나인 천녕현씨 가문의 후손들이 풍부한 자료를 남긴 것은 중인 연구자에게는 행운이다. 피터 현으로 더 잘 알려져 있는 현준섭은 현은의 조카이다. 피터 현의 조부는 독립협회 회원이었고, 부친은 저명한 정치운동가 겸 개신교 목사 현순이다. 피터 현은 1920년대에 미국으로 이민을 가서 여생을 한국 밖에서 보냈다. 그 자신의 회고록이자 부친의 고군분투에 대한 증언집인 『만세! 재미교포의 형성*Man Sei! The Making of a Korean American*』에서 피터 현은 재외 독립운동을 둘러싼 격동의 사건들에 대해 목격자로서의 경험담을 적었다. 피터 현은 자기 부모에 대한 추도사에서 그들이 강조한 민족 정체성에 대해 다음과 같이 말했다. "일제 식민 통치 상황의 고통스러운 세월 속에서 우리를 길러내면서도 부모님은 우리에게 이렇게 가르치셨다. '절대 잊지 말아야 한다. 너희가 어디에서 살고 무슨 일을 하든지, 조국을 기억하고 사랑하며, 한국의 독립과 자유를 위해 인생을 바칠 준비가 되어 있어야 한다.' 나는 이 가르침을 잊지 않았다."[74] 피터 현은 책 전체를 통해 이런 어조로 일본인을 한국인의 전형적인 원수로 그리고 있다. "나는 어른들에게 일본인은 믿어서는 안 되며 심지어 젊은 사람도 마찬가지라고 배웠다"고 그는 적고 있다. "그들은 교활하고 기만적이며, 나는 결코 그들과 가까이 접촉해서는 안 된다고 들었다"는 것이다.[75]

이제 피터 현의 사촌인 현영섭에 대해 살펴보자. 그는 피터 현과 같은 세대이며 똑같이 중인 가문 출신이다. 그는 일제 말기 식민정책, 즉 '내선일체'라는 슬로건으로 더 잘 알려져 있는 민족말살정책의 가장 열렬한 옹호자 중의 한 사람이었다. 그는 총독부 학무국 관료 현헌의 아들로, 일본에서 학교를 다닌 뒤 사회주의와 무정부주의 활동에 관여한 바 있다. 1930년대 중반 무렵 그는 180도 돌변하여 '내선일체'의 시도를 성공시키기 위해 열심이었다. 이런 이유로 저술한 책인 『조선인이 나아가야 할 길朝鮮人の進むべき道』(1938)에서, 그는 한국인이 비참한 정치, 가족, 사회체제에서 자신들을 구해준 일본 제국에 보답하는 유일한 길은 스스로의 낡은 정체성을 벗어버리는 것이라고 주장했다. "조선인이 추구해야 할 길은 일본인이 되는 것이라는 말의 의미는 조선인이 완전한 일본 시

민이 되고, 완전하게 우리의 충성을 제국에 바치는 다음 단계로 나아가야 된다는 뜻이다. 우리는 스스로를 완전한 제국 신민으로 바꾸어야 한다."[76]

민족 정체성에 관한 정반대되는 두 관점이 같은 가문의 사촌들로부터 나올 수 있다는 것은 근대 시기에 들어와서 천녕현씨 후손들이 명성을 떨친 다양한 방법들을 잘 보여준다. 그들은 역관, 의관, 산원 등의 관료 능력을 가지고 무대 뒤에서 수 세기를 보낸 후, 근대 세계로 뛰쳐나와서 정부, 종교, 문화, 교육 등 상위 계층의 자리를 차지하며 새로운 엘리트의 전형이 되었다. 하지만 사회계층의 사다리를 올라갈 토대를 제공해 준 것은 그들의 관료로서의 역할이었다. 중인 가문의 형성이라는 견지에서 볼 때, 천녕현씨는 조선왕조에서 가장 위대한 성관 중 하나였다. 이들은 잡과 합격자 총수에서 4위, 의과에서 3위, 역과에서 4위, 그리고 아마도 가장 중요한 역과 왜학(일본어) 시험에서 1위를 차지하고 있었다.[77] 조선왕조 대부분의 시기 동안, 가문의 이러한 왜학 역관 배출 기록은 예컨대 한학 전공 중인 가문의 그것과 비교하면 크게 내세울 만한 것이 못 되었다. 그러나 바로 이로 인해, 천녕현씨 관료들은 일본과 관계를 맺게 해 주는 몇 안 되는 자리를 장악할 수 있었다. 여기에 특히 부산 왜관의 역관 자리가 두드러진다. 상업과 무역 활동도 이를 통해 번창했던 것으로 보인다. 한국 개화 시대에 일본인의 역할이 커지면서 이 씨족의 구성원이 한국과 일본의 접촉을 용이하게 하는 데 중요한 역할을 담당하게 되었다. 예컨대 강화도 조약 체결 협상의 한국 측 통역 두 명 중 한 명이 현석운이었다(나머지 한 명은 오경석이다). 그러나 천녕현씨의 영향력은 일본어 역관으로 그치지 않았다. 그들은 뛰어난 한어 역관, 의관, 율관, 심지어 화원까지 배출했다.

천녕현씨 중인 가문은 공식적으로 공통 조상을 가지고 있으며 자기들보다 지체가 높은 일족인 연주현씨보다 조선왕조에서 훨씬 더 큰 두각을 나타냈다. 조선 후기에 연주현씨는 서북의 평안도에 본거지를 두고 뛰어난 문인 가문을 만들었다.[78] 평양 지역에는 순천현씨로 알려진 또 다른 문인 가계를 만들었다. 하지만 물론 이들은 서북인으로서 제2 신분집단이었다. 이들 현씨 중 어느 가계도 조선을 지배하는 귀족[79]으로 인식된 곳이 없었다는 사실은 아마도 이들의 시조가 고려왕조 말기 충실한 군인이었던 것과 적지 않은 관련이 있을 것이다(그림 3.2 참조). 피터 현에 따르면, 실제로 14세기 말 그의 고려인 조상들은 조선 정권에 참여하는 것을 거부했기 때문에 신분 강등을 겪었다고 한다.[80]

〈그림 3.2〉에서 보듯이, 천녕현씨 가계는 현씨 시조 현담윤의 8대손인 현수*로부터 시작되었다. 중인 가계 세 개 모두 현수의 5대손인 현수겸의 아들들에서 시작한다. 비록 조선 후기 상대적으로 작은 가문이었지만, 잡과 합격자와 전문 관료 수에서 가문 인구의 비율을 훨씬 초과하여 놀랄 만큼 많은 수를 배출했다.

관료적 명성과 작은 규모 사이의 이 두드러진 대조는 왜 현씨 일족이 중인에 대한 미미한 학문적인 관심 속에서 유독 큰 관심을 끌었는지 그 이유를 설명해준다. 한국 사회에 대해 선견지명이 있는 식민지 시대 학자 이나바 이와키치稻葉岩吉 씨는 현씨 가문을 사례 연구의 대상으로 삼았다.[81] 현대에는 몇몇 역사학자와 사회학자가 현씨 중인이 매력적인 주

---

* 현씨 시조 현담윤의 8대손인 현수: 시조를 1세로 해서 시조의 아들(2세)을 시조의 1대손으로 간주하므로, 9세는 시조의 8대손이 된다.

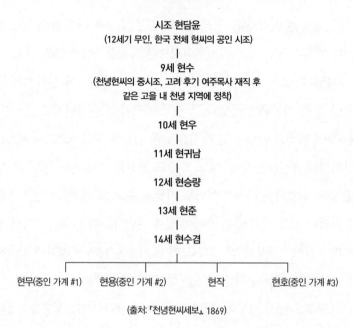

그림 3.2 현씨의 기원

시조 현담윤
(12세기 무인, 한국 전체 현씨의 공인 시조)
|
9세 현수
(천녕현씨의 중시조, 고려 후기 여주목사 재직 후
같은 고을 내 천녕 지역에 정착)
|
10세 현우
|
11세 현귀남
|
12세 현승량
|
13세 현준
|
14세 현수겸

현무(중인 가계 #1)   현용(중인 가계 #2)   현작   현호(중인 가계 #3)

(출처: 『천녕현씨세보』, 1869)

제임을 발견한 바 있고,[82] 비슷하게 조선 시대 일어 역관 교육용 정부 교과서를 연구한 한국어 학자도 그러한 적이 있다.[83] 여기서 한걸음 더 나아가 조선왕조의 인물들과 20세기 저명한 현씨들 사이의 연관성을 추출해낸다면, 현대 한국의 사회정치 엘리트 속으로 중인의 우위가 관철된 몇 가지 양상을 명확히 할 수 있다.

1번 가계: 현무의 후손

현수겸의 아들 중 맏형인 현무는 조선왕조에서 가장 성공한 중인 가계를 세웠으나, 그의 후손들은 19세기 말~20세기 초 새로운 관료체제에서는 이어지지 못했다. 그럼에도 이 가계는 주목할 만한 가치가 있다.

왜냐하면 이 가계가 배출한 관료들은 엄청난 깊이와 다양성으로 심지어 같은 가계 출신들에게도 중인 관직이 가진 직업적 가능성의 범위를 보여주고 있기 때문이다. 〈표 3.3〉에서 보듯이, 이 가계는 현몽상과 현덕홍 두 개의 하위 가계로 더 나눌 수 있다. 각각 현무의 셋째, 넷째 아들이다. 17세기 대부분의 기간 동안 현덕홍의 후손들은 의과 및 의관직을 전문으로 하였으나, 18세기 초에는 이 분야를 벗어났고, 18세기 후반에 이르면 대부분의 구성원이 역과와 음양과에 주력하고 있었다. 한편, 현몽상의 후손들은 정반대의 경로를 따르고 있었다. 초기에는 거의 모든 후손이 산원이었지만, 18세기에는 의료 분야에 전문화하는 쪽으로 전환되었고, 19세기 후반 무렵에는 의관직에서 저명한 위치를 유지하고 있었다. 예를 들어 현동완은 1895년 왕실 의원인 태의원에 입직하여 1907년까지 재직하다가 제약 부서의 책임자가 되었다.[84] 한편 27세 현세영은 1908년부터 1910년까지 탁지부에서 기수技手로 근무한 뒤 1910년부터 1918년까지 식민지 정부의 토지조사사업에서도 같은 직위로 계속 근무했다.[85] 그 외에는, 조선왕조에서 그처럼 저명하고 성공적이었던 현무의 가계였지만 관료제 영역에서 하차했다.

2번 가계: 현용의 후손

19세기 말~20세기 초 현용의 후손들은 정조대 유명한 서예가인 현재덕을 비롯하여 여러 세대에 걸쳐 관료를 배출하였다. 현재덕은 의과에도 합격했다(표 3.4 참조). 그러나 이 가계의 구성원 대부분은 한어 전문가였다. 뛰어난 일본어 역관도 몇 명 있었다. 두 경우 모두 후손들이 지속적으로 이어나가서 근대 시기에 훨씬 더 큰 성공을 거두었다.

표 3.3 현무의 중인 가계(15~27세)

15세	16세	17세	18세	19세	20세	21세	22세	23세	24세	25세	26세	27세
무(1538)	경상	예면*										
몽상(1574)	천일											
		세알:	진선†	만제†								
				도원†	인강							
				만업†	덕강†	재기††						
			진철†	대원†(1659)	숙강†(**)(1683)							
			진웅†									
		거길†(1624)	진명†	달원†(1642)	효강(**)	재태(**)	계범(**)	익서(**)				
								기서(**)	광석	상건*m	재욱	
					제강+	재정+	계문(**)	운서	광보	영건**		
								봉서(**)	광덕**			
							계순(**)(1738)	중서§†(1760)	광선(**)(1796)	행건(**)(1840)	동헌(**)	백영(1900)
							계인	우서(**)†	광서§	기건	동주	
										호건	동철	의영(1883)
											동희(1862)	
								응서§†				
					신강†	재관(**)(1691)	계조(**)	구서(**)	광두	상건(**)†		
								규서	광업	종언	동선	태영
										완건	동석(1855)	일영(1884)
									광철(**)	한건(**)		
									광열(**)	익건	동식	세영
											동표(1841)	시영(1887)
				배권†	성강†							
				일원†	석강†	재익†						
						재택†						
					유강†	재평(**)(1696)	계우†					
					후강†							
			진걸	두원†	위강§							
			진호	세원	윤강§							

15세	16세	17세	18세	19세	20세	21세	22세	23세	24세	25세	26세	27세
		태일 (1609)	진원†	수석§								
			진화†	상배†								
	덕홍	위	만희	정하								
			만조††									
			만초*	우하**								
				석하								
				오하††								
			만운** (1637)	서하**	기봉**	첨영** (1715)	필태	보영**				
				중하*c	기린(**)							
				익하**	기봉**	처화	계의	욱††	용규†			
	율	석고	성하	충걸	덕승							
		언**	만시**	하웅**	문항** (1688)	재경	계백*q	응원*				
						재장*c (1720)	계삼†	응철**				
							계구†	응한†	광도†			
				하흥*c								
				하창*c								
				하희*c	문구							
			만규**	하승**	문빈	재묵	계운†	익서*c				
							계기*q	풍서*j				
							계우§	진서*c				
							계명†					
			말영*c	하신**	도언** (1702)	재유**						
						재연						
					도태**							
					도항**							
				하헌**								

총합: 역과 16, 의과 혹은 의관 51, 음양과 10, 산원 26, 율과 7, 무과 4
주: 괄호 속은 출생 연도. 다음 기호는 시험 종류, 전문 분야, 관직 종류를 나타냄.
　*역과 합격자(c_한학, m_몽학, q_여진학, j_왜학) **의과 합격자 (**)의관직
　†음양과 ‡산관 §율과: 서사관 혹은 회원 ††무과 +수령
출처: 『천녕현씨세보』(1869); 『연주현씨대동보』; 이성무 외, 『조선 시대 잡과합격자 총람』; 『성원록』

현일(25세)의 후손은 이 가계에서 가장 인상적인 하위 가계 집단을 이루었다고 할 것이다. 역관이며 저명한 시인이기도 했던 현일은 군수를 포함한 몇 개의 높은 직위를 얻었다.[86] 그의 아들 가운데 현제승은 1866년 침략(병인양요)한 프랑스 원정군과 휴전 협상을 한 일로 호평을 받았다.[87] 현제승의 아들 현분은 한어 역관으로 가문의 전통을 이어갔고, 현제승의 조카 현은은 『중인 내력의 약고』의 저자로서 식민지 시대까지 관료 생활을 이어갔다. 현은은 사역원에서 근무한 후 1890년 외무아문 주사가 되었고, 1895년 갑오개혁 정부에서는 내부內部 주사, 이듬해 초에는 내부 참서관이 되었다. 총독부 시기 현은은 취조국에 근무하다가 1921년 중추원 회원으로 선발되었다. 그의 숙부인 현제창은 독립협회의 중심인물이었는데, 정부 밖에서 활동하느라 본업인 관료직을 버렸다. 이것이 현제창의 아들 현순이 일본 교육의 채택을 통해 집안의 전통으로부터 훨씬 멀리 이동하여 처음에는 장관으로 임명되었다가 그다음에는 상해임시정부에 참여한 이유를 설명해줄 것이다.[88] 피터 현의 아버지인 현순은 20세기 초 초기 한국 이민자 집단의 일원으로 미국으로 이주했다.

26세, 27세의 두드러진 활약은 현제복-현정 부자에게서 재차 나타난다. 현제복은 1871년과 1874년 산원과 역관 시험에 각각 합격하여 두 분야에서 모두 일했다. 그가 전통적인 직업 관행에서 벗어나 새로운 직책을 최초로 얻은 것은 1895년 농상공부 주사직이었다. 그 후 15년간 그는 이 부처에 머물면서 점차 승진하여 1905년 과장이 되었다.[89] 현정도 그의 부친이 합격했던 두 시험 모두에 합격했고, 이어서 1901년에 미국으로 유학을 갔다. 귀국하여 아버지가 근무하던 부서의 주사가 되었고, 이어 1912년 당시 충청남도의 군수가 되었다.[90]

이 두 저명한 하위 가계 집단, 그리고 사실 이 가문의 거의 모든 하위 가계 집단은 한어 역관 집안 출신이다. 한 가지 예외는 현식(23세)의 후손 집단이었다. 현식의 아들 중 한 명인 현재명, 손자인 현정, 현필이 왜학 시험에 합격해 일본어 역관으로 재직했다. 실제로 1811년 현식은 1764년 숙부 현계근이 그랬던 것처럼, 통신사의 통역관이 되어 도쿠가와 일본의 수도 에도에 갔다.[91] 이 집안의 새로운 특기는 이후로도 오래 지속되어 현필의 아들 현제순이 왜학 시험에 또 합격하여, 1876년 강화도 조약에 따라 일본에 파견된 첫 한국 외교사절*의 역관 세 명 중 한 명이 되었다. 그러나 현제순은 현식의 후손으로서 관직에서 명성을 얻은 마지막 인물이었다. 이후 아무도 관직을 얻지 못했다.

현식의 가장 주목할 만한 후예는 유명한 현채-현공렴 부자였다. 이들이 근대 한국의 지적 지형에 미친 영향은 그 시대를 넘어서 확대되었다. 현채는 집안의 많은 사람들과 마찬가지로 한학 시험에 합격하여 사역원에서 역관으로 근무한 뒤 외무아문 주사직을 얻었고 후에 여러 고을의 수령 및 어학 교관직에 올랐다. 관직에 오르기 전 그는 무역에 종사하여 1880~1890년대에 성공을 맛본 것으로 보인다. 그는 이 활동으로부터 개화를 위한 출판 사업을 시작하는 데 필요한 부를 축적했다. 현공렴은 가족이 쌓은 부와 인맥을 활용하여 할 수 있는 최상의 교육을 받았다. 그는 개인교습으로 영어를 배웠고, 서울의 유명한 배재학당에 다녔으며, 일본에 유학했고, 1890년대 후반 독립협회의 지적 행동주의에 몰두하였다. 그 이후 방향을 틀어 부친의 곁에서 공적인 지성인이자 교사로서 일하

---

* 외교사절: 수신사

표 3.4 현용의 중인 가계(15세~28세)

15세	23세	24세	25세	26세	27세	28세
용	집*c	재성*c	기*c			
16세	후*c(1749)	재명*c(1768)	일*c(1807)	재승*c+	분*c+	두섭(1894)
인상				제장	은*c*(1860)	
17세				제보*c		
욱*c				제만	구	기섭
18세				제창	순(1878)	피터 현(1906)
덕우*c		재덕**(1771)	갑**	제원	귀*c	
19세			택(1813)	제곤	환	병섭
옥				제련*c(1837)	운	봉섭
20세					단	주섭
광하*c					연	명섭
상하		재신*c	옥	제복*c†	정*c+†	창섭
21세		재선	집	제정	계	달섭(1936)
침(광하)	희	재문	경	제평	송	
심(상하)		재은(1800)	곤††(1825)	제익	헌	영섭
22세				제석†	진	봉섭
계환*c(침)	식*j(1762)	재긍*c(1783)	강*c	제만	채*c+(1856)	공렴
계근*j(심)			종*j	제학†		
계정*c(심)			성††	제원	권	의섭
23세		재명*j(1786)	탕	제선	집	항렴
집*c(계환)			곤**	제원	옥(1880)	팽렴(1926)
후*c(계근)			필*j	제순*j		
희(계근)			복*q	제면	익(1897)	긍렴(1921)
식*j(계정)		재림*c(1788)	상*c	제긍		
			위+	제홍	녹	강섭
			규(1815)	제령(1860)	백	형섭
					근(1908)	경섭(1942)

주: 괄호 속은 출생 연도. 다음 기호는 시험 종류, 전문 분야, 관직 종류를 나타냄.
 *역과 합격자(c_한학, m_몽학, q_여진학, j_왜학) **의과 합격자 (**)의관직
  †음양과 ‡산관 §율과: 서사관 혹은 화원 ††무관 +수령.
 출처: 「천녕현씨세보」(1869); 「연주현씨대동보」; 이성무 외, 「조선 시대 잡과 합격자 총람」; 「성원록」

였다. 현채는 특히 20세기 첫 10년 동안 국내외 역사에서부터 언어, 문법에 이르는 주제에 대한 수십 종의 번역서와 교과서를 집필하면서 출판 분야의 번창에 크게 기여했다. 실제로, 그의 작품들은 이 시기 계몽운동가들을 사로잡은 다양한 지적 조류를 보여주는 축소판이다. 이들은 사회다윈주의, 공화주의 및 여러 이념의 교훈을 이용하여 자강, 신교육, 한국의 독립, 그리고 민족적 각성의 대의를 고취시켰다. 현공렴은 국내의 재정, 광업, 식물학 같은 과목에 대해 학생들을 위한 몇 권의 교과서를 썼다.[92]

3번 가계: 현호의 후손

3번 가계인 현호의 후손은 왜학(일본어) 역관으로 대단한 명성을 얻었다. 〈표 3.5〉에서 보듯이, 현시석(21세)이 이 가계에서 가장 저명한 하위 가계 집단을 이루고 있다. 그의 증손자들은 개화기 가장 뛰어난 관료 집안 중 하나를 형성했고, 20세기 초 25세를 중심으로 중인과 비중인을 막론하고 사회와 정부의 엘리트 계층에서 당대에 필적할 만한 가문이 거의 없는 집단적인 영향력을 보유하고 있었다. 현석운은 1858년 일본어 역과에 합격하여 강화도 조약을 위한 교섭에서 통역을 맡았으며, 1903년 내각에서 2개 부처의 차관급(협판)까지 오른 뒤 잠시 임시 탁지대신을 지냈다. 그의 동생 현성운도 일본어 역과 합격자인 역관이다. 현성운은 현동건의 아버지인데, 현동건은 문과 급제자 중 몇 안 되는 중인으로, 이후 아마도 조선왕조 때 검열에 임명된 유일한 중인 관료일 것이다.[93] 성운의 6촌인 백운, 보운, 철운, 경운, 영운도 모두 어린 시절 일본어 교육을 받았고 1890년대와 1900년대에 중요한 관료직을 맡았다. 현백운은 1895년 내무부에서 주사로 일하기 시작하여 1898년 광무 양전사업의 서기로 잠시 근무한 뒤 이어서 궁내부의 왕실 의례 전문가가 되어 1901년부터 1920년대까지 근무했다.[94] 일본어 역과에 합격한 현보운은 궁내부에서 경력을 시작하여 20세기 초 군관으로 마쳤다.[95] 현영운은 1880년대에 후쿠자와 유키치의 게이오의숙에 다녔고, 역관으로서 주사직을 얻었으며, 마침내 1905년 임시 농상공부 대신이 되었다.[96] 현경운은 대구 토박이로서 1899년부터 대구에서 우편 행정관(대구전보사 주사-역주)으로 일했다.[97] 그의 아들들이 관료 조직 안팎에서 성공적인 경력을 누렸다. 현홍건은 외교관이 되었고, 현석건은 병합 전해에 부산지방법원에서 판사로 일했다. 막내 현진건은 한국 현대문학의 대표적인 단편소설 작가 중 한 사람이 되었는데, 이후 현보운 가계에 입후되었다.[98] 다른 많은 식민지 시대의 작가들과 마찬가지로 현진건은 일본, 중국 등 외국에 유학하고 돌아와 작가와 기자로 일했다. 이 저명한 가계에서 언급할 마지막 인물은 현진건의 7촌인 현희운이다. 현희운은 현철이라는 필명으로 현대 한국 연극의 창시자 중 한 명이 되었다. 현철은 일본에서 학교를 다닌 후, 학회를 조직하고, 한국어로 공연될 서양 작품을 번역하고, 공연, 연기 학교를 설립함은 물론, 신생 한국 연극 운동을 위해 연극과 비평 분야 양쪽에 스스로 중요한 글을 기고함으로써 토종 연극 전통을 확립하는 데 일조했다.[99] 아마도 현철은 식민지기 한국 예술 장르의 탄생과 성장에 있어 그의 당질*인 현진건보다도 훨씬 더 중요한 인물이었을 것이다.

---

* 당질: 원문에 'second cousin'으로 되어 있으나, 가계도상 7촌이다. 따라서 당질로 번역한다(이하 같다).

표 3.5 현호의 중인 가계(15세~25세)

15세	20세	21세	22세	23세	24세	25세
호	상위*j	시형*j				
	상직	시화	응명†	학성*q		
16세		시우*c(1778)	응간*c(1818)	학인*j		
철상				학의*c(1860)		
	상우	시성	응곤*c(1802)			
17세	상종*j	시철				
우일	상록*j(1732)	의돈	응순	항명	경운*c	용건
한일			응조*j	학춘*j(1831)	병운(1865)	태건(1899)
			응삼*m(1792)			
18세		의온*j				
덕만(우일)	상설	의순*j	응호*c	학성*c		
덕문(한일)		의준	응만*j	학석	종군**	
덕윤*j(한일)	상윤*c(1736)	시석*m(1754)	한만(1782)	학주*cq(1797)	창운*cq	양건†
덕창(한일)					석운*j(1837)	태건*c
						청건
19세					명건*c	상건
태심*j(덕만)					성운*j	동건
태규(덕문)				학로*j	정운*c (최남선의 장인)	우건
태벽(덕윤)			호민(1793)	학두(1853)	백운	완건
태익(덕윤)					철(희운)	종건
태원(덕창)			경민(1797)	학규	보운*j	(진건)
태형*j(덕창)				학표+(1844)	경운(1860)	홍건
						석건
20세						청건
상위*j(태심)						진건
상직(태규)					철운	
상우(태벽)					영운	영건
상정*j(태익)					양운	부건
상록*j(태원)						용건
상설(태원)						봉건
상윤*c(태형)						

주: 괄호 속은 출생 연도, 다음 기호는 시험 종류, 전문 분야, 관직 종류를 나타냄.
　　*역과 합격자(c_한학, m_몽학, q_여진학, j_왜학) **의과 합격자 (**)의관직 †산관 §음양과 †산관 §율과: 서사관 혹은 화원 ††무과 +수령
출처: 『천녕현씨세보』(1869); 『연주현씨대동보』; 이성무 외, 『조선 시대 잡과 합격자 총람』; 『성원록』

제주고씨

성공한 대부분의 다른 중인처럼, 모든 제주고씨 중인 관료도 단일 가계에서 나왔다.[100] 시조 고익길은 17세기 초 무관이었다. 그의 3남 후필과 4남 후윤이 두 개의 주요 하위 가계를 세웠다. 18세기 후반의 25세를 시작으로 후필의 후손은 정부의 역관을 많이 배출했다. 제주고씨는 전체적으로 잡과 합격자를 배출하는 데 있어서 38위라는 대단치 않은 순위였지만, 역과 합격자 수에서 23위를 차지했는데, 대부분 18세기 후반부터 나타났다.[101] 이 가계의 후손이 근대 시기에 이룬 탁월한 성과는 이에 기인한다. 실제로, 제주고씨 중인 가계는 개화기에 두각을 나타내어 천녕현씨 2번, 3번 가계와 경쟁했다.

제주고씨 중인에 대한 논의라면 어떤 것이든 고영주, 고영희, 고영철이라는 주목할 만한 삼형제로부터 시작되어야 한다(표 3.6 참조). 이들은 고진봉의 아들들이다. 막내 고영철은 1876년 개항에 따른 변화로부터 가장 먼저 혜택을 받았다. 1881년 김윤식이 이끄는 영선사행에서 20명의 '학도學徒' 중 1인으로 중국에 갔다.[102] 귀국 후 영철은 1883년 초 외무아문에 임명된 첫 번째 주사 그룹에 합류했다. 그는 20세기 첫 10년 동안 몇몇 고을 수령으로 관료 생활을 마쳤다. 그의 맏형 고영주는 전통적인 중인직을 유지하다가 1895년 개성부開城府의 관찰사가 되었다.

둘째 고영희는 이 시기 중인의 후손으로서는 최고의 관직에 오르며 명성을 얻었다. 고영희의 전문 분야는 일본어였다. 이것은 1876년 조정에서 메이지 일본에 대한 최초의 외교사절에 동행할 세 명의 통역관 중한 명으로 그를 선정할 때 효과를 발휘했다. 이후 35년 동안 고영희의 진로는 한국 전체가 겪은 갖가지 고난과 병행하여 진행되었다. 이 과정

표 3.6 제주고씨 중인 가계(20세~31세)

20세	21세	22세	23세	24세	25세
익길 (중인 가계 시조)	후필 (3자)	상회	세협	응수	경직
					경석
					경식*c
					경억†
	후윤 (4자)	상집	세겸††	사의**	경도*c
		상휘	세혁*c	응두	경건**

25세	26세	27세	28세	29세	30세	31세
경직	재승	진풍*c	영주*c	희명	흥섭	중장
			영희*j (1849)	희경	흥겸 (1893)	중덕 (1923)
				희성†		
			영철*c+ (1853)	희중	흥건	중원
				희동	흥찬	중청
	재만*j	진형*c	영시*cj	희준+	흥면	중명
						중덕
				희일		
				희관	흥주	중운
	재성**					
경석	재진**	진태*c	영선*c	희룡		
경식*c	재섬*c	진규*m	영승	희목	흥업	
			영명	희일	흥기	
			영일	희정	흥욱	
			영성	희익	흥수	
	재청	진만	영근	희영		
			영수	희호		
	재휘	진항**	영창	희팔		
				희관		
경억†	재원*c	진욱*c	영헌*j	희건		
			영완*c	희창		
			영식*c			
			영관			
	재정	진학*c	영복	희석		
경도*c	재준	진화*m	영석+	희일*	흥필	
			영택*j	희원	흥문 (1960년대 국회의원)	
			영일*c	희승+		
경건**	재욱	진학	영준*m	희필		
		진붕	영호†			
		진혼	영택**	희상		

주: 괄호 속은 출생 연도. 다음 기호는 시험 종류, 전문 분야, 관직 종류를 나타냄.

　　*역과 합격자(c_한학, m_몽학, q_여진학, j_왜학) **의과 합격자 (**)의관직

　　†음양과 ‡산관 §율과: 서사관 혹은 화원 ††무과 +수령

출처: 『제주고씨 문충공파보』(1978); 『제주고씨대동보』(1975); 이성무 외, 『조선 시대 잡과 합격자 총람』; 『성원록』

에서 고영희는 중인의 승진을 가로막는 전통적 장벽의 대부분을 무너뜨렸다. 1880년대에 그는 연이어 수령직을 역임하는 한편, 외무아문의 방판*辦*으로도 근무하였는데, 이 지위에 오른 중인은 변원규와 더불어 단 두 명뿐이었다. 고영희는 갑오개혁 정부에서도 승진에 있어 중인들의 선두에 섰다. 그는 1895년 봄에 학무아문 협판과 주일 전권공사를 지냈다. 갑오개혁 지도부와 인연을 끊은 그는 대한제국 시기 동안 고위관직을 계속 맡아 지사직과 판관직을 맡고 종종 임시 장관으로 충원되기도 했다. 그가 최초로 전임 직책을 맡은 것은 1906년의 탁지부 대신직이었다. 이완용 내각 3년(1907~1910) 동안 고영희는 대부분 학부대신을 지냈다.[103] 호소이 하지메가 1910년 묘사했듯이, 공직 생활에서 고영희는 오직 국왕에 충성하고 정파를 피하는 완벽한 관료로 시종일관했다.[104] 이것이 만약 사실이라면, 그가 관료의 정점에 오르고 이를 유지할 수 있게 한 것은 바로 이러한 자질일 것이다. 동시에 그것은 새로운 시대에 중인 후손의 잠재적인 공헌을 상징했다. 놀랄 것도 없이 고영희는 1910년 일본이 귀족 작위를 내린 유일한 중인이 되었고, 그는 이를 받아들였다.

고영희의 아들 고희경은 이 개화기 삼형제의 후손을 이끌고 근대 사회에 명성을 떨친다. 부친이 관직에 있을 때 궁내부에서 경력을 시작한 고희경은 식민지 체제에서도 해당 기관에서 계속 활동하다가 1920년대 중반 중추원 고문이 되었다. 해방 후 또 다른 후손인 고중청(고영철의 증손자)은 동서식품의 회장이 되고, 고중청의 사촌인 고중원은 한국의 상공부에서 근무했다. 한편 1906년부터 1918년까지 세무관과 몇몇 지역의

---

* 고영희는 기기국 방판을 역임하였다.

군수를 지낸 고희준의 손자들 중에는 고중명 한국 원자력기구 대표, 고중덕 해군 준장 등이 포함됐다.[105]

20세기 최고의 한국화가 중 한 명인 고희동은 고영철의 아들이자 고영희의 조카였다.[106] 고희동 역시 궁내부 서기관으로 시작했지만, 삼촌이나 사촌들과는 달리, 비관료제 영역에서 교육과 재능의 출구를 찾았다. 일본에서 학교를 마친 후, 고희동은 한국으로 돌아왔고, 곧 서양 양식을 한국 회화에 접목시키는 선구자로 자리매김했다. 그는 식민지 시대에서 해방 후 시대를 거쳐 한국 예술계의 거인으로 발전하여 미술가 단체를 이끌고, 전시를 조직하고 후원하였다. 또 예술 교류 사절단을 이끌고 외국을 방문하였으며, 심지어 다양한 정당에서 주요 인물로 활동하기도 했다.

철원최씨

철원최씨 중인은 비교적 작은 중인 가계가 어떻게 근대 세계에 큰 획을 그을 수 있는지를 보여주는 예다. 〈표 3.7〉에서 보듯이 철원최씨는 선대의 인물인 최영호에서 내려왔는데, 족보에 따르면 그는 16세기 초 중종 대의 공신功臣이었다. 이 영예는 귀족 계급에 오르기에는 부족했지만 후손이 무과에 급제하여 하급 군관직을 맡기에는 충분한 지위를 제공했다. 전문기술 관료 영역으로 진입하는 돌파구는 21세에 온 것 같다. 최태경의 아들 최수강이 1661년 의과에 합격했다. 딸도 의과 합격자와 결혼했다. 한편 최태경의 조카인 최걸립은 한어 역과에 합격했고, 사촌인 최사운은 의과(철준)와 무과(구령)에 합격한 손자들을 배출했다. 의미 있는 직책을 맡지 못하고 무과 합격만으로 몇 세대를 보낸 후, 25세 최

표 3.7 철원최씨 중인 가계(16세~31세)

16세	19세	20세	21세	22세	23세	24세	25세
영호 (왕조 공신)	덕녕 (1529)	사운 (1554)	충신†† (1608)	구령†† (1641)	세일†† (1687)	태성†† (1705)	석겸††
17세							석근 (1745—한어 역관 신응한의 딸과 혼인)
순광			효신	철준** (1650)			
18세	언녕††	태경	수강** (의과 합격자와 혼인한 딸)				
수가		선경	걸립*c				

25세	26세	27세	28세	29세	30세	31세	
석겸	재해	상항†	정숙§	치규	영선	순철	
	재수 (1766)	상추† (1784)	정열†	용규	홍선	한명	
					흥선	한경	
		상집† (1792)	정희	병규	의선	한주	
				석규	우선	한수	
			정섭† (1833)	헌규† (1857)	창선	한인	
					남선 (1890)	한웅	
						한검	
					두선 (1894)	한철 (1912)	

주: 괄호 속은 출생 연도. 다음 기호는 시험 종류, 전문 분야, 관직 종류를 나타냄.
  *역과 합격자(c_한학, m_몽학, q_여진학, j_왜학) **의과 합격자 (**)의관직
  †음양과 ‡산관 §율과: 서사관 혹은 화원 ††무과 +수령
출처: 이성무 외, 「조선 시대 잡과 합격자 총람」, 586쪽·588쪽; 「성원록」, 847~848쪽 ; 「동주최씨 청안공 족보」

석근이 한어 역관의 집안과 결혼하면서 또 다른 돌파구가 된 듯하다. 석근의 형 석겸은 18세기 중엽부터 운과와 그에 따른 직위에 특화된 가계의 중시조가 된다. 이 가계의 명성은 개화기 고위 지관地官 최헌규가 왕실 묘자리 담당 중인 전문가 팀의 소견을 국왕의 친전에서 진언進言했을 때 최고조에 달했다.[107]

최헌규의 후손은 다른 영역에서 훨씬 더 큰 두각을 나타낸다. 하지만 그것들은 의심할 여지없이 최헌규의 관료적 지위의 영향하에서 성장한 영역들이었다. 그의 차남인 최남선은 20세기 중인 후손 중에서 가장 잘 알려진 인물일 것이다. 개화운동가, 출판가, 언어학자, 교육가, 역사학자, 민속학자, 그리고 토속시를 통한 한국 현대문학의 창시자이다. 그의 동료 작가이자 처사촌인 현진건[108]과 마찬가지로, 최남선은 그에게 가능한 최고의 교육을 제공할 수 있을 만큼 충분히 부유하고 인맥도 풍부한 집안 출신이다. 정부는 그의 일본 유학 비용 중 일부를 후원했다. 흥미롭게도, 그는 와세다대학의 지리학 및 역사학부에 등록했다. 하지만 그는 1900년대에 학업을 중단하고 한국으로 돌아와 급성장하는 지식계와 출판 운동에 참여했다. 1908년 그가 시작한 잡지 『소년』은 한국 현대문학의 등장에 이정표가 되어, 새로운 형식의 소설과 시를 발표했다. 그 상당 부분이 그 자신의 것이었다. 수필과 번역을 통해 보다 드넓은 세상에 대한 사람들의 인식을 높이는 계몽 프로젝트에 참가했다. 이러한 노력은 식민지 시기까지 이어져 그는 한국의 역사, 문화, 언어에 관한 최고 학자 중 한 사람으로 우뚝 섰다. 비록 그가 1919년 3·1 독립선언에서 33인의 서명자에 속하지는 않았지만, 그의 비할 바 없이 뛰어난 문체는 이 선언의 선언서를 작성하기에 적합했다. 일반적으로 그는 정치적 문제를 피했

그림 3.3 최남선, 1950년대
출처: 한국학중앙연구원

다. 그의 활동이 종종 식민지 당국의 분노를 샀기 때문이다. 그리고 이것
은 그가 1940년대 다른 영향력 있는 많은 한국인과 마찬가지로 일본의
전쟁 노력을 지지하는 캠페인을 공개적으로 벌였던 이유를 설명해줄지
도 모른다.[109]

최남선의 아들들도 근대 엘리트 집단에 합류한다. 최한인(큰형에 의해
봉사자로 입양)과 최한웅은 식민지기 경성제국대학을 다녔고, 해방 후 그
유산을 계승한 서울대학교에서 의사이자 교수가 되었다. 셋째인 최한검
은 도쿄대학을 다녔고 그 역시 교수가 되었다. 한편, 최남선의 동생인 최
두선은 한국의 산업과 정치에 족적을 남긴다. 최두선도 그의 형처럼 와
세다 대학을 다녔다. 한국에 돌아와 교육과 출판 활동의 진흥을 위해 일
했고, 결국 대학 총장이 되었다. 하지만 지성, 문학계에 남았던 것으로

보이는 형 최남선과는 달리 최두선은 실업계에도 뛰어들어 상당한 규모의 가산家産을 김연수의 경성방직 같은 회사에 투자하였다. 해방 후 재계에 남았고, 한국 엘리트 계층 내에서의 연줄로 1960년대 중반에 잠시 총리를 역임하기도 했다.[110]

금산이씨

금산이씨는 총 잡과 합격자 수에서 28위, 역과 합격자 수에서 11위를 차지했다. 제주고씨와 마찬가지로 모든 금산이씨 중인은 단일 가계에 속하니, 1655년에 태어나 1675년 역과에 합격한 이후면의 후손이다. 금산이씨는 그 연원을 16세기 전반기의 전문기술 관료에까지 소급할 수 있는 몇 안 되는 중인 가문 중의 하나이다. 실제로, 금산이라는 관향명은 중인 가계의 시조인 이세경의 호에서 왔다. 그는 금산이씨의 모성관인 벽진이씨의 25세 후손이었다. 금산이씨 후손은 20세기에 공식적으로 벽진이씨와 합쳐진다. 〈표 3.8〉에 나타나듯이, 이 가문은 16세기 중반부터 17세기 중반에 걸쳐 몇몇 잡과 합격자를 배출했는데, 시작은 이세경의 아들 세대였다. 이들은 독자적인 중인 가계를 세울 수 있었지만 그렇게 하지는 않았다. 결과적으로, 금산이씨는 26세 무렵 기술관으로서는 거의 절멸했고, 유일한 예외로 25세 이후면과 그의 후손만이 특출난 가계를 형성했다. 18~19세기(26~33세)에 걸쳐 이 중인 가계가 두드러진 점은, 잡과 합격자를 더 많이 배출한 전주이씨, 경주최씨 혹은 심지어 여타 현저하게 역관 지향적인 우봉김씨, 밀양변씨 가계 혹은 천녕현씨 2번, 3번 가계보다도 합격자 분포가 상대적으로 좁은 후손 범위 내에 집중 분포한다는 점, 그리고 역관 시험과 역관직에 전념했다는 점이다. 실제로 이들의

표 3.8 금산이씨 중인 가계(20세~33세)

20세	21세	20세	23세	24세	25세	26세	
세경	사흥	유(1559)	창영**	분*c	후면*c	추*c	
						표*c	
						창*j	
					후각*m		
			청영	형	후흥		
				무*	후정*c		
				보*c			
	사문†	태** / 순*c(1579)					

26세	27세	28세	29세	30세	31세	32세	33세
추*c(1675)	명기*c(1696)	수*c(1721)	시건*c(1771)	예*c†(1809)	응인*c†(1829)	곤†	
						전*c+	홍기
					응헌*c+	언†	상기
					응완*c	건	석기
표*c(1680)	명직*c(1699)	악*c	시영*c	안*c	응삼*c	찬*c†	면기*c(1868)
		광††(1730)	사겁	숙*c	응일*c	벽*c	공익(1882)
			시복*c(1764)	방*c(1797)	응상*c	경(1843)	
					응필		
					응태	원*c	
			시관*c(1767)	후*c(1800)	응순*c	위*c	
	명우*	용	시함*c(1762)	당	응준(1832)	우*c(1878)	
창*j	명설*c(1704)	섭*c					
		흡*c(1744)	시승*c(1766)	증	응구*c	온*c(1873)	창기(1900)
			시겸	감*c	응창*c		
				연*c(1807)	응선*c(1829)		
		원	시흥				
	명윤*j(1711)	환	시풍*c(1747)	산*c(1770)	응귀	기*c†+(1856)	춘기(1890)
					응녕		
	명상*c						
	명화*j						

주: 괄호 속은 출생 연도. 다음 기호는 시험 종류, 전문 분야, 관직 종류를 나타냄.
　*역과 합격자(c_한학, m_몽학, q_여진학, j_왜학) **의과 합격자 (**)의관직
　†음양과 ‡산관 §율과: 서사관 혹은 화원 ‡‡무과 +수령
출처: 『성원록』 145~151쪽; 『벽진이씨대동보』 2. 1쪽·4~5쪽·32~33쪽·54~55쪽; 이성무 외, 『조선시대 잡과 합격자 총람』; 『대한제국관원이력서』

후손은 가장 수익이 높고 영예로운 영역인 한어 역과를 전공했다. 2세기 넘게 7개 세대에 걸쳐 이후면의 후손은 적어도 50명의 역과 합격자를 배출했는데, 거의 모두가 한어 역관으로 근무했다.[111]

하지만, 조선 후기 관료제 속에서 그 같은 엄청난 성공은 계속되지 못했다. 금산이씨는 개화기 정부에서 주목할 만한 관료를 거의 배출하지 못했다. 식민지 관료제 속에는 한 명도 없다. 이전(32세)은 19세기 후반의 후손 중에서 가장 큰 두각을 나타냈다. 그는 1880년대 중반 외무부 주사로 근무하면서 왕립 영어 교육기관인 육영공원의 교사가 되었고, 제1차 갑오개혁 내각에서 내무아문의 주사직을 얻었다. 이듬해 같은 같은 부의 참의參議로 승진했으며, 1895~1896년간 진도부사로 관직 생활을 마감하였다.[112] 그의 사촌인 이건은 무관 경력을 선택하여 1900년 무관학교에 다녔고, 2년 후 육군 소위로 임관하여 1907년 대한제국 군대해산 때까지 근무했다.[113] 이기는 1871년부터 산원이었고 1880년 한어 역과에 합격하여 이 대단한 중인 가계에서 주목할 만한 관직을 가진 마지막 인물이 되었다. 그는 1894~1895년 외부 주사로 근무했고, 계속 이어 몇 년간 워싱턴, 런던, 파리, 베를린 주재 조선공사관에서 참사관으로 일하다가 1906년 경상남도 한 고을의 지방관이 되어 거기서 병합을 맞았다. 일제강점 초기 충청남도 한 고을의 지방관을 마지막으로 공직 이력을 마쳤다.[114]

논의: 국가, 전문가, 정당성

식민지기 관료제에서 중인 후손이 보인 패턴은 이렇다 저렇다 명확히 말하기는 어렵다. 금산이씨나 조선 후기의 여타 강력한 중인이 없는 것은 이들이 일본인을 위해 일하는 것을 싫어해서였을 수도 있다. 그러나 식민지 시대 이전 이들의 행동을 보건대, 제2 신분집단 중에 중인이 유독 국가적 충성의식을 더 발전시켰다고 할 근거는 없다. 단지 20세기 초 관료제 단계에서 중인이 도저히 경쟁 상대가 되지 않았던 것인지도 모른다. 하지만, 이 역시 객관적 증거에 정면으로 배치된다. 조선 후기의 다른 어떤 집단도 일제 식민 정부를 포함한 현대 국가가 중시하는 전문 분야에서 중인만큼 뛰어난 기술을 갖지는 못했기 때문이다. 20세기 초 관료제 상층에서 중인이 번성했다는 것은 이를 증명한다. 현대 엘리트의 직업적 특성이 된 분야, 즉 외국인과 교류하는 능력, 의학, 법률, 자연과학, 수학, 공학, 예술, 문학 등에서 그들의 고도의 전문화는 아마도 식민지 관료제에서 중인이 얼마 없는 것에 대한 설명이 될 수 있을 것이다. 다시 말해서 관료제 영역에 중인이 별로 없었던 것은 실패를 나타낸다기보다는, 국가로부터 건설적으로 탈출하여 확장 중이던 비관료제 영역으로 들어갔음을 의미하는 것일 수 있는 것이다. 관료제를 넘어서 근대 엘리트 직업들에 구석구석 존재했던 중인의 존재는 그들의 사회적 지위가 주로 그들의 관직에 의존했던 조선 시대와는 대조적으로, 20세기 초에는 그들의 재능을 배출할 많은 출구를 관료제 밖에서 발견했다는 것을 암시한다.

유교적 가산관료제 국가의 실현

중인의 발전에서 국가가 관여했던 폭넓은 그리고 심층적인 범위를 보건대, 조선은 이상적인 유교적 통치에 있어서 절정에 도달했던 것 같다. 이것은 명청 시대 중국에서 중인에 비견될 만한 전문가의 역할을 살펴볼 때 분명히 나타난다. 조선의 국가는 당대 중국의 사례뿐 아니라 고대의 유교 경전도 준거로 삼고 있었지만, 가산제적 지도guidance라는 유교적 이념에 따라 지식의 함양과 신민을 돌보는 데는 지배자의 체계적인 관여가 요구되었고, 조선은 이러한 이념을 더욱 성공적으로 유지했다. 중인은 이러한 방식의 산물이었다.

확실히, 중국 모형은 유교 윤리에 정통한 종합지식인generalist과 '기술' 분야를 담당하는 전문가specialist 사이의 위계 관념을 한국인에게 제공했다. 전문 분야와 그것의 실무자들은 중국식 관료제에서 뚜렷하게 종속된 자리를 차지하고 있었고, 결과적으로 가장 야심차고 재능 있고, 또는 훌륭한 공직 지망자들을 거기에 끌어들이지 못했다.[115] 그러나 조선과는 대조적으로, 명청기 중국은 전문가들을 체계적으로 훈련시키고 기술력을 배양하는 데 전념하지도 않았고 심지어 그 전문가에 대한 자격 부여 절차를 일관되게 유지하지도 않았다. 명나라에서는 천문학과 수학이 정규 대과 시험에 일부 편입되긴 하지만 제국이 이전에 실시했던 별개의 기술 시험은 중단되었다. 심지어 청나라는 '자연과학' 분야에 대한 지식을 묻는 시험을 단계적으로 중단했다.[116] 한국에서는 전문 인력들이 국가 경영과 불가분의 관계에 있었지만 중국에서는 주로 정부 영역 밖에서 전문성을 키웠고, 국가 행정기구 내에서는 낮은 위상과 무시로 인해 어려움을 겪었다. 특히, 의원들은 한국 사례와 분명한 대비가 되었다. 조선에서 중인 관료가 국가가 지원하는 의료체계를 이끌었던 반면에, 중국에서는 다양한 자율적인 학교와 의사 가문이 높은 위신을 향유하며 지식인 출신들을 끌어들이고, 이들이 의료 실무자의 압도적 다수를 흡수했다.[117] 다른 한편, 조선은 이 같은 비판적인 기능이 정부 감독 밖에서 자유롭게 수행되도록 할 만한 강력한 유인은 발견할 수 없었던 것 같다. 외국과의 교류, 의료 공급, 농민을 위한 기상 예보, 심지어 주요 사건과 사람을 기록하는 기술자 육성 등의 문제에서 국가가 직접적 역할을 고집했다.

중국과의 또 다른 중대한 차이는 한국 국가의 기술전문직 행정이 이들 직위에 대한 세습으로 이어져 계급내혼 집단을 형성시켰다는 것이다. 이것이 중인이다. 다시 말해서, 국가는 관료적인 정당성뿐 아니라 사회적 정당성도 부여했다. 후자가 훨씬 더 강력했다. 이러한 결과는 부분적으로 사회적 지위가 낮은 사람들에게 관료제 진입권을 제공하려는 정부의 노력에서 나온 것이다. 16~17세기 중인의 시조始祖들이 이를 입증한다. 예컨대 서얼처럼 귀족으로 받아들여지지 못한 집단들, 현씨처럼 고려 시대 이래 추락한 엘리트들, 16세기 초 잡과 시험 합격자에서 나온 가계, 금산이씨 같은 기술관료, 혹은 지배 귀족이 그 내부로 받아주려 하지 않은 국가 공신 등은 전문기술의 통달을 통해 낮은 관직을 노려야 했다. 그들이 세습 가문을 설립하여 조선 후기에 함께 계급내혼적 신분집단으로 형성되었다는 것은 사회집단의 형성과 유지에 있어서 관직이 결정적이었음을 시사한다. 이후, 중인 집단의 내적 역동성과 위계질서는 계속해서 이러한 사적 연망으로부터 관료 조직으로 흘러서 19세기 말 절정에 이르렀다. 이 시기는 중인이 수 세기 동안 그들을 묶어두었던 제약에서 마침내 벗어날 수 있었던 시기였다.

한국의 근대적 전환에 있어 중인의 역할: 전문직업의 선구자?

중인이 개화기 관료제에서 고위직으로 돌파해 들어가고, 그리고 외부 세계의 모범을 따라 나라를 개방하는 데 있어 그들이 보여준 지적 리더십은 통치 질서의 변화에서 중인의 결정적 역할을 입증한다. 그러나 그들의 공헌은 거기에 그치지 않는다. 20세기 초 새로운 엘리트 직업에서 중인이 번성했던 방식은 그들이 전문직을 국가 강제에 의존하는 직업에서 자기 규제적 직업으로 전환시키는 데 일조했음을 시사한다. 이 연구의 범위에서는 이러한 조선왕조의 전문가와 현대 한국의 전문계층, 즉 의사, 회계사, 변호사(이것들은 전근대기에 명확히 대응되는 중인직이 있는 직업이다), 그리고 지식인(예: 대학교수), 엔지니어, 경영자 사이에 연속성을 분석하는 작업은 할 수 없다. 조선 귀족의 후손 및 여타 제2 신분집단도 현대 엘리트들 속에 자신의 몫을 배출했지만, 사람들은 중인의 후손들이 불균형하게 과잉대표되었다고 믿는 경향이 있다. 만일 전근대 시기 신분집단 중 어느 하나가 근대 시기 자율적으로 양성되는 엘리트의 등장을 주도할 수 있었다면 그것은 분명 중인이었다.

무엇보다, 중인은 일관되게 어떤 우월의식을 내보였다. 그것은 전환의 시대에 지도자 역할로 발전할 잠재력이 자신들에게 있다는 집단적 의식이었다. 중인 주도 시회詩會의 문학 활동, 중인 전기집 출판, 18~19세기 중인 족보 제작 등이 이러한 정체성을 말해준다. 이런 활동의 목표는 평등의 이상을 실현하는 것이 아니라 중인을 엘리트로 내세우는 것이었다. 더 높은 관료 계급으로의 진입을 요구하는 그들의 아우성은 이러한 양날의 자질을 잘 보여준다. 강한 자존심을 동반한 분노는 사회 변화를 이루려는 것이 아니라 전통적 지도층에 합류하려는 노력을 가속시켰다.

이러한 양면성의 증거는 20세기 초반에도 풍부하다. 한편으로, 중인은 전통적인 낙인을 벗고 싶어 했지만, 다른 한편으로 그리고 더 이상 공식적으로 옛 신분 정체성이 중요하지 않은 식민지 상황에서 많은 중인이 계속해서 자신들의 엘리트 자격을 주장했다. 명망 있는 중인 씨족들이 원래의 양반 씨족 정체성으로 복귀했고, 자신들이 귀족의 혈통에서 이어져 내려왔음을 강조했다. 현은玄檼이나 피터 현에서 보듯, 중인은 자신이 평민으로 오인되어서는 안 됨을 강조했다. 심지어 그들은 조선왕조의 당쟁에 참여하지 않았기 때문에 어떤 의미에서는 귀족보다 더 우월하다고 주장했다.

중인에게는 근대 엘리트로서의 또 다른 특성이 있었다. 그것은 부富였다. 이를 증명할 신뢰할 만한 장부책을 찾아볼 수는 없지만, 유명한 역관과 의원, 그리고 일본에 유학한 많은 중인 후손 등 모든 증거 사례는 중인에게 평균 이상, 때로는 믿기 어려운 부가 있었음을 알려준다. 조선 후기에는 역관, 의관, 심지어 화원에게도 자산 축적의 기회는 수없이 많았다. 중인이 정치적 힘이 없고 관료적 보수가 낮은 것에 대한 보상으로서 사익 추구로 돌아섰다는 것은 조선 정부에서 직무의 위계뿐 아니라 상업 기업들에 대한 공식적 천대에 대해서도 많은 것을 말해준다. 상업 기업은 낮은 계급의 사람들을 위해 남겨진 것 중 최선의 것으로 (적어도 공공연하게는) 인식되었다. 중인은 전근대 시기에는 정치, 사회적 지위를 얻기 위해 부를 활용할 수 없었으나, 20세기 초에는 그것이 훨씬 더 용이해졌다.

비록 대부분 식민지기 이전에 국한된 문제지만, 이 시기 부는 아마도 중인에게 영향력과 관료적 명성을 얻는 데 있어 매우 귀중한 도구를 제공하는 역할도 했을 것이다. 1876년 강화도 조약과 1910년 조선왕조가 멸망한 사이의 35년 동안 중인 관료들이 한국 정부의 상층에 포진한 신진 세력으로 극적으로 격상되었다. 부분적으로 이것은 그 시기 관료제에 생긴 새로운 수요에 기인했다. 특히 외국과의 관계와 교육이 그러했는데, 여기서는 전통적인 중인의 기술이 국가의 적절한 작용에 훨씬 더 필수적이게 되었다. 외부 세계와의 상호 작용이 중요한 것으로 판명되고 있던 시기에 역관은 이례적인 영향력을 행사하게 되었고, 천녕현씨나 제주고씨 같은 역관 가계가 병합 전 관료제에서 위대한 성공을 구가한 것은 놀랍지 않았다. 다른 한편, 금산이씨 사례가 보여주듯이, 영예롭고 수익도 좋은 중국어 역관 지위에서의 성공이 개화기나 식민지 시대 관료제에서의 두각을 보장하지는 못했다. 조선 시대의 문맥에서 보자면 식민지 관료제에서 중인이 두각을 나타내는 것이 자연스런 발전 양상이어야 했겠지만, 대부분의 경우 중인 후손은 다른 제2 신분집단 후손과 비교했을 때 식민지 관료제의 상층 계급에 진입하지 않았던 것이다.

이것은 우리에게 다음과 같은 질문을 던진다. 즉, 중인은 20세기 초에 자신들의 전근대적 위상에 기반하여 전문직업의 전문화를 이끌었는가 하는 것이다. 영국과 미국에서는 대부분의 직업이 국가로부터 자율적으로 정부의 시계視界 밖에서 인재 양성과 훈련 체계를 갖추고 생겨난 것으로 보인다. 조선은 확실히 이와 사정이 달랐다. 조선의 전문가층인 중인은 국가에 대해 자격 보증에서만이 아니라 훈련, 고용, 심지어 사회적 입지에서도 의존하고 있었다. 프러시아 독일의 사례가 한국 모형에 근접하는 것 같다. 독일 특수주의(이 경우 효율적이고 강압적인 관료 질서)의 낡은 비유는 학문 영역에서는 폐기되었지만,[118] 18, 19세기의 독일 관료제는 법률에서부터 의사, 엔지니어에 이르는 전문가층을 포섭, 양성하여 정부의 전지전능식 개입 정책을 다듬고 개선시키는 방편으로 삼았다. 이는 조선과는 유사하고 영미와는 다른 것이다. 그렇다면 19세기 중후반에 시작된 '직업 선택의 자유' 관념의 등장은 독일 전문직 집단이 인재의 자유시장 개념을 수용하여 정부 후원을 거부했다는 것을 나타낸다. 하지만, 중요한 것은 독일 전문직들이 이 같은 진전을 이룬 토대는 관료제 유착의 유산이었다는 점이다. 그들의 발전은 여러모로 '위로부터의 전문가주의'인 것이다.[119]

전근대 한국에서 전문직에 상응하는 중인은 그 근대적 운명이 이것을 닮았을까? 우선, 그러한 결론을 도출하기 위해서는 이 연구보다 훨씬 더 철저한 실증 조사가 필요할 것이다. 더 중요한 것은, 이 연구의 다른 장들이 보여주듯이, 근대 엘리트들은 다양한 사회적 지위를 배경으로 가지고 있다는 것이다. 그렇다면 우리에게는 식민지 관료제 속에서 중인의 상대적인 부재와 다른 엘리트 직업에서의 우세에 대해 짐작해보는 길밖에 없다. 확실히 이런 것들은 단지 일반적인 패턴일 뿐으로, 일부 중인은 식민지 정부에서 높은 직책에 재직하기도 했다. 하지만 20세기 초 대부분의 영향력 있는 중인은 국가 영역 밖에서 더 큰 영향력을 갖고 있었다. 김규식, 현진건, 고희동, 현채, 최남선과 최두선 모두 사회의 신흥 엘리트 부문과 관료제 밖의 제도들에서 족적을 남겼다. 그들은 단순히 그들의 전근대적인 조건들, 즉 전문지식, 부富, 기술의 중요성에 대한 인식 등을 가져다가 그것을 관료제 통제력 밖에서 적용하는 것이 더 쉽다는 것을 발견했던 것일까? 만약 그렇다면 그때 한국에서도 일종의 위로부터의 전문화가 일어날 수도 있었을 것이다. 이것의 함의는 근대 사회의 사회적 행동과 계층화의 지배적 패턴에 대한 전근대적 기반을 묻는 질문으로 확장된다. 여기에는 부르주아지와 '중간 계급'의 기원도 포함된다. 20세기 초 한국의 상황은 명료하지 않았다. 그러나 실제로 근대 세계를 지배하게 된 전문 기술에 대한 놀라운 선구자들이 있었다. 중인은 그것들 중 많은 것을 수행했다. 다음 장에서 보게 되겠지만, 향리는 나머지의 상당 부분을 수행했다.

향 리 4

아전[향리]이라는 더 나은 계층은, 만일 그런 게 있다면 '중상층' 한국인이 그랬을 법한 모습을 구체적으로 보여주는 존재이다. 그들은 교육받았고, 총명하며, 열정적이고, 인간 본성에 대한 함양이 잘 되어 있다. 그리고 신사gentleman가 가진 대책 없는 공허함이 없다. 만약 누군가가 한국인은 적절한 조건이 갖춰진다고 해도 강력하게 성공적인 민족이 될 수 없을 것이라고 생각한다면, 이 아전 계층에 좀더 비중을 두고 연구해보라고 하고 싶다. 그는 곧바로 자신이 잘못 생각했음을 확실히 알게 될 것이다.

-호머 헐버트, "The Ajun", II, 1904, p.255

중인이 조선 국가의 범위와 시야가 확장하는 측면을 보여준다면, 향리는 기층 수준, 즉 조세와 부역을 뽑아내는 민중과의 접점에서의 적응력과 다양성을 보여준다. 전근대 한국에서 대부분의 사람에게 향리는 국가의 얼굴이었다. 그들은 중앙에서 파견된 수령의 업무가 멈추는 지점에서 행정 업무를 이어받아 수행했다. 하지만 향리의 사회적 위상이나 관직접근권은 그들의 중요성에 반비례해서 성립해 있었다.

제2 신분집단 구성원 중에서 향리가 가장 이른 기원을 가지고 있었고, 가장 흔하고 넓게 분포했으며, 가장 어려운 관료적 임무를 수행했고, 사회적으로 가장 경멸받았다. 사실, 조선 초기에 그들의 낮은 지위는 그들이 지역사회를 지배했던 고려왕조에서의 그것과 많은 부분에서 극명하게 대조된다. 고려 시대 사회정치적 발전의 희생자로서 조선 시대 향리들은 행정체제에 없어서는 안 될 세습적인 지방의 사무원이었으나 귀족에게 멸시당했다. 19세기 말 개화기에는 관료제 내에 족적을 남기는 데 있어 다른 제2 신분집단을 뒤따르는 정도였으나, 식민지 시대에 이르러 지방정부의 지도적 인물로 자리매김하고 중앙 관계에도 진출하기 시작했다. 이러한 행정 분야에서의 명성은 20세기 한국 향리의 성공에 밑바탕이 되었는데, 그것은 그들의 조상들이 천년 전에 누렸던 위치로 복귀한 것이다.

향리에 대한 이야기는 귀족의 이야기와 연결해서 해야 한다. 서북인을 제외하고는 모든 제2 신분집단은 귀족이나 준귀족에 대해 종속적인 지위로 추락했다고 말할 수 있겠지만, 그 어떤 집단도 향리만큼 그 쇠퇴가 급격하고 또 사족 중심 질서의 확립에 밀접하게 연관된 존재는 없었기 때문이다. 조선에서 향리를 형성시킨 매 단계 조치들은 귀족의 사회정치적 지배를 공고히 하기 위해 이들을 소외시키려는 일치된 노력에서 비롯되었다. 그렇다면 한 한국 학자가 향리를 조선왕조의 '미운 오리새끼'라고 부른 것도 놀랄 일이 아니다.[1] 누구도 원하지 않고 사랑받지 못하는 불행한 존재인 것이다. 흥미롭게도, 향리에 대한 이러한 고도로 부정적인 인식은 명청 시대 중국 서리clerk, 書吏*와의 수많은 유사점 중 하나이다. 그러나 중국에 대한 연구사가 보여주듯이, 중앙 지배층에 의해 지속된 서리에 대한 악명 높은 명성은 이들이 복잡하고 필수불가결한 업무를 수행했다는 사실을 덮어버린다. 이들은 국가와 그 통치이데올로기의 붕괴뿐이 아니라 그것이 가지고 있었던 융통성의 화신이기도 했다. 이는 조선의 향리에게도 똑같이 적용된다.

주로 지방사 연구의 붐 덕분에 향리가 어떻게 전체 제도 속에 적응했

---

* 명청 시대 중국 서리: 저자는 중국의 서리書吏와 한국의 이서吏胥 집단 양자에 대해 'clerk(s)'라는 용어를 사용하고 있다. 『황조경세문편(皇朝經世文編)』 등의 문헌을 살펴보면, 중국에서 이서吏胥라는 표현도 많이 썼던 것 같다. 그러나 여기서는 저자가 인용하는 브래들리 리드(Bradley Reed)나 프란센지트 두아라(Prasenjit Duara)의 용어법을 따라서 중국의 'clerks'에 대해 서리書吏로 번역하기로 한다. 양국에 다 걸치는 일반적 표현인 경우 서리胥吏로 번역한다.

는가에 대한 세심한 이해가 "사악한 아전"이라는 전통적 관점을 대체했다. 그러나 최근의 연구들은 향리를 조선 후기 국가에서 수탈과 부패의 증가로 인해 지역사회의 전통적인 권력 균형이 깨진 상황을 설명하는 데 이용했다. 이런 논지는 19세기에 일어난 대규모 봉기의 파도를 설명하기 위한 것으로 보이지만, 이들 봉기의 세부적인 내용이 드러내듯이, 향리의 '부패'는 정부 권위의 사슬에서의 부차적이고 취약한 위치에 의해 제한되었다는 점에서, 향리가 봉기를 촉발하는 역할을 했다는 것을 기정사실화할 것은 아니다. 게다가, 이러한 역사 서술에서는 국가의 권력이 증가하고 전통적 이해관계에 도전하는 하층 계급 출신의 돈 많은 신참자들이 증가한다는 점 등을 통해 조선 후기를 역사 발전의 보편적인 궤도에 통합하려는 또 하나의 어색한 시도가 감지된다.[2] 향리는 국가 명령 사슬의 한 끝단을 대표한 것도 명백했고, 조선 후기 정부에 부담을 안긴 부패의 확대에 기여하고 있었던 것도 확실하다. 하지만 조선 통치 시스템의 붕괴에 집착하는 경우, 다른 중요하고 흥미로운 현상을 간과하기 쉽다. 예컨대, 향리의 내부적 발전 같은 것이다.

향리를 연구하는 데 있어 전근대 및 근대 한국의 제도적 틀뿐이 아니라 사회경제적, 문화적 영역에서 이들의 모든 현상에 초점을 맞춘 연구는 거의 없었다. 이훈상의 연구는 주목할 만한 예외인데,[3] 이는 한국의 강단 사학계와 아마추어 사학자들이 함께 수행한 지역사 연구의 학문적 성과이다. 이러한 계통의 연구는 식민지 시대 이전과 식민지 시대의 몇몇 학문적 업적도 끌어들였다. 사실, 가장 통찰력 있는 논의 중 하나는 조선 말기에 한국에 살았던 미국인 선교사 겸 교육자 호머 헐버트의 설명이다. '아전'(향리의 통칭)에 매료된 헐버트는 한국 사회에서 향리가 차지하는 위치에 대한 값진 소개를 남겼다. 아전에 관한 무언가가 헐버트에게 충격을 주었음에 틀림없다. 그가 향리의 재능을 열거한 것은 결코 과대포장만 있는 것은 아니다. 그는 이들이 저지른 부패의 사례도 자세히 설명한다. 하지만, 거기에는 그들에 대한 친숙함뿐 아니라 독특성에 대한 인식도 반영된 것 같다. 헐버트는 한국에 대한 언급을 남긴 다른 방문객들, 이사벨라 버드 비숍이나 조지 길모어(1년간 체류)처럼 단순히 지나가는 관찰자가 아니었다. 헐버트는 1886년부터 1907년까지 한국에 살았고 한국어를 이해했다.[4] 지방 사회에서의 향리의 위치와 역할에 대한 그의 묘사는 박식한 이방인에 의한 독특한 인식의 산물로서 정확하다는 인상을 준다. 이것은 공식적인 것이든 비공식적인 것이든 한국에 관한 설명들 중에서 희귀한 것이다. 이것을 포함해서 그의 여러 저술은 근대 한국에서 향리 후손이 처한 운명에 대해 중요한 단서를 제공한다. 이 장은 이를 더 깊이 있게 추적할 것이다.

기원

독특한 집단으로서의 향리는 그 뿌리를 조선 초중기까지 소급할 수 있다. 이들은 지방의 엘리트였고 양반 귀족의 형성에 기여하기도 했다. 한편, 몇몇 다른 향리 계열은 조선왕조 초기 몰락 관료에서 기원하기도 했다. 벌을 받아 향리가 된 것이다. 세습적 지방 서리 집단으로 존재하게 된 향리들은 '양반'으로 알려지게 된 사람들에게 정치적 주도권 싸움에서 밀린 패배자였다. 그러므로 향리의 기원에 관한 서사는 그 시작이 이전

왕조로까지 거슬러 올라가는 조선 지배층의 발전과 결합되어 있다.

고려의 지방 통치 제도

고려 시대 향리의 이야기는 한국사에서 운명의 반전을 보여주는 대표적인 사례 중 하나이다. 그들은 10세기 초 왕건이 통일신라와 후백제에게 승리한 직후 수십 년 동안 향촌을 효과적으로 지배했던 지역 강자인 호족 계급에서 출현했다. 호족의 기원에 대해서는 논쟁의 여지가 남아 있지만,[5] 학계의 일치된 견해는 중앙 통제 확립의 어려움으로 인해 초기 고려왕조가 이러한 지역 엘리트들과의 동맹에 의존했다는 것이다. 호족을 국가에 편입시키기 위해 고안된 조치의 일환으로 983년 고려조는 향리(글자 그대로 '향촌 관리') 제도를 도입하여, 그들을 몇십 년 전 종합적으로 재정비되었던 지방정부의 책임자로 지정하였다.[6] 이 개혁으로 호족의 대표들은 호장이라 불리게 되어 지방 사회의 최고 관리로 더 기능하게 되었다. 호장戶長이란 호戶(집안)의 우두머리라는 뜻이다.

그러나 이 지위는 조선왕조에서 가지게 되는 모욕적인 의미를 담고 있지는 않았다. 향리, 특히 호장은 효과적으로 향촌을 통치했다. 더욱 중요한 것은 고려 초·중기의 많은 향리가 과거 합격을 통해 중앙 관료기구로 진출했고, 이를 통해 중앙의 신흥 엘리트 집단에 크게 기여했다는 점이다. 이들이 양반이 되는 것이다. 실제로, 조선 후기의 유명한 귀족 계열의 많은 사람은 고려 초기와 중기의 호장을 자신들의 시조로 꼽았다. 또한, 고려 양반의 상당수는 향리 기원을 가진 것으로 보인다.[7] 조선의 사회정치 질서를 주름잡게 된 것은 대체로 이 양반 집단이었다. 18세기의 이중환은 이러한 연관성을 명료하게 언급했다.

고려 초기에는 귀족에 대해 사대부라는 용어가 널리 확립되지는 않았다. 이들은 많은 경우, 수도 기반의 관리卿相가 된 향리(서리)에서 기원했다. 일단 중앙 관리가 되자 그들의 자식, 손자 들은 귀족적인 학자 관료(사대부)가 되었던 것이다. 많은 이들이 수도(개성)에 집을 마련했고, 수도는 귀족의 온상이 되었다. ⋯ 그리하여 오늘날 대부분의 유명한 큰 가문大族은 이 고려 중앙 관료의 후손이며 다양한 귀족 가문의 역사는 고려왕조의 연속선상에서 기록될 수 있다.[8]

이후의 연구자들은 양반이 고려 향리의 후손이라는 이중환의 진술을 구체적으로 입증했다.

향리가 양반과 언제 어떻게 구별되게 되었는지를 이해하는 것은 향리−양반 관계의 이후 전개를 이해하는 데 매우 중요하다. 고려 중후반, 중앙 관직을 둘러싼 경쟁이 증가하고, 하층 구성원들이 자신들의 계급에 침입하는 데에 놀란 양반 귀족이 중앙 관료제에서 향리의 기회를 저지하는 제도적 조치를 취했다. 국가 역시 몽골과 일본 해적의 침략이 격화되는 가운데, 향리를 그들의 본거지에 묶어두어 지역 질서를 유지하고자 하였다. 그러나 피해는 외세의 침입에서만 생기는 것이 아니었다. 양반 관리의 내부 착취도 문제였다. 이는 지방에서 향리와 양반의 분리를 야기했다. 송준호가 기술한 대로, 조선 전기 지방 양반의 유래는 고려 말기 수도에 기반을 둔 양반 귀족이 농촌으로 '대분산'된 것에 기원을 두는데, 거기서 그들은 정부가 관료적 봉사의 대가로 그들에게 수여한 토지를 사유화했다.[9]

따라서 수도와 지방에서 향리가 관직과 사회경제적 지위상 쇠퇴한 것은 양반 귀족의 흥기와 병행했다. 향리는 중앙에서는 고위관직에서 밀려났고, 지방에서는 귀족의 이익에 경제적으로 밀렸다. 조선왕조에서 이 두 과정은 통치하는 '귀족'(사족)과 종속적인 이족吏族 사이의 분리를 심화시켰다. 결국 향리의 뚜렷한 낮은 세습적 지위 집단으로의 고착화는 그에 대해 암울할 정도로 부정적인 인식을 초래했고, 그것은 20세기까지 지속되었다.

조선 초기 양반–향리 분리의 고착화

조선 건국 집단의 중핵을 이룬 고려 중앙 관료들은 적어도 한 세기 동안 수도에 기반을 다지고 있던 사람들이다. 확실히 그들은 새왕조를 신유교적 이상에 따라 국가 및 사회 제도의 개혁을 마무리할 기회로 여겼지만, 더 중요한 목표는 그들 자신의 지배적 위치에 쐐기를 박는 것이었다. 양반 지배에 대한 유력한 경쟁자로서 남은 것은 향리뿐이었다. 따라서 조선왕조의 초기 수십 년간 향리를 영원히 낮은 지위로 격하시키려는 일련의 조치가 있었다. 여기에는 이들의 거주를 자기 본향本鄉으로 국한시키고, 지방 귀족과의 혼인을 금지하며, 서울의 관직에 접근하는 것을 제한하는 것이 포함되어 있다. 향리의 제거에는 오랜 시간 수고롭고 광범위한 노력이 요구되었다. 지방 귀족과 조선왕조는 단순히 명령만으로 그들의 목적을 달성할 수 없었다. 그들은 향리가 수 세기 동안 그들의 공동체를 이끄는 데 활용했던 제도적, 경제적, 문화적 전 자원들을 그들 자신이 소유해야 했다. 국가가 중앙 관리들을 수령으로 파견한 것은 확실히 도움이 되었지만, 지방 귀족은 국가, 그리고 서울에 기반을 둔 친족의 지원을 받았고, 이전부터의 경제적 침투로 다진 토대 위에서 점차적

으로 지역사회에 대한 지배를 제도화했다.[10]

그렇다면 누가 조선왕조의 향리를 구성하게 되었는가? 두 종류의 사람들이 결합해서 이 집단을 형성한 것 같다. 다수는 고려 후기 향리로 이뤄졌다. 이들은 자기 본향에 계속 남아있었거나 혹은 다른 지방으로 옮겨서 향리역을 졌다. 고려 말 외부의 침입과 내부적으로 양반의 경제적 침투로 인한 파괴는 조선왕조가 시작되기 전에 이미 많은 향리가 그들의 본향에서 뿌리째 뽑히게 하였다. 하지만 상당수의 향리는 강한 입지를 유지했다. 이들 향리는 양반 통치에 가장 큰 위협이 되었으며, 향리를 순종적인 역할에 묶어두기 위해 고안된 조선 초기 조치들에 대한 예리한 공격 수단을 지니고 있다. 조선 초기의 향리를 종합적으로 연구해온 이성무는 전국 각 고을에 중앙에서 수령을 파견하기로 한 15세기 중엽의 지방행정 개편이 향리의 권한을 두 가지 방식으로 박탈했다는 사실을 밝혀냈다. 첫째, 그것은 향리는 배정된 서리 직책 이상의 어떤 행정직에도 오르지 못하게 되었다. 둘째, 지방행정 개혁으로 신설된 고을을 관리하거나 혹은 서북 변경 지역 정착의 수요를 맞추는 방식으로 향리를 다른 지방으로 강제로 이전했다.[11]

훨씬 작은 비중을 차지하는 향리의 다른 한 구성원은 중앙의 고려 엘리트인데 새로운 조선왕조에 충성 맹세를 거부한 '불복신'과 여타 처벌의 한 형태로 향리로 강등된 귀족들이다. 조선 후기 향리의 역사인 『연조귀감掾曹龜鑑』에는 그처럼 불명예스럽게 몰락한 많은 사례가 기록되어 있다. 각 종류별로 몇 명의 인물 목록을 제시하고 당시 상황도 상세히 기록하였으나 이렇게 희생된 사람 수는 표시하지 않았다.[12] 하지만, 이러한 예는 산발적인 것 같고, 널리 퍼진 패턴은 아닌 것 같다. 나아가 향리는 정부 기록에 너무 자주 나타나서, 몰락 귀족 출신의 서리가 오래전부터 확립되어온 향리를 상당수 대체하는 것은 불가능할 것이다.

그러나 향리 지위로 전락한 귀족과 관리의 몇 안 되는 사례는 향리에 대해 경멸받고 공포스런 사회 집단이라는 인상을 강화시킨다. 관리들은 향리가 가난한 서민을 착취하고, 국고를 좀먹고, 노비를 학대하거나, 수령에게 반기를 든다고 불평한다. 이러한 악행에 대한 기록은 양반이 향리를 유교적 교화의 영향력이 부족한 타락한 사회(여기에는 이전 왕조도 포함된다)의 산물로 보는 공통된 인식을 만드는 데 기여했다. 시험과 관직 임명에서 자격을 제한하고, 정부 기능에는 절대적으로 필수적이지만 귀족의 품격에는 못 미치는 것으로 취급되는 직책에 대한 강제 배정은 향리의 잠재적 악행에 대응하는 동시에 이러한 편견을 강화시켰다. 향리들은 비천함과 사회적 필요성의 묘한 조합이었다. 이런 의미에서 그 역할을 채우는 것은 노비의 그것과 다르지 않았다. 실제로 조선 초기의 사회 계층에서 향리의 위치는 간신히 노비 바로 위였다. 지방행정 논의에서는 향리가 각 고을 관아에 배속된 관노비와 연계하여 자주 언급되었다.[13]

15세기의 조선왕조 법전인 『경국대전』에는 이러한 경멸적 지위가 제도화되어 있다. 비록 징세와 회계에서 향리의 필수불가결한 역할이 몇 가지 명확히 기재되어 있기는 하지만, 법전의 상당 부분은 그들을 극명하게 부정적인 어조로 언급하고 있다. 예를 들어 「이전」 '향리'조는 향리 행정의 구조에 대해서는 아무런 언급이 없지만 향리 신분을 면제받을 수 있는 방법은 구체적으로 명시하고 있다.[14] 「형전」은 향리에 대해 이처럼 완곡한 인식에 그치지 않고, '원악향리元惡鄕吏(사악한 향리)'를 가려내어 처벌하는 것에 관한 부록으로까지 밀고 나간다. 이 구절들은 양반의 오랜 투쟁이 결정적으로 승리한 이후인 15세기 후반 향리에 대한 정통 인식을 보여주는 신뢰할 수 있는 지표이다. 원악향리란 다음과 같다.*

1. 수령을 갖고 놀면서 권력을 틀어쥐고 폐단을 일으키는 자.
2. 암암리에 뇌물을 받고서 역役을 균등하게 부과하지 않은 자.
3. 조세를 징수할 때 멋대로 거두어 남용한 자.
4. 양인良人을 불법으로 점유하여 은닉해두고서 일을 시킨 자.
5. 광범위하게 전장田庄을 두고 백성에게 일을 시키고 농사를 짓게 한 자.
6. 민간을 휘젓고 다니며 백성을 침탈해 사적인 이익을 꾀한 자.
7. 고관대작이나 권세가에게 빌붙어 향리의 역役을 피하려고 한 자.
8. 향리의 역을 피해 달아나서 촌구석에 숨어 지내는 자.
9. 관官의 위엄에 기대어 백성을 침학하는 자.
10. 양갓집 딸이나 관비官婢를 첩으로 삼은 자.[15]

향리는 그 무렵 이 모든 사악한 활동에 종사해오고 있었던 것 같다. 『경국대전』에는 향리에 대한 보상 조항도 없고 향리는 봉급도 받지 못했다는 점을 감안할 때, 이들 법령의 내용은 조선 초 향리의 급격한 몰락을 재천명한 것이다.

이것은 15세기에 수많은 향리가 자신들의 세습적 낙인을 벗어버리려한 이유를 설명한다. 1483년 한 왕실 서기royal secretary가 언급한 대로 "향리를 통해서만 지방 고을 행정이 유지될 수 있지만 향리의 일이 워낙 어

---

* 이 책에서 조선 시대 법전의 번역은 국사편찬위원회에서 제공하는 '조선시대 법령자료(http://db.history.go.kr/law)'의 것을 참조했다.

렵고 고통스럽기 때문에 모두 자신의 역을 피할 수 있는 방법만을 생각"하고 있었다.[16] 일부는 절에 들어가 승려가 됨으로써 피난처를 찾았다. 이런 관행이 널리 퍼져서 중앙 관리들이 그에 따른 적절한 처벌에 대해 토론한 것이 한두 번이 아니었다.[17] 어떤 경우는 그냥 도망쳤다. 국가는 지방행정의 올바른 기능을 위태롭게 하는 그러한 행위를 중범죄로 간주하고 향리 비행 근절과 범법자 처벌을 위한 조치를 취했다. 「이전」에 있는 어떤 조항은 그 역설이 거의 코미디에 가까웠는데, 향리가 10명의 도망 향리를 잡아서 바치면 세습 직역에서 해방(면역)해준다는 내용이었다. 사실 해방을 향한 갈망이 너무 컸기 때문에 국가는 각종 공적에 대한 귀중한 보상으로 향리 면역을 내걸 수 있었다. 군공을 세우는 경우,[18] 변경 지역에서 외적에 대항하는 군사작전에 참가한 경우,[19] 도적을 잡은 경우,[20] 그리고 특별 국책사업에서 노역한 경우[21] 등이었다. 대부분 이러한 면역은 당사자에게만 적용되고 그의 자손들은 도로 향리 신분으로 복귀했다. 하지만 가족 전체가 면역되는 하나의 길이 있었다. 변경으로 이주하는 것이다. 평안도, 함경도, 강원도에는 고려 시대의 유제로 여기저기 흩어진 향리 지역만이 남아있었다. 수많은 남쪽 지방의 향리가 자유민으로서가 아니라 향리로서 강제로 이 지역으로 이주했다. 종종 벌을 받아 이주당하는 경우도 있었다.[22] 하지만 평안도, 함경도 북부의 변경 고을에 자리 잡고 그곳을 방어하는 위험한 임무에 대해서는 조정은 영구 면역을 제안해야 했던 것이다.[23]

그럼에도 대부분의 향리에게 면역은 얻기 어려운 것이었고, 귀족으로의 상향 이동은 불가능한 것이었다. 향리에게 이후의 조선왕조사는 국가에 의해 제정된 겹겹의 제약을 극복하고 지방 사회에서 그들이 관리할 수 있는 틈새에 대해 협상하는 오랜 투쟁을 수반한 과정이었다.

조선왕조에서의 발전

지방정부의 구조로 인해 고을 생활에서 향리는 필수적 위상을 부여받게 되었다. 향리는 통치의 위계상 수령과 재지사족에게 복종해야 했지만, 오랫동안 지역에 거주하면서 정부 관료로서 쌓은 경험으로 인해 없어서는 안 될 존재였다. 또 실제로 어디에나 존재했으며 지역의 권력자인 경우가 많았다. 각 고을에서 향리는 언제나 지역 상황에 가장 정통했다.[24] 말할 필요도 없이, 수 세기에 걸쳐 형성된 그러한 지위로 인해 지역사회에 과도한 향리 쏠림이 일어날 가능성이 잠재해 있었다. 그러나 이 과도함은 사회신분과 관직 기능의 특수한 역학관계가 만들어낸 것으로서, 이는 바로 조선의 통치자들이 지방에 시행한 것이다. 낙인을 가진 사회적 신분집단의 구성원으로서, 그리고 지방행정에 필요한 기술을 독점적으로 다루는 사람으로서 향리는 대체로 자기 폐쇄적인 공동체를 이루고 있었다.

관료적 조직과 기능

그렇다면 향리는 무슨 일을 했는가? 간단히 말해 그들은 모든 것에 관여했다. 징세가 국가에게나 향리 자신에게 가장 중요한 일이었음은 확실하다. 그러나 다면적이고 때로는 변덕스러운 수령의 명령을 행동으로 옮기는 것을 담당한 지방 관리로서 향리는 많은 직무를 떠안고 있었으며 그 일들에 대해 달인이 되어 있었다. 그리고 이러한 역할을 완수하는 데 있어 다양한 지역적 이해관계 사이에서 향리가 수행한 복잡한 조치들은, 헐버트의 표현대로, "성공적인 정치가의 모든 자질을 갖출 것"을 요구하였다.[25] 집단으로서 향리는 여러 직무 중에서도 관문서를 읽고 쓰고 이송해야 했다. 지방 관아의 회계장부를 유지해야 하고, 지역의 호적대장을 유지해야 했다. 관내 토지 소유에 관한 통계를 수집하고 갱신해야 했다. 이장들과 업무 관계도 수립해야 하고, 평민 주호土戶들과도 접촉을 유지해야 했다. 경찰관으로도 일했다. 환곡 보유량 같은 지방정부의 재원도 추적해야 했다.

이러한 제도적 역할들은 전국적으로 어떤 공식을 형성했다. 고을 행정의 본부는 보통 질청作廳[26]이라는 수석 관청에 있었다. 이 관청은 고을의 행정 중심지인 읍치에 위치한 조직이지만, 수령이 업무를 보는 관아와는 별개의 조직이었다. 향리의 모든 활동은 질청에서 조정했는데, 이는 조선 후기에 중앙정부의 육조를 모방한 육방六房 체제에서 나온 것이다. 이방, 호방, 형방, 예방, 공방, 병방이 그것이다. 육방에는 뚜렷한 위계가 있었다.[27] 조선 후기에는 이방이 가장 큰 권력을 행사하는 경우가 많았는데, 이는 고려 초기 이래 최고 향리직으로 정해진 자리인 호장을 능가하는 것이었다. 사례 연구에 따르면 조선 후기 대부분의 고을에서 호장 자리는 명예직에 더 가까웠으며, 여전히 영향력이 컸지만 행정 업무를 전담하지는 않았다. 이방과 호장은 삼공형三公兄으로 통칭되는 향리 3관의 표준 축의 역할을 하였다. 삼공형은 수령, 나아가 중앙정부와 연락하는 역할을 하는데, 지역에 따라 각기 다른 관리들로 구성되었다.[28]

삼공형과 육방 이외의 향리의 조직 구조는 고을마다 상당히 다른 경

그림 4.1 1890년대 재판정을 열고 있는 동래부사
향리들이 피고/원고를 둘러싸고 있다. 출처: 가톨릭출판사

향을 보였다. 이는 지방정부의 형태와 운영 방식이 결정되는 데 있어 각 군의 지리적, 인구학적 또는 기타 특성의 중요성을 보여주는 것이다. 위에 언급한 제도들에도 나타나듯이 향리직의 상층 그리고 하층 간의 구분은 행정의 권한과 기능에서 중요한 경계로 남아 있었다.[29] 하층 향리 관원은 상층보다 수적으로 많았는데, 일반적으로 보조원('~색') 명칭을 달고 다니며 다양한 직무를 수행했다. 18세기와 19세기 5개 지역의 향리 명부에 대한 한 연구에서는 전문 분야별로 현저한 다양성이 발견되었다.[30] 이는 향리 업무의 광범위성뿐 아니라 각 고을의 특화된 수요 때문이다. 이들 직책 중 몇몇은 지방 군대와 경찰 업무를 감독했다. 곡식 창고 관리, 호적 등록, 의료 및 의약품 분배, 시장 감독 등을 수행했다. 마지막으로, 많은 고을에서 향리는 고을 수준에서의 토지조사원(율생律生)의

업무를 담당하거나 감독했다.

그렇더라도 향리의 중심 업무는 징세였다. 모든 다른 업무가 여기서 나왔고, 또한 향리의 본질이 가장 잘 함축된 활동이다. 이 어렵고 때로는 위험하며 때로는 '더러운' 과제에 동원된 기술들은 한편으로는 향리로 하여금 국가 착취의 달갑지 않은 집행자의 역할을 하게 했지만 다른 한편으로는 이들이 지역사회의 '중재 엘리트' 역할을 함양케 했다.[31] 이런 역동적 과정에 더하여 향리가 걷어들인 세금의 일부를 자신의 생존을 위해 떼어낸다는 사실을 고려한다면, 그들의 존재는 이 가장 중요한 임무의 적절한 수행에 달려 있다는 사실을 알 수 있을 것이다. 조선의 사회질서를 세금 수취 영역으로 축소해서 본다면, 세금은 대부분 사회 위계상 단한 계층, 즉 평민으로부터 나와서 여타 계층의 수요에 충당하는 것이 된다. 향리는 조선의 사회질서 자체가 가진 바로 그 운명의 짐을 떠안고 있는 것이라고 해도 틀림없을 것이다. 당연히 이 시스템의 성패는 향리의 기량에 달려 있었다. 호머 헐버트는 이 점을 깨닫고, '아전'에 대한 서문에서 이들의 이런 역할에 대해 자초지종을 설명했다.

매우 오랜 옛날부터 징세는 지방 고을 수령의 손에 맡겨져 있었다. 이들은 항상 아전이라고 불리는 특수한 계급 출신의 대리인을 통해 그 일을 수행해왔다. … 아전은 세습적 계급이고 고을을 통틀어 가장 실질적인 지역 내 위상을 가지고 있다는 점에서 다른 모든 한국의 관료[원문 그대로임]와는 다르다. 수령은 지나가는 새이지만 아전은 영원하기 때문이다. 말하자면, 그들은 준기사[the esquires인 것이다. 엄밀히는 지방의 신사[gentleman가 아니지만, 일반적으로 사정에 밝은 내실 있는 사람들로서, 사람들과 그들의 모든 상황을 잘 알고 있다. 이들은 이 나라에서 가장 잘 읽고 가장 똑똑하고 가장 많이 아는 사람들이다. 백성이 본능적으로 도움을 구하고 조언을 구하는 것이 그들이었다. … 한국에서 세금을 징수하기 위해서는 현장 징수자가 백성을 속속들이 알고, 그들의 개별적인 상황을 이해하고, 정부에 과도하게 접근하려는 어떤 시도도 감지할 수 있어야 한다. 동시에 그는 예기치 못한 상황이나 사고로 인해 특정 개인이 정말로 제때 세금을 낼 수 없는 경우를 알 수 있어야 하며, 지급 시기에 대해 얼마만큼의 선처를 베풀어야 하는지 알 수 있어야 한다.[32]

헐버트는 이 핵심적 기능의 복잡한 작동을 상세히 설명하면서 향리가 500년에 걸쳐 지역 상황을 만족시키기 위해 완벽하게 수행했던 행동 방식을 묘사했다. 향리는 중재적 엘리트로서, 국가의 규정력이 멈추고 인간의 관계가 우위가 되는 영역인 사회 수준에서 없어서는 안 될 정부 관료로 기능했다. 그것이 그들의 내적 발전을 추동한 동력이기도 했다.

향리 공동체의 발전

세습적 사회 지위의 경계선을 따라 조선 신분제의 위계가 공고해졌을 때, 그리고 서울에서 관료로 진입할 수 있는 기회의 문이 닫히면서, 향리의 후손에게 지방행정에서의 역할은 유일한 생계 수단을 제공했다. 17세기 후반부터 조선 사회가 전체적으로 상대적인 안정세로 정착되자 이러한 세습 직무는 선망의 대상이 되었다. 향리직에 대한 경쟁이 심화되고 행정 역할 배분을 통제하는 향리 사회에 별도의 위계질서가 만들어졌다.

관료에 특화된 다른 양반(문반), 무반, 중인 등과 마찬가지로 조선 후기의 향리 사이에도 지배적인 가문이 나타났다. 조선 초기에도 어느 정도 발생했겠지만, 17세기부터 19세기까지는 각 고을별로 소수의 강력한 가문에 향리의 권위가 집중되어갔음을 기록으로 알 수 있다. 출생으로 신분 정체성이 결정되는 사회에서는 각 신분집단 내에 확립된 위계질서가 전례를 따라 계속되는 경향이 있는데, 향리에게 이것은 자신의 직계 조상과 가족의 지위가 자신의 관료적 운명에 큰 역할을 한다는 것을 의미했다. 각 고을에서 가장 강력한 향리는 육방 조직의 우두머리 직책, 특히 이방과 호장직을 맡았다. 한 학자는 한국 남부의 개개 지역별 실제 사례 조사에 근거하여, 이 두 직위에 대한 임명 상황은 일관되게 그 지역 내의 향리 가문의 상대적 위상을 나타낸다는 것을 발견했다. 시간이 지남에 따라 소수의 지배적인 가문에 이 같은 선망의 대상이 되는 직위가 점점 더 집중되는 패턴이 일관되게 나타났던 것이다.[33]

공식적으로 인사권이 수령에게 달려 있고, 향리 인사에 도움이 될 아무런 시험 제도가 없었기 때문에, 조선 후기의 '암행어사'의 보고에 따르면, 향리직의 배분이 종종 관직 매수에 의해 결정되었다.[34] 그러나 수령과 향리의 유착이 항상 가능한 것은 아니었고, 수령은 종종 견고한 향리 기득권에 대해 자신의 의지를 관철할 수 없다는 것을 깨달았다. 그러한 경우, 지방에서 지배적인 가문이 최상위 직위를 독점한 것은 두 가지 현실을 반영한다. 첫째, 향리가 수령에게 가능한 후보의 자격에 관해 정보를 제공했다.[35] 둘째, 수령이 판을 깨끗이 새로 갈고 싶어 하는 경우에도, 향리의 직임이 가진 고도의 전문성과 지역성으로 인해 해당 고을의 기득권적 향리 가문 밖에서 대상을 찾을 수가 없었다. 간단히 말해 그 일을 수행할 다른 적임자가 없었던 것이다. 수령은 종종 현재 향리 지도부의 추천을 단순 추인하는 것밖에는 다른 도리가 없고는 했다.

18, 19세기 이서吏胥 행정의 독자화로 인해 중앙정부 세력에 경종이 울리기 시작했다. 수령, 재지사족, 기타 관찰자 들은 향리직의 급속한 확대를 견제해야 한다고 주장하였다. 향리직의 수는 법전이나 기타 규정에 정해진 수보다 훨씬 많았다.[36] 이처럼 하층의 직위(대부분 보조직인 ~색 직위)에서 견제 받지 않는 양적 팽창은 각 지역 향리 공동체[37] 내의 계층화 강화와 더불어 향리 사이의 맹렬한 경쟁이 반영된 것이었다. 19세기 초, 철학자이자 박학자로 그 자신 역시 고을 수령을 역임한 정약용은 이러한 발전이 향리들의 자기 직무에 대한 인식에 있어 중대한 변화를 수반한다고 썼다.

> 개국 초에 법규와 정치 질서가 엄격하여 향리의 직무는 단순했고 고을에는 향리 수가 많지 않았다. 향리 여덟 가구도 먹이지 못할 상황이었다. 그리하여 향리로 일하는 것은 고역이었고, 이 직역으로부터 도망치는 물결이 끊임이 없어 도망친 향리를 잡아들이라는 명이 있을 정도였다. 법이 그러했으므로 다른 백성은 편히 살았던 것이다. 하지만 요즘 향리는 마치 문과 급제나 중앙 관직을 놓고 벌이는 경쟁과 같은 모양으로 향리 자리를 놓고 자기들끼리 박 터지게 경쟁한다.[38]

문관 양반, 무반, 중인에게서 발견되는 현상을 흉내 내듯 향리직을 놓고 벌어지는 격렬한 다툼은 각 고을에서 지배적인 향리 가계의 출현을 야기했다. 많은 경우 이들 가계는 대대로 최고위 자리를 독점하게 되었고, 하층직에 대한 임명권을 좌우하는 이들의 능력은 수령이나 중앙정부로서도 통제 범위 밖이었다. 이러한 전개 양상은 각도 감영에서 일한 영리營吏로도 확장된다. 영리는 훨씬 더 큰 영예와 권위를 구가했다. 이론상 그들은 도 전체에 퍼져 있는 향리 가문 출신들이어야 한다. 하지만 연구에 따르면, 시간이 흐름에 따라 이들 직위를 차지한 강력한 향리 가문의 출신지는 점점 더 좁은 지역으로 제한되었다. 예를 들어, 대구의 경상감영에서는 안동 출신의 향리 가문이 이러한 직위의 압도적 다수를 차지하게 되었다.[39] 같은 종류의 집중이 전라, 황해도에서도 발견된다.[40]

도道 향리는 내밀하고 고립적이면서도 고도로 차별적인 '이서'들의 세계에서 최상층을 상징하였을 뿐 아니라 향리로서 지위의 정점도 상징하였다. 조선 후기 향리 사회에 관한 산발적인 증거 자료들은 각 지역에 어떤 뚜렷한 사회구조가 등장하고 있었음을 보여준다. 그것은 크게 보아 가족 배경이 지배 범주가 되는 양상이었다. 도·군 단위의 지배적 가문 아래층에는 향리사회 하류에서 살아가는 여타 부류도 있었다. 예를 들어, 역원에 배치된 이서들(역리)은 왕조 초기부터 하급직을 차지했다.[41] 유사 향리인 '가리假吏'도 있다. 이들은 조선 초기에 노비로부터 차출되어 심부름 등 노비와 다를 바 없는 기능을 했다. 몇몇 연구에 따르면, 조선 후기의 가리 중에는 기성 향리층 속으로 유입된 경우도 있다고 한다.[42] 마지막으로 치안 유지와 경비 업무를 담당하는 군교 혹은 장교가 있었다. 왕조 초기에는 이들이 향리 삼공형三公兄에 든 경우도 많았지만, 조선 후기에는 정규 향리직을 차지한 사람들과는 별개로 존재했던 것으로 보인다.[43] 비록 행정적 위계는 단순 명료해 보이지만, 이들 이서 집단의 사회적 상호 작용에 관해서는 여전히 연구 과제가 더 많이 남아 있다. 그러나 안정적인 위상을 차지한 향리는 하급 이서와의 결혼을 피했을 것이라고 생각하는 경향이 있다. 조선왕조 마지막 2세기 동안 지배적인 향리 가문의 대표자들이 보여주듯이, 무엇보다도 계보 연결의 순수성을 중시하는 지배적인 사회 윤리는 향리들의 의식에도 깊숙이 침투해 있었던 것이다.

사회의 인식과 자기 인식

18세기 학자-관료 유수원은 다음과 같이 썼다. "비록 향리는 천역이지만, 그들에 관한 문제는 매우 중요하다."[44] 이 말은 조선에서 역설적 존재인 향리의 특징을 집약하고 있다. 왕조 전반에 걸쳐 이들에 대한 조선 초기 제재의 가혹함은 다른 사회 행위자의 인식뿐 아니라 그들의 자기 인식에도 큰 영향을 미쳤다. 향리에게 절반의 관료이자 멸시받는 집단으로서의 지위와 자기 재능의 인식에 근거한 자부심 사이의 거리는 시간이 갈수록 멀어져만 갔다. 이는 향리 사회의 주도적 행위자들로 하여금 자신들에 대한 여러 겹의 편견을 없애려는 노력을 하게 했다. 하지만, 향리는 다른 제2 신분집단의 유사한 운동에서처럼, 실력에 호소하기보다는 자기들을 경멸하며 바라보는 바로 그 지배 엘리트와 닮았다는 인식에 더 호소했다.

향리는 본질적으로 부패한 요소, 잠재적 위협으로 인식되었다. 서울의 관료계에서 향리에 대해 논의할 때, 귀족은 마치 자신들이 향리에 승리한 존재라는 것을 전혀 믿지 않는 것처럼 거의 항상 부정적인 시각으로 언급했다. 지배층에게 향리는 지방의 기만적이고 비천하며 비효율적인 요소를 한몸에 지닌 존재일 뿐이었다. 유교 질서의 올바른 시행을 가로막는 고질적인 장벽이었다. 이미 16세기 중엽부터 정부 관료들은 향리가 가할 수 있는 정치적 위험성을 경고하고 있었다. "우리나라는 향리의 손에 망하게 생겼다"[45]는 조식의 유명한 선언은 조선왕조를 통틀어 향리에 대한 귀족의 지배적인 태도를 요약한다. 단호히 경멸하고, 일관적으로 비판적이며, 그리고 절대적으로 바뀌지 않는 태도였다. 『경국대전』 '원악향리' 10개조는 국가의 가차 없는 의심을 상징했다. 19세기 사회질서를 어지럽히고 타락시키는 향리의 능력에 대한 정약용의 유명한 경고는 그 두려움이 시간이 갈수록 커지기만 했다는 것을 보여준다. 향리의 역할이 과거 시제로 묘사되고 있던 20세기 초에도 그 강조점은 변함없이 향리의 부패 성향에 맞춰져 있었다.[46] 하지만 이훈상이 상기시켜주었듯이 향리를 귀족의 상투적인 말만으로 판단해서는 안 된다.[47]

실제로, 조선왕조의 많은 계몽된 학자—관료들은 향리의 부정행위의 근원이 더 큰 범위의 제도 자체, 특히 국가가 향리 직역의 대가를 거부하는 데 있다는 것을 인정했다. 이들 관찰자들은 향리가 뇌물을 받아 호적을 위조하든, 서울로의 세미稅米 운송에서 돈을 세탁하기 위해 상인과 협력을 하든, 그들은 생계를 유지하기 위해 그러한 행동을 하도록 강요받은 측면이 있다고 지적했다. 다른 많은 문제와 마찬가지로, 개혁가들은 중국 모델을 참조했다. 예를 들어서, 1594년 이덕형은 중국 서리는 급여를 받는 것에 반해, "우리나라에서는 이서가 행정 업무(관역官役)를 떠맡으면서도 전적으로 무보수인데, 이 때문에 그들은 도둑질에 여념이 없다"[48]고 (잘못) 언급하였다. 17세기의 학자 유형원도 지방행정을 합리화하려는 그의 전면적인 계획에 향리에 대한 공직 급여를 포함시켰다.[49] 정약용은 유형원의 편에 서서 정부가 그들에게 급료를 지급하기 전까지 향리의 행위는 개선되지 않을 것이라는 데 동의했지만, 그는 문제의 핵심을 지방 정부의 구조, 특히 수령으로 보았다.[50] 그가 자신의 유명한 저서『목민심서牧民心書』('백성을 보살피는' 기술)에서 상세히 논했듯이, 지역 사정에 무지하고, 배운 것이라곤 오로지 문학과 윤리 문제에 관한 것뿐이며, 임기는 수년에 불과해 그의 직무를 수행할 준비가 되지 않았고, 지방 향리를 감독할 대비는 더더욱 되어 있지 않은 것이 수령이었다. 나아가, 서울로 이어지는 관료 세계 부패 사슬의 맨 끝에 위치해 있었던 수령은 종종 향리를 이러한 사악한 과정으로 끌고 가기도 했다. 정약용은 지방 통치의 열쇠는 향리에 대한 감독이라고 생각했다. 따라서 수령의 직무에 관련된『목민심서』「이전」이 '향리 단속束吏'으로 시작하는 것도 놀랍지 않다.[51]

유수원은 좀더 전반적인 분석을 제시했다. 그는 향리와 관련된 문제를 그 명성에 관한 것도 포함해서 그들이 정규 관료 질서에서 배제되어 결과적으로 감사와 공감이 부족해진 증상이라고 보았다.

우리나라 향리만큼 측은한 백성도 없다. 우리의 관습은 그들을 심하게 깎아내려서 언제나 '비열한 아전', '부패한 아전'이라고 부르며, 그들을 마치 도적처럼 피한다. 심지어 가장 유능한 향리란 가장 잘 훔치고 악용하는 자들이라고 생각한다. 정말 슬픈 일이다. … 사대부는 대대로 나라의 복록을 받고 높은 지위와 녹봉, 비상한 행운을 누린다. 하지만 [그중에도] 임금을 기만하고 백성을 학대하는 이는 많다. [여기에 비한다면] 향리는 무슨 잊지 못할 혜택을 받아서, 무슨 명예감이 있어서 일편단심으로 나라에 봉사하거나 그렇게 하도록 기대되며 어떤 비행도 자제할 수 있겠는가? 고을에서 향리가 맡은 직무는 실로 나랏일이지만, 현 상태로는 그들에게 보수를 주지 않고 대신 그들의 도둑질과 강탈에 대해 비난한다. 어떻게 이럴 수 있는가? … '높든 낮든' '귀하든 천하든' [향리와 같은] 몸 바쳐 나랏일을 수행하는 사람들은 또한 백성의 이득을 위해서도 진력하는 것이다. 그렇다면 그들에게 녹봉을 빼앗아간 것은 어떻게 정당화될 수 있을 것인가?[52]

유수원의 문제 진단은 녹봉이라는 현실적인 문제를 넘어 훨씬 멀리까지 확장된다. 그는 향리를 인정해주지 않는 문제에 대해 언급한다. 그가 내놓은 해답은 향리를 정규 관직 임명 체계에 포함시키는 것이다. 정규 관리와 마찬가지로 향리도 자기들의 활동과 인사 결정에 관해 기록을 유지하도록 요구해야 하며, 반대로 국가도 정규 관직, 심지어 서울에 있는 관직까지도 시험제도 시행과 승진 경로의 정규화를 통해 향리가 접근할 수 있도록 개방해야 한다. 하지만 유수원은 여전히 향리를 문무 관직에서 배제하는 것을 옹호했다는 점이 중요하다. 대신에 그는 서울, 지방모두에 향리만을 위한 '소액의 녹봉이 있는' 관직을 창설할 것을 제안했다. 유수원은 향리가 이런 기회를 잡을 것이라고 추론했다. 그가 제안한제도는 그들에게 정규 관직, 즉 관대冠帶(축자적으로는 관리의 복장이란 뜻)를 상징적으로 수여함으로써 그들의 존재를 정당화하는 것이기 때문이다.[53]

사태의 다른 측면은 향리와 가장 자주 접촉하는 일반 농민의 관점이다. 이들은 징세의 대상으로서 향리의 올바른 행실에 귀족보다도 더 목을 매고 있었다. 물론 글을 남긴 평민은 거의 없지만, 19세기 말 농민봉기에서 나타난 불만을 근거로 농민이 향리에 대한 귀족의 경멸을 공유했다고 쉽게 짐작할 수 있을 것이다. 하지만 이러한 봉기들은 체계의 실패에 기인한 것이다. 그것은 향리 측만이 아니라 중앙 관료, 각도 관찰사, 고을 수령 등의 가렴주구로부터 일어난 것이다. 그들은 아랫것인 향리를 부패의 순환 속으로 몰아넣은 뒤, 그 때문에 일어난 봉기를 진압하도록 밀어넣기도 했다. 또한 다음 사실도 기억해야 한다. 즉, 어느 지역에서든 향리 지도층은 그들의 역할을 지속하기 위해 농민과 협상해야 했다는 것이다. 아무리 '부패'가 불가피했더라도 그것이 농민이 반란을 일으킬 마지노선을 넘을 수는 없었으리라는 것이다. 다시, 이 문제에 관해 호머 헐버트는 다음과 같이 올바른 관점을 제시한다.

무엇이든 아전에 대해 좋게 말해야 하는 것이 있다면 그것은 낯설게 느껴질 것이다. 일반적인 인상은 그렇다. 그들은 사람들을 벗겨먹고 더 많이 훔치기 위해 밤새도록 잠도 안 자고 음모를 꾸미는 늑대 떼들이라는 것이다. 이런 관념은 근본적으로 잘못됐다. 한국인은 군자는 악행도 면책되고 작은 선행은 과찬을 받으며, 소인은 선행이 당연시되고 작은 잘못은 과장된다고들 하는데, 이 말이 딱 맞다. 즉, 아전은 모든 이의 죄에 대한 속죄양이며, 보일러의 폭발을 막는 안전밸브라는 것이다. 아전에 대한 비유가 쌓일 수밖에 없다. 모두가 그를 비난의 매립장으로 이용하기 때문이다. 아전이 백성을 자주 학대한다는 데는 의심의 여지가 없다. 하지만, 만약 그들이 비유와 같은 악마였다면 백성은 이미 오래전에 그들을 몰살했을 것이다. 그들은 여러 다양한 지역의 붙박이여서, 백성에게 인심과 관용을 잃는다고 '새로운 목초지'로 떠날 수도 없다. 그들의 가족과 지역적 이해관계가 발목을 잡고 있다. 그들의 정상적 태도는 탐욕스런 수령과 분노한 백성 사이에 놓인 완충 장치로서의 태도이다. … 아전에 대해 안 좋은 소리만

듣는 게 이상할 게 있겠는가?[54]

지배 귀족이 제시한 이미지와는 달리 헐버트는 이들 이서가 매우 유능하고 일처리가 능란하다는 것을 발견했다. 대부분의 경우, 그들만이 농촌에서 경쟁하는 이익 사이의 결정적인 균형을 유지했다. 이 때문에 헐버트는 향리는 세금을 내는 농민으로부터 심하게 비난받지는 않았으며, 오히려 "진정한 양반에 거의 맞먹는" 것으로 존경받았다고 말했다.[55]

지역사회의 의례와 여가생활에서 향리가 가진 지도력은 서민 사이에서 향리의 위상을 보여주는 또 다른 신호이다. 고려 시대부터 주도적인 향리 가계들은 항상 지방 의례에서 맨 앞 열에 섰다. 조선 후기에는 지위 하락에도 그들의 지역 내 위상은 훨씬 더 높아졌던 것 같다. 향리는 군수의 권위를 통해 지방 성황당을 중심으로 한 성황제를 조직하는 한편 관아와는 별도로 행해지는 소규모의 의식들도 조직했다.[56] 향리는 여가생활에서도 중요한 역할을 했다. 많은 경우 공식 의례가 민중적 오락을 위한 출구가 되었다. 판소리는 물론 '탈춤'도 향리가 관여되었던 점을 강조한다. '중재 엘리트'로서 향리는 서로 다른 지위 집단 간의 긴장을 완화하고 잠재된 폭발 위험을 차단하기 위해 이러한 활동을 육성하였다.[57] 헐버트의 관찰처럼, "민중의 취향과 감성에 가장 폭넓게 영향을 준 것은 바로 아전이었다. 그들은 민중과 매우 밀접하게 접촉했기 때문에 민중은 그들을 모방했다. 일반적으로 민중에 다가가는 길은 아전에게 있었다."[58]

19세기 판소리의 위대한 집대성자이자 작가였으며, 전근대 한국 문학의 거장인 신재효가 향리였다는 것은 놀랄 일이 아니다. 신재효는 동네 약국을 관리하며 부유해진 한 향리의 외아들로 태어났다.[59] 이 때문에 그는 부친과 가문의 높은 지위를 이용하여 점차로 높은 이서 계층으로 상승하여 마침내 자기 고향인 전라도 고창현의 이방과 호장직을 얻게 되었다. 그는 판소리 창자는 아니었지만 유랑 악단, 가수를 사귀었고, 은퇴 후에는 일부 판소리 작품의 고전들에 대한 정본을 집필하기 시작했다. 여기에 「춘향가」, 「심청가」 등이 포함된다. 아마도 향리만이 이 같은 일을 할 수 있었을 것이다. 민중 문화와 상호작용하고 그것을 관찰할 만큼 충분히 '기층적'이면서도 동시에 그것을 정리 기록할 수 있을 만큼의 식자층이었기 때문이다. 실제로 날것 그대로의 시를 통해 민중의 감성을 완벽하게 표현해낸 '한국의 셰익스피어'라는 신재효에 대한 찬사에도, 그의 판소리 텍스트 자체는 극도로 학습된 암시와 어휘를 풍부하게 구사하여, 대중이 아닌 엘리트층을 겨냥한 것으로 받아들여진다.[60] 당대 서울의 중인 시인들처럼 그가 백성의 목소리를 채록하려 한 것만큼이나 자신의 높은 안목을 과시하려 했다고 주장할 수도 있다.

이런 조짐은 조선 후기부터 드러나는데, 당시 향리 가계의 유력 인사들이 엘리트로서 인정받기 위한 집단적 운동에 가담하였다. 이 운동은 1774년 경상도 상주군의 호장 이경범이 짓고 도내 374명의 호장이 공동으로 제출한 상소문과 함께 시작됐다. 흥미롭게도 이 특별한 상소문은 향리 신분집단 전체에 대한 차별이 아니라 호장 자신들에 대한 차별에만 초점을 맞추고 있다. 상소문은 그들이 향촌에서 두각을 나타낸 역사가 고려 시대로 소급한다는 것을 군주에게 상기시킨 후, 조선 시대의 같은 계급 출신으로 모범적인 인물의 사례를 제시했다. 이 상소문은 다음과 같이 주장한다. 즉, 국가는 호장층이 백성 중 특수 집단이라는 점을 인식하고 이들을 적절하게 대우해야 하며, 그 시작은 그들의 직무에 대한 보상이라고 했다. 이경범은 녹봉의 지급은 임금에 대한 충성심을 훨씬 더 강화시킬 것이며, 지방에 배속된 중인 의원이나 율관(심약과 검열) 등 다른 비귀족 관리에게는 보상을 지급하면서도 정작 (더 중요한) 향리 호장에게는 그렇게 하지 않는 부조리를 개선하는 것이라고 기록하고 있다.[61]

이 상소문은 18세기와 19세기에 상소, 가문사family history, 그리고 다른 문서들의 확산을 초래한 향리의 일치된 운동의 한 단면일 뿐이다. 이 운동의 주된 성취는 아마도 향리 집단의 역사인 『연조귀감掾曹龜鑑』의 편찬일 것이다(제목의 축자적 의미는 '이서 관청의 거울').[62] 다양한 서사와 문헌이 언급되지만 모든 것은 한 가지 주제로 수렴된다. 반향리 편향의 폐지이다. 이 저술은 확실히 향리를 그들이 가진 기술에 맞게 인정해줄 것을 옹호하고 있지만, 조선에서 그러한 주장이 그다지 무게감이 있지는 않았다. 따라서 주된 초점은 귀족과의 친족적 연결을 증명하는 것이었다. 실제로 내용의 대부분에서, 향리에 대해 업적에 기반한 관직 부여, 정규 관직 임명, 녹봉 제공 등을 주장한 것은 다섯 명의 귀족 관리였다. 전략적으로 서울의 3개 경쟁 분파가 이들에 의해 대표되었다. 『연조귀감』의 편집자가 이들을 구슬려서 동정적인 서문을 쓰도록 한 것이다.[63] 나머지 부분은 사족과 향리가 같은 뿌리에서 나왔으며 이 때문에 향리의 예속 관계는 근거가 없는 것임을 증명하는 데 집중되었다. 서장 부분인 「이직명목해吏職名目解」(향리직과 향리 직무의 설명)는 이서의 세계를 소개하고, 당대의 직무와 고려 시기 기능의 연계를 강조했다. 이어지는 두 개의 짧은 이야기는, 「불복신벌정록不服臣罰定錄」(조선왕조에 충성을 거부한 관리들에 대한 처벌 기록)과 「사족강리록士族降吏錄」(향리 지위에 떨어진 귀족들에 대한 기록)이다. 이 두 부류에 속하는 조선 초 저명 관료의 사례를 나열했다. 가장 긴 부분인 「관감록觀感錄」은 고려 시대와 조선 초기부터 전해 내려오는 뛰어난 향리(대부분 호장)의 전기를 선보였다. 이러한 인물들은 그들의 잘 알려진 행실과 유교적인 모범 행위를 통해 통념 속 악당으로서의 향리가 아니라 귀족과 특징을 공유하고 공통의 기원을 가지는 사람으로서의 향리를 보여준다는 주장이 이어진다.

더 큰 인정과 기회를 얻기 위해 비슷한 방식으로 스스로의 캠페인을 벌였던 다른 제2 신분집단과 마찬가지로 이러한 노력은 성공하지 못했다. 일찍이 그들을 배제했던 세습 귀족의 방은 그들에게 여전히 봉인된 채 남아 있었다(사실 향리는 다른 집단보다 훨씬 일찍 배제되었다). 지역사회에서 막강한 영향력을 행사하고 있음에도 향리는 한국 전근대 사회를 규정했던 가문 기반 지위의 견고한 장벽을 뚫지 못했다. 그러나 결국 사회 위계를 지배하는 조건들이 극적으로 뒤엎어지는 때가 왔을 때, 향리는 그들의 기술, 부富, 지역사회와의 밀착성을 통해, 그리고 아마도 적지 않은 울분을 가지고 다음 단계를 밟을 준비가 되어 있었다.

근대 관료제에서의 등장

오늘날에도 한국의 시골을 다녀보면 자기들을 지역의 유지이자 누대에 걸쳐 넓은 땅을 소유해온 부유한 가문으로 자부하는 현주민을 만날 수 있다. 일부 지역에서는 가장 저명한 토박이나 지주가 재지사족 가문의 후손이 아니라 향리의 후손이다. 특히 일제 식민지기에 향리는 탁월함에 대한 최고의 외적 징표인 부富로 유명해졌다. 그리고 지방 관서의 관리로 유명해졌다. 게다가 전국적 수준에서도 향리 집단은 사업, 교육 및 관직에서 두각을 나타냄으로써 명성을 얻었다. 20세기 초의 일반적 인식은 향리가 근대적 변화에 의해 상당한 이득을 봤다는 것이었다. 20세기 중반의 정치적 인물들에 대해 논할 때 외방의 관찰자들조차 언급했듯이 이러한 성공은 해방 후 시대로 이어졌다.[64]

관료적 행운

1920년대 중반에 수행된 한 조사에서 식민지 일본의 사회과학자인 이나바 이와키치는 한국인 군수 열에 여덟 이상이 향리 출신임을 발견했다.[65] 이 발견은 검증은 불가능하지만 향리가 점차 지방정부를 장악하고 있다는 일반적인 인상을 확증해주었다. 통감부기 말 한 경찰 보고서에 따르면 향리는 비록 전통시대에는 (양반) 군수에 예속되었지만 "시대의 변화에 적응함으로써 [이전의] 권력을 회복하여" "군 행정의 강자"가 되었다고 했다.[66] 최근의 연구들은 이를 실증했다.[67] 그러나 이 연구에서 보여주려는 것으로 마찬가지로 중요한 것은 군수의 성격이 극적인 변화를 겪었다는 것이다. 이것은 지방정부 그 자체의 확장에 의한 것이기도 했다. 향리가 중앙정부에서 파견된 관리들을 위한 자리를 차지할 수 있게 되자, 지방정부는 적어도 어떻게 보면 조선왕조보다 초기의 고려왕조를 더 많이 닮은 제도로 되돌아갔다. 향리들은 비록 현저히 다른 환경 아래이긴 하지만 지방행정 질서의 최상위에 있는 지위를 되찾았으며, 그로부터 그들은 지역사회에서 지속적으로 번창해갔다. 다른 제2 신분집단의 구성원과 달리, 한국의 개화기에 향리는 중앙정부에서 활동하는 경우는 거의 없었다. 하지만 가장 큰 기회의 영역인 지방정부에는 어느 곳에나 존재했기에, 궁극적으로 그들은 근대 관료제의 영향력 있는 계층 속에서 아마도 제2 신분집단 중 가장 폭넓게 자신들을 대변할 수 있었다.

향리는 정부 세금을 부가하고 징수하는 일에 중요한 역할을 하고 있었으므로, 20세기 초 이들의 운명이 세무 행정의 발전에 달려 있었다는 것은 당연하다. 아마도 19세기 말 국가의 입장에서 지역 기득권 세력의 제거만큼 긴급한 일은 없었을 것이다. 갑오개혁과 통감부기의 개혁 노력은 모두 전통적인 지방 관리인 수령과 향리 들을 세수 체계에서 분리할 것을 추구했다. 갑오개혁의 지도자들은 지방행정의 조직적인 구조조정을 단행하기 전부터도 줄곧 향리 문제를 거론해왔다. 1894년 군국기무처 의정안은 각 지역에 고위 중앙관리를 파견하여 향리의 글쓰기와 회계 능력을 시험한 후 적합자로 판정된 사람을 임명하도록 명령하였다.[68] 추가 법령에 따라 과세의 책임을 중앙정부에 이전하고 각 고을이 가지고 있던 징세 업무를 지방의회에 이양하였다. 그러나 이 명령은 얼마 지나지 않아 철회되고, 1년도 채 지나지 않아 갑오개혁 이전 상태가 복원되었다.[69] 한 연구 결과가 보여주듯이, 갑오개혁의 의정안은 지방 관리의 반대뿐 아니라 정부 세입 제도에서 향리의 필요불가결성 때문에 실효성이 없는 것으로 밝혀졌다. 그리고 이것이 더 중요한 이유였다.[70]

토지개혁도 향리의 필요불가결성을 증명했다. 20세기의 첫 20년 동안 두 번의 중요한 토지조사가 수행되었다. 1898년 광무양전은 한성우체사 관리 오병일이 제시한 방침을 따른 것이다. 오병일은 조사원을 뽑는 데 있어 "각 군에서는 유사儒士나 서리(향리)를 막론하고 산법算法에 정통한 정직하고 학식 있는 사람 5명을 선발해서 서기書記로 근무하게 할 것"을 권고했다.[71] 어떤 연구도 이러한 토지조사 '서기'의 신분 배경을 아직 규명하지 못했지만, 지방 귀족이 이러한 직책에 적임자(또는 지명자)가 되거나 혹은 향리보다 더 나은 자격을 가졌을 것이라고는 상상하기 어렵다. 새로운 징세 업무에 관해, 국가는 향리 없이는 그것의 진행이 불가능함을 깨닫게 되었을 것이다. 1902년 정부는 재정난으로 광무양전을 중단했다. 조사된 고을은 전체 조사 대상의 절반에 약간 못 미쳤다.[72] 그러나 이 프로젝트는 토지의 상당 부분의 소유권을 확인했고, 많은 관리에게 현대적인 조사 기법을 훈련시켰다. 바로 이들 관료 중 다수가 10년 후 그들의 경험을 이용하여 1910~1918년 식민지 정부에서 지적 측량을 수행하기 위해 건설된 거대한 관료 조직에 들어갔다.[73]

1905년 통감부 설치 후 1년간 시행된 개혁은 갑오 시기의 개혁보다 향리에게 더 위협적이었다. 1905년 개혁은 또한 군郡, 도道 행정 기관과 자문위원회에 책임을 이전시키면서 세수 체계에서 군수와 향리를 우회하려고 시도했다.[74] 향리의 반응은 복합적이었던 것 같다. 일부는 단순히 새로운 체제에 자신들을 맞추었다. 예를 들어서, 1907년 6월 30일 전라도 동복오씨 향리 가문의 오재영은 그 지역의 지방위원회에 참여했다. 이를 토대로 해서 그는 도 및 중앙의 실권 관료들과 인맥을 쌓았고 곧 전라남도 보성군수로 임명되었다.[75] 일군의 연구자는 야심 있고 부유한 향리 중 다수가 이와 유사한 경로를 따르지 않았을까 생각한다.

덜 협조적인 향리도 있었다. 관찰사와 기타 도 관료들은 몇 가지 이유에서 향리 없이 신제도를 시행하는 것의 어려움을 보고했다. 일부 지방에서는 향리가 세무 서류의 해독을 거부하거나 심지어 새 관리들에게 곡창지의 위치를 밝히는 것도 거부하는 등 격렬하게 저항했다. 또 다른 지역에서는 향리가 군중을 선동해서 들고 일어나서 주장하기를, 예컨대 일본이 신제도를 시행하는 것은 자신들을 위해 세금을 걷기 위한 것이라고 했다. 중앙에서 임명된 많은 세무관은 지방 향리와 그들의 기록이 없이는 올바른 과세와 징세가 불가능함을 깨달았다.[76]

아직 체계적인 연구가 행해지지 않았지만, 향리는 반응이 어떻든 지방정부의 조직 개편을 통해 특권을 박탈당한 것으로 보이지 않는데, 그 주된 이유는 지역의 어느 누구도 이러한 사무 업무를 맡을 능력이 되지 않았기 때문이다. 개혁된 지방 관료기구에 향리가 빠져나갈 새로운 출구가 많이 만들어졌다는 점도 마찬가지로 중요하다. 서기 직책은 가장 확실한 사례이다. 하지만 서기만큼 중요하면서도 더욱 참신한 직책은 경찰이었다. 식민지기에 많은 향리는 지방 경찰 직책에서 시작해서 지방관(군수)으로 끝나는 관로를 따르고 있었다. 장부 정리, 조직 관리, 그리고 지역민과의 협상 등에 있어 그들이 가진 실무 기술을 고려하면 향리는 아마도 20세기 전반 30년 동안 한국 경찰 관리의 상당 부분을 차지했을 것이다. 여기에 그들의 전통적 직업은 두 가지의 기본적인 이점을 제공했다. 경제적인 부, 그리고 근대 교육의 즉각적인 수용에 필요한 기술과 인식이다. 20세기 초 향리는 많은 중간 직급과 심지어 일부 상위 직급의 자리를 채워 들어가는 것이 가능하다는 것을 알게 되었다. 그들은 그런 자리를 다른 새로운 한국 엘리트 직업 영역에 들어가기 위한 발판으로 활용하였다.

경제적 기반

조선왕조 전반에 걸쳐 향리의 부패와 수탈에 대한 많은 보고가 있지만, 그러한 행위의 정도에 대해서는 회의적인 태도를 유지해야 한다. 주로 앞서 설명한 이유들 때문이다.[77] 이들의 주목할 만한 거대한 부는 19세기 후반에 시작된 대대적인 경제 변동에서 비롯되었다는 것이 더 개연성 있다. 향리는 지역사회에서 인정된 역할, 시장 영향력의 유입, 그리고 다양한 초법적 징세 수단들을 이용하여 상당한 이득을 보았다. 이러한 부유한 향리 중 어떤 사람들은 기업 활동에 자금을 투자하기도 하고, 또 어떤 경우 대규모 지주 대열에 합류하기도 했지만, 이들은 또한 관료제 내에서의 입지를 강화하기 위해 자신들의 부를 활용했다.

이것이 적중했던 것은 단지 행정적 역할로 인해 그들이 수익 좋은 자리에 있었기 때문이다. 향리는 고을의 행정 단지인 읍저邑底에 거주하고 또 거기서 일했다. 그곳은 지역 경제활동의 중심이었다. 1876년 이후, 특히 1890년대에 이 상황은 전례 없는 축재의 기회를 제공해주었다. 한국의 많은 부분이 일본, 중국과의 점증하는 무역 네트워크 속으로 빨려 들어감에 따른 것이다. 전통적으로 향리가 생계를 유지할 수 있게 (때로 그것을 초과하는 분량까지도 수취하게) 했던 바로 그 권한이 이제는 그들을 이 무역 네트워크 내의 주요 위치에 올려놓았다. 그 권한이란 현물 조세를 서울로 운송하기 위한 준비 과정을 통제하는 것, 지역 곡물창고를 관리하는 것, 정기시를 감독하는 것 등이다.[78]

이것은 20세기 초 한국 최고 부자 중의 한 사람이 재산을 축적한 방식이었다. 전라북도 전주의 향리였던 박기순은 18살에 작은 쌀 무역 회사를 설립, 군산항을 중심으로 번성한 쌀 무역업에 진출하여 마침내 만석자萬石者[79]로 불릴 만큼 재산을 증식시켰다.[80] 이 이야기에서 더욱 중요한 것은 박기순이 그의 재산을 여러 사업 중에서 관직에 투자했다는 것이다. 그가 50대가 훨씬 넘은 1910년에 군수로 잠시 임명되었다는 것은 상징적인 성취에 더 가까운 것 같다. 확실히 이것은 그가 주목할 만한 지위를 얻었다는 증거다. 그 시대의 다른 선견지명이 있는 사람들과 마찬가지로, 그는 아들인 박영철의 관직 이력을 준비하는 데 돈을 썼다. 당시에도 관직은 더 이상 유일한 것은 아니더라도 여전히 가장 존경받는 직업으로 꼽혔다. 박영철은 일본에서 공부하여 일본어와 군사학 등 '신학문' 세례를 크게 받았는데, 이 모든 것은 나중에 그의 관료직에 도움이 된다.

박기순과 같은 엄청난 액수를 축적하지 않았더라도 이 시대에 새롭게 부자가 된 향리의 이야기는 풍부하다. 대표적인 사례가 홍성찬의 구체적인 사례 연구 대상인 전남 화순군의 동복오씨 향리 가문이다. 홍성찬은 20세기 초의 토지대장 및 기타 공문서에 대한 조사를 통해, 이 향리 가문의 구성원들이 동복읍 내 전체 농경지와 대지의 36퍼센트라는 놀라운 규모의 토지를 소유하고 있었음을 발견했다.[81] 놀랄 것도 없이, 정부 기록에도 바로 이 가문의 구성원들이 19세기 내내 향리직, 특히 호장직과 이방직을 장악했음이 나타나 있다. 오계린은 1894년 문과에 급제하고 1897년 동복군수로 부임했다. 이들은 이때부터 자신들의 부와 정치력을 발휘하여 지금까지 도달할 수 없었던 관료 계급으로 진입하기 시작했다. 그의 직계 친족 중 많은 사람이 곧 그를 따랐고, 대부분은 갑오개혁 때 신설된 지방정부에서 새로운 직책을 맡게 되었는데, 그것들은 전통적인 향리 직책과 이름만 다른 것이었다.[82] 그중에 오재영이 있었는데, 그는 통감부기 지방 관직의 사다리를 타고 올라가 군수가 되었으며 식민지 시대에도 그 자리를 유지했다. 20세기에 걸쳐, 이 가문의 구성원은 고향에서 자신들의 이력을 위한 정지 작업용으로 상당한 부를 사용했다. 거기에는 관료, 군대, 사업, 경영, 의학 그리고 가장 두드러지게는 교육계 등이 포함된다(해방 이후 9명의 대학 교수를 배출).[83]

동복오씨만이 아니다. 최근 사례 연구의 홍수 속에 나타나듯이 전국의 향리는 이 시기에 토지 보유를 통해 부를 축적했다. 예를 들어 경상도 예천군에서는 20세기 초의 4개 대지주 가문이 모두 향리 가계였다.[84] 안동에는 문과 급제자 권유하의 가문이 있다. 권유하는 지방행정직을 담당하고 있었는데, 그의 아이들을 일본으로 유학 보냈고 마침내 해방 후 그의 후손 중에 고위 정치인과 서울대 총장이 나왔다.[85] 전라도 지방에 대해서는 박찬승이 1930년대 고창군의 향리 가문들이 주요 지주의 상당 부분을 차지하고 있다는 것을 밝혀냈고, 홍성찬은 곡성군의 향리가 그들의 토지 자산을 이용하여 사회정치적 리더십을 확립한 일련의 조치들을 조사하였다.[86] 또한 영광군의 조씨 가문 사례도 지적할 수 있다. 이들은 식민지기 주요 지주가 되었고 마침내 자신들의 자산을 비누 제조업과 기타 다른 사업에 투자했다. 해방 후에도 국회의원을 배출했기 때문에 지방에서의 지위는 계속 상승했다.[87]

학력

비록 적지 않은 유복한 향리가 점점 보편화되고 있던 관직 구매 관행을 따랐지만, 향리 후손들이 '신학문'에 부와 정력을 쏟지 않았다면 그들은 새로운 시대에 지속적인 영향을 미치지는 못했을 것이다. 예컨대, 가장 저명한 향리 후손으로 한국의 근대 문화에 빼어난 기여를 한 인물들이 있다. 울산 호장의 아들인 최현배는 일제 말기부터 1970년대까지 한글을 체계화하고 민족자강을 지키는 데 있어 우뚝 솟은 인물이다. 기장군의 마지막 이방의 아들인 김두봉은 1930~1940년대 북한의 유명한 좌파 게릴라 지도자가 되기 전에 한글에 대한 과학적 연구에 위대한 족적을 남겼다. 대구의 한 향리 가문은 주목할 만한 삼형제를 배출했다. 이상정, 이상백, 이상화 형제이다. 이상정은 식민지기 중국에 거주한 반일독립운동 투사였다. 그는 유명한 학자이자 예술가이기도 했다. 이상백은 20세기 한국 사학계의 개척에 일조했다. 형제 중 가장 잘 알려진 인물로 시인 이상화의 작품은 한국 근대문학에서 가장 세련된 작품으로 꼽힌다.[88] 이런 인물들에서 보듯이, 많은 향리의 자식들이 식민지 엘리트 코스를 밟았고 일본 유학 기회를 통해 혜택을 얻었다. 이것은 식민지 관료기구에서 최고위급 향리의 후손이었던 구연수와 박영철의 경우도 마찬가지였다. 하지만, 관료 계급에 오른 대부분의 향리는 국내에서 근대 교육을 받을 수 있는 풍부한 기회를 발견했다.

조선 시대 향리는 매우 다양한 일에 광범위하게 숙달해 있었다. 첫째, 그들은 문해력에서 재지사족에 대항하여 자신만의 영역을 가질 수 있었다.[89] 게다가 향촌에서는 그들이 회계, 장부 관리, 토지조사, 필사, 그리고 법률 전문지식 등에서 독점적인 기술자였다. 이것들은 수학, 과학, 경영을 포함하는, 근대 지식 중에서도 가장 수요가 많은 분야에 가깝다. 그러나 서울에서의 중인과 마찬가지로 향리가 이런 분야들에 정통한 것은 그들에게 부여된 직무의 일부였고, 바꿔 말하면 그들의 열등한 사회적 지위에 대한 반영이었다. 이 분야들은 정통 귀족의 지배 속에서 그 중요성이 유교 윤리에 대해 부차적인 것이었기 때문이다. 지방행정에서 이러한 지식의 이분법은 사회적 지위와 교육에 있어 수령과 향리 사이의 중요한 분업을 보여준다(물론 이것은 향리를 재지사족과 구분시켜주기도 한다). 19세기 전환기에 정약용은 수령들이 받은 훈련은 업무를 다루는 데 별 소용이 없고, 실제 기술 전문가인 향리에 대한 좋지 않은 의존을 만들어냈다고 경고한 바 있다.[90] 하지만 정약용은 종사하는 지식상의 이러한 차이가 향리에게 1세기 후 신교육 수요에 적응하는 데 이점을 주리라는 것까지 예측하지는 못했다.

다른 집단에게도 그렇지만, 신교육이 향리가 행동에 나서도록 박차를 가한 것 같다. 향리는 그들의 토지 자산과 수령 혹은 특히 이서로서의 관직을 활용하여 1910년 병합에 이르는 시기에 생겨난 수백 개의 사립학교 중 많은 곳을 설립했으며, 종종 학교장을 겸직하기도 했다.[91] 이러한 학교 중 많은 곳의 위치가 전통적인 군정의 중심지인 읍치 안이거나 그 근처인 것은 우연이 아닐 것이다. 향리는 지방행정의 중심지인 그곳에서 일하기도 했고, 거주하기도 했던 것이다. 이러한 신식 학교에 대한 향리의 참여는 그것을 설립, 운영하는 데만 그치지 않았다. 그들은 대부분의 학생의 공급원이었다. 예를 들어서 1900년대와 1910년대 전라도 능주와 나주에 최초로 '신식 학교'가 설립되었을 때, 대부분의 학생은 지역 향리 가문 출신이었다. 그리고 놀랄 일도 아니지만, 이들 학교의 향리 집안 출신 졸업생은 1930년, 1940년대에 젊은 어른으로서 청년회, 학회, 야학, 노동단체 등과 같은 지역사회 단체와 교육기관의 설립에 앞장섰던 것이다.[92]

신교육에 대한 이러한 향리의 열정은 종종 지역 귀족의 태도와 극명하게 대조된다. 지역사회에서 나타난 결과는 의미심장했다. 병합 직전 지방 양반이자 학자—관료인 이기는 지역 귀족의 근대 교육에 대한 무관심을 비난했다. 이기는 조선 후기 고을의 전통식 학교인 향교에 대해 그것은 쇠락해져서 지역 엘리트들의 부패를 위한 수단이 되었고 더 이상 실제의 교육기관은 아니었다고 했다. 그리고 근래에는 향리(장리將吏 또는 장교將校, 경찰 기능을 하는 정규 향리)의 자녀들이 관립 마을 학교를 가득 메웠는데, 그 이유는 지방 양반들이 옛날의 위계 관념을 계속 고수하여 자녀들을 위한 새로운 교육의 가치를 보지 못했기 때문이라고 썼다.

> "우리 아이들을 어찌 향리 자식과 함께 가르칠 수 있겠는가?"라고 항변
> 하면서 아이들을 학교에 보내지 않는 귀족들을 나는 잘 안다. 하지만 몇
> 년 지나지 않으면 향리의 아이들은 학교를 졸업하고 군 서기, 지방의회 의
> 원, 군수, 법원 서기, 판사, 검사, 관찰사와 같은 자리를 차지할 것이다. 반
> 면에 양반의 자식들은 결국 서민과 구별하기도 어렵게 될 것이다.[93]

이러한 차이는 일제가 지방행정기관 부설의 공립 전문학교를 설립한 식민지기까지 이어졌다. 관립 상업학교에 학생을 등록시키라는 요청이 왔을 때, 양반은 망설였지만 향리는 다른 비귀족과 함께 참여했다.[94] 다음과 같은 향리 연구가 보여주듯이 이 출발점에서의 도약은 후에 향리가 관료제 질서에서 상층으로 올라가는 데 중요했던 것으로 판명되었다.

사례 연구

20세기 향리 후손의 신원은 문헌 정보에만 의존해서는 확인이 대단히 어렵다. 1920년대 이나바 이와키치가 그랬듯이, 가장 효과적인 접근

법은 알 만한 주민들에게 물어봄으로써 개별 영역을 조사하는 것이다. 그러고 나면 조사는 대개 일상적 발굴의 문제, 그리고 대부분의 경우 우연한 발견의 문제가 된다. 그러한 정보가 나오는 곳은 널리 흩어져 있으며, 지역 기록과 중앙정부 문서에서부터 가족력, 개인 회고록까지 다양하다.[95] 다음 사례 연구에서 향리 출신임이 확정되는 20세기 초 세 명의 한국 관료를 소개한다. 이들의 관직에서의 승진에 대한 이야기는 다양한 구성원 자체에 대해서뿐 아니라 당시 새로운 시대가 제시한 가능성에 대해서 유익한 상을 제공한다.

구연수

구연수는 여러모로 근대 한국에서 향리의 상향 이동의 개척자였다. 그는 상층 향리의 자식이었으며 동래군(현재 부산의 일부)의 소수 지배 향리의 후손이었다. 기록상 해외에 유학한 최초의 향리였으며, 갑오개혁 정부에서 관직을 차지한 최초의 (아마도 유일한) 향리였고, 1910년대 중앙 관서에서 고위관직을 얻은 한국인 관료였다.

구연수의 가계가 언제 동래에서 지배적 향리 가문으로 확립되었는지는 알려지지 않았다.[96] 그 시기는 이르게는 고려 중기, 늦게는 임진왜란 직후로 소급할 수 있을 것이다. 하지만 기록에 등장하는 최초의 향리는 구치정과 그의 동생 구치항이다. 이들은 18세기 후반에 향리로 재직했다. 이 두 명과 상당수 그들의 직계 후손은 『동래부청 선생안』에 실려 있다. 이것은 동래부 관리 중 저명한 사람의 명단을 연대기순으로 기록한 것인데, 대부분의 경우 호장과 이방에 임명된 인물들이다.[97] 〈표 4.1〉에 보듯이 이 명단에는 구연수의 직계 조상이 다수 등장한다. 이것은 그의

표 4.1 동래의 창원구씨 향리 가계(14세~20세)

14세	15세	16세	17세	18세	19세	20세
세주	치정*(1742)	봉상*(1781)	기진*	물영*	재관	
			혁진(1806)	문호*	재면	
				해령(1839)	재희	
					연태(1882)	
			내진	필영*		
			석진*	택녕*	연수	용서(1899)
					연호	
			회진	멸녕		
	치항*(1747)	봉양				
		봉화(1776)	효진*(1802)	사석(1832)	재상	
					재학	

주: 괄호 안은 출생 연도. *는 『동래부청 선생안』 등재.
출처: 『창원구씨세보』(1930) 권2, 53~55쪽 ; 『창원구씨세보』(1976) 권1, 210~213쪽·763~770쪽.

가계가 오늘날 부산 지역의 지배적 가문 4, 5개 중 하나였음을 알려주는 지표이다.

　구연수의 초기 경력을 가지고 판단컨대, 그는 상당한 자산의 덕을 본 것으로 보인다. 1883년 그는 열일곱 나이에 무과 시험에 급제했다. 하지만 더욱 주목할 것은 그 이듬해 그가 개인적 방법으로 일본으로 유학한 것이다.[98] 도쿄에서 중학을 졸업한 후 1886년 도쿄제국대학에 입학하여 광업과 야금학을 공부했다. 8년간 일본에 체류한 후 1892년 고국에 돌아오자마자 광산국에 주사 자리를 얻었다. 이후 3년간 이 분야에서 지속적으로 전문가로 근무한 후 1894년 여름 제1차 갑오개혁 내각에 공무아문 주사 및 1895년 농상공부의 기술자로 참여했다. 이유는 알 수 없지만 구연수는 그해 말 공부를 더 하기 위해 일본으로 돌아갈 결심을 한다.[99] 그곳에서 1895년 말~1896년 초 일본으로 도피한 조선인 무리에 그가

그림 4.2 구연수, 1920년대
출처: 아리마 아츠요시有馬易水, 『인물평론人物評論』

연루되자, 조선 정부는 극도로 분노하여 1899년 그를 본국으로 강제 송환할 것을 요구했다. 그러나 갑오 망명 집단의 다른 사람들과 마찬가지로 구연수는 1905년 통감부 창설 이후까지 한국 땅에 발을 들여놓지 않았다.

이력의 두 번째 단계에서 구연수는 새로운 엘리트들 속에 그와 그의 가문이 설 자리를 확보한다. 1907년, 구연수는 일제가 장악한 한국 정부에 입성했는데, 처음에는 울릉군수로 있다가 한 달 후에는 경찰관으로 근무하게 되었다. 이 경찰직은 그의 경력의 나머지 부분과 관련해서 악명 높다. 구연수는 병합 때까지 경무국 사무관을 맡았으며, 1910년대에는 본질적으로 같은 직위인 경무총감부 경무관직을 유지하여 총독부 경찰중앙기구의 공식적인 2인자로 근무했다. 1923년 중추원으로 물러날 때까지(그는 1925년 사망) 새로운 관료질서 속에서 자신의 지위를 충분히 확보함으로써, 부산 지역의 향리에서부터 서울의 고위 관료에 이르는 생애 여정의 혜택을 자손들이 누릴 수 있도록 했다. 구연수의 아들 구용서는 일본에 유학하여 식민지 시절 은행업에 종사하다가 아버지의 관직 전철을 밟아 초대 한국은행 총재와 이후 대한민국 상공부 장관이 되었다.[100]

변영화

20년 넘게 경상도에서 경찰 관료와 군수로 재직했던 변영화의 이력은 구연수보다는 덜 화려하고 그의 출신 배경도 경제적으로 훨씬 아래다. 하지만 그의 계층 상승은 20세기 초 향리를 대표하는 것 같다.

변영화의 고향 지역은 그의 관향貫鄕과 같은 초계이다.[101] 이는 그의 가계 기원이 고려 시대 이 지역 토착 향리 가문 중의 하나로까지 소급할 수 있음을 의미할 것이다. 어쨌든, 최승희가 수집하여 소개, 분석한 이 가계에 관한 현존하는 문서는 18세기 후반~19세기 후반까지 거슬러 올라간다.[102] 최승희의 분석에는 심각한 문제가 있긴 하지만,[103] 자료 그 자체는 중요한 정보를 드러낸다. 이 문서는 주로 가족들이 관아에 제출한 호구단자이다. 이들 문서에 나와 있는 직역 기록을 보면 향리 가문임이 명확히 드러난다. 1850년본을 포함하여 여러 족보가 보여주듯이, 변영화의 직계 조상이 포함된 이 특정 계보에는 변의태를 정점으로 하는 두 가계가 있다. 두 가계의 모든 소속 구성원에게 변의태가 비조가 되는 것이다(표 4.2 참조). 족보와 최승희의 문서들에서 나온 정보는 이 가계의 구성원이 언제 향리가 되었는지를 알려주지는 않는다. 하지만 족보는 16

표 4.2 초계변씨 향리 가계(13세~25세)

13세	14세	15세	16세	17세	18세	19세
백흥	덕흥	낙	정숭	유벽*(1638)	의태(1682)	서화 필화*

19세	20세	21세	22세	23세	24세	25세
서화(1710) 필화(1712)	동곡(1734) 동택*	응두(1787) 영조*(1782)	종고(1822) 극현*	흥복(1853) 충원*(이방) (1822)	영화(1886) 영필*(1851)	성규 충규

주: 괄호 안은 출생 연도.
　　*최승희 수집 호구문서 등재.
출처: 『초계변씨족보』(1850), 1권, 27~28쪽·4권 1~3쪽·9권 3~5쪽; 『초계변씨족보』(1929), 4권 41~44
　　쪽·13권 12쪽; 『변씨대동보』, 6권 2~3쪽·22~23쪽·137~143쪽·391~393쪽.

세기 후반 임진왜란 한 세대 전에 태어난 변덕흥이 이러한 투쟁에서 서기clerk로서 두각을 나타내었음을 알려준다. 그렇다면 이 가문은 늦어도 17세기 초에는 향리가 되었다. 이것은 변영화 가계와 최승희 자료에 나오는 가계 사이에 분리가 일어나기 몇 세대 전이다. 비록 족보에 변영화의 직계 조상의 향리 지위는 표시되어 있지 않지만 그들의 사회적 지위가 향리였다는 것은 확실하며 아마도 향리 관직을 보유했다고 추측해도 무방할 것이다.[104]

흥미롭게도 변영화는 그의 이력서에 그 자신을 '평민'이라고 적었다. 이는 향리 정체성이 여전히 오명을 갖고 있었음을 시사한다.[105] 그는 1893년 '사설 한어학교 등록'을 이력서 첫 번째 항목으로 기재하였고, 1902년 초계군 '사송詞訟 서기'를 첫 번째 직위로 기재하였는데, 이 직책은 평민이 가질 수 있을 리가 없는 직책이었고, 이 문제에 관한 한 향리 아닌 그 누구에게도 마찬가지였다. 그는 1905년 순검이 되기 위한 훈련을 시작했고, 그 후 통감부기의 나머지 기간 동안 진주경찰서에서 여러 직책을 맡았으며, 이 기간 유창한 일본어 능력을 갖추어 1908년 통역관으로 근무하게 되었다. 변영화는 식민지기 첫 10년간 지방 경찰로 있다가, 그 후 1922년 부산 경남도청의 최고위 경찰직의 하나인 경시로 승진했다. 그 직후인 1925년 경상도 지역의 군수로 임명된 것을 시작으로 1934년 퇴직할 때까지 네 개 군의 군수로 재직했다.

연구가 더 심화되면 20세기 초 향리의 관료적 승진 패턴에 관한 더 완전한 역사상이 나오겠지만, 군수직에까지 도달한 인물 중 상당한 비율(다수는 아니더라도)은 변영화와 유사한 경로를 밟은 것 같다. 즉, 향리 배경을 이용해 20세기 초 정부 기관에 입직한 후, 각 단계의 승진을 다음 단계에 필요한 훈련과 인맥 습득의 기반으로 활용함으로써 점차로 각 계급을 따라 나아간 것이다. 변영화는 향리 가계에 태어나 갑오개혁에 따라 설치된 서기 비슷한 직책으로 관계에 입문한 후 경찰 업무에서 공식적 훈련 기회를 얻었고 곧바로 통감부 시기 확대되고 있던 경찰직 하나를 얻게 되었다. 이어서 경찰의 계급을 밟아 올라가서 군수 지위까지 얻게 되었다. 이 과정에서 줄곧 고향 지역과 그 인근에 남아 있었다. 변영화의 사례는 그의 장남 변선규가 또 다른 근대 한국의 엘리트 전문직인 의료계로 진입함에 따라 아들이 아버지의 명성을 기반으로 삼았다는 점에서 또한 전형적이다. 변선규는 경성제대를 졸업하고 부산에서 유명한 내과의사가 되었다.[106]

박영철

아마도 이 시기 가장 흥미로운 향리 후손은 박영철일 것이다. 그는 무관이었는데 문관으로 이력을 확장했으며, 이어서 은행과 기업에서 성공을 거두었다. 이 같은 다양한 사업에 대한 폭넓은 경험으로 인해 박영철은 근대 한국의 사회경제적, 정치적 엘리트로 진출한 향리의 전형이었다. 여러 면에서 벼락출세자였던 박영철은 여전히 전통적인 신분의식의 영향 속에 있는 사회에서 향리, 아니 사실상 이 시대 모든 비양반 출신으로서 출세한 관료들이 편안한 장소를 찾으려 시도할 때마다 직면하고 있던 애매한 점들을 몸소 지니고 있었다.

박영철이 명성을 얻기 위해 밟은 첫 번째 단계는 그의 부친 박기순에게 있었던 탄탄한 인맥으로부터 나왔다.[107] 박영철은 운 좋게 일본인이 후원한 학교가 있는 전주에서 자라서 이 학교에서 일본어를 배울 수 있었다. 그는 순식간에 일본적인 것에 매료되었다. 수업을 듣기 시작한 지 1년 후인 1900년 봄 그는 한 친구와 함께 군산 주재 일본 관리의 후원을 받아 일본으로 여행을 가기로 했다. 일본에서 기숙학교에 입학하였고 그 후 도쿄에 있는 사관학교에 입학했다. 그 과정에서 줄곧 아버지의 재정 지원을 받았다.[108] 이 몇 년 동안 그는 고베, 오사카, 도쿄에 살고 있는 한국인 망명자들의 실질적인 공동체를 알게 되었고, 심지어 박영효를 만나 시사 문제를 논의하기도 했다. 또한 다른 한국 학생들과도 친구가 되었다. 원응상, 박중양, 김관현, 장헌식, 석진형, 한규복, 한상호, 김영진, 장헌근과 같은 이들이다. 이들은 모두 박영철처럼 이후 1910~1920년대 식민지 정부에서 도지사나 도 참여관 같은 자리를 차지하게 된다. 말할 것도 없이 이러한 만남은 1903년 사관학교 졸업 직후부터 시작된 박영철의 이력에 중요한 역할을 하였다.

박영철은 무관으로 출발했고 인생의 대부분을 무관으로 있었다. 그는 회고록에서 일본에서 군대와 군장교가 누렸던 '믿을 수 없는' 존경

그림 4.3 박영철, 1920년대
출처: 박영철, 『五十年の回顧』

에 얼마나 감명을 받았는지 떠올리면서,[109] 자신을 훈련시킨 일본의 군
대 문화는 물론 군 일반의 매력에 빠져서 한국의 유명한 장군인 이순신
을 자신의 롤모델로 삼았음을 회고했다. 이후 군수와 도 참여관, 도지사
를 역임할 때 그가 군복을 입고 출근하는 모습이 자주 포착됐다.[110] 귀국
직후 그는 장교로 임관하여 한국의 사관학교에서 교편을 잡았다. 러일전
쟁이 발발하자 박영철은 일본군에 입대했다. 전쟁이 끝나고 다시 한국군
으로 돌아왔지만 1907년부터 한국군이 해체되고 1910년 한국이 일본에
병합되면서 박영철의 군생활은 중단되었다.[111]

박영철은 1912년부터 식민지 문관이 되어 익산군수로 근무하기 시작
했다. 그의 고향 전주 인근이다. 1918년에는 함경북도 도 참여관에 임명
되었고 1921년에는 그의 고향인 전라북도 도 참여관으로 옮겼다. 1924

년 강원도 도지사, 1926년에는 함경북도 도지사가 되었다. 이 두 번째 도지사로 간 지 1년이 못 되어 관직에서 물러나 민간 영역으로 갈 때까지 그는 15년간 총독부에서 군郡, 도道의 관료로 근무했다. 한일 양국의 관료로 24년을 근무한 것이다.

관직 은퇴 후, 박영철은 그의 관심을 금융업과 사업의 세계로 돌리며 개인적인 영향력을 키우고, 여행을 하고, 글을 썼다. 그는 부친의 은행인 삼남은행을 물려받았다. 이것은 후에 조선상업은행朝鮮商業銀行[*]에 합병되었다. 1930년대에는 잠시 만주국 명예 총영사를 역임하기도 했다.[112] 1929년 50회 생일을 맞아 한국의 극적인 변화라는 맥락에서 자신의 인생 경험을 회상하는 장문의 회고록을 썼다. 하지만 이것이 그의 첫 번째 출판 시도는 아니다. 1910년대 초, 그는 중국 전역을 여행한 바 있는데, 여행 후 한문으로 경험담을 썼다.[113] 1928년에 오사카의 한 신문사가 조직한 유럽 시찰단에 참가하여 다시 해외로 나갔다.[114] 1930년대까지, 군인 및 문민 관료에서부터 사업과 금융에 이르기까지 근대 사회에서 활용 가능한 다양한 방법을 통해 사회 위계의 정점에 도달한 한국인이 있다고 말한다면, 그것은 박영철이었다. 출생 신분을 고려할 때 그의 삶은 놀라웠다.

하지만 박영철의 향리 근원은 심층적으로 볼 때 다소 불명확하다. 회고록에서 그가 주장하기로 단지 그의 부친만이 향리였으며 조상들은 원래 양반 출신으로서 그가 태어나기 약 200년 전에 일반 농민으로 안착했다고 하였다. 그는 9대조가 문과에 급제하여 예조의 중급 직책에 올랐다

---

[*] 조선상업은행: 한말 황실은행으로 기능하던 대한천일은행을 일제가 병합 후 개편하여 설립한 은행이다. 이후 민간은행으로 성격이 전환되어 여러 은행이 합병되는데 삼남은행은 1932년 병합되었다.

고 언급했다.[115] 족보를 보면 이 조상이 박금이라는 것을 알 수 있는데, 그의 신원은 다른 출처에서도 쉽게 확인할 수 있다.[116] 박영철은 회고록에서 17세기 후반에 전주로 이주한 7대조와 함께 가산이 점차 쇠퇴하기 시작했다고 썼다. 『충주박씨세보忠州朴氏世譜』(1994)가 이 모든 정보를 확증한다.[117] 문제는 박영철의 가계에 정말로 전직 양반 관료와 조상을 공유하는 그런 연계가 있었는지 여부이다. 기성의 양반 가계가 지방으로 이주하여 향리가 되는 것은 매우 이례적인 일이기 때문이다. 그러나 이 설명은 맞는 것 같다. 설득력 있는 증거가 19세기 말 족보에서 나왔는데, 그것은 현대 족보에서와는 달리 서얼을 구분했다. 간단히 말해서 박영철의 가계는 서자庶子에서 기원했던 것으로 보인다.[118] 그러나 이러한 개연성을 확정한 이후에도 문제는 남는다. 언제 박영철의 직계 조상이 전주 지역의 향리가 되었는가 하는 것이다. 박영철은 부친만이 향리였다고 단호하게 주장한다. 그러나 더 가능성이 높은 것은 그 기원이 비록 반드시 전주의 지배적인 향리 가문 중 하나는 아니라 해도 몇 세대 더 앞선 것일 수 있다는 것이다. 그의 조상들은 정규 향리의 심부름꾼인 하급 준향리, 즉 가리假吏였을지도 모른다. 어쨌든 박영철의 부친 박기순이 아들의 주장대로 단지 몇 년 향리로 일한 것만으로는 쌀장사를 통해 부자가 되는 데 필요한 기술과 인맥을 얻을 수는 없었을 것이다.

박영철의 향리 조상이 한 세대 이상 더 올라간다는 것에 대한 더 진한 암시가 그의 회고록 속에 등장한다. 그것은 자신의 신분에 대한 강렬한 자의식에서 나온 것이다. 관료 근속 경력이 긴 성공한 사업가로 거의 은퇴 생활을 하고 있던 1920년대 말, 그는 자신의 개인적 배경이 지속적으로 편견의 대상임을 발견한 것 같다. 아마도 그의 (오랜) 향리 혈통을 알고 있던 고향 지역 사람들로부터였을 것이다. 박영철은 회고록에서 서장의 일부를 '양반과 이속'이라는 제목의 절에 할애했는데, 이는 근대에는 거의 유례가 없는 향리 정체성의 인정인 것이다. 자신이 물려받은 것에 대한 강한 이중성을 드러내는 이 구절은 그의 사고에 대한 풍부한 통찰을 제공한다.[119]

양반과 이족

조상과 가문에 관해서, 전통 시대의 사고방식을 [논의]하지 않고서는 그 누구도 오늘날 정반대 사고의 가치를 진정으로 알지 못할 것이다. 오늘날에도 여전히 망상의 어둠 속에서 길을 잃고 헤매고 이 [전통적 사고]에 매혹되어 그 잔재로부터 헤어나오지 못하는 지적으로 죽은 사람들이 있기 때문에 이런 [행동]에 대해 간단히 말해보겠다.

내가 예전에 언급했듯이 나의 조상은 양반이었고, 부친만이 — 부친 단 한 세대에서만 — 이속[의 지위]로 떨어졌다. 그리고 나 자신은 평민이다. [우리 가문]은 먼 조상들이 영위해온 [양반]의 삶과 단절한 지 오래다. 고조부 님 대에 현재 [우리] 직업을 일궈내셨다. 선친 대에 상업을 직업으로 하셨다. "개구리의 새끼는 개구리"라는 말은 [자주] 되받아치는 말이지만, 이것이 철칙은 아니다. 나는 군인으로 출발했다가 군수가 되어 24년 동안 공직 생활을 계속하였다. 그 후 아버지를 기리는 한 방법으로 나는 사업 세계에 뛰어들었고, 여기서 여생을 보내고 싶다고 생각한다.

이속

이속은 오늘날의 속관屬官과 같다. 중앙관청에서는 서리書吏라고 불렀다. 감영監營에서는 영리營吏라고 불렀고 군청郡廳에서는 군리郡吏라고 불렀다.[120] 이들은 양반과 평민 사이의 특수 계급이었고, 결국 평민의 일종이다. 서울과 지방의 거주지에서 서로서로 혼맥을 만들고 대대로 세습되는 직업을 추구하는 것으로 유명했다. 수령을 '큰 관리'(대리)라 하고, 이속을 '작은 관리'(소리)라 불렀다. 이족 중에는 인품과 능력, 학식을 갖춘 사람이 많았지만, 국가에 임명되[어 봉직해는 것은 허락되지 않았다. 이는 신분 숭상 때문이기도 했지만, 이속의 발호에 대한 우려 때문이기도 했다. 이속이 가능한 모든 방면에서 제한된 까닭이다.

양반 관료들은 조직적으로 이속을 예속화하고 하대했다. 조선 시대 양반 대족의 조선祖先 가운데는 3인의 '노령奴令(노비)' 출신과 8인의 '서기'(이속) 출신이 있다. 같은 조상을 지녔음에도 불구하고 한쪽은 양반 직임을 차지하고 다른 한쪽은 이속 직무를 맡아야 했다.

노령이라는 것은 각 관청에서 이속의 예하에 있었던 사령군노使令軍奴였는데, 하타모토 아시가루旗持足輕*와 같으며, 따라서 예속 사환小使, kozukai이라고 생각할 수 있다.

오늘날은 사민평등四民平等이 되어서 **관계官界는 물론, 각 사회에도 이속의 자손으로서 출세한 자가 오히려 양반 계급보다도 많다.** 종전의 정책은 실로 극히 부자연스러운 것이어서 수많은 인물을 무의식적으로 쫓아낸 것이 많았던 것이다. 그래도 오늘날에는 으스대며 자신을 양반이라고 밝힌 사람들이 있는가 하면, 배경이 초라하다고 누군가를 멸시하는 사람들도 있다. 그런 사람들은 정말 천박한 식견을 가진 것이다.

---

* 하타모토 아시가루旗持足輕: 전장에서 깃발을 드는 병졸을 뜻한다.

양반은 예전 봉건시대의 지배계급으로서 극히 횡포한 그 시대만의 산물이었는데, 그 시대를 떠난 이상 존재할 이유가 없다. 지금 조선은 봉건시대가 아니기 때문에 양반 운운하는 것도 무의미하다. 그 자손이 나는 누구의 손, 누구의 자라고 위세를 부리는 것도 지위와 권위가 없는 이상 세간에서 알아주지 않는다. 그들은 오직 옛날의 잔재 속에 살아갈 뿐이다. (강조 인용자)

마지막의 양반 후손에 대한 언급은 박영철 자신에게 꽤 쉽게 적용될 수 있었을 것임은 물론이지만, 분명 그것의 이면은 새 시대에 그가 이룬 업적을 퇴색시키는 역효과를 가지고 있다. 이런 관점에서 볼 때, 이 언급에는 그의 청자들—이 경우 아마도 대부분 관직 동료와 동료 사업가일 텐데—에게 사람을 판단하는 전통적 기준을 버리고 관용을 베풀어 달라는 호소가 나타나 있다. 그러나 여기서 보이듯 그 자신도 다를 바 없었다.

이 구절은 사실 일단의 모호성을 드러낸다. 성취를 인정하는 새로운 기준과 다른 한편 지속적인 조선 시대식 사회신분이 불안하게 혼합된 것이 1920년대 후반의 특징이었다. 오락가락하는 수사가 눈에 띈다. 박영철은 구시대적인 사고방식에 대해 경고하는 것으로 시작한 후 이어서 그가 양반 조상을 가지고 있음을 역설한다. 그런 다음 그는 가문 배경의 제약을 극복하는 자신의 능력을 칭송함으로써 다시 논의 과정을 뒤집는다. '속관'에 관한 항목에서 박영철은 향리 계급이 조선 시대에 관직에 진입하지 못하게 한 편견에 대해 비난한다. 심지어 엄격한 업적주의적 환경이라면 가능할 수도 있었을 향리들의 지배를 양반 계급이 두려워했다고 능청맞게 주장하기까지 한다. 그러나 그는 재빨리 향리와 양반이 공통의 기원으로부터 내려왔다는 것을 상기시킨다. 이는 본질적으로 『연조귀감』의 주제를 되풀이하는 것이다. 흥미롭게도, 박영철은 그 자신이 속한 신분집단이 귀족과 친화력이 있음을 강조하기 위한 방법으로 그것을 하위집단, 즉 이번에는 관청의 노령과 구별하는 해묵은 전술을 사용한다. 박영철은 자신과 같은 사람들에게 보상을 주는 근대적 변화를 찬미하면서도 그 과정에서 자신이 얼마나 전통적 신분 관념에 신세를 지고 있는지도 드러내었던 것이다.

논의: 지방 사회의 전형적 존재

향리의 후손이 근대 관료제와 사회 위계에서 상층으로 진출함으로써 그들의 발전은 마무리되었다. 그들이 지방 귀족이었던 고려왕조 초기의 기원으로 다시 돌아온 셈이다. 향리는 지배 질서가 집중화되지 않고 향촌에서의 리더십이 패권과 동일하던 과거시대의 잔재였다. 그러나 조선왕조에서는 지역사회의 정상에서 추락하여 국가적 예속인으로 전락했으며, 심지어 잠재적 범죄자 취급을 받기도 했다. 하지만 향리는 오랜 세월을 지역사회에서 버틴 끝에 조선 후기 준엘리트 지위에까지 꾸준히 올라갔다. 그들은 지방행정에서 강요된 직업으로 인해 숙련된 기술 전문가 집단이 되었는데, 공교롭게도 이것은 근대 한국 공직사회의 관료 직책과 닮았다. 물론 이것은 그들이 선택한 것은 아니다. 지배집단에 의해 그러한 존재로 내몰린 결과이다. 그리고 바로 여기에 명청 시대 서리와의 주목할 만한 유사점이 나타나며, 마찬가지로 중요한 대조도 나타난다.

지역 질서의 필수적인 동력

향리에게는 근대 중국에 유사한 집단이 있었다. 이 유사성은 다른 어떤 제2 신분집단이나 심지어 이 주제에 관한 한 지배집단도 필적할 수 없는 정도였다. 이는 작게는 우연의 일치라고 할 수 있지만 또한 한국이 중국의 행정 모델을 채택한 때문이기도 하다. 브래들리 리드Bradley Reed가 자세히 설명했듯이,[121] 지리적으로나 인구 통계적으로 중국 고을의 다양성과 규모가 커짐에 따라 중국의 지방 체제는 훨씬 더 크고 복잡해졌지만, 중국의 서리는 여전히 같은 행정적 시나리오 속에서 일했다. 즉, 지방정부는 중앙의 임명직 수령의 명목상의 지휘하에 놓였으나 수령은 실제의 행정 작용과 단기간 배치된 지역의 사정에 익숙하지 않았기 때문에 서리에게 의존했던 것이다. 중국에서 서리의 기능은 더 넓은 범위의 업무를 포함했지만, 징세와 법 집행의 핵심 책임은 한국 향리의 그것과 유사했다. 리드가 연구한 바 고을Ba county* 서리의 체계는 조선의 향리와 마찬가지로 일종의 비공식적인 통치 질서였다. 중앙정부의 인사 기록에 명시되지 않았고, 국가가 급료를 지급하지 않았으며, 대부분의 자체적 활동에 규제가 없었다. 그리고 두 나라 모두에서 서리는 과욕으로 인해 통치질서 측으로부터 욕을 먹었다. 이는 사실 국가가 서리를 정규 관료제 속으로 편입시키는 데 무능했거나 관심이 부족했기 때문이다. 서리의 악명 높은 대명사가 된 금전적 무절제 즉, 수탈, 부패, 음모, 불복종 등은

---

* 바 고을: 중국 쓰촨성의 지역.

통치체제 스스로가 만들어서 실현시킨 예언이라고 할 수 있다.

서리가 자신을 경멸하는 그 사회정치 질서에서 절대적으로 필요한 존재라는 점은 말할 것도 없이 거대한 역설이었다. 양국의 통찰력 있는 동시대인들이 지적했듯이, 서리는 자신들이 활약한 바로 그 통치체제의 논리적 산물이었다. 리드가 청나라에 대해 주장하는 바는 조선에도 똑같이 적용된다. 즉, 비록 법외의 것이라 하더라도 자신들이 행하는 "필수적인 역할을 정당화하는" 과정에서 서리는 공동체 내의 취약한 입지를 두고 수령으로 대변되는 중앙 국가 그리고 지역 엘리트와 평민을 포함하는 지역민의 이해관계 사이에서 협상을 벌였다. 이러한 관점에서, 서리가 공식적, 국가적 자원이나 '부패'를 포함하는 비공식적, 특수주의적 수단 양자를 모두 활용하여 그들에게 맡겨진 책무를 수행한 것은 그들의 행동을 정상적 질서로부터 설명할 수 없는 일탈로서가 아니라 이 질서가 유지된 다양한 방법의 발현으로 보게 한다. 이 장에서 살펴본 것처럼, 향리는 과세課稅나 기록 관리에서부터 대중문화 진흥에 이르기까지 매우 광범위한 직무와 기술을 시전했는데, 이는 그들 자신의 생활을 유지하는 것만이 아니라 조선 지역사회 자체의 세력 균형에도 영향을 미쳤다. 사실, 한국과 중국 모두에서 이들 욕받이 서리가 없었다면 전통적 사회 질서의 지속을 상상하는 것은 거의 불가능할 것이다.

그러나 이러한 현저한 유사성에도 불구하고, 중국에서는 국가적으로 인정된 특권이 없었다는 점에서 한국의 사례와 몇 가지 중요한 차이가 있었다. 특히 서리의 출신과 관련한 차이가 있다. 중국 행정체계 속에서 지방 서리의 예속도 한국 통치자들에게 똑같은 위계체제를 시행하는 데 있어 편리한 모형을 제공한 것은 확실하다. 그러나 중국에서는 서리가 부역 노동의 형태로 시작된 반면, 한국의 향리는 역사의 깊은 샘물로부터 생겨났고, 나중에 조선 귀족이 된 사람들의 발전에 밀접하게 얽혀 있었다. 어떤 의미에서 향리는 지배집단이 여느 제2 신분집단과 맺고 있던 관계와 마찬가지로 국가가 관료제를 통해 사회적 지배를 제도화한 또다른 사례의 하나였을 뿐이다. 하지만 두 집단 사이의 대부분 일방적이었던 적대의 역사는 훨씬 더 오래전으로 거슬러 올라간다. 향리는 양반과의 원치 않는 경쟁에서의 패배자였다. 양반은 고려 시대 패권을 공고히 하는 과정에서 향리를 중앙 관료에서 배제하고 경제적 기반을 박탈했다. 조선 초기 집권 엘리트들은 향리에 대해 정성 들여 조직한 국가와 사회 질서를 해칠 위협을 가하는 방해주의적이고 파괴적인 세력이라고 비난했다. 조선왕조 전반에 걸쳐 향리는 도덕 질서의 문제에 대한 엘리트들의 인식에서 악역을 담당했다. 따라서 향리는 여러 면에서 지배집단의 별난 성격으로 인해 생겨나 양반이 하려 하지 않았던 모든 것을 마지못해 체화한 존재가 되었다. 양반이 사족('귀한 사람')과 이족('사무원')의 총체적인 분리를 주장하고, 국가의 지원을 받아 향리를 비난으로 대하게 된 것도 별로 놀랄 일이 아니다.

향리가 한국에서 뚜렷한 세습 집단으로 발전한 것은 중국과의 대조에서 더욱 두드러진다. 중국의 서리는 족내혼적 사회집단으로 변천하지 않았다. 게다가 그들은 다양한 범주의 사회경제적, 직업적 집단으로부터 왔다.[122] 반면, 조선의 향리는 지배 엘리트로의 진출이 제한되고 국가에 대한 세습 직무에 묶인 끝에 지방행정 기능원들의 자기 폐쇄적인 공동체로 발전했다. 그들의 공동체는 그들만의 사회적 상호 작용의 내적 역학 관계에 의해 유지되었다. 무반이나 중인과 마찬가지로 각 지방의 향리직 배분은 점점 더 몇몇 지배적인 가문의 손에 집중되었고 향리는 가문, 혼맥, 돈, 그리고 관직접근권의 집중을 유지할 수 있었다. 이것들은 한국의 전반적인 사회적 지위 집단 속에서 사회적, 정치적 위계를 결정하였다.

더욱이 한국 서리의 세습적 성격으로 인해 관료제와 사회조직의 근대적 전환 과정에서 서리 직책과 향리 자체의 운명을 추적할 수 있다. 이것도 중국의 사례와 달라 보인다. 서리의 배경과 규모 그리고 각 지방 관서官署의 복잡성은 다종다기하기 때문에 20세기 이전 중국의 서리와 20세기 초 한국 서리 사이에서 심도 있는 관계를 끌어내는 것은 적지 않은 어려움이 있어 보인다. 프라센지트 두아라는 명청 시기 중국 지방정부(최소한 중국 북부)에서는 국가가 그 자신은 더 큰 권위를 소유하게 되었음에도 그것을 효율성이나 세수 증대로 전개시키는 데는 실패한 과정이 나타났다고 주장하면서, 이를 '국가 내권state involution*의 과정이라고 명명했다. 이것은 지방정부에서 국가의 권위도 확장되었지만, 동시에 관료기구를 넘어서는 수탈적 '브로커'의 증대도 수반되었기 때문이다. 이러한 브로커들이 청나라 관서官署, 衙門의 서리들로부터 나왔다고 생각할 수도 있겠지만, 두아라가 이를 가리킨 것은 아니며, 또한 그럴 수도 없었을 것이다.[123] 향리와는 대조적으로 우리는 청나라 고을 행정에서 중요한 역할을 한 관청 서리들과 중국 지방정부의 20세기 초 엘리트들 사이의 연관성에 대해서는 어림짐작할 수밖에 없다.

한국 사례에 대해 더 생산적인 비교가 될 수 있는 것은 또 다른 전근

---

* 국가 내권state involution : involution은 단순히 수축, 퇴행한다는 의미가 아니고, 권위는 확장되는 한편, 공식제도의 효율성은 그에 따라주지 못하는 현상을 지칭한다. '안으로 말려들어가는 발전'이라는 의미인데, 우리말에 적절한 번역어가 없어서 '내권'이라고 표현하기로 한다. 이 번역어에 대해서는 황쫑즈 지음·구범진 옮김, 『중국의 감춰진 농업혁명』(진인진, 2016)을 참조하였다.

대 사회인 도쿠가와 일본과 같은 문명일지도 모른다. 거기서는 지방 관료기구가 세습되고 있었다. 공식적으로 거의 모든 관직을 장악하고 있던 지배 사무라이 신분집단이 단일체로 형성되어 있었지만, 그중에서도 소수의 상위 사무라이 가문과 중하위 사무라이 집단 사이에는 확고한 격리 장벽이 잘 확립되어 존재하고 있었다. 마찬가지로 메이지 시대 권력 엘리트의 대부분이 하층 무사 출신이라는 발견이 받아들여지고 있다. 토머스 후버Thomas Huber는 이들이 지역 범위의 '서비스직 지식인'을 구성하는 것으로 묘사했다. 향리와 마찬가지로 교육받고 숙련된 이들 준엘리트는 지방정부에서 일상적인 필수 기능직에 세습적으로 묶여 있었고, 그들에게 가해진 제약에 불만을 품고 있었다.[124] 관료적 기회의 세습적 배분에 대한 환멸적 자각과 새로운 시대 상황에 대한 예리한 인식은 향리와 하급 사무라이 모두로 하여금 재편된 지배 질서에서 상위권으로 도약하게 하는 동력이 된 것으로 보인다.

향리는 근대적 관료인가?

향리를 '근대적'이라고 부르는 것은 20세기 그들의 운명에 대해 목적론적인 사후 추론을 하는 쪽으로 가까워질 위험이 있다. 그러나 그들은 중인처럼 한국 근대 관료의 선구자였고, 실용적이고 목적지향적인 행정기술의 시행자였다. 일단 더 큰 범위에서의 조건이 바뀌자 그들의 자의식은 스스로를 상승으로 이끌었다. 물론 직접적인 인과관계를 입증하기 위해서는 향리가 조선 시대의 경험으로 인해 상승할 수 있었다는 내용의 한일 양국 정부 문서를 찾는 것 외에는 방법이 없다(이것이 가능성의 영역을 벗어나지 않음은 확실하다). 그럼에도 확실한 것은 20세기 관료사회에서 두드러진 향리의 존재이다. 그리고 그들의 전통적인 행정 기능과 새로운 공직 사회의 위계에서 상승할 수 있었던 수단 사이의 두드러진 상관관계도 확실하다.

먼저, 향리는 학식이 필수적인 사람들이었고, 조선왕조의 지배적인 이념과 인식에 정통해 있었다. 지방행정 시스템과 관련된 정부 문서의 발신, 편찬, 운송 업무의 담당자로서 그들은 문자해득자여야 했다. 식자율과 교육 수준은 그 자체로는 특정한 행위 지향에 반드시 관계되는 것이 아니지만 향리의 기능은 그들이 지방의 귀족보다 정보에 더 많이 접근할 수 있게 해주었다. 동시대인들은 이러한 현상을 관찰했다. 향리는 재편된 관료 질서로 진출하기 위해 '신학문'의 기회를 열심히 이용했고, 지방 귀족은 망설였다. 이 장에서 살펴본 세 가지 사례 연구는 이러한 이미지를 강화한다. 즉, 향리가 새로운 교육 기준과 사회-정치적 지위 사이의 연관성을 예리하게 인식하게 되었고 그것을 재빨리 이용하게 되었다는 것이다.

대부분 문맹인 서민이 이러한 자질을 가졌으리라 상상하기는 어렵다. 왜냐면 그것은 기술적 전문지식을 필요로 하는 행정 기능에서 비롯되었기 때문이다. 이는 아마도 새로운 시대에 향리가 조선 시대 자신들의 직무로부터 받은 혜택의 또 다른 측면일 것이다. 향리는 관아의 모든 장부 작성과 기록 보관 활동을 책임지고 회계, 토지조사, 통계 방법 등에 숙달하였으며, 대개는 각 지역에서 이러한 기술을 독점적으로 보유하였다. 이는 정부가 종종 세금 징수 과정에서 그들을 옥죄려는 목적으로 여러 차례 지방행정 개혁을 시도했던 1895~1910년 사이에 가치가 있는 것으로 판명되었다. 이런 노력은 보통은 실패하였다. 향리 말고는 어느 누구도 기록을 해독하거나 혹은 이러한 임무를 맡을 수 있을 만큼 기존 시스템에 충분히 익숙하지 못했기 때문이다. 하지만 향리는 지식 독점이라는 상황에 안주하고만 있지는 않았다. 동복오씨 등 여러 향리 가문의 사례에서 밝혀졌듯이, 많은 향리가 새로운 관료 질서에 동참하여 지방행정에서 자신의 자리를 유지했을 뿐 아니라 조선 시대에는 언감생심이던 군수와 같은 새로운 직책으로 진출하기도 했다.

전통적인 향리의 업무와 현대의 관료 업무 사이에서 추가적인 상관관계를 생각해볼 수 있는 영역은 '지역사회 운영'이라는 일반적인 범주이다. 각 지역의 향리는 정부와 민중의 경쟁적 이해관계를 중재하는 엘리트로서 방대한 인적 접촉망을 유지했는데 그것은 수령의 명령을 심한 난관이나 반발을 일으키지 않고 집행하는 데 도움을 주었다. 호머 헐버트는 이러한 자질을 능숙한 정치가의 숙달된 기술에 비유했다. 이 비유는 적절한 듯하다. 하지만 향리가 이 묘기를 성공적으로 유지하는 것은 훨씬 더 위험한 일이었다. 향리는 국가의 재정 요구와 지역민의 경제적 현실 사이의 균형을 맞추는 것에서부터 의례와 여가 생활에서의 주도적 역할을 통해 지역사회의 상이한 부문 사이의 긴장을 완화시키는 것 등 다양한 방법으로 그들의 중재적 역할을 수행했다. 마지막으로, 그들은 지역 질서 유지의 집행자였고, 수령이 가진 법적 권위의 연장延長이었다. 그들은 징세 협상에서 사용했던 지역 민중과의 관계를 이런 지위에 똑같이 활용했다. 흥미롭게도, 이러한 특성 중 많은 것이 20세기 급속도로 팽창한 경찰 조직에서 지방 순검들이 했던 업무의 특징이었다. 향리-경찰의 연관성에 대한 체계적인 연구는 없으나, 향리 후손인 변영화, 구연수 등의 사례에 따른다면, 일제 강점기 한국 경찰 간부 중 (다수는 아니더라도) 상당한 비율은 향리 출신일 것이다.

전통시대 향리의 역할이 근대 이후의 두각으로 이어지는 것으로서 조금 덜 중요하지만 똑같이 흥미로운 사례가 재무 관리 분야에 나타난다. 조세 체계와 관련된 향리의 업무는 전세 징수에서부터 고을의 세미 저장분을 관리하는 일, 서울로 운송할 선적 준비까지 많았다. 그들은 이 화물들을 운송하는 데 고용된 상인, 그리고 장시의 상인과 행상인과도 잘 정립된 관계를 유지했다. 이런 점을 비롯하여 여러 가지로 지역 경제 생활에서 중심적 위치는 19세기 말 상업 관계의 팽창과 더불어 향리에게 잠재적으로 수익성 있는 축적 수단을 제공했다. 전주 출신의 향리 박기순은 그런 기회를 틈타 군산항에 본거지를 둔 쌀 무역에서 거액을 벌어들였다.

그러나 박기순과 그의 아들 박영철의 성취조차도 오랜 편견에 가려져 있었다. 사실 박영철의 성공 이면의 동기에 언뜻 비쳐진 암시는 향리의 계층 상승에 관한 가장 매혹적인 측면을 보여준다고 할 것이다. 18~19세기 향리의 집단적 역사 서술인『연조귀감』과 국왕에게 바쳐진 집단 연명상소 등은 그들의 자존감과 변치 않는 낮은 지위 사이의 거리감에서 오는 생생한 좌절감을 드러낸다. 하지만 그들이 만들어낸 해법은 업적주의 이념에 호소하는 것이 아니라 지배 귀족과의 혈연적 연결이라는 오래된 주술이었다. 앞서 살펴본바 박영철은 자기의 향리 배경을 인지하고 있음이 드러나는 주장을 하면서 자신을 빼어난 인물로 만들었던 현대적인 인간 평가의 기준을 칭송하고 있었다. 그런데 그런 박영철조차도 이런 사고방식의 끈질김을 보여주고 있었던 것이다. '양반과 이속'에 대한 그의 소논문이 남긴 더욱 강한 인상은 1920년대 후반의 그조차도 한국인의 오래된 지위의식을 벗어날 수 없었다는 심오한 애매함이다. 국가 제도라는 표면적 차원에서는 향리가 천년 전에 잃어버린 권위와 위신을 되찾았을지 모른다. 하지만 그 사이에 추락한 위신은 보다 깊은 수준의 사회적 인식에 지속적인 영향을 미쳤고 새로운 시대에도 쉽게 없어지지 않았던 것이다.

5

서얼

우리나라 사람들이 자식의 진리를 몇이나 알겠소? 제일 가관의 일이, 정처正妻에 자식이 없으면 첩의 소생은 비록 여룡여호하여 문장은 이태백이요, 풍채는 두목지요, 사업은 비사맥이라도 서자라. 얼자孼子라 하여 버려두고, 정도 없고 눈에도 서투른 남의 자식을 솔양率養하여 아들이라 하는 것이 무슨 일이오? …자식을 부모가 이같이 대우하니 어찌 세상에서 대우를 받겠소?
— 이해조, 「자유종」(1910), 이인직 외, 『한국신소설』 28-29쪽

조선의 사회 위계가 가진 복잡성을 보여주는 한 가지 현상을 들라고 한다면 그것은 바로 서얼의 수난일 것이다. 서얼이란 첩의 자손을 말한다. 서얼은 가족 의례 및 구조와 관련된 국가적 금령에서 출발했다. 첩의 아들은 과거에 응시할 수 없다고 명기한 법전으로 인해 차별이 제도화되었으며 이로 인해 조선 초기에 이들이 별개의 신분으로 등장했다. 이후 축첩 관행의 확산과 신분 세습의 경직화가 맞물려 서얼의 수는 비정상적으로 높은 성장을 보인 것 같다. 조선 후기가 되면 서얼이 수적 증가를 이용하여 결집하고, 군주에게 집단 상소를 올렸고, 지역에서는 의례 생활로부터 제외되는 것에 격렬히 도전했으며, 몇몇 저명한 개혁 관료의 도움을 그들의 대의에 끌어들였다. 이러한 발전은 조선 후기에 관직 접근 조건의 개선과 계층 상승에서의 일부 성과로 이어졌다. 하지만 20세기 초 주목할 만한 관료제의 진보에도, 서얼의 후손이 자신들에 대한 오랜 차별로부터 해방되기까지는 상당한 시간이 걸렸다.

서얼 해방이 이처럼 진전과 후퇴를 거듭한 것에서 보듯이 서얼 문제는 조선의 세습 신분제에서 종합적인 함의가 있었다. 그것은 부계 출계

제도의 영향, 사회의 질서와 변동 양자의 도구로서 관료기구의 이중적 영향력, 귀족 계급이 배타성과 지배력을 유지하는 수단, 그리고 사회질서 유지에 필수적인 노비 소유제의 역할 등에 대한 것이다. 왕조 전반에 걸쳐, 서얼 문제는 지배체제 논쟁의 일관된 초점이었고, 서얼 금고를 옹호하는 자와 반대하는 자 모두 자신의 입장을 뒷받침하기 위해 정통 유교에서 상충하는 해석들을 끌어댔다. 서얼은 상대적으로 비공식적 표현물 속에도 등장한다. 실제로 조선 시대의 가장 사랑받는 민담 두 편은 서얼을 주인공으로 내세웠다. 1장에서 『춘향전』을 소개했는데, 춘향은 서얼녀로서 궁극적으로 세습 신분 제도의 족쇄를 딛고 승리한다. 또 다른 이야기인 『홍길동전』은 용맹스러운 첩의 아들이 고위 관리인 아버지의 가족으로부터 외면당하고 위협까지 받아 도망치는 모습을 그린다. 홍길동은 카리스마와 기예를 가지고, 한국 사회의 부당함에 대한 원한을 품고 부패한 관리와 부자의 금고를 습격하는 의적단의 두목이 된다. 이 이야기들은 세월의 시험을 견디고 전근대 대중문화에서 몇 안 되는 잘 알려진 소중한 표현물이 되었다. 이들의 인기가 서사의 설득력에 기인함은 의심의 여지가 없다. 하지만 지배적인 사회 질서의 대표적인 피해자인 서얼의 존재도 한 요인일 것이다.

간단히 말해 서얼은 사회 계층 제도를 엄청난 정도로 체화한 존재가 되었다. 18~19세기에 이르러, 서얼 자신을 포함하여 통찰력 있는 관찰자들은 서얼의 광범위한 영향을 인식하게 되고, 이리하여 이후 지속적으로 역사학자들을 자극하는 연구의 전통이 시작되었다. 식민지기 이후, 서얼은 제2 신분집단 중에서 가장 큰 학문적 관심을 모았다.[1] 이들 연구는 서얼에 대한 차별을 조선왕조의 지적, 철학적, 정치적 발전 속에 맥락화하여 그에 관한 역사상을 상당히 심화시켰다. 하지만 20세기 사회 전환과의 관련을 탐구하지는 않았다. 이 연구는 바로 이 점을 질문한다. 기존 연구에 기반하여 한국사에서 서얼 현상을 보다 폭넓게 탐구하며 그 의미에 대한 새로운 해석을 제시할 것이다.

이 장에서는 서얼을 귀속적 계층 질서의 복잡한 변동을 체화한 존재로 본다. 또, 서얼이 여타 사회에서 세습적으로 종속적 지위에 있는 집단, 특히 다민족 사회에서의 그러한 존재들과 매우 뚜렷한 유사성을 가진다고 주장한다. 그러나 한국적 체계가 가진 본질적 특질을 구체화하는 데는 궁극적으로 다른 문명과의 차이도 중요하다. 왜냐면, 결국 서얼이 법적인 구속을 제거하고 해방을 쟁취한 방식을 결정지운 것은 바로 이 차이이기 때문이다. 20세기 말 서얼의 후예가 대한민국의 대통령이 되었다. 그 이전까지 서얼은 한국 사회를 개조하려는 열망으로 500년도 넘게 전부터 시작된 유교적 예제의 수용 과정에서 길고 고달픈 길을 걸어왔다.

집단의 발전

서얼의 역사적 궤적은 여러 면에서 조선왕조 자체의 역사와 일치한다. 이 신분집단의 기원, 발전, 그리고 공식적인 폐지를 기록한 자료는 풍부하다. 1392년 조선왕조가 건국된 직후, 서얼은 가족 의례에 대한 성리학의 가르침에 따라 조상의 계보 정리와 관련된 논의에서 긴급한 쟁점으로 떠올랐다. 신유학은 본처와 첩의 구별을 신성시했던 것이다. 15세기 중반 무렵 이러한 초기 논쟁의 결과는 『경국대전』에 반영되었다. 『경국대전』에서 서얼은 상속 관련 법률들을 포함한 다양한 조문에서 다루어졌다. 그러나 가장 중요한 구절은 『경국대전』 「예전」에 나온다. 여기서는 서얼 자손(첩의 아들이나 그 후손)은 다른 바람직하지 못한 자들과 함께 과거 응시가 금지되고 있다. 바람직하지 못한 자들이란 재혼한 과부나 여타 '행실이 나쁜失行' 여성의 후손을 말한다. 이 법은 사회적 지위가 가장 높고 확실하게 반영된 직업인 관직 보유에 다가가는 길을 효과적으로 막았다. 조선왕조의 나머지 기간 동안 서얼은 이러한 금고禁錮의 광범위한 영향을 극복하기 위해 분투했고, 제한적이긴 하지만 관직 장벽의 상당 부분을 깨는 데 성공했다. 그러나 공식 부문 밖에서는 이러한 배제된 신분에서 해방되는 것이 매우 어려운 것으로 판명되었다. 왜냐면 조선 초기부터의 뿌리가 다름 아닌 가족 속에서의 예속화에 있었기 때문이다.

차별과 입양

가족이 사회질서의 기반으로 여겨졌으므로 가정에서의 올바른 유교적 구조를 확립하는 과정에서 서얼이 생겨났다. 조선 초기에 가족 규범이 법으로 제정될 때, 첩의 아들인 서자를 분리하는 것은 여러 단계에 걸친 실험과 논쟁을 통해 구체화되었다. 첫 번째 중요한 단계는 1413년에 있었다. 국왕 및 여타 왕조 개창자들은 일부다처제 가정에서 제1처와 나머지 처 사이의 법적 차별을 제도화했다. 태종(재위 1400~1418)이 나중에 법령의 토대로 삼은 사헌부의 상소는 그러한 조치가 갖는 다양한 이념적, 법적, 정치적 함의를 드러낸다.

부부는 인륜의 근본이니 적첩嫡妾의 분수를 어지럽혀서는 안 됩니다. … 우리 태조[이성계, 조선의 건국재께서『춘추』와 백왕百王의 교훈을 본받아 사대부의 처첩을 정하시고 법을 만드신 것은 … 적서嫡庶의 분수를 밝힘이요, 인륜의 근본을 바르게 함입니다. 그러나 지난 왕조에서 예의의 교화가 행해지지 못하고 부부의 의리가 문란해지기 시작했습니다. 경卿·대부大夫·사士가 오직 제 욕심만을 좇고 정애情愛에 혹하여서 처妻가 있는데도 처를 얻는 자가 있고, 첩妾으로써 처를 삼는 자도 있게 되어, 드디어 오늘날 처첩이 상송相訟하는 실마리가 되었습니다.[2]

사헌부 상소는 선왕의 덕행과 유교 경전을 언급하면서 국왕에게 그의 부친이 타도했던 이전 왕조의 관행을 상기시킴으로써 적통 문제에 대한 그의 감성을 건드렸다. 이리하여 고려 말 널리 퍼져 있었던 것으로 보이는 일부다처제의 폐지가 시작되었다. 두 번째로 맞이한 부인 이하는 첩으로 전환해야 하며 그것을 비귀족 혈통에서 취하도록 했다.

그러나 첩의 자손을 강등시켜 별개의 사회신분집단으로 만들 기초작업에는 또 다른 해결할 문제가 놓여 있었다. 즉, 부계 계보에서 첩의 아들이 있을 자리가 필요했다. 마르티나 도이힐러가 지적했듯이, 새 왕조 조선에서 가장 존중받았던 유교 경전의 하나인 주희의『가례家禮』는 처의 장남만이(따라서 첩의 자식이 아니다) 제사 상속자가 될 수 있다고 교시함으로써 아들들 사이에 '합법―불법'(적서)의 구별을 암시했다.[3] 주희의 가르침에서는 명시적으로 가계 승계 문제가 다뤄지지 않았지만 15세기 초의 한국 관료들은 제사와 가계의 상속인을 지정하는 문제를 다루면서 곧바로 처―첩 구별의 논리와 조우했다. 이런 맥락에서, 합법적인 아들이 없을 경우 첩의 아들을 상속자로 지정하거나, 혹은 첩이 없을 경우 조카를 상속자로 지정해야 한다는 제안이 등장했다. 세종(재위 1418~1450)은 적어도 제사 상속자를 지정함에 있어서는 첩의 자식이라 하더라도 맏아들이 우선되어야 한다는 데 의견을 같이했다.[4] 그러나 『경국대전』(1471)에서는 가계 및 제사 상속자 선정 기준에 미세한 차이를 두었다. 이는 분명히 최후의 수단으로만 의도된 것임에도 결국에는 입양 문제에 대해 『경국대전』의 취지와 자구적 규정 양자 사이의 구멍이 되어 점점 커져갔다.

『경국대전』은 적자나 서자가 모두 없을 때에만 조카를 가계 계승자(후사後嗣)로 입양할 수 있다고 명문화했다.[5] 그러나 제사를 주재(봉사奉祀)할 아들, 즉 제사 계승자의 지정을 다루는 「예전禮典」 부분에서 법전은 머뭇거린다.

> 적장자嫡長子(첫 번째 합법적 아들)가 후사가 없으면 중자衆子(둘째 이하의 합법적 아들)가 제사를 받든다. 중자도 후사가 없으면 첩자(첩의 아들)가 제사를 받든다(적장자가 첩자밖에 없을 때 아우의 아들로 후사를 삼고자 한다면 허락된다. 스스로 첩의 아들과 더불어 따로 하나의 지파一支가 되고자 한다면 역시 허락된다).[6]

『경국대전』은 가계 상속인 지정에 관한 규정과 마찬가지로 제사 상속인 지정에 있어서도 정상적인 과정에서 적자가 없을 경우 첩자인 장남이 다음 제사 상속인이 되도록 명시했다. 그러나 가계 상속인 규정은 문제를 그대로 덮어두었지만, 제사 상속인 조항은 삽입구로나마 첩의 아들을 대신하여 조카를 제사 상속인으로 선택할 수 있는 선택권을 주었다.[7] 제사와 가계 상속인 지정 기준에 있어 이러한 미세한 차이는 알고 보니 매우 강력한 것이었다. 그것이 없었더라면 『경국대전』에서 '합법적인' 아들이 없을 때 첩의 자녀들에게 눈을 돌리게 할 직접적인 근거가 되었을 내용들을 무화시켰다. 그 명백한 의도에도 이 조항은 결국 제사나 가계 상속인으로서 첩자를 건너뛰고 입양한 조카를 우선시하던, 당시 널리 퍼진 관행에 대해 충분한 법적 근거를 제공해주었던 것이다.

입후 추이를 추적해보면 신분집단으로서 서얼의 발전과 자기들에 대한 구속을 뒤집으려는 그들의 노력을 생생하게 이해할 수 있다. 조카를 제사 상속인으로 지정하는 것을 허락했던 그 작은 구멍이 본래의 법을 집어삼키고 조카를 가계 상속인으로 입후하는 표준적 행동이 된 것은 언제부터인가? 상반된 징후들이 있지만, 이러한 관행이 17세기까지 널리 퍼지지 않았을 가능성이 크다. 16세기 들어 첩자 대신 조카를 제사와 가계의 상속자로 선정한 데 따른 논란이 크게 늘기 시작했다.[8] 19세기 중엽에 출판된 서얼의 투쟁의 역사인 『규사葵史』에서는 율곡(이이)을 찬미하면서 입양에 관한 원래의 법을 고수하려는 율곡의 주장이 특히 용감했다고 지적했다. 이는 그의 시대(16세기 중후반 무렵)에 관행이 이미 입양 쪽으로 기울었기 때문이다.[9] 그러나 『규사』의 편집자들은 율곡에 대한 찬양을 과장해서라도 서얼이 당한 고통의 깊이와 장구함을 강조하고자 했다는 점을 기억해야 한다. 게다가, 서얼이 놀라움과 두려움의 감정을 집단적으로 표현하기 시작한 것은 조선 후기가 된 이후이다. 그들은 18세기 후반까지는 가족 내의 편견이 아니라 관직 자격에 있어서의 제한을 뒤집는 데 집중했다. 16~17세기의 상소문이나 여타 공식적인 청원에서는 가족 내 서자의 차별 문제는 언급되지 않았다. 심지어 18세기 초, 후궁의 아들인 영조(재위 1724~1776)가 즉위한 직후 제출된 대규모 상소에서도 서얼은 그들의 청원을 관직 기회 제한 문제에 한정했다. 그들은 "'합법 자식'(적)과 '불법 자식'(서)의 차별은 가정사에 한정된 문제이며, 조정에서 인재를 선발할 때는 오직 현명하고 재능 있는 사람을 찾는 것이어야 합니다"[10]라고 주장하였다. 만약 차별이 존재해야 한다면 가족의 영역에만 국한되어야 한다는 인정이 섞인 주장이었다.

한 통계 정보도 17세기까지는 입양 빈도가 최소한도로만 증가했음을 보여준다.[11] 이는 조선 전기에는 첩 자식을 배제하고 조카를 입양하여 그를 제사와 가계의 상속인으로 지정하는 관행이 아직 합의에 이르지 않았으며, 적자가 없는 계보는 소멸하도록 내버려두었음을 시사한다. 17세기 중반, 조정에서는 때때로 아버지의 죽음 이후 그 조카의 상속권 독점에 대해 이의를 제기하는 첩의 아들에 대해 판결이 나곤 했다. 그리고 제사에 관한 17세기 후반의 한 간행물은 합법적인 아들이 없을 경우, 첩의 아들을 후사로 지명하라는 왕조 법전 본래의 규정을 여전히 고수하고 있었다.[12] 이러한 예들은 반드시 첩의 자식이 여전히 후계자를 결정하는 데 있어서 우선권을 누렸다는 것을 암시하는 것은 아니다. 오히려 17세기 동안 입양이 선택적인 것에서 광범위한 관습으로 바뀌어갔다는 것을 암시한다. 하지만, 일단 입양이 표준적 과정이 되자, 서얼에 대한 차별이 관료기구에서보다 가정 영역에서 훨씬 더 확고하게 자리 잡게 되었다.

조선 후기에 이르러서는, 마크 피터슨의 말대로, 같은 계보 내의 조카를 입후하는 것이 "상속권 문제에 대한 정통적인 해결책"이 되었다.[13] 이는 아마도 서얼에 대해 끈덕지게 이어졌던 편견 중에서 가장 굴욕적이고 고통스러운 측면이 일상이 된 것이다. 실제로 1746년 개정된 『속대전』의 '입후' 조에는 선택지였던 첩 자식에 대한 언급을 삭제하고 있다.[14] 이제 첩의 자식은 동생이나 심지어 조카를 따라야 했던 것은 굴욕도 아닌 것이 되어, 아버지의 동생이나 사촌*의 아들이 자기 집에 들어와 자리를 차지하고 상속인이 되는 것에 동의해야 했다. 이 관습은 매우 광범위하게 퍼지게 되어, 이제 서얼은 수백 명, 때로는 수천 명 연명자를 헤아리는 집단 상소에서 가족 영역의 차별이 갖는 타당성에도 의문을 제기하게 되었다. 정조 즉위 직후인 1778년, 3,272명이 연명한 집단 상소는 서얼의 이러한 주장이 격화된 상황을 보여주는 사례이다. 이 상소는 서얼에 대해 특히 관직 사회와 지역사회에서 온갖 형태로 드러나고 있던 차별을 언급하고 있는 확장판 설명서이다. 이것은 먼저 입양이 다음과 같은 『경국대전』 본래의 지침을 어기는 것임을 효과적으로 상기시키는 것으로 시작한다. 즉, "아들이 아버지를 이어받는 것은 천리이므로 아내와 첩에게 아이가 없을 때만 입후를 허락한 것은 나라에 이미 법이 있습니다. 그러므로 저희가 아버지의 뒤를 이을 수 없다면 이는 부자의 친함이 무너진 것입니다"[15]라고 하였다. 1858년의 또 다른 집단 상소는 관직 자격에 대한 호소는 완전히 배제하고 입양의 이념적, 윤리적 타당성에 대해 논의하였다. 청원자들은 이렇게 국법의 교시를 어긴 것은 왕권을 조롱한 것이기도 하다고 주장했다.[16]

서얼은 이러한 법적 청원과 더불어 유교의 정설 그 자체에도 관심을 돌려서 가족 질서에 대한 기본 관념의 많은 부분을 자신들의 관점에

---

* 아버지의 동생이나 사촌: 즉 삼촌이나 오촌을 말한다.

서 해석했고, 또한 문명 세계 내에서 한국의 정당한 위치에 대해서도 마찬가지로 그렇게 했다. 그 결과는 9,996명이 연서한 1823년의 상소에서 보듯이 매우 흥미롭다.

성인聖人의 정치는 인륜을 밝혀 근본을 돈독히 하는 데 집중하며, 백성을 기르는 길은 조상을 높이고 자신이 분의分義를 다하는 것盡分에 있습니다. 여기에 조금이라도 결함이 있으면 천리天理와 인정人情이 막혀서 유행되지 않으니, 이 점을 살피지 않을 수 없습니다. …

대체로 이른바 조상을 높이고 근본을 돈독히 한다는 것은 아비의 계통을 따르는 것입니다. 그러므로 『의례』의 전傳에 '짐승은 어미만 알고 아비는 모른다'고 하였습니다. 야인野人은 자기들의 입장을 두둔하여 말하기를 '부모를 따질 것이 뭐 있는가?'라고 하였습니다. 하지만 도읍의 선비都邑之士는 아비만 높일 줄 알고, 대부와 학사는 아비의 조상만 높일 줄을 아는 것입니다. 덕이 높을수록 대부와 학사처럼 아비의 조상을 높이는 것이 되고, 재주가 낮을수록 짐승처럼 어미만 아는 것이 되는데, 지금 사람의 축에 끼어 아비의 조상을 높이는 대부나 학사를 따르지 않고 어미만 아는 짐승으로 돌아가서야 되겠습니까?

성인이 예禮를 제정할 때 어미의 족속을 낮게 하고 아비의 족속을 높였습니다. … 어미의 족속을 [아비의 족속보다] 높이는 것은 야만인의 관습입니다. 중화의 문명을 고수하는 곳에 그런 관습은 없습니다. 우리나라는 신라 말엽 이후로 윤상倫常에 문제가 매우 많았습니다만, 우리 왕조에 들어와서는 예악禮樂과 전장典章이 찬연히 문명을 따르게 되었습니다. 정주程朱의 상제례喪祭禮 예법을 채택하고 『춘추』 존왕양이尊王攘夷의 가르침을 붙잡았습니다. … 그런데 어찌하여 저희 서얼에게만은 야만인의 방식을 채택해서 바뀔 줄을 모른단 말입니까? …

대저 부계父系를 우선시하는 종법宗法은 『주례』에서 시작되었습니다. 『주례』에는 '적장嫡長' 즉 가장 나이 많은 적자嫡子라는 명칭이 오직 종자宗子 한 사람에게만 해당된다고 명시되어 있습니다. 여타 다른 사람, 즉 종자의 친동생[다시 말해, 적처 소생인 동생]에서부터 첩 소생에 이르기까지 모두가 다 같이 나머지 아들들支庶이 되는 것입니다. 이 때문에 [개념적으로] 그 아비의 첫째 아들嫡子과 여러 다른 아들衆子의 상복喪服이 서로 다를지언정, 중자衆子들과 서자庶子의 상복이 다르지는 않은 것입니다. [즉, 예법상 지위가 같은 것입니다.] 그 [이면에 있는] 의도는 적자嫡子에 둘 이상의 계통이 있을 수 없다는 것과 적자의 동생들이나 첩의 아들은 모두 같은 부류임을 명확히 하고자 하는 것입니다. 만약 적자가 한 명도 없다면 첩의 아들인 서자가 아비의 후사가 되며 그 서자가 처를 얻어 낳은 아이는 중자의 아이와 동등한 것입니다. …

우리나라의 법전에 적처와 첩이 모두 아들이 없을 경우에만 입후立後할 수 있다고 뚜렷이 새겨져 있습니다. … 오늘날 사람들 중에 육친의 사랑을 모르는 사람이 누가 있겠습니까? 그런데도 오늘날 사람들은 자기가 낳은 아이는 낯선 타인처럼 보고, 대신에 먼 친척을 데려다가 아들로 삼아서 할아비와 아비의 혈육을 단절시키고 있습니다.[17]

이 구절들은 몇 가지 면에서 흥미를 끈다. 첫째, 가족 질서 내에서 첩의 아들의 정확한 위상에 관한 소소한 전문지식들을 언급하여 유교 성인들과 왕조 창시자들의 의도에 관심을 집중하게 한다. 유교 성인들과 왕조 창시자들의 의도는 입양을 최후의 수단으로만 여긴 것이므로 그 의미는 명백하다. 근자의 관행은 이러한 유교 본연의 의도로부터 상당 부분 일탈했다는 것이다. 둘째, 상소문은 서얼이 분명히 없애고 싶었던 고대 이래 한국인이 중시했던 모계에 대한 집착을 문명인이 아닌 '짐승과 야만인'들의 행동과 동일시하면서 나라의 귀족 기득권층을 능청스럽게 공격해댄다. 유교 핵심 경전에 대한 무더기 암시가 돋보이는 이 모든 전략은 그 이면에 다음과 같은 것을 주장하려는 목적이 있었던 것으로 추정된다. 하나는 서얼에 대한 차별은 한국이 문명적 요구를 충족시키지 못함을 드러낸다는 것이고, 다른 하나는 이 같은 고유 풍속이 지속되는 것이 특히 부끄럽게도 보편적인 예의 기준에 반한다는 것이다.

이러한 문제점을 부각시킨 것은 서얼만이 아니었다. 조선 후기, 정통과 관행 사이의 이러한 명백한 역설은 저명한 관료 학자들의 행동을 불러일으키기도 했다. 이전의 개혁가들의 제안은 대부분 관직의 제한을 없애는 것에 한정되어 있었지만, 율곡 이후 서얼의 입장에 대한 가장 열렬한 지지자였던 18세기 학자 유수원은 가족 내 차별의 타당성에 의문을 제기했다.

하늘과 임금이 지극히 존귀한 것이지만 일찍이 하늘을 하늘이라 부르지 못하고 임금을 임금이라 부르지 못한 적이 없는데, 어찌 자식으로서 아버지를 아버지라고 부르지 못하게 할 명분과 의리가 있겠는가. 아우이면서 형을 업신여기고, 조카이면서 숙부를 천하게 여겨 도무지 윤리가 없으니, 이것이 어찌된 일인가. … 부자간의 윤리는 하늘로부터 받은 것이어서 사람이 함부로 떼어놓을 수 없는 것이다. 따라서 첩의 소생이 그 아버지를 아버지라고 부르지 못하게 하는 것은 인륜에 극히 해로운 것인데도, 세속 사람들은 몽매해서 이상하게 여기려 들지 않으니 참으로 통탄할 일이다. 종래 논자들이 매양 재주 있는 서얼庶孼이 등용되지 못하는 것을 아깝게 여겼으나 이 또한 이해득실을 따진 말이다. 나라를 경영하는 방도에 인륜을 밝히는 것보다 앞서는 것이 없는데, 어찌 사람들로 하여금 아버지를 아버지라 하지 못하고 아들을 아들이라 하지 못하게 하는 윤리가 있어서야 되겠는가. 따라서 먼저 서얼 부자간의 윤리를 밝힌 다음에야 그 인재가 아까우니 허통許通할 것인가를 논의해야 할 것이다.[18]

이 논설에서 유수원은 전통적인 주장을 뒤집었다. 즉, 관료 사회에서 서얼에 대한 정의를 바로잡는 것 이전에 가족 내에서 서얼의 지위를 바로잡는 것이 선행되어야 한다는 것이다.

그러나 유수원은 예외적 존재였다. 대부분 서얼에 동정적인 고위 관료나 명망가 지식인은 국가의 공복을 선출하는 데 있어서의 차별 철폐만을 주장했다. 사실 송준호의 관찰대로, 대부분의 학자—관료는 사적 영역에서의 차별을 전적으로 유교 이념의 논리가 드러난 것이라고 여겼다.[19] '천리天理'에 근거한 이러한 이상은 조선 초기에 공표된 것인데, 한 명의 합법적인 군주만이 이 땅을 통치할 수 있는 것처럼 오직 한 명의 합법적인 아내를, 그리고 그 연장선상에서 하나의 합법적인 계보를 인정할 것을 요구했다.[20] 서얼의 배제는 한국인의 정신 속에 너무나 깊이 뿌리 박혀 있었기에 조선 후기 유수원 같은 소수 사상가가 바로 그 차별의 근원, 즉 가족제도를 개혁하고자 한 것은 거의 혁명적 발상으로 여겨졌다(놀랍게도 유수원의 주장은 사회 관행에 아무런 영향도 미치지 못했다).

그러나 서얼의 상소, 탄원에 끊임없이 언급되듯이, 정착된 관행의 무거운 타성으로 인해 첩 자녀 차별이 야기한 수 세기 동안의 굴욕과 갈등은 가계 계승에 관한 원래 법의 위반에서 비롯되었다는 사실을 망각하게 된다. 대부분의 한국인이 그러했다. 1894년 갑오개혁기의 군국기무처는 이 거대한 문제의 단순한 뿌리를 가슴 아프게 상기시키면서 기존의 법을 뒤집는 것이 아니라 본래의 법을 고수하라고 명령했다. 군국기무처의 심의 첫날, 사회신분 의식의 제거라든가 노예제도의 폐지 같은 광범위하고 근본적인 국가, 사회 개혁을 실행하는 결의와 함께, 적어도 표면적으로는 이런 기념비적인 선언들과 어울리지 않아 보이는 가족 관행에 관한 조항(의정안 6호)이 나왔다. "적첩이 모두 아들이 없는 연후에야 비로소 양자 들이는 것을 허용하여, **본래의 법전을 밝게 펼 것.**"(강조는 인용자).[21] 가족 관행에 관한 단순한 규칙 하나가 군국기무처 심의에서 언급된 것은 아이러니하다. 하지만 '적처'와 '첩'의 차별에 대한 본래의 이념적, 윤리적 근거가 사회 위계 자체의 구획을 결정하는 힘으로 되어왔다는 점을 고려할 때 충분히 이해할 수 있다.

서얼 정체성의 끈질긴 지속성

가족 내 차별과 과거 응시 금지라는 양대 충격타는 모두 1471년『경국대전』에 의해 가해진 것인데, 이것은 서자녀 그 자신들만이 아니라 그들의 후손에게도 그 즉시 오명을 씌웠다. 간단히 말해서, 귀족-첩 결합의 자녀들은 그들뿐 아니라 그들의 자손도 귀족 계보의 적자손과 혼인할 수 없었다. 그 혼인으로 인해 사회적 지위에 상당한 손실을 입을 수 있기 때문이다. 배타적 혼인 결합 때문에 한국인의 신분의식에서는 아주 작은 흠결이라도 폭넓은 사회정치적 영향을 미칠 수 있었다. 특히 두드러진 것은 한국과 같이 축첩이 제도화된 중국과의 대비이다. 중국에서도 유교 의식에서 적처와 첩의 구분이 신성시되고, 부계 혈통이 가족의 정체성을 결정지었다. 그러나 한국의 상황과 달리 중국에서 첩의 자녀와 후손은 제도화된 오명을 받지는 않았다. 그들도 잠재적으로 계보 상속자이고 예비 관료였다.[22] 서얼 자신들이 반복해서 지적하듯이, "중국에서는 소위 서얼이라는 정체성이 한 사람에게만 한정되어 있지만, … 우리나라에서는 한번 서얼의 계보庶派에 들면 그 [정체성]이 누대에 지속되어 자손들이 이를 벗어날 수 없었던 것이다.[23] 사실, 귀족인 선조로부터 계보 거리가 멀어질수록 서얼은 더 배척당하게 되는데 이 점은 족보를 보아도 알 수 있다. 관행적으로 족보에는 첩의 아들이 있으면 실제 출생 순서와 상관없이[24] '합법적인' 자녀들 뒤에 기록했다. 그리고 그 서얼의 자손은 한두 세대 뒤에는 족보에서 빼버렸다. 이 강력한 오명은 확실히 근대 한국에서도 혈통의식이 일상 사회 질서의 일부로서 잔존해 있던, 상대적으로 전통적인 농촌 사회에서는 지속되었다.[25] 하지만 그것은 율곡과 같은 위인의 서얼 후손도 예외는 아니었다.[26]

말할 것도 없이, 합법적인 적손 계보와 비합법적인 서손 계보의 정체성 차이에 많은 것이 달려 있었다. 이 차이는 지배 귀족을 서얼과 구분한 경계선에 조응했던 것이다. 두 그룹 사이의 혈연관계의 근접성으로 인해, 그리고 얽혀 있는 엄청나게 큰 이해관계로 인해, 적자—서자의 구분을 확립하는 것은 심한 대립을 일으킬 수 있었다. 이종일은 그러한 한 논란에 대한 사례 연구를 수행했다. 3세기에 걸친 그것의 전개는 근대 이전의 한국에서 세습 신분의 비상한 가치뿐 아니라 사회적 낙인이 가졌던 깊이를 보여준다. 이종일은 문중 문서와 공문서를 통해 대구 지역의 전통적인 귀족 가문을 조사했다. 16세기 말 임진왜란 당시 혼란의 와중에, 지방의 한 귀족인 구회신의 적처와 두 아이가 고립, 실종된 것으로 선언되면서 구회신은 재혼하게 되었다. 문제는 전쟁이 끝난 후 적처와 그 소생의 두 아이가 구회신을 찾아 돌아왔다는 것이다. 보통이라면 구회신은 그의 두 번째 부인을 첩으로 선언할 수밖에 없었겠지만, 구회신은 두 번째 부인을 내쫓지 않고 대신에 첫 번째 부인 소생의 아들인 구문상을 서자 지위로 격하시키는 선택을 하였다(서자라는 것은 당대의 족보가 그런 사례를 기록하는 방식이었다). 이 조치로 인해 구문상과 그 후손은 서얼로 떨어지게 되었다. 그들은 이 처분을 뒤집기 위해 2세기 반 동안 분투했다. 마침내 19세기 중반 예조판서가 그들의 청원을 받아들였다. 서파가 갑자기 적파가 되고, 적파가 졸지에 서파가 되었다. 하지만, 아마도 경제적 이해와 사회적 지위의 복합 효과 때문일 텐데, 불화는 거기서 멈추지 않았다. 새로이 고통에 빠져버린 계보의 구성원들은 그 사건을 20세기 초 총독부 가정법원으로 가져갔고, 이 법정은 그들에게 유리하게 판결했다.[27] 서얼이라는 오명이 너무나 끔찍했던 나머지 3세기 동안 '적파'와 '서얼'이라는 꼬리표가 세 번이나 뒤바뀌면서 계속된 싸움 끝에, 심지어 외래 침입자가 법정을 지배했던 시대에조차 그 차이는 한국인에게 중대한 문제로 남아 있었던 것이다.

조선 후기의 적서파 간 갈등은 얼마나 더 심했겠는가. 1778년의 집단 상소는 특히 씁쓸한 어조로 남부 지방의 재지 귀족에 대한 일련의 투쟁을 나열하고 있다. 그들은 일상적으로 서얼을 폄하하고, 서얼이 학교와 향안에 정당하게 등재되는 것을 거부했으며, 서얼이 제사에서 특권에 접근하는 것을 막았다. 그러한 괴롭힘은 불법이었다.[28] 배재홍은 18세기 말 영해군에서 일어난 그와 같은 한 분쟁을 연구했다. 그는 서얼이 독자적인 서원을 설립하려는 자신들의 시도에 반대하는 지방 귀족에 대항해 하나로 뭉친 것을 발견했다. 비록 지역 귀족이 결국 승리했지만, 투쟁은 집단적 의지, 정치적 힘(영해부사 자신이 서얼 편에서 분쟁에 가담함), 그리고 그 무렵의 엄청난 서얼 수를 확인시켜주었다.[29]

양적 증가

조선의 다른 세습적 신분집단과 달리, 서얼은 귀족들 사이의 계속적인 축첩의 관행 때문에 끊임없이 신참을 그들의 대열에 추가했다. 첩 자신은 서얼, 평민 계급, 노비, 기생과 같은 하층민에서 비롯되었기 때문에 신분을 바꿀 수 없었으나, 그들의 자녀와 후손은 엄밀히 따지면 어머니의 신분을 유지하긴 했지만 모두 결과적으로 서얼이 되었다.[30] 실제로, 귀족—비첩婢妾 결합의 자녀들(가장 일반적인 조합)은 사회 위계상의 최상층과 하층의 특별한 혼합이 낳은 인적 부산물을 의미하였는데, 그 후손은 계속해서 서얼 인구 증가에 기여한 끝에 마침내 결정적 집단이 되었다.

서얼의 수는 크게 증가하여 18세기 중엽 영조 때 처음으로 조정의 주목을 받았고, 그 이후 계속해서 서얼 인구는 종종 나라의 '반'을 차지하는 것으로 언급되었다.[31] 19세기 말 무렵, 일부 중앙 관료는 그 비율이 이제 인구의 절반을 뛰어넘었다고 느끼기도 했다.[32] 이 수치들은 확인될 수 없으며, 논쟁의 열기 속에 수사적인 과장은 흔한 일이다. 그럼에도 불구하고, 이러한 관측들로 보건대, 서얼 인구가 경각심을 불러일으키기에 (적어도 가시적으로는) 충분한 수준에 도달했음은 분명했던 것 같다. 조선 후기에 서얼 문제가 긴급한 정부 관심사 수준으로 격상된 것도 서얼의 청원 운동에서 비롯되었다. 그들은 관직 사회와 심지어 가정에서 그들에 대한 제도화된 차별을 뒤집고자 했다. 한 사관이 드물게 논평했듯이, 수세기 동안의 관직 배제를 겪은 끝에 서얼은 이제 스스로가 움직이기 시작했던 것이며, 이러한 일치된 활동은 나날이 정치적 혼란을 가중시키고 있었다.[33] 명백히 이러한 운동은 그들의 엄청난 숫자와 그들에게 부여된 사회적 인식 사이의 괴리감이 점점 커지고 있다는 반영이었다.

무엇이 이러한 서얼 인구 급증의 원인이 되었는가? 그 열쇠는 세습 신분의 지속성뿐 아니라 첩 제도의 일반화와 첩 후손의 혼인 능력에도 놓여 있었다. 서얼 인구 증가의 동학은 첩 자녀들로부터 시작되었다. 한 평민 첩에게 아들이 있다고 하자. 그 아들(서자)은 혼인 가능성이 대부분 서얼 여성과 평민 여성에 제한되어 있다. 서얼 여성과 혼인할 경우 그 혼인에서 나온 자녀는 서얼이 되고, 평민 여성과 혼인할 경우 자녀는 평민이 된다. 평민인 첩에게 딸이 있다고 하자. 그 딸(전문용어로 서녀)은 서얼과 혼인할 수도 있지만, 평민과 혼인할 수도 있고 혹은 그 자신도 양반의 첩이 될 수도 있다. 세 경우 모두 그 서얼 딸의 후손은 서얼이 된다. 천첩의 자녀들은 혼인 가능성이 약간 달랐다. 『경국대전』에는 천첩의 아들(얼자)이 평민 지위를 얻을 수 있도록 규정되어 있다.[34] 그렇게 된다면 그는 평민 여자와 결혼할 수도 있지만, 대개는 그런 남자는 천첩의 딸(얼녀)과 혼인한 것으로 보인다. 그러나 그런 위치에 있는 딸의 경우 얼자와 결혼하는 것 외에 평민과 결혼하거나 그 자신 양반의 첩이 될 수도 있다.[35] 첩 자녀의 신분 규정과 상속권 결정에 있어 평민 첩과 천첩에 대한 이 같은 구별은 조선 초기에는 무척 중요했던 것이 조선 후기에는 그다지 중요하지 않게 되었던 것으로 보인다. 결국 이것은 모든 것을 포괄하는 서얼 인구의 형성에 기여했다. 아마도 이처럼 서얼이 되는 많은 경로가 수와 비율의 지속적인 증가의 원인일 것이다.

이러한 역학 관계를 염두에 두면, 서얼의 성장 속도가 여타 신분집단의 그것을 앞지를 수 있었던 비결이 보이기 시작한다. 서얼은 다음 세대의 귀족 적자들이 그 자신의 서얼 후손을 낳을 수 있기 때문에 귀족보다더 빨리 증가한다. 거기서 생겨난 서얼 후손은 다시 이전부터 첩의 후손이었던 서얼과 함께 단일한 서얼 대열에 동참하는 것이다. 적서를 구분하여 기재한 20세기 이전의 족보를 조사해보면, 첩을 가진 남성이 적자녀만큼 많은 수의 서얼을 낳는 것은 처음 몇 세대에 지나지 않지만, 몇세대 후에는 서얼이 적손을 능가하게 된다.[36] 물론 모든 귀족 남성이 첩을 가진 것은 아니지만, 이는 다른 많은 남성이 한 명 이상의 첩을 가지고 있었다는 사실로 상쇄된다.[37] 또 다른 사례로 왕실의 것도 있다. 왕실족보인 『선원록』에는 왕실의 후손이면 적서를 막론하고 모두 기록된다. 첩(후궁)을 여러 명 둘 수 있기 때문에 서얼이 적자손보다 압도적으로 많아지게 되는 것이다.[38]

이러한 역동성은 조선 사회구조의 발전에 지대한 영향을 끼쳤다. 첫째로, 당대의 관찰자들이 지적했듯이, 그것은 정부와 사회에 반향을 불러일으키는 서얼 인구 폭발로 이어졌다. 일단 서얼이 중대한 집단이 되자 그들은 서울의 관직 제한과 지방에서의 차별을 뒤집기 위해 집단행동을 취했다. 비록 연관이 완전히 탐구되지는 않았지만, 서얼 인구의 급속한 성장은 17~19세기 호적대장 기록의 변화 중 가장 극적인 면에도 관련된다. 학자들은 표면상 귀족 직역을 가진 사람의 비율이 엄청나게 증가했고, 세습 노비의 비율은 급격히 떨어졌음을 관찰했다(평민의 비율은 평탄했다).[39] 국가는 주로 납속이나 군역을 통해 노비들이 그들의 노예 상태에서 벗어날 수 있는 다양한 길을 설정했다.[40] 그러나 거기에 천첩 여성이 관여된 축첩이 상당한 역할을 했음에 틀림없다. 수많은 조선의 공사문서에는 귀족이 자신의 천첩 소생 자녀들에게 면천뿐 아니라 경우에 따라서는 상당한 재산을 준 사례가 기록되어 있다(이는 노비가 다른 노비를 소유하는 어색한 경우를 초래하기도 한다).[41]

귀족 인구의 증가도 마찬가지로 주목할 만하다고 할 때, 이는 학계에서 강조하듯이 신분에 관한 직역을 매매하는 관행의 증가가 주요한 역할을 했을 수도 있지만, 마찬가지로 서얼 인구 증가가 그 원동력이었을 가능성도 크다. 관건은 귀족 수를 집계하는 문제에 있으며, 이는 1장에서 논의된바 호적대장에 등재된 기록으로서의 직역과 사회적 지위 사이의 관계에 관한 문제로 되돌아가게 한다. 일제강점기 시카타 히로시四方博의 선구적인 연구 이후 호적대장에 대한 가장 철저하고 종합적인 분석은 이준구의 연구이다.[42] 이준구는 이런 종류의 연구를 하는 여느 사람들과 마찬가지로 호적대장에 나타나는 무수한 직역명을 범주화하고자 했는데, 그러기 위해서는 어떤 직역명이 귀족의 것이고 어떤 것이 귀족의 것이 아닌지를 결정할 설득력 있는 기준을 마련해야 했다. 예를 들어, 이준구는 유학幼學을 귀족의 직역명으로 보는 시카타의 관행을 따랐다. 단성현 호적에 대한 그의 분석은 17~19세기 동안 귀족으로 보이는 존재의 비율이 엄청나게 증가했음을 보여준다. 이준구는 시카타와 마찬가지로 이 증가의 압도적인 비율이 유학 직역의 확대 때문이라는 것을 발견했다.[43] 그러나 이준구도 지적했듯이, 유학을 양반 적자들뿐 아니라 서얼에게도 배정하는 것은 17세기에 시작되어 18세기 초에 공식적인 관행으로 법제화되었다.[44] (시카타는 이들 유학의 대부분이 평민이라고 추정했다. 이들은 이 특권을 구매할 수는 있었지만 사회적 지위 시스템에 영향은 미치지 않았다.) 가와시마 후지야는 비귀족 집단이 이 직역명을 사용한 것이 단성 호적에서 유학 수가 극적으로 증가한 원인이지만, 귀족층은 그들의 생활방식의 이점 때문에 인구 증가율이 불균형적으로 더 높았을 수도 있었다고 주장했다.[45] 하지만 위에서 살펴본바 서얼 인구 성장의 이러한 역학 관계는 서얼의 자기규정으로서의 유학 호칭 사용이 제도적으로 공인되었다는 것뿐 아니라, 유학 인구 중 상당수가 사실은 서얼이었음을 강력하게 시사한다. 서얼은 적어도 공식 호적대장에서 귀족과 동일한 등급이 허여된다면 그 호칭을 거절할 이유가 없었을 것이다.[46] 이준구는 인구 증가의 또 다른 주요 영역으로서 다양한 군직軍職 칭호를 가진 직역들도 주로 서얼로 이루어져 있음을 밝혔다.[47] 하위 군직을 가진 일부 가구를 포함하여 유학호*의 절반 수준만 서얼로 계산하더라도 (이는 유의미하게 과소평가한 것일 테지만[48]) 일반적인 인식과 더불어 기록에서도 상당한 서얼 인구를 발견하게 된다. 이는 표면상 귀족 인구의 급격한 증가는 많은 부분 서얼이 적어도 호적대장상 '귀족'으로 급부상한 데 따른 것일 수 있음을 암시한다.[49] 만약 그렇다면, 서얼이 이룬 많은 업적 중 하나일 것이다. 관직 기회를 위한 수 세기 간의 투쟁에서 얻은 성취와의 변증법적인 작용 속에서 나온 업적인 것이다.

---

* '유학호': 호적대장의 직역 기록 단위는 개인이지만 각 개인은 모두 '주호' 아래에 호별로 기재되어 있다. 주호가 아닌 호구원 직역 정보는 불충분한 경우도 많기 때문에 여기서 유학의 숫자는 모두 주호인 유학만을 대상으로 계산한 숫자이다.

관직에서의 생존을 위한 운동

가장 먼저 제기된 서얼의 불만은 『경국대전』에 기록된 유명한 금고령에서 비롯된 관직 자격 제한이었다. 즉, "서얼의 후손은 문과, 생원, 진사 시험을 볼 수 없다"는 규정이다.[50] 이 단순한 문구 하나가 유사하게 무과 시험 응시 자격에 대한 금고와 더불어 서얼의 관직 진출에 대한 차별을 결정적으로 확장시키면서 조선왕조 개국 후 첫 세기 동안 서얼 차별의 제도화에 쐐기를 박았다. 관직 진출 제한, 즉 서얼금고庶孼禁錮는 서얼의 서사에서 매우 중요한 것으로 판명된다. 이것이 없었다면 사회적 차별로 인해 완전히 독자화된 대규모의 세습적인 신분집단이 등장하지 않았을지도 모른다. 그에 수반된 사회적 투쟁도 마찬가지이다. 이 법적 조치는 서얼이 왕조의 나머지 기간 동안 싸우게 되는 국가와 사회의 광범위한 차별을 상징하고 그 틀을 형성했다. 게다가, 이 하나의 규제를 뒤집는다는 것은 지배 윤리에 대한 함의가 매우 컸기 때문에 그것의 철폐 운동은 지식계의 주요 인물들을 많이 간여시켰다. 사실, 모든 인간 영역에서 일어난 서얼 지위 향상을 위한 오랜 운동은 이 간단하지만 파장력이 큰 규제 조항과 그로 인해 야기된 무수한 부산물을 뒤집으려는 시도에서 비롯되었다.

초기의 조치는 1553년에 있었다. 서얼의 가족 내 지위와 그들의 관료 자격 사이에는 아무런 연관성이 없다는 의정부의 요청에 따라, 명종은 이 금고에 대한 수정안을 마련하라고 예조에 명령했다. 새 법은 금고를 없애지는 않고 양인 첩의 후손이 천출이 아니라는 것을 증명할 수 있다면 "특별하게 허용된" 즉, 허통한 응시자로서 시험을 볼 수 있도록 예외를 제공하는 것이었다. 합격자는 중하위직으로 한정된다. 그러나 이런 온건한 수정안조차 덕망 높은 철학자 퇴계(이황)를 비롯한 관료, 학자 들의 거센 반대에 부딪혔다. 퇴계는 서얼에게 시험을 허락하는 것은 합법과 불법의 중요한 구분을 파괴하는 것이라고 주장하였다. 그러나 이 제안은 채택되었다. 『경국대전』이 공포된 지 거의 1세기 후에 응시 금지를 뒤집는 첫 조치가 이루어진 것이다.[51]

　퇴계의 지적 경쟁자인 율곡은 이러한 관로를 넓히는 데 있어 다음 단계의 주요 진보를 만들었다. 1583년 국왕 선조는 군량미를 위해 쌀을 기증한 서얼이 시험을 치르고 벼슬을 하게 하자는納粟赴擧 율곡의 제안을 승인했다.[52] 반대자들은 이 아이디어를 윤리 기준의 침해일 뿐 아니라 자기 잇속만 차리는 책략이라고 공격했다. 율곡 자신이 적자가 없고 두 서자 중 연장자를 후계로 지명했던 것이다. 비록 이 법령이 서얼의 관료 자격에 가해진 또 다른 층위의 속박을 제거하긴 했지만, 어떠한 서얼도, 심지어 이 법을 이용할 만큼 부유한 소수조차 이로 인해 주요 지위를 얻지는 못했다. 실제로 기록에 따르면 이후 25년간 문과에 급제한 서얼은 단 3명뿐이었다.[53]

　그러나 17세기에 들어서면서 서얼 문과 급제자는 여전히 소수지만 상당히 증가하였다. 관직 취득도 마찬가지였다. 광해군(재위 1608~1623) 때는 전체 급제자의 2퍼센트를 차지했고, 인조(재위 1623~1649) 대에는 서얼 급제자의 비율이 3퍼센트에 달했는데, 이 비율은 18세기 말까지 유지되었다.[54] 이러한 발전은 관직 금고를 더 완화해달라는 고위 관료들의 요구가 재개된 데서 비롯되었다. 인조가 왕위에 오른 직후, 반정을 도운 일부 관료는 명나라와 마찬가지로 능력만으로 관리를 선발해야 한다고 주장했다. 인조는 즉시 허통의 예외를 부여한 1553년의 법령을 강화하여 천첩의 후손도 포함시키도록 예조에 명령했다. 그리고 서얼 급제자가 호조, 형조, 공조의 중급 직책을 맡도록 허용했다.[55] 한편, 송시열[56], 유형원[57] 등 저명한 학자—관료도 가족 내에서의 차별은 유지해야 한다고 주장하면서도 관직 임명에서 법적 차별 철폐를 요구하는 목소리에 동참했다. 이로 인해 17세기에는 가장 중요한 조치가 이루어졌는데, 사회 위계에 관한 많은 중대한 사건들이 그러하듯이 이 역시 숙종(재위 1674~1720) 치세에 일어났다. 1695년[*] 이조판서 최석정의 건의에 따라 시험 응시를 위한 굴욕적인 '응시료' 관행을 폐지하고, 동시에 서얼 응시자를 허통으로 표기하는 것도 폐지하였다. 대신, 문과와 생진시의 서얼 응시자는 이제 업유業儒(유학 공부의 수행)라는 칭호를 부여받았다. 무과 응시자는 업무業武(무인 공부의 수행)라는 칭호가 부여되었다. 이 모든 개혁 조치는 최석정이 편집 책임을 맡은 1706년의 『전록통고典錄通考』라는 개정 법전에 수록되었다.[58] 서얼의 사회적 지위에 더 큰 영향을 준 것은 이 개정으로 업유와 업무의 후손이 관직이 없는 다른 귀족이 할 수 있는 것처럼 유학이라고 칭할 수 있게 되었다는 것이다. 이 결정이 호적뿐 아니라 족보, 기타 기록에서도 서얼을 유학이라고 일컫는 광범위한 관행을 낳는 데 오래 걸리지 않았다.[59]

영조 치세에는 서얼의 주장대로 관로를 더욱 개방하고 철저한 법적 개혁도 이뤄졌다. 영조 자신이 첩의 아들이라는 사실이 이러한 발전에 적지 않은 역할을 했다. 첩의 자식이라 하더라도 왕실의 경우에는 다른 기준이 적용되었을 것이지만, 영조 역시 어머니의 출신이 천하다는 이

---

[*] 1695년: 『숙종실록』에는 1696년에 최석정이 차자를 올려 건의한 것으로 나와 있다(『숙종실록』, 22년(1896) 7월 22일 기사 참조).

유로 정통성에 대한 의구심에 시달렸다.[60] 서얼은 스스로 자신들의 입장을 변호할 이 기회를 놓치지 않았다. 1724년 영조가 즉위한 지 몇 달 만에 청원자 5,000명이 서명한 상소문이 왕에게 도착했다. 모든 남아 있는 제한을 완전히 없애야 한다는 요구였다.[61] 영조는 집권 초기에는 이러한 요구를 완전히 수용하지 못했지만, 그의 정치적 권위가 높아짐에 따라, 점점 더 대신들의 반대를 무시하게 되었다. 1773년, 그의 반세기에 이르는 통치가 거의 끝나갈 무렵, 영조는 공식적으로 서얼의 관직 임명 및 승진의 제한을 폐지한다고 선언하고, 첩의 자식은 이제 그들의 아버지와 형제를 '아버지'와 '형(혹은 아우)'이라고 부를 수 있게 하라고 명령했다. 이 법령의 시행을 막으려 했던 대신들은 유배에 처해졌다.[62] 그러나 15세기 이래 가장 강력한 군주였던 영조는 이 새로운 규정이 시행되기 전에 세상을 떠나고 말았다.

영조의 손자이자 후계자인 정조(재위 1776~1800)는 서얼에 공감하는 그의 할아버지의 정책을 계승했지만, 처음에는 나이도 어리고 고위 관료들이 강하게 반발하기도 해서 그러한 모든 개혁을 계속할 수가 없었다. 그러나 정조는 자신이 설립한 왕립도서관(규장각)에 '사검서四檢書'를 임명하는 등 관료 사회에서 서얼 지위를 촉진시킨 몇 가지 역사적 조치를 내놓았다.[63] 이들 중에는 아마도 허준 이후 조선에서 가장 유명한 서얼인 박제가가 있었다. 승지 박평[64]의 서자인 박제가는 북학으로 알려진 18세기 개혁 운동의 태두가 되었다. 박제가는 사검서 임명 전후로 네 차례에 걸쳐 사행단의 일원으로 청나라를 방문했으며, 그곳에서 중국 개혁가들을 만나 서방과의 접촉에서 파생된 최신 저술들을 흡수했다. 그의 여행의 지적 성과인 많은 저술 중에 『북학의北學議』가 있다. 이 저술은 광범위하고 영향력 있는 정치, 경제, 사회에 대한 담론으로서, 청나라의 진보를 본받아야 한다고 주장했다.[65] 그가 문과에 급제하지 못했음에도 관직 사회에서 두각을 나타낸 것은 18세기 영조와 정조 치세에서 서얼이 이룩한 눈부신 진보를 보여준다(박제가는 과거에 급제한 대부분의 서얼처럼 무과 급제자이다).

그러나 그것은 19세기의 발전이 보여주듯이 보잘것없는 승리였다. 순조 치세(재위 1800~1834) 동안 서얼에 호의적인 관리들의 호소와 서얼 상소 운동의 부활은 이전 세기에 얻어진 성취가 무시되거나 뒤집히고 있었음을 암시한다.[66] 비록 영조가 취한 조치들이 법적으로는 진보를 가로 막는 모든 장애물을 제거했고, 또한 서얼 해방의 이념은 최고위 관료층에서 다수의 추종자를 확보했지만, 외척 지배에 의해 강화된 관습적 편견은 서얼의 관직 임명에 계속 걸림돌로 작용했다. 헌종(재위 1834~1849)과 철종(재위 1849~1863) 치세 동안에도 전과 다를 바 없이 상소가 쇄도했다. 다만 이제는 서얼 수의 양적 거대함과 직전까지 성취된 진보를 상기시키는 것으로써 서얼 문제에 대한 조정의 관심을 유지시키는 방법으로 삼았다. 19세기 중반, 이러한 운동은 고위직에 대한 몇몇 주목할 만한 인사에서 결실을 맺었다.[67] 그럼에도 가족 영역에서의 지속적 차별, 즉 가정사와 계보 상속에서 서얼의 배제는 이러한 정치적 성취의 많은 부분을 무의미하게 만들었고 관료사회에서도 다시 법적 차별로 돌아갈 가능성이 있음을 불길하게 상기시켰다. 이런 시간은 1865년에 왔다. 어린 왕 고종 2년, 그러나 실제로는 그의 아버지 흥선대원군의 통치가 시작된 해였다. 왕조 법전의 마지막 주요 개정인 『대전회통』은 『경국대전』의 서얼금고를 그대로 재선언했다. 즉, "서얼의 후손은 문과, 생원시, 진사시에 응시할 수 없다"는 것이다. 3세기에 이르는 발전의 충격적인 되돌림이었다.[68] 영조의 개혁 의지의 주된 증거인 1746년 『속대전』[69]을 위시하여 국가 법전에 대한 18세기의 여러 개정이 이 조항을 제거했고, 나아가 굴욕적인 납속부거 관행도 폐지하는 규칙을 반포했던 것을 감안하면, 1865년에 15세기 금고 조항을 되살린 것은 명백한 시대착오였다. 이제 대원군의 치세에 접어든 1869년, 이조에서는 비록 왕족이라 하더라도 첩 자손은 문무 최고위직에서 배제시켰다.[70] 서얼의 입장에서, 대원군이 권력을 장악했던 10년은 수 세기 동안의 발전을 되돌리는 퇴보의 시기를 의미했다. 다행히 1876년 강화도 조약 이후 외부와의 접촉이 이어지던 시대에 이르러 마침내 관직으로의 통로가 강제로 다시 열릴 수 있었다.

새 시대의 발전이 통리아문, 특히 1882~1894년 외무부(통리교섭통상사무아문)에서 먼저 나타난 것은 놀랄 일이 아니다. 다른 제2 신분집단의 구성원에게 그랬듯이, 서얼에게 외무부의 주사 자리는 조선의 고위 관료층으로 들어가는 진입로가 되었다. 특히 윤치호, 안경수, 김가진, 권중현 등은 19세기 후반 개혁 기관에서 서얼이 두각을 나타내는 분위기를 조성했다. 뒤의 세 인물은 윤치호의 부친 윤웅렬과 함께 1894년 여름과 가을에 갑오개혁을 개시한 획기적인 선언을 한 기관인 군국기무처[71]의 의원이 되었다. 이들은 서얼 지위 상승의 선봉으로서 엄청난 영향력을 가진 직책으로 진입한 것이다. 한국 역사상 가장 강력한 변화를 가져온 정부 기관에 나타난 서얼의 갑작스러운 두각은 한국인뿐 아니라 외국인 관찰자들에게도 뚜렷한 인상을 남겼다.[72]

서얼 정체성과 여타 제2 신분집단

20세기 초 이들을 포함한 저명한 서얼들은 확실히 5세기 동안 관직 사회와 가족 양쪽에서 그들에게 오명을 안긴 모멸적인 정체성이 폐절되는 것을 환영하고 부추겼다. 그들의 길고 힘든 투쟁은 중요한 결과를 낳았다. 고위 관직에 대한 접근의 진전은 19세기 마지막 몇 년간 눈부신 상승으로 절정에 달했다. 특히 갑오개혁 기간 관료사회에서 서얼의 갑작스런 등장은 그들이 1894년 이전의 조선적 환경에서 제2 신분집단의 정점에 도달해 있었음을 시사한다. 15세기 서얼이 가족 영역과 관료사회에서 처음 배제되었을 때를 고려하면 이것은 상당한 성과였다. 적어도 공식적으로는 향리와 평민에게조차 주어진 특권인 문과 시험에 이들은 응시할 수 없었던 것이다.[73]

하지만, 19세기 중반 무렵의 모든 지표는 서얼의 영향력이 극적으로 증가하여 그에 따라 서얼의 사회적 위상도 제2 신분집단의 여타 부류에 견줄 만한 수준으로 상승했음을 나타낸다. 그럼에도 주의해야 할 것도 있다. 19세기 중엽의 위대한 지식인 중 한 명인 이항로는 서얼이었다. 그런데 외세의 영향력 그리고 그것과 교섭하는 것에 대한 그의 열정적이고 영향력 있는 반대는 서얼의 대의가 정확히 조선 사회의 기득권 담론 내에 위치해 있었음을 상기시킨다. 실제로, 19세기의 서얼 운동은 애당초 그들을 차별한 바로 그 신분의식이 서얼 사이에도 지속되고 있었음을 보여준다. 1894년 동학 봉기 때 한 재지사족 가문의 충성심이 분열하는 것을 살펴본 이진영의 연구는 이 점을 잘 보여준다. 19세기 말 무렵, 이 가문의 서얼 후손은 특히 지방 서원과 향안郷案의 유지에 적극 참여함으로써 귀족 지배의 문화적 메커니즘에 깊이 빠져들어서 그들의 '적파' 형제들과 거의 동등하게 되었다. 봉기가 일어났을 때, 이 가문의 한 서얼 후손은 지역의 친정부군을 이끌었다. 그의 많은 사촌—대부분 가문 내 위상이 떨어지는 적파 후손—은 반란군 편에 가담했다.[74] 이 사례가 시사하듯이 조선 후기에는 서얼이 지배적인 가치체계에 동조하는 경향이 있었다.

귀족과 달리 부분적으로 서얼의 지위는 다른 제2 신분집단과의 비교 속에서 잘 이해된다. 그러한 집단으로는 중인이 가장 좋은 비교가 된다. 중인은 다수의 선조가 서얼에서 기원했다. 본래의『경국대전』「이전」규정은 서얼이 다른 국가 관료 시험에서는 배제되었지만 관료직을 추구하는 방법으로서 기술직을 가지는 것은 허용했다. 이것이 후에 중인의 전유물이 된 것이다.[75] 제3장에서 논했듯이, 족보 기록은 16세기 후반~17세기 초 중인 선조의 상당 비율이 서얼이었다는 것을 보여준다. 16세기 후반의 유명한 어의이자 한국 문명의 위대한 성과로 잘 알려진『동의보감』의 저자인 허준은 조선 전기 서얼의 지위와 기술 전문성 사이의 연관을 가장 잘 보여주는 사례이다.[76] 고위 무관의 서자였던 허준의 재능은 기술 분야에서만 출구를 찾을 수 있었다. 그의 후손은 중인 가문을 이루지는 못한 것으로 보이지만, 기술직 관료로 전향한 16세기의 다른 많은 서얼은 중인 가문을 이루었다.

아마도 이러한 공통된 뿌리 때문인지, 아니면 그들의 비슷한 사회적 지위 때문인지, 18세기 무렵에는 일상의 관찰자들이나 관문서들이 모두 종종 서얼과 중인을 하나로 묶어서 중서라고 칭했다.[77] 18세기의 이런 현상은 조선 전기 이래 서얼이 쟁취한 것에 대한 호의적인 반응을 의미할 것이다. 그러나 19세기 무렵 서얼은 주로 영조와 정조의 노력 덕분에 관료 영역에서 극적인 발전을 이루고서는 집단 청원 운동 등으로 중인(및 향리)에게 유사한 운동을 고무시킨 것 같기는 하지만, 이들과 거리를 두려고 노력했다. 이러한 태도는 1874년 권붕규가 여타 서얼을 대표하여 올린 상소문에 뚜렷이 나타난다. 권붕규는 1865년 『대전회통』의 '중인'과 '서얼'(중서)이 특정 경로를 통해서만 일부 상급 기관의 직위에 오를 수 있도록 규정한 조항을 겨냥했다.[78] 권붕규는 자신과 여러 서얼이 이것을 보고 "경악했다"고 썼다. 이 구절은 중인과 함께 서얼을 뭉뚱그림으로써 관직 기회에서 서얼이 얻은 성취를 무시하는 것처럼 보였기 때문이다. 권붕규는 자신의 주장을 강화하기 위해 18세기 후반의 서얼인 이수득의 말을 인용했다.

> 서얼과 중인은 처음부터 완전히 달랐고, 중인의 위치는 이미 뚜렷하게 구분되어 있습니다. 그들은 귀속될 (사회적) 위치를 가지고 있습니다. 중인은 원래 귀족簪纓之族이 아닙니다. 반면, 서얼의 경우, 어머니 쪽은 미천하지만, 아버지 쪽은 원래 높습니다. 사대부의 지위에 오를 수는 없지만, 중인의 일을 하는 것은 저희들 스스로 인정할 수도 없습니다. 그러므로 저희는 귀속될 곳이 없습니다. 서얼은 원래 문벌이 높은 사람들閥閱之族인데 사부士夫가 될 수 없으니, 그렇다면 우리는 무엇이 될 수 있겠습니까?[79]

미심쩍은 역사는 차치하고라도, 권붕규의 주장에서 놀라운 것은 서얼의 자기 가치에 대한 감각이다. 비록 귀족의 눈에는 분명히 서얼이 순수한 존재가 아니고 따라서 귀족보다 중인에 더 가까웠지만, 권붕규와 그의 동료 청원자들은 서얼도 지배적인 사회 윤리를 수용해왔기 때문에 자신들을 중인과 연결 짓는 것은 모욕적이라고 간주했던 것이다.

그러나 19세기에도 서얼은 다른 제2 신분집단의 견지에서 볼 때 계속 낮은 지위에 있었다. 중인은 귀족에게 가치 있는 동반자로 인정받기 위한 요구 과정에서, 자신들은 '완전한完' 반면 서얼은 '흠결이 있다瑕'고 언급했다.[80] 서얼의 어머니 쪽이 비천하다는 점을 비하한 것이다. 중인은 누가 봐도 악의적인 조롱에 기대기까지 했다.[81] 귀족이 만든 관행을 따라 중인도 축첩을 제도화하였고, 첩의 후손에 대한 낙인으로 인해 결국 중인-서얼이라는 세습적 하위 집단이 생겼다는 강력한 증거도 있다![82] 자신들의 높은 지위에 대한 주장을 뒷받침하기 위해 재정 여건이 허락하는 대로 첩을 취했던 향리도 중인과 서얼을 하나의 부류로 묶어서 파악했다. 마찬가지로 『연조귀감』에서도 향리는 자신들의 지위를 "귀족보다는 낮지만 중인과 서얼보다는 위에 두었다士夫之下, 中庶之上."[83]

무반과 서얼의 관계는 어떤가? 이것은 알고 보면 가장 중요한 것이었을지도 모른다. 하지만 이것은 가늠하기 어렵다. 서얼은 조선 후기 군 상층부에 스며든 하급 지위 집단 중 하나였다. 이것은 무관들이 방어적으로 무반 신분집단을 형성하게 했다.[84] 그러나 귀족이 아닌 사람들이 모두 그랬듯이, 서얼은 무과 시험과 무관직으로 진출하는 경로를 찾아냈다. 이는 그것이 문과 및 문관직보다 훨씬 더 그들에게 열려 있었기 때문이다. 이러한 서얼-군軍의 연계는 왕조 말기까지 지속된 것으로 보인다. 20세기 초의 한 학자는 조선 후기의 서얼 관리 중 99퍼센트는 무관이었던 것으로 가정하기도 했다.[85] 이것은 과장일 수도 있다. 그러나 무과 급제자 혹은 무관으로 시작해서 19세기 말 최고위 문관직에 오른 이윤용, 윤웅렬, 권중현 등 개화기 인물들과 같은 사례는 점점 늘어나는 양상이었다. 게다가 1894년 군국기무처에 나타난 서얼의 엄청난 대표성은 서얼이 조선왕조 말기에 무반과 견줄 만한 지위를 얻었음을 암시한다. 그러나 다른 지표들은 무반과 서얼을 명확히 구별한다. 이는 서얼이 결국 문반과 첩의 결합은 물론 무반과 첩의 결합에서 내려온 후손임에도 그러하다. 군부에서도 무반 관료들이 직접 만든 어마어마한 장애물이 서얼의 최고위직 임명을 가로막았다.[86] 군대에 들어간 서얼은 대규모였을지 모르지만, 그들은 대부분 고위직에서 제외되었다.

나아가 사회 위계 속에 서얼을 자리매김하는 일을 더욱 복잡하게 하는 것은 18세기 말~19세기 초 서얼의 엘리트주의적 태도이다. 그들은 상소문에서 자기들의 고귀함을 주장했다. 적어도 서북인, 중인, 그리고 관직이 떨어진 재지사족寒族과 동등한 위치에 설 자격이 있다고 주장했다. 한족寒族으로부터의 일상적인 경멸은 특히 참기 어려웠다.[87] 지방에서는 서얼이 지방 엘리트의 명부인 향안과 지방 교육기관 내의 자리를 요구함으로써 분쟁이 야기되었고, 때로는 '적파' 지방 귀족들과 큰 분쟁을 벌이기도 했다.[88] 서얼은 귀족의 속물근성도 흡수한 것으로 보인다. 예를 들어, 귀족과의 혈연을 강조하면서, 세습적 지위 체계인 문지門地가 제대로 시행되기만 한다면, 천첩 소생의 자녀라 하더라도 평민보다는 높은 지위에 있는 것으로 간주할 수 있을 것이라고 했다.[89] 출생에 기초한 신분 주장의 타당성에 의문을 제기하지는 않고, 단지 자신들에 한정해서 수용할 만큼만을 확장시키려고 노력했다.

역설적이게도, 서얼의 이런 편견은 그 자체로 서얼이 낙인을 극복하는 데 있어 진전을 보고 있다는 징조였다. 성취는 오랜 투쟁 이후에 왔다. 서얼은 조선왕조 개국 이래 쇠락한 향리를 따라 한국 고대의 관습과 다소 최근의 유교 교리의 결합에서 쓰라림을 맛본 신분집단이었다. 서얼은 15세기 말 가족과 관료 양쪽에서 그들의 종속적 지위가 법제화된 후, 그다음 4세기 동안 싸워왔다. 그 싸움은 인간 그 자체로서 자신들의 본질적인 가치가 아니라 그들의 귀족 혈통을 인정받기 위한 것이었다. 관료 영역에서는 조선 시대 전반에 걸쳐 이루어진 점진적인 성취가 왕조 말기에 중요한 결과를 가져왔다. 저명한 서얼 관리들이 등장한 것이다.

개화기의 서얼 관료

19세기 말~20세기 초의 저명한 서얼들은 다양한 가문에서 배출되었고 저명해진 경로도 다양했다. 이 시대의 가장 유명한 서얼 관료들의 배경은 온갖 귀족 조상을 아우른다. 심지어 무반 가계 출신도 몇 명 있다. 영향력 있는 지위에 오르는 과정에서, 그들은 마찬가지로 다양한 정치적, 지적 성향을 보였다. 관료계와 사회에서 영향을 발휘하는 과정에서 귀족뿐 아니라 다른 제2 신분집단과도 경쟁했다. 실제로 해평윤씨라는 한 유명한 서얼 가계가 근대 한국에 미친 집단으로서의 영향력은 다른 어떤 신분집단, 가계와도 비교할 수 없을 것이다.

악명 높은 서얼

서얼은 여러 방면에서 두각을 나타냈다. 악행으로도 유명했다. 20세기 초 이윤용, 이범진, 권중현 등 세 서얼은 전례 없는 명성을 얻었고, 관직 재임 중 보인 행태는 악명 높았다. 이것은 이 시기에 귀족과의 평등이 이루어졌다는 것을 간접적으로 보여준다.

  권중현(원명 재형)은 1905년 을사오적 중 한 명으로 알려져 있지만, 그는 10년 전 갑오개혁 때 정계에서 이름을 떨쳤고, 그 시대의 가장 다재다능한 관료 중 한 명이었다.[90] 충청도에서 태어나고 자란 그는 안동권씨 무반 가문 출신이다. 그의 아버지 권홍섭은 무과 급제자인 군 중급 장교로서, 이순신 장군으로 유명한 덕수이씨 가문의 사람과 결혼했지만, 그녀는 권중현의 어머니가 아니었다.[91] 권중현은 첩의 아들임에도 1884년에 부산에 새로 설립된 정부의 세관에 사무원으로 자리를 잡았다. 그곳에서 그는 일본적인 것에 매료되었다. 1888년 외무부 주사로서 한국 정부에 의해 일본으로 파견되어 시찰 여행을 했다. 그는 귀국 후 인천 세관에서 무역 조정관을 맡았고, 1890년 주일 임시 대사로 임명되어 오스트리아-헝가리와의 우호조약을 협상했다. 권중현은 1893년 퇴임했으나 곧 군국기무처 의원 중 한 명으로 공직에 복귀했다. 그는 제1차 갑오개혁 내각에서 군무협판에 취임했다. 이는 그가 육군 대령에 임명된 것과 함께 그의 가족이 전문으로 재직했던 무관 사회로 돌아간 것이다. 그 후 10년 동안, 권중현은 여섯 차례에 걸쳐 내각의 대신급 관료가 되었고, 그 외에도 관찰사, 심지어 최고 법원의 판사도 되었다. 병합과 더불어 일본 정부로부터 귀족 작위와 은사금을 받고 물러나 중추원 참의가 되었다. 그는 1934년 80세의 나이로 세상을 떠났다. 일본이 자신의 조국에서 지배적인 세력으로 등장할 때 그 중심에서 반세기를 관리로 보냈던 것이다.

  이윤용의 삶과 이력도 유사한 경로를 따른다.[92] 그는 권중현과 같은 해(1854년)에 태어나서 그보다 5년 정도 더 살고 1939년 사망했다. 이윤용은 한국 관료 질서 변화의 가장 큰 수혜자였다. 그는 명문 문반 귀족 출신인 이호준의 장남이지만 서자였다.[93] 그의 어머니가 부친 이호준의 정실이 아니었기 때문에, 조카 완용이 아버지의 상속인으로 입양되었다. 물론 이는 일반적인 관행이었지만, 많은 유사 상황과는 달리 두 사람은 우호적인 관계를 맺고 있었던 것으로 보인다. 실제로 이윤용이 관료제 상층으로 상승한 것은 어린 의붓동생의 그것과 대체로 함께 이뤄졌다.

사실 이윤용의 이력은 전적으로 인맥의 행운이 낳은 결과이다. 정치적 지위가 정해져 있었던 다른 많은 사람처럼, 이윤용도 대원군 섭정기에 그의 서녀에게 장가를 감으로써 얻은 혼맥을 통해 출세가도를 달리기 시작했다.[94] 이 혼인을 통해 관직 진출에서 시험이 면제되는 왕실의 특권을 얻었고, 1871년에 지방 감영에서 하급 조수로서 관료 생활을 시작했다. 1881년 첫 주요 관직인 수령에 임명됨으로써 혜성과 같은 도약이 시작되었다. 1880년대에는 병마절도사, 한성부 우윤, 내금위장 등의 직책을 맡았다. 1880년대 말 무렵 그는 평안도 영변부사寧邊府使직에 임명되는데, 이것은 고을 수령직의 첫째가는 직책이기는 하지만 좌천으로 보인다. 이런 자리들에서 그는 부패로 악명을 얻어서 의심스럽고 기회주의적인 인물로 통하게 된다.

한편, 그는 그의 전 장인인 대원군을 공격하여 민비의 환심을 샀다. 민비는 그가 갑오개혁기 고위 공직에 오르도록 이끌었다. 그녀가 암살된 후 그의 위신은 떨어졌지만, 곧 그의 동생을 포함한 다른 사람들과 공모하여 1896년 초 고종을 러시아 공사관으로 피신시켰다(아관파천). 대한제국기 동안 그는 이 공작의 결실을 누렸다. 그와 그의 동생 둘 다 정치적 상황에 영리하게 적응하여 결국 그들의 충성 대상을 러시아와 미국에서 승자인 일본으로 바꾸었기 때문이다. 1910년 중추원으로 물러날 무렵 그는 이전 30년 동안 관직을 통해 축적한 막대한 부의 소유자로 알려져 있었다. 이 서자는 어디에 줄을 서야 될지를 올바르게 정하고 정부의 채용과 승진 제도가 급속하게 바뀌는 것을 잘 이용함으로써 당대 귀족과 어깨를 나란히 하는 관료적인 '성공'을 이룬 것이다.

이윤용의 아관파천 사건의 공범 중 한 사람은 이범진이라는 또 다른 서얼이다. 그도 역시 기회주의와 부패로 악명이 높았다. 하지만, 기이한 운명의 비틀림 때문에, 그는 표준 역사에서 영웅이 되었다. 이범진은 조선 후기의 가장 성공적인 무반 가문 출신으로, 19세기 중엽의 유명한 장군 이경하[95]의 첩이 낳은 자식이었다. 이범진은 가문의 전통과 결별하여 무과가 아니라 사마시(1873)와 문과(1879)를 통과했다.[96] (경력 및 이후 행적을 고려했을 때, 그는 이 자격을 돈을 주고 샀을 가능성도 있다.) 이범진은 1880년대 내무아문(통리군국사무아문)의 차관(협판)직에 오르면서 음흉하고 알 수 없는 인물로 명성을 높여갔고, 수령 재직 시 부패로도 악명이 높았다.[97] 갑오개혁 시대에는 민씨 척족과 동맹을 맺어 각료급으로 승진할 수 있었다. 1895년 말~1896년 초 민씨 파에 부역했지만, 곧이어 대한제국 시대에는 정치적 위상을 잃고 1900년 주러 한국 대사직을 주선하여 자신을 공격하는 책략으로부터 탈출을 시도하였다. 그는 결국 한국으로 돌아오지 못했다. 이범진은 일본인과 협력하던 이완용과 같은 한국의 정치적 동맹자들에 등을 돌렸다. 통감부기 이범진은 상트페테르부르크에 있는 기지에서 한국 조정에 대한 일본의 영향력을 무화시키기 위해 노력했고, 1907년 고종 황제의 강제 퇴위에 항의하는 헤이그 주재 한국 밀사의 임무를 조정했다. 그의 아우인 의병장 창의군 사령관 이범윤이 이끄는 것을 포함하여 상당한 재산의 일부를 항일 유격대 운동에 기부하기도 했다. 그의 마지막 행동으로, 그는 1910년에 자살했다. 이러한 행위는 역사적 서사 속에서 이범진을 권중현이나 이윤용과는 달리 애국적인 영웅으로 만들었다.[98] 그러나 다른 두 명과 마찬가지로, 이범진도 이 전환기에 관료적 행운의 급작스런 증가의 전형을 보이고 있다. 세 사람 모두에게 이것은 불법적인 부의 축적과 그들의 관료적 지위가 허용했던 미심쩍은 정치 활동에서 가장 분명하게 드러난다.

박제가의 후배들: 김가진, 안경수

조선 후기 서얼에 관한 대중적 통념과는 달리,[99] 이 시대 저명한 서얼 관료가 모두 악당이었던 것은 아니다. 예를 들어, 김가진과 안경수는 존경할 만한 이력을 가지고 있었고, 관료적 성공뿐 아니라 총체적인 개혁을 향한 추진력에 있어서 한 세기 전의 박제가의 삶과 성취를 떠올리게 한다.

김가진은 이 연구에 등장하는 서얼 인물 중에서 가장 유명한 가문 출신이며, 역사적으로 가장 호평을 받는 인생을 살았다. 김가진은 예조판서 김응균[100]의 두 번째 첩의 아들로서 정치권력에 둘러싸여 자랐다. 당대의 설명에 따르면, 가진과 그의 바로 아래 남동생은 모두 아버지가 안동부사로 재직할 때 박씨 성을 가진 '입주 기생房妓'에게서 태어났다고 한다.[101] 김가진은 1883년 외무부 주사로 임명되고, 이어 1886년 40세의 나이로 문과에 급제하였다.[102] 그는 그다음 10년 동안 관료제의 사다리를 타고 점차 올라가면서 개혁 지향적인 온건파로 알려지게 되었다. 당시의 미국 관리들에 따르면, 그는 1890년대 초 미국 정부에 대한 한국의 제안이 받아들여지지 않자 왕을 설득하여 일본의 원조를 받아들이도록 도왔다고 한다.[103] 한국 정부에서 그의 영향력이 점차적으로 증가한 끝에 1894년 그는 군국기무처 의원으로 갑오개혁에 참여하게 되고, 갑오개혁 내각의 각료직을 맡았다. 1896년 갑오개혁 내각이 몰락한 후에는 독립협회에 가입했고, 관직을 역임하는 동안에도 이 조직에서 활동했다. 대한제국기를 거치면서 김가진은 어찌어찌해서 공사 영역에서 동시에 역할을 유지하게 되었다. 대한협회와 같은 단체에도 참여해 높은 자리에 올랐다.[104] 그의 정치적 충성심에는 이런 애매한 징후가 있었지만, 일본인들은 1910년에 그에게 귀족 작위를 수여했고, 그는 이를 거절했다. 대신, 그는 1910년대의 나머지 기간 동안 교육 활동에 정력을 쏟았다. 1919년 조선을 떠나 상해임시정부에 참여하여 1922년 76세의 나이로 사망할 때까지 일했다. 김가진은 일생 동안 고군분투하며 한국 정부를 새로운 시대 환경에 적응하도록 인도했으며, 확고한 신념을 가지고 조국을 현대적인 독립국가로 만들기 위해 헌신하였다. 그리고 이 과업에 대한 도움과 모델을 찾는 데 있어 유연성을 보여주었다.

안경수 역시 그러한 헌신을 보였고, 얼마 동안 그의 경력은 김가진의 경력과 흡사했다. 두 사람 모두 한국 근대화 시대의 선두에 선 재능 있는 서얼 개혁가로 인식되었다. 그러나 김가진과는 대조적으로 안경수는 불명예스러운 최후를 맞았다. 두 사람 모두 서얼이었지만, 안경수의 직계는 김가진의 그것에 훨씬 못 미쳤다. 안광면의 아들인 안경수는 강원도에 근거지를 둔 죽산안씨 재지사족 가문 출신으로 보인다.[105] 그가 어떻게 중앙 관료의 주목을 받게 되었는지는 분명하지 않지만(예를 들어, 그는 시험에 급제하지 않았다) 1880년대 초에 사적으로 일본에 간 것으로 보인다. 1887년, 외무아문 주사로 새로 임명되어 한국 사절단 통역관으로 일본에 다시 갔다.[106] 이후, 그는 조선 정부가 화약제조공장製藥所을 설립하고 새로운 화폐를 발행하도록 이끌었다. 1894년 갑오개혁 운동의 지도자로 등장하여 1차 내각에서 군국기무처 의원, 우포도대장, 제2차 내각에서 탁지부 협판을 지냈다. 1895년 가을, 민비 시해 사건 후, 안경수는 춘생문 사건으로 알려진, 갑오 정부의 친일 지도부를 전복시키려는 음모를 주도했고,[107] 그 사실이 탄로 나자 투옥되었다. 1896년 초 고종이 러시아 공사관으로 피신하고 갑오개혁 지도부가 무너지자 안경수는 다시 정치적 신망을 얻었다. 그는 계속해서 국내 개혁에 대한 관심을 지니고, 곧 독립협회의 회장이 되었다. 1898년 그는 군주제를 전복시키려는 음모에 가담한 혐의로 기소되어 일본으로 망명했다. 1900년 타협과 공판을 요구하면서 귀국했으나 당국이 그를 또 다른 범죄 혐의로 재판한 뒤 처형했다(사후 1907년 신원되었다).

안경수가 김가진처럼 일본의 국권 탈취에 반대했을지는 말하기 어렵지만, 김가진과 같이, 그리고 당시의 몇몇 저명한 서얼 관료와는 달리, 안경수는 그의 관료적 성공을 이용하기보다는 훨씬 더 많은 일을 하려고 했던 것으로 보인다. 다시 말해서, 김가진과 안경수는 그 영향력이 자신들의 배경을 넘어서는 정치 지도자였다. 그들의 서얼 정체성에 대한 대중의 인지에도 불구하고, 그들은 한국 개화사에서 가장 중요한 인물로 알려지게 되었다.

해평윤씨들

아마도 근대 이전 관료적 명성의 잠재력을 궁극적으로 보여주는 것으로 해평윤씨 가문의 빼어난 서얼 후손 가문만 한 것이 없을 것이다. 이 들은 20세기 한국에서 가장 유명하고 영향력 있는 인물을 여러 명 보유 했다. 특히 근대 교육을 접하고 그것을 채택한 점에 초점을 맞출 때 그러 하다.

〈표 5.1〉에서 보듯이, 19~20세기 이 가문의 유명한 구성원은 대부 분 윤팔에게서 왔다. 윤세겸은 17세기 말~18세기 초의 하급 무반 관리 였다. 윤팔은 윤세겸의 아들 중 셋째이고, 첩의 아들로서는 둘째, 즉 윤 학 다음이다. 윤팔의 손자인 취동은 근대의 유명한 이 집안 사람들이 모 두 그로부터 나온 시조가 된다. 취동의 두 아들 웅렬과 영렬은 모두 19 세기 중후반에 관리가 되어, 오늘날까지 한국 사회의 엘리트 계층에 그 반향이 전해지는 저명한 가문 전통을 함께 설립하였다.

윤웅렬은 설령 그가 유명한 후손을 남기지 않았더라도 그 자신만으로 19세기 후반의 유명한 군인이자, 관료사회에서 길을 개척한 서얼로 기억 되었을 것이다. 그는 17세 때인 1856년 무과 시험에서 가장 높은 등급으 로 급제하였다. 그 후 빠르게 무관직의 사다리를 밟아 올라갔다. 1878년 에는 처음으로 수령이 되었다. 2년 후 그는 김홍집의 공식 사절단과 함께 일본으로 건너가 서양식 군사기술을 처음 접했다. 귀국 후 도道와 서울의 군사령부를 맡았고, 1881년에는 일본인 고문이 훈련한 한국군 엘리트 부대인 교련병대(별기군)의 첫 지도자 중 한 사람이 되었다. 그는 1882년 임오군란으로 일본에 망명했으나 잠시 후 안전해지자 다시 한국으로 돌 아왔다. 이 관점이 가져다준 좌절에도 불구하고 그는 김옥균의 개화당에 더욱 깊이 가담했다. 그는 갑신정변 주동자들에 의해 발표된 정부의 내 각 명단에까지 형조판서로서 등장했다. 직접적으로 연루된 것은 아니지

표 5.1 해평윤씨 서얼 가계(16세~23세)

16세	17세	18세	19세	20세	21세	22세	23세
세겸	학	덕화 (1764)	재동 (1807)	상렬 (1831)	치연 (1854)	영선	상구
						정선	명구
	팔	덕실 (1768)	취동 (1798)	웅렬 (1840)	치호 (1864)	영선 (1896)	영구
							승구
	17세						
사						창선	
학(서자)					치왕	도선	
팔(서자)					치창	종선	
				영렬 (1854)	치오 (1869)	일선 (1896)	석구
							택구
							종구
						명선	일구
						승선	
						영선 (1922)	형구
					치소 (1871)	보선	
						완선	
					치성	호선	
					치병 (1880)	택선 (1914)	생구
							철구
					치명	유선	
					치영	인선	

주: 괄호 안은 출생 연도.
출처: 『해평윤씨세보』(1859); 『해평윤씨대동보』(1983) 3, 546~628쪽

만, 쿠데타 음모자들과의 관계로 인해 그는 다음 10년 동안 망명을 해야 했다. 그러나 갑오개혁이 진행되자 1895년 경무사警務使 및 군부대신으로 복귀했다. 이후 춘생문 사건에 연루되어 1895년 말에는 상해로 피신해야 했으나, 대한제국 시대에 다시 높은 지위를 얻었고, 그 후 여러 무

관과 문관직을 역임하였다. 그의 위상을 인정한 일본인들은 1910년 그에게 귀족 작위를 수여했고, 그는 이를 받아들였다.

윤웅렬의 자식, 손자 들도 마찬가지로 한국 근대에 족적을 남겼다. 장남 윤치호의 생애와 사상은 잘 알려져 있다. 일본과 미국에서 유학한 최초의 한국인 중 한 사람으로, 다국어 능력자, 다재다능한 한국 개화 운동의 지도자, 20세기 초의 선구적인 교육자, 그리고 1880년대~1940년대 스스로의 지적, 이데올로기적 발전의 궤적을 기록한 매혹적인 일기의 저자이다.[108] 윤치호의 아들인 윤영선은 아버지와 마찬가지로 미국(오하이오 주립대)에 유학하여 교육 분야에서 활동하였으며, 한국전쟁 이후 한국 YMCA의 수장이 되었다.[109] 영선의 동생인 창선은 한국 외교부에서 일하면서 가문의 관료 전통을 이어갔다.[110] 윤웅렬의 둘째 아들 치왕(치호의 이복동생)은 식민지 시절 영국에서 의학 학위를 받았다. 그 후 한국전쟁 때 군의관으로 입대하여 아버지의 전범을 따랐고, 소장까지 진급하였다.[111]

윤취동의 차남인 윤영렬의 후손은 더욱 돋보인다. 윤영렬의 군인으로서의 명성은 그 자신의 성취이다. 그도 자신의 형과 마찬가지로 무과에 급제하였다(1878년). 하급 무관에서부터 이력을 시작하여 명령권자의 지위에 올랐으며 수령을 역임했다.[112] 그의 여덟 명의 아들과 수많은 손자가 20세기 들어 집안의 위신을 더욱 높였다. 윤치성과 윤치병은 가족의 무관 전통을 이어받아 1898년 무관학교에 입학하였고, 통감부기 고위 장교가 되었다.[113] 영렬의 후손은 민간 영역에서 훨씬 더 큰 명성을 떨쳤다. 오랜 기간 정치계에서 중요한 인물이었고 잠시 남한의 대통령도 역임했던 손자 윤보선이 가장 유명하다. 윤보선은 윤치소의 아들로서 뛰

어난 사업가였고 1920년대 한동안 중추원 의원을 지냈으며, 영국에 유
학했다. 이후 식민지 말기에 대한민국 임시정부에서 활동하다가 1950년
대와 1960년대에 보수 정치권의 지도자가 되었다.[114] 그의 삼촌인 윤치
영은 (실제로는 보선보다 한 살 어렸다) 영렬의 여섯째 아들이었는데, 남한
정치에서의 위상이 보선과 거의 맞먹었다. 보선과 마찬가지로 치영은 식
민지 시대에 민족주의 정치에 참여하게 되었고, 해방 이후 1940년대 후
반에는 국회의원, 국무위원, 그리고 국민당의 당수 등을 지냈다. 한국전
쟁 이후 그는 주 유엔 대사, 서울시장 등 여러 직책에서 공직을 이어갔
다.[115] 영렬의 장남 윤치오는 통감부기 학무국의 국장이 되었고, 그의 아
들 윤일선은 의학박사 학위를 받아 해방 후 서울대학교 총장을 역임했
다. 일선의 동생 윤승선은 해군 대위가 되었다.[116]

　　윤웅렬과 윤영렬 형제는 서파 4세로서 19세기 중반 초라한, 거의 무
명의 출발선에서 시작하여, 무관이라는 낮은 신분을 깨부쉈고, 이들의
가문에서 수많은 문무관 양쪽의 저명한 지도자가 공직 사회, 정계, 학계
그리고 여타 19세기 말 20세기 초 근대 엘리트 계층에 등장했다. 이들로
인해 해평윤씨 일족은 근대 한국에서 가장 영향력 있는 가문 중의 하나
가 되었다. 그들의 역사는 서얼이 어떻게 해서 새 시대의 기회를 극대화
하여 마침내 조선왕조를 통하여 그들이 추구했던 사회적 지위와 영향력
을 얻을 수 있었는지를 보여준다.

논의: 모순점과 논쟁점

세습적 신분집단으로서의 기원과 발전, 인구 증가의 파급 효과, 가정과 관료사회에서 서얼에게 어울리는 자리를 지정하려는 통치 당국의 시도 등으로 인해, 서얼은 조선의 사회 계층화 자체가 종합적으로 구현된 존재로 귀결되었다. 그러나 서얼이 생겨난 한국만의 배경 때문에 그 특수성을 과장해서는 안 될 것이다. 비록 특정한 역사적 힘의 결합, 특히 성리학적인 가족 윤리와 오랜 세습적 차별의 관습이 조금씩 혼합되어간 것이 한국의 고유한 특성이지만, 좀 더 일반적인 차원에서 볼 때, 다른 사회들과의 흥미로운 유사점들이 있으며, 이는 서얼의 특별한 위상과 전근대 한국 사회의 독특한 특질을 더욱 부각시킬 수 있다.

1장에서는 인도의 카스트 제도와의 유사성에 대해 언급했지만, 예상치 못한 곳에서 흥미로운 비교를 발견하게 된다. 예를 들어, 성별과 성性이 사회 지위와 연관되는 현상, 보다 구체적으로는 가문의 지위를 규정하는 데 있어서 모측母側의 중요성은 근세 스페인 제국의 '순혈주의limpieza de sangre' 개념과 현저하게 공명한다. 원래는 막 기독교로 개종한 사람 중 조상이 유대인이나 이슬람교적인 요소를 포함하고 있는 사람들의 사회적 야심을 억제하기 위해 고안되었지만, 뉴스페인 총독령에서 '순혈이 아닌'이라는 표시는 조상의 종교 문제를 넘어서 스페인 사람과 원주민 또는 흑인 사이의 혼혈 결합으로 나온 후손에 대한 낙인이었다.[117] 그러나 조선과는 대조적으로, 식민지 멕시코에서는 다음 세대에 백인 선조가 쌓이면서 순혈을 다시 주장할 수 있었다. 이런 의미에서, 사회 위계에 대한 한국적 상징으로서 서얼 서사는 미국 흑인이 겪었던 역경에 더 가까워진다. 거기서는 가장 기본적으로 '인종' 자체가 사회적으로 지정된 세습의 표식을 이루고 있다. 한국에서는 사회적 신분이 바로 그러했다. 그리고 미국의 '인종 차별주의'(혹은 '인종주의')이건 혹은 한국의 신분 차별이건 간에, 차별에 대한 공모는 역사적 뿌리가 깊었고, 포괄적인 제도화를 통해 매우 강력한 사회적 힘을 발생시켰다. 실제로, 학자들은 특히 미국 남부의 인종 분리가 카스트 제도의 특징적인 요소들을 전적으로는 아니라도 상당 부분 보여주는 것으로 확인했다.[118] 서얼 현상과의 유사성은 구조적 특성에 그치지 않는다. 그것은 혼혈 신분의 후손에게 권력과 특권이 반영되는 복잡한 방식을 말해준다.[119] 사실, 한국의 사례는 미국 사회의 '인종' 개념이 전적으로 실용상의 구성물이었다는 최근의 발견을 뒷받침한다. 그것은 전근대 한국 및 기타 사회에서 발견된 것과 같은 종류의 세습 지배와 착취를 실현하는 편리한 수단이었다는 것이다. 재산으로 소유된 노예의 필수불가결한 역할, 혼외 관계를 통한 이들 집단의 성장에서부터 순혈주의와 관련된 사회 관행, 편견과 차별로부터 뒤늦은 미숙한 탈출에 이르기까지, 이 두 집단은 각자가 속한 문명에서 핵심적인 특성과 모순을 모두 체화하고 있었다.

성을 통한 지배: 가족, 축첩 그리고 노비제

서얼은 조선 초기 귀족의 가족 제도 개편에서 비롯되었다. 여기에는 두 가지 요소가 절충되어 있다. 하나는 부유한 한국 남성 사이의 일부다처제와 축첩제라는 기성의 관행이다. 다른 하나는 새로 이입된 신유교의 가족 규범으로서 이는 『주자가례』에 명확히 천명되어 있다. 부계 전승의 불가침성 및 그에 따른 유일 '적처' 규정이 그것이다. 집안에서 적처 이외

의 다른 여성이 첩의 지위로 격하되면서 귀족 남성은 혼외의 성적인 파
트너를 비귀족 계급에서 취해야 했다. 이런 독특한 축첩의 제도화는 가
족 내 역할 분업이 예속적인 세습 신분집단 형성의 촉매제가 되도록 자
극했다. 지배층 남성과 노비 여성 사이의 성적 결합이 낳은 후손이 이 예
속적 세습 집단을 구성하였다.

강력하고 오랜 기간 지속된 사회적 지배 구조가 이러한 성적 지배 형
태를 촉진시켰다. 그 원인으로 가장 주목되는 것은 첩이 평민이나 서얼
여성 계급에서뿐 아니라 노비나 기생 같은 천민 신분집단으로부터 오기
도 했다는 것이다.[120] 사실, 노비제는 축첩제를 지탱하고 나아가 서얼의
발전을 추동하는 원동력이었을지도 모른다. 이러한 의미에서 한국의 사
례는 미국 노예제의 작동 방식과 유사하다. 18~19세기 당대의 관찰자
들은 남성 노예주와 여성 노예가 얽힌 광범위한 성적 행위에 대해 언급
했다.[121] 한국의 경우처럼 미국에서도 혼인은 세습적 신분의 범주를 침
범할 수 없었기 때문에 '부정한' 뮬라토 자손의 신분적 정체성은 지배층
인 아버지가 아니라 예속층인 어머니의 것을 따랐다.[122]

그러나 한국에서 서얼의 기원과 변치 않는 가족 맥락의 우선성은 미
국 사례와의 비교에 제한을 가한다. 예를 들어, 남북전쟁 전 남부에서 흑
인 여성에 대한 백인 남성의 성적 지배는 가족 내 분업에 대한 의례-철
학적 관념과는 아무 관련이 없다. 이 차이는 첩 자녀의 운명으로까지 확
대된다. 조선 시대에는 유교적 윤리 규범과 일부다처의 오랜 관습에 따
라 지배층 남성이 자신의 첩과 그 사이에서 낳은 서얼을 집으로 데려갔
다. 미국에서는 일부 백인 남성이—어쨌든, 남북전쟁 이후에는—흑인
정부情婦와 뮬라토 아이들을 가족으로 편입시키긴 했지만,[123] 대부분의

경우, 아이들은 아버지가 없는 채로 쫓겨났고, 그 결과 두 보이스W. E. B. Du Bois가 "사생아의 붉은 얼룩"이라고 명명한 존재로 귀결되어, 이는 오늘날까지 계속되고 있는 아프리카계 미국인 사회의 가정 붕괴의 악순환에 기여하였다.[124]

인구학적 발전: 흑백 분리의 결말

한국, 미국 모두 사회신분을 결정하는 데 유전이 활용된다는 것은 후손 세대에 서출庶出의 오점이 계승된다는 것을 의미했고, 이는 장기적인 인구통계학적 패턴에 중대한 영향을 미쳤다. 두 문명 모두 '단 한 방울'의 피라도 섞이면 불순해진다는 법칙은 한국의 사족과 미국의 백인이라는 지배 집단에서 사람들을 영속적으로 배제시켰다. 세습 신분이라는 견지에서 볼 때, 미국의 경우 모든 것은 문자 그대로 흑 아니면 백이었다.[125] 조상의 그러한 성적 결합이 얼마나 먼 시기의 일인지는 상관없었다. 또, 상위 신분과의 반복적인 부정한 혼인으로 결합되어 '상층' 혈통의 비율이 높은 서얼이나 흑인이 얼마나 많이 나오든 그 산술 비중도 상관없이 무조건 한국에서 한 인간은 사족이거나 사족이 아니거나였고, 미국에서는 백인이 아니면 흑인이었다. 18세기 말, 켄터키주 출신의 노예제 폐지론자인 데이비드 라이스 목사는 흑백 교혼 금지의 추구를 주장하던 자신의 반대자들에 반박하면서, 성적 결합은 계속해서 혼혈 아이들을 양산하고 있으며, 이것은 "수학적 확실성"에 의한 것이라고 말했다. 즉, "남자들은 얼마나 자주 자기 노예와, 자기 아버지의 노예와, 혹은 자기 이웃들의 노예와 관계해서 아이들을 만들어내는가? … 모든 뮬라토 아이는 당연히 뮬라토가 될 것이며, 여기에 백인만큼의 숫자도 나날이 더해질 것이다. 이 숫자는 지속적으로 뮬라토 비율을 증가시킬 것이다. 그러므로 이 악은 흑백 교혼보다 훨씬 더 수치스럽고 부자연스러운 방식으로 우리에게 닥쳐올 것이다"라고 말했다.[126] 조선과 미국은 확실히 역학관계가 미묘하게 다르다. 조선에서는 축첩제의 지속이 '부정한' 자녀들의 지속적인 공급을 보장하고, 노예뿐 아니라 평민도 이 동학 속에 편입시켜, 비상하게 높은 서얼 인구 증가를 가능케 했다. 그럼에도 미국 남부 지역의 흑인 인구의 증가율은 1808년 노예 매매의 폐지 이후에도 높은 수준을 유지했던 것으로 보이며,[127] 동일한 요인에 의해 마침내는 그 구성원 대부분이 백인 조상을 가진 아프리카계 미국인 인구가 창출되었다.[128]

말할 필요도 없이, 지배 집단의 확실한 '순혈' 유지는 엄청난 이해관계를 수반한다. 사회적 인식이 이 차이에 달려 있기 때문이다. 한국에서는 이러한 의식에서 비롯된 행동이 때때로 거의 희극적이리만치 절박한 조치들로 전해 내려오기도 한다. 17세기에는 '적손' 지위를 두고 두 집안이 300년 동안 법정 투쟁을 벌인 일도 있다. 피부색 차이 때문에 미국에서는 세습 계보의 확인이 더 쉽지만, 그렇다고 해서 공적 공간에서 혈통 순수성에 관한 공개적인 충돌이 일어나지 않은 것은 아니다.[129] 그리고 노예제 폐지에 따라, 사회적 특권과 혈통 순수성의 병존은 널리 퍼졌던 교혼금지법을 통해 지속적으로 제도화되었고, 이는 종종 차별을 위한 법적인 가림막 역할을 했다.[130] 한국과 미국 모두 신분 간 성관계로 생겨난 후손에게 예속적 역할을 부여하는 '피 한 방울' 규칙은 지배집단의 배타성을 유지하는 사회-제도적 수단이었던 것으로 보인다.

제한된 상승 이동

그러나 서얼과 미국 흑인의 운명에는 뚜렷한 차이가 있다. 조선 초기 신분 결함의 대명사였던 서얼은 5세기 후 마침내 널리 받아들여지고 심지어 한국 사회 위계에서 비귀족 중에서는 가장 높은 계급이라고 자부하게 되었다. 의심의 여지 없이 이것은 귀족, 특히 중앙 통치 관료들과의 혈통 연결에서 비롯된 것이다. 이들 중 다수에게 서얼 자녀가 있었기 때문이다. 여기서도 다시 관료제가 중심적인 역할을 했다. 서얼의 예속적인 운명을 봉인하고, 이후 그것의 사회적 지위 상승을 가능하게 하는 메커니즘을 제공하는 데 있어 모두 그러했다. 관직 제한의 점진적인 폐지는 18~19세기에 걸쳐 호의적인 군주와 관리들의 노력, 그리고 무엇보다 서얼 자신들의 합심된 노력의 증대에서 비롯되었다. 이것은 서얼의 사회적 운명에 대한 상전벽해와 같은 변화를 보여준다. 서얼은 다른 한국인과 신체적으로는 구별이 없었기 때문에, 법적, 관습적 차별 수단에 대해 더 많은 노력을 필요로 했다. 반면에 외형상의 차이가 없으므로 일단 정치 지도자들과 다른 영향력 있는 사회 구성원들이 그러한 유전적 편견은 더 이상 법적으로 허용되지 않는다고 선언하자, 관료사회 그리고 나중에는 여타 영역에서도 차별의 종식이 더 쉽게 구현될 수 있었다. 20세기 초가 그러했다. 축첩의 광범위한 관행과 서얼에 대한 편견을 없애는 데는 반세기가 더 걸렸지만, 국가의 지시와 한국 사회의 증가하는 도시화로 인해 20세기 후반 무렵에는 이러한 추세가 종결되었다. 실제로 이 무렵 서얼의 후예들은, 특히 해평윤씨 일가의 이야기에서 보여지듯이 정치력과 사회적 영향력에 있어 정점에 도달하고 있었다.

미국 흑인은 20세기 말까지 비슷한 발전을 거의 보지 못했다. 한 가지 이유는 그들의 세습적 지위를 위장하는 것이 거의 불가능했기 때문이다. 서얼은 지배집단과의 혈통적 친화력 때문에 편견이 점차적으로 해소될 수 있었지만, 아프리카계 미국인은 그들 역시 대부분은 어느 정도의 백인 조상을 가지고 있었음에도, 신체적 외모의 냉엄한 현실을 벗어날 수 없었던 것이다. 물론 사회적 관습도 그러한 차별을 확고히 강화시켰다. 하지만 심지어 미국 노예의 공식적인 해방으로부터 한 세기가 지난 후의 법률 규정들도 그 '한 방울'을 가진 모든 사람을 '흑인'으로 계속 분류했다.[131] 이는 한국 사례가 브라질에서 발견되는 신분 차별에 더 가까워 보이게 한다. 미국과 브라질의 인종적 민감성에 대한 칼 드글러Carl Degler의 고전적 비교에서 지적된 바와 같이, 혼혈 혈통, 즉 뮬라토인 브라질 사람은 "흑인도 아니고 백인도 아니었다. 그들은 피부색의 등급에 따라 판정되었다. 조상이 유럽 지배층의 후손과 가까운 관계에 있었던 점은 모두가 '흑인' 범주로 묶이는 미국의 혼혈은 경험할 수 없었던 억압적 존재로부터의 "뮬라토 탈출 경로"를 제공했다.[132] 서얼이 귀족과의 혈통적 연결을 바탕으로 — 적어도 관료적 기회 차원에서는 — 수용 조치를 얻어냈던 것처럼, 브라질의 뮬라토는 백인의 후예라는 인정을 쟁취했고, 그 결과 사회 위계에서 백인과 흑인 사이의 중간 틈새를 메웠던 것이다.

모순점과 논쟁점

사회적으로 인정받기까지 멀고 험난한 길을 통해, 서얼은 조선의 사회정치 질서가 가진 역설과 더불어 본질적인 복합성을 체현하고, 이를 지탱하는 지배 이데올로기에 논란을 증폭시켰다. 서얼의 대두는 한국 지도자들이 몇몇 정치 제도 속에서 체계적으로 실현했던 두 가지, 즉 한편으로 가족 화합과 능력주의라는 유교적 이상, 다른 한편으로 세습적 사회신분이라는 토착 관행 사이에 잠재하고 있던 갈등의 증거가 된다. 그것은 왕조 초기부터 존재하고 있었다. 이를 통해 가족 질서에 관한 왕조 법전 규정에서의 작은 모순이 오랜 세습적 신분 규정 관행이라는 프리즘을 통해 걸러졌을 때, 결국 사회 조직을 파괴하는 실체인 서얼 신분집단을 만드는 결과를 가져온 과정을 알 수 있다. 적처와 첩을 차별하는 것은 성리학적 의례의 논리에 완전히 부합했다. 하지만 부계 전승의 논리에서 반드시 첩이 더 불순한 것일 필요는 없다. 그래서 첩의 자녀들이 어떤 의미에서도 '불법'이라는 규정은 없었다. 실제로 명나라와 청나라에서는 첩의 후손이라는 것이 낙인이 되지 않았다. 이러한 차이는 유교 이전의 한국인의 양측적 지위 개념에서 비롯되었다. 상황적 압박 속에서 서얼 배제론자들은 부모 세대를 넘어, 그리고 가족의 영역 밖에서 어느 정도로 이 차별이 적용되어야 할지에 대해서는 이견을 보이면서도, 적처와 첩 사이의 의례적 구별은 가장 우선적이어야 함을 주장했다. 그러나 지배를 정당화하는 그들의 관점은 통치의 윤리적 기준을 선택적으로 적용하면서, 서얼 차별과 유교 교리의 다른 측면, 즉 효孝, 가족 질서, 인간의 교화 가능성 등과의 눈에 띄는 모순을 무시했다.

그러나 이러한 역설로 인해 서얼 차별의 반대자들은 문을 개방하고, 지배 교리를 역으로 이용하여 지배 질서에 대항했다. 그것의 도덕적, 이념적 함의는 중요한 학자–관료 중 다수를 서얼의 편으로 끌어들였다. 거기에는 이이, 송시열, 정약용 등 조선 시대의 위대한 유학자도 일부 포함되어 있다. 18~19세기 미국 정치가들과 마찬가지로, 시스템의 희생자들과의 밀접한 상호작용은 개혁의 절박함을 확대시켰다. 이러한 개혁가들이 보기에 서얼을 관료사회에서 배제하는 것은 잠재적으로 재능 있는 관리들을 정치 공동체로부터 제거시켜버림으로써 거기에 해를 입히는 것이고, 가정에서 서얼을 분리하는 것은 자주 가족의 화합을 파괴하는 것이었다. 이것은 상소, 탄원, 기타 애도문에도 서얼 자신들이 채택한 논리였다. 하지만 이 장에서 인용한 구절들에서 보듯이, 서얼은 유교 경전을 깊이 연구하였고, 그들에 대한 배척이 정통 가치 체계를 침해했음을 부각시키기 위해, 이를 뒷받침하는 증거들을 낱낱이 뽑아냈다.

그러나 지배 이데올로기의 평등주의적 잠재력에 호소한 미국의 흑인, 노예제 폐지론자, 학자 등과는 달리, 서얼은 한국의 전통적 사회 담론의 범위 안에 머물렀고 그들의 곤경으로부터 도출된 교훈을 나머지 사람에게는 적용하지 않았다. 결국, 모든 한국인에게 내재한 가치가 아니라 귀족과의 혈연에 대한 강조로 인해, 그 주장의 논리적 확장이 보편화되지 못했다. 여기에 서얼 서사를 대표하는 또 다른 특징이 있는 것이다.

서북인 6

조선의 북부 지역을 여행하는 사람들은 다수 산악 거주민의 독립적이고 남성적인 정신에 감명을 받는다. 남자는 남쪽보다 북쪽이 더 남성적인 것 같다. 그 원인을 찾다가 나는 북부 지역에 소위 '양반' 계급이 유달리 없다는 점을 발견한다. 남부 조선에서 독립 중산층은 상하층 맷돌 사이에서, 즉 거드름 피우며 자만하는 '양반'과 굽실거리는 위축된 농민 사이에서 분쇄되기 쉽다. 북쪽이 희망으로 밝은 것은 생계를 위해 일해야 하고 그 결과 더 많은 근육과 뇌신경을 가지게 된 독립적인 중산층이 수적으로 우위이기 때문이다.
— W. M. 베어드, "Notes on a Trip into Northern Korea," The Independent, 1897. 5. 20.

20세기 초에 외부에서 온 사람들은 한국의 비교적 알려지지 않은 서북 지역에 대해 지속적으로 두 가지 관찰 결과를 보고하고 있다. 첫째는 윌리엄 베어드W.M. Baird에게서 보듯이 사회의 구성이 남쪽과 상당히 달랐으며, 특히 귀족이 없다는 것이다. 그리고 이로 인해 더욱 활기차고 분주한 인구가 되었다는 것이다. 두 번째 관찰은 자주 첫 번째 측면에 연결되는데 특히 남쪽보다 북쪽에서 더 큰 성공을 자랑했던 개신교 선교사들로부터 나왔다. 이것들은 서북 지방이 가진 두 가지 주요 특성이다. 하지만, 20세기 초 서북 지방 주민의 위대한 이야기는 그들이 창출한 비상한 영향력뿐 아니라 오랫동안 지속되어온 지역적 불균형을 뒤엎었다는 점에서 더욱 인상적이다. 북쪽의 이름 모를 땅에 장기 체류한 지 50년이 지난 후에야, 베어드는 "더 많은 근육과 뇌신경"을 가진 이 무명의 사람들이 근대 한국의 서사를 주조해온 것이 얼마나 놀라운 일인지 알게 되었을 것이다.*

---

* 미국 북장로교 선교사였던 베어드는 1891년 한국에 와서 1931년 사망할 때까지 40여 년을 한국 선교에 바쳤다.

사실, 20세기 전반기 한국인 명사名士의 인명록은 서북 3개 도 출신 자만으로도 구성할 수 있을 것이다. 민족주의 지도자로 이동휘, 안창호, 조만식, 박은식, 김구, 이승만 등이 있다. 모국어 표기법의 사용을 표준화하여 전파시킨 주시경도 있다. 탁월한 소설가 이광수, 시인 김소월도 있다. 해방 후 민족 분열이 있긴 했지만, 서북 지방 사람들은 남한의 정치, 경제, 문화에서까지 강력한 존재가 되었다. 근대 한국의 등장에 대한 그들의 기여는 의심의 여지가 없이 우월했고, 여타 제2 신분 출신 엘리트의 그것을 능가하는 것으로 보인다. 그러나 오늘날 민족 분단을 둘러싼 민감한 환경 때문인지 혹은 일제 식민지화로 인해 20세기 전반기 역사를 변칙으로 치부해서인지, 학계의 연구는 이 현상에 대해, 비록 부정확하진 않지만 백 년이나 전으로 거슬러 올라가는 저 피상적인 관찰보다 뒤쳐져 있다.

조선 시대 서북 사회와 정치에 대한 몇 가지 귀중한 연구가 최근 등장했지만, 그것들은 근대 시기에 대해 과감히 탐구하지는 못했다.[1] 한편, 20세기에 대한 적응 패턴으로 독특한 것을 찾으려는 시도는 기껏해야 개략적인 수준이고 이러한 현상을 설명하기 위해 근대 이전의 역사적 발전에 관심을 두지는 않았다. 예외는 원로 한국사학자 이광린의 연구이다. 그는 1970년대 중반, 일부에서 한국 근대성의 전조라고 평가했던 기독교에 대해, 그것의 서북 지역 친화성의 뿌리를 탐구했다.[2] 이광린은 베어드 등의 설명에 고무되어, 여러 가지 근대 이전의 요인 중에서 가장 중요한 것은 서북 지방 특히 평안도에 있어 상인商人, 즉 '중산층'의 번창한 문화라고 결론지었다. 그러나 이 장에서 보겠지만, 개신교만이 20세기 서북 지방 한국인의 흥기를 설명할 수는 없는 것과 마찬가지로(그들 모두가 개신교인은 아니었다), 상업 활동은 서북 사회가 특수성의 근원이 아니라는 몇 가지 징후 중 하나였다. 그 근원은 적어도 조선 초기까지 거슬러 올라가는데, 간단히 말해서 서북에 있어 귀족의 부재가 그것이다. 다른 제2 신분집단의 경우에서와 마찬가지로 이것은 관료사회에서의 배척을 초래했고, 그 결과로 나타난 편견과 예속은 서북 지방 사람들을 한데 묶었다. 왕조의 창시자인 이성계 자신이 동북부 변방에서 나왔기 때문에 서북 지방을 배척한 것은 놀라운 일이다. 이것은 어째서인가? 이중환은 18세기 초 자신이 저술한 문화적 연감인 『택리지』에서 이 같은 편견에 대해 통상적으로 거론되던 이유를 다음과 같이 정리했다.

[조선왕조의 창건자인 대왕] 태조께서는 왕씨[고려의 왕족]로부터 왕위를 넘겨받은 장군으로서, 그의 부하와 공신 중에는 북방 영토 출신의 걸출한 무장이 많이 포함되어 있었다. 그러나 왕으로 즉위할 때 태조는 서북 사람들을 관직에 널리 등용하지 말도록 명했고, 따라서 평안도와 함경도 두 지방에서 300년 동안 아무도 고위 관직을 역임하지 못했다. 심지어 문과 급제자조차도 수령 이상의 직위에 임명되지 못했다. 간혹 대간台諫 자리에 오르는 사람이 있었지만, 이 역시 드문 일이었다. 정평 출신 김니金柅와 안변 출신 이지온李之蘊[둘 다 함경도 남부]만이 아경亞卿[6조의 중간 직책]에 올랐다. 그리고 철산[평안도] 출신 정봉수鄭鳳壽와 경성[함경도] 출신 전백록田百祿이 무장으로서 겨우 병사兵使가 되었다.

게다가, 우리나라의 풍속이 [무엇보다도] 문벌을 중시하기 때문에, 서울의 귀족(사대부)은 서북 지방 사람과는 혼인관계를 맺지도 않고, 교류도 하지 않는다. 그러므로 서북 지방 사람도 이들 귀족과 동등한 위치에 설 수 없었다. 마찬가지로, 귀족은 아무도 그 지역에 가서 살지 않았다. 이 때문에 서북 두 도道 사람은 귀족으로 간주되지 못했다. 다만 함종어씨, 청해이씨, 그리고 본관을 풍양[현대의 서울 바로 위 양쥐]으로 바꾼 안변조씨만이 왕조 초기에 높은 벼슬을 할 수 있었다. 서울로 이주하여 계속해서 문과 급제자를 배출할 수 있었기 때문이다. 그러나 이들 가문의 후손 외에는 북쪽에서 온 사람은 없었다. 그러므로 귀족은 서북의 두 도에서 살 수 없다고 생각했다.[3]

이 명확한 평가는 서북인 차별의 기원뿐 아니라 조선 초기에 있어 사족의 고착화 자체에 대해서도 언급한 것이다. 이중환의 발언은 네 가지 주요 논점으로 요약될 수 있다. 즉, (1) 그 자신이 서북인인 조선왕조의 창시자가 정치적 차별을 명령했다. (2) 이후 서북인은 고위관직에서 배제되었다. (3) 서울(그리고 삼남)의 사족은 서북인을 대등한 존재로 여기지 않았고, 따라서 북쪽에는 사족이 거주하지 않았다. (4) 고려 후기에 이미 서북 근원을 가진 귀족이 서울 인근에 자리를 잡았다. 족보, 관찬 사서, 정부 등록문서에서 뒤의 세 가지는 충실히 지지되지만, 현재 활용 가능한 기록으로 (1)은 확인할 수 없다. 이것은 추후에 생긴 편향에 대한 사후 합리화로 보인다. 이성계는 그의 고향에서 잠재적인 군사 경쟁자들을 억누르려고 노력했을지도 모른다. 하지만 학자들은 만약 그가 왕조 초기에 그러한 명령을 내렸다면, 그것은 그가 왕권으로 가는 타협 과정에서 (3), (4) 논지에 나오듯 확고한 서울 기반의 귀족을 달래기 위해 그렇게 했을 것이라고 주장한다.[4]

조선왕조 개창 이후 줄곧 서북 지방 귀족의 부재와 서북인의 고위관직으로부터의 배제는 서로 강화 작용을 일으켰다. 한반도 서북의 상당 부분은 조선 시대 초기에야 한국의 지배를 받게 되었고, 서북인은 여러 수준에서, 특히 정치지도자로서, 국가의 통치 구조 안으로 수용되지 못했다. 오늘날 서북 지방 한국인의 후손조차 고통스럽게 인식하고 있는 이 사실은 20세기 초 새로운 한국이 형성되는 데 있어 서북 지방의 공헌, 특히 집단적 민족 정체성의 발전을 선도한 지적, 문화적, 정치적 세력으로서의 서북 지방의 역할을 부각시켜준다. 그로부터 불과 몇십 년 전만 해도 이런 주도적 역할은 상상도 할 수 없었을 것이다. 이때에도 그들의 사회정치적 위상은 기껏 조선 초기 수준보다 조금 높은 정도였을 뿐이다.

조선 초기 서북 사회의 기원

외침에 대해 변경 지역을 수비하는 서북 지역의 오랜 역사가 이 지역의 특성과 인식을 결정했다. 조선 초기, 이들 지역을 확보하기 위한 지난한 투쟁 과정에서 정부의 일련의 방어책이 나왔다. 결국 국가는 남쪽으로부터 수만 명을 이주시키는 한 세기에 걸친 대규모의 파괴적인 프로젝트에 의존했다. 이 이주는 독특한 서북의 사회 질서를 형성하는 데 결정적인 역할을 했다.

변경 방어

이곳은 대부분이 사람이 살 수 없는 가파른 산과 높은 고원지대였다. 조선왕조는 이 신북방 영토 여기저기를 비옥한 토양으로 메우는 등 이

곳을 보호하기 위해 많은 비용을 지출하고, 지속적으로 부담을 졌다. 국경의 극적인 확장이 없었더라도 북쪽 지역을 방어하는 것은 충분히 어려운 일이었을 것이다. 그러나 고려 말기에 시작된 긴 과정의 절정으로서 한반도의 거의 4분의 1에 해당하는 영토를 합병한 후, 왕조의 대부분 기간 동안 정부의 서북 지방 경영에서 가장 중요한 관심사는 그것의 방어였다.

이들 국경지대를 확보하는 과정의 어수선한 상황은 이곳에 대한 조선의 주장이 가진 불안정성을 명확히 보여준다. 14세기에 몽골 제국이 퇴각한 후, 이 광대한 지역은 수많은 군소 여진 부족 그리고 한국인도 포함한 여러 민족에 의해 점령되어 있었다. 조직적인 정치 집단으로서 누구든지 그곳을 방어할 수만 있다면 영토 주장을 할 수 있는 곳이었다. 조선 초기의 지도자들은 압록강과 두만강(그리고 그 너머)에 이르는 모든 땅에 대해 한국인이 역사적 칭호를 가지고 있다고 선언했지만,[5] 이곳으로의 진격은 기껏해야 토지 장악이 적절한 시기에 이루어진 것에 지나지 않았다. 어쨌든, 그 이후의 최우선 과제는 이 새로 얻은 변경 영토를 안정시키고 확고히 하는 것이었다. 건국 직후 조정에서는 국경을 넘는 것은 사형죄에 해당한다고 선언했고, 이 금령의 위반자들이 정당하게 처벌받고 있다는 보고를 받았다.[6] 그러나 조선 시대 내내 국경의 빈틈은 문제로 남아 있었는데, 한국인이 만주로, 여진족이 한국으로 건너다녔기 때문이다.[7]

여진족의 처리 문제는 조선 전기의 반복되는 관심사였으며, 이는 사실상 수 세기 이래의 오래된 불편한 관계의 지속을 나타낸다. 태조와 조선 초기의 왕들은 일부 여진족을 흡수하고 나머지는 몰아내려고 했다.[8]

그러나 이 '야인'들을 강 건너로 밀어내는 것만으로 문제를 해결할 수는 없었다. 식량을 찾아 이전에 자신들이 살던 마을로 돌아오는 여진족과의 충돌은 17세기까지 줄곧 지속되었다. 더군다나 추방 대상인 여진족의 상당수가 한국을 제대로 벗어나지 않았을 수도 있다. 조정에서는 한국인 정착촌의 피습 보고를 자주 받았지만, 그렇다고 언제나 습격자들을 국경 반대편까지 추적할 수는 없었다.[9]

여진족 습격자들이 강을 건너왔든 주변 산에서 왔든, 변경 지역을 지켜야 할 필요성은 여전했고, 이러한 목적을 위해 조정은 말 그대로 변경을 따라 국가 방어를 강화하고자 했다. 축성이 서북 방어 정책의 요체가 되었다. 성은 한국 정착민을 보호하고, 행정 중심지 역할을 하며, 반격과 징벌적 원정을 시작할 군사기지 용도로 고안되었다.[10] 평안도 지역의 성곽이 우선이었다. 이 지역은 조선 사신 및 중국 사절에게 명나라로 가는 관문 역할을 했기 때문이다.[11]

대량 이주

여진족을 몰아내기 위해 성을 쌓고 군대를 배치했지만, 이 불모지에 대한 조선의 영유는 상당한 한국인 거주자가 없다면 위태로운 상태로 남아 있게 될 것이다. 조선왕조가 개창한 후 수십 년간, 한국인 집락이 함경도(그때는 '함길도'로 알려진)와 평안도 두 변경 지역의 남반부에 설치되었다. 하지만 만성적인 불안정, 흉년, 거친 날씨 등으로 인해 이 지역의 북쪽 영역은 사망이나 도망으로 인한 인구 부족에 시달리게 되었다.[12] 조선 초기 수십 년 동안, 조정에서는 주로 노비, 이서, 그리고 군인 등 정부 인력을 북으로 이주시킴으로써 이들 지역을 뒷받침하는 데 주력하였으나, 이러한 노력은 한국인을 정착민화하는 것에는 효과가 없는 것으로 판명되었다. 15세기 중반부터 정부는 대규모 정착 프로그램을 마련하여 남부 지방 전역에서 수만 명을 서북으로 이동시켰다. 조선 초기 일시적으로 시행된, 사민徙民(백성을 이주시키는 것) 정책이다.

조선 초기 사민 정책은 주로 군사적 관심에서 비롯되었다. 변경 지역의 인구가 적을수록 취약성은 더 커졌다. 애초부터 호조가 아닌 병조가 사민 사업을 지휘한 이유가 여기에 있다. 초기 프로젝트는 함경도와 평안도의 남부에 사는 사람들을 변경으로 이주시키는 것이었다. 남부 지방의 인구를 이용하기 위한 첫 번째 제안은 1433년에 나온 것으로 보인다. 1442년, 세종은 결정적인 행동 계획을 승인했다. 이 계획에 따르면, 필요시 남쪽 사람들을 강제로 검거할 수도 있었다.[13] 누구를 보낼 것인지, 또 어디에 그들을 정착시킬 것인지 세부 사항은 그 뒤에 의논하여 해결하였다.[14] 그러나 세종 때 이주자는 대부분 서북 양도 거주민 출신이거나 이전의 이주에서 도망친 자들로 보이며, 실제로 남에서 북으로 이주한 주민은 거의 없는 것으로 보인다.[15] 사민 정책이 한 단계 더 격상되고 그것이 사회적 혼란을 야기한 것은 세조(재위 1455~1470) 때였다.

세조의 비교적 짧은 통치 기간 동안 서북 변경과 국방에 대한 접근법에서 많은 중요한 발전이 있었는데, 여기에는 조정의 여진족 처우도 포함된다.[16] 가장 변함없었던 것은 서북 정착에 남부 지방 사람을 동원한다는 것이다. 세조의 사민 정책은 다음 세기의 서북 이주에 대한 유형을 설정했다. 처음에 세조는 평안도 주민을 국경으로 이주시키는 관행을 계속했다.[17] 그러나 그는 곧 조선 지방행정 전체를 동원하여, 조직적이고 대규모로 남부 지방 주민의 집단 이주 사업을 시행했다.[18] 이러한 노력은

16세기 중반까지 순조롭게 이어졌으며, 성종(재위 1469~1494), 중종(재위 1506~1544), 명종(재위 1545~1567) 시기에도 광범위하게 이루어졌다.[19] 정확한 이주 인구의 규모는 가늠할 수 없다. 조정에서 때로 특정 연도의 호수戶數 목표치는 기록하면서도 정확한 구수口數는 관리하지 못했기 때문이다.[20] 예를 들어, 이에 대한 자료에는 1460년 황해도와 평안도로 각각 1,000호가 이주하는 것이 목표로 설정되어 있으나, 정부가 이 할당량을 충족했는지에 대한 후속 기록은 보이지 않는다.[21] 이주민의 수를 더 복잡하게 만드는 것은 질병과 기근이었다. 이로 인해 서북 지방 인구는 지속적으로 감소했고 일부 이주민은 목적지에 도착하지도 못했다.

도망자들은 사민 정책의 성공적인 이행을 가로막는 주요 장애물이 되었다. 서북으로 가는 길이나 목적지에 도착한 후 도망하는 자는 『경국대전』「형전」('도망' 조)에서 이 문제를 언급할 정도로 그 비율이 높았다. 즉, "사민 이주자가 도망가면 그의 아내와 자녀는 작은 역驛의 노비로 삼고, 도망자는 붙잡으면 처형한다. 도망자가 자수하면 그는 이주지로 돌려보내고 처자식은 방면한다"고 되어 있다.[22] 정착 노력과 도주 문제가 모두 심화되자, 처벌 방법에 대한 조정의 논의는 사회신분, 목적지(변방인지 국내인지), 선택 정도(자발적인지 강제 이주인지)에 따른 이주민의 구분에 초점이 모아졌다.[23] 이주민이 다양한 방식으로 선발되고, 정착민 구성도 매우 복잡했음을 이 논쟁을 통해 알 수 있다.

인구의 혼합

서북 지방에서는 신분적, 사회경제적, 지리적, 심지어 민족적 배경까지 다양한 사람이 한데 모여 있었다. 조선 후기의 사회구조와 사회 위계의 많은 부분이 이러한 결합으로부터 생겨났다. 이렇게 혼합된 인구의 각 구성 요소를 식별하는 것은 전근대 사회를 이해하는 데 중요하다. 두 가지 이유 때문이다. 첫째, 서북 주민 속에는 거의 모든 세습 신분의 후손이 있었지만, 하나의 집단이 없었던 점은 잘 알려져 있었다. 귀족 계급이다. 서북인과 국가 지배 엘리트 양자가 잘 알고 있었던 이 사실은 이지역에 대한 정치적 차별 그리고 나라의 나머지 지역으로부터 이들이 분리 고립된 이유를 설명해준다. 둘째, 그러나 왕조 초기의 이러한 고립, 귀족 지배 사회질서의 부재는 서북 사회가 서울이나 삼남 지역보다 더유동적으로 발전할 수 있게 했다. 조선 후기에는 서북 지방에도 주로 출생과 관직에 기반을 둔 사회 위계가 실현되었지만, 이 지역 엘리트 중 서북 이주 이전의 뛰어난 조상 계보를 주장할 수 있는 사람은 거의 없었다. 정착민이 오기 전 고려 말이나 조선 초의 서북인은 평안, 함경, 황해도 지방의 원주민이었을 것이다. 그러나 이 원주민 중 상당수는 한국인이 아니었다. 그들은 여진족이었다.

앞서 지적한 바와 같이, 여진족은 새로 획득한 영토의 많은 부분에 살고 있었다. 초기 조선의 영토 확대는 이 땅에서 여진족을 축출하는 데 목적이 있었다. 그러나 이 사업에 대한 영웅서사는 그 후에도 계속 조선 영토에 남아 있거나 혹은 자신들의 고향에서 쫓겨난 후 이제는 한국 영토가 된 고향으로 다시 돌아온 상당수의 여진족에 대한 강력한 증거를 은폐한다. 두 집단 모두 서북 지방의 한국 인구에 흡수되었다. 존 턴컨이 밝혔듯이, 고려 시대를 거치면서 이들을 한국의 지배 영역으로 편입시키는 산발적인 과정[24]은 조선왕조의 건국과 함께 차원이 다른 단계에 도달했다. 여진족은 고려왕조가 전복될 당시 서울의 이성계 지지세력의 중추였던 '동북 군사 집단'의 상당 부분을 차지하였다.[25] 16세기 초까지만 해도 서북 지방을 방문한 사람들은 여진족과 한국인이 평화롭게 공존하고 있고 심지어 혼인까지 하고 있다고 보고했다.[26]

서북 지방의 또 다른 원주민 집단은 한국인 자신들이었다. 그들은 조선 시대보다 고려 시대에 국가의 사회정치적 위계에서 더 높은 위상을 향유했다. 여러 성씨의 역사에 따르면, 이성계나 여타 조선 시대 귀족의 조상과 마찬가지로,[27] 고려 시대의 많은 서북 엘리트가 몽골 지배 세기 (13세기 중엽~14세기 중엽)에 관직과 군대를 통해 영향력과 사회적 지위를 얻었다고 한다. 자신들의 서북 기원을 훨씬 더 이전으로 소급하는 경우도 있었다. 조선왕조가 시작된 후 서북 엘리트가 얼마나 남았는지 가늠하기 어렵다. 하지만 이중환이 지적한 것처럼 조선 귀족에 합류할 이들은 서울로 이주해간 것으로 보인다.

그들은 서북 지역에 남아서는 귀족으로 인정받는 것이 거의 불가능하다는 것을 알았을 것이다. 왜냐하면 사민 정책으로 인해 지배 엘리트의 인식 속에 그곳의 운명이 국가의 후미 지역이자 하층 사회의 본거지로 각인되었기 때문이다. 초기 사민 사업의 주된 목표는 서북 지역을 남부 지방 출신들로 채우는 것이었지만, 정착민의 고난과 신분제도의 작용으로 인해 이주민은 하층 사회 집단에서 나올 수밖에 없었다. 이러한 내부 식민지화는 고향을 떠난 새 이주민을 원주민 무리에 던져넣었을 뿐 아니라, 서북 지역을 남쪽의 하층민들로 가득 차게 만들어서 한반도 양쪽의 사회적 격차가 더욱 뚜렷해지게 했다. 서북으로 강제 이주된 불운한 평민의 무리—토지 보조와 지방행정직을 통해 '자원자'를 모집하려는 초기의 노력은 실패했다—에는 군인, 향리, 관노, 그리고 범죄자의 무리가 합류했는데, 그들 중 많은 사람은 정착을 통해 그들의 역이나 형벌을 면제받았다.[28] 실제로, 서북 지역에 귀족이 없었던 것은 남쪽과 북쪽 사회 양자의 발전에, 나아가 전체 귀족의 지위에 중요한 영향을 미친 것으로 보인다. 송준호가 밝혀낸 바와 같이, 15세기 조정에서는 범죄자를 서북으로 보내는 법을 지방 귀족에게도 적용할지에 대해 논쟁을 벌였는데, 이는 궁극적으로 사족 자체의 정체성과 배타성을 높였다. 이주를 면제받은 사람들 때문이다.[29] 이 연구의 논지는 조선 초기에 세습 귀족의 개념이 확고히 자리 잡았다는 것이지만, 더 나아가 사민 정책이 남부 지방의 사회와 경제에 대한 사족의 지배력도 강화시켰음을 시사한다.

서울과 남쪽 지방의 관료, 귀족 들은 서북 인구의 기원을 잊지 않았다. 그러나 서북인에 대한 경멸은 단순히 사회적 분리의 욕망을 뛰어넘는 것이었다. 이미 1429년에 예조판서는 서북인의 "의심스럽고 아첨하는"(따라서 믿을 수 없는) 성향에 대해 경고하고 있다.[30] 그리고 그 이후의 이주는 그러한 폄하에 대한 정당화만 더 제공할 뿐이었다. 16세기 초, 의정부 삼정승은 서북인을 "바보스럽고 순진해서 와언訛言이 퍼지기 쉽다"고 묘사했고, 정종定宗은 서북인이 "바보스럽고 속이기 쉬운 것 같다"고 맞장구쳤다.[31] 서북인 사이에 여진족 후손이 있는 것도 그런 멸시를 불렀다. 조선 후기에는 이러한 독설은 누그러져서 서북인이 올바른 유교적 예절과 의례에 대해 교육을 받지 못하고 있다는 일반적인 관찰로 대체되었다. 토지의 척박함이나 사람들의 낮은 문화 수준에 대한 폄하적 언사가 있었지만, 이러한 경멸의 근본 원인은 서북 주민이 조선 초기의 여러 낮은 신분집단으로부터 나왔다는 귀족들의 (정확한) 인식 때문이었다. 17세기 말 평안도 성천부사成川府使 이정李禎이 범한 죄목에 대한 서술에서 이런 시각의 전형을 볼 수 있다. 즉, 이정은 "여러 지방직에 근무하는 자는 노비 후손이 **아닌** 사람이 없고, 문인(유생)으로 여겨지는 사람들은 떠돌이 군인의 후손이다"(강조는 인용자)라고 하여 죄를 샀던 것이다.[32]

그러나 서북인은 자신들이 사회적 위신에서 부족한 점을 사회적 역동성으로 보충했다. 귀족의 부재, 그리고 그에 따른 사회적 상호 작용의 유동성은 사회적 사다리의 하층부에 훨씬 적은 수의 서북인이 서게 하는 것으로 이어지기도 했다. 15세기에 국경으로 이주한 노비들에게는 면천의 혜택이 부여되었고, 15세기 중반 이후의 관찰자들은 이곳에 사노비가 없다는 것을 알게 되었다.[33] 2세기가 지난 후에는 심지어 관노조차 자신들의 의무를 버리고 양인 농민 인구로 섞여 들어갔다는 보고가 많았다.[34] 본질적으로, 조선 초기부터 서북 지방 사람은 본래의 출신이 무엇이든 간에 거대한 평민平民의 대중 속으로 융화되었다. 이런 다양한 실마리로부터 독특한 사회 구조가 생겨난 것이다.

조선 후기 서북의 사회 계층

1687년 숙종이 관직에 더 많은 서북인을 등용하라는 자신의 명이 이행되지 못하는 이유에 대해 묻자, 승지 이세백은 "서북의 사자士子 중에는 글을 잘 읽거나 재능이 있는 사람이 임명된 적이 단 한 번도 없습니다. 이 사람들은 무학에 종사하거나業武, 재리財利를 좇으므로 문교가 번성하지 않습니다"라고 답하였다.[35] 서북인이 나라를 지배하는 귀족층보다 낮은 계층에서 고려할 수 있었던 두 가지 분야에만 능통하다는 언급은 종종 관직 진출의 차별 관행을 정당화하는 역할을 했다. 그러나 서북 사회는 복잡한 사회 계층화 과정을 경험했고, 그 과정에서 복합적인 배경을 가진 지역 엘리트들이 다양한 직업을 갖게 되었다. 그리고 18~19세기에는 강력한 지주 집단인 유교적 문인 가문이 지배적인 지역적 행위자로 등장하였다. 그렇지만 이세백의 관찰은 그 본심이 어떻든 서북인이 조선 시대의 마지막 2세기 동안 무예와 무관직을 통해 혹은 상업적 능력으로 두각을 나타낸 현실을 반영한 것이다.

상업 엘리트와 무인 엘리트

서북 지역에 활기찬 상업 문화가 출현한 데는 몇 가지 요인이 작용했다. 첫째, 서북 지역이 누린 특별한 재정적 지위로 인해, 여기서 징수된 대부분의 정부 수입은 바로 이 지역에 남아서 지방행정 용도로 사용될 수 있었다.[36] 이러한 관행은 조선 초기의 군사적, 인구학적 우려에서 비롯되었지만, 조선 후기에 서북 경제가 안정되었을 때도 국가는 그러한 특권을 철회하지 않았다. 둘째, 시장 활동, 특히 교환경제는 서울에 있는 중앙정부의 통제가 없는 상황에서 번창하는 경향이 있었다. 변경 지역에서 특히 그러했다. 함경도는 전국에서 가장 황량한 지역이 있는 곳으로, 조선 초기에는 여진족과 가축, 곡식, 삼베, 인삼 등을 교역하는 국경 시장이 있었다. 조선 후기 무렵에는 이들 상품의 국내 유통량이 증가하여 전국 각지에서 상인이 몰려들었다.[37] 예를 들어, 18세기 말에 함경도에 부임한 어느 수령은 놀라움에 차서 이 지역의 상업적인 부가 보기 흉한 풍요와 낭비를 초래했음을 지적하면서, 그러한 번영이 상대적으로 급작스럽게 이뤄진 점과 더불어 그에 대한 국가 통제력의 부재에 대해서도 비판했다.[38] 마지막으로, 그리고 아마도 가장 중요한 것은, 평안도와 황해도가 중국과 연결하는 조공 및 무역 네트워크의 기지 역할을 했다는 것이다. 이러한 조건은 조선 초기에는 지역 주민에게 큰 부담이 되었지만 나중에는 한국의 북서부 해안을 따라 점점 번창하는 상업 부문에 유리한 조건이 되었다.

조선 후기에 평안도 지방은 수많은 상업 엘리트를 배출했다. 이는 중앙정부의 국왕과 주변 인물들도 지적했던 바이다.[39] 18세기에 중앙정부의 한 고위 관리는 서북 지역에는 농민보다 상인商人 수가 많다고 하였다.[40] 이중환의 관찰에 따르면 서울 그리고 옛 고려 수도인 개성에 이어 가장 부유한 상인이 밀집한 지역은 평양과 안주安州인데, 이곳은 중국 무역의 중심지로 역할했다고 한다. 나아가 의미심장하게도, 이중환은 그러한 부富가 남부 지역에서는 발견되지 않는다고도 언급했다. 그 이유는 단지 남부에는 부유한 상인이 없고, 제대로 된 귀족은 그러한 상업 활동에 참여하지 않기 때문이라고 했다.[41] 상업이 보다 활발한 점은 서북 사회 발전에 중요한 역할을 했다. 그것이 고전적인 부르주아지를 배출했기 때문이 아니라(그렇지 않다), 이 나라 (남부의) 귀족에게는 없었던 직업적인 경로를 통해 지역 엘리트가 등장할 수 있도록 해주었기 때문이다.

무인武人도 서북의 지역 엘리트가 되었다. 조선 초기 군사적인 우려는 국경 지역에서 군인의 존재가 두드러지게 했고, 이는 그 이후에 형성된 인구 사이에서 군인의 전통이 강해지는 데 기여했다. 이후 조선왕조에서 서북인은 군사적 활력과 무예로 유명해졌다. 이는 확실히 현실을 반영한 것이기도 했지만, 서북을 야만적 변방이라고 깔보는 지리멸렬한 인식의 소산이기도 했다.[42] 이러한 인식은 17세기 초 평안도에서 강화되었다. 청군과 명나라군의 갈등이 한반도로 흘러들어올 때, 조정은 이 지역의 군사적, 경제적 자원을 동원함으로써 대응하였던 것이다.[43] 조선왕조의 창시자 자신이 군사령관으로 이름을 날렸던 함경도는 군대와의 관련이 더욱 밀접했다. 함경도는 조선인과 비조선인(특히 여진족) 사이의 오랜 갈등의 땅이며, 조선 초기 많은 군인의 거주지이자 조선인화된 여진족의 거주지였던 점으로 인해, 거친 군인의 땅이라는 일반적인 인상이 강화되고 있었다. 정부는 예컨대 16세기 후반 임진왜란기 서북의 무걸武傑들에게 보상을 주어 그들의 지역적 위상을 높여줌으로써 함경도의 이 같은 고유한 성격을 유지하는 데 일조했다.[44] 또한 조정에서는 1684년 함경도 기병대인 친기위親騎衛를 별도로 창설하였는데, 18세기에는 수천 명의 병력으로 성장하여 서북 지방 하급 군직軍職의 주요 통로가 되었다.[45] 평안도도 마찬가지로 조선 후기에 조정의 지원을 얻어 무인 엘리트를 양성하였는데, 이들은 지역 민병대 복무와 무과 급제자였던 점이 특징이다.[46]

정부가 서북의 무인 엘리트 부대를 별도로 창설하기로 한 것은 고착화된 서울의 무반 네트워크를 뚫고 들어가기 어려웠다는 증거이기도 하다.[47] 이들 서북 무인들은 자신들의 지역사회에서 높은 지위에 있었고, 무관이 문관 관직에 종속되어 있는 현실 속에서도 무반과는 별개의 집단으로 남아 있었다. 의심할 여지 없이, 이러한 분리는 두 집단 간 혈연의 부재가 원인이었다. 게다가, 아마도 중앙 관직에 임명되더라도 낮은 지위에 불과할 것이라는 전망 때문인지, 서북의 무인 엘리트는 직업적인 측면에서도 무반과 달랐다. 비록 무예의 함양이 그들로 하여금 지역적 지위를 획득하고 유지할 수 있게 해주었지만, 많은 경우 이들 서북의 무인 엘리트는 그들의 생계를 위해 상업 활동에 의존했다.[48] 이것은 무반으로서는 기피 대상일 뿐이었다.

서북 지역의 문인

경제적 부는 서북 지역에 유교 지식인이 발달하는 데도 중요한 역할을 했을 가능성이 크다. 조선 초기 서북 사회에 있어 귀족의 부재와 유동성은 지역 엘리트들이 군인이나 상업을 포함한 다양한 수단을 통해 등장할 수 있게 했다. 또 다른 중요한 통로는 지방세 수입 처리 담당관을 포함한 지방 관청이었다. 아마도 이것이 가장 중요한 결과를 가져왔을 것이다. 고석규가 밝힌 것처럼, 이러한 지방 관료의 직위를 둘러싼 경쟁 그리고 몇몇 지역에서는 종국에 선택된 가문의 독점이 서북의 지역 엘리트 형성에 강력한 영향을 미쳤다.[49] 지방 관직이나 상업적인 성공, 군복무 혹은 이 모든 것의 조합을 이용한 부를 통해 지역사회에서 높은 지위를 확립할 수 있었던 서북 엘리트들은 종종 그들의 관심을 유교 문인으로서의 자격을 갖추는 데로 돌렸다. 성장이 한창이던 18세기와 19세기에 이곳의 식자들은 남쪽 식자들의 특징인 유교 교육과 의례에 대한 헌신, 향안으로의 조직화, 문과 급제, 대규모 토지 보유, 심지어 무업武業 및 무관에 대한 멸시까지 꼭 같은 특징을 갖게 되었다.

17세기 후반 무렵, 당대의 관찰자들은 문인의 생활양식을 향한 이러한 움직임을 감지했다. 함경도에서의 이런 변화는 통치 관료들의 불안과 맞닥뜨리게 되었고, 이 지역은 조정에서 일어나고 있던 당파 싸움에 얽히게 되었다. 1675년 우참찬 오시수가 새로 등극한 국왕 숙종을 알현한 자리에서 보고한 관찰이다. "우리나라 병력의 강함이 서북만한 곳이 없는데, 근래 함경도에서는 모든 사람이 무업을 버리고 문학에만 힘쓰고業文 있습니다. 이것은 매우 잘못된 것입니다. 무예의 수양으로 돌아갈 것을 명령해야 합니다." 호조판서 오정위는 "[17세기 중반] 민정중이 함경도 관찰사가 된 이후 그곳 사람들이 모두 독서를 배웠으며, 그 이후로 그 지방의 풍속北俗이 크게 달라졌습니다"라고 특정인을 지목했다.[50] 반대당인 민정중이 당색 때문에 으레 비난의 표적이 된 것은 분명하다. 하지만, 그러한 반응에는 함경도에 대한 일반적인 인식이 반영되어 있다. 이곳은 주로 군사적 요충지로서 전통적으로 야만인 공격에 대한 방어의 제일선이었던 것이다. 그러나 국왕과 대신들이 이 지역이 그러한 특성을 유지시켜야 한다고 주장했음에도, 18세기에는 서원과 유교 사당의 설립, 향교의 융성 등 강력한 문인 문화의 조짐이 자라고 있었다.[51]

문학으로의 전환 그리고 강력한 신분의식으로의 전환은 평안도에서 훨씬 더 극적이다. 1680년에 병조참판 민종도가 놀라워하며 지적하기를, "평안도의 관습이 덜 고루하며 문지고하門地高下를 따지지도 않는다는 것은 다 아는 사실이다. 그러나 [근래] 평양 주변에는 스스로를 '양반'으로 칭하며 [심지어] 무인을 멸시하기까지 하는 문인이 다수 거주한다"고 하였다.[52] 이후, 18세기 중엽 이중환의 관찰은 이렇다. 즉, 근래 고도로 발달된 문인 공동체가 청천강(오늘날 평안남북도의 경계) 남쪽과 그 주변을 따라 등장했으며, 정주를 제외한 그 이북 지역은 여전히 무예를 숭상하는 반면, 이남 지역은 문학에 전념한다는 것이다.[53] 하지만 18세기 말 무렵에는 이미 유교 교육에 대한 선호와 문인적 생활양식이 한눈에 보기에도 만연해 있었다. 서북 여행에서 돌아온 한 고위 관리는 한때 평안도에서 무예가 중시되었지만 이제는 모두가 유생으로 행세하려 하고 심지어 무예를 멸시하기까지 한다고 관찰할 정도였다. 그는 문인 문화의 지배가 평양에서부터 의주 접경지대에 이르기까지 쫙 퍼져 있다고 말했다.[54]

조선 후기 서북 고유의 문인 공동체에 대한 가장 강력한 시금석은 시험 합격률일 것이다. 에드워드 와그너의 연구에서 보듯이, 18세기와 19세기 문과 시험에서 서북 지역의 급제율은 놀랍게 상승했다. 16세기에는 전체 문과 급제자의 3~4퍼센트, 17세기에는 7.5퍼센트를 차지했으며, 18세기에는 황해도를 포함한 서북 3도道가 14퍼센트, 19세기에는 15.4퍼센트, 고종(재위 1864~1907) 대에는 1894년 과거제 폐지 때까지 23퍼센트를 차지했다(조선 후기 이 세 도의 인구는 전국 대비 약 25~30퍼센트다). 강력한 귀족, 즉 문과 급제자가 서울에 몰려 있는 점을 감안한다면, 이 수치는 주목할 만하다. 18세기와 19세기 서울 이외 지역의 급제자 5명 중 2명은 서북 3도 출신이다.[55]

기존의 귀족에서도 그렇듯이, 서북 지역에서도 지배적인 가문들이 생겨나서 비상하게 많은 수의 문과 급제자를 배출했다. 그러고 나서 이들은 이 성공의 여세를 몰아 스스로를 지역 엘리트로 자리매김했다. 와그너에 따르면, 18~19세기 서북 특히 평안도는 남부 지방을 능가하는 급제 비율을 자랑했다.[56] 정주定州는 이 추세를 가장 잘 보여준다. 조선 후기 정주는 부와 명성의 중심지가 되었고, '작은 서울小京'로 알려질 정도로 많은 문과 급제자를 배출했다.[57] 정주는 평안도 인구의 4퍼센트, 서북 지방 인구의 2퍼센트에 불과하지만, 총 282명의 문과 급제자를 배출함으로써 평안도 급제자의 27퍼센트, 서북 지방 전체 급제자의 18.7퍼센트를 차지했다. 이것은 급제자 119명을 배출한 더 큰 지역인 평양과 110명의 함흥(함경도의 중심지)을 꺾은 것이다(서울을 제외하면 남부나 중부 지방의 어떤 지역도 이 성취에 필적하지 못한다). 게다가 남쪽과 마찬가지로, 시험에서의 성공은 연안김씨, 백천조씨, 전주이씨, 수원백씨 등 소수 지배 가문에 집중되는 경향이 있었다.[58] 실제로 이들 각 성씨의 서북 지방 가문은 근대에 이르러서도 뛰어난 인물을 배출하였다.

그러나 조선 시대에는 정주 출신의 엄청난 수의 문과 급제자가 국가 차원에서 자기 지역의 정치적 혹은 사회적 위상을 높이기 위해 할 수 있는 일이 거의 또는 전혀 없었다. 여기에는 조선의 사회와 정치라는 큰 틀 내에서 서북의 어색한 위치가 있다. 서북의 문인이 아무리 유교적 학문과 의례를 흡수하고, 또 그 속에서 남쪽 문인을 모방하는 데 열심이었어도, 그들이 아무리 부유해졌어도, 그들의 지역적 위상이 아무리 높아졌어도, 그들은 이 나라의 귀족 엘리트로서 인정받을 수 없었다. 서울에서 파견된 관찰사와 수령은 종종 서북인의 업적을 인정하는 것보다 뇌물을 받는 것에 더 관심이 있었으며, 이곳의 문인을 계속해서 하류로 취급했다.[59] 실제로 조선 후기에는 동북아 지역이 장기 평화를 누리면서 서북에 대한 국가의 인식이 '변경의 황야'에서 확고한 '국토'로 전환되었지만,[60] 편견은 여전했다. 서북인의 놀라운 과거 시험에서의 성공도 확실히 18~19세기 그들의 고향 지역의 안정과 관련이 있었지만, 결국에는 조선 초기 인구 혼합 시에 확립된 편견을 바꾸지 못했다. 이 지역에서 근무한 중앙 관리들은 서북에는 진정한 귀족이 존재할 수 없다고 주장했을 뿐 아니라, 서북인은 전체적으로 교양 없고 상스럽다는 주장을 고수했다. 예를 들어, 1787년 평안도 감사직을 마치고 서울로 돌아온 이명식은 서북의 높은 과거 합격률이 유교 경전의 전 범위에 대한 습득 없이 오로지 시험에 합격하기 위한 계산된 전념 덕이라고 주장했다.[61] 사소한 문제를 가지고 서북의 업적을 인정하지 않는 진짜 이유를 감춘 것이다. 진짜 이유란 남부 지방의 기성 귀족과 서북의 상승자 사이에 사회적 지위를 결정하는 지배적인 기준인 혈연이 존재하지 않는 것이다. '돈과 무예'에 대한 전통적인 헌신을 넘어 학문의 영역에서 자신을 증명한 서북인도 전국 차원의 인정이나 특권을 얻기를 바랄 수는 없었다.

배제에 대한 서북인의 대응

관료사회에서 서북인 차별은 고위관직에서 그들을 배제시키는 것으로 나타났다. 17세기 이후에는 서울·경기·충청도의 양반 거점 이외 출신은 극소수만이 최고위직에 오를 수 있었는데, 서북 지방은 가장 오래, 크게 배제를 당했다. 조선 후기에, 계몽적 군주들은 이러한 관행을 뒤집으려고 시도했지만, 귀족의 관료 권력에 대한 견고한 집권은 간간이 임명되는 관직 이외에는 어느 것이든지 막아버렸다. 서북인에게 큰 기회를 주는 조치 중에서 지속성 있는 것은 확실하게 그랬다. 다른 제2 신분 집단과 마찬가지로, 서북인의 커져가는 기대와 차별적 현실 사이의 증가하는 불일치는 개혁에 대한 갈망을 불러일으켰다. 그러나 서북의 이러한 환멸은 결국 1811년에 조선 정부에 대한 역사상 가장 큰 반란의 불길을 거세게 불러일으켰다.

관직 임명의 장애

거의 3세기 동안, 관직을 추구하는 서북인은 대부분 지방 군사직으로 물러나야 했다. 쇄신의 첫 번째 시도는 숙종 대에야 이뤄진 강압적인 조치였다. 병자호란 이후 반세기 만인 1685년, 서북인은 문과 급제자 비중에서 눈에 띄는 수치를 만들어내기 시작했다. 숙종은 3년 전에도 언관言官의 요청에 대한 비답으로 서북인을 고위직에 임명하는 방안을 내도록 명했지만,[62] 1685년 봄에는 특별 명령을 내리면서 고대 유교의 이상으로 그의 주장을 뒷받침했다.

"편견 없이 인재를 뽑는다立賢無方"는 것이 옛 규례였지만, 우리나라에서는 이런 이념이 서북 백성에게 적용되지 않았다. 이들은 멸시당하고 업신여겨졌으며 높은 벼슬顯職에 뽑히지 못했다. 우리나라에서 대신이 나오지 못할 곳이 없어야 하니, 어떻게 해야 서북인이 높은 벼슬을 할通淸 여지가 생기겠는가. 무사武士를 뽑을 때 병조도 그렇게 해야 한다.[63]

국왕 숙종은 서북 출신을 언관에 등용하도록 특별히 명령했지만 대신들은 저항했고, 국왕과 견고한 관료 엘리트 사이에 1년간의 강력한 투쟁이 뒤따랐다. 국왕은 "우리나라가 문벌만 숭상하는 것은 옛 전적典籍에 전례가 없다"고 주장했고,[64] 관료 엘리트들은 이러한 명령이 시행되는 중요한 순간마다 걸림돌이 되었다.

영조(재위 1724~1776)도 마찬가지로 이러한 개혁의 필요성을 인식하고, 마침내 숙종보다 더 강력한 위치에서 그것을 추진했다. 또한 '탕평'으로 알려진, 관직사회에서 당파적 영향력을 제거하는 보다 큰 차원의 정책의 일환으로 서북인의 대의를 채택했다. 그는 고위직에 대한 고려로 서북인 관료의 별도 명단을 작성하기까지 했다.[65] 그러나 영조의 서북 지원은 주로 무관을 양성하는 데 초점이 맞추어져 있었고, 문신이라는 특권 영역에서는 그의 통치 기간 동안 중앙정부 고위직에 오른 서북인이 한 명도 없는 것으로 보인다. 서북인의 전망은 19세기 들어 겨우조금 개선되었다. 1800년부터 1863년까지, 평안도는 다른 어떤 지방보다 많은 문과 급제자를 배출했음에도, 동시기 당상관(정3품 상계上階 이상)에 오른 총 598명의 관리 중에서 서북인은 (평안도 출신의) 단 한 명뿐이었다.[66] 게다가, 케네스 퀴노네스의 연구에 따르면, 1864~1894년(문과 시험의 마지막 해) 사이에 고위관직에 오른 서북인은 오직 두 명뿐이었다. 정주 출신의 70대가 그의 과거 급제 60주년이던 1873년에 2주간 한성 판윤이라는 중앙관직을 얻었다. 또 한 명은 16세기 초 국왕 중종의 후손으로서, 형조판서와 한성판윤이 되었다.[67]

홍경래와 서북 정체성

이러한 차별에 직면한 서북인의 분노는 점점 자라났고, 이는 1811~1812년의 홍경래 반란에서 뚜렷이 나타났다. 19세기 초 중앙정부에 대항한 이 봉기는 홍경래라는 카리스마 가득한 불평분자가 이끌었는데, 조선의 역사뿐 아니라 서북 지역의 발전사에서도 중추적인 위치를 차지하고 있다. 기간과 범위로 볼 때, 평안도의 심각한 경제 상황에서 일어난이 봉기는 17세기 초 병자호란과 1862년 한국 남부 지방의 민란 사이에일어난 가장 큰 소요 사건이었다. 홍경래의 군대는 1894년 동학 봉기에서뿐 아니라 1862년에 나타난 민란의 양상을 예견하듯이 지방의 부패를 표적으로 삼았고, 소요가 시작되자 순식간에 평안북도의 8개 읍을 장악했다. 한 달 만에 관군官軍은 반란군을 정주성으로 몰아넣었고, 반란군은 그곳에서 3개월 동안 포위 상태로 있었다. 보급 부족으로 결국 봉기는 실패했지만, 그 과정에 반군은 조선 조정에 충격을 주고 지역 주민 사이에 분노를 불러일으켜서, 많은 주민이 반군의 대의에 동참했다. 반란의 진척 과정과 정부의 대응은 서로 맞물려서 홍경래 난은 서북인의 의식과 정체성의 성장뿐 아니라 조선 반란의 역사에 있어서도 분수령이 되었다.

이 봉기에 대한 전통적인 설명은 주로 체포된 지도자들의 심문에 근거하여, 평안도 사람이 겪은 지속적 차별과 수령들의 광범위한 부패가 이를 촉발했다는 것이다. 지난 몇십 년 사이 학계의 연구는 이 설명법을 뒤집었다. 1894년의 동학 봉기와 마찬가지로 홍경래 난도 역사 서술의 다양한 취향에 광범위한 자양분을 공급한다. 연구들은 특히 '봉건제 해체'라는 틀 안에 반란을 집어넣는 데 심취해왔다. 반란을 더 넓은 맥락에서의 사회경제적 변화의 산물로 꼽는 것이다. 그것의 실패에 대해서는 적절한 계급구조의 발전이 불완전했던 탓으로 돌렸다.[68] 그러나 두 편의 본격적인 연구는 그것의 발생 요인에 대해 도참사상, 경제적 이해관계 그리고 관직 경쟁을 포함하는 훨씬 더 복잡한 설명을 제시한다.[69] 하지만 두 연구 모두 반군 지도자들을 추동하고 그들의 다양한 추종자들을 동원하는 주된 요인으로 서북인에 대한 차별을 지적하고 있다.

여기서 우리는 조선 국가가 가진 폭넓은 영향력이라는 주제로 돌아간다. 특히 관찰사, 절도사, 각 고을 수령 등 국가의 대리인들인데, 이들은 봉기의 초기 단계에서 표적이 되었다. 반란은 심각한 경제난 속에서까지 자행된 이들 관리의 고질적인 착취와 탄압을 비난했으며, 그들의 행동을 중앙정부가 오랫동안 평안도인을 학대한 것의 연장선으로 간주했다.[70] 스스로를 평서대원수平西大元帥라 칭한 반란군은 격문에서 다음과 같은 불만을 분명히 밝혔다.[71]

평서대원수는 긴급히 이 격문을 발표하니 평안도의 부로자제父老子弟와 공사천민公私賤民은 들으라. 평안도는 옛 기자와 단군의 근거지로[72] 세련된 양식과 찬란한 문화가 깃든 곳이다. 평안도인은 왜란 시 수복 노력으로 공을 세웠으며, 정묘호란(1627) 시에는 양무공[정봉쉬]이 용맹을 떨쳤다. 도남 선우협의 학식과 월포 홍경우의 재주가 또한 평안도의 산물이다.

그러나 조정에서 평안도 땅을 버림이 묘지와 다름없다. 심지어 권세가의 노비조차 항시 평안도인을 보고 '평한平漢(평안도놈)'이라고 조롱한다. 어찌 원통하지 않은가?

위기 때마다 평안도의 힘에 의지해왔고, 과거 시험에는 평안도의 문화적 성취가 모범이 되었다. 지난 4세기 동안 평안도 사람들이 조정을 배신한 적이 있는가?

비록 이 말들이 그들의 진정한 동기보다는 허풍을 보여주는 것이라 해도, 지도자들은 이 호소가 대중 사이에서 지지를 얻을 것이라 믿었음에 틀림없고, 또 실제로 그랬다. 상인商人에서 농민과 지방 문인을 망라하는[73] 반란 참여자들은 지역 배경만으로 뭉쳐서 고을과 관찰부 체계를 무너뜨리기 위해 모든 위험을 무릅썼다. 때로는 스스로를 조선 조정에 대항하는 별개의 국가로 간주하기도 했다.[74] 도道 차원에서 지역 차별에 항거하는 단결의 외침은 사회 위계상 전 구간에 걸쳐 평안도 인구의 상당 부분에서 공감을 얻었다.

　서울의 관료 그룹에서는 이미 서북인의 불만의 조짐이 표면화되어 있었다. 예를 들어, 18세기 초 평안도 출신의 문인들은 서북에 대한 암행어사의 쏘아붙이는 질책을 비판했는데, 그 속에는 평안도 관습을 야만인과 연관시키는 내용이 있었던 것이다. 평안도의 문과 응시자들은 이에 항의하여 과거 시험에서 마지막 장의 입장을 거부했다.[75] 이후 1806년 서북 문인들은 관직 차별이 한 세기 동안 만연하게 되자 국왕에게 상소를 올렸다. 이 상소문은 서북 사회의 후진성에 대한 불평을 논박했다. 서두에 5년 후 홍경래군의 격문에서처럼 기자, 단군과 이 지역의 영광스런 연관을 언급하였다. 덧붙여 조선왕조의 개창자도 서북 출신임을 상기시켰다. 그러나 상소인들에게는 안됐지만, 계속되는 편견 때문에 서북인에게 고위관직으로의 길은 여전히 막혀 있었다. 그들은 이런 환경이 사람들로 하여금 "우리를 하류로 취급하고 경멸적으로 바라보게" 했다고 지적했다. 결론적으로 이들 서북 엘리트들은 '삼남 지방'에 적용되는 공명정대한 관행에 따라, "명백하게 우월한 가문을 가진地閥顯著者" 서북의 후보들을 고위직에 임명해줄 것을 요청했다.[76]

　이 상소문이 시사하듯이, 서북 엘리트들은 쓰라림뿐아니라 자신감과 자부심을 나타내는 집단적 정체성을 발전시켰다. 18세기 후반부터 영조가 서북 군대를 따로 양성하면서, 평안도의 군사 엘리트들은 주목할 만한 무과 급제자에 대해 그들 자신의 명부를 편찬하였다. 이런 명부는 언제나 조선왕조에서 강력한 집단의식의 표시였다. 평안도의 문인들도 조선 초기 이래 평안도 출신 문과 급제자의 명부를 작성해서 문과 시험에서의 뛰어난 실력을 기록했다.[77] 함경도의 문인은 1797년 두 개의 문과 급제자 명부를 따로 만들었다.[78] 마침내, 조선 후기 서북 엘리트 가문이 그들 자신의 계보를 편찬하기 시작하여, 서로 간에 그리고 아무리 멀다 해도 유명한 역사적 인물들에 대해 친족적 관련을 문서로 증명함으로써 그들의 신분적 자격을 강조하기 시작한 것이다. 이를 통해 그들은 족보에서 서북인을 배제했던 이 나라 사족의 표준 관행을 모방한 것이다.

족보와 명부의 편찬은 서북인의 다른 면을 보여준다. 이것은 지배체제에 대한 이중적인 태도이며, 아마도 더 강한 측면일 것이다. 다시 말해서 그 속에 들어가고 싶다는 욕망인 것이다. 조선 후기의 다른 제2 신분 집단과 마찬가지로 서북인은 소외감과 소속에의 갈망을 모두 가지고 있었던 것이다. 자신들의 성취에 대한 인식이 높아짐에 따라 지배적인 정치체제가 부과한 장애가 부각되어 분노를 일으켰지만, 그들은 때때로 일어나는 한바탕의 폭동과 나아가 더욱 자주는 스스로의 엘리트 자격을 증명하기 위한 노력을 통해 이 문제를 바로잡으려 했다.[79] 서북의 문인에게 사회적 엘리트주의, 즉 1806년 상소나 남부 지방 귀족의 생활양식 모방, 지방행정직 종사, 유교 윤리 고수 등은 지배체제 내에서 높은 지위가 주는 이점에 참여하고자 하는 욕망을 드러내 보인 것이다. 그들은 이것을 문과 급제에서부터 유교 서원의 건립이나 왕위에 대한 충성의 표현까지 다양한 방식으로 보여주었다.

정주의 백씨

백경한과 백경해 형제의 이야기는 조선 체제에 편입되기를 바라는 이러한 열망을 보여주는 한 예이다. 그들의 행동이 가족의 운명에 미친 영향은 서북의 엘리트 가문이 형성된 하나의 중요한 경로를 보여준다.

아이러니하게도, 이 가문이 높은 지위를 확보하게 된 결정적인 사건은 홍경래 난 때 일어났다. 이 형제들은 정주定州 수원백씨 가계에 속했는데, 이 가계는 모든 면에서 서북 문인의 그 근거지 속에서 가장 부유하고 저명한 가문이었다. 1811년 반란이 발발했을 당시, 25년 전에 문과에 급제한 동생 백경해는 많은 서북 급제자와 마찬가지로 서울 중앙 관부의 하급직에 처박혀 있었다. 그러나 반란이 급속도로 확산되자 국왕은 위기를 진압하고 퇴치하기 위해 곧바로 서북인을 평안도 서북의 특정 고을들에 수령으로 임명시키도록 했다.[80] 백경해는 운산군수로 임명되었다. 그러나 그의 주된 공적은 형 경한을 도왔을 때 나왔다. 백경한은 관직은 맡지 않았으나 홍경래 군과 싸우기 위해 지방 군대의 조직에 조력했다. 국가는 경해에게 상을 내렸고, 반란군에 붙잡혀 처형된 경한에게는 사후 추서하였다. 이것이 그들의 후손에게 행운이 되었다.[81]

〈표 6.1〉에서 보듯이, 이들 형제의 가계는 반란이 일어나기 전부터 문과에 급제하고 중앙정부의 관리를 배출할 만큼 충분히 탁월했다. 그러나 백경한과 백경해의 희생적이고 친정부적인 영웅적 행동이 가문의 위상에 날개를 달았다. 중앙정부는 백경한에게 사후 증직으로 호조참판직을 수여하고, 그의 후손에게 각종 포상을 내렸으며, 이 지방에 그를 기리기 위해 유교 사당을 건립하는 것을 허가하기도 하였다.[82] 백경해는 더큰 고을의 수령으로 임명되었고, 이후 정부의 『선원보략』 개수 사업에 참여하였다. 그의 조카이자 백경한의 아들인 백종전도 이 사업에 참여했다.[83] 종전과 더불어 경해의 아들인 종걸도 문과에 급제했다. 이후 종걸은 당시 서북 출신에게 수여 가능한 가장 높은 중앙정부 문관직에까지 올랐다.[84] 한편 백경한의 장남 백종륜은 음직을 수여받았다. 국가에서

표 6.1 정주의 수원백씨 가문(44세~51세)

44세	46세	47세	48세	49세	50세	51세
일영(1711)	경한(1761)	종윤*(1788)	시술*(1817)	인행†	면제*	낙수
45세				예행(1852)	일제*	낙원(1907)
선양(1735)					만제*	
			시달*	진행	창제	
			시탁*	의행†	희제	낙윤*
		종검	시순*	수행	홍제	낙문
		종전†	시철*	균행	의제	낙승
	경해†(1765)	종열*(1794)	시홍	극행†	명제	낙규
			시황*	범행	원제	낙신(1905)
			시용*	우행	병제	
		종걸†(1800)	시훈	이행	학제	낙영(1902)
			시증(1844)	희행(1869)	용제	
					봉제	낙승
					인제	낙조
					붕제*(1910)	낙환
						낙청(1938)

주: 괄호 안은 출생 연도.
　*지방행정직 †문과 급제자.
출처: 『수원백씨정주족보』, 86~87쪽·216~224쪽.

내려준 무수한 공식적인 포상은 조선왕조에 대한 공로로 인한 것이었으므로, 그다음 세대에서는 줄어들었다. 그러나 지역 내 위상은 높아졌다. 19세기에 이 두 형제의 후손은 주로 지방 명예직을 차지했지만, 49세에 세 명의 문과 급제자가 더 나왔고, 이는 이 가계 구성원의 신분을 더욱 높였다. 아마도 부富도 더 추가했을 것이다.

　백경해가 문과에 급제한 18세기에도 이 가계는 경제적으로 풍족했던 것으로 보인다. 더욱이 이에 따른 지역 내 급격한 지위 상승이 혼맥을 통해 부를 크게 늘리는 것을 가능케 한 것 같다. 구체적인 수치는 알 수 없지만, 경해와 종걸의 직계 후손인 백희행의 자식들(50세)이 받은 교육은 비상하게 강력한 경제적 기반을 가리키고 있다. 네 아들 중 세 명이 일본에 유학하여, 이후 새로운 사회 엘리트의 분업화된 틈새 속에 자리를 잡았던 것이다. 차남인 백봉제는 유명한 충주 오산학교에 다녔고, 오사카에서 상업학교를 졸업했으며, 귀국하자마자 서울에서 중학교 교사로 일했다. 3남 백인제는 서울에서 의대를 졸업한 후 식민지 총독부에서 의사로 일했다. 도쿄대 의과대학에서 학위를 받고 1930년대 초 한국에 자신의 병원을 설립하였는데, 이것이 유명한 백병원이다. 식민지 시대에 백인제는 한국 최고의 의사이자 의학 연구자로 명성을 얻었다.[85] 그의 동생인 백봉제는 교토제국대학 법학부를 졸업했다. 귀국하자마자 총독부 법률 및 행정 시험에 합격한 뒤 군수를 거쳐 식민지 말기 잇따라 경상북도 도청의 고위직에 근무했다.[86]

근대 사회의 요구에 효과적으로 적응한 백씨 가문의 이야기는 출세한 한국인의 전형적인 경로를 보여준다. 조선 후기 과거科擧에서의 성공, 지역적 위신, 경제적 부 등을 재투자하여 20세기 초 새로운 조건하에서 지위를 쟁취한 것이다. 하지만 이 가문의 성공을 가능케 한 돌파구에는 조선 후기 서북 엘리트의 모호한 지위를 나타내는 징후가 있다. 그것은 적어도 표면상 정부의 평안도 차별 대우의 시정을 추구했던 반란에 대해, 바로 그 중앙정부를 도와서 반란을 평정하려고 군사력을 동원했던 것과 관련이 있다. 사실 백씨 가문의 군사력은 반군을 물리치기 위해 지역 엘리트들이 조직한 여러 '의병' 중 하나였을 뿐이다.[87] 이것이 백씨 형제와 여타 친정부 지도자들이 이러한 차별을 의식하지 못했음을 의미하

사진 6.1 백인제, 1930년대
출처: 창비

는 것은 아니다. 평안도와 서북의 주민은 이 점을 매우 잘 알고 있었다.[88] 단지 그들의 우선순위가 체제의 전복에 있었다기보다는 그 체제에 참여하기 위해 더 많은 노력을 기울이는 데 있었을 뿐이다. 서북의 이 엘리트 집단이 이의를 제기한 것은 정치사회적 인정認定을 결정하는 위계 구조가 아니라 그들 자신이 엘리트 지위에서 배제된 점이었다. 비록 서북인 중 몇몇 부류가 홍경래 난에서 보듯이 조선의 지배체제와 귀족으로부터의 분리와 차별을 강조하였고, 어쩌면 그것이 지배적인 정서를 보여주는 것일 수 있겠지만, 이들 백씨 형제의 행위는 남부 지방 사족의 특성을 모방하고 그를 통해 정당한 엘리트로 인정받는 것에 몰두하고 있었던 서북 문인의 존재를 보여준다. 그러나 백종걸의 성취에도 불구하고 이러한 노력은 조선왕조 시대에는 그만한 인정을 받지 못했다. 하지만 일단 조선의 체제가 쇠퇴하자, 백씨 가문과 같은 서북인이 장래 나라의 발전에 잠 재적으로 중요한 세력을 대변하고 있었음이 드러난 것이다.

근대 시기의 서북인

서북 지역은 근대 한국의 출현, 특히 1930년대 한국의 산업경제의 성장에서 많은 부분 중심 무대를 차지했다. 평안도와 그 중심 도시는 선도적인 상업 지역을 형성했다. 1930년대 초에 한 학자는 평양이 한국 경제에서 가장 밝은 미래를 가지고 있다고 선언했다.[89] 함경도, 특히 함흥에서 원산으로 이어지는 지역은 일제 식민 당국이 만주를 제국에 편입시키려고 할 때 근거지로 역할했다. 그곳은 산업 중심지로서 서울 자체와 경쟁하게 되었다.[90] 그러나 서북인이 근대 한국의 발흥에 가장 큰 공헌을 한 것은 새로운 집단 정체성의 형성에서 가장 중요한 요소인 문화, 교육, 민족주의의 영역이다. 그리고 중인과 마찬가지로, 대부분의 영향력 있는 서북 지식인과 문화 활동가가 국가 밖에서 이름을 날렸지만, 정주의 백씨들이 증명하듯이 관료적 성공은 종종 사회적 명성의 디딤돌이 되었다.

관료들

20세기 초에 관직을 차지했던 서북인은 여느 제2 신분집단에 비해 그렇게 유명하지는 않지만, 새로운 행정 기관에서의 서북인의 존재는 중요하고 주목할 만하다. 사실, 갑오개혁 이전부터 서북인의 상승은 시작되었다. 갑오개혁이 끝난 후 20년 동안에도 고위직에 오른 서북인은 거의 없었지만(이용익은 강력한 예외이다), 1920년대 무렵에는 이들이 총독부에서 한국인이 차지한 최고위 관직들을 차지했다.

흥미롭게도, 1910년 이전 서북인 후손으로 한국 정부에 몇 안 되는 고위 관리는 함경도 출신이었다. 그중에는 장석주(장박으로도 알려져 있음)라는 거물도 등장한다. 그는 공적인 이력이 한국의 개화기 전체에 걸쳐 있는 매우 영향력 있는 정치인이었다. 장석주의 배경에 대해서는 출신지가 함경북도 경성부鏡城府라는 점 외에는 거의 알려져 있지 않다. 1882년 서울에 와서 1883년 새로 창간된 정부 기관지『한성순보』에서 필자로 임명될 만큼 충분한 재능과 카리스마를 보여주었다. 이듬해 외무부에 주사로 임명되어 1880년대의 남은 시기를 보내면서 개혁가로서의 자질을 닦았다. 그러는 가운데서도 어떻게 해서인지 1884년 갑신정변기 김옥균의 개화당과의 연루는 피할 수 있었다. 1880년대 김홍집이 이끄는 온건개화파와 인연을 맺은 장석주는 갑오개혁기 법부의 여러 고위직에 임명될 수 있었고, 1895년 말에는 법부대신으로 절정에 이르렀다. 그러나 1896년 초, 장석주는 갑오개혁의 나머지 관료들과 함께 일본으로 망명해야 했다. 1907년 귀국하여 잠시 옛 각료직을 되찾았고, 병합 후 중추원에 들어갔다. 갑오개혁기 영향력이 최고조에 달했던 때에 그는 함경도 출신의 동료 김학우金鶴羽(1862~1894)에게 고위 관직을 주선했다. 김학우의 흥미로운 배경과 이력은 이광린이 깊이 추적한 바 있는데,[91] 여기에는 19세기 중엽 서북 변경지대의 삶의 양상도 엿보인다(김학우는 경흥에서 태어났다). 김학우의 숙부로 김인성이라는 지방 관리가 있었는데, 그는 가족을 데리고 국경을 넘어 블라디보스토크 인근에 한인 이주민 300여 명이

사는 정착촌으로 가서 살았다. 그들은 그곳에서 일본인 정착민과 관리들을 만났다. 이들은 김인성과 그의 조카가 일본을 방문할 수 있도록 주선해주었다. 이때가 1875년이다. 한국과 일본이 국교를 수립한 1876년 강화도 조약 체결 직전 해였던 것이다. 김학우는 이전에 장석주를 러시아에서 만난 적이 있는데, 아마도 그를 통해 많은 사람에게 인상을 남기고 1884년 서울의 중앙 관직에 입성할 수 있었던 것 같다. 김학우가 들어간 곳은 통리아문 기기국機器局의 하급 관직이었다. 그는 이 관직을 통해 일본을 여행할 수 있었고, 아울러 1880년대 국내로 진입한 여러 해외 상인과 한국 정부 사이의 관계에서 중심적 위치에 자리 잡을 수 있었다.

김학우는 1894년 여름 군국기무처에서 서북 출신으로 선출된 두 명의 의원 중 1인이었다. 나머지 김하영도 함경도 출신이다. 김하영은 1888년 외무부 주사로 임명되고, 1894년 여름에는 외무부 참의와 큰 수익을 낼 수 있는 직책인 원산항 감리를 겸임했다.[92] 그러나 갑오 정부 초기 두 사람 모두 더 큰 영향력을 행사할 기회는 없었다. 김하영은 1894년에 은퇴한 것 같다. 김학우는 1895년 초에 암살되었다.

그사이 함경도 출신의 네 번째 관료인 신재영이 군인과 법무 전문가로 자리를 잡았다. 그는 새로운 관료제 속에서 종국에는 식민지 시대까지 길게 이어진 관직 경력을 만들었다. 신재영은 1864년 함경남도 태생으로, 갑오개혁 시기인 1895년 초 육군 장교(참령)로서 첫 직책에 부임했다. 그는 곧 법부로 옮겨 장석주 아래에서 여러 관리직에 근무했다. 그러나 장석주와는 달리 신재영은 갑오개혁 지도부와 얽히지 않아 1896년 이후 계속해서 관직을 유지할 수 있었고, 주로 군부에서 근무했다. 1907년 한국군이 해산되자 신재영은 법무 영역에 복귀하여 지방법원의 판사가 되었다가 1911년 경성공소원의 몇 안 되는 한국인 판사로 임명되었다. 신재영의 오랜 관료 생활은 1910년대 후반에 함경남도에 있는 그의 고향 지역에서 군수를 지내는 것으로 끝났다.

신재영이 총독부에서 막바지 경력에 이를 무렵에도, 다른 서북인은 이제 막 한국인 관료 중 최고위직에 임명되기 시작했다. 그들의 고위직 진출은 서울 이외의 지역에서 온 다른 제2 신분집단, 특히 향리와 흡사했다. 향리처럼 많은 서북인이 경찰에서 관료 생활을 시작했다. 함경남도 덕원군의 이원보가 대표적인 사례이다. 그는 원산의 사립 일어학교(원흥일어학교)에서 공부하고 또 교편을 잡고 있다가, 병합 직전 해에 경찰서의 통역으로 취직했다. 1910년대 이래 그는 평안남도와 경기도청에서 경시警視로 근무하다가, 1930년 군수가 되었다. 1940년에는 도지사로 착실히 승진했다.[93] 오랜 기간 지방 관청에서 경시로 재직하고 그것을 디딤돌로 해서 고위직으로 승진한 또 다른 서북인으로 황해도 남부의 이성근이 있다. 이성근은 통감부기 순검과 지역 경찰 관료로 이력을 시작한 후, 1910~1920년대에 경찰직의 위계를 따라 승진해가다가, 전남도청의 이사관 자리에 임명될 수 있었다. 이성근도 이원보처럼 1939년 도지사로 관료 생활을 마감했다.[94] 마지막 예로 평안도 양덕군 출신 김태석이 있다. 김태석은 서울에서 고등학교를 졸업한 후, 일본에 유학하고, 귀국하여 1911년 공립학교 교사로 근무했다. 1912년 통역관으로 첫 경찰직을 시작했고, 이후 꾸준히 승진하여 1920년 경기도청 경시에 임명되었다. 마침내 김태석은 1933년과 1944년 도 참여관 반열에 올랐고, 식민지 시대 한국인 고위관료들과 마찬가지로 중추원에서 은퇴했다.[95]

그러나 경찰만이 고위직으로 가는 유일한 길은 아니었다. 서북 출신의 한국 관리 중에 가장 유명한 이들은 이 길을 따르지 않았다. 황해도 재령군 출신으로 평양에서 일본어 학교를 졸업한 김시권은 1909년 지방 세무 관리로 경력을 쌓기 시작했고 총독부 치하에서 여러 지방의 군수를 거쳐 도청의 고위직에 올랐다. 1928년 김시권은 함경남도 재정부의 사무관으로 발탁되었다. 한국인으로는 유례가 없는 성취였다. 김시권은 마침내 1930년대에 도지사가 되었다.[96] 또 다른 선례를 남긴 한국인은 평안도 대동군 출신의 이창건이다. 1910년대 초 공립학교 교사로 근무한 뒤 일본으로 유학하여 1923년 메이지 대학 법과를 졸업했고, 같은 해 한국인으로는 처음으로 고등문관시험(행정과)에 합격했다. 이 성취를 통해 그는 고위 관직으로 직행하게 되었고, 1927년 충남도청의 과장으로 임명되었다. 1930년 무렵, 이창건은 중앙정부에서 가장 높은 직위를 가진 한국인 관료로서, 학무국 종교과장에 임명되었다.[97] 1920년대 말 충남 도청 이창건의 상관上官은 평안도 숙천군 출신의 유진순이었다. 유진순도 김시관과 마찬가지로 1909년 지방 세무 관리로 활동을 시작하였으나, 1910년 초 재빨리 위원군의 군수로 승진하였다. 1910년대에 같은 평안북도 내의 다른 3개 군의 군수를 역임하였고, 1921년 무렵 평안북도 도 참여관으로 임명되었다. 1929년, 유진순은 충남 도지사가 되었다. 1930년 이전 도지사가 된 서북인 후손은 유진순을 포함하여 둘뿐이었다.[98] 다른 한 명은 박상준이었다.

박상준은 아마도 식민지 초기 관직 사회에서 가장 두각을 나타낸 서북인일 것이다. 평안남도 성천군에서 태어나고 자란 그는 1898년 20세의 나이에 안주의 국가 전신국에 견습생으로 등록되었다. 1900년 서울에서 정부의 전신 기술자 자격시험에 합격한 박상준은 강원도의 두 지방 전신국에서 주사직을 맡았다. 1903년 그는 공직을 떠나 일본에 유학했고, 이후 이곳에서 한국 학생의 단체인 태극학회에서 활동하게 되었다. 그는 이 단체의 기관지인 『태극학보』에 논평을 기고하여, 고국의 엘리트들이 정치 개혁과 실용 기술 개발을 장려하는 시급한 과제들을 수용하도록 촉구하기도 했는데, 이는 당시 개혁주의 지식인들이 늘상 하는 공통된 주장이었다. 박상준에 따르면, 이러한 목표들은 국가의 낙후된 종교적 기반인 유교를 포기하고 서구의 프로테스탄티즘과 유사한 무언가를 채택해야만 달성할 수 있다고 한다.[99] 귀국 직후 잠시 성천군 군서기로 일하고 사립학교에서 교편을 잡았으나, 곧이어 군수로 일대 승진을 하여, 1908년 강동군, 1910년 순천군의 군수가 되었다. 1910년대에 고향인 평안남도에 있는 몇몇 다른 군에서 군수를 역임했고, 1921년에는 평안남도 도 참여관이 되었다. 1926년부터 강원도, 함경북도, 황해도의 도지사를 잠깐씩 역임하다가 1929년 중추원으로 물러났다. 그는 1945년 해방될 때까지 중추원 참의, 교육가, 평안도의 지방 명사로 남아 있었다.[100]

박상준은 그의 경력만큼이나 그의 집안 배경도 흥미롭다. 그의 족보에 의하면 그의 가계는 성천군의 엘리트층의 일부였기는 하지만, 문과 급제자나 지방 관리 수에 나타나듯이, 정주의 수원백씨 가계만큼 저명한 수준에는 도달하지 못했음을 알 수 있다. 실제로 박상준의 가계(표 6.2)는 몇몇 생진시 합격자를 자랑할 뿐이다. 박상준 그 자신에 대해 말하자면, 그의 직계 선조 중에 이 정도나마 탁월한 업적을 얻은 사람은 박몽정과 박성청이라는 17세기 초 인물로까지 거슬러 올라가야 한다. 그럼에

표 6.2 성천의 밀양박씨(11세~24세)

11세	14세	15세	16세	17세	18세	19세
광정†(1547)	임(1622)	진양(1644)	건주(1667)	태일(1697)	내승	영조†
12세			건두†	태초	내진	영하
몽정†(1582)					내정	영좌
13세					내관	영려
성청†(1601)						

19세	20세	21세	22세	23세	24세
영조(1748)	기초(1764)	시종	제도	상정	동휘
영려	기준(1781)	치종	제동	상구	영휘
		성종	제태	상목	돈휘
	기채(1796)	형종	제길	상화	승휘
		숭종	제극	상준	문혁
		상호(1830)	제순*	상순	면희
			제균*(1850)	상영(1866)	종희(1881)

주: 괄호 안은 출생 연도.
　*지방행정직 †문과 급제자 ‡생진시 급제자
출처: 『사마방목』, 『밀양박씨수정공제3손군수공파세보』

도 박상준의 가계는 남한 지방 재지사족처럼 가끔 생진시에 성공함으로써 지역적 위상을 유지할 수 있었던 것으로 보인다. 그들의 경제적 위상은 짐작할 뿐이지만, 박상준이 일본에서 공부할 수 있었던 점을 고려한다면, 그의 가족은 아마도 주요 지주 가문이었을 것이다. 박상준의 배경에 대해 흥미로운 점으로 두 번째는 박상목과의 친족 관계이다(둘 다 박영려의 4대손이다). 그의 사촌과 대조적으로, 박상목은 식민지 정부에 가담하지 않고 맞서 싸우면서 이름을 날렸다. 이 근본적인 분기는 병합 무렵에 일어난 것으로 보인다. 박상준은 군수가 되기 직전인 1907~1908년에 박상목이 직접 성천에 설립한 신식 학교인 동명학교에서 교사로 일했다. 1910년대 후반 박상목은 만주에 생겨나고 있던 유격대 운동에 참여했다. 1920년대에는 상해임시정부를 위해 평안도에서 비밀 공작원으로 일했다. 총독부에 붙잡혀 2년 반 동안 옥고를 치렀고, 유격대 활동을 재개한 후 사망했다.[101]

박상준과 박상목은 모두 17세기 후반 한 사족 출신 수령이 '노비와 군인'의 후손으로 가득찬 곳으로 폄하했던 그 고을 출신이다. 정치적 스펙트럼의 대극에 있는 이들 박씨 사촌들의 성공은 서북의 엘리트가 새로운 시대의 도전에 적응하는 다양한 방법을 보여준다. 그들은 계속해서 근대 엘리트들이 활동한 모든 새로운 분야에서 자리를 찾아나갔지만, 그들의 가장 지속적인 영향은 계몽운동에서 왔다.

근대 문화 건설의 지도자들

이전 시대 서북인의 열등한 지위와 서북에 저명인사가 거의 없었다는 점을 감안할 때, 20세기 초 새로운 민족 정체성의 수립 과정에서 서북인 출신의 작가나 민족주의 운동가의 리더십은 중요한 역사적 변화의 하나였다. 실제로, 이성계 이후 서북인 중에는 조선의 정치와 사상에 크게 공헌한 사람이 없다고 말할 수 있다. 사회적, 관료적 배제라는 견고한 방어벽으로 인해, 18~19세기 평안도 지방 부유한 문인의 공동체들조차도 큰 명성이 있는 인물을 배출할 수 없었다. 그러나 20세기 초에는 부분적으로 개신교의 열렬한 채택과, 특히 현대 교육에 대한 빠르고 성공적인 투자 덕분에 조선의 지역적 위계가 서북인에게 유리하게 바뀌었고, 그것은 다양한 상황에서 막대한 보상을 가져다주었다.

서북인이 전국에서 두각을 나타낸 것은 20세기 초에 개신교가 수용되면서 시작되었으며, 평안도는 한국에서 가장 성공적인 선교 활동 지역이 되었다.[102] 한국 토착어 구사력, 교회와 학교 건립 그리고 흔들리지 않는 진보의 아우라를 통해 선교사들은 한국 대중에게 솔깃한 이데올로기적, 윤리적 대안을 제시하였다. 지식인과 여타 사회적 엘리트는 개신교를 서구의 진보와 동일시하게 되었다. 그들 중 다수는 전국적으로 확산되고 있는 교육 노력에 참여하기 위한 발판으로 이 종교를 채택했다. 그들의 새로운 믿음이 그들의 활동에 어느 정도까지 영향을 미쳤는지는 여전히 논쟁의 여지가 있지만, 저명 인물들 사이에서 개신교의 압도적인 존재를 설명하지 못한다면, 특히 한국 민족주의의 역사는 부실해질 것임이 분명하다.[103] 그러한 양상은 특히 대부분이 개신교인 평안도와 황해도 지방의 주요 민족주의 인사들에게 해당된다.

개신교 신자이든 아니든 간에, 서북 지방의 계몽운동가들은 20세기 초창기부터 지적, 정치적, 사회적 세력으로 뭉치기 시작했다. 초기의 도전은 그들이 열등하다는 지배적인 인식을 극복하는 것이었다. 이는 단명한 두 개의 학회인 '서우西友(평안도에서 온 친구)'와 '한북韓北(한국의 함경도)'을 1908년 서북학회로 합병하는 계기가 된 것으로 보인다. 지식계에서 서북학회는 20세기의 첫 10년 동안 학술 활동, 공교육 운동 및 출판 활동이 난무하는 가운데 생겨난 많은 학술 단체의 모범으로 칭송되었다. 학자인 김윤식은 서북학회에 참석한 뒤 일기에 다음과 같이 기록했다. 즉, "서북에는 안개가 걷히고 있고, 백성의 일상 풍습은 삼남의 가련한 무기력과는 전혀 다른 발전을 이루고 있다. [이 진보는] 놀랍고 경이롭다."[104] 이 단체의 학회지『서북학회월보』의 창간 사설에서 박은식(황해도 출신)은 자신의 조직이 한국에서 진행 중인 계몽 프로젝트, 즉 "사회 발전의 촉진"에 기여코자 한다고 선언했다. 그리고 이 단체의 형성은 "서북 인사들의 문명 수준의 진보"를 반영한다고도 했다. 계속해서 박은식은 다음과 같이 말한다.

이 때문에 일찍이 수백 년간 우리를 멸시하고 야만시하던 경화京華 및 영호嶺湖에서 이제는 놀라워하며 고쳐 보면서 말하기를, "오늘날 문명 진보의 선두에 선 사람들은 서북인"이라고 하니, 과거에 비해 우리의 현재 가치는 진흙땅을 뚫고 하늘로 올라가는 사람의 그것과 비슷하다.[105]

그러나 박은식은 서북인이 이런 불리한 대접을 자청했다고 경고했다. 왜냐면, 조선 시대에 특히 평안도와 함경도 출신이 따로 떨어져서 심지어 서로 경쟁하기도 했던 것인데, 이로 인해 하나의 공동체로 통합하는 데 실패했기 때문이다. 그는 "서북학회 회원들은 이를 교훈 삼아, 학문과 교육을 증진함으로써 전체 한국 사회에 진보를 촉진시키고자 한다"고 말했다. 이런 식으로 서북인이 분열을 극복하고 나라 전체의 복리에 기여할 수 있을 것이라고 했다.[106] 실제 이 시기 서북학회의 회원, 그리고 일반적으로 서북학회가 가장 눈에 띄는 족적을 남긴 것은 학문과 교육의 영역이었다. 서북인이 서양식 교육을 도입하고자 하는 가장 선구적이고 가장 열심인 집단이 되었던 것은 일정 부분 선교사들의 노력 덕분이었다. 근대적 사립학교의 두드러진 성장은 이러한 교육열의 강력한 증

그림 6.2 『서북학회월보』(1908) 표지
출처: 한국학중앙연구원

거이다. 일반적으로 종교단체, 지역사회, 민족단체 등에 의해 운영된 이러한 학교들은 1890년대에 전국에 걸쳐 나타나기 시작했으며, 그다음 10년 동안 그 수는 계속 증가하여, 정부가 그것을 규제하기 위한 조치를 취할 수밖에 없을 정도였다. 1908년 8월, 한국 정부는 사립학교를 정식 인가하고, 교육과정에 대한 지침을 마련하며, 국고보조를 통해 새 학교 설립을 장려하는 일련의 법령을 발표했다.[107] 2년 후, 정부는 전국 수천 개의 사립학교에 대한 조사를 실시했는데, 그 결과 현저한 지역별 불균형이 보인다(표 6.3 참조). 예를 들어, 인구의 14퍼센트가 살고 있는 평안도에는 놀랍게도 전국 사립학교의 38퍼센트가 있다. 어쩌면 더 놀라운 것은 다음 순위의 황해도와 함경도인데, 이 두 지방의 인구를 합해도 전국 인구 4위인 경상도보다 적었다.

표 6.3 신식 학교의 지리적 분포와 인구, 1910

도	공립	사립(%)	인구(%)
1. 평안	21	784(38%)	1,833,275(14%)
2. 황해	9	251(12%)	972,293(7%)
3. 함경	21	246(12%)	1,286,612(10%)
4. 경상	22	239(11%)	2,963,685(23%)
5. 경기	19	183(9%)	*1,363,089(10%)
6. 충청	13	133(6%)	1,430,431(11%)
7. 전라	22	115(6%)	2,498,129(19%)
8. 서울(한성부)	19	94(5%)	
9. 강원	9	37(2%)	781,266(6%)
계	155	2,082(100%)	13,128,780(100%)

주: 백분율(%)은 정수로 반올림.
 *서울 포함
출처: 학교_『관보』(1910. 8. 13); 인구_조선총독부 편, 『조선총독부 시정연보』(1911), 47~48쪽.

한국의 서북 지방, 특히 평안도 지역이 근대 교육의 요람으로 부상한 것에 대해 수치 자료는 단지 부분적인 설명만을 제공할 뿐이다. 이곳의 학교와 학생은 그 자체가 전국적으로 명성을 얻었다. 1908년 민족주의 지도자 안창호가 설립한 평양의 중등학교인 대성학교에는 윤치호, 이상재 등 교사와 행정가로 유명한 교육자가 많이 모여들었다. 그러나 민족주의적 입장을 노골적으로 드러낸 탓에 일제 당국은 1912년에 그것을 폐쇄시켰다. 대성학교와 더불어 평안도 지역 개화기 교육의 훌륭한 본보기로 자주 함께 거론되는 정주의 오산학교는 식민지 시대에 살아남았고, 해방 후 남한으로 이전하여 오늘날에도 서울에서 계속 운영되고 있다. 1907년 정주 출신 실업가 이승훈이 설립한 오산학교는 20세기 초에 교육에 관한 새로운 기준을 성립시켰고, 서북의 근대 교육의 열기를 수용하는 가장 생산적인 통로로 역할하였다. 의사 백인제를 비롯해서 식민지 시기 한국의 주요 문화적 인사가 학생 또는 교사로서 이 학교를 거쳐갔다.[108] 이 학교는 서북 지방에 있어 한국의 새로운 엘리트들이 종사하는 다양한 직업 분야를 위한 선도적인 준비 기관이었다. 많은 학생이 식민지 한국의 고등 교육기관에 진학하여 성공적으로 전국 무대에서 경쟁하였다. 1920년대에 사회학자 이나바 이와키치가 관찰했던 것처럼, 서북 지방은 그가 '신양반'이라고 부른 존재를 대량 배출하고 있었다. 예를 들어 한국 최고의 교육기관이던 경성제국대학(현 서울대학교)에 입학한 한국인 학생 10명 중 7명은 서북 지역 출신이었다. 식민지 후반기에 선구적인 이화여자전문학교에 학생을 진학시키는 데 있어서도 서북 지역은 남한 지역을 훨씬 앞질렀다.[109] 서북인은 이런 교육 기반을 가지고 한국 근대 문화의 형성을 선도했고, 그 결과 눈에 띄게 새로운 민족정체성이 형성되고 있었다.

근대 한국의 정체성을 형성시킨 서북인은 대부분 문인이거나 민족주의 지도자들이었다. 이는 그들이 함께 공유한 교육에 토대를 둔 강력한 (그리고 드물지 않은) 조합이었다. 서북의 위대한 문학가 대부분이 평안도 출신이었다. 실제로 많은 인물이 정주군에서 태어나고 자랐으며 오산학교에서 교육을 받은 후 한국과 일본의 고등 교육기관을 다녔다.[110] 근대 상징주의 시의 선구적인 창작자이자 번역가인 김억은 도쿄 게이오 대학에 다닌 후 돌아와 오산학교에서 교편을 잡았다. 거기서 그는 김정식이라는 신예 시인을 지도했는데, 그는 김억의 격려하에 1920년대 많은 지적인 잡지에 작품을 발표했다. 그는 소월이라는 필명으로 20세기 한국 시인 중에서 (가장 중요하지는 않다 하더라도) 가장 인기 있는 시인이 된다.

김억은 또한 오산에서 그의 스승이자 후에 한국 문단에 그를 추천한 이광수와 개인적으로도 인연을 맺었다. 이광수는 단편과 장편 소설, 수필 등을 통해 한국 근대문학의 가장 영향력 있는 지식인 중 한 명으로 자리매김했으며, 그의 작품은 오늘날 한국 문학의 필수적인 고전이 되었다.

지도적인 학자, 교육가로서 20세기 초 서북 출신의 민족주의 운동가이자 사상가였던 현상윤의 고향도 정주였다. 그는 고려대학교 초대 총장이었다. 실로, 한국 민족주의의 역사에서 서북인이 차지하고 있었던 지배적인 위상은 한국 근대 정치사를 그들의 기여 없이는 상상할 수 없게 할 정도이다. 평안도는 현상윤 외에도 장로교 지도자 조만식과 위대한 이론가이자 교육가, 역사가, 독립운동가인 안창호를 배출했다(안창호는 최초의 한국계 미국인 중 한 명으로 분류될 수 있다). 함경도 출신으로는 좌익 군사 지도자이자 상해임시정부의 제1 부주석인 이동휘와 3·1 운동의 지도자 최린이 있다(최린은 뒷날 친일로 돌아섰다). 그러나 민족주의 지도자들의 가장 놀라운 원천은 황해도일 것이다. 황해도는 대한민국의 초대 대통령 이승만[111], 이승만의 우익 경쟁자로서 일제 말기 임시정부의 리더였던 김구, 『서북학회월보』의 편집자로서 영향력 있는 민족주의 역사학자이자 임시정부 구성원이던 박은식의 출생지이다.

논의: 민족, 지역, 집단의식

말할 필요도 없이, 이 인물 중 어느 누구라도 만약 반세기 전에 태어났더라면, 이렇게 관료적, 사회적, 문화적 명성을 얻지는 못했을 것이다. 이 점은 20세기 그들의 업적과 공헌을 더욱 인상적으로 만들어준다. 그들을 향한 오랜 차별의 역사를 고려할 때, 20세기 초에 서북인이 민족적—그리고 민족주의적—정체성과 의제의 구축을 주도하고, 나아가 그 실행을 담당했다는 것은 놀라운 일이다. 그러나 면밀히 살펴보면 20세기 그들의 운명에 대해 조선왕조가 제공한 확고한 토대가 발견된다. 이 점 또한 근대 시기 그들의 업적이 갖는 의미를 부각시킨다.

체계적인 역사적 설명을 위해서는 훨씬 더 많은 검토가 필요하겠지만, 이 장의 연구 결과는 다음과 같은 점을 시사한다. 즉, 서북인의 부상에 있어서 핵심은, 중인이나 향리와 마찬가지로, 그들이 20세기 사회적 명성을 성취하는 수단으로서 서구 지향적 '신교육'을 효과적으로 그리고 열정적으로 채택한 것에 있다는 것이다. 이 장은 서북인이 이러한 변화를 수용한 요인으로서 몇 가지 다른 점도 시사한다. 무엇보다도 중요한 것은 조선왕조 동안 서북 지역에 귀족 계급이 없었다는 것이다. 비록 이러한 부재가 수 세기 동안 지속된 사회적 편견과 정치적 차별의 원인이었지만, 그것은 또한 서북의 사회적 위계를 덜 경직되게 만들었다. 이것은 사회 계층화에 영향을 미칠 수 있는 조건을 다양화시켰고, 조선 후기에 유교적 교양과 학문뿐 아니라 군대와 상업을 통해 높은 사회적 위상을 얻은 지역 엘리트들을 낳았다. 특히 번성하고 있던 상인 문화는 지역의 군사 엘리트뿐 아니라 성장하는 문인에게도 경제적 지원을 제공함으로써 근대적 전환에 큰 역할을 한 것으로 보인다. 확실히, 20세기 초 많은 서북인이 근대 교육의 기회를 성공적으로 활용할 수 있었던 것은 조선 후기 문인 문화가 가진 교육적 열정에 뿌리를 두고 있었다. 더불어 부富도 결정적인 역할을 했다. 가장 선진적인 학교 교육, 특히 일본 유학을 가능케 하고, 비유교적인 교육을 수용할 열정도 가능케 한 것이 바로 그들이 가진 부였다. 결국, 유교의 교육적 에토스에 대한 지지는 남부 지방에서 훨씬 더 자연스럽게 자리 잡고 있었지만, 20세기 초의 역사는 남부 지방에서 이러한 문화가 새로운 학문의 신속한 채택을 촉진하는 데 실패했음을 보여준다.

높은 사회적, 경제적 유연성에 더하여, 이보다는 덜 구체적이지만 똑같이 효과적인 자극이 조선 체제의 억압 효과에 대한 인식으로부터 생겨났던 것 같다. 홍경래의 봉기, 관료제 속으로 더 많은 서북인을 수용해달라는 조정에서의 잦은 상소, 그리고 이러한 현실에 대한 서북인의 만연한 체념은 그들에게 가해진 차별에 대한 예리한 인식을 나타낸다. 그들의 고향인 서북 지역은 침략, 분쟁지이자 조선 초기 인구에서 여진족이나 범죄자도 포함한 다양한 하층 요소의 잡탕지라는 옛 지위로 인해 그들이 귀족 신분에 진입하거나 나아가 지배적 정치구조에 참여하게 될 가능성은 완전히 없어진 상태였다. 서북 주민도 너무나 잘 알고 있었지만, 높은 과거 합격률, 유교적 의례와 생활방식의 준수, 심지어 왕권에 대한 충성의 과시까지 수많은 서북 주민, 특히 평안도 주민이 조선 후기에 높은 수준의 유교적 교양을 달성한 것이 분명한데도 이러한 배제는 지속되었다. 사실, 정주의 백씨 가문이 누렸던 비교적 좋은 관료적 행운은 이 법칙을 입증하는 하나의 예외일 뿐이었다. 이 가계의 한 사람으로 중앙 관계에서 높은 지위를 얻은 백종걸의 성공은 홍경래 난 당시 아버지와 삼촌의 영웅적인 친정부적 행위에 힘입은 것이다. 이후 서북학회 회원들이 표명한 견해와 심지어 20세기 후반 서북인 후손이 보인 관점에서조차 이러한 전통적인 굴종의 극복이 서북인으로 하여금 새로운 시대를 수용하게 하는 중요한 동기였음이 분명히 나타난다. 서구에서 도입한 교육과 종교, 민족(주의)적인 문화의 수용, 민간 사회와 관료제에서 전통적인 위계질서를 넘어서는 것 등, 이 새로운 시대의 상징은 그들이 조선에서 도달할 수 없었던 높은 위상과 영향력 있는 지위를 얻을 수 있게 해주었다.

서북인의 출세에 관한 이야기는 한국에서처럼 근대로의 이행 과정에 지역적 불균형이 있었던 여타 문명과의 흥미로운 비교점을 제공한다. 또 이는 결국 전근대의 파편적 상황이 근대적 행동에 미치는 의미에 대해 생각해볼 소재를 제공한다. 최고 지도자들이 대부분 소수少數의 영지에서 나온 메이지 일본이 곧바로 떠오른다. 이 현상을 탐구하는 체계적인 시도들이 시사하는 바에 따르면, 메이지 유신과 그 이후 메이지 엘리트층에 미친 이 영지들의 지배적인 영향력은 도쿠가와 후기 사쓰마, 조슈, 도사, 히젠의 높은 인구 증가율 및 높은 속도의 사회경제적 발전과 관련이 있다.[112] 한국에서 20세기 이전 신뢰할 만한 인구 통계 자료를 얻기는 힘들지만, 이용 가능한 증거는 서북에 이례적인 인구 증가가 있었음을 시사하지는 않는다.[113] 일본의 사례가 훨씬 더 큰 대조를 이루는 것은 도쿠가와 일본에서 영지는 자율성을 가졌다는 것이다. 이것이 1860년대에 중앙정부와 내전을 벌일 의지와 능력을 촉진시켰다. 한국의 경우, 19세기 후반~20세기 초 서북의 엘리트들은 자기들이 희생양이라는 점을 강하게 의식하면서도 결코 별개의 정치세력을 형성하려고 하지 않았다. 일본의 강점 이후에는 어떠한 한국인 집단도 정치 질서에 영향을 미치지 못하게 되었다. 베트남도 매우 흡사하다. 한국에서와 마찬가지로, 전근대의 상당한 사회경제적 격차가 역사적인 정치권력 중심지(북부)와 후대에 영토로 편입된 여타 지역(중, 남부)을 갈라놓았다. 베트남이 20세기 초 식민지로 떨어진 것도 주요 지역 간의 상대적 부와 영향력에 중요한 변화를 촉진했다.[114] 그러나 전근대 유교 관료제가 체계화되었던 것 같기는 하지만, 어느 정도까지 세습 귀족이 관료 권력을 독점했는지, 그리고 한국에서처럼 정치적 접근과 특권의 불균형이 지역적 격차와 조응했는지 여부 등은 모호하다. 이러한 모호함은 베트남의 역사적 단일성을 부정하는 데 정당성을 제공할 수 있다. 이는 프라센지트 두아라가 『민족으로부터 역사를 구출하기*Rescuing History from the Nation*』에서 중국 서북에 대해 그랬던 것과 같다. 오히려 이 주장에 따르면, 눈에 띄는 것은 정치의 구성 작용이다. 테일러K. W. Taylor가 지역사에 대해 쓴 도발적인 논문에서 제기된 접근법이 그렇다.[115] 사실, 테일러는 두아라가 충분히 멀리 가지 못한다고 비판하면서, 베트남어를 사용하는 사람의 역사에서 지역 간 갈등의 다수는 민족에 의해 지배되는 서술된 역사뿐 아니라 시간적 또는 공간적 확장을 포함하는 어떤 종류의 역사적 연속성에 대해서도 저항한다고 주장한다. 테일러에 따르면 "민족으로부터 구할 필요가 있는 역사"라기보다는 "(서술된) 역사로부터 구해야 할 진실"이라는 것이다. 하나의 장소의 과거와 또 다른 장소의 과거 사이의 연결은, 과거와 현재 사이의 연결과 마찬가지로 존재하지 않는다. 오직 우연적인 개별 순간과 장소만이 존재한다. 비록 테일러는 그의 주장을 따라 역사 글쓰기의 가치를 부정하는 것을 주저하지만, 지금 당장의 그의 입장은 보이는 것처럼 급진적이지는 않다. 그는 '표면' 사건과 역사적 패턴을 구분하는 선을 제거하지 않았다. 단지 그것을 낮추었을 뿐이다. 아마도 촌락과 수십 년 수준일 것이다.

이 연구에서도 서북의 한국인에 대해 완전히 별개의 역사적 시간을 고수할 수도 있을 것이다. 그러나 이 연구는 서북인 자신이 의심의 여지 없이 그랬던 것처럼, 한국의 서북 지역과 더 폭넓은 공간 및 개념을 갖는 전체 한국 사이에 분명하고 강력한 연관성을 발견했다. 이 장에서는 전근대 및 근대에 있어서 특정 지역의 중요성을 주장했다(이것은 오늘날 남한의 모든 지역에서 전문적, 아마추어적 역사학자들이 하는 대로이다). 그러나 이것은 이 지역의 역사를 민족적 서사로부터 구출하기 위해서라기보다는 서북의 주민뿐 아니라 여타 제2 신분집단도 포함하는 한국사의 관점 확장을 주장하기 위해서이다. 즉, 서북은 한반도의 나머지를 지배했던 정치적 통제권에 속했고 서북의 주민들은 다른 지역의 주민과 공통의 언어, 관습, 역사의식을 공유했다는 것을 인정하면서 지역의 특수성도 강조할 수 있는 것이다. 사실, 분리라는 개념은 다른 것과의 요소적 연관성에 의존한다. 확실히, 오랜 차별은 서북 엘리트에게 지배 질서와의 관계에서 깊은 정체성의 동요에 불을 질렀지만, 이 환멸은 지배 엘리트의 일부로 간주되고 싶은 열망과 공존했다. 홍경래 난으로 불만이 폭발하고, 반란군의 저항하는 외침에 그것이 고스란히 나타나고 있지만, 봉기에 대한 다른 서북 엘리트의 반응은 반군을 진압하기 위한 의병의 확산 및 여타 징후, 예컨대 과거 급제라든가 차별 그 자체에 대한 사실상의 끊임없는 저항에서 보듯이, 더 큰 집단성을 수용한다는 강한 인상을 남긴다. 다른 제2 신분집단과 마찬가지로, 사회적, 정치적 차별의 지속은 서북 엘리트로 하여금 지배 질서를 파괴하거나 그로부터 독립하는 것이 아니라 도리어 그것에 동참하려는 결의를 굳히는 데 기여했을 뿐이다. 이것만으로도 근대 시기 민족주의 정서와 새로운 민족 정체성의 형성에서 서북의 한국인이 보인 리더십을 설명할 수 있다.

7

무반

한국인은 문필의 민족인 반면 일본인은 전사戰士의 민족이다. 한국에서 무반武班은 언제나 2류였다. 반면에 일본은 칼에 의해 지배되었고 호헨촐레른의 짤깍거리는 박차를 무한정 숭상했다.

- 헨리 정, 1921

20세기는 한반도 지배 질서에서 군대가 중앙무대를 장악한 시대였다. 이것은 19세기 후반의 제국주의, 일제 식민주의 그리고 전쟁에 의해 추동된 과정이었다. 그러나 헨리 정Henry Chung이 군사적 일본과 문치주의적 한국이라는 이분법으로 시사했듯이, 무력이 정치적 지배 수단으로 부상한 것은 역사적으로 군대가 가진 사회정치적 위상의 극적인 변화를 의미한다. 조선 후기 중앙의 무인 엘리트, 즉 무반의 낮은 위상이 예속을 의미했다면, 무반의 후손이 관료사회에서 최고위직을 차지하게 된 20세기 초 군대의 부상은 지위의 변동을 상징했다. 따라서 무반의 이야기는 문무 엘리트 사이의 오랜 관계가 결정적으로 전환되었다는 내용만이 아니라, 한국의 사회 위계에 대규모의 변화를 일으킬 수 있었던 군의 오랜 잠재력을 강조한다.

무반과 조선의 무과 시험제도에 대한 학계의 관심이 증가하고 있는 것은 이 때문일 것이다. 표준적인 역사 기록을 보완하기 위해, 학자들은 두 가지 자료, 즉 족보와 무과방목을 뒤졌다. 첫째 종류에는 각 성관별 족보, 모든 문무 명문가를 포함하는 축약된 형태의 종합보綜合譜[1], 특별히 무반만 수록한 계보표인 무보武譜가 있다. 이런 자료들은 조선 후기 뚜렷한 무반 가계의 기원과 발전을 나타내는 몇 가지 패턴을 보여준다. 매우 높은 수준의 폐쇄적 혼인망, 대대로 문과 급제자는 거의 없이 무과 시험에서 현저하게 성공적인 기록들, 이에 따라 강력한 군사 요직에는 임명되지만 고위 문신직에 대한 임명은 극히 적다는 점 등이다. 케네스 퀴노네스는 1864~1894년 사이 30년간의 관료 엘리트를 조사한 결과, 거의 모든 고위 군사기구가 무반에 의해 장악되었다는 것을 발견했다. 그는 17세기 초까지 올라가는 한 가문의 무과 급제 전통을 보여줌으로써 이를 식별해냈다.[2] 다른 학자들도 이 자료들을 심층적으로 연구하여 조선 사회와 정치에서 무반과 그들의 역할에 대한 우리의 이해를 크게 높이고 있다. 예를 들어, 심승구와 정해은은 방대한 무과방목 데이터를 분석하여 어떻게 무과 시험 제도가 그 시대와 상황에 따라 하층 사회 구성원으로 하여금 시험 급제와 무관 계층으로의 진출을 촉진하거나 혹은 가로막았는지, 그에 대한 광범위한 초상을 제공했다.[3] 유진 박, 장필기, 차장섭은 급제자 데이터에 정부 재정이나 족보에 대한 상세한 조사를 결합하여, 중앙 무관 엘리트의 형성, 정치권력과 배타적 혼인관계를 통한 특권의 방어, 이들의 다른 정치적, 관료적 행위자들에 대한 관계 그리고 조선 후기에 있어 이들의 분화에 대해 실증했다.[4]

이 장은 이러한 여러 연구에 기반하여 주제와 연대순으로 조사 범위를 확대하여 전근대와 근대에서 무반이 어떻게 한국의 군사제도와 사회 위계에서 중요한 문제가 되었는지 논증한다. 무관은 '양반'(두 반열)의 절반에 해당하는 존재임에도, 군대의 위상을 서서히 침식한 인식과 상황, 특히 16세기 후반~17세기 초반의 재앙으로 인해 희생양이 되었다. 조선 정부는 긴급한 재정 및 인력 수요에 대응하여, 낮은 사회신분 집단의 사람들에게 대량으로 무과 시험을 개방했다. 그 이후 무과에 급제하거나 무관직을 얻는 것은—과거 2세기 동안 문반 지향 가계의 구성원에게 드문 일이 아니었음에도— 드물지 않게 가계를 무관이라는 별개의 하층 집단으로 등급을 격하시키기에 충분했다. 그러나 무관 사회의 엘리트주의적 분위기는 완전히 사라지지는 않았다. 그것은 고위 무관직을 독점하는 일군의 무반 가계에 의해 유지되었다. 문반 귀족이나 다른 제2 신분 집단과 마찬가지로, 이 가계들은 동일 집단 내에서만 혼인함으로써 일반인이나 다른 제2 신분집단으로부터 스스로를 분리시켰다. 그들의 투쟁, 즉 그들 위에 있는 집단인 문반과 그들 아래의 무수한 집단에 대한 투쟁은 무반의 성격을 발전시키는 데 중요한 역할을 했다.

오랫동안 무관직 및 문관 말단직에 갇혀 있던 무반은 19세기의 마지막 몇십 년간 바뀐 관료 질서 속에서 상층으로 진입하기 시작했다. 20세기, 특히 식민지 시기에 무반의 후손은 관료적 명성에서 문반을 앞질렀다. 군대는 13세기 이후 한국에서 볼 수 없었던 규모로 통치 질서에 침투하기 시작했다. 다양한 신분적 배경을 가진 많은 한국인 관료가 군복무를 사회적 이동의 통로로 이용했다. 한국사를 통틀어 그랬듯이, 군대는 다시금 대규모 사회 변화의 촉매제 역할을 했다. 그렇다면 좀 더 심층적 차원에서 볼 때, 전근대나 근대에 있어 무반의 운명은 한국에서 군대의 의미에 관심을 갖게 한다.

1880년까지 집단의 발전

무반은 단기적인 정치 상황에 더하여 한국 군부의 장기적인 동학에 의해 등장했다. 무관 엘리트의 문관 엘리트 및 대중과의 불안정한 관계, 한국적 관습과 유교의 가르침, 그리고 동아시아의 지역적 발전과 서울에서의 복잡한 관료적 관계 등이 그것이다. 앞으로 보겠지만, 무반의 이야기는 조선 후기 문반 귀족에 대한 예속 외에도, 그들이 사회 위계에서 하위 계층으로부터의 침해를 막기 위해 사용했던 방어 전술도 포함해야 한다. 이를 통해 무반은 한때 지배적인 문반과의 혼맥에서 배제되고서도 엘리트 신분의 외형을 유지할 수 있었기 때문이다.

무인 경시의 긴 역사

무인이 지배 귀족에서 탈락한 근원은 한국사에서 멀리 거슬러 올라간다. 무인 관료와 무예의 경시는 조선 후기 무렵 확고해졌다. 지배층은 그에 대한 합당한 근거를 유교 교리에서 찾았다. 당대 중국 문명도 그랬지만, 유교 경전들은 학자들이 관료가 되어 군사 전문가 위에서 대중을 지배하고 통치권을 행사해야 한다고 본 것 같다. 무력보다는 도덕적 교화를 통한 지배라는 이상이 통치 엘리트 내에서 무인의 지배적 입지를 차단했던 것으로 보인다. 정약용은 19세기 초의 뛰어난 학자—관료인데, 그의 정통주의자로서의 면모는 잘 알려져 있지 않다. 그는 자랑스럽게 무인에 대한 문관 지배의 중시가 한국 문명의 온전성을 지켜냈다고 선언했다. 정약용에 따르면, 중국 고대의 고전 역사서에 오직 동쪽 오랑캐東夷, 즉 한국인만이 온순하고 선량하며, 북쪽 오랑캐北狄와 서쪽 오랑캐西戎는 야만적이라고 했다는 것이다. 조선인은 이러한 전통을 유지하면서 "의례와 예절을 즐기고 무력武을 천시했다."[5]

하지만 무인이 항상 문신보다 경시된 것은 아니다. 고려 시대 두 집단의 균형은 오락가락했고, 12세기 후반에는 무인이 쿠데타로 우위를 점했다. 그러나 최씨 도방都房 출신의 통치자들은 통제력을 유지하기 위해 문신에게 의존했고, 문신 통치자들의 외형을 갖추는 데까지 이르렀다가 13세기 중반에는 몽골 침략자들에게 굴복했다.[6] 몽골 지배하에서 신유교의 도입과 영향력의 확대에 힘입어 문신들이 득세하여 이성계 장군까지 자신들의 계층으로 흡수하였다. 이성계는 고려왕실을 무너뜨리고 자신의 왕조를 수립하였다.

고위 관료사회에서의 이 같은 분리의 근원은 10~11세기 고려 국가 형성 과정에서 찾을 수 있다. 왕건이 군사적 정복을 통해 왕조를 창건한 이래 초기 고려왕조는 나라 전체에 산재한 호족 세력과의 관계에서 그 권력을 공고히 하기 위해 몇 가지 중요한 조치를 단계적으로 시행했다. 당나라의 중앙집권적 통치 모형의 채택, 과거제 도입, 관료제를 우월한 문반과 열등한 무반으로 나누는 것 등이 그것이다.[7] 한반도의 지속적인 정치적 분열로 인한 수 세기 동안의 (심지어 7~10세기 통일 신라 시대에도) 군사 분쟁 이후 이러한 고려 초기의 문신 우위 구도는 한국 역사의 전환점이 되었다. 역사학자 이성무는 크고 위협적인 이웃에 둘러싸여 있는 한국은 국내 문제에서 문자와 윤리를 함양하는 쪽으로, 대외 문제에서 전쟁이 아닌 외교로 방향을 틀어야 살아남을 수 있었기 때문이라고 추측한 바 있다.[8] 즉, 문관 통치의 이상은 유교적 경륜 그리고 중국에 대한 공식적인 조공 관계로의 진입을 동반한 것으로, 이는 전략적으로 한국의 독립을 지키는 최선의 길이었던 것이다. 이러한 계산이 의식적인 것이든 아니든 간에 문관 지배와 무인 경시의 이념은 조선 초기 무렵 확고히 자리 잡았다.

조선 전기 두 갈래 관직 체계 사이의 위계와 무인에 대한 차별이 군사 체계와 군부 엘리트를 더욱 격하시키는 토대가 되었다. 15세기 국경에서는 여진족 침략자나 왜구와의 교전이 벌어졌고, 1592~1636년 사이에는 일본군과 만주군의 엄청난 침략이 있었다. 이것은 군사력 강화를 필요로 했다. 그러나 이 사건들은 장기적으로 무인 엘리트의 위상을 높이기보다는 그들의 사회적, 정치적 권력을 더 떨어뜨리는 역효과를 가져왔다. 이러한 전개는 한국에서 군사 제도의 가치 격하를 입증할 뿐 아니라, 한국적 신분의식과 출생-결정적 위계질서의 강력함에 대한 증거이기도 하다. 하지만, 결국 이러한 현상들은 애당초 군대의 위상이 낮았음을 반영하는 것이다.

군사력 구조의 취약성

19세기 후반에 드러나듯이, 후기의 조선은 일관되게 충분한 수준의 방어 태세를 갖추는 데 실패했다. 임진왜란이 드러낸 총체적인 부실과 중앙정부 내의 잦은 개혁 요구조차도 지배 엘리트의 관심을 군의 구조와 지위 강화로 돌리기에는 역부족이었다. 17세기 중반~19세기 중반 사이 동아시아의 안정과 평화 또한 군의 쇠퇴에 기여했는데, 이는 19세기 전반 최고 지휘관의 직책들이 '특별 임명中批'이라는 명목으로 왕실 외척에 의해 전용되던 때에 극에 달했다고 할 것이다. 1866년부터 대원군이 군사력 부활을 위해 강력한 조치를 취하면서 이 직책들이 다시 무관에게

돌아갔지만, 국방력 구조에 가해진 피해를 되돌릴 수는 없었다.[9]

군사력 붕괴의 가장 큰 증상은 공식적으로 병조 관할이면서도 군사적 기능은 거의 없었던 체아직 집단과 여타 한가한 조직들이다. 이 기관들 중 최상위에는 은퇴한 고위 문무 관료로 구성된 중추부中樞府가 있었다. 오위도총부五衛都摠府는 고위 무관(정2품)이 근무하는 또 다른 기관으로, 임진왜란 이후 군 지휘 구조 개편에서 살아남았지만, 단지 또 하나의 대체로 의례적인 기관일 뿐이었다.[10] 수도에는 세 개의 금군禁軍이 주둔하고 있었다. 그러나 호위청扈衛廳[11] 등 도처에 산재하는 사설 경비대와 마찬가지로 금군도 국방의 역할은 없었고 의례적인 임무만 수행했다. 마지막으로, 선전관청宣傳官廳은 왕의 원행 때 수행단에 동행한다거나 군명을 전달하는 등 주로 의례적인 기능을 수행하였다. 원래 이 기관은 8명의 왕명 전달 관원(선전관)을 거느리고 있었으나, 왕조 말기에는 25명으로 늘어났다. 이 직책이 점점 체아직화하는 전조인 것으로 보인다.[12] 주로 고위 군인을 위한 이러한 의례적인 자리들이 국방 자원을 고갈시키고 군 인사 시스템의 정규화를 방해했다. 그들의 존재는 18세기 중엽의 유수원 같은 학자―관료 개혁가들의 경멸을 불러일으켰다. 유수원은 이러한 서울의 체아직들을 합리적인 인사 시스템 내의 '실직實職'으로 전환할 것을 요구했다.[13]

실제 군사 기능을 지닌 부대도 대부분 서울에 있었다. 그 중심에 오군영이 있었다. 오군영은 임진왜란 때 일본의 침략으로부터 나라를 지키기 위해 1593년 첫 부대인 훈련도감이 창설되면서 시작되었다.[14] 이 중 3개 군영만이 서울을 지키는 임무를 맡았으나, 1704년 오군영은 국가의 중심군이 되었다(이 3개 군영을 통칭 삼군문이라 불렀으며 훈련도감이 중심이었다).[15] 17~18세기에 걸쳐, 오군영의 역량과 중요성이 감소하면서, 국가 재정과 군사적 방어 태세에 대한 악영향을 들어 그것들을 제거하거나 대폭 축소해야 한다는 수많은 상소가 올라왔다. 그러나 군영들이 서울의 관료들을 위시하여 많은 사람의 경제적 이해에 묶여 있었기 때문에 개혁의 대의는 지난한 곤란에 직면했다.[16] 서울 지역의 군사 구조에 대한 대대적인 개편은 대원군의 강력한 통치가 이루어질 때까지 기다려야 했다. 그는 조선 초기의 삼군부를 서울의 1차 방어기관으로 부활시켰다.[17] 오군영의 행정상의 대체 기구인 훈련원은 무과 시험제도를 운영하고, 병서를 가르치며, 무예 연마를 실시했다.[18]

임진왜란 이후 지방 군제도 개편되었다. 각 도에는 병마절도사(종2품)라는 지휘관이 있었는데, 이 직책은 보통 관찰사와 한두 명의 장군衛將이 맡고 있었다. 또한 남부 지방의 해군 사령관 같은 몇 가지 기타 직책도 있었다.[19] 지방 군정의 대부분은 개별 수령의 어깨에 지워졌다. 수령은 지역의 군사기구武廳를 감독하고 유사시 지방 부대(속오군)를 구성하는 지역 민병을 동원했다.[20] 18~19세기 장기 평화의 시대에, 지방군 시스템은 국방 메커니즘의 일부라기보다는 지역 소요를 진압하고 질서를 유지하기 위한 경찰력이 되었다.[21] 일반적으로 지방군의 조직과 인력 구조는 서울 부대와 비교할 때 해이한 상태였다. 그리고 중앙의 감독 부재는 조선 후기 지방의 문관 관직에서와 마찬가지로 무관직도 부패에 노출시켰다. 가장 두드러진 예는 1862년 경상도 병마절도사 백낙신[22]의 부패 사건이다. 이것은 임술민란으로 알려진 대규모 반란을 촉발시켰다.

이처럼 외부적인 사건과 오랜 차별의 결합에서 비롯된 국가적인 군사력의 취약함은 조선 후기에 무반을 양반의 예속적인 별개 분파로 발전시키는 데에도 기여했다. 게다가, 이러한 요인들은 무반의 출현에 가장 중요한 원인인 무과 시험에서 중요한 역할을 하였다.

무과와 만과

문과 시험이 문신 관료 채용의 표준적인 경로를 상징하듯이 무과 시험은 무신 관직을 얻을 수 있는 기본 통로를 제공하였다. 조선 초기 무신 관료가 통치를 담당하는 양반의 반쪽으로 공식 배정됨에 따라 문과와는 달리 고려 시대에는 없었던 무과 시험이 문과와 어느 정도 대등한 지위를 부여받았다. 게다가, 무과 급제는 약간 덜 엄격하기는 해도 고전적 병서의 숙달을 입증한 것에서 오는 위신을 제공했기 때문에, 문신 관료의 대안 경로로서 매력이 있었다. 이에 따라 15세기~16세기 초 귀족은 문관과 무관 양자 경로로 관료제에 진입했다. 많은 사람들은 그들의 가계를 유지시키고 나아가 그것을 향상시키기 위한 방법으로 무과 시험을 준비하여 무관직으로 벼슬길에 올랐다. 그러나 15세기 후반부터 16세기에 걸쳐 무과의 위신은 잠식되기 시작했다.

1592년 임진왜란 전까지는 무과 시험의 왜곡 현상이 극에 달하지는 않았다. 1471년 왕조는 무과를 문과와 대등한 관료 선발 통로로 명확히 규정했다. 시험에는 3단계가 있었다. 1단계는 고을에서의 예비 시험인 초시이다. 2단계는 서울에서 열리는 고급 시험인 복시이다. 궁술 등 무예뿐 아니라 고전 병서에 대한 지식을 시험하여 급제자를 뽑았다. 마지막 단계는 급제자를 대상으로 등위를 결정하는 전시이다. 이것으로 급제자의 첫 관품을 결정했다.[23] 그러나 임진왜란과 병자호란 이후 무관층을 보충해야 하는 필요성이 제기되면서 무과 급제의 기준을 낮추게 되었다.

급제자를 뽑는 기준의 하락은 시험 과목과 방식 양자에서 오랜 논쟁을 불러일으켰다. 무과를 비판하는 사람들은 전투 기술에 더 강조점을 두고 싶어했고, 심지어 시험에서 학문적 내용을 빼야 한다고 주장하기도 했다. 다른 쪽 사람들은 고전 병서와 유교 문헌에 대한 숙지가 줄어드는 것을 비난했다.

17세기 중반~18세기 중반에 이르는 시기 무과 시험 과목에 대한 논쟁은 사회적 신분집단으로서 무반의 등장과 발전에 직접적으로 관련된다. 왜냐면 그것의 근본적 쟁점이 이상적인 무관의 성격에 관한 것이었기 때문이다. 통치 관료의 일원으로서 본래적 규정으로의 회귀를 주장한 사람들은 근래 무과 시험 개정에서 엄격한 기준으로부터의 후퇴를 보여주는 현상에 비판의 화살을 돌렸다. 17세기 초 최고 무반 가계 출신의 고위 무관 구인후는 다음과 같이 불평했다. "양란 이후 무과에서는 오직 활쏘기와 기마술만 시험했기 때문에 엘리트 군인 가문兵家 출신의 무인들은 여기에 합격할 수가 없었다. 법을 보완하여 병서 시험講書을 포함시킬 것을 요구한다."[24] 이후 숙종 대 정승 김구(1649~1704)는 기준의 이완으로 인해 무과 급제자 대열에 하층민이 섞여 들어오는 바람직하지 못한 현상이 생겼다고 진소陳疏하면서, 정부가 무과의 규정을 본래대로 되돌려야 한다고 언급했다. 그것은 고전, 궁술, 무예 등에 대한 숙달을 시험할 뿐 아니라 급제자의 연령, 거주, 출신 배경과 가계까지 걸러내는 것이다.[25] 이 주장은 받아들여진 것으로 보인다. 수십 일 후, 개정된 무과에 대한 반대가 등장하기 시작했기 때문이다. 1738년 우의정 송인명은 본래 무과는 무예에 초점을 두었음을 강조하면서 학문 방면에 새롭게 강조점을 둔 것을 비판했다.

무과의 옛 규범은 무예를 무엇보다 중시하였습니다. 그러나 요즘의 규범은 병서 지식만을 강조합니다. 서울의 세력가 출신 응시자들은 무예가 부족하므로 이로 인해 시험은 병서 지식에 초점을 둡니다. … 지방 출신의 무인 엘리트(외방 무사)는 무예가 출중하나 낙방을 면치 못합니다. 그 좌절감이 어떻겠습니까! 이것은 하찮은 문제일 수 있으나 나라의 체면은 말이 아닙니다. 이제부터 본래의 규칙을 따라 병서에 관한 학문적 지식보다는 무예를 우대해야 할 것입니다.[26]

그러나 18세기 중엽의 개정된 왕조 법전(1746년의 『속대전』)은 이러한 권고와는 달리 병서에 대한 광범위한 숙지를 강조하는 쪽을 택했다.[27] 송인명이 주장한 것처럼, 개정된 무과 시험은 서울의 무관 기득권층의 이해관계를 반영하고 있으며, 무반이 특권을 유지하기 위해 이용한 많은 수단의 하나가 되었다. 반면, 이러한 조치들은 무반을 차별적으로 분리시키는 데 무엇보다도 큰 원인이었던 무과 제도의 남용을 막는 데에는 거의 도움이 되지 않았다. 만과萬科, 즉 "급제자가 만 명이나 되는 시험"이 된 것이다.

엄청나게 많은 합격증을 발부한 만과 현상은 무과 시험의 위상과 급제자의 지위를 상당히 떨어뜨렸다. 그러나 만과는 임진왜란 발발 전까지는 일반화되지는 않았다. 1592년 이전에는 급제자가 100명을 넘은 경우는 몇 되지 않았다. 1,000명 이상의 급제자를 낸 12번의 시험 중에서 임진왜란 발발 전의 것은 단 한 차례뿐이다.[28] 게다가, 초기 만과의 이 사례는 귀족이 17세기에 그런 것처럼 무과를 버릴 정도로 강한 오명을 남기지 않았다. 심승구가 1583년과 1584년에 치러진 5차례 시험의 각 급제자(방목) 909명을 분석한 결과, 16세기 후반에도 무과는 여전히 귀족의 고위직 진출을 위한 수단으로 기능했음을 알 수 있다.[29] 심승구의 지적에 따르면, 그러한 많은 수의 급제자 중에는 분명 하층 신분집단 출신이 포함될 수밖에 없겠지만, 중요한 점은 (17세기처럼) 노비나 여타 천민은 없었다는 점이다. 실제로, 1580년대에는 문과 급제자나 문신 관료의 형제가 무과에 급제하여 무관직을 얻은 사례가 많았다.[30]

그러나 1580년대의 이 방목들은 지배 엘리트들의 무과 기피 풍조의 시작을 암시한다. 아버지가 관료직에 있던 459명의 급제자 중 문관 고위직의 아버지가 있는 사람은 단 3명뿐이었다. 나머지는 무관직이거나 혹은 군수처럼 문무 관료 모두 임명될 수 있는 관직이었다.[31] 다른 많은 급제자의 조상들은 한 세대가 지날 때마다 계층상의 뚜렷한 쇠퇴를 보이다가 1580년대의 무과 급제자들로 이어졌다.[32] 이 방목 기록만으로 이 시기에 무반 집단이 분리되어 존재했다고 말하기는 어렵지만, 적어도 양반 분기의 시작 단계를 암시하는 것은 분명하다.

이 과정은 임진왜란기에 상당히 가속화되었다. 전쟁 초기 일본군의 공격 때 한국군의 방어선 붕괴와 사상자의 대량 발생에 따라 극심한 군사력 손실이 일어났고, 이로 인한 무관층 보충을 위해 비상조치가 감행되었다. 여기에는 일련의 무과 시험이 포함되었다. 임진왜란 중 무과 시행의 빈도와 연대는 명확하지 않지만,[33] 전쟁 기간(1592~1598) 동안 10여 차례에 걸쳐 행해진 것으로 보이며, 4,000명 이상의 급제자를 배출했다. 무반의 출현에 가장 큰 영향을 미친 것은, 신분 배경에 대한 기준이 낮아지면서 10년 전의 무과 급제자에 비해 가계 수준이 현저히 떨어지는 급제자층이 생겨났다는 것이다.[34]

왜란 때 확립된 양상은 17세기로 이어져서, 광해군·인조·효종·현종 (1608~1674) 치세에 무과 급제자의 사회적 지위는 전례 없는 나락으로 추락했다. 만과 시험이 이 시기 급증했다. 광해군(1608~1623) 때 세 번의 무과가 있었는데, 각 시험당 적어도 3,000명의 급제자를 내었다. 1619년에는 지방에서 별시가 실시되어 급제자 수가 1만 명을 넘으면서 만과라는 용어가 생겨났다.[35] 1637년의 또 다른 시험에는 5,000명 이상의 급제자가 배출되었고, 1651년 시험에는 1,240명의 급제자가 배출되었다. 가장 악명 높았던 1676년(숙종 2)의 시험은 1만 8,251명이 급제했다.[36] 인력과 재정을 마련해야 한다는 절박한 요구는 자주 무과 급제에 대한 노골적인 대량 판매로 이어졌고, 이것은 시험에 응시하고 '합격'하는 기준을 돌이킬 수 없을 정도로 저하시켰다. 실제로, 1637년에는 노비가 시험에 응시하는 것이 합법적으로 허용되었다.[37] 이는 현실을 공식적으로 인정한 것이다. 1620년대 유명한 학자—관료인 이수광은 수천 명의 무과 급제자 중에는 활도 쏘지 못하는 자들과 노비 등 천민도 포함되어 있다고 탄식했다. "이런 조치는 백성의 투혼을 고취하기 위한 시도였지만 실제로는 아무런 도움도 되지 않고 시험의 명성만 땅에 떨어졌다."[38] 왜란의 참화에 대한 정부의 대응은 무과 시험의 의미와 역할을 극적으로 그리고 영구적으로 변화시켰고, 나아가 지배 질서의 성격을 변화시켰다.

숙종(1674~1720) 무렵, 지배 엘리트들은 오염된 무과 시험이나 무관직 자체와의 관련으로부터 멀어져 있었다. 1686년 군주 그 자신이 다음과 같이 관찰했다.

최근에는 눈에 띄는 무과 응시자가 거의 없다. 올해 초시 합격자 방을 보니, 그중에서도 사대부 자녀는 10여 명에 불과하다. 앞으로 어떻게 임명할 기대를 할 수 있겠는가? 조정에서는 문무를 차별하지 않지만 백성이 무관을 존경하지 않기 때문에, 귀족士夫의 자제들은 절대 무과에 응하지 않는다. 이 때문에 나라의 체면이 부끄럽게 되었다. [그대들] 관인 중 자녀를 많이 둔 이들은 자녀들에게 무관직을 권하라.[39]

조정이 무관을 차별하지 않는다는 숙종의 주장은 공허하게 들린다. 무과 급제를 통해 노비를 면천시킨 관행은 숙종의 통치 기간 동안 널리 퍼졌는데,[40] 이는 엘리트 지위에 관한 한 무인의 운명을 봉인해버렸다고 할 것이다. 정해은이 17세기 후반부터 18세기 후반까지 41개의 방목에 등재된 무과 급제자 1만 365명을 종합 연구한 결과, 급제자들은 무인 가문뿐 아니라 다양한 제2 신분집단이나 평민, 출신 미상의 집단에서 나왔음을 알 수 있었다.[41] 그처럼 상이한 배경을 가진 많은 사람들을 합격시킬 수 있는 방법은 기준을 낮추는 것뿐이었다. 관료 남구만이 지적한 바와 같이, 17세기 후반경에는 귀족이 떼를 지어 군대의 추적을 피했다.

사대부의 자제들은 병서에 익숙했지만 무예가 부족했기 때문에, 무과 급제자에는 평민이 많고 사대부는 거의 없었다. 만과 시험이 된 이래로 (무과 급제자 반열에) 다양한 잡류雜類가 늘어갔다. 이 폐단을 바로잡고자 한다면 시험 규칙을 엄격히 적용하고 급제자 수를 줄여야 할 것이다.[42]

17세기 후반의 학자—관료였던 이집의 관찰은 더 직접적이다. "1676년 만과 이래, 사대부 자제들은 무예를 하거나 배우는 것을 부끄러워했다."[43]

무반의 등장과 분화

그러한 부끄러움이 무과 시험을 영원히 더럽히고 무신 관료의 위상을 영원히 떨어뜨렸다. 시간이 흐르면서, 사족의 무과 기피와 심지어 최고 무관직까지도 기피한 현상은 무반 가계를 문반 가계로부터 이탈시켰다. 족보류 자료가 보여주듯이, 17세기 중후반 이후 무인 양반은 문치적 양반에서 이탈하여 양자 간 혼인이 극히 드물어졌다. 문벌의 후손인 무과 급제자나 무인 관료도 그들의 자손 대에는 군사 분야에 종사하는 신세가 되었다. 몇 가지 주목할 만한 예외를 제외하면, 일단 누군가가 무관이 되면, 그의 가계는 결코 문신 관료로 복귀하지 못했다.

무반 가계의 기원은 몇 가지가 있다. 첫째, 명문 무인 가문은 문무 분리의 고착화 이전에도 존재했다. 예를 들어, 이순신 장군과 16세기 후반의 신립 장군과 같은 유명한 인물의 후손은 두드러진 무반 가계를 형성했다. 다른 유형으로 단지 점점 더 치열해지는 문관직 경쟁에서 패배했기 때문에 무인으로 내려간 경우가 있다. 또 다른 유형으로 1623년 인조를 도와 광해군을 타도한 것과 같이 '영광스러운 사건'을 통해 명성을 얻은 무인 시조로부터 시작하는 경우도 있다. 그러나 무반의 형성과 고착화는 더 이상의 지위 침식을 막기 위한 무인 가계들의 자위적 조치들로 인한 경우가 훨씬 많았다. 이들 무관 엘리트가 하층 신분의 무과 급제자 무리로부터 자신들의 차별을 유지한 수단을 살펴보면 무반의 성격과 사회신분제도가 운영된 방식을 알 수 있다. 역설적이게도, 이러한 조치들은 무엇보다도 무반이 그들의 가치가 무예 기술 이상의 것이라는 점을 증명하려 안간힘을 썼기 때문에, 애초에 그들을 구별하는 바로 그 기능으로부터 거리를 두도록 강요했다.

서울의 기존 무인 가문에 혜택을 주기 위해 조작된 무관 선발과 임명에 대해 정약용은 경멸조로 비판했다. 그의 신랄한 분석은 앞서 언급한 송인명의 비판과 많은 부분 공명한다. 정약용이 무과의 '다섯 가지 폐해五亂'를 지적한 글에 대한 송준호의 설명과 분석에서 언급되듯이, 조작은 시험 자체의 성격에서 시작됐다.[44] 무과도 문과와 마찬가지로 3년마다 열리는 정기 시험인 식년시와 특별 시험(별시)이 있었다. 무과는 때로 만과의 사례에서 보듯 비정상적으로 많은 급제자를 배출했다는 점에서 문과와 달랐을 뿐 아니라,[45] 서울 기반의 무인 가문 출신이 아닌 응시자를 노골적으로 차별했다는 점에서도 달랐다. 3년마다 치러지는 정기 시험은 병술兵術보다는 병서兵書와 유교 경전에 관한 전문지식을 시험함으로써 무반 가계에 특혜를 주었다. 별시 또한 외방인에게 불리했다. 지방 출신자는 잠재적으로 합격 능력이 있다 해도, 군사적 능력과는 무관하게 문학적 전문성의 부족과 짧은 공지 기간 내에 서울로 갈 수 없다는 점 때문에 어려움을 겪었다. 게다가 별시의 두 종류 모두에서 응시자를 평가한 심사자들이 기성 무반 가계 출신이었고, 경전 해설 부분에 관한 일곱 명의 심사자 각각이 응시자에 대한 거부권을 행사할 수 있었다.

　　물론 지방 거주민을 위한 별시가 가끔 열렸고, 이 시험들은 많은 합격자를 배출했다. 그러나 무관 임명제도는 군대의 관직 선택권에 대한 무반의 독점을 영구화했다. 예를 들어, 지방 별시에서 성공하는 것으로는 식년시나 증광시 급제자 중에서만 무관을 뽑던 관행을 넘어서지 못했다. 증광시는 별시 중에서 왕의 즉위와 같은 특별히 경축할 일이 있는 경우에만 시행된 시험이다. 이 두 시험 모두 문헌 해석과 관련한 것이 훨씬 더 엄격했다.[46] 게다가 18세기에 이르러서는, 최고위, 최고 명망의 무관

직에 임명할 관리들을 선발하는 선천宣薦 제도에 의해, 특히 서얼과 서북의 무과 급제자는 배제되었다.[47]

18~19세기에 문벌 양반이나 제2 신분집단에서와 마찬가지로, 그러한 경향은 언제나 배타적 혼인관계와 제도적 정실주의를 통해 사회정치적 권력을 확보한 초엘리트 무반 가문의 출현으로 이어졌다.[48] 학계에서 무반 벌족 가문 혹은 벌열 무반이라 부르는 이 초엘리트 무반의 등장은 많은 부분 문벌 양반의 붕당 권력을 억제하는 데 많은 노력을 기울였던 18세기의 개혁파 군주 영조와 정조에 의한 것이다.[49] 이들 왕은 총애하는 무반을 선택하여 새로운 호위부대를 창설하거나 기존 부대를 왕실 호위병인 별군직으로 삼았다. 19세기에는 이처럼 군주의 이해와 결탁하는 정도가 강화되어 무반과 왕실 방계 사이에 혼맥이 형성될 정도였다.

사회적 위상

초엘리트 무반이 도달한 최정상의 관료적, 정치적 권력과 무반의 복잡한 성장 패턴은 쉽게 하나로 범주화하기 어렵다. 심지어 무반이 여타 제2 신분집단과 같은 집단으로 묶일 수 있는가, 그것은 지배 귀족으로 묶여야 하는 것이 아닌가 하는 의문이 들 정도이다. 조선 후기의 무반과 무과 체계에 대한 일부 연구는 문벌 양반과 무반 사이의 사회정치적 거리가 무반과 여타 제2 신분집단 사이의 그것보다 더 가깝다는 관념을 뒷받침하는 것처럼 보인다.[50] 특히 이 초엘리트 무반은 19세기 왕실 외척처럼 중앙정부를 지배했던 문벌이나 여타 집단과 공생적인 권력 관계를 누렸다. 게다가, 지방의 문치적 사족과 비교했을 때, 서울에 기반을 둔 무반은 정치권력에 훨씬 더 우월한 접근성을 향유했고 유명인과 더 가까운 계보를 자랑할 수 있었다.

그러나 지방의 사족과의 비교는 정확하지 않다. 왜냐하면 이 문제는 상대적인 사회정치적 위상에 대한 것이기 때문이다. 다시 말해서, 재지 사족에 대한 적절한 비교 대상은 재지 무인武人 가계일 것인 데 반해, 무반을 고찰할 때의 적절한 맥락은 서울의 정치 지형일 것이다. 그리고 모든 수준에서 무반은 그들의 문반 상대자에 비교할 때 확실히 더 낮고, 차별적으로 분리되고, 주변적인 위상을 차지했던 것이다. 장필기의 결론처럼 국왕과 문벌 붕당의 투쟁에서 초엘리트 무반이 수행한 결정적인 역할조차도 결국에는 무반 독자 권력의 부재와 착취에 대한 취약성을 부각시키는 사례이다. 이런 발견을 지지하는 징후는 또 있다. 그 하나로, 조선 후기에는 무반에게 개방된 관직은 얼마 없었고 그나마 낮았다. 실제로, 병조판서처럼 군사력을 다루는 몇몇 관직은 문관이 담당했다. 중인이나 향리와 마찬가지로, 무인 관료는 기술적, 실용적 기능에 한정된 전문화된 2류 엘리트 집단을 의미하게 되었다. 이처럼 문무 사이의 위계가 고착되지 않았다면, 무과를 통해 군에 넘쳐났던 하층 계급의 맹공에 맞서 자신들의 특권을 지키기 위해 방어적 조치에 의존하는 무반은 애당초 형성되지 않았을 것이다. 실제로 무과 급제자 중에는 다른 제2 신분집단 구성원도 많이 있었다. 이들이 무과에서 급제한 비율은 문과 급제 비율을 훨씬 상회했다. 그러나 무반의 2류 지위를 보여주는 가장 확실한 시금석은 지배적인 문벌 귀족과의 혈연 부재이다. 즉, 상대적인 사회적 위상을 결정하는 데 중요한 것은, 다시 한 번, 출생이었다. 무과 급제와 무관직의 세전, 고위 문관직에서의 압도적 배제, 그리고 일부 예외를 제외하면 문벌 귀족과의 혼인 부재 등, 이 모든 것은 문벌 귀족과 무반 사이의 사회정치적 장벽이 무반과 여타 제2 신분집단 사이의 장벽들만큼이나 견고하거나 혹은 그보다 더 견고했음을 가리킨다. 결국 문제는 대대로 관료 권력으로부터 이탈된 것이며, 이로써 볼 때 무반은 지배 귀족에 속하지 않았던 것이다.

사회적 인식에서도 명확히 종속적 지위를 가리키는 증거가 있다. 예를 들어, 더 큰 인정을 받으려는 다른 제2 신분집단이 그들의 열망의 대상으로서 무관직을 지향한 적은 없었다. 더군다나, 무반 스스로도 그들이 문벌 상대자와 동일한 위상을 갖는다는 관념이 거짓임을 드러내는 열등감의 자기인식을 숨길 수 없었다. 샤를 달레는 1870년에 다음과 같이 지적했다.

> 무인 관료는 오직 귀족층에서만 선발되었다. 하지만 그의 체통[관작]이 아무리 높다 해도 문인 관료보다 훨씬 덜한 대우를 받았다. 무인 관료는 문인 관료에 대해서는 거의 평민과 다를 바 없었다. 몸가짐과 말씨는 최고로 깊은 존경을 표해야 하며, 비록 장군이 되더라도 바퀴 달린 의자를 사용할 권리 같은 특정한 특권은 결코 그들에게 부여되지 않는다. 그들은 이러한 불평등을 뼈저리게 느끼고, 권위가 실제로 그들의 손에 넘어갈 때가 생기면 그들은 할 수 있는 한 문인 관료를 모욕하고 비하함으로써 복수를 한다. 이러한 대립은 왜 관직을 가진 귀족이 일반적으로 자기 자제들이 무관직을 추구하는 것을 허용하지 않는지, 그리고 왜 무관직이, 말하자면, 대대로 같은 집안의 가산이 되었는지 말해준다.[51] (강조는 인용자)

말할 것도 없이, 이러한 '같은 집안'이 무반이다. 한국에서 무인이 마

지막으로 권력을 잡은 지 5세기나 지났지만, 무인에 대한 편견과 무관의 원성은 뚜렷했다.[52]

이러한 의식은 최고위급 무관 사이에서도 존재했다. 19세기 중엽의 가장 촉망받는 무인으로서 무반 최고 명문 가계인 평양조씨 출신의 조우석은 1855년『무비요람武備要覽』(군사 대비 태세의 핸드북)이라는 제목의 저서에서 이러한 견해를 보여주었다. 미래 군사 지휘관을 위한 해설서이자 무관 교육에서의 주의사항을 담은 이 책의 서문에서 조우석은 두 가지의 수사학적 전략을 구사했다. 먼저, 그는 군사 대비 태세의 필수적 중요성을 강조하면서, 군사적 준비는 "국가의 생사, 흥망성쇠와 직결된다"고 했다. "따라서 적절한 통치는 문무 겸비가 특징"이라고 주장했다. 군사적 문제에 대한 관심은 국가의 복지에 결정적으로 중요하다는 것, 이것이 군대를 계속 무시한다면 일어날 수 있는 (아마도 러시아를 염두에 둔 듯한) 만주로부터의 위험, 혹은 일본으로부터의 위험에 대해 (예언적으로) 경고함으로써 조우석이 재차 강조한 대목이었다. 둘째, 군사적 대비 태세를 유지하는 것은 자격 있는 군 관리의 선발에 달려 있다. 이것은 명백히 19세기 중반 왕실 외척에게 군 지휘권을 맡기는 관행에 대한 암묵적인 질책일 뿐 아니라, 고위 군 지도자들이 합당한 정통성을 가지고 있어야 함을 상기시키는 것이었다. 그는 "이것이 예로부터 일반적으로 군 지휘관을 엘리트±에서 선발하는 것을 매우 중요하게 여긴 이유"라고 썼다. 무인 관료는 전쟁에 능할 뿐 아니라 병서를 읽고 현장 상황에 올바르게 적용할 수 있는 적임자 출신이어야 한다는 것이다.[53]

이러한 언명은 무반에게 있는 종종 모순되는 두 가지 경향을 반영한다. 첫째는 조우석 같은 고위 무관이 표명한 것인데, 지배 엘리트로서 동등한 파트너로 대우받고 싶은 장기적인 바람이다. 이런 감각이 드러난 것으로 1894년 군국기무처 심의회 첫날을 들 수 있다. 이 기구가 통과시킨 네 번째 결의안은 세습 지위를 폐지하는 보다 일반적인 결의안에 바로 뒤이어 '문무존비 구별'의 철폐를 선언한 것이었다.[54] 그러나 조우석은 무인 관료에게 군사 기술이 아닌 문학적 기술을 강조함으로써 무관 엘리트가 가진 두 번째 측면의, 아마도 더 중요한 인식을 드러냈다. 즉, 그들은 문인 관료가 사실상 무관보다 서열이 더 높으며, 문인 통치가 무인 통치보다 더 낫다는 생각을 품고 있었던 것이다. 이러한 모순들은 근대로의 전환기에 다시 나타났다.

개화기와 식민지기 관료제에서의 존재

19세기 말~20세기 초, 천 년이 넘는 기간 이래 처음으로 현행 왕조를 무너뜨린 주인공은 한국 군인은 아니었다. 그러나 조선의 붕괴와 항복은 강력한 군사적 요소를 가지고 있었다. 왕조의 약화와 종국적인 붕괴는 집중된 제국주의의 압력, 그리고 가장 두드러지게는 메이지 일본으로부터의 압력 때문이었다. 더욱이 일제의 장악으로 절정에 달한 일련의 사건에서 군대의 역할은 한국 군대의 간부를 고위 관직으로 대거 진입시킬 만큼 충분히 광범위했다. 무반 배경을 가진 사람들이 그 선두에 섰는데, 이들은 문관직에 취임하여 명성을 얻었다. 무반 출신 관료의 등극은 개화기에 두드러졌고, 식민지 시대에는 더욱 두드러졌다. 이러한 수십 년간의 전환 과정에서 무반의 상승 요인은 다른 낮은 신분 출신의 한국인이 군 복무를 통해 사회정치적 사다리를 오르는 것을 가능케 한 요인과 다를 바 없었다. 그러나 군대의 중요성이 갑작스럽게 재부상하면서 이익을 얻을 수 있는 가장 좋은 위치에 무반이 있었다는 점도 이해할 수 있을 것이다.

군사 구조와 군인 양성 시스템의 발전

1876년 개항과 1907년 한국군 해체 사이에 잦은 정치 교체와 안팎으로부터의 전례 없는 수준의 군사적 위협으로 인해 군 개편은 국방을 강화하는 것이 아니라 무질서를 지속시키고 심지어 군사 대비 태세의 약화까지 초래하였다. 1880년 통리기무아문의 설립을 시작으로, 서울을 둘러싼 군사기구는 거의 2년마다 재편성되었고,[55] 이러한 변화의 속도는 군 관리 구조에 보다 근본적인 변화를 구현한 갑오개혁으로 인해 수그러들지 않았다.[56] 갑오개혁 이후 서울의 주요 군사기구에 대한 추가 개혁이 이루어졌다. 하지만, 서울과 지방의 군사제도 모두 큰 구조적 변화를 겪었음에도, 안정적이고 강력한 군사조직이 되지는 못했다. 한국군의 취약성은 정부가 동학농민군의 봉기를 진압하는 데 어려움을 겪고, 타국 군사력이 교전한 두 개의 큰 전쟁이 한국 영토와 그 주변에서 발발한 것을 막지 못함으로써 여실히 드러났다.

그러나 또 다른 차원에서 볼 때, 이 시기의 군대는 사회 변화의 중요한 주체였고, 과거에 그랬던 것과 거의 같은 방식으로 행동했다. 예를 들어, 무과 시험은 전례 없는 규모로 관료적, 사회적 명성을 얻는 길이 되었다. 19세기 후반, 무과는 다양한 사회신분집단의 사람들이 접근할 수 있게 된 것 같다. 뿐 아니라 무과 급제는 하층 출신이 관료제에서 이전

보다도 더 높은 단계로 올라갈 수 있게 해주었다. 1882년 무과에 급제한 평민 이두황과 1876년 무과 급제자인 향리 구연수는 이러한 경향의 두 사례에 불과하다. 둘 다 일제 시대 초기에 고위 관리가 되었다(이두황은 도지사, 구연수는 경무관).[57] 1883년 도쿄 도야마 군사학교에 보내진 14명의 출신 배경이 보여주듯이, 고급 군사교육을 받을 수 있는 기회도 열렸다(2장 참조). 이러한 개방성은 한편으로는 강력한 전투력을 기르려는 정부의 (그리고 국왕의) 열망과 더불어 문인 귀족의 지속적인 군대 기피 현상을 반영한 것이다.

하지만 사회적 이동의 매개로 군의 역사적 역할이 재천명되었음에도, 무반은 새로운 관료적 승진 체계에서 그리고 군사 문제에 대한 새로운 관심 속에서 특권을 누렸다. 1880년대 조선의 군 개혁 시기, 무반 명문가 출신의 인물들에게는 군사교육의 특혜가 주어졌다. 이러한 시도는 1881년 일본군 교관의 지도 아래 특수 연대인 교련병대가 창설되면서 시작되었다. 신설된 통리기무아문의 행정 관할에 속한 교련병대(별기군으로 더 잘 알려짐)는 두 개의 집단을 훈련시켰다. 기존 부대 출신의 군인 집단과 명문 무반 가문의 자녀 중에서 선발된 특수 생도(사관생도)가 그것이다.[58] 다음으로는 1888년 군사훈련 대학인 연무공원이 설립되었다. 연무공원은 훨씬 더 배타적이었다. 그것은 고위 무관의 자녀와 친척으로부터 선발된 장교들을 양성했다.[59] 1895년 갑오개혁 정부는 이 기관을 새로 설립된 군사학교인 무관학교로 대체하였고, 이 학교는 1909년까지 유지되었다.[60] 무관학교와 그 495명 졸업생의 영향력을 조사한 한 연구에 따르면, 공식적으로 채용의 문을 개방했음에도, 실제로는 고위 무관의 추천을 받아야만 했고, 따라서 이 학교의 한 관리가 나중에 회상하듯, 대부

분의 학생이 무반 기득권층 출신이었다.[61]

결국, 군사적 대비 태세를 강화하려는 이러한 시도는 외국의 지배를 막는 데 실패했다. 그러나 한국 국방의 위태로운 상태에 대한 인식이 높아짐에 따라 군부는 문인 관료에 대한 예속의 족쇄에서 해방되었으며, 또한 군대를 통해 사회정치적 위계를 상승시킬 수 있는 많은 새로운 기회가 생겨나게 되었다. 이것은 광범위하게 다양한 출신의 사람들에게 해당되지만, 무반 가계 출신들에게 특히 그러했다.

관료적 명성

제국주의의 노골적인 위험과 한국 땅에서 군사적 대립의 증가로 인해, 관료제 내에서 군사 기술과 그 전문가들의 가치가 높아졌다. 1880년 관료제 개혁이 시작될 때부터 다양한 출신 배경의 무관들은 자강自強에 대한 정부의 관심이 높아짐에 따라 큰 혜택을 누렸다. 정부가 외국 군사 기술을 지속적으로 채택하고 일본의 지원으로 근대적인 군대를 건설하기 위해 노력할 것을 분명히 했기 때문이다. 조선왕조의 상당 시기 동안 군대는 제한적이긴 해도 실제적인 사회 이동의 기관으로 역할했다. 하지만 19세기 후반과 20세기 초반에는 이러한 기회들이 상당히 증가하였다. 실제로, 군 전체는 세습 신분과 무관하게 관리를 임명함으로써 근대 한국 관료제에서 거대한 팽창제의 역할을 했다. 그리고 이 시기 일본의 한국군 개입 등 한국 관리들에게 군사 경험의 가치를 더 높였다. 갑신정변 모의에서의 역할, 일본 자국과 한국에서 군사교육 제공, 특히 1894년과 1904년 두 차례 한국에서의 영향력 확대를 위한 전쟁 등이 그러하다. 이것은 1910년에 무단적武斷的 식민 체제가 시행되면서 절정에 달했다.

일본군과 연줄이 있는 한국인은 자신들이 출세하기가 훨씬 더 좋아졌음을 알아차렸다.

그렇다면 무반의 후손이 이러한 발전에서 선두를 달리게 된 것은 놀라운 일이 아니다. 개화파 운동가이자 『황성신문』 발행인인 남궁억처럼 일부 무반계 후손은 정부 밖에서 명성을 쌓는 길을 택했지만, 무반 출신으로서 저명한 대부분의 한국인에게는 관료제가 새로운 엘리트 신분의 무대가 되었다.

무반 관료들은 고종(1864~1907) 재위 첫 10년부터 두각을 나타내기 시작했다. 왕비의 족당과 그 동맹자들이 최고위 군직마저 독차지한 외척 세도가 지배한 수십 년을 지나, 1860년대 중반 대원군은 군 체계를 개편하여 무반 관리들을 지도부로 복귀시켰다.[62] 1873년 고종 친정이 시작되자 이러한 개혁에 약간의 후퇴가 있었지만, 최고위 무반 관료들은 자리를 유지했다. 예컨대, 당대 최고의 무반 가계인 평산신씨 신헌은 대원군에 의해 훈련도감 대장에 임명되었는데, 이후에도 그는 1876년 강화도조약 협상에서 조선 정부의 수석 대표接見大官를 역임하며 지배 질서 속에서 요직을 유지했다.[63] 정부는 한국 서해안에 있는 일본 선박들을 가장 우선적이고 중요한 군사적 위협으로 간주했기 때문에, 한국 대표단의 수장으로 저명한 무관이 선택된 것은 당연할 수 있다. 그럼에도, 그러한 세간의 이목을 끄는 직위를 획득한 것은 무반에게는 중요한 의미가 있었다. 이것은 군사 문제가 정부의 최우선 순위가 되고 군인이 고위직에 오르는 시대가 시작되었음을 알리는 신호였다.

무반의 새로운 위상은 갑오개혁 정부에서 가장 두드러졌다. 처음부터 군무대신軍務大臣은 무반 가계에서 나왔는데, 이전에는 병조판서라는 동등한 지위가 대체로 문관으로 임명되었던 것을 고려하면 중요한 성과이다. 1894년 늦여름 제1차 갑오개혁 정부에서 군무대신(이규원), 협판(조희연), 참의 신임申林이 모두 무반이었다.[64] 무반의 존재는 군무아문에 한정되지 않았다. 이근교, 이근배는 둘 다 저명한 전주이씨 무반 가계 출신인데, 탁지아문의 참의였다. 이러한 경향은 갑오개혁을 거치면서, 대한제국 시대까지 이어졌다. 이근호, 이근택 등의 무반은 최고의 지위를 차지하였다. 그러나 대한제국 시기의 가장 저명한 무반 인물들은 일본에 있었다. 이들은 이후 일제강점기 첫 10년 동안 고위직을 채웠다. 1910년에 임명된 6명의 도장관 중 2명은 조선 후기 가장 성공적인 무반 가계에서 나왔다.[65] 식민지 관료제 전반에 걸쳐 많은 무반 후손이 있었을 것이다. 이 시대 관료제 그리고 사회의 변화는 조선왕조 통치 질서 속에서 무반의 전통적인 역할과 더불어 이러한 인물들이 새로운 엘리트 대열에 합류하도록 준비시켜왔던 것이다.

근대 관료제 속의 무반 후손들

문인 양반의 후손과 달리 무반의 후손은 식민지 시기에도 관료제에서 선도적 지위를 유지했다. 병합 전에도 무반은 갑오개혁기 동안 정부의 고위직에 꾸준히 진출했고, 통감부기 무렵 일부 최고위직에도 올라 있었다. 사실, 몇몇의 무반 후손은 대한제국 관료제 내에서 충분히 유명했고, 1910년 일제로부터 귀족 작위를 받았다.[66] 총독부 치하에서 고위 관직을 얻은 인물도 있었다. 도지사, 도 참여관에서부터 총독부 내의 직책에 이르기까지 다양했다. 개화기 및 식민지기 무반 관료에 대한 사례 연구를 살펴보면, 이들 대부분에게 조선왕조 무인 엘리트 일원으로서의 배경이 근대 관료제에서 두각을 나타내는 데 결정적인 기여를 했음을 알 수 있다.

거대한 무과 급제자 수(조선 후기에만 10만 명 이상이며, 대부분은 평민이거나 기존 무반 가계 출신이 아니다)와 현존 방목의 공백에도, 무보武譜와 각 가계의 족보를 참고하면 저명한 무반 관료들의 위치를 확인할 수 있다. 통혼과 무과 급제 혹은 무관직 보유라는 두 범주를 이용하여 조선 후기의 지배적인 무반 가문을 확인할 수 있다. 특정 가계 내에서 무과 급제의 빈도는 명성의 확실한 지표이다. 그러나 무과 급제자 수가 엄청나게 많기 때문에 급제자의 모집단을 좁혀서 검색해야 한다. 더욱 저명한 가계들만 따로 모은 종합보에서 발견되는 인물들이 그것이다. 이러한 종합보에서는 무반이 세습적 무과 급제나 무관직 보유, 혼인관계를 통해 그들의 상대자인 문인 귀족 속에서 정확히 돋보인다. 유진 박Eugene Park은 다양한 무보와 『만성대동보』라는 종합보를 이용하여 무과 급제자가 두드러지게 배출된 것으로 보이는 6개 성관을 발굴하였다. 덕수이씨, 전의이씨, 능성구씨, 평산신씨, 평양조씨, 수원백씨이다.[67]

덕수이씨만 제외하고,[68] 다른 성관은 각각 근대 시기에 저명한 무관과 문관을 모두 배출하였다. 무과 급제자 수의 성관 순위를 보면, 이순신 장군의 직계 후손의 단일 무반 가계로 이루어진 덕수이씨, 여러 개의 무반 가계를 포함하는 전주이씨에 이어, 조선 후기에 무과 급제자와 고위 무관을 가장 많이 배출한 성관은 전의이씨, 평양조씨, 능성구씨, 수원백씨, 평산신씨였다. 여기서는 이 중 첫 두 성관에 대해 살펴보았다.

전의이씨

전의이씨에 두 개의 빼어난 무반 가계가 있었다. 여기서는 그중 큰 가계를 살펴본다. 〈표 7.1〉에 보듯이, 1번 무반 가계는 상대적으로 늦게 형성되었다. 명백한 무반 가계로의 통합은 17세기 말~18세기 초에 일어났다. 이 집단의 기원을 보면, 이들이 다른 많은 가계와 마찬가지로 17세기 초라는 결정적 시기에 문반층으로 상승하고자 하는 노력을 안 한 것은 아니지만, 그렇다고 그것에 실패해서 무반층으로 '추락'한 것도 아님을 알 수 있다. 이진경의 두 아들로서 이 가계의 거의 모든 무과 급제자를 후손으로 거느린 이지무와 이지형은 각각 다른 길을 걸어갔다. 작은 아들 지형은 그의 할아버지, 아버지와 마찬가지로 무과에 급제했다. 하지만 큰아들 지무는 문과에 급제했기 때문에 그의 가계는 아들 세운이 17세에 아들을 남기지 못하고 사망하지만 않았더라면 무반 신분으로의 강등을 피할 수도 있었을 것이다. 일반적인 관례에 따라 세운의 사촌인 세정의 아들 성조가 세운의 후사로 사후 입양되었다. 성조는 문과에 급제하고 문관 반열인 좌승지 직에까지 오르지만 지친至親들의 무학武學 경력으로 인해 그 자신의 가계 역시 문인 귀족층에서 배제되게 된다. 성조의 다섯 아들(24세) 중 3명이 생진과에 급제하지만, 다음 세대인 성조의 손자 대에는 압도적으로 사촌 가계인 지형의 후손처럼 무반 대열에 합류하게 되는 것이다.

18세기부터 줄곧 전의이씨는 가장 성공적인 무인 가계가 되었다. 무과 급제자 대부분이 군부의 고위직에 올랐고, 많은 이가 오군영의 대장을 역임했다. 가장 저명한 인물은 이방일(25세)일 것인데, 그는 영정조 치세의 주요 인물로서, 도道의 병영, 서울 수비대, 궁정 경호대 등 사실상 군부의 모든 지휘관직을 동시에 혹은 여러 시기에 걸쳐 역임했다.[69] 그의 후손은 이 명성을 지속시켰다. 방일의 손자인 관식은 중추부 참의가 되었으며, 경상도에서 수사水使를 역임했다. 관식의 아들 희승은 대원군기 복설된 삼군부의 대장이 되었다. 실제로, 그는 전주이씨도 대원군의 복심도 아닌 몇 안 되는 지도적 인물 중 1인이었다.[70]

개화기에 이르러, 전의이씨는 새로운 문인 관료 기구에 저명한 인물들을 배출하기 시작했다. 예를 들어서, 갑오개혁의 여파로 이 가계의 이교항 같은 인물은 가문 전통을 따라 저명한 군사령관으로 재직했다.[71] 하지만, 19세기 가장 화려한 이력의 장군이었던 이희경[72]의 손자인 이완호나 혹은 이종호 같은 인물은 대한제국기 개편된 지방행정 체제에서 군수직을 차지했던 것이다.[73] 그러나 여전히 이 가계의 다른 인물들은 개혁을 틈타 전통적으로 신분에 따라 지정된 관직 외의 지위로 승진하기 위해 군부 내의 배경을 활용했다. 예를 들어서, 이건호는 1874년에 무과에 급제하여 1880년 선전관이 됨으로써 자신의 군 경력에 돌파구를 냈다. 그는 훈련도감에서 중간급 관리(판관)가 되었다가, 이후 1883년 외무부 주사로 임명되는데, 그는 이 직책에 있으면서 동시에 다양한 군사적 직임도 보유했다. 1895년 봄에는 새롭게 만들어진 경성부鏡城府의 관찰사로 임명되지만 몇 달밖에 근무하지 않았다. 10년간의 공백 이후 1905년 최고법원의 판사로 관직에 복귀했다.[74] 그의 아들인 이한길은 부친을 따라 문인 관료의 길로 진입하여, 1904년 법관양성소를 졸업하고 이후 식민지기 첫 3년간 경상도의 몇몇 지방법원에서 판사로 근무했다.[75]

이 시기 전의이씨 무반 가계에서 가장 저명한 관료는 이진호이다. 그는 종국에 사회신분제의 전통적 경계를 뛰어넘었을 뿐 아니라, 식민지기

표 7.1 전의이씨 무반 1번 가계(19세~32세)

19세	21세	22세	23세	24세	25세	26세
종훈†(무반 가계의 시조)(1557–1600)	지무§(1604)	세운	성조§(1662) 친부: 세정	의협+(1683)	방수†	윤국†
					방위†	윤행
					방숙†	윤복
				의제+(1684)	방섭	윤해†
20세					방욱	윤근
진경†					방혁†	윤우†
				의함‡(1688)	방한	윤묵
					방간	윤무
				의철‡(1692)	방학†	윤원†
					방봉†	윤형*
				의순‡(1700)	방복	윤보
					방록	윤배†
					방우†+	윤익
	지형†(1608)	세선†(1628)	창조†(1653)	의태(1671)	방협‡(1694)	윤성
						윤영
						윤명
						윤형
				의점‡(1676)	방서‡(1697)	윤덕†
						윤옥
				의진(1678)	방신*(1716)	윤희†
						윤우‡
				의복*(1683)	방화‡(1699)	윤광
						윤장†
				의풍†	방화†	윤겸†
			광조‡(1662)	의백*(1687)	방일†(1724)	윤창*
						윤춘†
				의익†	방오†	윤집†
				의벽†	방성*	윤회
		세정†(1633)	홍조†(1651)	의집(1673)	방좌†	윤경†
					방춘	윤향*
					방안†+	윤구

26세	27세	28세	29세	30세	31세	32세
윤국†	인식†	희석†	교원 (1815)	창호†	한영†	재승
				명호†	한승†+	
			교완†	재호†	한종	
		희두	교흥†	성호†		
윤행	관식	희길†	교철	정호†		
윤복	언식	희종†	교봉†	경호	한규	
	우식	희수†	교승†	정호	한웅	
윤해†	종식	환일	교붕	상호†	한채	
윤근	의식	희인	교헌	인호		
윤우† (1745)	경식† (1766)	희욱 (1809)	교석†	두호		
			교현†	진호†	한직	
윤묵	보식	희순†	교익	성호†	한경	
윤무	동식†	희풍†	교상*	철호	한수	
윤원†	우식†	희주†	교린†	건호†	한길	
윤형	헌식+	희면†	교준†	운호†	한정	
윤보	종식†	희서†	교항	인호		
윤배†	흥식	희찬	교철†	계호		
윤성 (1719)	경식	희경†	교헌†	완호†+	한풍	
	명식†	희순†	교향	택호*	한창†	
윤영	인식	희보	교창†	봉호†	한기†	
윤명+ (1736)	윤식 (1760)	희필	교식†	정호		
		희찬*	교문†	용호+	한승†	
윤형*	희식	희규*	교원	종호†+	한정	
			교일†	준호†+		
윤창*	관식*	희승†	교면*	경호	한풍	

주: 괄호 안은 출생 연도.
  *무과 출신 고위 무관직 보유 †무과 급제 ‡생진시 급제 §문과 급제 +수령직 보유
출처: 『전의이씨족보』

한국 관료에게 놓여 있던 제약까지도 넘어서서 유일무이하게 총독부의 고위직에 도달했다. 이진호의 친부는 이교석이었는데, 숙부 이교현에게 입후되었다. 1882년 무과에 급제하여 낮은 무관직을 얻었다. 하지만 이진호는 유달리 부유한 배경을 가진 것으로 보이며, 이 부로 인해 그는 다른 무반뿐 아니라 그의 친족보다도 앞서서 새로운 기회를 활용할 수 있었다. 그는 1881년 교련병대의 생도로 선발되고, 이후 1880년대에 예비 사관을 양성하기 위해 설립된 선구적 교육기관인 육영공원과 연무공원을 모두 다녔다. 이진호의 첫 번째 명성은 동학 봉기 때 파견된 정부 진압군 중 한 부대를 지휘할 때 나왔다. 하지만 곧이어 그는 개혁파에 가담했고, 1895년 중반 무렵에는 서울의 최고 부대의 대장 신분임에도 박영효가 이끄는 급진개화파의 일원이 되었다. 하지만 그는 1895년 여름 군주정을 전복하기 위한 박영효의 시도로 알려진 사건(고종 양위 음모 사건)에 연루되어 일본으로 망명할 수밖에 없었다. 그는 12년을 일본에서 머물면서 군사훈련에 전념했다. 대다수 갑오 망명자 그룹의 멤버들과 마찬가지로 그도 1907년 한국으로 돌아왔다. 잠시 중추원에 직책을 얻었다가 곧이어 1908년 관찰사직에 임명되었다. 식민지기가 시작될 때 그는 6명의 한국인 도장관 중 한 명이었다. 그는 도지사직(도장관 포함)을 두루 거치다가 1924년 총독부 학무국장이 되어, 총독부에서 장관급 직책을 보유한 첫 한국인이 되었다.

1928년까지 재임 기간 동안 이진호는 조선에서 초등교육을 진흥하는 활동에 적극적이었고, 종종 관찬 및 사설 출판물에 기고하였다. 그는 잡지 기고문 「조선인 교육의 현재와 과거에 대한 관점(朝鮮人敎育の今昔觀)」에서 교육의 초점을 전통적 규범으로부터 탈피시킬 것을 주장했

사진 7.1 이진호, 1920년대
출처: 有馬, 『人物評論』

다. 이진호는 오랫동안 학문을 강조해온 민족의 오랜 역사를 칭송하면서
도, 조선 시대를 특징짓는 '한학漢學'에 대해 불만을 나타냈다. 19세기 말
에야 "민족을 깨우는 경종"이 울려서 신교육의 이점을 알게 되었다고 했
다.[76] 조선 시대의 문무 위계를 노골적으로 공격하지는 않으면서도 문을
우대하고 무를 차별하는 풍조를 조선 멸망의 주 요인으로 간주한 것이
다. 그는 문민 관료제 속에서 높은 지위를 얻었음에도 계속 군인으로 처
신했다. 1920년대 중반의 한 전기적 연구는 총독부 내의 여느 조선인 고
위층과 달리, 이진호는 그의 직책이나 타인과의 관계에 있어서 확고하고
직설적인 기질을 유지했다고 지적했다.[77]

평양조씨

평양조씨 가문은 시조 조인규가 13세기 후반 몽골어 통역으로 이름을 떨치고, 그의 직계 자손들도 원 치하에서 무관을 역임했기 때문에,[78] 조선의 귀족 계급에 확고한 기반을 유지하지 못했다. 조선 후기까지 이어진 저명한 문인 양반 가계를 배출한 전의이씨와는 다르게, 평양조씨는 저명한 무반 및 중인 가계 덕에 유명해졌다(물론, 이들 무반, 중인은 별개의 가계이다). 평양조씨 문인 양반은 17세기에 정치무대에서 사라졌다.[79] 중인 가계는 잡과 시험에서 성공하였고, 19세기 중엽 유명한 화가, 서예가, 역사가인 조희룡을 배출하였으나,[80] 평양조씨가 조선 후기 관료제에 족적을 남긴 것은 가장 생산성이 높았던 무반 가계들이다. 19세기 후반~20세기 초, 이 가계의 후손은 그들의 명문 무반 계보를 활용하여, 저명한 관리들을 배출하는 데 있어 다른 무반 가계를 압도했다.

〈표 7.2〉에 보듯이 평양조씨 가계의 모든 무반은 시조의 두 아들인 정익, 정준으로부터 내려오는 후손이다. 조인 그 자신은 1552년에 문과에 급제한 조부의 손자였다. 첫 번째 무과 급제자였던 조인의 손자는 조유였다. 조유의 손자 조정이 1726년 문과에 급제하고 이어서 병조참의가 된 것은 다소 주목할 만하지만, 이 가계는 무반 쪽에 확고히 남아 있었다. 조정익의 후손이 이 가계에서 무과 급제자의 대부분을 배출했다.

22세 후손 중에 조존두와 조준우가 있다. 둘 다 19세기의 저명한 군지휘관이었다. 조존두는 관직이 병조참판까지 올랐지만, 그가 더욱 유명해진 것은 1885년 비밀스럽게 러시아와 동맹 교섭을 하던 반청反淸 관료 집단의 일부로서였다. 이 그룹의 시도가 탄로 나자 조존두는 유배되었고, 곧 풀려나 갑오개혁기 18개월 간 능주군수로 경력을 마감하였다.[81]

표 7.2 평양조씨 무반 가계(14세~25세)

14세	16세	17세	18세	19세	20세
인(중시조)	유†(정익 아들)	세웅†	건†	계태†	집†
			정§	원태	두†
			현	제태†	복†
					성†
15세					우
정익				언태‡	업†
정준		세순*	수†	진태†	영†
		세발	경†	운태	민
				심태*	기†
		세성*	빈†	병점†	완*
					헌
				겸태	인
	묵(정준 아들)	세망†	엄†	동채‡	교
				동복†	대†

20세	21세	22세	23세	24세	25세
집†	화석†	존중†	희찬†	승현†	
			희적	필현	
두†	우석†	존혁†	희연†	계현	
		존억†	희문†	욱현	
		존충†	성근†	백현	
복†	운석	존렴	희원†	의현	
		존영	희선‡	기현†+	
				위현†+	
		존규†+	희선†	지현†+	
			희철†	은현†+	
성†	한석	존학†	희인†	종현*+	
우	환석	존두†+	희갑†+		
업†	태석†	존정†	희풍†	익현†+	
	두석†	존긍†	희승†	관현†+	
영†	규석	존경†	희춘†	창현†	
민	의석†	존승†	희창†	주현+	
기†	긍석†	존수	희관†+		
		존우†+	승근†		
완*	기석‡	존경+	희복†	국현†+	
			희익†	명현†	
			희직*+	두현+	재정
헌	가석†	속	희민†	문현†	재관+
인	문석†	존필†	희준†	긍현+	
	관석†+	존흥†	희숙†	태현	
교	이석†+	존식†+	희렬†	성현	
대†	언석†+	존공	희상†	종현	

주: 괄호 안은 출생 연도.
　*무과 출신 고위 무관직 보유 †무과 급제 ‡생진시 급제 §문과 급제 +수령직 보유
출처: 『평양조씨세보』

조존두의 아들 조희갑은 군 경력은 1907년에 끝나지만, 그는 계속해서 경찰 간부직으로 재직했고, 1918년 사망할 때까지 충청남도의 3개 군에서 수령을 지냈다.[82] 조존우 역시 잠시간 병조참판을 역임했다. 그의 양자養子인 승근은 대한제국이 문을 닫던 해 궁내부 장례원의 고위 관리였다.[83] 이 가계의 후손들도 갑오개혁기와 그 이후에 몇몇 수령직을 보유했다. 예를 들어, 조두현은 1895년부터 1904년까지 연속으로 4개 고을의 수령으로 재직했다.[84] 그의 아들인 재정은 1902년 무관학교를 졸업하고 1907년 군대 해산 시까지 장교로 재직했다. 재정의 사촌인 재관은 1894년 가을부터 1895년 봄까지 평안북도 의주의 수령이었다.[85]

이 가계의 일부 인사는 식민지기에도 관료가 되었다. 24세에 긍현, 주현, 종현 등 3명이 군수로 재직했다. 조긍현은 경상남도에서 1914년까지밖에 재직하지 않았지만, 1900년대 일본에 유학한 조종현은 1911∼1921년간 황해도에서 군수로 일했다. 1910년 군 서기로 시작한 조주현은 1920년 제천군수로 임명되었고, 곧이어 강원도의 도 이사관으로 승진했다.[86]

『무비요람』의 저자인 21세世 조우석의 후손은 식민지기뿐 아니라 개화기에도 정관계에 최고의 영향력을 가지고 있었다. 우석의 손자인 조희연은 개화기 최고의 군인이자 개혁적 인물이 되었다. 조희연은 1874년 18세의 나이에 무과에 급제하고, 이어서 병조의 여러 관직을 맡았다. 잠시 평안북도에서 고을 수령이 되기도 했다. 갑신정변 이후, 정부가 근대적 무기의 제조와 구입 가능성에 대한 정보를 수집하기 위한 오사카, 상하이, 홍콩으로 파견한 조사단의 일원이었다. 이런 활동들은 상업적 사업의 기회도 제공했다. 1888년 그는 해운회사인 '삼산회사'를 설립했다.

사진 7.2 조희문, 1920년대
출처: 有馬, 『人物評論』

이 회사는 한강을 따라 서울—인천 간에 자재를 운송했다.[87] 한편, 그의 군대 내 지위도 눈에 띄게 높아져서 1894년 여름 동학군 진압 작전에서 최고 지위를 차지할 정도가 되었고, 곧 군국기무처의 몇 안 되는 무반 출신 의원 중 하나가 되었다.[88] 중국과 일본의 근대적 변화를 직접 가서 보고 익힌 덕분에 그는 개혁가로 알려지게 되고, 1894년 말 제2차 갑오개혁 내각에서 군부대신으로 임명되었다. 그는 갑오개혁기 내내 군부와 관료 영역에서 고위직을 유지했다. 그리고 개혁가들과의 친밀한 관계 때문에 1896년 갑오내각이 무너졌을 때 체포가 당연시되어 일본으로 망명했다. 1907년 다른 갑오 망명가 그룹과 함께 귀국했을 때 명예직을 얻었고, 1910년 일본으로부터 귀족 작위와 중추원직을 제공받음으로써 격동의 관직 경력이 막을 내렸다.[89]

1896년에서 1907년까지 10여 년의 망명 기간 동안, 조희연은 사촌 동생 조희문과 함께 살았다. 조희문은 조희연과 유사한 경력 패턴을 따랐으나, 식민지기까지 고위관직을 계속했다는 점이 달랐다. 그는 1876년 무과 급제 후 무관층을 따라 올라가서 1882년 선전관이 되었다. 이후 훈련도감에서 점차 고위직을 맡았으며, 마침내 1886년 황해도 병마절도사직에 임명될 수 있었다. 갑오개혁기 군부軍部의 관리직을 맡았고, 박영효의 고종 양위 음모 사건에 연루된 1895년 여름까지 계속해서 장교로 재직했다. 일본 망명 후 1907년 귀국하자마자 한성부윤이 되었으며, 병합 후 황해도 도장관이 되어 1918년까지 직을 유지했다.[90] 하지만 조희문은 은퇴하지 않았다. 그는 명예직인 중추원 참의에 끊임없이 재임명되어서, 1941년 팔순의 나이로 사망할 때까지 3년 임기를 8번을 수행했다.[91] 서재필이나 박영효의 삶과 마찬가지로, 조희문의 삶도 한국의 근대 전환기에 걸쳐 이어져 있었고, 대부분의 경우 그는 사건의 중심에 있었다.

논의: 한국사에서 군의 역할에 대한 성찰

근대 한국이 태동하던 시기에 무반 명문가의 후손인 조희문이 이처럼 오랜 기간에 걸쳐 사회정치적으로 높은 지위에 오르는 것은 어울리는 일로 보인다. 무반의 상승은 군의 위상 상승과 병행했기 때문이다. 이전 천년 동안 군의 위태로운 종속적 지위를 감안할 때, 근대의 변화는 한국의 사회 위계에 중대한 변화를 의미했다. 이것이 한국사에서 무반이 군

의 위상을 반영한 한 가지 방식이다. 또 하나는 그것이 사회 이동의 통로
로서 군의 역할을 보여준 것이다.

사회구조 변동의 촉매제

무반의 운명을 추적할 때 오랜 한국 역사에서 사회정치적 변화의 촉
매제로서의 군의 역할이라는 상위 주제에 끌리는 것은 당연하다. 조선
시기를 통틀어, 특히 16세기 후반의 임진왜란 이후, 군은 문인 귀족을
제외한 모든 배경의 사람들이 정치적, 경제적 지위를 높일 수 있는 통로
임이 입증되었다. 이 장에서 개괄한 바와 같이, 무과시험의 변화는 (그 자
체가 오랜 역사적 동학의 결과이지만) 전근대 한국에서 지속적으로 사회적 이
동의 기회를 제공했다. 학자들이 주장해왔듯이, 장기적으로 볼 때, 군대
의 이러한 특징은 지배 질서를 위해 국가와 사회의 경직된 위계질서에
대한 대중의 누적된 좌절감을 해소하는 중요한 '안전판'을 제공할 수 있
었을 것이다. 다시 말해서, 군이 허용한 제한적인 사회적 이동성이 조선
왕조를 지탱하는 데 중요한 역할을 했을 수 있다는 것이다.[92] 궁극적으
로 이것은 증명될 수 없지만, 전근대 사회 위계의 발전을 추적할 때 군대
가 고려되어야 함은 분명하다.

확실히 상승 이동의 통로로서 군의 역할은 여타 사회의 특징이기도
하다. 특히 미국을 예로 들 수 있다. 미국에서는 전통적으로 하층민에게
는 주어지지 않았던 사회적 열망의 배출구를 군대가 제공해왔다. 그러
나 조선 후기 사회 이동에 대한 무반의 접근은 전근대 사회정치 질서의
독특한 윤곽을 반영한다. 중앙의 군사 엘리트에게 있어, 사회 위계의 대
규모 변화를 촉진할 수 있는 군의 능력은 위, 아래 양쪽의 사회적 경계

를 절단하는 양날의 칼을 의미했다. 세입 증대와 병력 보강을 위해 무과 시험을 만성적으로 과잉 활용한 결과 무과와 무관에 대한 위신의 급격한 추락이 일어났다. 그 결과 무반은 점차 문인 관직에서 배제되고 문인 양반과의 결혼 제휴에서 멀어졌다. 일단 문인 귀족제의 고위층에서 제거되자, 서울에 기반을 둔 무인 엘리트 가계들은 자신들의 지위가 더 이상 침식되는 것을 막기 위한 방어 조치를 시행하기 시작했다. 비무반 출신 무과 급제자를 공직에서 배제하고, 무과 시험을 주로 비무예 자질 중심 시험으로 바꾸며, 시험이 두 종류가 되도록 제도를 조작하여 하나는 무반 내에서 무인 관료를 선별하는 용도로 하고, 다른 하나는 비무반용으로 하는 것 등이었다. 이런 것들은 영향력 있는 무관직을 무반이 배타적으로 보유할 수 있게 했다. 이런 조치들은 배타적 혼망과 결합하여 일련의 두드러진 무반 가계를 창출해냈다. 고위 무관직을 지배한 초무반 가계도 생겨났다.

20세기 초 무반이 관료제 최고위층의 진입 장벽을 돌파함에 따라, 무반과 사회 이동성 사이의 연관은 또 다른 차원에 도달했다. 제국주의와 식민주의가 군 지위의 상승을 촉진시켰음도 물론이다. 처음에는 침략과 침입에 대한 방어의 선봉 역할이었다. 이후에는 그 핵심 정치지도자들이 강한 군사력 편향이 있었던 정복 문명으로부터 총애 받는 충복이 되었다. 오랫동안 한국 통치 질서의 종속적인 반쪽이었던 무반은 자신들이 이러한 발전 상황에서 이익을 얻기에 좋은 입장에 있음을 알게 되었다. 한국의 개화기 동안, 조희연, 이건호, 신관호, 신정호, 이근택과 같은 저명한 무반 가계의 구성원이 19세기 후반, 특히 갑오개혁 이전이었다면 접근할 수 없었을 정부 최고위직에 올랐다. 이 장의 사례 연구에서 알 수 있듯이, 식민지 시대가 시작되었을 때, 무반 후손은 그들이 없었을 때 문인 양반의 후손이 그랬던 것과 마찬가지로 눈에 띄게 고위 관료직에 있었다. 1910년에 임명된 한국인 도장관 6명 중 3명은 무반 가계 출신이었고(경기도 도 참여관이었던 유혁로를 포함할 수 있다면 4명), 이 6명 전원이 무관 출신이었다. 1920년대에 이들 중 한 명인 이진호는 총독부의 각료가 되었는데, 이는 식민지 시대 한국인에게는 유례없는 승진이다.

그러나 이번 장에서 강조한 것처럼 조선 후기에 무반의 무인으로서의 성격이 쇠퇴한 것은 분명하기 때문에 신구 군대 사이의 연관을 지나치게 강조해서는 안 된다. 무반은 군대와의 전통적인 연계로 인해 19세기 말 정부가 시행한 근대적 군인 양성에서 우선권을 누렸고, 따라서 군대를 상향 이동 수단으로 선택한 다른 사회 행위자들보다 한발 앞서기 시작했다. 그러나 많은 무반은 군 경력 추구를 선택하지 않거나 혹은 변화하는 환경과 증가하는 경쟁에 적응하지 못했다. 20세기 초 출세 경로가 군 양성기관이나 무관직으로 이어진 고위 관료들의 다양한 신분 배경에서 볼 수 있듯이, 무반은 더 이상 한국의 군 관료에 대한 독점권을 누리지 못했다. 사회 위계의 대규모 변화를 유도하는 군의 능력은 20세기 후반에도 증가한다. 일제 식민주의의 유산이 남북한 양측에 군부 중심의 권위주의적 통치와 군국주의적 사회 동원을 형성하였기 때문이다.

군의 주변부화

전근대 한국에서 독특한 무인武人 사회 계급이 발전한 것은 다른 여느 사회의 역사적 패턴과 다르지 않다. 예를 들어, 18세기와 19세기 유럽 전역에서 그러한 집단을 발견하게 되는데,[93] 중세 서유럽의 많은 부분을 지배했던 기사는 무예 기량과 기사도의 기풍을 통해 자신들의 권력과 그것의 아우라를 발휘했다. 군인 엘리트가 대규모의 내혼內婚에 기반한 자폐적인 사회신분집단으로 진화한 것조차도 (관직접근권의 거의 모든 부문이 세습적 차이로 이해된다는 점에서 한국의 사회 위계 그 자체의 전형을 보여주기는 하지만) 무반을, 말하자면, 전근대 일본의 사무라이와 구별지어주지는 않는다. 하지만 사무라이는 사회를 지배했다. 아마도 여기에 무반과 관련된 가장 흥미로운 측면이 있을 것이다. 그것은 한국 문명에서 문에 대해 무가 종속된 점을 무반이 체화했다는 것이다. 중앙정부의 최고 위층으로부터 무관 배제, 군주를 포함한 당쟁 참여자들의 무관 착취, 무과의 만과화로 인한 가치 절하, 이로 인한 다양한 하층 사회 구성원의 무과 시험 침식, 나아가 문인 귀족의 무과 기피 등 모든 것이 조선의 지배질서에서 무인과 무관의 낮은 지위를 반영한다.

문인 지배에 대한 무인의 열등한 입지는 조선 후기 이전 한국에서 오랜 역사가 있다. 이러한 질서의 기원을 하나의 사건에 귀결시키는 것은 불가능할 것이다. 하지만 아마도 유교 이데올로기의 흡수를 수반한 비교적 이른 정치적 지배의 중앙집중화에서 그것을 발견할 수 있을 것 같다. 이것은 전근대 일본의 역사적 발전과 강하게 대조된다. 윌리엄 패리스William Farris에 따르면, 다양한 사회경제적, 기술적, 정치적 요인들, 예컨대 군사력의 중요성에 대한 조정의 인식 등이 일본 초기 국가 형성기부터 12세기 가마쿠라 막부 등장기까지 일관되게 무사 계급 지배의 토대를 놓았다고 한다.[94] 이런 요인들이 빈번한 전쟁과 변증법적으로 상호작용하여 도쿠가와 시기에조차 전면적인 중앙집권적 통치의 시행을 저지했던 것 같다.

이와는 대조적으로, 조선에서는 무인 엘리트의 상대적 취약, 의존, 종속 등이야말로 중앙집권적 통치가 잘 받아들여졌다는 것에 대한 최고의 증명일 것이다. 만약 우리가 에이코 이케가미Eiko Ikegami의 주장, 즉 일본 사무라이의 무사적 기풍과 명예심이 그들로 하여금 집단성과 구조적 동조(이것은 도쿠가와 시기의 집중화된 봉건제에서 절정에 달했다)가 점증해가는 와중에도 독립성과 개인성을 갖추게 했다는 주장을 받아들인다면,[95] 우리는 다음과 같이 가정할 수도 있을 것이다. 즉, 한국 국가의 이른 중앙집중화와 안정화는 일본에 비해 외부 침략의 위험성이 더 큼에도 강력한 군사력에 대한 항구적 의존의 필요와 결국에는 강력한 무인 계급에 대한 필요도 없앴다는 것이다.

고려 초기 이후, 중앙집중화가 분열된 준봉건적 체제에 자리를 내줄 수 있었던 지점은 사라졌다. 이는 문인 통치 관념이 이미 확고한 기반을 확보했음을 시사한다. 일본과 대조적으로,[96] 문인 귀족으로부터 독립하는 것을 선택할 수도 있었을 한국의 무인 지도자들은 그렇게 하는 대신 문인 엘리트들로부터 인정을 받기 위해 고군분투했다. 예를 들어, 1170년의 쿠데타 이후 한 세기 동안 나라를 통치했던 무인들의 계승은 얼마 안 가서 문인 관료들의 기술과 위신에 점점 더 의존하게 되었다. 무관 명문 가계 출신의 이성계가 조선을 건국했지만, 그 역시 무인 지배를 수립하기에 부족한 것으로 판명되었다. 조선 후기에 무인 엘리트들이 별도의 세습 집단으로 발전하는 것은 그들 스스로의 선택이 아니라 군대의 오랜 사회정치적 취약함이 절정에 달한 것이었다. 전쟁과 정치적 상황이 가져온 기회 위에서, 역사적으로 군에 가해진 차별로 인해 지배적인 양반 귀족은 우월한 문인 귀족과 종속적인 무인 세습 집단으로 양분되었다. 이는 역설적이다.

그러나 20세기의 전환은 8세기 전 무신 정권 시대 이후로는 볼 수 없었던 군의 부활로 이어졌다. 외부의 위협이 증대되고, 개혁의 모델로 부상한 일본에 의해 군사력의 중요성이 커지면서, 많은 영향력 있는 한국인이 (무엇보다도 일본의 지식인들에 의해 고무되어) 치열한 지구적 생존 경쟁이라는 사회진화론의 세계관을 받아들이게 되었다(이 시기의 사진들을 보면 한국의 군주는 자랑스럽게 프러시아 군복처럼 보이는 의복을 입고 있다). 그러나 중요한 것은 한국 군대의 전통 그 자체가 부활한 것이 아니라, 오히려 군사적 영예의 새로운 관념이 군인과 군인 양성에 큰 위신과 의미를 부여한 것이다. 여기서 무반과의 극명한 대조가 있는 것인데, 이것이 결국 조선과 근대 한국의 무인 엘리트의 핵심적 차이를 드러낸다. 한국은 군을 정치적 통치 구조에 통합함으로써 그것을 재빨리 관료화하는 데 성공했다. 이는 무엇보다도 무인 지배의 잠재적 위험을 제한하기 위해서였다. 하지만 이것은 무반이 그들의 무인으로서의 소명으로부터 거리를 두는 데 기여했을 것이다. 좋든 나쁘든 간에, 전근대 한국의 무인 관료들은 결과적으로 힘을 잃어버렸던 것 같다. 복합적인 요소들, 특히 신분에 대한 강력한 의식과 평화의 장기화는 무인 엘리트들을 '무인 기준에 못 미치는 무인 집단'으로 만들었다. 모두에게 개방된 '만과'와 정반대로 고위 관직이 예정된 자들을 선별한 특별한 배타적인 무과 시험은 병서에 대한 학습과 유교 고전에 대한 숙달에 강조점을 두었고, 전투력에 특화된 잠재적인 침입자는 관직 경쟁으로부터 제거해버렸다.

무반은 하층 사회 성원의 도전을 잘 막아냈지만, 열등한 신분으로의 강등 속에서 위안을 찾을 수 없었다. 조정의 기록이나 외국인 관찰자들 그리고 19세기 저명한 무반 출신 군 관료였던 조우석에게서 명확히 알수 있듯이, 무반은 스스로 합당한 귀족이라고 생각했고, 신분이 배정된 방식을 바꾸려 하기보다는 지배적인 엘리트로 재진입하고자 하는 열망을 드러냈다. 그러나 무반의 문예적인, 계보상의 자격을 더 인정해달라는 조우석의 호소를 통해 우리는 조선 후기에 이르러 중앙의 무인 관료들이 사회정치적 패권의 반열에서 얼마나 추락해 있었는지 알 수 있다. 20세기 한국에서 군인의 운명이 상승했음에도, 그들이 (이 장의 첫머리에 인용된 헨리 정의 판단에 나타나 있듯이) 일제 식민주의와 결탁하고, 또 해방 후 권위주의 정권과 결탁한 것은 수 세기 동안 무반을 종속적 지위에 두었던 군인 지배에 대한 끊이지 않는 회의를 지속시킨다.

결론
제2 신분집단과 한국의 근대성

전근대의 사회 위계에 관한 탐구인 이 연구는 유교의 교리와 양반의 지배라는 수면 밑을 조사하여 제2 신분집단이 아우성치는 풍경을 드러내 보였다. 이 집단은 조선을 이해하는 데 필수적이다. 핵심부에 가족이 있고 그 바깥쪽으로 전국적인 정치, 사회의 위계 질서가 존재하는 동심원상에서 제2 신분집단은 전근대 한국인의 삶의 주요 면모를 다수 부각시킨다. 예를 들어, 귀족의 사회적, 의례적 지도력을 유지시킨 가족, 혼인 제도는 또한 서얼도 배출했다. 조선의 가족제도가 사회의 다양한 분야에 영향력을 발휘하는 데 있어 서얼 서사는 핵심적인 부분이다. 사회적 지배 구조와 상호작용 구조도 서얼이 보편적으로 존재했던 이유를 설명해준다. 향리 역시 그러하다. 향리는 판소리, 탈춤 등 대중문화를 체계화시키고 육성시킨 계층이며, 지역사회에서 중요한 역할을 담당하기도 했다. 나아가 향리와 더불어 중인 기술 관료와 서북 엘리트의 상업 활동은 조선 경제의 작동을 보여주며, 게다가 그들 각자의 전문 영역은 조선의 직업적 위계 질서를 드러낸다. 관료제 내에서 제2 신분집단은 정치권력과 관직이 가진 다양한 특권에 접근하는 세습 요소와 성취성의 불균등한 결합을 집권 귀족보다 훨씬 더 체계적으로 체현하고 있었다.

이 연구는 제2 신분집단의 결정적인 역할을 명확히 하고 강조하면서 그들의 잠재력이 비상하게 축적되어갔음도 밝혀냈다. 20세기 초반 이들은 관료적, 사회적 위계에서 불과 몇십 년 전만 해도 상상도 할 수 없었을 영향력 있는 지위로 올라섰다. 이들이 사회정치적 리더십에 필요한 기술을 축적해왔지만 한국 전근대 사회의 위계 질서 속에서 그 잠재력은 사실상 억제되어왔다는 것을 알 수 있다. 결국, 조선 시기와 근대 초기 그들의 운명을 보면, 한국사의 전환에서 '사회 위계가 중심적 역할을 했음을 알 수 있다. 그리고 중앙 국가의 유산이 중대했음도 부각되어 드러난다. 따라서 우리는 먼저 관료제로 관심을 돌렸다. 왜냐면 이것이 가문과 조상에 근거한 사회적 차별화가 제도적으로 발현된 주된 형태이기 때문이다. 20세기 초에는 제2 신분집단이 관료적 명성을 얻기 시작했다. 나아가 이는 이후 마침내 비관료 부문에서 새롭게 형성된 사회 엘리트로 부상하는 발판을 제공했다. 이렇게 해서 제2 신분집단은 한국이 자본주의와 민족주의의 경험을 형성하고 외부의 지적 영향력을 흡수하는 데 있어 상당한 역할을 수행했다. 이는 근대 한국의 사회 위계, 나아가 한국의 근대성 속에 있는 전근대적 기반과 한국만의 특수성을 부각시킨다.

한국 근대성에 대한 재고再考

이 연구는 전근대에서 근대에 이르는 한국사를 이해하는 데 있어, 사회 위계의 중요성을 강조하면서 보편주의적 역사 모델의 적용에 반대했다. 왜냐면, 단계주의stagism나 가치함의적 진보에 수반되는 전제들은 한국과 같은 장소에서의 근대성이 가진 역사성을 소거해버리기 때문이다. 관료적-합리적 중앙 국가, 널리 퍼진 집단의식, 소농 경제 등이 혼합된 전근대의 한국은 기성의 범주를 벗어난다. 한국이 여타 사회와 공통성을 갖게 된 결정적인 계기는 전 세계적 근대화 과정에 편입되면서부터이다. 그러나 한국이 여느 문명과 마찬가지로 외부로부터 자극을 받아서 총체적인 전환의 과정을 겪게 되었다고 하더라도, 근대를 향한 경로는 외부의 요구보다는 내부 요인에 더 큰 영향을 받아왔다. 예를 들어, 근대적 전환에는 베버적인 관료제 합리화가 포함된다. 그러나 한국에서 근대화는 혁신의 과정이라기보다는 체계가 재조정되는 과정이었다. 자극은 분명히 민족주의의 열기와 자본주의 생산 양식에서 비롯되었지만, 이 두 가지 특징의 불균형과 '잘못된' 발전 순서는 한국을 보편적 기준으로 이해하는 것을 거의 불가능하게 만든다. 그렇다면 우리가 한국 근대성의 독특한 특성을 조명할 수 있기 위해서는, 먼저 이 연구에서의 발견들을 지구적인 역사 경험으로서의 근대성이라는 현재 진행 중인 담론 속에서 논의해야 한다.

20세기 중반 근대화 연구에 나타난 도구성의 지배, 전 지구적 단일화 같은 인식은 퇴조하고, 대신 근대성을 측정 가능한 물질이나 제도적 발전을 넘어선 것으로 파악하는 다중론적 이해가 그 자리를 채우고 있다. 아마도 근대적인 것의 가차 없고, 비인간적이며, 종종 파괴적인 충격에 대한 피로감의 반영일 것이다. 예를 들어, 마샬 버먼Marshall Berman은 근대성modernity의 중심에 구체적인 제도들이 아니라 상대적으로 덜 구체적인 태도와 관점들, 즉 근대주의적mordernist 전망이 있었다고 말한다. 확장적이고 모든 것에 의문표를 달면서 가능성의 경계를 끊임없이 허물어뜨리는 욕구를 가진 뻔뻔스런 주체성이 그것의 특징이다.[1] 이것은 라인하르트 코젤렉Reinhart Koselleck이 18세기 유럽에서 발견한 '새로운 시간'에 대한 의식이나 표현과 유사하다.[2] 또는 앤서니 기든스Anthony Giddens가 근대성의 '성찰성'이라고 불렀던, 행동과 지식의 한정 없는 개방성과도 비슷하다.[3] 이상에 언급한 사상가들은 근대의 행동, 관점, 문화적 패턴이 가지는 역할에 대한 보다 넓은 차원의 비전을 제공하지만, 지구적으로 서구의 역사 경험에 기반을 두고 있으며(게다가 버먼의 경우, 확고한 미국 정신이 가미되어 있다), 따라서 서구에 의해 지배되고 전파된 시스템, 즉 산업자본주의와/나 (근대적) 국민—국가의 출현에 기반한 근대적 사고방식의 공식을 전제하고 있다.[4]

이 연구의 발견들은 근대성에 대해 그것의 역사성도 포착할 수 있고 근대로의 경로가 다양하다는 점도 인식하게 할 수 있는 그런 개념화가 필요하다는 점을 시사한다. 근대성의 형성에서 내부 역학이 지배적인 역할을 하는 경우, 문명이 하나의 과정만을 따르는 것으로 수렴된다는 개념은 지지될 수 없게 된다. 물론 프라센지트 두아라가 정식화했듯이, 세계적으로 유통되는 개념을 동아시아 "본연의 상징체제symbolic regimes of authenticity"로 번역하는 공통적인 원천이나 관행이 근대성의 뚜렷한 지역적 패턴을 드러낼 수도 있겠지만[5] 그럼에도 "수렴이 아니라 분산이 근대성의 역사를 지배했다"는 것은 분명하다.[6] 그러나 증거에 반하여 서구나 심지어 도구적 합리성과 그것의 발현인 자본주의와 국가 지배의 영향을 부인하는 것이 해결책은 아니다. 차라리 우리는 '합리성'의 역사적 우발성을 주장해야 하며, 역사적으로 추출된, 근대적 전환의 과정을 이끌어낼 수 있는 다중적 합리화의 가능성에 대해 주장해야 한다. 콘스탄틴 폰 바로우웬Constantin von Barloewen은 전근대의, 심지어 콜럼버스 이전 안데스 '원주민 합리주의'까지도 똑같이 강력하게 요구함으로써, 이를 통해 서구 실용적 합리주의의 거침없는 침입을 완화시켜야만 서부 라틴 아메리카의 근대성이 번창할 수 있다고 설득력 있게 주장해왔다.[7] 서구 근대성에 대한 최근의 사유에서도, 과거와 비교적 최근 과거의 중첩을 인식하여 근대 개념은 협상 가능하고, 논쟁적이고, 끊임없이 유동하는, 심지어 다양한 역사적 맥락에서 현저하게 다양한 방식으로 나타나는 복합적이고 야누스적이기까지 한 현상이라는 목소리들이 제기되고 있다. 예를 들어 제프 일리Geoffrey Eley는 제국 시대 독일에 대한 사회적 행동과 집단, 정치 제도, 양면적인 개혁주의, 그리고 진보에 대한 다양한 관념 등이 비일관적이고 정돈되지 않은 채 혼합되어 있었음을 보여준다.[8] 다시 말해서, 파시즘을 비롯한 그 시대 유산들은 독일 근대성의 정상 경로로부터의 일탈을 나타내는 것이 아니라, 오히려 그러한 것들은 원래부터 거기에 내재된 요소였다는 것이다. 같은 원칙이 북미Anglo-American 근대성에 미친 인종적 노예제도의 강력한 영향력에도 적용된다. 폴 길로이Paul Gilroy가 우리에게 상기시켜주듯이, 대서양을 가로지르는 흑인 디아스포라의 혼종성은 대서양 양안의 흑인에게 "서구 도덕의 역사에서 합법적인 일부분"을 구성할 뿐 아니라 근대의 문화적 요구를 국민화시키는nationalizing 종족 절대주의 정체성을 넘어서고 또 파괴해버린다.[9] 사실, 비서구 문명에 대해서뿐 아니라 서구 문명 내의 하층 집단에게 있어서도 다중 근대성을 고려해야 할 필요성을 특히 주목하지 않을 수 없다. 근대적 전환에 대한 주류 해석의 "획일화와 패권적 밀어붙임"을 해독하는 역할을 할 수 있기 때문이다.[10] 디페쉬 차크라바티Dipesh Chakrabarty는 인도의 안팎 양면으로부터 발산해 나오는 현대화 모델의 '초합리주의'에 대해 논의한 바 있다. 즉, 인도의 최근의 혼종적 근대성의 경험이 외부에서 부과된 모델, 오랜 내부 패턴, 그리고 이 힘들 간의 상호작용의 파생물을 포괄한다고 했다. 그렇다면 그것이 근대적이기에 불충분한 이유가 있겠는가?[11]

여기서 떠오르는 강력한 자각이 바로 한국 근대성의 역사성이다. 이 것은 많은 지역적인 것들이 공통적으로 겪는 외부 충격에 대해, 그 충격이 부인할 수 없는 영향을 주었음을 설명함과 동시에 이 과정을 내부 역학으로부터 해석하는 토대를 제공한다. 이 장의 나머지 부분은 이 연구의 주요 연구 결과를 검토하면서 이 결론이 한국의 근대적 전환의 주요 특징에 대해 다시 생각하게 하는 점에 초점을 맞추겠다.

관료제와 국가

서구와 만나기 오래전부터 체계적이고 중앙집중적인 국가가 발전해 있었던 것은 전근대 한국 사회의 독특한 특징이다. 첫 번째 밀레니움에 형성되어 조선왕조에서 정점에 도달한 귀족 계급은 정치 영역에서 유교적 경세론의 흡수를 통해 사회적 지배를 강화하고 제도화하였다. 지배의 정당성이라는 베버의 기준에서 볼 때, 이들이 만든 지배체제는 군주제와 귀족 헤게모니에 나타나는 전통적인 가부장적 지배와 체계적인 유교 관료제라는 합법 지배가 결합된 것이었다. 조선의 국가는 근대 관료제에 대한 베버의 기준을 한 가지를 제외하고는 전부 충족한 것으로 보인다.

그 한 가지란 이런 것이다. 즉, '합리적으로 규정된' 관료체계에 대한 베버의 비전은 근대 국가의 결정적 특징인데, 소농적인 조선 경제와는 조화될 수 없다는 것이다.[12] 비록 조선의 국가는 예컨대 통합 경찰 제도나 통신 인프라와 같이, 더 큰 지배력을 가능케 할 집행 메커니즘의 광범위한 그물망을 갖고 있지는 못했지만, 미셸 푸코가 유럽 근대국가의 '통치성', 즉 "국가 능력의 안에 있는 것과 그렇지 않은 것을 끊임없이 규정하고 재규정할 수 있는 통치술"이라고 정의한 것을 성취하는 쪽으로 훨씬 더 나가 있기도 했다.[13]

무엇보다도, 조선 국가의 역량 안에 있는 것으로, 귀족에 의해 지배되는 관료제를 통해 사회 위계를 유지하는 능력을 들 수 있다. 귀족은 자원에 대한 불평등한 접근권을 관리하는 관습을 창조하고 그것을 전파, 표준화, 시행하는 것을 통해 이를 수행했다. 관료제의 형태를 가진 국가는 최소한의 직업 분화만이 존재하는 사회에서 사회적 권력을 얻을 수 있는 독보적인 제도적 자원으로 역할했다. 다시 말해, 근대 이전 한국의 관료제는 국가 자체의 권위를 체현하고 실현시켰으며, 이러한 의미에서 "모든 지배는 행정에 의해 자기 자신을 표현하고 기능한다"는 베버의 선언을 만족시켰다.[14] 관료적, 사회적 위계와 폐쇄적 혼망 집단의 생성이 서로 관련되는 것은 이 원리의 결과물이다. 가장 주목할 만한 것은 제2 신분집단이다. 이들은 출생 지위가 관료제에 대한 접근 능력을 결정지었다. 게다가, 관료제는 한국 최초의 통일국가로까지 소급되는 시기에 중국에서 수입되었는데, 이것은 한국인의 문명 규범과 예禮에 대한 중시를 나타낸다. 실제로, 기술 전문직 중인의 존재 및 이들의 광범위한 기능과 지방 사무원 향리의 보편적 분포 등은 조선의 정부가 어쩌면 중국 제국마저 능가할 정도로 가산제적 유교 국가를 실현했음을 시사한다. 조선 정부는 농사 예측과 토지 측량에서부터 법률, 의료 서비스의 정부 공급에 이르기까지 모든 일을 담당할 정부 관료를 훈련시키고, 자격을 부여하고, 파견하고, 감독했다. 동시에 이들 전문가층이 종속적 지위에 처했던 사실로부터 관료제는 한국에서 귀족 지배의 상징적 정당화를 위한 플랫폼으로 작용했음을 알 수 있다. 지배 엘리트가 관료적 특권에 대한 지배권을 유지하는 한, 그들은 여타 집단에 대한 세습 기반의 권위를 유지해나갈 수 있었던 것이다. 현상 강화뿐 아니라 변화를 가져올 수도 있는 관료제의 강력한 잠재력은 제도에 불만을 가진 한국인마저 왜 관료제를 언급했는지, 그리고 왜 조선왕조에 있어 좋은 사회에 대한 논쟁이 자주 관료제에 대한 접근 기회의 문제로 나아갔는지를 설명해준다. 이 연구에서 보았듯이, 제2 신분집단은 이 제도의 일부분으로서(대부분의 경우 희생자였지만, 수혜자이기도 했다), 동시에 그 자신 논쟁자로서 이 논쟁의 중심에 있었다.

그렇다면 사회적 지위 부여의 수단을 정당화하는 한국 근대 국가의 중요한 역할은 강력한 전통으로부터 나온다고 할 수 있었다. 근대 국가는 일제 치하에서든, 공산주의 치하에서든, 자본주의 치하에서든 간에 원칙적으로 개입주의자인 조선 정부의 관행에서 크게 벗어나지 않았다. 예컨대, 기술직이나 '전문직 종사자'들의 인허가 관리라든가 관료제 접근에 대한 관리에서도 그랬다. 예컨대 20세기 초 중인 후손이 사회적 존경을 얻기 위해 시도했던 국가로부터의 탈출뿐만 아니라, 일반적으로 사회적 권력에 대한 제도적 자원으로서 국가 중심성의 연속도 또한[15] 근대 한국에서 시민 사회의 출현에 대한 전조가 된다. 북한 국가라는 봉인된 존재는 극단적인 사례일지 모르지만, 심지어 남한에서도 정부와의 연결이나 그에 대한 고려로부터 분리된 자기충족적인 시민 문화는 최근에야 나타났다. 하지만 역설적으로 19세기 말 국가 그 자체의 내부에서 시작된 개혁의 절정 속에서 한 세기 후 시민사회의 성장을 보게 된다.

국가의 조직과 구성은 19세기 후반부터 크게 바뀌기 시작했는데, 정부 개혁의 시급한 필요성이 관료제 개방성의 확대를 필요로 했기 때문이다. 1880~1890년대에 이러한 개혁은 통리아문, 내무부, 외무부, 갑오개혁 등 정부의 종합적인 구조조정으로 이어졌다. 이는 외부의 압력으로부터 나라를 지키고, 한국이 맞닥뜨린 보다 강력한 문명을 따라잡을 새로운 정부의 급선무가 반영된 것이다. 이 같은 관료제의 근본적인 변화는 사회의 다른 분야에 앞서 있었기 때문에, 국가는 관료제에 대한 접근권을 통제함으로써 사회적 권위와 사회적 특권의 차별화에 주도적인 역할을 계속했다. 그러나 조선 초기에는 국가가 관료제에 대한 귀족의 지배를 성문화하고 강화했던 반면, 새로운 상황에서는 고위 관료를 찾는 데 있어 관습적인 귀족의 모집단을 넘어설 수밖에 없었다.

일제의 침략이 이 추세를 강화했다. 제국주의적 목표, 그리고 이후에는 식민정책의 목표에 따라 일본은 갑오개혁에 의해 시작된 국가 통제력의 확대를 지속하여, 결국 국가의 규모와 장악 범위를 상당히 증가시켰다. 1919년 3·1 독립운동은 식민통치 당국이 정부의 존재를 보다 덜 눈에 띄면서도 대응력은 뛰어나게 하도록 촉진하는 한편, 통치체제의 규모와 강압적 역량을 크게 증대시키는 효과가 있었다. 이것은 주로 경찰과 지방 관료를 통해 그리고 실질적으로 조선인 관료의 채용을 통해서였다. 한국인은 도지사, 도 참여관, 군수, 지방의회, 경찰관의 많은 부분을 차지하게 되었다. 1930년에는 거의 40퍼센트에 가까웠다. 신규 채용한 조선인 관료의 비율이 압도적이라는 것은 식민지 경찰을 정규 관료제 영역으로 통합한 것과도 관련된다. 이는 그 이후 고도로 강제적인 국가 행동을 사회적으로 정당화하고 당연시하는 데 있어 중요한 의미를 지니는 사실이다.

20세기 초 관료제가 사회구조와 위계에 영향을 미치는 데 있어 이러한 조선인 관료의 신분적 배경도 마찬가지로 중요한 요소였다. 여기에 제2 신분집단이 두드러진다. 제2 신분집단 출신의 후손은 1880년대 개혁 기구에 족적을 남기기 시작했고, 갑오개혁 무렵에는 정부 최고위 관직도 일부 보유했다. 식민지 초기인 1910년대 대부분의 조선인 고위직은 제2 신분집단 출신이었다. 무반의 후손인 이진호는 1920년대 총독부 각료 반열의 장관직에 오르기도 했다. 식민지 체제에서 조선인에게는 전례 없는 성취였다. 모든 조선인 고위직 관료의 신분 배경에 관한 종합적 설명은 이 연구의 범위를 넘어서는 것이지만, 이런 관리들의 사례는, 식민지 시기 군정郡政에서 향리의 지배가 증가하는 등의 다른 지표들도 마찬가지로, 조선인 관료층이 제2 신분집단 배경을 가진 사람들에게 유리하게 극적으로 재서열화되고 있음을 말해준다.

제2 신분집단이 결국에는 여타 사회 분야에서도 주도적인 위치에 서게 되었지만, 한국의 사회 위계에 있어 그러한 변화를 인도하는 데는 관료제가 계속 큰 역할을 했다. 예를 들어서, 20세기 초의 거의 모든 최상위 유명인은 조선 말기나 근대 초기에 관료로 재직했거나 혹은 그런 아버지, 형제, 아들이 있었다. 대부분은 근대 초기에 실시된 대대적인 관료제 개혁의 직접적인 수혜자였다. 비록 사회적으로 저명한 제2 신분집단의 후손이 정부 관직을 가지지 않은 경우도 있었지만, 그런 인물 중 다수는 박영철, 윤치호, 현진건, 구영서, 백인제, 현채 등에서 보듯이 그 자신 혹은 직계 선조에게 주어진 확대된 관료적 기회를 활용하여 교육, 훈련 혹은 비관료 영역에서 성공을 얻는 데 필요한 인맥을 얻었다. 이런 패턴을 따르지 않는 소수의 사람들은 결국 조선 말 관료제에서 자신의 가문이 지녔던 위상에 의해 물려받은 고유한 특권에 의존했다. 한국에서 근대 관료제의 발전은 사회적 상호작용의 합리화를 초월해서, 심지어 베버가 가능하다고 여겼을 수준을 넘어서 사회구조에 영향을 주었다.

가문 공간과 사회적 권력

제2 신분집단 출신의 저명인사들이 자기 선조들이 전근대 관료제에서 이룬 업적에 의존하는 것은 한국 사회구조의 근대적 전환이 가진 성격에 대해 많은 것을 말해준다. 이 책의 핵심적 발견—제2 신분집단의 후손은 근대 초기에 먼저 관료 조직의 상위 계층에서 상당한 위치를 차지하게 되었고, 그다음으로 여타 사회 부문의 엘리트 계층에서 상당한 위치를 차지하게 되었다는—은 조선 시대 제2 신분집단의 상대적 지위가 지속적으로 낮았던 점을 감안할 때 전근대 사회 위계의 전복을 선언하기에 충분한 근거가 되는 것으로 보인다. 게다가, 세습적 위계가 전근대 한국사를 통틀어 사회생활의 핵심에 자리 잡고 있었기 때문에, 세습 신분의 폐지는 신호의 변화로 간주할 수 있을 것이다. 세습 신분은 관료제 속에서, 그리고 그것의 여타 사회 분야에 대한 영향 속에서 가장 첨예하게 드러났기 때문이다.

  그러나 조금 더 자세히 살펴보면, 적어도 이 책에서 다루어진 20세기의 첫 30년에 있어, 그 변화의 범위에 대해서는 계속해서 모호한 점을 마주하게 된다. 확실히 국가와 사회가 다원적 영역이 되어 사회적 지위의 결정에 출생 배경이 배제되게 되었다면, 제2 신분집단의 서사는 더 넓은 맥락의 포괄적인 사회적 전환을 반영한 것이라고 할 수 있을 것이다. 하지만 결과는 그다지 명쾌하지 않다. 이하영, 이두황 같은 몇몇 평민의 후손이 초기 근대 관료제에서 맨 꼭대기층까지 오르기는 했지만, 평민 중에 눈에 띄게 사회 이동에 성공한 경우는 거의 없으며, 노비나 기타 하층민의 후손 중에는 훨씬 더 적다. 게다가 귀족 계급은 높은 지위를 빼앗기지 않았다. 초기 식민지 시대 한국 관료 중에는 최고 계급 출신은 없었지만, 귀족 계급은 1920년대 말에 다시 수면 위로 등장했고, 구 귀족 출신의 많은 저명한 한국인이 여타 분야에서 새로운 사회 엘리트로 등장했다. 게다가, 도시가 성장하는 선도적인 지역 밖에서는, 이제 향리 후손이 지방정부의 관직과 부를 실질적으로 보유함으로써 농촌의 토지 소유 엘리트에 합류하는 경향이 있기는 했지만, 귀족이 지배하는 전통적인 위계 질서가 자원과 정치력에 대한 접근권을 계속해서 지배하고 있었다.

  제2 신분집단의 성공 이야기라 해도 이 집단의 모든 후손이 상승 이동을 경험했다고 단언할 수 없다. 이 책의 사례 연구는 분명히 이 후손 중에서 가장 두드러진 사례일 뿐이기 때문이다. 하지만 이 책의 발견들은 조선 시기의 사회적 위상이 중요한 역할을 했음을 보여준다. 몇 가지 예외가 있긴 하지만(유대치와 같은), 대개는 제2 신분집단의 후손에게 출세로 가는 길은 조선 후기와 개화기 초기의 사회 위계에서 그의 가문이 차지한 상대적으로 높은 지위에 의해 닦여 있었던 것이다. 이것은 귀족에 의해 지배된 전국적인 위계를 말하는 것은 아니고, 각 세습 신분집단에 고유한 내적 서열을 말한다. 이것이 근대 시기 후손의 운명을 결정하는 중요한 요인이 될 수 있었을 것이다. 여기서 존 던컨의 고려 사회에 대한 유용한 개념을 발견하게 된다. 던컨은 고려 사회에 대해 두 층위의 사회 공간을 가진 "영토적 신분제"라고 불렀다. 두 층위의 공간이란 수도와 지방이다. 각각은 그 자체의 내적인 위계와 동학을 가진다. 수도는 중앙정부의 고위직을 장악하기도 한 귀족 가문에 의해 지배되었다. 지방의 많은 부분은 오랫동안 정착해온 지역 엘리트 가문이 국가와의 협의 하에 통치하였다. 다시 말해, 두 번째 층위의 사회적 권력은 첫 번째 층위가 멈추는 곳에서 시작했다. 여기서는, 고려 국가가 대리인을 파견하지 못한 많은 지역들을 말한다. 이러한 지역 엘리트의 후손 중 많은 이들이 조선에서 향리가 되었다. 향리는 자신들의 업무를 통해 수정된 형태로 이런 협의를 지속했다. 이들의 업무는 필수적이면서도 멸시받는, 그 권력이 그들의 각 지역에만 국한된 세습 사무원으로서의 일이었다. 사회적 위신과 영향력이 중앙 관료제로 이어지지 않았던 고립된 서북 지역에서 마침내 지역 엘리트들이 출현한 것은 조선 시대 영토적 신분제의 또 다른 표현이다. 그러나 우리가 이 개념을 지리적 공간으로부터 조금 덜 구체적인 '가문 공간'으로 확대할 수 있다면, 곧 영토를 혼인과 관직접근권, 다시 말해서 세습적 사회신분집단이라는 사회적 영역으로 번역한다면, 각각의 '사회적 영토'는 그 자체의 권력 위계에 의해 규제되었다. 물론, 대부분의 경우 전체 사회 위계를 구획하는 것과 동일한 범주를 따랐을 것이다. 즉, 가문 간의 연결과 관직(그리고 부)이 그것이다.

서얼이라는 예외를 제외하고 각각의 제2 신분집단은 내부 과정을 통해 그 자체의 엘리트 가문들을 배출했다. 역관직, 의관직을 지배한 경향이 있는 천녕현씨 같은 중인 가문, 군郡이나 도道 수준에서 가장 높은 서리직을 보유했던 동래의 창원구씨 같은 향리 가문, 지속적으로 무과 급제자를 배출하거나 토지 재산을 축적한 정주의 수원백씨 같은 서북인 엘리트, 그리고 대대로 무과에 급제하여 최고위 무관직에 올랐던 전의이씨 같은 무반 가문 등이 그것이다. 비록 이런 엘리트 제2 신분집단 가계라 하더라도 지배 귀족과 그들을 가르는 장벽은 넘을 수 없었다. 하지만 그들은 자체 신분집단의 위계 내에서는 지배자였다. 이처럼 상대적인 사회 공간을 설명하기 위해서는 사회적 권력 개념을 새로 고칠 필요성이 있다. 사실, 이 연구에서 반복적으로 증명했듯이, 이 제2 신분집단 엘리트들은 종종 조선 통치체계에 대한 쓰디쓴 환멸을 드러냈지만, 그들도 그들 자신의 신분집단, 즉 특정 사회적 권력의 영토 내에서는 그와 똑같은 메커니즘의 지배를 시행하여 자신들의 특권을 유지했던 것이다.

한국 근대 초기 사회 위계 변화의 심한 하향적 특성, 달리 표현하자면 사회혁명의 부재는 조선 후기의 사회적 권력과 여러 겹으로 된 사회 공간에 대한 철저한 묘사를 통해 상당한 정도로 설명할 수 있을 것이다. 이것들은 새로운 시대의 상대적인 특권 분포에 영향을 주었던 것이다. 저명한 한국인들 사이에서 엘리트주의의 지속적인 강력함은 이러한 전근대적 조건으로부터 직접적으로 발원한다고 할 수 있다. 어쨌든, 한국 사회 위계의 근대적 전환에 나타나는 이러한 독특함은 궁극적으로 지체되기는 했지만 경제적 범주에 기반한 사회 위계의 형성에도 영향을 미쳤다.

자본주의와 계급

자본주의가 한국 근대성의 거대한 지표가 된다는 널리 퍼진 관념은 많은 학자들을 사로잡았다. 충분히 근거가 있는 말이다. 여타 영역에서의 변화의 추동력에도 불구하고 20세기 한국 사회의 가장 두드러진 전환은 (어쨌든 남한에서는) 경제, 그리고 이 나라가 세계 무역 체계에 흡수된 것에서 나타났다. 다른 많은 사회에서처럼 산업화, 도시화는 고용과 소득, 즉 계급을 창출하여, 사회 분화의 주된 기반이 되었다. 아마 불완전하기는 하겠지만, 이것은 개인 축적이라는 자본주의 윤리의 일상화는 물론이고, 화폐를 합법적이고 강력한 사회관계의 메커니즘으로서 더욱 일반적으로 받아들이게 하는 과정을 수반했다.

제2 신분집단 이야기가 한국 자본주의에 관해 말해주는 것은 무엇인가? 가장 직접적인 답은 기업가층 그 자체의 기원을 탐구하는 데서 나온다. 이 주제에 관한 연구들은 중요한 발견을 이루어왔지만, 아직 조선 후기 사회신분집단과 근대 초기 자본가 사이의 관계에 관해서 정설을 확립한 연구는 없다. 하지만 이런 인물들의 출신 배경을 보면 토지 자산이 필수적이었고, 따라서 한국 부르주아의 근원은 구귀족이었음을 알 수 있다.[16] 그럼에도 이 책이 지적했듯이, 많은 제2 신분집단의 구성원이 19세기 말 무렵 상당한 토지 자산을 보유하고 있었다. 조선 후기에는 일부 부유한 평민이 존재했을 수도 있다. 그런데 이러한 자금을 기업 활동에 투자하도록 교육받거나 그런 의식을 가지고 있는 평민은 거의 없었을 것이다. 더욱 중요한 것은, 설사 있다 해도 (상인이라도) 관직을 보유해야만 제공받을 수 있는 자원에 접근할 수 있는 평민은 거의 없다는 것이다. 이

요인의 중요성은 아무리 강조해도 지나치지 않다. 일반적으로 시장의 역동성과 원리에 적응할 수 있는 능력은 관청이 제공하는 접근성 및 교섭력에 의해 증대되며, 이것은 (오늘날도 그렇지만) 20세기 초 한국에서 특히 그러했다. 초기 한국 부르주아 중 제2 신분집단 후손의 대표성을 계산해 보려는 시도는 한 적이 없지만, 이승훈(서북인), 최두선(중인), 박영철(향리) 등 이 책에 인용한 저명 기업가에 관한 몇 안 되는 사례 연구는 수박 겉핥기 수준으로 보인다.

제2 신분집단이 부富의 능력을 이용하여 사회적 지위를 상승시켰다는 것은 자본주의 윤리가 근대 한국 관료제를 지배하게 된 보다 체계적인 방식을 알려주기도 한다. 간단히 말해 돈이 고위직 앞에 놓인 장벽을 뚫는다. 일단 뇌물의 효과는 차원이 달랐던 것 같다. 20세기 초 관직 매매의 정도를 공식적인 자료에서 쉽게 알 수는 없지만, 당대의 이야기들은 그것이 횡행했음을 암시한다. 하지만 부는 관료제에 더욱 폭넓은 영향을 미치기도 했다. 무엇보다 그것은 사립학교나 유학을 통해 신교육을 습득할 기회를 제공했다. 그것의 중요성은 결코 과장이 아니다. 게다가 부는 권력자들에게 접근할 수 있게 해주었다. 이러한 점에서, 제2 신분집단이 이전에는 접근할 수 없었던 목표를 돈을 이용해서 성취한 것은 한국 사회에 점점 더 화폐가 주도하는 정신이 침투하고 있었다는 것을 보여준다.

한국의 자본주의적 전환에 대한 우리의 이해에서 제2 신분집단이 제공하는 더 중요한 기여는 그들이 전근대기에 가졌던 부—혹은 더 정확히, 그들의 부가 의미하는 것—일 것이다. 조선 정통 유교의 엄숙주의와 상업 활동에 대한 천시는 조선 사회에 뚜렷한 영향을 미쳤다. 무엇보다, 이 금기는 귀족이 볼썽사나운 상업 활동에 참여하는 것을 막았기 때문에, 관직 없는 가난한 양반이라도 상업을 통해 생계를 이을 수가 없었다. 귀족 아래층의 세습 집단들에게는 돈이 지위를 높일 수 있었지만, 뚜렷한 한계가 있었다. 제2 신분집단은 이 원리를 보여준다. 많은 이들이 상당한 개인적 자산을 축적할 수 있었지만 정치사회적 권력의 결여로 인해, 이 자산은 결코 고위 관직이나 혹은 귀족과의 혼인 결합을 가능케 하지는 못했다. 잘 알려진 부유한 중인 역관이나, 평안도의 지주 엘리트 그리고 의심의 여지 없이 많은 부유한 향리 가문과 서얼들에게 재산은 귀족으로의 상승 이동에 도움이 되지 않았다. 실제로, 상업을 통해 부를 축적한 그들의 능력은 그 자체로 그들의 사회적 종속의 표현이었다. 카터 에커트Carter Eckert가 설득력 있게 주장했듯이, 이러한 유교 윤리의 지속은 20세기 후반 사회적으로 자본주의가 정착해가고 있던 와중에도 남한 부르주아지가 지배적 지위로 상승하는 것을 유의미하게 제한했다.[17]

한국의 자본주의적 전환에 관해 제2 신분집단으로부터 배워야 할 마지막 교훈은 부를 통한 성장이 저지된 것이 조선 후기 경제에 관해 알려주는 것과 관련이 있다. 18~19세기에 상업이 성장하기는 했지만, 근본적으로 조선은 고도로 체계화되고 관료제화한 소농사회였다. 토지 귀족, 부유한 상인이나 제2 신분집단 구성원도 포함해서 최고로 부유한 사람들의 부마저도 지배적인 생산 패턴에 큰 변화를 가져올 만한 임계 질량에 도달하지 못했음은 명확하다.[18] 간단히 말해서, 화폐와 시장은 제한된 영향만을 가지고 있었으며, 그 권력을 주로 부가 아니라 출생 및 관직 보유에 의존하는 귀족의 사회적 헤게모니와 정치적 지배를 침범할 수는 없었던 것이다. 노예, 토지 소유 그리고 관직 독점은 1장에서 주장했듯이 공식적, 비공식적으로 재정적 보상을 가져왔고, 귀족 지배를 유지하는 데 필요한 물질적 자원을 공급했다. 이런 배경에서 볼 때, 남한의 경제성장을 '기적'이라고 부르는 것은 저평가된 표현일지도 모른다.

개화, 문화, 지식

근대 시기 한국 사회에서 시장이 우위에 서게 된 것은 지식 가치의 재구성과 함께였다. 이것은 19세기 후반 한국의 개화로부터 시작되었다. 시장 세력의 성장은 지식 자체의 상품화뿐 아니라, 사회적으로 받아들여지는 지식과 전문 영역의 거대한 확대를 촉진하였으며, 이는 관료제 개혁이 귀족의 정치권력을 무화시킨 것과 마찬가지로 한국 문화에 대한 귀족 권력의 의례-윤리적 토대를 궁극적으로 해체하는 방식으로 이루어졌다. 다시 말해서, 근대주의 그 자체의 이데올로기에 의해 지식의 위계가 뒤집힌 것이다. 여기서 말하는 근대주의의 이데올로기란 신지식은 가치 있을 뿐 아니라, 삶의 운명을 수동적으로 받아들이지 않고 그것을 지배한다는 점에서 강력하기까지 하다는 이데올로기이다. 이러한 지적 강조점의 변화는 20세기 초 자강운동에서 절정에 달했고, 이후 민족의 생존에 대한 중대한 위협을 극복하는 방법으로서[19] 유교적 규범과 인식론을 넘어서야 한다는 공중의 요구가 한국의 근대적 경험에 관한 담론의 토대가 되었다.

제2 신분집단은 이 과정을 두 가지로 보여준다. 첫째, 그들은 실용 지식에 대한 규범 지식의 우위라는 조선왕조의 상황을 체현하고 있으면서, 동시에 근대 초기 지적 질서의 전복을 몸소 실현하기도 했다. 두 경우 모두에서 지적 위계는 관직접근권에 가장 정확히 나타나 있었다. 이것은 사회적 가치를 배분하는 데 있어 국가가 중심이었다는 것의 또 다른 증거이다. 귀족은 정책 결정과 고위 관직에 필수라고 여겨진 유교 윤리와 의례의 교육을 주장했지만, 실용적 행정 기능들은 사회적 신분이 그들보다 낮은 집단들에게 배분되어 있었다. 회계, 법률 지식, 서사書寫, 재정 관리 등 전문 실무는 중인과 향리의 영역에 속했다. 또한, 중인은 외국어, 과학, 의료, 미술을 전공하기도 했다. 대부분의 경우, 무반과 서북인 그리고 서얼은 지배 귀족에게만 제한된 고위 문관직에 대한 대안으로서 무관직으로 길을 텄다. 하지만 1880년대 통리아문을 시작으로, 계속해서 1894년 과거제가 공식적으로 폐지될 때까지, 새로운 관료 질서에서 승진을 결정한 교육 기준은 급속히 바뀌어서 실용적 기술과 서구적 교육에서 파생된 유의 지식이 중시되게 되었다. 이 연구에서 보았듯이, 제2 신분집단의 후손은 이러한 변화로부터 상당한 이득을 누렸다.

둘째, 제2 신분집단의 구성원, 특히 중인과 서북인[20]은 조선적 관습, 제도의 거대한 복합체에 대한 개화파의 체계적인 문제제기에 선도적인 역할을 했다. 이것이 관료제 개혁을 추동하는 데 일조했다. 1860~1870년대 고위층의 영향력 있는 중인이었고, 당시 시작되고 있던 개화운동 지도자들의 멘토였던 오경석과 유대치는 일본 및 서구와의 관계 확립, 문화적 수용을 추진하는 데 일조한 개혁 기관에 중인 전문직들이 진출하는 길을 텄다. 이 결과 이들은 현채나 지석영 등 20세기 초에 서구적 학문의 보급에 결정적인 역할을 한 중인 저술가, 교육가 들의 추종을 받았다. 20세기의 첫 30년은 새로운 국민적 정체성 출현의 최전선에 있었던 서북 한국인의 시대이기도 하다. 그들이 문학, 역사, 언어, 교육 등의 분야에서 이룬 성취는 이 시기 번창하던 지적 산출물의 매우 많은 부분을 담당했다. 이들이 없는 근대 한국 문화는 생각도 할 수 없다.

　중인과 서북인을 묶는 공통점은 서양에서 온 비유교적인 '신학문'에 대한 접촉과 열렬한 수용이었다. 사실, 근대 초기 지적, 문화적 개화에 기여한 거의 모든 한국인이 그러했다. 이 과정은 몇 가지 경로로 일어났는데, 이 모든 것이 조선 시대 동안 축적된 제2 신분집단의 잠재력을 보여주는 시금석이었다. 예를 들어, 서북 지역은 20세기 초 비유교적인 사립학교 설립을 압도적으로 주도했다. 특히, 평안도에서 개신교 선교 활동의 성공은 이러한 노력의 많은 부분과 겹친다. 하지만 선교가 성공한 여타 지역, 예컨대 전라도나 서울(이들 지역은 거친 서북 지역보다 접근하기가 더 쉬웠다)에서는 평안도에서만큼의 교육적 성취는 이루지 못했다. 심지어 논쟁의 여지가 있긴 하지만, 서북의 다른 두 도만큼도 못했다. 더 심층적인 전근대적 토대도 고려해야 한다. 서북 사회에는 상업에 더 크게 의존했고, 오랜 중국과의 무역의 역사와 남쪽 지방으로는 거의 올 일이 없었던 기타 외국인 상인들이 이 지역에 있었다. 중국에서 일어나고 있던 진보와 이국 경험이 제공하는 일반적 자극에의 접촉은 의심의 여지 없이 중인이 한국의 개화운동가들 사이에서 두각을 나타내는 데 기여했다. 개화 선각자 오경석이 중국 조공 사행단의 역관이었다는 점은 놀랍지 않다. 사실, 역관은 19세기 말 정부 안팎의 개혁 지지 중인 중에서 가장 많이 대표된 집단이다. 실제로, 역관만이 아니라 중인 의관, 화원 들도 중국, 일본으로 가는 공식 사절단에 참여했다. 누대의 가문 전통을 통해서든, 직접적인 공식 접촉(중인)이나 비공식 접촉(서북인)을 통해서든,

비유교적 방식 혹은 비한국인이 가져다줄 잠재적 이득에 대한 인식만으로도 외세의 영향력을 흡수할 토대가 되었을 것이다.

이 새로운 학습의 초기 근대적 수용이 가장 강렬하게 이루어진 것은 유학遊學을 통해서였다. 여기서 또한 제2 신분집단의 축적된 잠재력은 부富라는 형태로 초기 근대 세계에서 고도로 유익한 출구를 발견한 것이다. 20세기 전반기 가장 저명한 작가, 지식인, 교육자, 심지어 정치운동가와 기업가까지도 대부분 해외, 특히 일본에 유학했다. 이들은 한국에 돌아오자마자 새로운 사회 엘리트들이 있는 떠오르는 직업 분야에 진입하여 근대적 전환의 과정에 지대한 영향력을 휘둘렀다. 이 책에서는 해외 유학과 관료 엘리트 사이의 연계에 초점을 맞추었지만, 외국 유학의 영향력은 아마도 다른 직업 영역에서도 (더 강할지는 모르겠지만) 그와 비슷하게 강했을 것이다. 외국 유학이 가져온 파장, 예컨대 근대 한국의 외국 모델과의 끈질긴 상호작용 (혹자는 이를 종속이라고 한다) 같은 주제가 점점 학계의 주목을 받아온 것은 당연하다. 이런 유학생들, 그리고 귀국 후에도 국내에서의 명성을 위해 또다시 교육에 투신한 인물들 속에서 제2 신분집단 후손이 상당히 많이 관찰되는 것은 다시금 근대 지식 엘리트의 형성이 적어도 전근대의 준엘리트 지위에 크게 의존했다는 점을 말해준다. 이로 인해 자금, 인맥, 문해력과 유교든 혹은 다른 것이든 간에 교육의 힘에 대한 인식을 갖게 되었던 것이다.

신학문의 혜택에 대한 인식은, 측정은 되지 않지만, 제2 신분집단이 지적, 문화적으로 지도적 위치로 부상한 요인으로서 과소평가해서는 안 된다. 이들의 조직 능력(예컨대, 집단 상소), 그리고 가장 중요한 행정 능력은 이들의 문해력을 입증한다. 이로 인해 어떤 의미에서든 이들이 교육으로부터 이득을 얻는 데 있어 귀족보다 나은 위치에 있었던 것은 아니다. 확실히 귀족에게도 위에서 언급한 중인과 서북인이 가졌던 자질들이 부족하지 않았다. 예를 들어서, 귀족은 중국, 일본 사행단을 이끌었고, 그들 중 일부, 가장 유명하게는 박지원과 그의 손자 박규수 같은 이들에게 외국 방문은 그들의 개혁 옹호 활동에 영향을 주었다. 많은 귀족이 20세기 초 해외에서 수학했고, 그들의 존재는 개화운동의 대열에서 잘 드러났다. 실제로, 그들은 물려받은 특권 덕분에 때때로, 특히 초기 단계에서의 진전을 주도했다. 하지만 조선 후기의 영향이 미미한 20세기 초의 지적 담론에서 제2 신분집단의 두드러진, 때로 지배적인 존재를 감안할 때, 제2 신분집단이 근대 한국의 한글 형성 과정에 등장한 것은 큰 중요성을 갖는다. 신학문의 가치와 필요성에 대한 그들의 예리한 인식(예를 들어서 박은식, 현은, 최현배 등의 글에 매우 명확히 나타나 있다), 그리고 교육과 지식의 방향이 재조정되는 과정에 있어 제2 신분집단 출신들의 우세는, 만약 이들의 기여가 없었다면 초기 근대 시기에 있어 민족문화의 건설이 매우 상이한, 아마도 변화가 덜한 방향으로 전환되었을 것임을 시사한다.

민족주의와 반민족주의

한국에서 개화에 의해 개시된 인식론적 전환은, 다른 문명에서도 그랬듯이, 민족주의라는 거대한 유행을 발생시켰다. 이것은 의심의 여지 없이 근대 한국, 사실은 근대 세계를 형성시킨 가장 영향력 있는 두세 가지 관념 중 하나이다.[21] 리아 그린펠드Liah Greenfeld는 수준 높은 사회적 합리화와 탐욕적 추동력으로— 이것이 자본주의 자체의 패권적 성장을 주도해왔다— 근대 시기를 지배하는 '경제 문명'의 토대가 된 것은 (넓은 의·미의) 민족주의의 이념적 돌파였다고 주장해왔다.[22] 확실히 민족주의는 한국에서 자본주의에 선행하며, 심지어 일제 식민 점령하에서 산업화를 촉진하는 데 일정 역할을 수행했는지도 모른다. 하지만, 20세기 한국에서 그린펠드의 명제처럼, 즉 민족주의가 더 근본 수준의 (그리고 지속적인) 근대 세계의 특성을 이루고 있었다 하더라도, 한국의 민족주의는 다른 곳에서 볼 수 있는 패턴에 쉽게 들어맞지 않는다. 우선, 한국의 국민-국가는 근대성과 동시적으로 나타나지 않았다. 민족주의가 종종 국적 없는 지식인들이 정치적 단일체를 추구하는 과정에서 혹은 어떤 국가가 정당성을 추구하는 과정에서 부상했던 서구와는 다르게, 한국에서는 민족적 집합성에 관한 전근대의 의식과 제도화가 유럽에서의 '원민족주의' 감성을 훨씬 넘어섰던 것으로 보인다.[23] 사실, 민족의식이 마음속에서 단일 정치체로 응집하려는 이데올로기라면, 한국의 지배자들과 엘리트들은 전통을 발명하고 민족 공동체를 상상하는 과정을 19세기보다 훨씬 이전에 시작했다. 나아가, 한국 공동체의 인식은 우리가 『춘향전』 같은 대중적 표현물에서 감지했던 것처럼, 중앙의 국가가 모든 지방으로 침투해간 것만큼이나 일찍부터 대중에게 스며들고 있었던 것으로 보인다. 이 책에서 주장했듯이, 귀속적 신분집단들로 인구가 경직되게 계층화된 것이 조선인의 통합에 제한을 가했던 것은 확실하다. 그러나 우리가 그것을 '민족주의'라고 부를 수는 없지만, 국가와 관료제는 전근대 시기 한국인에게 부동의 공통 감각을 주었다. 그것은 전국적 군주제 개념의 확산을 통해서일 수도 있고, 유교 윤리나 여타 문화적 형태, 예컨대 한글의 확산

속에 나타나는 국가 중심성을 통해서이거나, 국방에 대한 평민의 징집과 부역 노동, 혹은 '외세' 침략자들에 대항한 투쟁을 통해서일 수도 있다. 제2 신분집단, 아마도 한국의 집단성 관념에서 소외감을 느낄 이유가 가장 컸을 준엘리트들이 이러한 민족의식을 일관되게 보여주었다. 그들은 사회정치적 특권과 기회 이면에 있는 기본 전제를 뒤집을 요구를 하기보다는 기성 질서의 지배 엘리트층에 가담하는 데 집중했다. 그들은 개혁을 열렬히 추구했지만, 그것은 자신들을 차별했던 바로 그 체계를 고수하는 속에서였다.

그러나 19세기 후반 제국주의의 위협 그리고 중화中華를 넘어서는 모델과의 접촉이야말로 민족주의의 특징을 많이 가진 반작용을 촉발시켰다는 점은 논란의 여지가 없다. 이는 다른 곳에서도 발견되는 바이다. 20세기 초 한국의 민족주의 지도자들은 전근대에 지도적 위치에 있었던 사람들과는 달리, 외세의 지배에 대한 투쟁에도 초점을 맞춤과 동시에 한국의 자주독립을 강화하고 보존할 체계적인 내부 제도, 가치의 개혁도 추구했다. 그들의 활동은 공동 영역의 모든 측면에 영향을 미쳤지만, 일반적으로 그들은 교육이라는 대의에 몰입했다. 이들 활동가들은 초등학교 교육의 보급에 초점을 맞추고 수천 개의 신식 학교를 설립했다. 서양 선교사들과 함께 『성경』, 교과서 또는 정부 간행물에서 구어체 국문의 사용을 체계화하고 전파하는 일을 시작했다. 그들은 학회에 모여 수십 종의 신문, 잡지를 발간했고, 거기서 외세 지배의 족쇄와 내부 부패의 관성으로부터 자유로운 응집력 있는 비전을 천명했다.

여기서 다시 한 번 제2 신분집단이 결정적 기여를 했다. 그들, 특히 서북인과 중인은 민족주의가 20세기의 나머지 기간 동안 여러 형태로 진화해나가는 데 중심 역할을 했다. 근대 한국의 정체성을 형성시킨 민족주의자나 작가 중에 서북인의 존재가 엄청난 것은 그들에 대한 오랜 지역적 차별을 고려할 때 얼핏 보기에 몹시 놀라운 일이다. 하지만 이런 차별을 시정하고자 하는 강력한 바람은 조선 후기 서북인의 집합 행동에도 나타났고, 결국 20세기 초 실행 가능한 수단을 찾은 것 같다. 그들의 비정상적으로 높은 개신교 채택 비율 등의 요인과 더불어 특권을 관리하는 새로운 조건들이 서북인을 자극하여 새로운 민족적 집합성을 건설하는 데 앞장서게 했다. 한편, 중인은 자신들의 축적된 재능을 위한 최상의 출구를 관료제를 넘어선 부문에서 발견한 것으로 보인다. 계몽 사업에 대한 그들의 다양한 기여는 이로 인한 것이다. 물론, 어느 제2 신분집단 후손, 가장 유명한 것으로 해평윤씨 서얼 가문이나 김두봉, 최현배 등 향리 출신 민족주의자, 남궁억 등 무반 출신 운동가도 근대 한국 민족주의의 연대기에서 제2 신분집단의 중심적 역할을 두드러지게 하였다.

하지만, 마침내 제2 신분집단이 그들의 돌파구를 마련한 것은 한국인에게서 주권을 탈취해간 환경과의 일종의 비민족주의적인, 심지어 반민족주의적인 타협을 통한 측면이 더 컸다. 그러나 여기서 그들은 혼자가 아니었다. 왜냐면 20세기 전반기 일제의 강점이 모든 한국인의 새로운 시대에 대한 적응 과정에 색상을 입혔기—대부분 더럽혔다고 한다— 때문이다. 그리고 외세의 지배는, 좋건 나쁘건, 한국 근대성 그 자체의 특성을 형성시켰다. 실제로 이 연구에서처럼 사회 위계의 재조정이 근대 초기 한국의 핵심적 전환을 형성했다고 주장한다면, 일제의 지배가 제2 신분집단의 부상에 미친 영향은 20세기 한국 민족성의 불안한 모호함을 부각시킨다.

한국 관료제가 사회 위계를 재조정하는 능력에 대해 일본이 미친 영향은 1910년 병합 전과 후 두 단계로 이루어졌다. 그것은 1876년 한국을 무역 관계로 강제 개항시킨 직후 표면화되었다. 1880년대 통리아문에 대한 영감은 중국에서 나왔지만, 일본은 영향력 있는 관직 이력이 예약된 한국의 젊은이들에게 주요한 훈련장이 되었다. 이 지위는 20세기 후반이 될 때까지 포기되지 않았다. 1905년 보호국화 이전 몇 년 동안, 일본은 한국 학생들을 교육시키고 제도 개혁의 모범이 되었으며, 한국인 정치 망명자들을 수용하였다. 망명자들은 이후 1894년, 1907년, 1910년에 일본의 보호 아래 정부 요직을 맡게 된다. 말할 것도 없이, 일본의 방식에 젖어들게 된 많은 한국 학생, 관료 그리고 계몽운동가 들은 제2신분집단 출신이었다. 병합 이후 한국 관료 조직에 대한 일본의 영향력은 공식, 비공식 부문 모두에서 증가했다. 일본어를 구사하거나, 일본에서 교육을 받거나, 그도 아니면 신학문과 전문 교육을 받은 한국인을 채용과 승진에서 우대함으로써, 일본인들은 관료 임명에서 유교 고전과 조선 과거제도의 우위성을 없애버렸다. 그리고 일본 모형에 노출되어, 영향력 있는 일본 정치가 및 사상가와 인맥을 쌓은 그런 한국인을 승진시킴으로써 총독부는 지배적인 비공식 요인이었던 가문 계보를 일본과의 사적 연결로 대체했다. 요컨대, 오로지 식민체제의 시행과 원활한 작동에 조력할 한국인을 고른다는 취지에서, 귀족 지배에 특권을 주었던 일련의 범주를 일본 지배에 집단적으로 특권을 주는 또 다른 일련의 범주로 대체한 것이다. 지방 통치에서 수천의 한국인 하위 관료, 수백의 군수, 수십 명의 도지사와 도 참여관, 그리고 중앙정부에서 한줌의 고위 관료들이 외세의 강탈을 받아들임으로써 지위를 얻었다. 식민지 체체에서 가장 두드러진 한국인 관료의 일부였던 제2 신분집단의 후손들은 자신들의 역할을 확실하게 수행했다.

왜 제2 신분집단 배경은 한국의 독립에 신념이 없어 보이는 수많은 인물을 양산했는가? 이러한 질문은 무엇보다도 문제를 지나치게 단순화한다. 왜냐면 우리가 주목했듯이 많은 저명한 '친일파' 인물이 귀족 출신으로부터 나왔고, 마찬가지로 다수 저명한 민족주의자가 제2 신분집단 배경을 가지고 있기 때문이다. 또한 다른 수준에서, 우리는 20세기 초 한국인에게 강력한 민족주의적 의식을 전제하는 것을 삼가야 한다. 조선 후기의 유일 정치 질서하에서도 확고한 민족적 집합의식으로 보이는 것은 있었다. 심지어 제2 신분집단처럼 이 체제의 모순에 특히 민감했던 사람들 사이에서도 그러했다. 그러나 이것이 한국인의 주권에 대한 맹렬한 주장으로 자연스럽게 전환된 것은 아니다. 일본의 통치체제를 인정한 제2 신분집단 출신들에게 다른 식민지적 상황도 마찬가지지만, 정치적 지도자에 대한 충성심이 쉽게 외세 지배자에게로 전환될 수 있었다. 실제로, 관료적, 사회적 차별에 직면했던 그들의 불만이 일본에 대한 수용을 쉽게 만든 것처럼 보인다. 일본은 그들을 지배구조에 융합시켰고, 식민지 사회는 조선의 체제가 보장해주지 않았던 엘리트 지위를 그들이 누릴 수 있게 해주었다.

후손이 식민지 체제에서 최고위직을 얻은 무반의 경우가 이 점을 명확히 증명한다. 어떤 이는 군을 사회정치적 권력을 얻기 위한 도구로 활용하기도 한 상황에서, 조선 시대에 무반은 군사적 영예를 거의 얻지 못했지만, 그러나 그것을 열망했던 무반은 전환기 군의 위상 상승으로부터 혜택을 얻기에 가장 알맞은 위치에 있었으며, 이 자체가 많은 부분 제국주의와 일본의 군사적 강점 및 식민 지배의 군국주의적 성격 때문에 가능했다. 즉, 이런 환경이 군을 최상의 지위로 끌어올렸던 것이다. 무반은 지배 질서에서 오랜 세월 동안 군의 예속으로 인해 희생양이 되어 있었다. 단언컨대 무반은 고위 관료 권력으로 통하는 경로로서 군을 우대한 환경을 이용할 가장 큰 유인을 가졌던 것이다.

다시 말해서, 식민지 통치기구에서 일하는 한국인에게는 관직을 얻는 것이 궁극적 목표가 되었고, 이것이 외세 통치를 위해 봉사한다는 민족주의적 견지에서의 부적절함을 압도했던 것 같다. 이 책은 이런 고려가 귀족만큼이나 제2 신분집단도 움직였음을 보여주었다. 결론적으로, 이런 인생관을 참아줌으로써 일본인 통치자들은 기술 있고 재능 있는 한국인을 많이 제공받는 이점을 얻을 수 있었다. 그러한 한국인에게 한국의 민족국가(혹은 이 문제에 관한 한 어떤 주권체에든지 간에)에 대한 충성심은 옛적부터 더욱 깊이 습성화된, 관직을 신분과 동일시하는 관념보다는 설득력이 덜했던 것이다. 이 현상은 또한 왜 똑같은 이들 관료 중 다수가 해방 후 미국이라는 또 다른 점령 권력에 기꺼이 봉사했는가도 설명한다. 민족주의는 실제로도 강력한 이데올로기적 힘이었다. 그러나 많은 이들에게는 그보다 더 강력한 무언가가 있었던 것이다.

한국 근대성의 심성 구조

이런 인물들의 행동에 가장 큰 영향력을 끼친 요인은 지위의식이었고, 여기에 한국 근대성에 대한 제2 신분집단의 결정적인 기여가 있었다. 지위의식의 지속적 영향력은 단지 전통의 영속을 의미하는 것만은 아니다. 오히려 그것은 전통에 대한 강력한 수정이 반영된 것이다. 전통적 에토스의 핵심은 유지한 채, 더 심화된 발전을 위한 동력으로 기능했던 것이다. 전근대의 다른 두 가지 패턴도 이러한 역동성을 유지했지만 결국 내구성이 떨어지는 것으로 판명되었다. 예를 들어서, 조선의 가족체계는 20세기로 들어와서도—그리고 남한에서는 20세기의 마지막 10년까지도—법적으로 잘 지속되었고, 계보적 연결은 사회정치적 특권을 결정하는 데 주된 요인으로서 계속 유지되고 있었다. '위대한 수령'과 그의 만주 게릴라 운동 동지들에의 계보적 밀접성에 기반한 북한 엘리트들의 혼인 패턴이라든가, 남한 재벌 가족의 경우도 이런 행동 패턴의 강고함을 입증한다. 그러나 대부분의 경우, 대다수 남한의 한국인은 조상 배경에 대한 이 같은 집착을 학자적 관심이거나 혹은 케케묵은 것으로 여긴다. 제2 신분집단이 주목한 또 다른 전근대 제도의 지속적 특성은—이것이 이 책의 중심 주장이다—훨씬 더 중요한 것으로 판명되었다. 그것은 사회계층화에 있어 국가의 두드러짐이다. 20세기 대부분을 통틀어 보편 국가라는 조선의 유산은 남북한 두 개의 한국에서 권위주의라든가 사회생활에서의 국가의 지도 등을 통해 시종일관 재부상했다. 부분적으로 일제 식민화에 의해 시행된 국가 지배 모형의 강화 때문이기도 하다. 그러나 잠시 북한의 전체주의를 무시한다면—그 자체 전근대 및 식민 경험의 논리적 귀결이다— 국가의 지도적 존재감은 쇠퇴했다. 비록 남한 정부가 경제와 문화 영역에 개입한 것이 일부가 보기에 과도하다고 생각할 수 있지만, 민주화 이후 정부 투명성이 증가하고 있고, 경제의 자유화와 독립적인 시민문화도 성장하는 등, 이런 것들이 국가로부터 이전의 가부장적 권위를 많이 벗겨내었다.

다른 한편, 지위의식은 극도로 내구력이 있었다. 현대 한국에서 지위의식은 두 가지의 행동 형태를 통해 그것이 사회구조와 사회적 상호작용의 중심에 있음을 드러낸다. 엘리트에 가담하기 위한 정열적인 노력, 그리고 사회적 가치와 특권에 관해 거의 보편적으로 엘리트에 맞춰진 인식—물질적이건, 행위에 관한 것이건 혹은 여타 어느 것이든—이 그것이다. 다른 식으로 표현하면, 전근대의 '양반이 되고자 하는 욕망'과 관직을 가진 자에게 주어진 사회적 우월성이 현대에는 지속적으로 힘을 발휘하는 지위의식을 통해 나타난다. 예를 들어, 지위라는 요소는 배우자를 선택하는 데 여전히 엄청난 힘을 발휘하고 있는데, 가정 배경이나 관직을 훨씬 넘어서서(이 두 가지 요인도 서구에서보다 여전히 더 많은 비중을 차지하고 있지만) 직업, 소비, 소득과 같은 경제적 위상에 관한 지표도 포함하게 되었다.[24] 그러나 학교 교육, 특히 졸업한 대학이 사회적 지위를 결정하는 데 매우 중요한 자리를 차지하고 있다는 사실은 사회적 지위의식이 자유주의적 가정과 시장의 힘을 모두 무화시키면서 유지되고 있다는 가장 명확한 지표이다. 사실, 최상층의 지위를 얻는 데 학력 배경은 가장 중요한 요소임에 틀림이 없다. 이 나라 최고 명문 대학 졸업생의 혼인 반경을 현실적으로 연구하는 것은 불가능해 보이지만, 명백히 어떤 사람의 졸업장에 적혀 있는 학교 이름은 조선왕조에서 출생과 관료 자격의 상관관계와 크게 다르지 않은 방식으로 최상위 직업에 대한 자격 요건을 결정하는 것이다(서울대 졸업생이 고위 정무직을 차지하고 있는 놀라운 비율은 하나의 지표이다). 대부분의 한국인이 공공연히 옹호하는 것과는 다르게, 근본적인 기저에 깔린 동학은 교육에 대한 국민적 몰입 그 자체는 아니다.

예를 들어서, 남한에서 식견 있는 사람치고 어떤 사람이 받은 교육의 질이 그가 다닌 대학에 상응한다고 믿는 사람은 아무도 없다. 오히려 그것은 사람들을 특정한 위광의 지표를 소유했느냐에 따라 특권과 인정의 서열 속으로 줄 세우려는 집착이다. 이 위광은 바로 특정 가치에 대한 사회적 합의, 즉 이 경우 교육에서 비롯되는 것이다.

이러한 학력 배경에 대한 선입견이 생겨난 전근대적, 식민지적, 현대적 영향의 구성 지분은 불분명하지만, 배경과 특권의 연관성은 역사적으로 한국에서 사회적 행동의 지표였고, 조선왕조에서 그 체계화와 정교화가 정점에 이르렀다. 이 방정식의 전근대적 판본은 지위를 세습적으로 규정했는데, 그것은 유교 사상의 기회 개방 이념이나 업적주의가 내포하고 있는 의미를 무화시킬 정도로 매우 강력했다. 지위 집착이라는 그것의 근대적 판본이 시장 합리성과 자유주의 합리성에 저항하는 것과 마찬가지이다. 이런 의미에서 그것은 보편주의 가치체계의 포괄적 요구에 저항하고 그것을 재편성해온 한국적 특수주의의 반영인지도 모른다.[25] 제2 신분집단은 이런 본질적인 주제를 탐구하는 데 있어 특히 효과적인 역사적 도구이다.

무엇보다도 제2 신분집단은 그들의 복잡한 모든 활동 속에 조선의 신분 체계를 몸소 드러내고 있다. 그 과정에서 사회 위계의 윤곽을 보여주는데, 세습의 기본적 영향과 관료제의 보조적 영향이 중요하게 나타난다. 이들 각 집단은 이런 현상을 각자의 방식으로 입증하지만, 아마도 서얼의 사례가 제2 신분집단의 영향력의 포괄성을 보여주는 가장 좋은 그림을 제공할 것이다. 첩의 후손인 서얼은 조선 초기 귀족이 신유교를 국가 이데올로기로 확립하면서 탄생했다. 이 이데올로기의 교의는 본처 자식과 첩 자식 사이의 의례적 위계를 주장했으나, 시간이 지나면서 이러한 가족 내 차별이 국가 영역으로까지 확대되어 작용했다. 조선왕조의 법전이 첩의 후손에게 과거시험 응시권을 빼앗았기 때문이다. 가족 내 문제로 시작된 것이 급속히 관직접근권에 심각한 결과를 초래한 것이다. 이 결과 어머니의 낮은 지위가 모든 후손에게 영구히 세습적인 사회적 예속의 지표가 되면서 서얼의 종속이 점차 광범위한 사회현상이 되어 갔다. 많은 서얼녀가 다시 첩이 되는 재순환으로 인해, 여러 세대가 지나자 비귀족 조상보다도 귀족 조상을 가진 서얼의 비중이 더 커지는 경향이 있었다. 하지만 이런 사실에도 상황은 바뀌지 않았다. 결국 이처럼 '한 방울 피'만 섞이면 서얼이 되는 법칙에서 연유하는 서얼 인구의 극적 증가는 5세기에 걸쳐 서얼에게 더 큰 사회적, 관료적 특권을 얻도록 하는 압력을 만들어냈다. 서얼의 대의에 대한 더 날카롭고 더 열렬한 주장도 불러일으켰는데, 이 점도 마찬가지로 흥미롭다. 서얼과 그들의 귀족 측 동조자들로부터도 나온 이러한 호소는 조선 사회 질서의 무원칙한 특수주의를 비난하기 위해 유교 그 자체를 활용했다.

하지만 이러한 서얼의 호소는 조선에서 사회 위계가 정해지는 기본적인 방법에 대한 문제제기에는 훨씬 못 미쳤다. 여기서 제2 신분집단은 세습 신분 제도의 희생양일 뿐 아니라 그것의 실행자이기도 했음을 깨닫게 된다. 조정에 대한 호소, 집단 상소, 관직자 및 과거 급제자 명부와 계보의 작성 등 조선 후기 이들의 공적인 활동이 이를 증명한다. 예를 들어서 법전에서 중인과 함께 분류되는 것에 대한 서얼의 혐오에서 보듯이, 혹은 여러 서얼의 근본적인 기원에 대해 여러 중인이 보인 경멸 그리고 중인이 일반적으로 향리와 함께 엮이는 것을 피하는 것에서 보듯이, 제2

신분집단은 신분과 관직 기회의 배정에 있어 가문에 기반한 방식을 근본적으로 개혁하려고 하기보다는 오히려 그들 스스로를 귀족이라고 인식했다. 제2 신분집단 사이의 이러한 지위의식은 '개화'의 가르침이 수용된 이후인 근대 시기로까지 이어졌다. 실제로 사회적 명망의 달성이 그들의 엘리트주의를 강화시켰을지도 모른다. 특히 정부 고위 관료의 지위는 관직과 명성의 연계에 관한 여전한 사회적 인정에 의존했다. 이 앞에서는 많은 경우 외세 점령자 정부에 부역하는 등 문제가 있는 행동까지도 문제가 되지 않았다.

식민지기가 한국의 근대적 전환에 관한 어떤 연구에서든 필수적인 부분이 되어야 한다고 한다면,[26] 지위의식도 한국 근대성의 필수적 측면으로 여겨져야 한다. 이런 행동이 얼핏 보기에 퇴행적이고 비합리적으로 보일지 모르지만, 그것이 한국 근대성의 정도나 완전성, 정당성을 손상시키는 것은 아니다. 오히려 그 역사성을 강화시킨다. 국가 개입, 상업활동과 사적 축적에 대한 혐오, 민족적 집단의식 등 한국 근대성의 경험에 색을 덧입히는 기타 전근대로부터의 연속적인 것들과 마찬가지로 제2 신분집단 역시 지위의식을 근대적 맥락으로 전달하는 데 중심적인 역할을 했다. 사실, 그들이 초기 근대 시기 영향력 있는 지위로 부상한 것은 한국의 근대로의 전환이 완전하지 못했다는 것을 시사할 뿐이다. 폴 길로이의 호소로 되돌아가보면, 문화의 근대성에 대한 개념화는 근대 이전의 제도에서 억압된 이들이 지배 이념을 어떻게 선택적으로 적용시켜서 그것을 뒤집거나 극복했는지를 보여줄 수 있어야 한다.[27] 제2 신분집단은 사회 엘리트 내의 두드러진 위치로 가는 길에 관료 계급을 이용하여 상승을 이뤄냈다. 이 상승은 다시금 이후의 사회적 행위를 규정했다. 이를 가속화시킨 것은 사회 위계가 형성되는 근본적인 방식에 대한 파괴라 기보다는 그에 대한 수정이었다.

20세기의 나머지 시기가 보여주듯이, 지위의식의 강력함은 '진보'라든가 변화를 지체시키지 않았다. 사실, 근대적 전환의 핵심적인 사회정치적 요소인 제2 신분집단과 그들의 후예들은 다름 아닌 자신들이 성취한 것을 통해 성공 스토리 이상으로 훨씬 중요한 무언가를 근대 한국에 남겼다. 가능성에 관한 의식, 즉 지위를 향한 강력하고도 외관상 이미 결정된 경로가 있다 해도 그 역시 습득될 수 있다는 믿음이 그것이다. 한국 사회구조의 변화는 그 핵심 동학이 지위의 제거에 있지 않다. 그것은 높은 지위가 주로 세습적 면모를 가진 것으로부터 성취가 가능한 것으로 전환된 것에 있다. 정치적 권력을 습득하기 위해 필요한 일류 대학 진학이나 부유함과 같은 것이다. 지위의식이 일종의 한국식 개인주의가 된 것인지 혹은 이러한 역동성이 경제 기적을 추동했는지의 여부는 논쟁의 대상이 될 수 있다. 하지만 부정할 수 없는 것은 지위의 작동과 그에 관한 인식에 있어서의 변화가 가진 함의는 사회 위계의 재배치를 넘어서 한국 근대성의 다른 많은 측면에 영향을 미친다는 것이다.

이 책은 2004년에 하버드대학 아시아센터에서 출간한 해외 한국학
자 황경문 교수의 *Beyond Birth: Social Status in the Emergence of Modern
Korea*를 한국어로 옮긴 것이다. 저자는 학부에서 역사학을 전공하고 하
버드대학 동아시아 언어문명학과Harvard University, Department of East Asian
Languages and Civilizations에서 한국사 전공으로 박사학위를 받았다. 오랜 기
간 남가주대학 역사학과University of Southern California, Department of History에
재직하다가 최근 호주국립대The Australian National University로 자리를 옮겨
현재도 활발히 활동하고 있다. 저자의 저술이 국내에 소개된 것은 이번
이 처음은 아니지만, 이 책은 저자의 대표적인 본격 학술서라는 점에 의
미가 있다.

한국 근대전환의 연속론적 이해

이 책이 역자를 사로잡은 독특한 점이 몇 가지가 있다. 첫째로, 이 책
이 주제로 하는 한국 사회의 근대적 전환과 근대성 문제에 대해, 조선 후
기와 한말, 일제 식민지기, 해방 후 한국 사회에 이르는 시기가 연속적인

전망 속에서 파악되고 있다는 점이다. 오늘날 전 세계가 주목하는 한국 사회의 눈부신 발전은 언제부터 시작되었는가? 아무리 한국사에 애정이 깊은 사람이라 할지라도 그 기원을 해방 이전 혹은 개항 이전의 조선왕조 시기까지 거슬러 올라가기는 어려울 것이다. 조금 극단적으로 말하자면, 개항으로 서구 주도 자본주의 세계체계에 편입된 이후의 한국 사회는 그 이전 '봉건시대' 한국 사회와는 정치, 경제, 사회, 문화, 구성원의 가치관과 인성 등 사회의 모든 영역에서 완전히 다른 세계라는 관념도 없지 않을 것이다. 그러나 이 책은 한국 사회에 있어 근대적인 전환의 과정을 이처럼 무 자르듯 단절적인 과정으로 파악하지 않는다. 조선 말 제국주의 열강의 '자극'으로 인해 일어나기 시작한 변화가 한순간에 사회의 전체 영역과 관념에까지 휘몰아쳐서 그것을 전변시킨 것이 아니고, 여전히 전근대의 가치관과 사회조직의 영향이 유지된 채로 연쇄적 변화가 이어져 나갔다는 인식, 기존 사회에 존재하던 요소가 다음 단계의 역사 과정에 영향을 미치게 되고, 이렇게 해서 사회의 변동은 경로 의존적인 과정 속에서 진행되어, 오늘날 한국 사회에 있어서도 서구와는 다른 독특한 특성이 존재하게 된다는, 어찌 보면 지극히 당연한 점에 대한 인식이 책의 전반에 흐르고 있다.

국가 관료제와 지배 엘리트에 대한 관심

물론 한국사를 연속적 전망 속에서 파악하는 논의가 예전에도 없지 않았다. 예를 들어서, 조선 후기 이래 자본주의 발전의 맹아를 추적하는 논의는 그 대표적 사례라고 하겠다. 그런데 이 책은 그와도 다르게 경제적 근대화가 아니라 국가 관료제를 중심 주제로 하고 있다는 점이 역자가 느낀 두 번째 독특한 점이다. 이 책의 연구대상인 중인, 향리, 서얼, 서북인(서북 엘리트), 무반 등 제2 신분집단은 국가 기구의 주변부 관직을 차지한 계층이었다. 서얼이나 서북인처럼 직접적으로 관료와는 무관해 보이는 집단에 대해서도 이들이 국가 및 관료제와 맺고 있는 관련이 중심적으로 다루어진다. 생각해보면 서구에 비해 상대적으로 이른 시기에 중앙집중적 국가 기구가 안착하였던 한국 사회에서 국가와 관료제는 매우 중요한 주제임에 틀림없다. 그러나 알게 모르게 그에 대한 논의는 자본주의와 시민사회에 대한 논의에 비해 다소 부족하게 다루어졌다고 생각된다(아마도 이것은 국가의 지배와 억압을 시민사회의 발전에 의해 극복하는 것을 역사의 발전으로 보는 시각이 있어왔기 때문이 아닐까 추측된다. 또한, 이로 인해 고전사회학의 거장 중에서 상대적으로 마르크스에 대한 관심이 컸던 반면, 베버에 대한 관심은 그다지 깊이 있게 전개되지 못한 것이 아닐까 추측되기도 한다). 이 책이 베버의 관료제 이론을 자주 언급하는 것은 이러한 맥락에서 충분히 이해될 수 있다. 또, 이 책은 경제적 지배의 문제를 단순히 경제 영역에 한정하지 않고 지배와 엘리트 문제로 확대하여 논의한다. 예를 들어서, 조선 후기 주변부 엘리트로서 서북인을 다루는 내용 중에, "상업이 보다 활발한 점은 서북 사회 발전에 중요한 역할을 했다"(제6장)는 대목이 있는데, 그 이유로서 "그것이 고전적인 부르주아지를 배출했기 때문이 아니라, 이 나라 귀족에게는 없었던 직업적인 경로를 통해 지역 엘리트가 등장할 수 있도록 해주었기 때문"이라고 하였다. 여기서 보듯이, 이 책은 그동안 경제 영역에 비해 상대적으로 소홀했다고 보이는 관료제와 지배 엘리트 문제에 본격적인 관심을 보이고 있는 것이다.

정치적 층위에서 사회 영역에 대한 관심으로

물론, 이 이전에도 관료제와 지배 엘리트의 문제가 한국사 연구에서 무시된 것은 아니다. 예를 들어, 과거제는 전 세계에서 중국, 한국, 베트남 등 동아시아 신유교 영향권의 사회에서만 시행한 제도로서 많은 관심을 끌었다. 최근 한국사학계에서는 조선 시대 과거제에 대한 보다 구체적이고 수준 높은 연구 성과가 나오고 있다. 그런데 이 책이 기존 한국사학계의 관료제 연구와 다소 관심을 달리하는 점은 관료제와 지배 엘리트 문제를 단순히 사회의 최상층부 정치 영역의 문제로 보는 것이 아니고, 거기에 참여한 사람들의 가문 배경과 개인적 입신출세의 욕망, 인간관계와 인맥 등, 정치 영역에 대비할 때 사회 영역이라고 할 만한 문제에 초점을 맞춘다는 점이다. 결론 장에서 말하듯이 이 책은 "유교의 교리와 양반의 지배라는 수면 밑을 조사하여 제2 신분집단이 아우성치는 풍경을 드러내" 보인다. 이런 시각은 국내 학계에서는 찾아보기 쉽지 않다. 이것이 역자가 이 책에서 느낀 세 번째 독특한 점이다.

국가 관료제와 가문 연망 속에서의 사회적 성취

이 책이 조선 시대에 있어 또 하나 주목하는 것은 그 같은 국가 관료제와 표리일체로 작동하고 있던 지배층 가족(가문)의 연망이다. 엘리트들의 배타적인 족내혼적 연결망인 가문 연망은 국가 관료제에 진입하는 길('관직접근권')을 장악하고 있었다. 이 연결망의 밖에 있거나 여기서 탈락될 경우, 권위 있는 관직을 부여받지 못했다. 이 점은 제2 신분집단, 특히 서북인에게서 잘 나타난다. 홍경래 난의 발생 배경에서 보듯이, 조선 후기 서북에서 사족으로 자처하는 세력은 중앙 관계에서 엘리트로 인정받지 못했고, 국가적 인정에서 철저히 배제되었다.

자칫, 가족이라는 사적 영역이 국가라는 공적 영역을 잠식하고 있었다는 식으로 이해될 수 있는 이 같은 구조에 대해, 이 책은 그처럼 단순한 이해를 보이지 않는다. 가문 연망이 국가 관료제의 관직접근권을 구성하고 있었지만, 역으로 국가가 개인들에게 권위를 부여하는 정당성의 원천으로 역할했다. 조선에서 귀족(사족)의 가장 핵심적인 조건이 관료가 되는 것이라는 점을 상기한다면, 이것이 얼마나 중요한 일인지 이해할 수 있을 것이다. 가문들은 독자적인 권위를 구축한 것이 아니라, 국가가 중심이 되는 이 체계 속에서 국가관료제로 나타나는 권위를 얻기 위해 경쟁했다. 국가 관료제에 진입하지 못한 개인이나 가문은 자연스럽게 사회적 권위도 유지하기 어려웠다. 홍경래 난의 진압에 참여한 이 지역 엘리트들의 사례에서 알 수 있듯이, 지역에서는 중앙 관계를 장악한 가문 연망에 대항하는 자치적인 권위가 성립하지 못했다. 조선 국가는 봉기를 진압하기 위해 자주 그 지역 인물들을 동원하는 수법을 사용하였다(이이제이以夷制夷).

역으로, 조선 시대에 국가와 관료제(관직)가 중요했던 것은 그것이 사회를 물리적인 힘으로 장악하고 있었기 때문이 아니라 거기에 진입하는 것이 개인으로 하여금 그에게 사회적 권위를 부여해주고, 사회적 성취를 안겨주는 가장 "명시적이고 안정적인" 방법이었기 때문이다(물론, 이 책에서는 그에 따라 경제적 기회도 딸려왔다고 곳곳에서 암시하고 있다) 인간은 경제적 성취만으로 사는 것도 아니고, 정치권력만으로 사는 것도 아니다. 개인의 입장에서 생각해보면 그가 인생을 살아가는 직접적 동력은 가족, 친족, 지역사회, 각종 사회단체와 동료, 국가와 민족 등 여하간의 사회적 관계와 결합 속에서 인정을 얻어내고 이를 통해 자기를 돋보이게 하는 행위의 결과물, 곧 사회적 성취라고 할 수 있다. 조선 시대 지배층에게는 가문의 영광과 더불어 국가적 입신이 사회적 성취의 가장 중요한 지표였다. 이것은 사족 집단만이 아니라 제2 신분집단에게도 그대로 적용되는 사실이었다. 이들 역시 자기들끼리의 족내혼적 연망을 구성하여 제2 신분에게 할당된 국가 관료제를 장악하기 위해 노력하고 있었다(특히, 중인, 향리, 무반이 그러했다).

이 같은 조선 시대의 사회질서가 막을 내리고 근대 사회가 시작되자, 국가와 관료제에 진입하는 방법으로서 폐쇄적 가문 연망의 관직접근권 독점은 종말을 고하였다. 그 기회는 이제 "출생을 넘어서" 보다 개방적인 요소들로 대체되었다. 나아가 사회적 지위의 원천으로서 가문 연망의 위상 역시 교육과 인맥을 포함하는 조금 더 폭넓은 사회적 배경의 일부가 되었다. 그러나 국가 관료제로의 진입은 여전히 사회적 권위의 원천이자, 그것을 얻는 가장 명시적이고 안정적인 수단이었다. 제2 신분집단은 관료기구로의 진출을 발판으로 해서 다시금 민간 영역에서 큰 성공을 거두기도 하였다. 이 책은 일제 총독부에 대한 제2 신분집단 출신들의 부역 행위를 민족에 대한 배신으로 볼 수도 있지만, 다른 한편으로 개인의 사회적 성취를 향한 열망이라는 보다 심층적 차원으로 파악하는 것이 더 타당한 사례도 많다는 점을 조심스럽게 강조한다.

신분의식과 지위의식

여기서 다시 한번 알 수 있듯이, 이 책은 국가 관료제와 엘리트를 주제로 삼되, 그것들이 공식적으로 작동(활동)하는 사회 최상층부가 아니라 그것의 작동에 기반이 되는 수면 아래의 영역을 조명하고 있다. 아무래도 최고 신분집단보다 사회의 하층과 더 가까울 수밖에 없는 제2 신분집단을 대상으로 하는 점도 이와 무관치 않을 것이다. 이 책은 과거제가 폐지되고 구래의 국가기구가 해체된 이후에 대해서도 제2 신분집단의 이후 행보를 추적함으로써 계속해서 내용을 이어간다.

이 책이 제2 신분집단이라고 범주화하는 중인, 향리, 서얼, 서북인, 무반은 전통시대 주변부 엘리트로서 불만과 능력을 동시에 가지고 있는 존재들이었다(적어도 그런 사례가 다수 발견된다). 예를 들어서, 서얼은 가문 연망 속에서 주변부 존재였고, 이로 인해 국가 관료제에서도 배제되어 있었다. 오랜 '통청' 운동은 이 같은 현실을 타개하기 위한 집단적 움직임이었는데, 조선후기에는 상당한 성과도 보이게 된다. 중인은 전문적 기술을 세전하는 집단이면서도 사대부들의 가문 연망에는 들어가지 못하는 존재였다. 향리들은 지역 사정에 정통하였으나 합당한 제도적 지위를 부여받지 못하고 국가실패의 책임만 뒤집어쓰고 있었다. 근대전환기에 이들의 불만과 능력이 민중 계급과의 결합을 통해 새로운 사회적 권위나 가치를 창출하는 동력이 되었다는 식의 주장이 전개될 법도 하지만, 현실은 정반대를 가리키고 있다. 이 책은 이 점을 미묘하게 포착하여 파고든다. 왜 이들 '중간층'은 서구에서와는 달리 '대안적 가치'를 창출하지 못했는가. 이렇게 된 한국 근대성만의 고유한 특성은 무엇인가. 이 책은 이 질문을 반복해서 던지면서, 제2 신분집단의 운명을 구한말과 식민지기 이후까지 추적하고 있다.

한국 근대성의 고유한 특성으로서, 그리고 오늘날 한국 사회의 고유한 특징으로 이 책이 중요하게 거론하고 있는 현상의 하나가 '지위의식'

이다. 인간 사회에 정치적 권력power, 경제적 자원possession, 사회적 위신 prestige 등을 원천으로 하는 희소자원이 불균등하게 배분되는 사회계층화 현상은 어느 사회에나 존재한다. 지위는 이 가운데 주로 사회적 위신과 관련된 현상이라고 볼 수 있을 것이다. 한국인이 특히 사회적 지위를 많이 의식한다는 점에 대해서는 오늘날 한국을 살아가는 사람이면 누구나 수긍할 것이다.

이 개념의 번역 과정에 흥미로운 에피소드가 하나 있어 소개한다. (사회적) 지위의식은 'social status consciousness'를 번역한 것인데, 여기서 영어 'status'는 신분, 지위라는 두 가지 뜻을 가지고 있다. 우리 말 신분과 지위는 상당히 다른 의미인데, 영어에서는 이것을 status 하나로 사용하고 있는 것이다. 이 책 역시 조선 시대에 대해 이 말을 사용하고 있기에 저자에게 문의하니 status consciouness가 당연히 '신분의식'이 아니냐고 반문하였다. 그래서 조선 시대에 대해서는 이 말을 신분의식으로 번역하였다. 그런데 현대 한국 사회에는 신분이 존재하지 않는다. 따라서 현대 한국 사회에 대해 이 말이 사용될 때는 '지위의식'으로 번역할 수밖에 없다. 이 결과 같은 말이 두 가지로 번역되게 되었다. 이처럼 애매한 경우가 생긴 것은 어쩌면 한국 사회의 상황이 애매하기 때문은 아닐까 생각이 들었다. 그리고 한국 사회에서 신분이나 지위라는 용어만큼 자주 쓰이는 사회과학 개념도 드물 것임에도 불구하고, 그것의 정확한 개념에 대해 그다지 깊이 있는 고민은 하지 않는 것 같다는 생각도 들었다.

아무튼, 오늘날 신분과 지위는 매우 상이한 개념으로 이해됨에도 불구하고, 두 가지는 모두 '개인의 배경'을 나타내는 말이라는 점에서 공통된다. 한국인은 개인에 대해 질문할 때, 그가 사회적으로 처해 있는 상황, 배경적 요소를 끊임없이 질문한다. 학벌, 집안, 직장(공무원인지, 대기업인지), 거주지, 인맥 등. 하나같이 개인 간의 차이를 나타내는 배경이 되면서도, 정작 개인 그 자체와 본질적인 관련은 없는 것들이다. 이 책에서 저자는 조선 시대에 이 같은 'status'의 결정요인으로서 가장 중요한 것이 '출생', 즉 가문 연망이었고, 근대 이후 그것은 교육을 필두로 하는 보다 개방적인 것을 포함하게 되었다고 한다. 그러나 배경이 중시된다는 이 사실 자체에는 변함이 없는 것이 아닌가 하는 통찰을 제시한다. 이렇게 본다면, 한국 사회가 전근대와 근대 이후에 있어 많은 점이 변화했다고 하더라도, 여전히 '사회적 배경 의식', 즉 '지위의식'이라는 점에 있어서는 연속성을 가진다고 볼 수도 있을 것이다. 그리고 이러한 사회적 지위의 배분에서 국가관료제가 차지하는 위상 역시 연속적이라고 할 수 있을 것이다.

신분이나 지위에 대한 분석은 계급이나 권력 집단에 대한 분석과는 다르게 문화나 가치관에 대한 분석이 포함되어야 하기 때문에, 이 책에서는 베버의 지위집단 이론이나 프랑스 사회학자 피에르 부르디외의 '문화자본' 이론 등이 인용되고 있다. 이 역시 그간 경제 영역 중심의 분석이나, 혹은 사회의 최상층에 해당하는 정치제도에 대한 분석에서 보이는 것과는 다소 다른 양상이라고 할 수 있다. 또한, 국가와 사회의 관계가 정치적, 경제적 관계에서 더 나아가 사회구성원들의 욕망과 상승의지 등 문화자본이나 계층 문제에 관계되는 점, 국가의 역할이 단순히 강제력을 넘어 사회에 대해 헤게모니를 가지고 그것에 상징적 의미를 부여하는 것으로 개념화되는 점 등도 이 책에 나타나는 이채로운 관심 사항이다.

한국 사회의 근대전환과 근대성의 재인식

결국, 이 책은 서구 근대의 경험을 보편 공식으로 간주해서 그것을 한국 사회에 그대로 적용하는 것에 대해 문제제기하고 있다. 자본주의 경제발전이 시민사회에 부르주아를 흥기시켰고, 이들이 시민혁명을 통해 봉건정치를 합리화한다는 것이 서구 근대전환 과정의 공식이라고 본다면, 위에서 이 책의 독특한 점이라고 소개한 사실을 재조합해보건대, 이 같은 교과서적 이론이 가지는 보편성에 대해 재고해보지 않을 수 없다. 한국의 전통사회 속에서 자본주의가 내재적으로 발생했는가에 대해서는 이미 상당한 논쟁이 있었다. 나아가 이 책이 보여주듯, 한국 근대 전환의 역사에서 제2 신분집단에게조차도 국가와 관료제의 상징적 중요성은 근대 이후에도 지속적으로 큰 영향을 미치고 있었다는 점을 고려하면, 경제라는 하부 구조의 변화에 의해 상부 구조의 변화가 촉발된다는 도식에 대해서도 조금 더 정교한 적용이 필요하다는 생각이다.

조금 거리가 있어 보이지만, 한국 민주화운동의 역사에서 운동을 주도한 것은 부르주아라는 경제적 범주라기보다는 종교계나 학생, 지식인 등 보다 '국민적 범주'였다는 점을 떠올린다면, 자본주의 경제의 발전에 의해 부르주아와 시민사회가 형성되고 이들이 주도하여 시민혁명을 일으켜야 한다는 역사의 도식을 당위적으로 한국에 적용하는 것의 적실성에 대해서도 한번쯤 재검토해볼 필요가 있지 않을까 한다. 결론의 마지막 부분에 저자는 제2 신분집단과 지위의식의 관계에 대해 다음과 같은 전망을 피력한다. 즉 "제2 신분집단과 그들의 후예들은 다름 아닌 자신들이 성취한 것을 통해 성공 스토리 이상으로 훨씬 중요한 무엇인가를 근대 한국에 남겼다. 가능성에 관한 의식, 즉 지위를 향한 강력하고도 외관상 이미 결정된 경로가 있다 해도 그 역시 습득될 수 있다는 믿음이 그것이다"라는 것이다. 역자가 보기에 이것은 제2 신분집단에서 더 나아가 한국 근대화 과정 전반에 퍼져 있던 에토스는 아닐까 한다. 만약 그렇다면, "한국의 근대전환기에는 혁명이 일어나지 않아서 봉건세력이 청산되지 못했다"는 식의 인식 역시 관점을 전환해서 적용해볼 가능성이 있지 않을까도 생각해본다.

비교 역사사회적 시각

이 책에서 저자는 역사학자들뿐만 아니라 막스 베버, 피에르 부르디외, 마이클 만 등 수많은 사회과학자들의 논의도 광범위하게 인용한다. 각 장의 〈논의〉 절에서는 이 책에서 논하는 한국의 사례를 세계 여러 사회의 대응 사례들과 비교해서 검토하고 있다. 이것은 저자와 같은 위치가 아니면 시도하기가 쉽지 않을 작업이라고 생각된다. 결론 장에서는 다양한 학자들의 논의를 인용하여 근대성에 대한 비교이론적 고찰을 선보이고 있는데, 이것은 어려운 이론이 많이 등장하기 때문에 한 번에 이해하기가 쉽지 않다. 라틴아메리카의 근대성에 대한 이론까지 인용하는 대목에 이르러서는 저자의 박학이 놀라울 따름이다.

또한, 서론과 제1장도 한국 전통시대의 신분제를 서구 사회사와의 비교 속에서 이론화하는 내용으로, 추상적인 개념과 논의가 많다. 제2 신분집단의 실제 사례에 대한 논의가 궁금한 독자들이라면, 2장부터 읽어보는 것도 한 방법이다. 이 책의 주된 내용은 이상에서 주로 언급한 이론적인 것이 아니라, 제2 신분집단에 대한 구체적인 사례 연구이다. 이에 대해서는 책의 내용이 상세하고 쉽고 흥미롭게 전개된다.

이 책을 포함하여 해외 한국학자들의 연구는 국내외의 선행 연구들에 대한 충실한 정리에서 출발하여, 무엇보다도 국내 연구자들의 좁은 시야에서는 포착하기 어려운, 보편적인 문제의식에 기반한 독창적 문제제기가 돋보이는 경우가 많다. 저자의 연구 역시 이러한 미덕을 가지고 있다. 그러나 다른 한편으로, 족보의 선본善本을 엄선하여 제2 신분집단 개별 인물들의 가계를 추적하고 그 결과로 거시적인 함의를 도출하는 연구 방법은 국내 연구자 못지않은 현장감도 보여준다.

이 책이 2004년에 출간된 지 벌써 거의 20여 년의 세월이 지나고 이제야 국내에 소개하는데 따른 만시지탄이 없지 않다. 그러나 이상에서 소개한 것처럼 이 책이 가진 미덕은 현재로서도 유효하며, 더군다나 조선 후기와 근대 전환기의 사회신분(제) 문제는 현재도 여전히 쟁점이 되고 있기 때문에, 여전히 번역의 의미는 충분하다고 생각된다.

이 책의 독자의 한 사람으로서 독해 과정에서 생긴 궁금증이나 아쉬운 점도 없지 않다. 주로 이 책이 다루는 범위와 스케일의 방대함, 그에 비해 시종일관 보이고 있는 진지함으로 인한 것이 아닐까 생각된다. 이론적인 논의가 진행되는 부분에서 독해가 어려운 점은 이를 옮기는 역자의 능력 부족 탓도 있을 것이다. 또, 저자가 매우 꼼꼼하게 영어로 옮긴 역사 용어와 개념과 명제를 다시 한국어로 찾아 옮기는 과정에 혹시 실수가 있지 않았을지 두려움이 크다. 영어식 표현을 한국어 표현으로 바꾸지 못한 부분도 걸린다. 번역의 질을 높이기 위해 노력했으나, 미진한 부분이 있을 것이며, 이는 전적으로 역자의 탓이다. 다만, 이 책의 번역이 한국 사회의 역사적 근대성과 그 전개 과정의 귀결인 오늘날 한국 사

회의 고유한 특성에 대해 좀 더 풍부한 논의를 일으킬 수 있다면 번역을
한 보람이 커질 것 같다.

백광열

기초자료

『(舊韓國)官報』(1894~1910).

『(국역)서운관지』, 세종대왕기념사업회, 1999.

『(국역)증보문헌비고』, 세종대왕기념사업회, 1981.

『(국역)통문관지』 전 4권, 세종대왕기념사업회, 1998.

『(朝鮮總督府及所屬官署)職員錄』, 京城: 朝鮮總督府, 1910-1945.

『經國大典』(1483), 한국법제연구원 재출간, 1993.

『京城市民名鑑』, 京城: 朝鮮中央經濟會, 1921.

『高宗純宗實錄』

『關北賓興錄』(필사본, 1797년경), 규장각도서.

『關西辛未錄』, 여강출판사, 1985.

『關西搢紳錄』, 필사본, 18세기 후반, 국립중앙도서관.

『國朝榜目』(www.koreaa2z.com/munkwa)

대한변호사협회, 『韓國辯護士史』, 대한변호사협회, 1979.

『大韓帝國官員履歷書』, 1909, Harvard-Yenching Library

『독립신문』, 1896~1899.

『東亞日報』(1920~).

『登第八世譜)』(19세기 후반), 장서각.

『未科八世譜)』(필사본, 19세기), 장서각.

박상준, 「告我山林學者 同胞」, 『韓國開化期學術誌』15, 亞細亞文化社, 1978.

박석무 · 정해렴 편, 『茶山論說選集』, 현대실학사, 1996.

박영철, 『亞洲紀行』, 京城: 獎學社, 1925(Travelogue of Asia).

박영철, 『五十年の回顧』, 京城: 大阪屋號書店, 1929(Memoir of 50 years).

박은식, 「社說」, 『西友』, 1908. 2(『韓國開化期學術誌』 6, 326-328쪽, 亞細亞文化社, 1976 재간).

박중양, 「述懷」, 미간 원고, 1958.

백인제 박사 전기간행 위원회 편, 『선각자 백인제: 한국 현대의학의 개척자』, 창작과 비평사, 1999.

법원행정처, 『韓國法官史』, 대법원, 1975.

『備邊司謄錄』, 국사편찬위원회, 1982.

『續大典』(1746), 재간행-경성: 조선총독부, 1938.

『修信使記錄』, 탐구당, 1974.

『承政院日記』 전 126권, 국사편찬위원회, 1977.

『身分階級調查書』, 1905~1910, 국사편찬위원회.

신섭호, 「韓末 政界와 朴泳孝」, 『조광』 5, no. 11, 1939.

『五山七十年史』, 오산칠십년사 편찬위원회, 1978.

俞吉濬, 『西遊見聞』(1895), 일조각, 1971.

유수원, 『(국역)우서』 전 2권, 민족문화추진회, 1979.

『育英公院謄錄』(1880년대), 규장각도서.

尹致昊, 『尹致昊日記』, 전 8권, 국사편찬위원회, 1973.

이기, 『海鶴遺書』, 1909(국사편찬위원회 재인쇄, 1971).

이인직 외, 『한국신소설』, 대유, 1993.

이종일 편, 『大典會通 硏究』, 전 4권, 한국법제연구원, 1993~1997.

이중환, 『擇里志』, 노도양 역, 대양서적, 1972.

이진흥, 『掾曹龜鑑』, 서강대학교 인문과학연구소, 1982.

『日本留學100年史』, 도쿄: 在日韓國留學生連合會, 1988.

정약용, "Wicked Petty Officials," In Theodore De Bary and Peter Lee, eds., *Sources of Korean Civilization*, 2, New York: Columbia University Press, 2001.

정약용, 『경세유표』 권1, 이익성 역, 한길사, 1997.

정약용, 『牧民心書』 전 6권, 다산연구회, 1979~1981.

『定州郡誌』, 정주군지편찬위원회, 1975.

『朝鮮寫眞帖』, 中央情報社, 1921.

『朝鮮施政二十五年史』, 京城: 朝鮮總督府, 1935.

『朝鮮王朝實錄』

『朝鮮人事興信錄』, 京城: 朝鮮新聞社, 1935.

『朝鮮地方行政』, 京城: 帝國地方行政學會 朝鮮本部, 1920~1930.

朝鮮總督府, 『朝鮮統治祕話』, 이충호 · 홍금자 역, 형설출판사, 1993.

『朝鮮總督府官報』, 京城: 朝鮮總督府, 1910-1945.

『朝鮮總督府施政年報』, 京城: 朝鮮總督府, 1910-1945.

『朝鮮總督府統計年報』, 京城: 朝鮮總督府, 1910~1945.

『朝鮮統監府施政年報』(1906~1910), 京城: 朝鮮統監府, 1910.

조우석, 『武備要覽』(1855), 영인─일조각, 1982.

『駐韓日本公使館記錄』 전 35권, 국사편찬위원회, 1988.

『增補文獻備考』(1907), 전 3권으로 재간, 명문당, 1985.

『統監府統計年報』(1906~1910), 통감관방 문서과.

『統理交涉通商事務衙門主事先生案』, 1892, 규장각도서.

『統理交涉通商事務衙門參議先生案』, 1892, 규장각도서.

『平安南道誌』, 평안남도지 편찬위원회, 1977.

『韓國 演劇·舞踊·映畵事典』, 대한민국예술원, 1985.

『韓國民族文化大百科事典』 전 27권, 성남: 한국정신문화연구원, 1991.

『韓國稅制考』, 度支部, 1909.

『한국인명대사전』, 신구문화사, 1992.

『한국인물총감 편집위원회 편, 『韓國人物總鑑』, 행정평론사, 1965.

한국인의 족보 편찬위원회 편, 『韓國人의 族譜』, 일신각, 1977.

『韓國學基礎資料選集: 近世(I)篇』, 한국정신문화연구원, 1991.

『韓國學基礎資料選集: 近世(II)篇』, 한국정신문화연구원, 1995.

『韓末近代法令資料集』 전 9권, 대한민국 국회도서관, 1971.

『咸鏡南道誌』, 함경남도지 편찬위원회, 1968.

현영섭, 『朝鮮人の進をべき道』, 京城: 綠旗聯盟, 1940(1938).

현은, 「中人 來歷의 略考」 미간 원고, 국립중앙도서관 위창문고 소장.

『皇城新聞』, 1898~1910.

『黃海道誌』, 황해도지 편찬위원회, 1981.

황현, 『梅泉野錄』, 이장희 역, 대양서적, 1974.

大村友之丞 編, 『朝鮮貴族列傳』, 京城: 朝鮮總督府, 1910.

稻葉岩吉, 「朝鮮畸人考─中人階級の存在に就て」, 『東亞経済研究』 17, no. 2, 1933, 181−202; 17, no. 4, 1934.

稻葉岩吉, 「朝鮮文化史研究」, 雄山閣, 1925.

牧山耕藏, 『朝鮮紳士名鑑』, 1911.

福田車作, 『朝鮮總督府 生活狀態調査: 平壤府』, 경성: 조선총독부, 1934.

福田車作, 『韓國併合記念史』, 大日本實業協會, 1914.

四方博, 「李朝人口に関する身分階級別的觀察」, 『朝鮮経濟の研究』 3, 1938.

細井肇, 『現代漢城の風雲と名士』, 京城: 日韓書房, 1910.

水野鍊太郎 編,『朝鮮統治秘話』, 1930년대(Mizuno Rentarō, *Chōsen tōchi hiwa* (Secrets of Korean rule). N.p., 1930s).

阿部薰,『朝鮮功勞者 名鑑』, 朝鮮功勞者名鑑刊行社, 1935.

阿部薰,『朝鮮人物選集』, 民衆時論社, 1934.

有馬易水,「朝鮮畤人考」,『東亞經濟研究』17, no.2, 1933,181−202; 17, no.4, 1934.

有馬易水,『人物評論』, 京城: 朝鮮公論社, 1917.

『人の面影』, 朝鮮及朝鮮人社, 1926.

前間恭作,「庶孼考」,『朝鮮學報』5・6, 1953・1954.

朝鮮新聞社,『朝鮮統治の回顧と批判』(1936,) Reprinted−龍溪書舍, 1995.

『朝鮮總督府官制とその行政機構』, 友邦協會, 1969.

恒屋盛服,『朝鮮開化史』, 東亜同文會出版, 1901.

Chung, Henry, *The Case of Korea*, New York: Fleming H. Revell, 1921.

Chŏng Yagyong, "Wicked Petty Officials," In Theodore De Bary and Peter Lee, eds., *Sources of Korean Civilization*, 2, New York: Columbia University Press, 2001.

Dallet, Charles, "Traditional Korea," Translation of introduction to Histoire d'église de Corée, 1874, New Haven: Human Relations Area Files, 1954.

Gilmore, George, *Korea from Its Capital*, Philadelphia: Presbyterian Board of Publication and Sabbath−School Work, 1892.

Hulbert, Homer, "The Ajun," 2 pts, *Korea Review*, Feb. and June 1904.

Hulbert, Homer, *The Passing of Korea*, New York: Doubleday, Page & Co., 1906.

Hulbert, Homer, "Tax Collection in Korea," *Korea Review*, Oct. 1906.

Hyun, Peter, *Man Sei! The Making of a Korean American*, Honolulu: University of Hawaii Press, 1986.

Independent, Newspaper, 1896~1899.

컴퓨터 자료

『司馬榜目』(CD−ROM, 서울시스템즈; www.koreaa2z.com/sama1/index.html)

와그너−송준호 문과 프로젝트(Wagner−Song Munkwa Project)

『雜科榜目』(CD−ROM, 서울시스템즈)

『(국역)조선왕조실록』(CD−ROM, 서울시스템즈; www.koreaa2z.com/sil99)

족보 및 보서류

『慶州李氏派譜』(1868), 규장각 도서.

『慶州李氏世譜』(1918), 국립중앙도서관.

『東州崔氏靖安公族譜』(1961, 파주), Harvard-Yenching Library.

『萬姓大同譜』(1931), Harvard-Yenching Library.

『密城朴氏族譜』(1831), 박영재 편, Harvard Yenching Library.

『密陽朴氏糾正公第三孫郡守公派世譜』, 국립중앙도서관

『綾城具氏世譜』(1906), Harvard-Yenching Library.

『綾城具氏世譜』(1980년대), 국립중앙도서관.

『白氏通譜』(20세기 초), Harvard-Yenching Library.

『碧珍李氏同譜』(1962), 국립중앙도서관.

『卞氏大同譜』(1987), 국립중앙도서관.

『姓源錄』(1860년대), 이창현 편, 오성사, 1985.

『水原白氏定州族譜』(1940), 백학제 편, 국립중앙도서관.

『安東金氏世譜』(1959), 김홍한 편, Harvard-Yenching Library.

『安東權氏樞密公派大譜』(1983), Harvard-Yenching Library.

『延州玄氏大同譜』(1986), 국립중앙도서관.

『劉氏大同譜』(1975), Harvard-Yenching Library.

『仁川李氏大同譜』(1982), 국립중앙도서관.

『全義李氏族譜』(1979), Harvard-Yenching Library.

『全州李氏安原大君派譜』(1938), 국립중앙도서관.

『竹山安氏大同譜』(1976), Harvard-Yenching Library.

『濟州高氏文忠大同譜』(1975), 서울대학교 도서관.

『濟州高氏文忠公派譜』(1978), 국립중앙도서관.

『晉州柳氏大譜』(1967), 국립중앙도서관.

『昌原仇氏世譜』(1930), 구경회 편, 국립중앙도서관.

『川寧玄氏世譜』(1869), 개인 소장

『草溪卞氏族譜』(1850), 국립중앙도서관.

『草溪卞氏族譜』(1929), 국립중앙도서관.

『忠州朴氏世譜』(1881), 국립중앙도서관

『忠州朴氏世譜』(1994), 국립중앙도서관

『平壤趙氏世譜』(1929), 국립중앙도서관.

『韓國系行譜』(1980), Harvard-Yenching Library.

『漢陽劉氏世譜』(1869), 개인 소장.

『海州鄭氏族譜』(1917), 국립중앙도서관.

『海平尹氏大同譜』(1983), 국립중앙도서관.

『海平尹氏世譜』(1859), 규장각도서.

『海平尹氏人脈』(1995), 해평윤씨정풍회.

단행본

강명관,『조선 사람들, 혜원의 그림 밖으로 걸어나오다』, 푸른역사, 2001.

강한영 편,『(申在孝)판소리 사설集: 全』, 교문사, 1984.

고석규,『19세기 조선의 향촌사회연구: 지배와 저항의 구조』, 서울대학교출판부, 1998.

고승희,『조선 후기 함경도 상업연구』, 국학자료원, 2003.

국사편찬위원회 편,『韓國史』권22,『조선왕조의 성립과 대외관계』, 국사편찬위원회, 1995.

———,『韓國史』권25,『조선 초기의 사회와 신분구조』, 국사편찬위원회, 1994.

———,『韓國史』권34,『조선 후기의 사회』, 국사편찬위원회, 1995.

———,『高宗時代史』전 6권, 탐구당, 1969~1972.

김두헌,『韓國家族制度研究』, 서울대학교출판부, 1986(1969).

김상기,『韓末義兵研究』, 일조각, 1997.

김영모,『韓末支配層研究』, 一潮閣, 1972.

김용덕,『정유朴齊家研究』, 중앙대학교 대학원 1970.

김용만,『朝鮮時代 私奴婢研究』, 집문당, 1997.

김운태,『朝鮮王朝行政史: 近代編』, 一潮閣, 1984.

———,『朝鮮王朝行政史: 近世編』, 박영사, 1970.

김윤식,『續陰晴史』권2, 서울: 국사편찬위원회, 1960.

김일철, 김필동, 문옥표, 송정기, 한도현, 한상복, 가키자키 쿄이치,『종족마을의 전통과 변화』, 백
　　　산서당, 1999.

김필동,『차별과 연대: 조선사회의 신분과 조직』, 문학과 지성사, 1999.

김호,『허준의 동의보감 연구』, 일지사, 2000.

박옥걸,『高麗時代의 歸化人 研究』, 국학자료원, 1996.

박용운,『高麗時代史』1, 일지사, 1985.

박은경,『일제하 조선인 관료 연구』, 학민사, 1999.

서태원,『朝鮮後期 地方軍制 研究』, 혜안, 1999.

설성경,『춘향전의 통시적 연구』, 서광학술자료사, 1994.

손인수,『韓國開化教育研究』, 일지사, 1980.

손홍열,『韓國中世의 醫療制度 研究』, 수서원, 1988.

송준호,『朝鮮社會史研究』, 一潮閣, 1996(1987).

송춘영,『高麗時代 雜學教育 研究』, 영운출판사, 1998.

안병태,『한국근대경제와 일본 제국주의』, 백산서당, 1982.

안용식, 『한국행정사연구』 전 2권, 대영문화사, 1993.

──, 『韓末地方官錄』 전 2권, 대영문화사, 1993.

──, 『大韓帝國官僚史研究』, 전5권, 연세대학교 사회과학연구소, 1994~1996.

연세대학교 국학연구원 편, 『韓國近代 移行期의 中人研究』, 신서원, 1999.

오성, 『朝鮮後期 商人研究』, 一潮閣, 1989.

오수창, 『朝鮮後期 平安道 社會發展 研究』, 일조각, 2002.

오주석, 『檀園 金弘道: 조선적인, 너무나 조선적인 화가』, 열화당, 1998.

유영익, 『젊은 날의 이승만』, 연세대학교출판부, 2002.

──, 『갑오경장연구』, 一潮閣, 1990.

──, 『동학농민봉기와 갑오경장』, 一潮閣, 1998.

유영윤, 『서울 중인 작가와 근대 소설의 양식 연구』, 박이정, 1998.

육군사관학교 군사연구실 편, 『韓國軍制史: 近代朝鮮後期篇』, 육군본부, 1977.

육당 최남선선생 기념사업회 편, 『六堂이 이 땅에 오신 지 百周年』, 동명사, 1990.

윤재민, 『朝鮮後期 中人層 漢文學의 研究』, 고려대학교 민족문화연구원, 1999.

윤효정, 『韓末祕史』, 교문사, 1995.

이광린, 『韓國開化史의 諸問題』, 一潮閣, 1986.

──, 『韓國開化史 研究』, 一潮閣, 1974.

──, 『開化黨研究』, 一潮閣, 1973.

──, 『開化期의 人物』, 연세대학교 출판부, 1993.

이기동, 『悲劇의 軍人들』, 일조각, 1982.

이기백, 『韓國史新論』, 一潮閣, 1979.

이기태, 『읍치 성황제 주제집단의 변화와 제의 전통의 창출』, 민속원, 1997.

이기화, 『高敞의 脉』, 고창문화원, 1991.

이기홍, 『호남의 정치』, 학민사, 1996.

이남희, 『朝鮮後期 雜科中人 研究: 雜科入格者와 그들의 家系 分析』, 이회문화사, 1999.

이성무, 『조선왕조사』(1, 2), 동방미디어, 1998.

──, 『한국의 과거제도』, 집문당, 1994.

이성무, 최진옥, 김희복 편, 『朝鮮時代 雜科合格者總覽: 雜科榜目의 電算化』, 성남: 한국정신문화연
　　구원, 1990.

이수건, 『韓國中世社會史 研究』, 一潮閣, 1997(1984).

이영화, 『조선 시대 조선사람들』, 가람기획, 1998.

이영훈, 『한국 시장경제와 민주주의의 역사적 특질』, 한국개발연구원, 2000.

이원식, 『朝鮮通信使』, 민음사, 1991.

이원호, 『開化期 敎育政策史』, 문음사, 1983.

이이화 편, 『朝鮮庶孽關係資料集』, 驪江出版社, 1985.

이준구, 『朝鮮後期身分職役變動研究』, 일조각, 1993.

이철성, 『朝鮮後期 對淸貿易史 硏究』, 국학자료원, 2000.

이태진·신용하 편, 『사료로 본 한국문화사: 조선 후기편』, 일지사, 1993.

이태진, 『朝鮮後期의 政治와 軍營制 變遷』, 한국연구원, 1985.

이헌창, 『韓國經濟通史』, 法文社, 1999.

이홍두, 『朝鮮時代 身分變動 硏究: 賤人의 身分上昇을 중심으로』, 혜안, 1999.

이홍직, 『國史大事典』, 전 2권, 교육도서, 1994.

이훈상, 『朝鮮後期의 鄕吏』, 一潮閣, 1990.

임재찬, 『舊韓末 陸軍武官學校 硏究』, 제일문화사, 1992.

정광, 『司譯院 倭學 硏究』, 태학사, 1988.

정근식 외, 『근현대의 형성과 지역 엘리트』, 새길, 1995.

정석종, 「'洪景來亂'의 性格」, 『한국사연구』7, 1972. 3.

정두희, 『朝鮮時代의 臺諫硏究』, 一潮閣, 1994.

정옥자, 『朝鮮後期 知性史』, 일지사, 1991.

정후수, 『(朝鮮後期)中人文學硏究』, 깊은 샘, 1990.

차장섭, 『朝鮮後期 閥閱硏究』, 一潮閣, 1997.

최종고, 『韓國法學史』, 박영사, 1990. ·

최진옥, 『朝鮮時代 生員進士硏究』, 집문당, 1998.

한국역사연구회 편, 『조선정치사, 1800~1863』, 청년사, 1990.

─────, 『조선 시대 사람들은 어떻게 살았을까?』 전 2권, 청년사, 1996.

─────, 『대한제국의 토지조사사업』, 민음사, 1995.

한영우, 『(다시 찾는) 우리역사』, 경세원, 1997.

홍성찬, 『韓國 近代 農村社會의 變動과 地主層』, 지식산업사, 1992.

황현, 『梅泉野錄』, 이장희 역, 대양서적, 1974.

林毅陸, 『金玉均傳』, 慶應出版社, 1944.

森山茂德, 『日韓併合』, 吉川弘文館, 1992.

善生永助, 『朝鮮の聚落』2, 京城: 朝鮮總督府, 1933.

Backhausen, Alfred, *Die japanische Verwaltung in Korea und ihre Tätigkeit*(The Japanese administration in Korea and its duties), Berlin: Dietrich Reimer, 1910.

Barloewen, Constantin von, *Cultural History and Modernity in Latin America: Technology and Culture in the Andes Region*, Providence, R.I.: Berghahn, 1995.

Berman, Marshall, *All That Is Solid Melts into Air*, New York: Simon and Schuster, 1982.

Bourdieu, Pierre, *In Other Words: Essays Toward a Reflexive Sociology*, Trans. Matthew Adamson. Stanford: Stanford University Press, 1990.

————, *The Logic of Practice*, Trans. Richard Nice. Stanford: Stanford University Press, 1990.

Brewer, John, and Eckhart Hellmuth, eds., *Rethinking Leviathan: The Eighteenth-Century State in Britain and Germany*, Oxford: Oxford University Press, 1999.

Chakrabarty, Dipesh. *Habitations of Modernity: Essays in the Wake of Subaltern Studies*. Chicago: University of Chicago Press, 2002.

Chandra, Vipan, *Imperialism, Resistance, and Reform in Late Nineteenth-Century Korea: Enlightenment and the Independence Club*, Berkeley: University of California, Institute of East Asian Studies, Center for Korean Studies, 1988.

Ch'oe, Yŏng-ho, *The Civil Examinations and the Social Structure in Early Yi Korea*, Seoul: Korean Research Center, 1987.

————, *The Civil Examinations and the Social Structure in Early Yi Korea*, Seoul: Korean Research Center, 1987.

Cohen, Paul, *Discovering History in China: American Historical Writing on the Recent Chinese Past*, New York: Columbia University Press, 1984.

Cumings, Bruce, *Origins of the Korean War*, vol. 1, Princeton: Princeton University Press, 1981.

Davis, Allison; Burleigh B. Gardner; and Mary R. Gardner, *Deep South: A Social Anthropological Study of Caste and Class*, University of Chicago Press, 1941.

Davis, F. James, *Who Is Black?* University Park: Pennsylvania State University Press, 1991.

Davis, Kingsley, *Human Society*, New York: Macmillan, 1949.

Degler, Carl, *Neither Black nor White: Slavery and Race Relations in Brazil and the United States*, New York: Macmillan, 1971.

Deuchler, Martina, *Confucian Gentlemen and Barbarian Envoys: The Opening of Korea, 1875-1885*, Seattle: University of Washington Press, 1977.

————, *The Confucian Transformation of Korea: A Study of Society and Ideology*, Cambridge, Mass.: Harvard University, Council on East Asian Studies, 1992(마르티나 도이힐러, 이훈상 옮김, 『한국 의 유교화 과정』, 너머북스, 2013).

DuBois, W. E. B. *The Souls of Black Folk*. New York: Bantam, 1989(1907).

Duncan, John, *The Origins of the Chosŏn Dynasty*, Seattle: University of Washington Press, 2000. (존 던컨, 김범 옮김, 『조선왕조의 기원』, 너머북스, 2013)

Duara, Prasenjit, *Culture, Power, and the State: Rural North China, 1900-1942*, Stanford: Stanford University Press, 1988.

—————, *Rescuing History from the Nation—Questioning Narratives of Modern China*, Chicago: University of Chicago Press, 1995.

—————, *Sovereignty and Authenticity: Manchukuo and the East Asian Modern,* Lanham, Md.: Rowman & Littlefield, 2003.

Duus, Peter, *The Abacus and the Sword: The Japanese Penetration of Korea,* 1895-1910, Berkeley: University of California Press, 1995.

Ebrey, Patricia, trans. and ed., *Chu Hsi's Family Rituals,* Princeton: Princeton University Press, 1991.

Eckert, Carter, *Offspring of Empire: The Koch'ang Kims and the Birth of Korean Capitalism,* Seattle: University of Washington Press, 1991.

Eickemeier, Dieter, *Elemente im Politischen Denken des Yŏnam Pak Chiwŏn,* Aspectsof the political thought of Pak Chiwŏn), Leiden: E. J. Brill, 1970.

Eisenstadt, Shmuel N, *Japanese Civilization: A Comparative View,* Chicago: University of Chicago Press, 1996.

Elman, Benjamin, *A Cultural History of Civil Examinations in Late Imperial China,* Berkeley: University of California Press, 2000.

Esherick, Joseph W., and Mary Rankin, eds., *Chinese Local Elites and Patterns of Dominance,* Berkeley: University of California Press, 1990.

Farris, William Wayne, *Heavenly Warriors: The Evolution of Japan's Military, 500-1300,* Cambridge, Mass.: Harvard University, Council on East Asian Studies, 1992.

Furth, Charlotte, *A Flourishing Yin: Gender in Chinese Medical History, 960-1665,* Berkeley: University of California Press, 1999.

Geschwender, James, *Racial Stratification in America,* Dubuque, Ia.: Wm. C. Brown, 1978.

Giddens, Anthony, *The Consequences of Modernity,* Stanford: Stanford University Press, 1990.

Gilroy, Paul, *The Black Atlantic: Modernity and Double Consciousness,* Cambridge, Mass.: Harvard University Press, 1993.

Gragert, Edwin H., *Landownership Under Colonial Rule: Korea's Japanese Experience, 1900-1935,* Honolulu: University of Hawaii Press, 1994.

Greenfeld, Liah, *The Spirit of Capitalism,* Cambridge, Mass.: Harvard University Press, 1998.

Hahm Pyong-Choon, *The Korean Political Tradition and Law,* Seoul: RAS Monograph Series, 1971.

Hamel, Hendrik, *Hamel's Journal and a Description of the Kingdom of Korea, 1653-1666,* Trans. Jean-Paul Buys, Seoul: Royal Asiatic Society, Korea Branch, 1994.

Henderson, Gregory, *Korea: The Politics of the Vortex,* Cambridge, Mass.: Harvard University

Press, 1968.

Haboush, JaHyun Kim, *A Heritage of Kings: One Man's Monarchy in the Confucian World*, New York: Columbia University Press, 1988.

Hobsbawm, E. J., *Nations and Nationalism Since 1780: Programme, Myth, Reality*, Cambridge, Eng.: Cambridge University Press, 1992.

Ho, Ping—ti, *The Ladder of Success in Imperial China: Aspects of Social Mobility,1368-1911*, New York: Columbia University Press, 1962.

Ho, Samuel Pao—San. "Colonialism and Development: Korea, Taiwan, and Kwantung." In Ramon Myers and Mark Peattie, eds., *The Japanese Colonial Empire, 1895-1945*, pp. 347– 98. Princeton: Princeton University Press, 1984.

Huber, Thomas, *The Revolutionary Origins of Modern Japan*, Stanford: Stanford University Press, 1981.

Ikegami, Eiko, *The Taming of the Samurai: Honorific Individualism and the Making of Modern Japan*, Cambridge, Mass.: Harvard University Press, 1995.

Ireland, Alleyne, *The New Korea*, New York: E. P. Dutton, 1926.

Jordan, Winthrop D., *The White Man's Burden: Historical Origins of Racism in the United States*. Oxford: Oxford University Press, 1974.

Korean Repository, Journal. 1892–98.

Koselleck, Reinhart, *The Practice of Conceptual History: Timing History, Spacing Concepts*, Trans. Todd Samuel Presner et al. Stanford: Stanford University Press, 2002.

Lee, Chong—Sik, *The Politics of Korean Nationalism*. Berkeley: University of California Press, 1965.

Lee, Ki—baik(Yi Ki—baek), *A New History of Korea*, Trans. Edward Wagner, with Edward Shultz, Cambridge, Mass.: Harvard University Press, 1984.

Lett, Denise, *In Pursuit of Status: The Making of South Korea's "New" Urban Middle Class*, Cambridge, Mass.: Harvard University Asia Center, 1998.

McCune, George, ed., *Korean-American Relations—Documents Pertaining to the Far Eastern Diplomacy of the United States*, vol. 2. Berkeley: University of California Press, 1951.

Mann, Michael, *The Sources of Social Power*. 2 vols, Cambridge, Eng.: Cambridge University Press, 1986, 1993.

Mason, Edward S.; Mahn Je Kim; Dwight H. Perkins; Kwang Suk Kim; and David C. Cole., *The Economic and Social Modernization of the Republic of Korea*, Cambridge, Mass.: Harvard University, Council on East Asian Studies, 1980.

Myers, Ramon, and Mark Peattie, eds., *The Japanese Colonial Empire, 1895-1945*, Princeton:

Princeton University Press, 1984.

Palais, James, *Confucian Statecraft and Korean Institutions: Yu Hyŏngwŏn and the Late Chosŏn Dynasty*, Seattle: University of Washington Press, 1996.

————, *Politics and Policy in Traditional Korea*, Cambridge, Mass.: Harvard University, Council on East Asian Studies, 1991(1975).

Pareto, Vilfredo. *The Mind and Society: A Treatise on General Sociology*, vol. 4, *The General Form of Society*. Trans. Andrew Bongiorno and Arthur Livingston. New York: Dover Publications, 1935.

————. *The Rise and Fall of Elites: An Application of Theoretical Sociology*. New Brunswick, N.J. Transaction Publishers, 1991.

Peterson, Mark, *Korean Adoption and Inheritance: Case Studies in the Creation of a Classic Confucian Society*, Ithaca: Cornell East Asia Series, 1996.

Reed, Bradley, *Talons and Teeth: County Clerks and Runners in the Qing Dynasty*, Stanford: Stanford University Press, 2000.

Robinson, Michael Edson, *Cultural Nationalism in Colonial Korea, 1920-1925*, Seattle: University of Washington Press, 1988.

Rothman, Joshua D, *Notorious in the Neighborhood: Sex and Families Across the Color Line in Virginia, 1787-1861*, Chapel Hill: University of North Carolina Press, 2003.

SarDesai, D. R., *Vietnam: The Struggle for National Identity*, Boulder, Colo.: Westview Press, 1992.

Schmid, Andre, *Korea Between Empires*, New York: Columbia University Press, 2002.

Schwarcz, Lilia Moritz, *The Spectacle of the Races: Scientists, Institutions, and the Race Question in Brazil, 1870-1930*, Trans. Leland Guyer. New York: Hill and Wang, 1999.

Shaw, William, *Legal Norms in a Confucian State*. Berkeley: University of California, Institute of East Asian Studies, Center for Korean Studies, 1981.

Shultz, Edward, *Scholars and Generals: Military Rule in Medieval Korea*, Honolulu: University of Hawaii Press, 2000.

Silberman, Bernard S., *Ministers of Modernization: Elite Mobility in the Meiji Restoration, 1868-1873*, Tucson: University of Arizona Press, 1964.

Soon Hyun papers, University of Southern California, Korean Heritage Library.

Talty, Stephan, *Mulatto America—At the Crossroads of Black and White Culture: A Social History*, New York: Harper Collins, 2003.

Wagner, Edward, *The Literati Purges: Political Conflict in Early Yi Korea*, Cambridge, Mass.: Harvard University Press, 1974.

Waltner, Ann, *Getting an Heir: Adoption and the Construction of Kinship in Late Imperial China*, Honolulu: University of Hawaii Press, 1990.

Warner, William Lloyd, with Marchia Meeker and Kenneth Eells, *Social Class in America: A Manual of Procedure for the Measurement of Social Status*, New York: Harper, 1960.

Weber, Max, *Economy and Society*, 2 vols. Ed. Guenther Roth and Claus Wittich. Berkeley: University of California Press, 1971.

──, *From Max Weber: Essays in Sociology*, Trans. and ed. H. H. Gerth and C. Wright Mills. New York: Oxford University Press, 1946.

Wells, Kenneth, *New God, New Nation: Protestants and Self-Reconstruction Nationalism in Korea, 1896-1937*, Honolulu: University of Hawaii Press, 1990.

Westney, D. Eleanor, *Imitation and Innovation: The Transfer of Western Organizational Patterns to Meiji Japan*, Cambridge, Mass.: Harvard University Press, 1987.

Wilkinson, W. H., *The Corean Government: Constitutional Changes, July 1894 to October 1895*, London: P. S. King & Son, 1897.

Williamson, Joel, *New People: Miscegenation and Mulattoes in the United States*, Baton Rouge: Louisiana State University Press, 1995.

Woodside, Alexander., *Community and Revolution in Modern Vietnam*, Boston: Houghton Mifflin, 1976.

논문

강석화, 「英 · 正祖代의 咸鏡道 地域開發과 位相强化」, 『규장각』 18, 1995, 27–67쪽.

구완회, 「朝鮮 中葉 士族孼子女의 贖良과 婚姻」, 『복현사림』 8, 1985.9, 41–79쪽.

권내현, 「17세기 전반 평안도의 군량 운영」, 『朝鮮時代史學報』 20, 2002. 3, 169–196쪽.

권석봉, 「영선사행(領選使行)에 대한 일고찰」, 『歷史學報』 17–18, 1962, 277–311쪽

김도형, 「일제침략기 반민족 지배집단의 형성과 민족 개량주의」, 『역사비평』, 1989, 32–52쪽.

김동철, 「17세기 日本과의 交易, 交易品에 관한 연구」, 『국사관논총』 61, 1995. 6, 245–280쪽.

김두헌, 「조선 후기 중인의 서류(庶流) 및 첩에 대한 차별」, 『조선 시대사학보』 13, 2000. 6, 33–66 쪽.

김민영, 「한말 일제하 영광지역 대지주 曺喜暶, 曺喜陽 연구」, 영광향토문화연구회, 『鄕脈』, 1995, 128–134쪽.

김세은, 「開港 이후 軍事制度의 改編過程」, 『군사』 22, 1991, 88–120쪽.

──, 「大院君執權期 軍事制度의 整備」, 『한국사론』 23, 1990. 8, 275–325쪽.

김양수, 「조선전환기의 中人 집안활동」, 『동방학지』 102, 1998. 12, 185–272쪽.

———, 「朝鮮 後期 中人집안의 活動 硏究: 張炫과 張禧嬪 등 仁同張氏 譯官 家係를 중심으로」, 상하 분재), 『실학사상연구』 1(1990), 25-46; 2(1991), 40-60쪽.

———, 「조선 후기 중인의 지방관 진출」, 미간행 원고.

———, 「朝鮮後期의 譯官身分에 관한硏究」, 연세대학교 박사학위논문, 1986.

———, 「朝鮮 開港前後 中人의 政治外交: 譯官 卞元圭 등의 東北亞 및 美國과의 활동을 중심으로」, 『실학사상연구』 12, 1999. 8, 311-366쪽.

———, 「조선 시대 醫員 實態와 지방관 진출」, 『동방학지』 104, 1999. 6, 163-248쪽.

김영경, 「韓末 서울지역 中人層의 近代化運動과 現實認識 – 譯官 川寧玄氏家를 中心으로」, 『학림』 20, 1999. 12, 1-52쪽.

김준형, 「朝鮮後期 蔚山地域의 鄕吏層 變動」, 『한국사연구』 56, 1987. 3, 33-56쪽.

김필동, 「朝鮮後期 地方 吏胥集團의 組織構造: 사회사적 접근」(上, 下), 『한국학보』 28·29, 1982. 9·1982. 12, 79~116쪽, 87~116쪽.

———, 「갑오경장 이전 조선의 근대적 관제 개혁의 추이와 새로운 관료 기구의 성격」, 『한국사회사 연구회논문집』 33, 1992. 12, 11~88쪽.

김현영, 「조선 후기 중인의 가계와 경력: 역관 천녕현씨가 고문서의 분석」, 『한국문화』 8, 1987. 12, 103-134쪽.

———, 「조선 후기 향촌사회 중인층의 동향」, 연세대학교 국학연구원 편, 『韓國近代 移行期의 中人 硏究』, 신서원, 1999, 411-447쪽.

나선하, 「朝鮮中後期 寧光郡 吏胥의 契組織 硏究」, 『鄕脈』(영광향토문화연구회) 13, 2000, 6-40쪽.

민선희, 「朝鮮後期 동래의 鄕班社會와 武廳」, 『歷史學報』 139, 1993년 가을, 95-133쪽.

박경자, 「高麗 鄕吏制度의 成立」, 『歷史學報』 63, 1974. 9, 53-88쪽.

박수영, 「韓末 全南地方 學校設立의 過程과 主體」, 목포대학교 석사학위 논문, 1998.

박찬승, 「1890년대 후반 도일(渡日) 유학생의 현실인식」, 『역사와현실』 31, 1999. 3, 118-155쪽.

———, 「韓末 日帝下 綾州 地方의 民族運動과 社會運動」, 『綾州牧의 歷史와 文化』, 목포대학교 박물 관, 1998, 207-245쪽.

———, 「일제하 나주 지방의 민족운동과 사회운동」, 역사문제연구소 편, 『한국 근현대 지역운동 사』, 여강출판사, 1993, 128-176쪽.

———, 「동학농민봉기와 고창지방 향촌사회」, 신순철 외 편, 『전라도 고창 지역의 동학농민혁명』, 고창문화원-고창군 학술대회논문집, 1988, 169-214쪽.

배우성, 「조선 후기 邊地觀의 변화와 地域民 인식」, 『역사학보』 160, 1998. 12, 19-45쪽.

———, 「古地圖를 통해 본 18세기 北方政策」, 『규장각』 18, 1995, 69-125쪽.

배재홍, 「朝鮮後期의 庶孼 許通과 身分地位의 變動」, 경북대학교 박사학위 논문, 1994.

송준호, 「朝鮮後期의 科擧制度」, 『국사관논총』 63, 1995, 37-191쪽.

———, 「朝鮮時代의 科擧와 兩班 및 良人」, 『역사학보』 69, 1976. 3, 101-135쪽.

─────(Song June-ho), "An Interpretive History of Family Records in Traditional Korea," *Journal of Social Sciences and Humanities* 53, 1981, 1-44쪽.

─────, 「身分制를 통해서 본 朝鮮後期社會의 性格의 一面」, 『역사학보』 13, 1992. 3, 1-62쪽.

─────, 「李朝 後期의 武科의 運營實態에 관하여: 丁茶山의 五亂說을 中心으로 하여」, 『전북사학』 1, 1977, 19-43쪽.

심승구, 「朝鮮初期의 武科制度」, 『북악사론』 1, 1989, 1-73쪽.

─────, 「朝鮮 宣祖代 武科及第者의 身分: 1583-1584년의 大量試取 榜目을 中心으로」, 『역사학보』 144, 1994. 12, 47-87쪽.

─────, 「壬辰倭亂 중 武科及第者의 身分과 特性: 1594년의 別試 武科榜目을 中心으로」, 『한국사연구』 91, 1996, 109-146쪽.

신용하, 「吳慶錫의 開化思想과 開化活動」, 『역사학보』 107, 1985. 9, 107-144쪽.

안휘준, 「조선왕조시대의 화원」, 『한국문화』 9, 1989, 147-178쪽.

이광린, 「개화기 관서지방과 개신교」, 한국기독교문화연구소 편, 『한국의 근대화와 기독교』, 숭전대학교 출판부, 1974, 29-50쪽.

─────, 『開化派와 開化思想 硏究』, 一潮閣, 1989.

─────, 「미국 군사교관의 초빙과 연무공원」, 『韓國開化史硏究』, 一潮閣, 1974, 159-202쪽.

이규근, 「朝鮮時代 醫療機構와 醫官 – 中央醫療機構를 中心으로」, 『동방학지』 104, 1999. 6, 95-162쪽.

이기동, 「일제하의 한국인 관리들」, 『신동아』, 1986, 455-479쪽.

이기백, 「19세기 한국사학의 새 양상」, 『(한우근博士 停年紀念) 私學論叢』, 知識産業社, 1981, 473-488쪽.

이상백, 「庶孽禁錮의 始末」, 『동방학지』 1, 1954, 159-329쪽.

이성무, 「조선 초기의 향리」, 『韓國史硏究』 5, 1970, 65-96쪽.

이수건, 「인구동향과 사회신분」, 국사편찬위원회 편, 『韓國史』 권25, 『조선 초기의 사회와 신분구조』, 국사편찬위원회, 1994, 15-34쪽.

이영호, 「1894-1910년 地稅制度 연구」, 서울대학교 박사학위 논문, 1992.

이영훈, 「朝鮮時代 經濟史 硏究의 現況과 課題」, 韓國精神文化硏究院 편, 『朝鮮時代硏究史』, 韓國精神文化硏究院, 1999, 131-209쪽

이원순, 「조선후기사회 중인층의 서교 수용」, 『한국문화』 8, 45-71쪽.

이인영, 「李氏朝鮮世祖때의 北方移民政策」, 『진단학보』 15, 1947. 5, 90-113쪽.

이종일, 「朝鮮後期의 嫡庶身分變動에 대하여: 능성구씨 좌정승파의 적서시비를 중심으로」, 『韓國史硏究』 65, 1989 6, 77-117쪽.

─────, 「朝鮮時代 庶孽身分 變動史 硏究」, 동국대학교 박사학위 논문, 1987.

─────, 「18·19世紀의 庶蘗疏通運動에 대하여」, 『韓國史硏究』 58, 1987, 23-82쪽.

이장희, 「壬亂前의 西北邊界 政策」, 『백산학보』 12, 1972, 135–163쪽.

이진영, 「東學農民戰爭과 全羅道 泰仁縣의 在地士族: 道康金氏를 中心으로」, 전북대학교 박사학위 논문, 1996.

이홍열, 「萬科設行의 政策史的 推移 –朝鮮中期를 中心으로–」, 『사학연구』 18, 1964, 207–246쪽.

이훈상, 「朝鮮後期 吏胥集團과 武任集團의 組織 運營과 그 特性: 전라도 남원부의 각 청 선생안」, 『한국학논집』(계명대학교) 17, 1990, 179–194쪽.

──, 「朝鮮後期의 鄕吏와 近代 이후 이들의 進出」, 『歷史學報』 141, 1994. 3, 243–274쪽.

──, 「朝鮮後期 邑治 社會의 構造와 祭儀: 향리집단의 정체성 혼란과 읍치 제의의 유희화」, 『歷史學報』 147, 1995. 9, 47–92쪽.

──, 「조선 후기 읍치와 질청」, 『아시아문화』 6, 1990. 12, 311–333쪽.

──, 「향리 생활」, 한국고문서학회 편, 『조선시대 생활사』, 역사비평사, 1996, 236–280쪽.

──, 「근대이후 향리집단의 사회진출과 지역의식」, 연세대학교 국학연구원 편, 『한국 근대이행기 중인연구』, 신서원, 1999, 512–537쪽.

장필기, 「朝鮮後期 武班家門의 閥閱化와 그 性格」, 영남대학교 박사학위논문, 1999.

정윤주, 「葵史(1859)의 編纂과 刊行動機」, 『역사학보』 137, 1993. 3, 33–67쪽.

정해은, 「조선 후기(朝鮮後期) 무과입격자(武科入格者)의 신분(身分)과 사회적(社會的) 지위(地位)– 숙종(肅宗)~정조년간(正祖年間)의 『무과방목(武科榜目)』 분석을 중심으로–」, 『청계사학』 11, 1994, 187–243쪽.

──, 「조선 후기 선천(宣薦)의 운영과 선천인의 서반직 진출 양상」, 『역사와 현실』 39, 2001. 3, 127–160쪽.

──, 「병자호란기 군공 면천인의 무과 급제와 신분 변화」, 『朝鮮時代史學報』 9, 1999. 6, 71–104쪽.

지승종, 「신분사 연구의 쟁점과 과제: 신분 개념과 신분 구조의 문제를 중심으로」, 『사회와 역사』 51(1997. 봄), 267–284쪽.

진덕규, 「일제 초기 친일 관료 엘리트의 형성과 성격 분석」, 『현상과 인식』 2, no. 1, 1978 봄, 42–53쪽.

최준, 「乙未亡命者의 拿還問題」, 『白山學報』 8, 1970. 6, 509–544쪽.

최병옥, 「敎鍊兵隊(속칭: 倭別技) 연구」, 『군사』 18, 1989, 73–125쪽.

최승희, 「朝鮮後期 鄕吏身分移動與否考」, 『한국문화』 4, 1983. 12, 39–68쪽.

한규무, 「玄楯(1878–1968)의 人物과 活動」, 『國史館論叢』 40, 1992. 12, 71–89쪽.

한영우, 「朝鮮時代 中人의 身分階級的 性格」, 『한국문화』 9, 1988, 179–209쪽.

한철호, 「統理軍國事務衙門(1882–1884)의 組織과 運營」, 『이기백 선생 고희기념 한국사학논총–합편』 2(1523–1554), 一潮閣, 1994.

허동현, 「1881년 紳士遊覽團活動에 관한 연구」, 『國史館論叢』 66, Dec. 1995, 1–41쪽.

허재혜, 「18세기 醫官의 經濟的 活動樣相」, 『한국사연구』 71, 1990. 12, 85–127쪽.

황정하, 「조선 후기 算員 집안의 연구」, 『한국사연구』 66, 1989, 47-73쪽.

홍성찬, 「韓末·日帝初 鄕吏層의 變動과 文明開化論」, 『한국사연구』 90, 1995, 111-158쪽.

───, 「한말 일제하의 사회변동과 향리층」, 연세대학교 국학연구원 편, 『韓國近代 移行期의 中人 研究』, 신서원, 1999, 457-512쪽.

阿部洋, 「福沢諭吉と朝鮮留学生」, 『福沢諭吉年鑑』 2, 1975, 61-85쪽.

Baldwin, Frank, "The March First Movement: Korean Challenge and Japanese Response," Ph.D. diss., Harvard University, 1967.

Berreman, Gerald D, "Caste in India and the United States," *American Journal of Sociology* 66, no. 2, Sept. 1960, pp.120-127.

Berry, Mary Elizabeth, "Public Life in Authoritarian Japan," *Daedalus* 127, no.3, Summer 1998, pp.133-166.

Blassingame, John, "Status and Social Structure in the Slave Community: Evidence from New Sources," In Harry P. Owens, ed., *Perspectives and Irony in American Slavery*, pp.137-152. Jackson: University Press of Mississippi, 1976.

Brown, Sidney Devere, "Okubo Toshimichi and the First Home Ministry Bureaucracy, 1873-1878," In Bernard Silberman and Harry Harootunian, eds., *Modern Japanese Leadership: Transition and Change*, pp.195-232, Tucson: University of Arizona Press, 1966.

Bush, M, L., "An Anatomy of Nobility," In idem, ed., *Social Orders and Social Classes in Europe Since 1500: Studies in Social Stratification*, New York: Longman, 1991, pp.26-46.

Chambers, William, "Things as They Are in America," 1853. In Gilbert Osofsky, ed., *The Burden of Race: A Documentary History of Negro-White Relations in America*, pp.60-61, New York: Harper & Row, 1967.

Chang, Wejen, "Legal Education in Ch'ing China," In Benjamin Elman and Alexander Woodside, eds., *Education and Society in Late Imperial China, 1600-1900*, Berkeley: University of California Press, 1994, pp.292-339.

Chi Sŭng-jong, "The Study of Status Groups in the Chosŏn Period", *Review of Korean Studies* 4, no.2, Dec. 2001, pp.243-263.

Ch'oe, Yŏng-ho, "Private Academies and the State in Late Chosŏn Korea," In JaHyun Kim Haboush and Martina Deuchler, eds., *Culture and the State in Late Chosŏn Korea*, pp.15-45, Cambridge, Mass.: Harvard University Asia Center, 1999.

Chen, Ching-chih, "Police and Community Control Systems in the Empire," In Ramon Myers and Mark Peattie, eds., *The Japanese Colonial Empire, 1895-1945*, Princeton: Princeton University Press, 1984, pp.213-239.

Chen, Edward I-te, "The Attempt to Integrate the Empire: Legal Perspectives," In Ramon Myers and Mark Peattie, eds., *The Japanese Colonial Empire, 1895-1945*, Princeton: Princeton University Press, 1984, pp.240-274.

――――, "Japanese Colonialism in Korea and Formosa: A Comparison of Its Effects upon the Development of Nationalism," Ph.D. diss., University of Pennsylvania, 1968.

Ch'oe, Yŏng-ho, "Private Academies and the State in Late Chosŏn Korea," In JaHyun Kim Haboush and Martina Deuchler, eds., *Culture and the State in Late Chosŏn Korea*, Cambridge, Mass.: Harvard University Asia Center, 1999, pp.15-45.

Choi, Jai-Keun, "Doctrinal and Institutional Development of Catholicism in 19th Century Korea: An Analysis Based on a Comparative Study of the Great Persecutions of 1801 and 1866," Ph.D. diss., Harvard University, 1997.

Crossley, Pamela Kyle, "Manchu Education," In Benjamin Elman and Alexander Woodside, eds., *Education and Society in Late Imperial China, 1600-1900*, Berkeley: University of California Press, 1994, pp.340-378.

DuBois, W. E. B., "Miscegenation," In idem, *Against Racism: Unpublished Essays, Papers, Addresses, 1887-1961*, pp.90-102, Ed. Herbert Aptheker. Amherst: University of Massachusetts Press, 1985.

de Cuester, Koen, "From Modernization to Collaboration―The Dilemma of Korean Cultural Nationalism: The Case of Yun Ch'i-ho, 1865-1945)," Ph.D. diss., University of Leuven, 1994.

Deuchler, Martina, "'Heaven Does Not Discriminate': A Study of Secondary Sons in Chosŏn Korea," *Journal of Korean Studies* 6, 1988-89, pp.121-163.

――――, "The Practice of Confucianism: Ritual and Order in Chosŏn Dynasty Korea," In Benjamin Elman, John Duncan, and Herman Ooms, eds., *Rethinking Confucianism: Past and Present in China, Japan, Korea, and Vietnam*, Los Angeles: UCLA Asian Pacific Monograph Series, 2002, pp.292-334.

Duncan John, "Examinations and Orthodoxy in Chosŏn *Korea*", In Benjamin Elman, John Duncan, and Herman Ooms, eds., *Rethinking Confucianism: Past and Present in China, Japan, Korea, and Vietnam*, Los Angeles: UCLA Asian Pacific Monograph Series, 2002, pp.65-94.

――――, "Hyanghwain: Migration and Assimilation in Chosŏn Korea", Acta Koreana 3, July 2000, pp.99-113.

――――, "The Social Background to the Foundation of the Chosŏn Dynasty: Change or Continuity?" *Journal of Korean Studies* 6, 1990, pp.39-80.

Ebrey, Patricia, "Concubines in Sung China," *Journal of Family History* 11, no.1, Jan. 1986, 1−24.

Eckert, Carter, "Korea's Transition to Modernity: A Will to Greatness," In Merle Goldman and Andrew Gordon, eds., *Historical Perspectives on Contemporary East Asia*, Cambridge, Mass.: Harvard University Press, 2000, pp.119−154.

————, "The South Korean Bourgeoisie: A Class in Search of Hegemony," *Journal of Korean Studies* 7, 1991, pp.115−148.

————, "Total War, Industrialization, and Social Change in Late Colonial Korea," In Peter Duus, Ramon H. Myers, and Mark R. Peattie, eds., *The Japanese Wartime Empire, 1931−1945*, Princeton: Princeton University Press, 1996, pp.3−39.

Eisenstadt, Shmuel N., and Wolfgang Schluchter, "Introduction: Paths to Early Modernities—A Comparative View," *Daedalus* 127, no: 3, Summer 1998, pp.1−18.

Eley, Geoffrey, "German History and the Contradictions of Modernity: The Bourgeoisie, the State, and the Mastery of Reform," In idem, ed., Society, *Culture, and the State in Germany, 1870-1930*, Ann Arbor: University of Michigan Press, 1996, pp.67−104.

Foucault, Michel, "Governmentality," In Graham Burchell, ed., *The Foucault Effect: Studies in Governmentality*, with Two Lectures by and an Interview with Michel Foucault, Chicago: University of Chicago Press, 1991, pp.87−104.

Ghurye, G. S., "Features of the Caste System," In Dipankar Gupta, ed., *Social Stratification*, Delhi: Oxford University Press, 1992, pp.35−48.

Hejtmanek, Milan George, "Sŏwŏn in Chosŏn Korea, 1543−1741," Ph.D. diss., Harvard University, 1994.

Hong Sŭng−gi, "A Comparative View of Koryŏ Nobi," Paper presented at the annual meeting of the Association for Asian Studies, San Diego, Mar, 2000.

Hong Sun−pyo, "Activities of the Painters Accompanying the Late Chosŏn Envoys to Japan," *Korea Journal* 40, no. 4, Winter 2000, pp.5−23.

Howell, David L., "Territoriality and Collective Identity in Tokugawa Japan," *Daedalus* 127, no. 3, Summer 1998, pp.105−132.

Jami, Catherine, "Learning Mathematical Sciences During the Early and Mid−Ch'ing," In Benjamin Elman and Alexander Woodside, eds., *Education and Society in Late Imperial China, 1600-1900*, Berkeley: University of California Press, 1994, pp.223−256.

Jansen, Marius, "The Ruling Class," In idem, ed., *Japan in Transition: From Tokugawa to Meiji*, Princeton: Princeton University Press, 1986, pp.68−91.

Jarausch, Konrad R., "The German Professions in History and Theory," In Geoffrey Cocks and

Konrad H. Jarausch, eds., *German Professions, 1800-1950*, Oxford: Oxford University Press, 1990, pp.9—26.

Kawashima, Fujiya, "The Local Gentry Association in Mid—Yi Dynasty Korea: A Preliminary Study of the Ch'angnyŏng Hyangan, 1600—1838," *Journal of Korean Studies* 2, 1980, pp.113—138.

――――, "The Local Yangban in Andong: Village Bureau Heads and Their Deputies in Late Chosŏn Dynasty Korea," *Papers of the 5th International Academic Conference on Korean Studies*, 1988, pp.209—249.

――――, "A Yangban Organization in the Countryside: The Tansŏng Hyangan of Mid—Chosŏn Dynasty Korea," *Journal of Korean Studies* 7, 1991, pp.3—35.

Kim, Chong Bum. "Christianity in Colonial Korea: The Culture and Politics of Proselytization." Ph.D. diss., Harvard University, 2004.

Kim, Sun Joo, "Marginalized Elite, Regional Discrimination, and the Tradition of Prophetic Belief in the Hong Kyŏng Nae Rebellion," Ph.D. Diss., University of Washington, 2000.

――――, "A Rebel or a Loyal Subject? A Reading of Paek Kyŏnghae's Writings," Paper presented at the POSCO International Korean Studies Symposium, Pohang, Korea, Oct, 2002.

Lee, Chulwoo, "Modernity, Legality, and Power in Korea Under Japanese Rule," In Gi—Wook Shin and Michael Robinson, eds., *Colonial Modernity in Korea*, Cambridge, Mass.: Harvard University Asia Center, 2000), pp.21—51.

Martínez López, María Elena, "The Spanish Concept of Limpieza de Sangre and the Emergence of the 'Race/Caste' System in the Viceroyalty of New Spain," Ph.D. diss., University of Chicago, 2002.

Michell, Tony, "Fact and Hypothesis in Yi Dynasty Economic History: The Demographic Dimension," *Korean Studies Forum* 6, 1979—80, pp.65—93.

Palais, James, "Confucianism and the Aristocratic/Bureaucratic Balance in Korea," *Harvard Journal of Asiatic Studies* 44, no. 2, Dec. 1984, pp.427—468.

――――, "A Search for Korean Uniqueness," *Harvard Journal of Asiatic Studies* 55, no. 2, Dec. 1995, pp.409—425.

――――, "Stability in Yi Dynasty Korea: Equilibrium Systems and Marginal Adjustment," *Occasional Papers on Korea* 3, 1975, pp.1—18.

Park Chan Eung, "Sukchong's Triangle: The Politics of Passion.," *Korean Studies* 19, 1996, 83—103.

Park, Eugene, "Military Examinations in the Late Chosŏn: Elite Substratification and Non—Elite Accommodation," *Korean Studies* 25, no. 1, 2001, pp.1—50.

————, "Military Officials in Chosŏn Korea, 1392–1863," Ph.D. diss., Harvard University, 1999.

Park, Jihang, "Trailblazers in a Traditional World: Korea's First Women College Graduates, 1910–45," *Social Science History* 14, no. 4, 1990, pp.533–558.

Pascoe, Peggy. "Miscegenation Law, Court Cases, and the Ideologies of 'Race' in Twentieth-Century America." *Journal of American History* 83, no. 1(June 1996), pp. 44–69.

Quinones, Carlos Kenneth, "The Impact of the Kabo Reforms upon Political Role Allocation in Late Yi Korea, 1884–1902," *Occasional Papers on Korea* 4, 1976, pp.1–18.

————, "Military Officials of Yi Korea, 1864–1910," Papers of the First International Korean Studies Conference, 1979, pp.691–700.

————, "The Prerequisites for Power in Late Yi Korea, 1864–1894," Ph.D. diss., Harvard University, 1975.

Rice, David, "Slavery Inconsistent with Justice and Good Policy," 1792, Reprinted in Louis Ruchames, ed., *Racial Thought in America: A Documentary History*, vol. 1., *From Puritans to Abraham Lincoln*, Amherst: University of Massachusetts Press, 1969, pp.226–227.

Robinson, Kenneth, "From Raiders to Traders: Border Security and Border Control in Early Chosŏn, 1392–1450," *Korean Studies* 16, 1992, pp.97–101.

Shima Mitsuhiko, "In Quest of Social Recognition: A Retrospective View on the Development of Korean Lineage Organization", *Harvard Journal of Asiatic Studies* 50, no. 1, June 1990, pp.87–129.

Shin, Gi–Wook. *Peasant Protest in Colonial Korea*. Seattle: University of Washington Press, 1996.

Shin, Gi–Wook, and Robinson, Michael, eds. *Colonial Modernity in Korea*. Cambridge, Mass.: Harvard University Asia Center, 1999.

Somerville, John, "Stability in Eighteenth Century Ulsan," *Korean Studies Forum* 1, 1974, pp.1–18.

Song June–ho, "An Interpretive History of Family Records in Traditional Korea," *Journal of Social Sciences and Humanities* 53, 1981, pp.1–44.

Song, Ki–joong, "The Study of Foreign Languages in the Yi Dynasty, 1392–1910," *Journal of Social Sciences and the Humanities*(Seoul) 54, Dec. 1981, pp.1–45.

Srinivas, M. N., "Varna and Caste," In Dipankar Gupta, ed., *Social Stratification*, Delhi: Oxford University Press, 1992, pp.28–35.

Taylor, K. W., "Surface Orientations in Vietnam: Beyond Histories of Nation and Region," *Journal of Asian Studies* 57, no. 4, Nov. 1998, pp.949–978.

Wagner, Edward, "The Civil Examination Process as Social Leaven: The Case of the Northern

Provinces in the Yi Dynasty," Paper presented at the Proceedings of the International Symposium on Korean Studies, National Academy of Sciences, Korea, 1975.

———, "The Development and Modern Fate of Chapkwa—Chungin Lineages," Paper presented at the Conference of the Korean Research Institute, Inha University, Sept. 1987.

———, "An Inquiry into the Origin, Development, and Fate of Chapkwa—Chungin Lineages," Paper prepared for the Workshop on Korean Society: A Historical and Anthropological Review. Naejangsan, Korea, Aug.—Sept. 1983.

———, "The Korean Chokpo as a Historical Source," In Spencer Palmer, ed., *Studies in Asian Genealogy*, Provo, Utah: Brigham Young University Press, 1972. 1, pp.141—152.

———, "Social Stratification in Seventeenth Century Korea: Some Observations from a 1663 Seoul Census Register." *Occasional Papers on Korea* 1, 1974, pp.36—54.

———, "The Three Hundred Year History of the Haeju Kim Chapkwa—Chungin Lineage," In *Song Chun-ho kyosu chŏngnyŏn kinyŏm nonch'ong*(Essays in commemoration of the retirement of Professor Song Chun-ho), addendum. Song Chun—ho kyosu chŏngnyŏn kinyŏm nonch'ong wiwŏnhoe, 1987.

Walraven, Boudewijn, "Popular Religion in a Confucianized Society," In JaHyun Kim Haboush and Martina Deuchler, eds., *Culture and the State in Late Chosŏn Korea*, pp.160—98, Cambridge, Mass.: Harvard University Asia Center, 1999.

Watson, Rubie, "Wives, Concubines, and Maids: Servitude and Kinship in the Hong Kong Region, 1900—1940," In Rubie Watson and Patricia Ebrey, eds., *Marriage and Inequality in Chinese Society*, pp.231—255, Berkeley: University of California Press, 1991.

White, Michael J., and Sharon Sassler. "Ethnic Definition, Social Mobility, and Residential Segregation in the United States." In Calvin Goldscheider, ed., *Population, Ethnicity, and Nation-Building*, pp. 267—298. Boulder, Colo.: Westview Press, 1995.

Wu Yiyi, "A Medical Line of Many Masters: A Prosopographical Study of Liu Wansu and His Disciples from the Jin to the Early Ming," *Chinese Science* 11, 1993—1994, pp.36—65.

서론

1 Pareto, *The Mind and Society*, vol. 4, "The General Form of Society"; 같은 책, "The Rise and Fall of Elites".

2 Cohen, *Discovering History in China*.

3 이 연구에서 '신유학'이라고 하면, 중국 송나라에서 일어났고 오늘날 그 체계를 정립한 세 명의 핵심 인물인 정호(程顯)·정이(程頤) 형제와 주희(朱熹)를 따라서 종종 '정주(程朱)' 유학이라고도 불리는 교의의 요체를 지칭한다. 한국에서 신유학은 보통 '성리학'이라고도 불렸다. 신유학이 조선왕조의 국가 교의였던 점은 명백하지만, 15세기 초 왕조 설립 배경의 추동력으로서 그 역할의 정도에 대해, 그리고 심지어 그 이후 시기에 있어 이 사상의 단일성과 영향력에 대해서도 논쟁이 남아 있다. 이 주제에 관해 John Duncan, "Examinations and Orthodoxy in Chosŏn Korea." 참조.

4 2000년에 허준의 인생 이야기가 TV 장편 사극을 통해 대중화되었다. 드라마는 한국에서 시청률 기록을 세웠다.

5 카터 에커트(Carter Eckert)의 획기적인, 이제는 고전이 된 연구, *Offspring of Empire: The Koch'ang Kims and the Birth of Korean Capitalism*과 브루스 커밍스(Bruce Cumings)의 *Origins of the Korean War*, vol.1을 참조. 나아가, 신기욱(Gi-Wook Shin)이 *Peasant Protest in Colonial Korea*에서 보여주었듯이, 식민지 후반기 경제에서 자본주의는 동전의 한쪽 면일 뿐이다. 토지 소유와 소작 양상에서의 중요한 변화도—긴장도 일으켰지만—산업화의 토대로 기여했기 때문이다.

6 Gi-Wook Shin and Michael Robinson, eds., *Colonial Modernity in Korea*.

7 권희영, 「한국사에서 근대성의 출현」, 『한국사의 근대성 연구』. 이것은 전적으로 독창적인 해석은 아니다. 합리적 주체가 등장하여 결국 지배하게 됨을 강조한다는 점에서, 근대성에

관한 여느 관점과 유사하다.

8 1980년대 후반 이래 한국의 일부 학자, 가장 유명하게는 이영훈이 이런 '봉건제' 이론에 대해 의문을 표시해왔다. 조선 시대 경제사 서술 전반에 관한 이영훈의 비판이 종합된 것으로, 「조선 시대 경제사 연구의 현황과 과제」 참조.

9 우리는 특히 민감한 주제인 노비제에 대해, 가장 영향력 있는 한국 사학자인 서울대의 한영우가 서술한 최근 한국사 연구를 살펴볼 수 있다. 한영우는 전통시대 한국의 기나긴 노예제의 역사에서 조선왕조는 노예 해방의 시기로 명명될 수 있다고 썼다. 왜냐면, 공식적으로 조선 시대에 노비제가 법적으로 폐지되었기 때문이라는 것이다(공노비 1801년, 사노비 1894년). 하지만 경제적으로나 전체 인구에 대해서나 노비제의 위상이 조선왕조 동안 전례 없는 수준에 도달했다는 점을 고려한다면, 그리고 노비제가 (14세기 말에 시작된) 조선 시대의 19세기, 즉 마지막 세기에 (실제로는 아니지만) 오직 법적으로만 폐지되었다는 점을 고려한다면, 그러한 주장은 오해를 일으킬 수 있다. 이는 마치 인간 기술 발달의 역사에서 20세기는 '인터넷의 세기'였다고 말하는 것과 같을 것이다. 한영우, 『다시 찾는 우리역사』, 「총설」 참조.

10 이성무, 「조선 초기의 향리」; 한영우, 「조선 시대 중인의 신분계급적 성격」 참조. 이 두 역사가 사이에 벌어진 조선시대 신분집단을 둘러싼 논쟁에 관한 더 많은 내용은 이 책 제1장 참조.

11 이기백, 「19세기 한국사학의 새 양상」.

12 Jai-Keun Choi, "Doctrinal and Institutional Development of Catholicism in 19th Century Korea."

13 윤재민, 『조선 후기 중인층 한문학의 연구』 참조.

14 다양한 종류의 제2 신분집단을 다룬 김필동의 연구는 제2 신분집단이 비록 수적으로는 소수이지만, "조선 시대 신분제의 모순 구조와 그 변동의 과정을 잘 드러내 보여준다"는 신념에서 시작된 것이다(『차별과 연대』, p.x).

15 이영화, 『조선시대 조선사람들』; 한국사연구회 편, 『조선시대 사람들은 어떻게 살았을까?』 참조.

16 연세대학교 국학연구원 편, 『한국 근대이행기 중인연구』.

17 유명한 변절 관리 이완용이 떠오르는 것은 단지 그가 1905년에서 1910년 사이 한국 정부를 일본의 점령에 순응케 한 행위를 했기 때문만이 아니라, 1895년에서 1905년 사이에 보여준 행동 때문이기도 하다. 이 기간 그는 국가 정체를 불안정하게 했다고밖에는 설명할 수 없는 기회주의적 태도를 보여주었다.

18 물론 '계급', '신분집단', 심지어 '계층' 같은 용어를 사용하는 것도 비교를 의식한 것이며, 영어로 글을 쓰는 것 자체가 불가피하게 한국 이외의 자료에 의존하는 것이라고 주장할 수도 있다. 그러나 이것이 사실이라 하더라도 나는 용어나 개념의 적용 가능성을 가정하는 것과 그것이 어떻게 한국적 맥락에 적용되고, 적용되지 않는지 주의 깊게 설명하는 것 사이에는 매우 선명한 것은 아니라 해도 하나의 경계선이 존재한다고 생각한다.

1 연구자들은 역사적 기록 속에서 이 작품이 원본 악극 형태나 이후 문학적 판본으로 발전하는 데 관계된 많은 사건과 인물들을 발견해왔다. 한 TV 다큐멘터리는 주인공 이몽룡이 작품 속 주인공과 외적 조건이 비범하게 닮은 실제 인물에 기반하고 있다는 확실한 증거를 제시했다. 하지만 그런 저명한 귀족 혹은 관료가 기생의 딸과 실제로 약혼을 했다는 기록은 없다. 이 장에서 주장하는 바이지만, 그러한 결말은 극도로 비현실적이었을 것이다. 『춘향전』의 기원과 발전을 철저하게 연구한 설성경은 이 이야기가 원한을 품고 죽은 한 남원 기생의 영을 달래주기 위한 무속 의례에서 변형된 것으로 상정한다. 짐작컨대, 이 원한은 귀족 연인과의 이별에 기인한 것이며, 그 연인이 바로 위에 언급한 귀족 남성일 것이다. 무속 의례의 무가(巫歌) 부분은 더욱 정련되어 판소리가 되었다는 것이다. 어쨌든 『춘향전』의 기원과 소설로의 발전은 무속적 교감과 불가분적으로 관련되어 있으며, 판소리라는 예술 형식 그 자체 혹은 그 향유층의 요구와도 떼려야 뗄 수 없는 관계에 있을 것이다. 설성경, 『춘향전의 통시적 연구』, 20–22쪽·43–51쪽.

2 초기 문자본에는 춘향이 지역의 기적(妓籍)에 올라있는 것으로 나온다. 하지만 일반적으로 알려진 이야기에서는 춘향이 기생이 아니며, 자신이 맺은 약혼의 순결을 지키고 자신의 지위를 사수하는 것으로 나온다. 설성경, 위의 책, 174–177쪽 참조.

3 고려 시대까지는 왕권에 대한 세습 원리가 항상 지켜진 것은 아니다. 사실, 통일신라 시대(668–935)는 왕권에 대해 서로 다른 두 성족(姓族)이나 다양한 계보 사이의 투쟁이 계속 이어진 시기로 특징지을 수 있다.

4 문헌 자료에 가장 자주 등장하는 사족(士族) 개념은 일상적 표현인 양반에 대한 공식 용어였던 것 같다. 보다 특정한 집단으로서의 귀족을 지칭하기 위해 사대부, 벌열, 관료 등 다양한 용어가 등장했지만, 사족이 관직 보유/관직 비보유, 재경(서울 거주)/재지(삼남 거주, 재지사족) 등 이들 모두를 아우른 용어였던 것으로 보인다. 명확성을 위해 나는 양반이라는 용어를 지배 귀족에 한정하여 사용하겠다. 왜냐하면, 이 책의 주장 중 하나는 양반 중에서 무반은 조선 후기에는 결국 제2 신분집단으로 전락하여 사회적으로나 정치적으로 문반에 뒤쳐지게 되었다는 것이기 때문이다.

5 1980년대 논쟁의 기본 쟁점을 확립한 세 주요 인물은 이성무, 한영우, 송준호이다. 이 논쟁의 개관과 이후 조선 신분제 연구사에 관해서는 지승종, 「신분사 연구의 쟁점과 과제」 참조. 이 논문의 영어판은 Chi, "The Study of Status Groups in the Chosŏn Period."

6 고려 사회와 정치에 관한 존 던컨의 최근 연구 *The Origins of the Chosŏn Dynasty*(존 던컨, 김범 옮김, 『조선왕조의 기원』, 너머북스, 2013)의 핵심 발견이 이 연속성이다.

7 귀족에 대한 특별 처우가 다양한 방식으로 시행되고 있었다. 예를 들어서, 『경국대전』(1483), 「형전」 '수금(囚禁)' 조에서 법령은 잔혹한 범죄에 대해 감금할 것을 규정했지만, 범죄자가 문무관, 내시, 사족의 부인일 경우, 감금 전에 국왕에게 공식 보고(계문)가 이뤄

져야 한다는 규정도 있다. 『경국대전』 1066쪽 참조. 다른 한편, 「예전」에서 법령은 귀족에게 더욱 엄격하게 적용된다. '혼가(婚嫁)' 항목에서, 사대부는 아내가 사망한 경우, 3년이 지나야 재혼을 할 수 있었다. 유교적 가족 규범을 엄격히 따를 필요가 없었음이 분명한 서민(庶民)이나 여타 비엘리트는 이보다 더 빨리 재혼할 수 있었다. 『경국대전』 870쪽 참조.

8　전근대 한국의 노비제는 그것이 인신 예속의 다른 사례에 비해 온건한 형태였다고 주장하는 사람들에게조차 민감한 문제이다. 한국 노비제 역사에 관해 고민하는 가장 왕성하고도 사려 깊은 연구자로 홍승기가 있다. 그는 고려사 전공자로서 고려 노비제에 관해, 노비 세전제도가 언제 성문화되었는지 등 몇몇 중요한 저작을 출간했다. 그는 "A Comparative View of Koryŏ Nobi"에서 한국의 노비는 한국에 고유한 독특한 종류의 예속의 산물로 보아야 하며, 여타 지역의 '노예'제도와 비교하는 것은 적절치 않다고 주장했다. 하지만 세습 노예제도가 세습적인 사회 위계의 논리적 연장이라는 점에는 의심의 여지가 없다.

9　조선 귀족의 규모에 대해서는 연구별로 상당한 편차가 있다. 예를 들어서, 후지야 가와시마(Fujiya Kawashima)의 향안(鄕案) 분석 및 1678년 단성현 호적대장 분석에서는 귀족 가구 비중에 대해 12.6퍼센트라는 수치가 산출되었다. "A Yangban Organization in the Countryside," pp.15–16 참조. 에드워드 와그너의 한성부 1663년 이후 호적대장 조사에서는 16.6퍼센트가 도출되었다. 수치가 높은 것은 아마도 지역성이 반영된 영향일 것이다. 이 역시 매우 흥미로운 발견이다. 한성부에 있는 이 지역에서는 가구의 50퍼센트 이상이 노비였던 것이다. "Social Stratification in Seveneenth Century Korea," p.43 참조.

10　씨족과 가문의 차이에 대해, 그리고 현대 한국(이 책에서 별도의 언급이 없는 한, 현대의 한국은 '남한'만을 의미한다.−역주)에서 가문의식과 조직 행위에 대해 더욱 상세한 것은 Shima, "In Quest of Social Recognition".

11　이들 동족부락은 16세기 후반에 형성되기 시작하여 근대 시기까지 지속되었다. 하나 혹은 두 개의 확장된 가문의 구성원들로 이뤄지고 지배되었으며, 특정 부계 출계집단이 그들의 사회적 지위를 유지하는 데 필요한 자원을 모을 수 있도록 사회경제적 집중이 일어나는 공간으로 기능했다. 유망한 자제의 과거 준비를 위한 교육이라든가, (대부분 혼인 후에는 남편의 동족부락으로 이주함) 여아를 위한 지참금 적립 등의 투자는 동족 전체의 안녕을 보장했다. 왜냐면 구성원 1명의 운명이 동족 전체에 영향을 주었기 때문이다. 이런 현상의 확산은 세습 신분의 경직화와 더불어 (변형) 가부장제의 제도화를 반영한다. 서얼이나 향리 등 제2 신분집단의 동족부락도 존재했다. 善生永助, 『朝鮮の聚落』 2, 300–301쪽; 김두헌, 『한국가족제도연구』 301쪽 참조. 서얼 동족부락이 20세기 초까지도 그들의 가까운 '적친(嫡親)' 동족부락의 인근에 자리를 잡고 남아 있는 경우도 많았다. 20세기 말 남아 있던 충청도 동족부락의 사례 연구로 김일철 편, 『종족마을의 전통과 변화』 참조.

12　한국인의 사회적 행위에 지속적으로 나타나는 특징인 지위의식이 가문 차이와 가장 큰 일치도를 보이고 있었던 조선왕조에서도 이와 같은 인식이 있었다. 이 시스템하에서 이득을 보는 사람들인 귀족이 가계 기록의 유지에 큰 가치를 둔 이유가 이것이다. 조선에서 시간

이 지남에 따라 족보가 사회적 지위 차별화의 강화를 수반한 것은 우연이 아니다. 공식적으로 족보는 가계 계승 질서를 규정하는 수단이었으나, 조선의 사회-정치적 발전의 추동력은 족보가 귀족의 증표가 되게 했다.

13 초기 조선의 지도자들이 사회질서와 가족질서의 정당화를 위해 채택한 유교 경전에 관한 논의로, Deuchler, *Confucian Transformation of Korea*(마르티나 도이힐러, 이훈상 옮김, 『한국의 유교화 과정』, 너머북스, 2013), pp.118~122 참조.

14 17세기 이전까지 가족 관행의 지속에 대해 더 상세한 것은 Peterson, *Korean Adoption and Inheritance* 참조.

15 Deuchler, *Confucian Transformation of Korea*, p.45.

16 이성무, 『한국의 과거제도』, 194쪽.

17 최영호가 지적하듯이, 사조(四祖) 관행은 원래 노비나 무격(巫覡) 같은 '천민'뿐 아니라, 장인(匠人), 상인(商人)의 응시까지도 금하려는 의도였다. 이 규정은 명 이전 중국에서 상인과 장인을 제약하던 것을 본뜬 것인 듯하다. 여기에 보이는 차별의식은 사농공상이라고 해서 사와 농을 우위에 두는 4분계층의 사회 위계 개념이 고착화된 것으로, 한나라 시기(아마도 법가)까지 소급된다. Ch'oe, Yŏng-ho, *The Civil Examinations and the Social Structure in Early Yi Korea*, p.108 ; Ping-ti Ho, *The Ladder of Success in Imperial China*, p.41.

18 조선 사회질서에서 귀족 지배를 강화한 의례주의적 리더십의 역할에 대한 면밀한 연구로, Deuchler, "The Practice of Confucianism." 참조. 이 연구는 16~18세기의 '공동체 협약'에 관한 분석을 통해, 이들 규약이 국가와 공조하거나 혹은 국가로부터 독립적으로 작동하는 양상을 보여주는데, 국가로부터 독립적으로 작동하는 후자의 측면을 강조한다.

19 현존 최초 판본은 1483년 간인본이다. 법전의 마지막 주요 개정은 1746년의 『속대전』과 1865년의 『대전회통』이다. 이들 개정의 반포로 인한 제도 개혁에 관해 더 상세한 논의는 이 책 제2장 참조.

20 Haboush, *A Heritage of Kings*, pp.14~16 참조.(김자현, 김백철 옮김, 『왕이라는 유산』, 너머북스, 2017)

21 제임스 팔레는 이 이중성을 능력주의적 성향과 귀속적 성향 모두에 친화성을 가지는 유교 자체의 양가성에 기인한 것으로 보았다. "Stability in Yi Dynasty Korea" 및 "Confucianism and the Aristocratic/Bureaucratic Balance in Korea" 참조. 이런 혼합적 경향은 베버의 전통적 지배 개념에서 가산제와 봉건제 이분법의 변종이라고 생각할 수 있을 것이다. 마이클 만은 베버 패러다임을 지지하면서, 그 자신은 이 두 가지 지배 형태 간의 변증법이 전근대 문명에서 지속적으로 역사 발전을 추동하고 있었음을 발견했다. Weber, *Economy and Society*, pp.255-266 ; Mann, *The Sources of Social Power*, pp.170-174 참조.

22 하지만 대립하는 두 세력의 일반적 위상은 변화한다. 왕조 전반기에 군주는 자신의 동맹자들을 비능력주의적 범주에 기반한 지배집단으로 통합시키는 것을 선호했다. 반면, 왕조 후반기의 군주들은 견고한 귀족 독점에 대항하여 관직 접근에 대한 문호 개방을 강제하려고

애썼다. 비귀족적 구성원을 관료제 상층부에 통합시키려고 한 조선 후기 군주들의 이 같은 노력에 대해 더 자세한 것은 이 책 5~7장 참조. 조선 초기의 갈등에 대해 더 상세한 것은 Wagner, *Literati Purges*, pp.22-23 참조.

23 에드워드 와그너는 이 점을 이렇게 표현했다. "진짜 양반 신분의 가장 중요한 특징과 가치는 아마도 중요한 정치적 출세와 그것에 딸려오는 것이라면 뭐든지 추구할 잠재적 자격을 가진 것이라고 할 것이다."

24 지방 관아에 부속된 '아무(衙巫, public shamans)'에 대해 더 상세한 것은 Walraven, "Popular Religion in a Confucianized Society," pp.171-181 참조.

25 차장섭, 『조선 후기 벌열연구』 1-2장.

26 차장섭은 이 집단을 지칭하기 위해 벌열이라는 용어를 선택했지만, 역사 기록에는 매우 다양한 범위의 용어가 등장함을 언급하고 있다. 대가(大家, 큰 집안), 명가(名家, 저명한 집안), 거실(巨室, 큰 집안), 세족(世族, 누대累代의 가문) 등이다. 마지막의 세족은 고려 시대에 사용된 용어와도 겹친다. 또한, 기록 속에는 낮은 귀족을 나타내는 다양한 표현도 나타난다. 한족(寒族, 글자 뜻대로 하면 '썰렁한 집안') 그리고 양반도 그렇다. 18세기 중엽 이중환도 이러한 이분법을 채택하여 서울 기반의 권세 있는 귀족(사대부)이나 귀족 가문(縉紳之家)과 낮은 귀족인 하사대부(下士大夫)를 구별했다. 『택리지』 268쪽 참조.

27 민선희, 「조선 후기 동래의 향반사회와 무청」 95-133쪽 참조.

28 송준호, 『조선사회사연구』 260-263쪽.

29 Somerville, "Stability in Eighteenth Century Ulsan," pp.6-10.

30 Kawashima, "The Local Yangban in Andong."

31 Wagner, "The Korean Chokpo as a Historical Source," p.152.

32 Dallet, "Traditional Korea," p.158. 이중환(『택리지』 215쪽)은 16세기 중반부터 말까지 전라도는 저명 관료를 거의 배출하지 못한 것으로 관찰했다. 그가 살던 시대 전라도에는 우월한 부(富)에도 불구하고 '대가(大家)'의 수가 열 개를 넘지 않았다. 모범이 될 만한, 현명하고 학식 있는 사림(士林)이 부족하여 귀족의 성격이 다소 '요박(barren)'했다. 이것은 전라도 사회의 나머지 계층과 껄끄러운 관계로, 그리고 서울에서 영향력 있는 존재의 부족으로 이어졌다.

33 간단히 말해서, 모든 사족이 벌열은 아니지만 벌열은 전부 사족이다.

34 Yŏng-ho Ch'oe, "Private Academies and the State in Late Chosŏn Korea."; Hejtmanek, "Sŏwŏn in Chosŏn Korea." 참조.

35 송준호, 「조선 후기의 과거제도」 42-47쪽 참조. 수년간 여러 연구에서 송준호는 통념과 달리 생진시는 그 자체로 목적이고 반드시 문과의 예비 시험이었던 것은 아니라는 점을 설득력 있게 보여주었다. 조선왕조에서 생진시에는 총 4만 649명이 급제하였다(생원 1만 9,675명, 진사 2만 974명). 참고로 문과는 1만 4,684명이고, 무과는 20만 명이 넘는다. 최진옥, 『조선 시대 생원진사연구』 40쪽 참조.

36 원서는 이기백, 『한국사신론』, 271쪽 참조.

37 四方博, 「李朝人口に關する身分階級別的觀察」, 410-411쪽. 노비 인구의 감소도 급격했다고 보고했다.

38 앞의 글, 481쪽.

39 18세기 단성현 호적에 대해 후지야 가와시마는 많은 '높은' 직역명이 서민과 심지어 향리 가계(호)에까지 붙여졌다고 지적한다.("A Yangban Organization in the Countryside," p.23·34).

40 특권적 귀족과 그 바로 아래층 사람들의 사이를 가르는 장벽은 평민과 노비를 가르는 장벽보다 훨씬 더 강하다. 1865년 왕조 법전에는 하층을 탈출해서 평민 신분이 되는 속량 조항은 있어도, 귀족이 되는 법에 관한 내용은 전혀 없다. 이종일 편, 『대전회통 연구 4-형전편』, '속량' 참조.

41 이 문제가 시간이 지남에 따라 더욱 엄격해져갔음을 보여주는 지표를 왕조 법전에서 찾을 수 있다. 『경국대전』의 18세기 수정본이라고 할 수 있는 『속대전』의 「호전」 '호적' 조에는 고을 호적 조사의 편집자에게 배부된 호적에 호구원, 연령, 직역 등에 관한 허위 기재가 있을 때의 구체적인 처벌 조항이 있었다(위반자가 자진신고하거나 귀족인 경우 처벌이 완화되었다). 「형전」 '위조(僞造)' 항에는 호패(戶牌)의 위조에 관한 조항이 있었다. 호패는 모든 주민이 마을 밖으로 나갈 때 패용해야 했다. 이 구체적인 처벌 조항들은 15세기 후반의 원본 법전인 『경국대전』 단계에서는 등장하지 않는다. 하지만 1865년 최후의 판본인 『대전회통』에서는 이 모든 조항이 확대된다.

42 예를 들어, 김용섭의 『조선 후기농업사연구』, 147-165쪽 참조. 여기서 김용섭은 신분과 토지 소유 사이의 극심한 불일치를 세부적으로 보여준다. 하지만, 그의 더 큰 논지는 이런 통계가 조선의 기존 사회 위계의 붕괴와 그것을 대체하는 조선 후기 계급 구조의 등장을 입증한다는 것이다. 이미 명확히 밝혔듯이, 나는 이런 관점에 반대한다. 대신에 이 장에서 개괄한 여타 증거와 결부시킬 때 이런 경제 현상은─이에 대한 김용섭 등의 추론에는 의문의 여지가 있다─ 조선의 신분 체계가 가진 탄력성의 증거라는 것이 나의 주장이다. 다시금 여기서 중요한 것은 부(富)가 신분의 위계와 거의 관련이 없다는 것이다. 신분 위계는 출생에 의해 결정되고 대체로 고착된 관직접근권의 차이에 의해 유지되었다. 관직접근권은 결국 정치권력과 사회적 특권에 대한 접근권을 결정했다.

43 지배 이데올로기에서 교역과 상업 활동은 기피되었다. 마찬가지로 귀족은 그런 활동을 불결하고 군자에게 부적절한 것으로 여기게끔 교육받았다. 관료의 녹봉, 군대의 군량, 군주제의 유지를 위해 필수적이었던 정부 세입의 부담은 대부분 평민에게 전가되었다. 조선 후기에 그들은 토지세와 군역(노동 혹은 더욱 빈번하게는 군포의 형태로)을 부담해야 했고, 요역(徭役)도 제공해야 했다. 본래 중앙 관료는 녹봉과 과전을 지급받았기 때문에 상업과 이윤추구 활동은 금지되어 있었다(관직이 없는 사족은 노비 노동과 세습된 경작지로부터의 도조(賭租) 징수로 생활했다). 하지만 이 체계는 16세기에 관직 공급과 과전 수여지가

바닥나자 곧 불완전한 것으로 판명되었다. 18세기를 시작으로 귀족 면세지가 점차 집중되고 지방 관아에서 소소한 부패가 만연해지자 지방 및 중앙 재정이 축나기 시작했다. Palais, *Confucian Statecraft*, pp.851–854 참조.

44 이 연구에서의 조사는 이영훈, 『한국 시장경제와 민주주의의 역사적 특질』 참조.

45 조선 초기에 명백히 정치적 이유에서 직전 고려왕조의 수도였던 개성 사람에 대한 제도화된 관직 차별이 있었다. 그리고 이런 편견은 실질적으로는 결코 없어지지 않았다. 조선 초기의 통치자들은 고려왕조 부흥과 관련된 어떠한 잠재적 시도라도 사전에 차단하고자 하였고, 관직 배제를 통해 개성 거주민을 영구적으로 좌천시켰다.

46 조선 시기 문서에서 군오는 평민 병사를 지칭한다. 그러나 이 인용문의 맥락은 조금 다르다. 여기서는 명백히 준엘리트적 지위에 있으면서 고위직에는 배제된 집단들을 열거하고 있다. 어쨌든 이 '군오'라는 용어가 서울에 근거를 둔 무관 가문인 무반을 가리키는 것으로는 보이지 않는다. 하지만 이 용어가 정확히 지칭하는 바가 무엇이든지 간에, 군오를 거론한 것은 직업으로서 무관의 주변부화에 관심을 둔 것이다.

47 『고종실록』 1882년 7월 22일. 조선의 국왕이 이런 호소를 한 것이 처음은 아니다. 17세기 이래로 조선의 국왕들은 고위 관직에 대한 문호를 개방하려고 노력했다. 또 점진적으로는 제2 신분집단 스스로가 관료 권력으로부터 배제를 극복하기 위해 벌인 점점 더 뚜렷해져간 노력들에도 동참했다. 이 연구는 개성인을 제외하고 이들 집단을 모두 조사한다(이 장의 각주 45 참조).

48 1460년에는 세 차례 별시 무과에서 각각 51명, 1,813명(!), 100명의 급제자가 배출되었다. 이성무, 『한국의 과거제도』 156쪽 참조. 관 속에 들어간 무반의 명예에 마지막 못질을 한 것은 만과라고 해서, 글자 그대로 '급제자가 1만 명이나 되는 시험'이었다. 16, 17세기의 현상이다. 만과 시험의 배경이 되는 정치적, 군사적 요인에 대해서는 이홍열, 「만과 설행의 정책사적 추이」 216–221쪽 참조(만과 시험 목록과 각 시험 합격자 수에 대해서는 같은 글, 229쪽 참조). 만과와 무반의 관계에 대해 이 책 7장에서 본격적으로 다루겠다.

49 보학적 증거들은 조선 후기 대부분의 무반 가문들이 17세기에 등장했음을 말해준다.

50 중국과의 비교에 대해 더 상세한 논의는 제3장 참조.

51 잡과 시험은 고려 시대에도 있었다.

52 Mann, *The Sources of Social Power*. 여기 제시된 개요는 심하게 단순화한 요약으로서, 사회-역사적 발전 과정에 대한 만의 복잡한 묘사를 제대로 다뤘다고 할 수는 없다.

53 하지만 조선은 만이 세계사에서 발견한 주요 정치 체계의 전반적인 이분화 모형(정치-군사 대 경제-이데올로기)에는 들어맞지 않는다. 위의 책, "Conclusion(결론)" 참조

54 김필동, 『차별과 연대』 56쪽 참조.

55 다시 말해서, 지위 집단의 '명예에 대한 사회적 평가'는 보통 경제적 우위에 앞서서 확립되며, 그 역은 성립하지 않는다. Weber, *Economy and Society*, pp.926·932 참조.

56 위의 책, pp.305–306. 베버는 카스트 제도에 대한 분석에서 이렇게 세습적으로 결정되는 신분집단을 '폐쇄적'이라고 언급했다(Max Weber, p.405). 이는 '개방적' 신분집단에 대비

한 것인데, 이것들은 짐작컨대 생활양식이나 관습에 기반하므로 주변부적 존재들을 통합할 수 있을 것이다.

57 Bourdieu, *In Other Words*, p.123 이하.

58 부르디외의 분류도 베버의 개념과는 다르긴 하지만 '지위 집단'이라는 용어를 사용할 수 있게 해준다. 베버는 이 용어를 '계급'에 대비되어 사람을 출생이 아니라 생활양식에 따라 구별 짓는 범주로 개념화했다.

59 베버도(*Max Weber*, pp.405-406) 자신이 '카스트 제도'로 여긴 것을 유지하는 데 있어 집단 내혼의 결정적인 역할을 인지하고 있었다. 그는 이를 미국에서의 인종차별에도 비견했다.

60 Bourdieu, *The Logic of Practice*, p.59.

61 Srinivas, "Varna and Caste."; Ghurye, "Features of the Caste System."

62 Weber, *Economy and Society*, pp.933-935. 인도 최하층 카스트는 침략 민족에게 정복당한 원주민으로부터 기원했을 것이다. 일부 학자는 미국의 인종적 계층화를 '카스트 제도'로 개념화한다. 우리의 목적에 비추어볼 때 이런 분석은 조선에서 서얼이 신분집단으로 등장한 것에 흥미롭게 유비될 수 있으므로, 제5장에서 이 주제를 더 가다듬어보겠다.

63 같은 저널에서 동일한 전문 주제를 다루는 연구자들조차도 도쿠가와의 신분 집단들이 모두 세습제였는지에 대해서는 합의가 되지 못한 것 같다. 엘리자베스 베리(Elizabeth Berry)는 이들이 '세습 집단'이었다는 일반적으로 수용되는 개념을 고수하는 반면, 데이비드 하웰(David Howell)은 도쿠가와의 '사회 분류'는 "세습과 같은 몇 가지 불변적 특징이 아니라 주로 직업에 의해 규정되었고," 이들 '직업 집단'들 사이에 이동도 가능했다고 주장했다. 『Daedalus』 1998년 여름호, "Early Modernities"에 수록된 에도 시대 공중의 삶과 정치적 권위의 교차지점에 관한 이들 각각의 논문 참조. Berry, "Public Life in Authoritarian Japan," p.141; Howell, "Territoriality and Collective Identity in Tokugawa Japan," p.111. 읍치 지역에 모여 살던 사무라이는 지배적인 사회신분집단으로서 지배를 담당했고, 향촌의 소농은 평민에 속했다. 장인과 상인은 주로 읍치 지역에 모여 있었으며, 하층에 다양한 '천민' 집단이 다양한 거점에서 인구의 나머지 부분과는 물리적으로 격리된 채 산재했다.

64 Bush, "An Anatomy of Nobility" 참조. 부쉬는 자신의 유럽 귀족 조사에 대한 맥락을 설명하면서 '근대'에 관해 서유럽 표준 연대기에 따른 일반적인 분류법을 사용한다.

65 Esherick and Rankin, *Chinese Local Elites and Patterns of Dominance*의 서문 및 첫 두 장 (1, 2장) 참조. 중국은 그 크기와 내부 다양성으로 인해 사회구조에 관한 일반적인 상을 그리기가 어렵다.

66 제임스 팔레는 조선 '노비 사회'는 한국사의 가장 독특한 측면을 반영한다고 주장했다("A Search for Korean Uniqueness," pp.414-418).

67 Bourdieu, *In Other Words*, pp.135-139 참조.

68 관직을 지칭하는 가장 흔한 용어로, 가령 벼슬이라는 말을 들 수 있는데, 이것은 정부와 관련된 여느 어휘와는 달리 순한국어이다. 즉 중국에서 온 말이나 한자어가 아니다.

2장 신분의 개방: 관료 엘리트에 임명되다, 1880~1930

1   김영모, 『한말 지배층 연구』.

2   Quinones, "The Prerequisites for Power in Late Yi Korea."

3   유영익, 『갑오경장연구』.

4   김도형, 「일제침략기 반민족 지배집단」.

5   박은경, 『일제하 조선인 관료 연구』.

6   이기동, 「일제하의 한국인 관리들」.

7   이 연구는 왕실 수요의 충당을 담당하는 다양한 기구에 대해서는 생략한다. 그것들도 정치적 모의에 개입하였지만, 나라를 다스리는 일에 일관된 역할을 하지는 않았다.

8   선혜청을 위시하여 이 장에 등장하는 정부 기구 명칭의 영어 번역은 별도 주석이 없다면 Palais, *Confucian Statecraft*의 "glossary" 부분에서 가져온 것이다.

9   Ki-baik Lee, *A New History of Korea*, pp.175-176. 삼사는 사헌부, 사간원, 홍문관이다. 앞 두 기관은 서경권을 가지고 있었다. 삼사 그리고 조선 정부의 정치적 균형에서 삼사의 위상에 관한 보다 체계적인 연구로는 정두희, 『조선 시대의 대간 연구』 참조.

10   등급 체계에는 더 심화된 하위 분류도 있다. 즉, 처음 5개 등급인 정1품~정3품까지를 당상관이라고 하는데 이것은 가장 큰 영향력을 가진 최고위직에 해당한다. 그다음 7개 등급인 종3품~종6품까지를 당하관이라고 하며, 마지막 6개 등급인 종7품~종9품까지를 참하관이라고 하여 대부분 관직에 초입사하는 직위이다. 김운태, 『조선왕조행정사: 근세편』, 146쪽 참조.

11   이종일 편, 『대전회통 연구 1-이전편』, '제과(諸科)', 171쪽.

12   위의 책, '고신(告身)', 179쪽.

13   위의 책, '천거(薦擧)', 170쪽.

14   위의 책, '한품서용(限品敍用)', 171-172쪽. 특정 관직에 대해, 문과에 급제한 서얼은 한성부 좌우윤과 호조, 형조, 공조의 참판직까지로 제한되었다.

15   이 책 6장 참조.

16   Quinones, "The Prerequisites for Power in Late Yi Korea," p.83. 1864~1894년간 고위관직에 있었던 관료 중 문과 급제자의 비율은 다음과 같다.

관직	임명자	문과 급제자(%)	기타(%)
삼의정	27	96.3	3.7(음)
이조판서	113	100	0
예조판서	149	100	0
호조판서	17	94.1	5.9(생진)

퀴노네스는 생진시 급제자가 성취한 가장 높은 직위는 호조판서였음을 발견했다. 무과 급제자의 최고 직위는 그보다 덜 명예로운 병조, 형조, 공조 판서였다. 중인은 변원규의 사례

가 유일한데, 이 장의 아랫부분에서 논의할 것이다. 1880년대 변원규는 한성부 판윤에 임명되었다. 하지만 변원규 같은 예외는 법칙이 존재한다는 것을 반증할 뿐이다.

17 Quinones, "The Impact of the Kabo Reforms on Bureaucratic Role Allocation in Late Yi Korea," p.11. 정치문화에서 문과의 위력과 위신은 너무나 뿌리 깊었다. 1890년대 말까지도 문과 급제자의 공식 명부가 자유롭게 돌아다녔고, 일제 식민지기에 이르러서도 계속해서 공식, 비공식의 전기적 근거들은 사람들을 시험 합격으로 구별 지었다.

18 17세기 후반의 처사(處士)—학자였던 유형원은 조선 시기에 대한 수많은 관찰자 중의 한 명이었다. 그는 사람들이 관직 선발 제도의 깊은 폐단이라고 인식하고 있던 것과 교육제도 사이의 명백한 연관을 정식화했는데, 문과를 그릇된 기술과 그릇된 종류의 인간을 양산하는 제도로 인식하여 그 폐지를 주장했다. 대신에 전국적인 학교 제도에 바탕한 천거제를 주장했다. 여기서 학교는 출생과 무관하게 문호를 개방한다. Palais, *Confucian Statecraft*, 4–5장 참조. 유사한 감성이 18세기 말의 학자—관료 정약용에게도 보인다. 이에 대해, 박석무, 『다산논설선집』 297–300쪽 참조.

19 이성무, 『한국의 과거제도』 pp.113–129. 이성무는 조선왕조에서 모든 종류의 다양한 문과 급제자를 총 1만 5,137명으로 집계한다. 이 가운데 6,123명이 식년시 급제자인데, 식년시는 모두 167회 열렸다. 대부분의 다른 연구들은 현존 방목에 근거하여 급제자 총수를 1만 4,684명으로 잡는다.

20 이종일 편, 『대전회통 연구 1–이전편』, '천거(薦擧)', 170쪽.

21 송준호, 『조선 후기의 과거제도』 73–74쪽.

22 조선왕조의 개혁가들에게 이러한 우월시 역시 비판의 대상이 되었다. 박석무, 『다산논설선집』 265–275쪽. 정약용의 비판 참조. 또한 Palais, *Confucian Statecraft*, p.207 참조.

23 정약용, "Wicked Petty Officials,"(『간리론奸吏論』—역주)

24 일부 관직, 특히 관찰사와 수령 등에 매겨진 비정상적 가격에 대한 설명으로, 황현, 『매천야록』 133쪽 참조.

25 윤효정, 『한말비사』 74쪽. 또한, 문과 급제의 고가 매매에 대한 설명은 황현, 『매천야록』 57쪽·64쪽.

26 통리아문의 탄생과 발전에 관해 더 상세한 내용은 이광린, 『개화파와 개화사상 연구』 13–16쪽 참조; 김운태, 『조선왕조 행정사: 근대편』 110–114쪽 참조.

27 이 부대의 운영에 대한 설명은 최병옥, 『교련병대 연구』 101–103쪽 참조.

28 나머지 5개 부서(司)는 군사 보급, 정부 선박, 해안 경비, 인사, 회계 재정을 감독했다. 김필동, 『갑오경장』 25쪽 참조.

29 『고종실록』, 1882년 12월 4일(2:80b).

30 Deuchler, *Confucian Gentlemen and Barbarian Envoys*, p.94; Quinones, "The Prerequisites for Power in Late Yi Korea," p.211. 김홍집은 그러한 관료의 사례이다.

31 외무아문에 관한 정보의 많은 부분은 업무일지인 『통리교섭통상사무아문초기(統理交涉

通商事務衙門草記)』에서 나왔다. 이것은 외무아문 주사에 의해 기록된 것으로 보인다. 최초의 주사 중에 윤치호가 있었다. 그의 임명은 일기 및 당시의 다른 기록에 나온다. 『고종시대사』 1883년 4월 9일(기미) 참조. 초기 외무아문에서 가장 심각한 이슈는 1885년 거문도 사건으로 야기된 위기였다. 이것은 영국이 함대를 보내 한국 남단의 거문도를 점령한 사건이다. 한국 문제에서 러시아의 영향력이 커지는 것에 저항하기 위한 것임이 명백한 일이었다. 외무아문 관료들, 특히 김윤식은 중국, 일본, 미국의 담당 외교관들을 모아 영국이 이 섬을 떠나도록 압력을 넣는 데 조력하게 했다. 『고종시대사』 1885년 4월 7일(계사) 참조.

32 1881년, 1882년의 통리기무아문은 한국 정부의 관심이 외교, 군사, 기술로 이동한 것을 보여주지만, 전통 관료 엘리트에 의해 운영되고 직원 역시 그들이 담당하고 있었다. 통리군국사무아문(내무아문)은 원래 1882년 통리교섭통상사무아문(외무아문)과 함께 설립될 당시 새로운 인사 관행을 발전시킨다는 포부를 가지고 있었지만, 이내 민씨 척족의 정치적 도구로 전락하고 말았다. 1884년 갑신정변 무렵 내무부로 변신한 이후 더욱더 정실주의 바람에 좌우되게 되었고, 이후 새로운 관료문화에 중요한 기여를 할 관료를 기용하지도, 양성하지도 못하게 되었다. Deuchler, *Confucian Gentlemen and Barbarian Envoys*, pp.93~96 참조; 김필동, 「갑오경장」 73~74쪽. 또한 한철호, 「통리군국사무아문」 1548쪽 참조. 하지만 한철호의 연구는 주사에 대한 분석을 수행하지 않고 대신 고위 관료들에 초점을 맞추는 쪽을 선택하였다.

33 변수와 변원규 모두 빼어난 중인 가문 출신이지만, 그들의 성관은 한자가 다르다.

34 『통리교섭통상사무아문 참의선생안』

35 1880년 원조 통리기무아문의 규칙은 기존 관행을 따라 주사직이 문과나 무과 급제자 혹은 음직 보유자로 보임되도록 규정했다. 하지만 1882년 (내무아문뿐 아니라) 외무아문 규정은 인선 조건을 획기적으로 개방하여 생진시 급제자 및 유학 직역 보유자 모두에게 허용했다. 『승정원일기』 1882년 1월 20일, 김필동, 「갑오경장」 72~73쪽에서 인용. 이 시기에는 일반적으로 관직 없는 귀족뿐 아니라 제2 신분집단 구성원도 유학 직역을 주장했다. 외무아문 주사 명단은 1882년부터 1894년까지 120명의 주사 중에서 단 일곱 명만이 문과 급제자 출신임을 보여준다. 또한 그들 중 6인은 첫해에 임명되었다.

36 주사 임명자들은 연령대 기준으로 두 집단으로 나뉜다. 19세기 전반기에 출생한 연로한 인물들에게 외무아문 주사직은 자신의 관료 이력에서 마지막 관직이자 최고위점이었다. 어떤 의미에서 그것은 그들 이력상의 관직 중에서 준명예직인 한직이었다. 몇몇 중인도 이런 부류에 해당했다. 하지만 대다수 젊은 임명자에게 주사직은 그들 이력의 초기 직책이었다(일부에게는 최초). 이 두 번째 집단의 관료들은 관료제 개혁, 정부 개혁의 불꽃을 갑오개혁기와 그 이후까지 이어갔다.

37 이 8명 중에서 2명은 1830년대 생의 연로한 인물이었고 여흥민씨였다. 그리고 3명(김병훈, 조경하, 조병승)은 관직 이력이 갑오개혁 때까지 이어지지 않는다. 또 다른 인물인 김가진

은 서얼이었다. 왕실 외척 가문 출신의 나머지 2명만이 전통적 유형의 외척 인사 관행에 부합할 것인데, 이들은 민병익과 조보경이다. 둘 다 관직 이력을 1895년 여름 고을 수령으로 끝마쳤다.

38 예를 들어서, 외무아문의 독판(督辦)직을 역임한 11명 중에서 4명이 외척 가문 출신이었다. 이 중 처음 3명으로 조용하, 민영묵, 김병시가 있다. 협판(協辦), 참의(參議) 재직자들은 주사(主事)에서와 같은 일반적 양상을 보인다. 왕실 외척의 일원인 민영익마저 열렬한 개혁가로 알려져 있다.

39 유영익은 갑오개혁 입법에 대한 면밀한 검토에 기반하여 다음과 같이 주장했다. 즉, 갑오개혁의 입법 활동이 모든 분야에서 돌파구를 내려고 시도했지만, 이들 칙령은 완전한 사회 평등이나 심지어 노비제 폐지마저도 선언하는 데까지는 나아가지 않았다는 것이다. 유영익, 『동학농민봉기와 갑오경장』 141–175쪽 참조.

40 일본은 1894년 봄 두 열강 간의 전쟁이 개시된 지 몇 달 후 청나라 군대를 서울에서 몰아냈다.

41 1880년대 이러한 인물로는 김윤식, 어윤중, 김홍집, 박정양 등이 있다. 갑오개혁기에는 여기에 박영효, 유길준, 윤치호 등이 가세한다. 이들은 모두 정부 관료였을 뿐 아니라 한국 개화운동에서 핵심 인물이었다.

42 군국기무처의 영문 번역어는 Wilkinson, *The Corean Government*(1897)로부터 취했다.

43 유영익, 『갑오경장연구』 138–139쪽. 처음에 군국기무처 구성원은 별개의 두 집단으로 구성되었다. 개혁가 그룹과 대원군 그룹이 그것이다. 대원군은 국왕의 친부이자 1864–1873년간의 섭정이었다. 대원군도 한동안 분주히 움직여서 같은 10년 동안 관직 임명을 좌우했던 민씨 과두정을 타도하는 것에 공통의 목표를 가진 다양한 관리들 사이에서 지지 그룹을 구성했다. 개혁가 그룹은 주로 이전 10년간 갑신정변 주모자로 연루되지 않은 온건개화파 고위 관료로 구성되었다. 김홍집, 김가진, 김윤식, 어윤중 등이었다. 박정양과 이원긍을 포함해서 보수적인 대원군 그룹의 구성원 대부분은 몇 주 만에 군국기무처에서 쫓겨났다.

44 『한말근대법령 자료집』 1, 14쪽 이하.

45 첫 27개 결의안은 군국기무처에 최초 지명된 18명 모두가 통과시켰다. 이들은 임명 당시 고관인 영의정(김홍집)에서부터 2류 무관직(서상집, 조희연)에 이르기까지의 관직 보유자였다. 이후, 이 구성 체제는 몇 번의 조정을 거쳤다. 그중 가장 주목되는 것은 얼마 지나지 않아 군국기무처를 무너뜨리려 한 대원군 지지파의 축출과 어윤중, 권재형 같은 몇몇 핵심 인물의 추가이다.

46 유영익, 『갑오경장연구』 139–143쪽.

47 위의 책, 181–183쪽.

48 이 책 7장 '무반'에 나오는 조희연의 신상 참조.

49 결의안 42, 1894. 7. 2., 유영익, 『갑오경장연구』 230쪽에 수록.

50 『한말근대법령 자료집』 1, 31–32쪽(1894. 7. 12).

51 『구한국관보』2, 79쪽(1895. 1. 29).

52 동문학은 독일인 고문인 묄렌도르프의 명목상의 감독하에 출범했다. 곧이어 영국인 핼리 팩스(T. E. Hallifax)가 주무교사 직을 승계하였다. 그는 통신 업무를 위해 내한한 영국 선원이었는데, 동문학은 그의 지도하에 뚜렷한 진전을 이뤘냈다.

53 이광린, 『한국개화사연구』, 107-110쪽; Gilmore, *Korea from Its Capital*, p.231.

54 육영공원의 설립에 관해 더 상세한 것은 이광린, 『한국개화사연구』, 104-107쪽·110-112쪽 참조.

55 Gilmore, *Korea from Its Capital*, pp.229-232.

56 『육영공원등록』, 5쪽(이완용)·8쪽.

57 『한말근대법령 자료집』1, 380-381쪽(1895. 5. 10).

58 처음에 대부분의 학생은 영어과에 등록했다. 하지만 일본어가 언제나 그를 바싹 뒤쫓는 2위였다. 1906년 학교가 영어, 일본어 둘로 나눠졌을 때, 일어학교가 가장 규모가 커졌다. 이것은 1905년 통감부 시기의 개시 이후 현실 변화를 반영한 것이다. 『한말근대법령 자료집』5, 135쪽(1906. 9. 3) 참조.

59 일어학교는 1891년 일본 대사의 촉구에 의해 설립되었다. 이광린, 『한국개화사연구』, 136-138쪽.

60 손인수, 『한국개화교육연구』, 96-97쪽 참조. 1901년 고종도 각 외국어 교관을 대궐로 초대했다.

61 1960년 재무부장관으로서, 1907년 이 학교를 졸업한 윤호병에 따르면, 당시 학교에 양반과 '평민'이 섞여 있었지만, 평민은 거의가 중인이었다고 한다. 윤호병은 이 시기에도 양반의 자제는 비양반으로부터 스스로 거리를 두었으며, 두 집단 사이의 교류는 드물었다고 말한다. 이광린, 『한국개화사연구』, 142-143쪽 참조.

62 형조 관할하에서 조선의 법률 교육 기관인 율학청은 유망한 중인 자제에게 잡과의 법률 시험인 율과 대비 교육을 시켰다. 교과과정은 『대명률』, 『경국대전』 및 조선의 법률 체계와 사상의 근간을 구성한 여타 문헌에 할애되었다. 중인 법률 전문가에 대해 더 상세한 것은 제3장 참조.

63 Shaw, *Legal Norms in a Confucian State*, pp.41-42 참조.

64 입학 시험은 학생들의 한국어 작문 능력, 한국사, 지리 등의 과목으로 치러졌는데, 여기에 한문 작문 능력에 대한 시험도 있다는 점이 흥미롭다. 아마도 그것이 일본, 중국 양쪽 모두와의 의사소통 방법이기 때문이었을 것이다. 교과과정은 법학 통론, 민법, 형법, 소송법, 현행 법률, 연습으로 구성되어 있었다. 『한말근대법령 자료집』1, 215-218쪽(1895. 3. 25) 참조.

65 대한변호사협회, 『한국변호사사』, 19쪽.

66 법원행정처, 『한국법관사』, 41쪽의 졸업생 명단 참조.

67 대한변호사협회, 『한국변호사사』, 20쪽.

68 『구한국관보』. 1894년 7월 13일.

69 박지원의 중국 여행에 대해서는 그가 남긴 메모인 『열하일기』에 상세하다. Eickemeier, *Elemente im Politischen Denken des Yŏnam Pak Chiwŏn*, pp.24–26 참조.

70 이들의 출신 배경에 대해 더 상세한 내용은 Peterson, *Korean Adoption and Inheritance*, p.103 참조.

71 Palais, *Politics and Policy in Traditional Korea*, p.260.

72 다국어 구사자임이 확실했던 오경석은 한국의 개항 조건을 놓고 일본과 협상을 벌일 때 한국 측 통역관이기도 했다. 오경석과 유대치에 대한 세부 사항은 제3장 참조.

73 Deuchler, *Confucian Gentlemen and Barbarian Envoys*, pp.99–100.

74 권석봉, 「영선사행에 대한 일고찰」, 299–309쪽.

75 위의 글, 311쪽.

76 위의 글, 295쪽.

77 권석봉(위의 글, 296쪽)은 '학도'가 귀족이었으며, '공장'이 중인이었다고 생각했다. 하지만 대부분의 학도는 중인이었을 가능성이 더 높다. 이 집단에 중인이 포함된 이상 귀족은 자신의 자녀들이 여기에 속하게 되는 것을 꺼렸을 것이다. 공장은 중인일 수도 있지만, 평민 출신의 진짜 '공장'이었을 수도 있다. 중인으로 확인되지 않는 학도는 주로 변방 고을인 의주 출신이었다. 이들은 평민이었을 수 있다. 따라서 69명 대표단의 다수는 중인이었다. 12명의 '관료'에는 이 사행을 주선했던 중인 역관 겸 사절 변원규, 또 다른 역관 관료인 이근배, 역관 최성학, 의관 유종흡 등이 있었다. 관료와 견습생에 대한 정보는 김윤식, 『속음청사』, 9–10쪽 참조.

78 이광린, 『한국개화사의 제문제』, 64–90쪽 참조. 변수는 1891년 메릴랜드에서 열차에 치어 사망하였다.

79 후쿠자와는 그의 사립학교에 최초로 한국인 학생 2명이 등록했던 1881년부터 한국에서 싹트고 있던 개화운동에 관심을 가져왔다. 아베 히로시는 후쿠자와와 당시 주한 공사였던 이노우에 가우루 사이에 있었던 1895년 이래의 관련성을 발견했다. 이 시기에 후쿠자와는 이노우에에게 한국 정부로 하여금 학생들을 자신의 학교로 유학시킬 것을 장려하도록 요청했다. Abe Hiroshi, "Fukuzawa Yukichi to Chōsen ryūgakusei," pp.64–65 참조. 1895년을 시작으로 생겨난 대규모 관비(官費) 일본 유학생 집단의 사상과 행동에 대해 더 상세한 것은 박찬승, 「1890년대 후반 도일 유학생의 현실인식」; 『일본유학백년사』, 36–39쪽 참조.

80 신사유람단으로 가장 잘 알려진 이 그룹은 박정양이 인솔한 67명이었다. 박정양은 이후 갑오개혁의 중심인물이 되었다. 이들 대부분은 관료 단원의 젊은 '수행원들'이었다. 중국 영선사행과 대조적으로 이 수행원들은 대부분 귀족 출신이었다. 허동현, 「신사유람단의 활동」, 20–26쪽 참조.

81 『일본유학백년사』, 35쪽.

82 이광린, 『한국개화사의 제문제』, 47쪽.

83 위의 책, 62쪽.

84 황현, 『매천야록』, 93쪽은 다음과 같이 기록했다. 즉, 1880년대 일본에 있는 대부분의 관비 유학생은 가난한 귀족, 서얼, 중인 출신이었다. 이것이 이 학생들의 갑신정변 가담에 대해 조정에서 특히 심란해한 이유이다.

85 사비(私費) 유학생 수는 점진적으로 증가하여 관비 유학생을 능가하게 되었다. 1909년 무렵 일본의 한국인 유학생 약 600명 중 78퍼센트만이 관비 유학생이었다. 『일본유학백년사』, 105쪽.

86 네 번째 지도자인 홍영식은 청나라의 반격 시 붙잡혔고 곧 한국 정부에 의해 처형되었다. 김옥균은 1894년 초 정부에서 보낸 자객에 의해 상해에서 암살당했다.

87 김옥균은 조금 덜 유명하긴 해도 귀족 가문이 확실한 안동김씨 출신이다. 박영효는 선대 왕인 철종의 부마였다. 홍영식은 영의정의 재능 있는 아들이었다. 서광범은 예조판서의 아들이었고 특출나게 성공적인 가문의 후계자였다(그의 부친, 조부, 증조부가 모두 문과 급제자였다. 서광범도 문과 급제자였다).

88 이규완과 신응희는 여느 인물처럼 군사학교에 다녔고, 일본에서 귀국하자마자 무관직을 얻었다. 『고종실록』 1893년 8월 28일(2:169d) 참조. 신응희는 유명한 무반 가문인 평산신씨 출신이 아닐까 추측된다. 평산신씨는 이 시기 최고위 무관을 다수 배출하고 있었다.

89 『해주정씨족보』(1917) 1, 47쪽; 『진주유씨대보』 12, 104쪽.

90 신섭호, 「19세기 후반의 정계와 박영효」 237쪽; 『윤치호일기』 4, 45쪽(1895. 7. 7).

91 갑오개혁에 대한 반발은 1899년 독립협회에 대한 강제 폐쇄로 귀결되었다. 독립협회는 갑오개혁과 연관을 맺고 있던 마지막 정치 기구였다. 윤치호, 서재필 등 독립협회의 지도자들은 투옥되거나 정치활동을 금지당했다.

92 일본은 한국 정부의 요청에 대해 양국 간에는 송환 조약이 없음을 지적하며 버텼다. 일본은 또한 한국 정부가 보낸 자객에 대해서도 긴밀한 방비를 유지했다(그러나 이 방비가 항상 작동하지는 않았다). 그리고 유길준을 절도로 유배시킴으로써 외교 상황의 악화를 신중히 회피했다.

93 『주한일본공사관기록』 13, 429쪽.

94 이 시기는 보통 정부가 아닌 내장원과 고종황제가 주도하여 지배 질서를 강화하고 미화하는 조치를 취했다는 점에서 종종 광무개혁기로 불린다. 광무는 1897년부터 1907년까지의 연호이다.

95 제2 신분집단 출신의 관료들이 최고위직으로 승진하던 추세와 관련하여, 중인은 갑오개혁 기와는 대조적으로 고위직을 얻는 데는 실패했던 반면, 윤웅열, 이윤용, 권재형 같은 서얼은 각료급 직위에 이르렀다.

96 Quinones, "The Impact of the Kabo Reforms," pp.9-12.

97 황현, 『매천야록』, 124쪽.

98 이해 10월 일본의 재무 관리 메가타 다네타로(目賀田種太郎)가 재정고문으로, 미국인 더럼 스티븐스(Durham Stevens)가 외무고문으로 임명되었다.

99 이 조약이 악명을 얻은 데는 또 다른 이유가 있다. 그것은 상당히 용의주도하게 이뤄져서, 예컨대 한국 정부의 관보(『구한국관보』)에는 나타나지 않는다. 실제로 이 조약을 대중에게 광범위하게 폭로한 것은 이 조약을 비난하는 『황성신문』, 1905년 11월 20일의 긴급 사설 뿐이었다. 조약 원문에 대해서는 福田車作, 『韓國併合記念史』, 551-553쪽.

100 『통감부통계연보』(1909), 1009쪽. 통감부는 연도에 따라 경무부(1906~1907) 및 이후에는 외무부(1909) 등 3~4개의 부서를 거느린 미니 내각과 유사했다. 소속 관서에는 주요 지역 거점의 영사관인 이사청(理事廳), 그리고 철도관리국, 일본인 법원을 감독하는 법무원, 통신 관서 및 기타 기관이 있었다.

101 이완용은 1896~1904년간에 일본이 도래하여 정치적 야망을 도울 외부 조력원이 생길 때까지 자신의 정치적 패를 잘 활용하여 소리 없이 잔존해 있었던 갑오 시기 개혁가의 주된 사례이다. 이완용은 1894년에서 1904년 사이에 시류에 따라 친미파이기도 했고, 친러파, 친일파 혹은 이 중 두 가지를 조합한 성향을 지니기도 했다.

102 자주 이 집단에 포함되는 박제순은 실제로는 여섯 번째이다. 그는 이 조약에 찬성한 내각의 본래 구성원은 아니었지만, 곧 보호국을 지지하고 각료직을 얻었다.

103 Backhausen, *Die japanische Verwaltung*, pp.7-9·14.

104 고종이 일본 제국주의자들의 계획에 대항하여 한국을 지킬 국제적 지지를 호소하기 위해 네덜란드 헤이그에서 열린 식민지 문제에 관한 만국회의에 밀사를 파견한 것이 통감부에 들킨 후, 일본은 고종을 그의 아들로 대체했다.

105 한국 정부는 다음 조항에 합의하였다. 즉, "한국 정부는 … 정부 개혁 문제에서 보호국 정부의 지도를 받는다."(제1조), "한국 정부가 반포하는 법령에 관련된 중요한 문제에 대해서는 보호국 정부의 허가를 얻어야 한다."(제2조), "한국 정부는 … 보호국 정부가 추천하는 일본인 관료를 임명한다."(제5조). 『구한국관보』, 1907년 7월 25일.

106 박제순 내각은 지방의 반일 유격대로 인한 지속적인 문제 때문에 사퇴한다. 이토는 이완용을 발탁하여 그를 대체한다. 이는 부분적으로 1906년 12월에 이완용이 고종의 강제 퇴위를 주장함으로써 일본에 대한 충성심을 증명해 보였기 때문이다. 森山茂德, 『日韓併合』, 124쪽.

107 Jansen, "The Ruling Class."

108 증거에 따르면 이들 인사 중 다수가 거액을 챙겼고, 사업과 은행계에서 큰 부를 형성했다. 이것은 1880년대에 시작된 상업 활동에 대한 관료들의 개입이라는 패턴을 따른 것이다. 안병태, 『한국근대경제와 일본 제국주의』 239-248쪽 참조. 안병태는 당시의 신문기사에 근거해서 다양한 사회경제적 배경을 지닌 인사들에 의해 1880년부터 1903년까지 설립된 한국 기업의 목록을 작성하였다(그의 표 IV-1). 이 표는 이들 기업 대다수가 이 시기 관료계에서 저명한 인물들에 의해 설립되었음을 보여준다. 예를 들어서, 이 표본에도 포함되어

있는 안경수와 김한종은 갑오개혁의 두 지도자였는데, 이들은 1896년에 대조선은행소라는 은행을 설립했다. 대한제국기 수상이자 대신이었던 심상훈은 1898년 대한은행을 설립하였다. 민씨 과두정의 몇몇 인사가 이 목록에 등장한다. 아마도 현학표(가죽 제조)나 김규식(곡물 유통) 같은 중인이 등장하는 것도 놀라운 일은 아닐 것이다. 식민지기에 대해서는 진덕규, 「일제초기 친일 관료엘리트」 46쪽; 이기동, 「일제하의 한국인 관리들」 참조. 귀족의 특권을 어떻게 회수할 것인가 하는 문제는 통감부 말기 정치 집단들의 논쟁 주제였다. 호소이 하지메(細井肇)는 『兩班の沒落』 『(現代)漢城の風雲と名士』에서 다음과 같이 쓰고 있다. 즉, 일부 한국인들은 연금 수여를 포함한 다양한 제안을 내놓았고, 비록 귀족 작위를 받은 선택된 소수에 한한 것이긴 하지만 병합 시 이 제안은 부분적으로 반영되었다고 한다. 호소이 그 자신은 정부 측의 특별대우가 '소민(小民)'의 분노를 자아낼 것이라고 주장했다. 이들은 '5백년 악정'의 희생양이었기 때문이다. 호소이는 양반에게 금전적 혹은 여타의 특권을 수여하기보다는 정부가 그들에게 전통적인 정치적 특권을 박탈하는 데 있어 관대함을 보여야 한다고 주장했다. 그렇게 하면 양반은 부를 챙기고 그것을 이용하여 사회를 이롭게 하는 목적으로 활용할 것이며, 이로써 소민의 원망을 극복할 수 있게 된다는 것이다. 細井肇, 『(現代)漢城の風雲と名士』 6-8쪽 참조.

109 『朝鮮總督府官報』 1: 15, 185-186(官制)

110 부(部)는 7개에서 5개로 축소되었다. 내무부, 탁지부, 사법부, 농상공부, 총무부이다. 외부(外部)와 군부(軍部)가 폐지되었기 때문이다. 학부는 새로 설치된 내무부 아래 학무국으로 편입되었다. 하지만 시류를 거슬러 갑오개혁 이래 통합되었던 심의, 행정 부서들은 조선왕조 제도에서 세 번째 부류(앞에 나오는 '대간' 기구를 의미—역주)와 유사하게 독자 기구들에 의해 보완되었다. 이러한 기구들은 대부분 1905년 이래 통감부에 속해 있었다. 총독부에서 이러한 '소속 관서'에는 법원, 철도국 그리고 1918년까지 존재한 임시토지조사국 등이 있었다. 『朝鮮總督府官制とその行政機構』 54-56쪽 참조.

111 이후 총독부에서 펴낸 공식 역사는 이 같은 조직 재편성을 "사무 관장의 효율화"를 위한 것이었으며, 따라서 "부(部)를 국(局)으로 고쳐서 6국 4과 체제로 하였다"고 했다. 『朝鮮施政二十五年史』 317-318쪽 참조. 이 서사는 사무 용어 변화가 어떻게 업무 효율화의 필요를 반영하는 것인지에 대해서는 설명하지 않는다. 하지만 몇 가지 주목할 만한 변화는 일어났다. 교육 담당의 독립 부서(학무국)가 되살아났다. 그리고 농업과 상업이 식산국 관할로 들어갔다. 재무 업무는 재무국에서 담당하게 되었다. 『朝鮮總督府施政年報』(1922) 참조.

112 대만총독과는 달리 조선총독은 육군이나 해군의 장성이었고, 일본 본국의 중앙정부나 의회에 대해 책임을 지지 않았다. 조선총독은 입법상 독립권도 누리고 있었다. 즉, 그에게는 조선에 한해 적용되는 특별법인 제령의 제정권도 부여되어 있었다. 실제로, 식민통치 35년간 조선총독은 전체 통치 기간이 50년을 넘는 대만총독보다도 이 자율적인 법령을 두 배나 많이(676건) 발포했으며, 가장 중요한 수많은 법규가 제령인 점도 대만과 달랐다. '조선

민사령', '해사법' 및 세금에 관한 대부분의 법령이 이에 해당한다. Edward I-te Chen, "The Attempt to Integrate the Empire," pp.245·261-262; 같은 책, "Japanese Colonialism in Korea and Formosa." 참조.

113 Mark Peattie, introduction to Myers and Peattie, *The Japanese Colonial Empire*, pp.26- 27; Ireland, The New Korea, p.97.

114 통감부 시기부터 조선인 관리를 처우하는 데 있어 일본이 특히 맞닥뜨렸던 문제는 귀족 작위나 중추원 직위를 수여받지 못한 상층 관리를 다독이는 것이었다. 1910년 8월 29일의 칙령은 다음과 같이 모호하게 진술한다. 즉, "구한국 정부의 관리는 종전과 동일하게 대우한다. 관직을 가지고 있던 사람들은 동일한 관직에 있는 것처럼 처우한다."(칙령 제319호, 1910. 8. 29 참조.)

115 병합조약에 대해서는 『조선총독부관보』(1910. 8. 22.) 참조.

116 칙령 제374호(1910. 9. 30.)는 예산과 상황이 허락하는 대로 조선총독이 한국인 중급 관리를 승진시킨다고 선언했다. 『朝鮮總督府官報』1, 196(1910. 9. 30) 참조.

117 『朝鮮施政二十五年史』 319쪽 참조. 이러한 조치는 너무 적고, 또 너무 늦은 것이었다. 한국어로 발행된 『동아일보』는 1920년 초 관리 봉급 체계를 맹렬히 공격하면서 같은 직급의 일본인 관리가 조선인보다 '3~4배' 많은 봉급을 받는 관행을 비난했다. 기사는 "일본에서 근무하던 조선인이 한국으로 귀환할 때도 조선인이라는 이유로 봉급 삭감을 받아들여야 한다"면서 탄식한다. 『동아일보』 1920. 5. 19. "조선인 된 이유뿐—무차별인가, 대차별인가?"

118 총독부 첫 관료 집단의 명단은 牧山耕藏, 『朝鮮紳士名鑑』 참조.

119 예를 들어서, Backhausen(*Die japanische Verwaltung*, p.52)은 통감이 처음에 능숙한 통역자를 찾느라 상당한 고역을 치렀던 점에 대해 얘기하고 있다.

120 『대한제국관원이력서』 788쪽.

121 구연수에 관한 더 상세한 내용은 이 책 4장을 참조.

122 박중양이 양주 출신이며 귀족이 아니라는 것은 확실하다. 그의 사회 신분에 관한 유일한 단서는 그의 자필 수기인 「술회(述懷)」(1958)이다. 여기서 그는 자기의 12대조인 박정근이 호장(戶長)이었다고 주장했다. 그의 가문은 향리였을 수도 있다. 하지만 이 정보만으로는 이를 확증하기에 충분치 않다.

123 이규환은 세종대왕(재위 1418~1450)의 넷째 아들인 임영대군의 15대손이었지만, 식민지기 두 개의 상이한 전기 자료에 따르면 그의 가계는 귀족 계층에서 떨어진 지 오래였다.

124 이두황은 본디 서울 출신으로서 1882년 무과 시험에 급제함으로써 그의 첫 번째 주요 돌파구를 마련했다. 1880년대와 1890년대에 서서히 지방 군직을 밟아 올라가다가 1894년 봄, 동학 봉기 진압을 위해 파병된 정부군에 들어갔고, 그로 인해 양주 군수로 잠시 임명되었다. 1895년 그는 조선 최고의 부대였던 훈련대의 장군으로 진급했다. 아마도 그가 일본이 지원하고 박영효가 이끄는 갑오 관료 집단과 연계되어 있었던 점으로 인해 이해 가

을 이 직책을 떠나게 된다. 박영효가 1895년 후반기에 정부와 왕권에 대항한 여러 음모에 연루되었기 때문이다. 1897년 초, 그는 일본으로 망명하여 1895년 말~1896년 초 한국을 떠난 갑오 망명자 그룹에 합류한다. 만연한 정치적 분위기에서 불안감을 감지했기 때문일 것이다. 여느 인사들과 마찬가지로 이두황도 1907년 일본이 한국 정부의 통제권을 장악한 이후 고국으로 귀환한다. 그리고 이듬해 초 전라북도 관찰사가 되어 전주로 내려가서 1916년 사망할 때까지 그 직책을 유지했다. 이처럼 새롭게 얻은 지위는 그의 후손에게도 혜택을 주었다. 그들은 해방 후 그의 발자취를 따라 관료계로 들어갔다. 이두황의 아들(식민지기)과 손자(대한민국)가 공직에 근무했고, 증손녀는 외무부 관료와 혼인했다. 有馬易水, 『人物評論』 268~269쪽; 『대한제국관원이력서』 91~92쪽 참조. 그는 『인천이씨대동보』에 등재되어 있는데(3권, 172~173쪽), 여기에서 그와 가장 가까운 현달한 조상은 15세기에 문과에 급제하고 고위 관직을 지낸 13대조이다.

125 한국사에서 사회이동의 매개로서 군대에 관한 더 상세한 논의는 이 책 7장 참조.

126 이기동, 「일제하의 한국인 관리들」 467쪽.

127 칙령 제357호(1910. 9. 30.) 「朝鮮總督府地方官官制」 참조. 『朝鮮統監府施政年報』 1, 125쪽.

128 각 부(府)에는 부협의회가 설치되어 재정과 기타 공공사무에 대해 심의하고 자문했다(식민지기 도 이하 지방행정구역은 크게 부(府), 군(郡)으로 나뉜다. 부는 일본인 거류지를 중심으로 하는데, 대체로 도시 지역에 해당한다.—역주). 도(道)나 면(面) 수준에서 지방정부의 재정 문제를 논의하는 자문기구도 창설되었다. 군(郡) 수준에서 학교 재정을 논의하기 위한 협의회도 있었다(『朝鮮總督府官制とその行政機構』 67~70쪽).

129 1920년 1월에 지방재정을 강화하는 조치가 취해졌고, 4월에는 관리의 배치 및 채용제도를 개혁하는 조치가 행해졌다. 그리고 마지막으로 도청의 모든 판임관급 관리 및 군청 관리의 업무와 임명에 관한 사항을 도지사 관할로 두는 조치가 취해졌다(『朝鮮總督府施政年報』 1922 참조).

130 Samuel Pao-San Ho, "Colonialism and Development," pp.351~352 참조.

131 Ching-chih Chen, "Police and Community Control Systems in the Empire"; Chulwoo Lee, "Modernity, Legality, and Power in Korea Under Japanese Rule," pp.35~42. Lee(이철우)는 일본이 식민지 조선에 접근하는 방식의 독특함을 지적함으로써 국가의 합리주의, 사회로의 침투, 그리고 성장이 근대성의 시작을 알린다는 일반적 개념을 검토하고 있는 것으로 보인다.

132 『朝鮮統監府施政年報』(1906-1907), 108-113쪽.

133 앞의 책, 122-126쪽. 헌병대는 1896년 초 갑오개혁 지도부가 실각한 직후 일본 통신선을 보호하기 위해 한국에 들어왔다. 대규모 증원 병력은 1903년 일본군 본대가 러시아와의 임박한 전쟁을 준비하기 위해 한반도에 전개할 때 왔다. 전쟁이 끝난 후 이 병사 중 다수가 후방에 남아 헌병대의 중핵을 형성했음을 알 수 있다. 엘리너 웨스트니(Eleanor Westney,

Imitation and Innovation, p.73)에 따르면, 한국에서의 헌병대 병력은 본래 일본 국내의 헌병대 수보다 많았던 것으로 보인다.

134 『朝鮮統監府施政年報』(1906-1907), 118-120쪽. 이전 일본인 경찰 고문이 한국 경찰 최고책임자(경무총감)가 되었고, 이전에 각 도에 배치되었던 여타 고문이 한국 정부의 공식 관료가 되었다. 이것은 이제 일본인 거류민에 대해서도 '완전한 관리권'을 갖게 되었음을 의미한다.

135 위의 책, 127쪽. 헌병대의 이처럼 많은 한국인 채용은 1907년부터 해산되기 시작한 한국군에서 비롯된 것이 아닌가 의심된다.

136 朝鮮總督府, 『朝鮮統治秘話』, 80-82쪽. 3·1운동 직후 경무총감이 회고하듯이, 경찰력 재조직화, 강화, 확장의 목표는 여러 가지 중에서 '무단통치'의 가장 노골적인 외양을 제거하고, 조선인의 눈에 총독부의 권위와 '위신'을 회복하며, 놀란 일본인 자신들을 안심시키는 것이었다. 일본인 최고위 관료들조차 3·1운동의 결과 강화, 확대된 경찰력은 총독부 '개혁'이라는 주된 초점을 구성하고 있음을 숨기려 하지 않았다. Baldwin, *The March First Movement*, pp.207-12; 『朝鮮總督府施政年報』, 1921, 2315-2317쪽; 朝鮮新聞社, 『朝鮮統治の回顧と批判』, 307-311쪽 참조.

137 朝鮮總督府, 『朝鮮統治秘話』, 82-84쪽·118-123쪽.

138 Ching-chih Chen, "Police and Community Control Systems in the Empire," pp.227-235. 경찰에 포함된 많은 한국인이 종종 한국 민족 사이에서 비통함을 불러일으켰음은 말할 필요가 없다. Eckert, *Offspring of Empire*, p.222; Cumings, *Origins of the Korean War* 1, p.31; Henderson, *Korea*, p.80 참조.

139 『朝鮮總督府統計年報』, 1930, 676-677쪽.

140 이 책의 3장에 소개할 변영화가 한 사례이다. 예컨대, 진덕규는 1911년 한국인 군수를 표본으로, 경력을 추적할 수 있는 절반의 인물 중 18퍼센트가 그 이전 몇 년에 걸쳐 군사 경찰 중에서 채용되었음을 발견했다. 진덕규, 「일제 초기 친일 관료 엘리트의 형성과 성격 분석」 49쪽 참조.

141 Silberman, *Ministers of Modernization*, pp.44-72 참조. 책의 대부분에서 실버만 (Silberman)은 이런 비공식 요인을 '비전통적', '초관료제적'인 것으로 언급한다.

142 Brown, "Ōkubo Toshimichi and the First Home Ministry Bureaucracy, 1873-1878."

3장 중인

※ EPIGRAPH: Dallet, "Traditional Korea,", pp.76-77

1 몇 가지 예외는 주목할 필요가 있다. 예를 들어, Wagner, "The Development and Modern Fate of Chapkwa-Chungin Lineages"; 김양수, 「조선 전환기의 중인 집안 활동」

2   대부분의 20세기 족보에서 중인 가계의 범위는 잘해야 여기저기 흩어져 있을 뿐인데, 이 것이 오늘날 중인 후손을 찾는 시도를 좌절시키는 가장 일관된 요인이다. 이 장의 사례에 등장하는 가계는 근대 시기 중인의 적응에 관한 사례를 제공한다는 점에서 귀중할 뿐 아니 라, 이 가계의 후손을 현대에까지 추적할 수 있는 족보에 이들이 등장한다는 점에서도 중 요하다. 이런 가계들, 특히 천녕현씨는 조선 후기에 저명한 가계였지만, 최고로 성공적인 여러 가계는 근대 시기까지 추적할 수가 없다. 이는 출간 여부와는 관계없이 근대의 족보 를 찾을 수 없다는 단순한 이유 때문이다. 전주이씨, 경주최씨, 남양홍씨 등이 그러하다. 19세기에는 수많은 중인 가계가 집단의식의 발전에 따라 독자적인 족보를 간행하였지만, 19세기 후반에는 그것이 중지되었다. 이들의 독자적인 지위가 공식적으로 사라지고 이들 이 중인으로 분류되는 오명을 피하려 했기 때문이다. 하지만 그 직전에 정선이씨 중인 가 계의 이창현(李昌鉉, 1850~1921)에 의해 『성원록(姓源錄)』이라는 중인 가계의 종합보가 편찬되었다. 이 저술은 포괄 범위가 1860년대에서 멈추기는 하지만, 중인 연구를 위한 기 본적인 필수 자료 두 가지 중 하나로 남아 있다. 나머지 하나는 잡과방목(雜科榜目)이다. 여기에는 조선왕조 대부분의 시기를 포괄하는 19세기의 종합적인 급제자 명단들이 포함 되어 있다. 알려진 현존 급제자에 관한 모든 정보는 1990년 전산화되어 『조선 시대 잡과합 격자 총람(朝鮮時代 雜科合格者總覽)』으로 출판되었다. 이것의 CD-ROM 버전이 2002 년 『잡과방목』이라는 이름으로 나왔다. 사문서(私文書)로 가문들이 소장한 합격증서, 족 보, 일기 등이 있다.

3   그 이유가 무엇인지 상당히 고민될 수 있을 것이다. 중인이라는 오명이 너무 강력해서 그 후손이 자신들의 가문사를 탐구하는 것을 기피했을지도 모른다. 이들 후손의 상당수가 학 계에 종사하는 것은 확실하다. 중인이나 혹은 여하간의 조선의 사회신분집단에 관해 철 저하고 유의미한 조사가 소요되는 연구에 흥미를 느끼는 연구자가 거의 없었다는 편이 더 좋은 설명일 수도 있다. 수 세대에 걸치는 여러 공식, 비공식의 자료 속에서 족보를 샅샅 이 살피고 인적 연결을 추적하는 작업이 필요하기 때문이다. 에드워드 와그너, 이성무, 한 영우, 김양수와 이들의 학생들, 그리고 여타 연구자가 고유한 사회신분집단으로서의 중인 에 관해 중요한 연구를 수행했다. 방목에 관한 최근의 주요 연구, 분석에 관해서는 이남희, 『조선 후기 잡과중인 연구』 참조.

4   예컨대, 정후수, 『(朝鮮後期)中人文學研究』; 윤재민, 『朝鮮後期 中人層 漢文學의 研究』 참조.

5   고려 시대의 전문직 양성, 임명 관행의 발전에 관해서는 송춘영, 『高麗時代 雜學敎育 研 究』 참조.

6   Duncan, *The Origins of the Chosŏn Dynasty*, pp.192-199(존 던컨, 김범 옮김, 『조선왕조 의 기원』, 너머북스, 2013)

7   『조선왕조실록』, 1401년 6월 4일 신유(1: 205a). 해당 상소는 잡과 합격자에게 문과 급제 자의 홍패(紅牌)와는 다른 백패(白牌)를 수여해야 한다는 주장이다. 왕은 윤허했다. 이런

감각은 조선 초기 문헌에 풍부하다. 한편으로 고위 관료들이 특히 역관에 대해 이들이 외교 업무에서 조선어를 중국어로 적확히 번역하기 위해 그들의 한정된 기술 분야를 초월해서 유교 경전을 공부하게 해야 한다고 촉구하는 문헌도 있다. 『조선왕조실록』 1404년 8월 20일 기축(1: 302c-d) 참조.

8 사역원과 역관의 전반적인 발전, 조직, 구성원, 기능에 관한 철저하고도 극도로 상세한 개요로는 이 조직과 그 관원에 관한 백과사전인 『통문관지(通文館志)』 참조. 이 문헌은 18세기 초 편찬되고 그 이후 지속적으로 개수되었다. 『통문관지』에 대한 최근의 국역본은 『(국역) 통문관지』 참조. 조선 시대 통역 기능에 대한 간략한 개관은 Ki-joong Song, "The Study of Foreign Languages in the Yi Dynasty." 참조.

9 역관의 양성과 선발에 관해 매우 자세한 내용이 법전에 수록되어 있다. 시험 그 자체는 문과 시험과 같은 해에 실시되는데, 주요 외국어 교본에 대한 숙달도, 외국어 서사(書寫) 능력, 번역 능력 등을 시험했다. 여기에는 수험자가 『경국대전』을 자신이 응시한 언어로 번역하는 것도 포함되어 있다. 법전에는 사역원 관료의 승진 경로와 어학 훈련 커리큘럼의 복잡한 세부 사항까지도 명시되어 있다.

10 『대전회통 연구 2』 123-125쪽·176-181쪽; 『(국역) 통문관지』 1, 79-83쪽.

11 사의사의 첫 번째 기관인 내의원은 왕실과 고관(高官)의 건강을 돌봤다. 나머지 세 기관은 주로 서울의 나머지 인구를 담당했다. 시험과 인사 문제를 담당한 전의감, 그리고 혜민서와 활인서가 그것이다. 중앙의 의관은 각 지방에 파견되기도 했는데, 이들은 대부분 '심약(審藥)'이라는 직함을 달고 여러 지방, 특히 각 도(道) 관찰부에 소속되었다. 거기서 지방 의관 양성, 약재의 유통을 관할하고, 지방 의료기관을 감독했다(『대전회통 연구 1』 139-140쪽·143쪽·151-152쪽·166-176쪽, 『대전회통 연구 2』 144-146쪽; 손홍열, 『한국중세의 의료제도 연구』 273-277쪽; 이규근, 「조선 시대 의료기구와 의관」; 김양수, 「조선 시대 의원 실태와 지방관 진출」).

12 관상감도 사역원이나 의료기관과 마찬가지로 예조에 속했다. 운과는 세 분야로 나눠졌다. 천문학, 지리학, 명과학(命課學)이 그것이다. 각각 급제자 수가 정해져 있었다(『대전회통 연구 1』 141-143쪽, 『대전회통 연구 2』 146-148쪽).

13 『대전회통 연구 2』 204쪽·230쪽. 또한 관상감의 인사제도, 직책, 직무에 관한 상세한 사항에 대해서는 『(국역) 서운관지』 25-62쪽 참조. 사역원에 대해 『통문관지』가 있듯이, 『서운관지』는 관상감의 조직 체계 및 그 기관의 작용을 개관한 백과사전이다.

14 실정법보다 예(禮)를 중시하는 전통적인 유교적 위계에 대해 정약용은 국가 개혁에 관한 그의 방대한 분량의 저술인 『경세유표』의 서문(1: 73)에서 다음과 같이 정리했다. "고대 성왕들은 나라를 다스리고 백성을 인도하는 데 예를 활용했다. 예가 쇠퇴하자 '법'이라는 말이 생겼다. … [그러나] 이 두 가지는 같지 않다."

15 '유학(儒學)' 대 '율학(律學)'이라는 이 이분법은 통일신라 시대에 등장한 이래 시간이 흐를수록 강화된 것으로 보인다. 최종고, 『한국법사학』 9쪽·15쪽 참조.

16 『대전회통 연구 1』 128쪽·166-176쪽; 『대전회통 연구 2』 148-150쪽. '법률 조사관' 1, 2
명이 각 관찰부에 배치되어 있었다.

17 조선왕조가 끝나갈 무렵, 호조에만 56명의 산원이 있었다. 이들 대부분은 회계사(會計司)
라는 부서에서 발견된다(『대전회통 연구 1』 126쪽; 황정하, 「조선 후기 산원 집안의 활동
연구」 82-87쪽).

18 『대전회통 연구 1』 151쪽·162쪽. 흥미롭게도 도화서는 공조(工曹) 소속이었다.

19 『대전회통 연구 2』 284쪽; 안휘준, 「조선왕조시대의 화원」 일본 외교사절단의 화원에 대
한 상세한 연구로 Hong Sun-pyo, "Activities of the Painters Accompanying the Late
Choson Envoys to Japan." 참조.

20 김홍도의 그림은 아마도 한국 미술사에서 가장 유명하고 사랑받는 작품일 것이다. 이들
은 한국 전통 문화의 진정한 멋을 제공하고자 하는 많은 출판물과 웹페이지를 장식하고 있
다. 김홍도는 모든 분야에 재능이 뛰어났고, 활동 당대에도 인정을 받았다. 그는 정조의 어
진을 그리는 화가로 선발되었고, 이후 지방관으로 임명되기도 했다. 이는 정부 화원으로
서 큰 위업이었다. 김홍도의 가계는 『성원록』 347-348쪽에 등장한다. 이는 그가 전형적
인 중인 가문에 속했음을 보여준다. 20세기 초의 대학자이자 지식인이었던 오세창은 한국
미술에 관한 자신의 전기적 사전인 『근역서화징(槿域書畵徵)』에서 김홍도의 가문이 대화
가 집안이라고 주장했다. 김홍도의 가문적 배경에 관해 더 상세한 것은 오주석, 『단원 김홍
도』 45-52쪽 참조. 신윤복에 대해서는 그가 자신의 부친처럼 도화서에서 일했다는 사실
을 제외하고는 알려진 것이 훨씬 적다(『성원록』 942쪽 참조).

21 문과나 생진시처럼 역과(한어, 몽골어, 만주어, 일어) 및 운과(천문, 지리, 명과) 시험 행정
도 예조에서 관장했다. 율과는 형조에서 담당했다. 의과 시험은 전의감에서 담당했다. 『대
전회통 연구 2-예전편』 '제과(諸科)' 참조.

22 조선왕조에서 잡과 시험에 합격하여 산원 직책에 임명된 자들(籌學)을 분석해보면, 전체
439개 성관 중에서 16개의 중인 '대성(大姓)'이 합격자의 40퍼센트를 배출했음을 알 수 있
다(이성무 외, 『조선 시대 잡과합격자 총람』 27쪽).

23 『경국대전』; 『대전회통』 「이전(吏典)」 '제과(諸科)'. 역과 시험에서 장원은 종7품으로 관직
에 들어갔고, 나머지는 종8품이었다. 다른 잡과 시험의 장원은 종8품이었다. 조선 후기에
는 중인 일반을 지칭하기 위해 의관과 역관을 조합한 '의역(醫譯)'이라는 단어가 자주 쓰
였다.

24 이성무 외, 『조선 시대 잡과합격자 총람』 22쪽.

25 조선 후기의 중인 수령은 대부분 경기도나 충청도에 임명되었다. 김양수는 중인 수령으로
의관에서 압도적인 수가 배출되었지만, 역관이나 의관이 아닌 사례도 많이 발견했다. 『한
국사』 34, 79쪽 참조.

26 18세기 말~19세기 초 가톨릭으로 개종한 유명한 사례는 대부분 귀족에서 나왔다. 하지
만 비율을 고려할 때 이례적인 수의 중인 역관과 의관이 존재한다. 이원순, 「조선 후기사회

중인층의 서교 수용」, 45-71쪽 참조. 개화기 최고의 영향력을 구가한 중인 지식인/관료로 유대치, 오경석, 변원규, 고영희 등이 있다. 유대치는 의관 가문 출신이었다. 오경석, 변원규, 고영희는 모두 역과 시험을 합격한 인물이었다. 더 상세한 것은 후술.

27 특히 주목할 만한 것은 에드워드 와그너가 편찬한 중인 화가와 서사관의 족보 및 전기적 목록이다. 이것은 한국에서 곧 출간될 것인데, 중인 가문 사이의 통혼 관계라든가 전체로서 중인 집단의 족내혼을 명확히 드러낸다. 조선 후기 『성원록』 및 『등제팔세보(登第八世譜)』, 『미과팔세보(未科八世譜)』(장서각 M35-654) 같은 여타 계보 자료도 중인 족내혼을 여지없이 보여준다. 예를 들어서, 김홍도나 신윤복은 그들의 직계 중에 역관이 있었다(『성원록』, 348쪽·942쪽; 이성무 외, 『조선 시대 잡과합격자 총람』, 458쪽·596-597쪽). (역주―2007년 번역 출간된 『조선왕조 사회의 성취와 귀속』(이훈상·손숙경 역, 2007, 일조각) 제4부 「중인 신분의 기원, 발전 그리고 근대 이후의 운명」 참조.)

28 이남희는 면밀한 분석을 통해 잡과방목에 나오는 거주지가 17세기 전반 중인이 기원한 지역에 조응함을 보여주었다. 설득력 있는 자료 하나에 따르면 16세기에 걸쳐 수도 서울에 근거를 둔 가문들에 시험 합격자가 점점 더 집중되고 있었다. 1600년 무렵 잡과 시험 응시자의 94퍼센트가 서울 거주자였다. 1633년에는 100퍼센트였다. 1513년 잡과 시험에서 서울 거주자의 비중은 50퍼센트 이하로서, 응시자가 전국에 산재했다. 이남희, 『조선 후기 잡과중인 연구』, 110쪽 참조.

29 이 장에서 상세히 검토될 것이지만 조선 후기 금산이씨 중인 가문은 이 중 하나인 것 같다. 현존하는 잡과방목은 16세기 초부터 시작하지만, 잡과 합격에 있어 16세기 말까지는 그 이후에 보이는 세습적 특성은 거의 없었던 것 같다. Wagner, "The Development and Modern Fate of Chapkwa-Chungin Lineages," pp.6-8 참조.

30 16세기 방목 및 중인 종합보인 『성원록』에 대한 에드워드 와그너의 조사에 따르면, 16세기 이후 중인의 일부 가계가 중종반정의 정국공신(靖國功臣)으로 기록된 인물을 시조로 하고 있음이 밝혀졌다. 한국의 사회신분집단에 대한 20세기 초반 일본의 대규모 조사인 『身分階級調査書』에서도 중인이 중종에 의해 포상(褒賞)된 비귀족에서 시작하는 것으로 기록하였다.

31 이남희, 『조선 후기 잡과중인 연구』, 216-218쪽.

32 강명관, 『조선 사람들, 혜원의 그림 밖으로 걸어나오다』, 13-14쪽. 이종일, 「18·19世紀의 庶蘗疏通運動에 대하여」, 67-69쪽; 허준과 관련해서 더 상세한 것은 제5장 참조.

33 여기에는 두 가지 쟁점이 있다. 하나는 '중인' 꼬리표가 누구와 관련되느냐는 것이며, 다른 하나는 이 용어가 무엇을 의미하느냐이다. 후자와 관련해서 한영우(「조선 시대 중인의 신분계급적 성격」)는 중인이라는 별칭은 이 집단이 귀족과 평민의 중간에 위치한 사회적 위치를 지칭하게 되었다고 결론 내렸다. 이 용어가 어떤 종류의 사람들을 가리키는가에 관해서는 한영우는 18~19세기의 일상 문헌들 속에서 중인은 자주 기술전문직뿐 아니라 양반의 아래이면서 동시에 평민의 위 어딘가쯤에 위치한 모든 신분집단을 지칭하는 데 사용되

없음을 발견하였다. 하지만 『조선왕조실록』이나 여타 공식 문헌 속에는 에드워드 와그너가 '잡과 중인'이라고 더욱 특화하여 지칭한 중인의 협소한 정의, 즉 서울의 기술전문직 가계라는 정의가 더 자주 사용되었다.

34 위의 글, 189–191쪽 참조. 한영우는 역과 합격자 명부인 『상원방목(象院榜目)』(하버드 옌칭도서관 소장)의 광범위한 서문을 분석했다. 이 글은 19세기 중인의 집단적 운동에 대한 세부 사항을 알려준다.

35 이것은 매우 추정적인 사례이다. 이중환과 황현은 귀족이었기 때문에 다른 신분집단과 관점이 같지는 않았을 것이다. 나아가 김옥균과 박영효가 유대치를 주저 없이 자신들의 스승으로 인식했다는 사실에서 보듯이 일부 귀족 사이에는 중인에 대한 높은 수준의 존중이 있었다. 유대치가 평민이었거나 혹은 향리였다면 똑같은 역사의 시나리오는 상상하기 힘들었을 것이다.

36 이 인물은 대다수 한국인에게 '장희빈'으로 알려져 있는데, 그녀가 TV 사극 드라마와 여타 현대 대중문화 매체의 인기 있는 주제라는 것은 당연하다고 할 수 있다. 적어도 다음 두 가지 정도의 이유 때문이다. 첫째, 변덕이 심한 (그러나 여러 이유로 대단한) 왕인 숙종의 애첩으로서, 그녀는 한국 구전 이야기 중에서 가장 유명한 삼각관계의 중심인물이었다. 둘째, 그녀의 거침없고 노골적인 성적 과시는 전통적으로 그녀의 인상을 부정적으로 만드는 데 기여했지만, 또한 가능성도 많이 제시했다. 여기에는 조선 시대나 현대에 있어 여성의 역할에 의문을 던지고 그것을 재평가하는 더 여성주의적인 접근도 있다. 장희빈의 중인 가계 연구에 대해서는 김양수, 「조선 후기 중인집안의 활동 연구」 참조. 장희빈 소재에 관한 매력적인 설명과 그 의미에 대해 Park Chan Eung, "Sukchong's Triangle: The Politics of Passion" 참조.

37 Dallet, "Traditional Korea," p.77; 恒屋盛服, 『朝鮮開化史』 335쪽.

38 한영우, 「조선 시대 중인의 신분계급적 성격」 188–195쪽.

39 조희룡의 가계에 대해서는 『평양조씨세보(平壤趙氏世譜)』(1929) 9, 51쪽 참조.

40 이기백, 「19세기 한국사학의 새 양상」 참조. 조희룡은 또한 중인이 이끌었던 문학 운동(후술)에 참여하여 시문학과 대중소설의 구축에 기여했다. 정옥자, 『조선 후기 지성사』 참조.

41 윤재민(『조선 후기 중인층 한문학의 연구』 특히 마지막 장)은 19세기 중인 시문학 운동을 둘러싸고 그것이 사회의식과 관련이 있는지 등을 포함해서 다양한 쟁점을 세심하게 따져본 후 결론 내리기를, 엘리트 징표를 주장하는 보수적 취지가 국민주의와 사회평등 같은 보다 '진보적인' 노력과 동등한 정도로—그보다 더하지는 않더라도— 강력했다고 한다. 나아가 그는 이 엘리트주의 경향이 식민지기까지 이어졌다고 언급한다.

42 이 글을 지은 이유는 불투명하다. 일본인 학자들이 한국 전통 신분집단을 조사할 때 그것을 위해 쓰였다는 추정도 있다. 이 글은 국립중앙도서관의 오세창 개인 문고의 일부로 소장되어 있다.

43 細井肇, 『現代漢城の風雲と名士』 53쪽.

44 Hyun, *Man Sei!*, p.3. 피터 현의 부친인 현순도 유사한 설명을 했다. *Soon Hyun papers*, vol. 1, USC Korean Heritage Library collection 참조.

45 현은은 3명을 거론한다. 한영우, 「조선 시대 중인의 신분, 계급적 성격」에서는 2명을 지칭한다. 에드워드 와그너는 몇 명 더 발견했다.

46 문학사학자들은 개혁과 관료이자 18세기 저술가였던 박지원이 그의 소설 『허생전』에서 허생과 마찬가지로 역관 변씨를 가지고 작중 인물을 만들었다고 믿는다. 역관 변씨는 엄청난 부자여서 귀족들도 대규모 자금 지원을 위해 그에게 의존했다.

47 황현, 『매천야록』, 125–126쪽.

48 『속대전』, 「예전」, '잡령(雜令)'.

49 『(국역) 통문관지』 1, 180–188쪽; 이철성, 『조선후기 대청무역사 연구』 23쪽·46–48쪽; 김양수, 「조선 후기의 역관 신분에 관한 연구」 175–182쪽; 오성, 『조선 후기의 상인 연구』 42–43쪽·129쪽 참조.

50 『(국역) 통문관지』 1, 273–274쪽; 오성, 『조선 후기의 상인 연구』 28책.

51 김동철, 「17세기 일본과의 교역, 교역품에 관한 연구」 277–278쪽 참조. 4명의 역관이 상시적으로 동래 왜관에 배치되었다. 서울 밖에 근무한 역관은 이외에도 제주에 2명(일본어 역관으로 추정), 황해도 관찰부 소재지인 해주에 3명(한어 역관으로 추정), 함경도 관찰부 소재지에 1명(만주어 역관?), 평양에 2명(한어 역관), 중국과의 국경지인 의주에 2명이었다. 『국역증보문헌비고』 233: 10–11 참조.

52 이중환, 『택리지』 121쪽·128쪽. 이 지역에 거주한 역관 집단의 하나가 천녕현씨 가문이었다. 이들은 왜학(일본어) 역과 시험 합격자를 가장 많이 배출했으며, 동래와 대구 지역에도 거주지를 가지고 있었다. 현씨 가문에 대해 더 상세한 내용은 아래 참조.

53 허재혜, 「18세기 의관의 경제적 활동 양상」 102–123쪽.

54 오경석에 대한 본격 연구로는 신용하, 「오경석의 개화사상과 개화활동」 참조.

55 그의 고조부만 제외하고 7대에 이르는 모든 직계 조상이 역과에 급제한 가장 오래된 중인 가문이기도 하다.

56 『성원록』 571쪽.

57 이광린, 『개화당연구』 71쪽.

58 『한양유씨세보』.

59 위의 책, 832쪽; 이성무 외, 『조선 시대 잡과합격자총람』 580쪽.

60 林毅陸, 『김옥균전金玉均傳』 48–49쪽. 저자는 오세창을 인터뷰했다.

61 이광린, 『개화당연구』 78–89쪽. 갑신정변 이후 유대치의 행적은 확실치 않다. 정변 실패 이후 그는 산속으로 스스로 망명해버린 것 같다. 여생을 절에서 은둔으로 보냈다는 이야기가 전한다. 그의 아내는 체포되어 옥사했다. 林毅陸, 『김옥균전』 420쪽 참조.

62 김양수, 「조선 개항전후 중인의 정치외교」.

63 『수신사기록』 2쪽.

64 『한말근대법령 자료집』1, 62쪽(1894. 7. 17).

65 고영희와 이돈수는 둘 다 통감부기에 고위 중앙관직을 보유했다. 그들은 1894년 말 참의 (參議)에 임명되었다.

66 고영희는 을사늑약 이전에 이미 협판직과 관찰사직에 도달하여, 1908년 이완용 내각에서 는 각료직인 법부대신에 임명되었다(『대한제국관원이력서』 752-753쪽).

67 이규완이 중인 후손 출신이었을 가능성이 조금 있다.

68 경력의 유사성은 꽤 놀랍다. 유한봉은 한양유씨 중인 가계 출신으로 유대치와 같은 항렬의 먼 친척이었다. 한양이씨 이돈수처럼 그의 첫 관직도 관상감의 수술관(修述官, 관상감의 종9품 관직이다. 원문에 'proofreader'로 되어 있다.―역주)이었다. 계속해서 유한봉은 다양 한 중인 관직을 맡다가 1894년에는 학부 주사로 임명되어 이돈수와 함께(혹은 그 아래서) 근무했다. 이돈수는 관리자급이었다. 1895년 관상감이 학부의 한 부서인 관상소(觀象所) 가 되자 이돈수는 관상소장으로 임명되어 1908년까지 그 직책을 유지했다. 이때 유한봉은 부소장으로 재임했다. 그들은 1908년 학부에서 다같이 '엔지니어(engineer)', 즉 '기사(技 師, technician)'의 직위로 있었고, 식민지기 2년 동안 총독부에서 기본적으로 동일한 직위 에 함께 근무했다. 이들의 총독부 내 직위인 학무국 편집과의 기사(技師)는 기본적으로 그 들이 수십 년 동안 재임했던 것과 동일한 직책이었다. 이 때문에 이들이 존속했던 것은 식 민통치를 위해 한국의 연보 및 그와 유사한 출판물의 편찬을 위한 것이었다고 추정하기도 한다. 『대한제국관원이력서』 844-845쪽 참조; 『유씨대동보』 9: 705; 『구한국관보』 1894. 6. 25.(1권, 398-399쪽); 안용식, 『한국행정사연구』1, 342쪽·396쪽; 이성무 외, 『조선시 대 잡과합격자 총람』 164-166쪽.

69 현헌은 계속해서 1931년에서 1934년까지 강원도 도 참여관을 지냈다. 그의 출신 가계에 대해 더 상세한 것은 아래 참조.

70 Wagner, "The Development and Modern Fate of Chapkwa―Chungin Lineages" 참조. 이 실천은 매우 널리 퍼져서 조선 시대에 의심의 여지없는 중인 성족(姓族) 중 오늘날 공식적 으로 존재하는 것은 거의 없다. 일반적으로 근대의 족보들은 중인 가계를 부분적으로 흡수 하기도 했지만, 그것을 전적으로 배제해버리는 일이 더욱 자주 일어났다.

71 현은, 「중인 내력의 약고」 8쪽.

72 Wagner, "The Three Hundred Year History of the Haeju Kim Chapkwa―Chungin Lineage" 참조.

73 박태원과 염상섭 작품에 대한 심층 연구로는 유영윤, 『서울 중인 작가와 근대 소설의 양식 연구』 참조. 유영윤은 이 두 작가의 감성이 당대 한국 서민의 곤경을 적나라하게 묘사한 데 서 나타나며, 이는 그들의 중인 배경에서 비롯되었다고 주장한다. 흥미롭게도 유영윤은 이 두 작가의 작품을 아마도 20세기 후반의 독자에게 한국을 대표하는 리얼리즘 작가로 더욱 친근할 현진건과 비교하는데, 정작 현진건 그 자신도 중인이었음은 언급하지 않는다. 현진 건에 대해 아래에서 상술.

74 Hyun, *Man Sei!*, p.x.

75 위의 책, p.60.

76 현영섭, 「朝鮮人の進をべき道」, 144쪽.

77 이성무 외, 『조선시대 잡과합격자 총람』, 24-28쪽. 가장 위신이 높은 두 시험인 역과와 의과 합격자에서 천녕현씨는 145명을 배출하여 189명을 배출한 전주이씨에게만 뒤쳐져 있었다. 그러나 전주이씨 속에는 매우 많은 상이한 가계가 있었다. 한편, 140명을 배출한 경주최씨가 바로 뒤였는데, 경주최씨는 현씨보다도 훨씬 더 소수 가계에 집중되어 있었다.

78 이 가문은 지리적으로 정주(定州) 지역에 집중되어 있는데, 식민지기 유명한 민족주의자이자 3·1운동 독립선언서에 서명한 민족대표의 1인인 현상윤이 이 가문 출신인 것 같다.

79 성족으로서 현씨의 취약함을 보여주는 좋은 지표는 현씨의 모성관인 연주현씨가 『만성대동보』(1931)에 포함되어 있지 않다는 점이다. 『만성대동보』는 조선 엘리트 가계의 종합보이다.

80 Hyun, *Man Sei!*, p.38. 이 이야기는 현씨 가문 구전의 일부로 내려온 것임에 틀림없으며, 문서화될 수는 없었을 것이다. 하지만 현씨의 모성관 연주현씨의 시조 현담윤과 그의 아들 현덕수의 공적은 『고려사』에 기록되어 있다.

81 稻葉岩吉, 「朝鮮疇人考」.

82 김현영, 「조선 후기 중인의 가계와 경력」.

83 정광, 『사역원 왜학 연구』.

84 『대한제국관원이력서』, 385쪽.

85 안용식, 『한국행정사연구』 권1.

86 『한국인명대사전』, 1021쪽.

87 Hyun, *Man Sei!*, p.3.

88 한규무, 「현순(1878-1968)의 인물과 활동」 73쪽.

89 『대한제국관원이력서』, 613쪽.

90 위의 책, 614쪽; 안용식, 『한국행정사연구』 권1. 안정은 자신의 이력서에 처음에 '뉴-욱'대학(NYU?)에 다니다가 이후 1903년 '보-시-순'대학(Boston University?)으로 전학했다고 썼다.

91 이원식, 『조선통신사』, 287쪽.

92 김영경, 「한말 서울지역 중인층의 근대화운동과 현실인식」.

93 『대한제국관원이력서』, 385쪽.

94 위의 책, 385-386쪽; 안용식, 『한국행정사연구』 권1-권2.

95 『대한제국관원이력서』, 385쪽.

96 위의 책, 384쪽.

97 위의 책, 614쪽. 현씨 3번 가계의 이 분파는 (위에서 보듯) 18세기 이중환이 대구―밀양―부산 가도에 낙동강을 따라 정착했다고 언급한 역관 가계 중 하나인 것으로 보인다. 이로

부터 이들은 동래 왜관 역관이라는 자신들의 직책과 관련된 상업활동에 참가할 수 있었을 것이다.

98 안용식, 『대한제국관료사연구』 권4.

99 『한국 연극·무용·영화사전』에서 그에 대한 항목을 참조.

100 이 가계는 제주고씨 전서공파(典書公派)에 속한다. 조선 후기에는 주요 중인 가계로서 스스로를 개성고씨라고 부른 또 다른 고씨가 있었다. 이들은 의관 배출에 특화되어 있었는데, 원래는 모성관인 제주고씨로부터 갈라져 나온 것이며, 근대 시기 문충공파(文忠公派)의 일원으로 재통합되었다. 개성고씨 중인 가계는 『성원록』에서 찾을 수 있다. 『성원록』 772-777쪽; 『제주고씨문충공파보』 권2.

101 이성무 외, 『조선시대 잡과합격자 총람』, 24-28쪽.

102 김윤식, 『속음청사』, 9-10쪽. 영선사에 관해 더 상세한 것은 2장 참조.

103 『대한제국관원이력서』, 752-753쪽.

104 이런 태도는 그가 중인이었던 것에 기인한다고 호소이는 말했다. 이런 감성의 또다른 표현은 1907년 국왕 고종 폐위에 대해 격분한 고영희의 반응이다. 처음으로 그를 임명한 국왕에 대한 충성심이 그로 하여금 이런 움직임에 격렬히 반대하게 했다. 그러나 신중한 숙고 이후 고영희는 이완용과 송병준의 고종 폐위 계획에 동조했다. 細井肇, 『現代漢城の風雲と名士』, 52-53쪽의 인물 해설 참조.

105 『제주고씨대동보』 2, 5-6쪽.

106 위의 책 1, 72쪽.

107 『고종실록』, 1901년 4월 18일(3:208c-d); 『고종실록』, 1904년 11월 18일~19일 (3:251d-52a).

108 최남선은 현진건의 7촌숙인 현정운의 딸과 혼인했다. 현진건은 실제 당대 족보에는 현준건으로 기록되어 있지만 그의 형제관계, 부, 숙부 등을 망라하는 족보 외적인 전기 연구에 근거할 때 이 인물이 현진건임은 분명하다. 『연주현씨대동보』 2, 734-737쪽 참조.

109 최남선의 사상과 활동에 대한 종합적인 설명으로 육당 최남선선생 기념사업회 편, 『육당(六堂)이 이 땅에 오신 지 백주년(百周年)』 참조. 흥미롭게도 이 책에는 별로 명예롭지 못한 전쟁기에 대해서는 언급이 거의 없다. 최남선의 생애 속에서 이 곤란한 사건은 잘 알려져 있다. 이 때문에 위에 인용한 족보는 그의 업적을 상세히 기록하지 않고 단지 기본적인 인물 정보(생년, 필명, 몰년, 장지葬地, 배우자)만을 기록했다. 그의 문학에 대해 셀 수 없이 많은 연구가 있다.

110 최두선의 사업 활동에 대해 더 상세한 것은 Eckert, *Offspring of Empire*, p.331의 각주 54 참조.

111 현재로서는 이를 확인할 방법이 없다. 하지만 금산이씨 가문은 부유한 중인 가문들 중의 하나였을 것이다. 중인에게 가장 소중한 직무상 출장은 북경으로 가는 정기 사행단이었고, 이 사행단의 참여를 보장받을 수 있는 가장 확실한 방법은 한어 역과 시험의 합격이었다.

112 안용식, 『한말지방관록』, 99쪽.

113 안용식, 『대한제국관료사연구』 4, 253쪽; 『대한제국관원이력서』, 488쪽.

114 『대한제국관원이력서』, 886쪽 ; 안용식, 『한국행정사연구』 1, 373쪽.

115 Jami, "Learning Mathematical Sciences During the Early and Mid-Ch'ing"; Wejen. "Legal Education in Ch'ing China"; Crossley, "Manchu Education" 참조. 크로스리(Crossley)는 많은 통역관이 억류된 외국인들이었다고 지적한다.

116 Elman, *A Cultural History of Civil Examinations in Late Imperial China*, p.379, chap.9. 하지만, 엘먼은 명나라의 시험 제도에서는 천문학과 수학에 큰 가치를 부여했으며, 이 과목을 모든 유교적 학자-관료들도 숙달해야 했던 보다 폭넓은 사회윤리학 체제 속에 통합시켰다는 점을 강조한다.

117 Furth, *A Flourishing Yin*, pp.156-57; Wu Yiyi. "A Medical Line of Many Masters" 참조.

118 Brewer and Hellmuth, eds., *Rethinking Leviathan* 참조.

119 Jarausch, "The German Professions in History and Theory" 참조.

4장 향리

※ EPIGRAPH: Hulbert, "The Ajun," pt. Ⅱ, p.255

1 이영화, 『조선 시대 조선사람들』, 13장.

2 고석규, 『19세기 조선의 향촌사회연구』 1장; 김현영, 「조선 후기 향촌사회 중인층의 동향」, 411-447쪽 참조.

3 하지만 여전히 조선 후기와 근대 시기 향리에 대해 체계적이고 종합적인 연구를 수행한 기성학자는 이훈상이 유일하다. 1980년대 초 김필동도 향리가 관리하는 조직에 대해 면밀한 도론(introduction)을 제출한 바 있다. 1960년대와 1970년대에 고려조 향리에 관한 많은 연구가 학계에 등장하였지만, 조선 시대에 도전한 사람은 거의 없다. 예외로서 주목할 만한 것은 이성무의 「조선 초기의 향리」이다.

4 유명한 역사서 *The Passing of Korea*의 저자인 헐버트(Hulbert)는 D. A. Bunker 및 George Gilmore와 더불어 1880년대 한국에 초빙되어 육영공원에서 가르쳤다. ; 2장 참조.

5 이 논쟁의 쟁점은 신라 말 지방세력과 고려 초 호족 사이의 연속성이다. 박경자(「고려 향리 제도의 성립」 59-61쪽)는 왕건을 도와 고려왕조를 건설했던 대다수 호족은 최소한 지역의 군사적 수장(장군)이었으며, 이후 향리제도가 시행될 때 호장 직책을 수여받았음을 발견했다. 박용운(『고려 시대사』 1, 29-30쪽)은 호족에는 신라 말 당나라 및 일본과의 교역을 통해 부와 권력을 얻은 인물도 상당수 있다고 주장했다.

6 박경자, 「고려 향리제도의 성립」 63쪽; Duncan, *The Origins of the Chosŏn Dynasty*(존 B. 던컨, 김범 옮김, 『조선왕조의 기원』, 너머북스, 2013), pp.37-38.

7   이수건, 『한국중세사회사 연구』, 9쪽; 송준호, 『조선사회사연구』, 104-105쪽; 박경자, 「고려 향리제도의 성립」, 82-83쪽.

8   이중환, 『擇里志』, 90-92쪽.

9   송준호, 『조선사회사연구』, 107쪽; Duncan, *The Origins of the Chosŏn Dynasty*, pp.184-187 참조.

10   16세기 '향약(鄕約)'의 등장도 이런 노력에 기여했을 것이다. 그것은 지방 귀족의 지도적 역할을 인간관계를 관리하는 규정과 유교 의례로 명문화한 것이다.

11   이성무, 「조선 초기의 향리」, 69-73쪽. 세종 및 세조대에 서북 혹은 남부 지역을 막론하고 이전 고려왕조의 많은 향리가 결국 서북의 평안도와 함경도 변경지역에서 생을 마감했다. 그것은 종종 형벌의 형태였다. 아래 참조.

12   이 문헌에 따르면 불복신 중 문신은 향리가 되었고 무신은 역리(驛吏)로 떨어졌다고 한다. 『연조귀감』은 살인이나 혹은 새로운 국가 이념을 잘못 가르치는 것처럼 겉보기에 평범해 보이는 죄에 대한 벌로 향리가 된 사람들의 사례를 인용하고 있다. 이진흥, 『연조귀감』, 236쪽 참조. 왕조실록은 특정 범죄자를 향리로 강등시켜야 한다고 요구하는 신하들의 기록이나 혹은 그렇게 강등된 사람들에 대한 묘사가 담겨 있다. 예를 들어, 『조선왕조실록』, 1476년 06월 18일 기축(9:353d), 1480년 11월 24일 경자(10:175c-d) 참조.

13   『조선왕조실록』, 1492년 11월 8일 을해(12:237a-c)에서, 한 간관(諫官)은 너무 많은 노비를 속신(贖身)시키는 것의 사회-경제적 위험성에 대해 말하고, 또한 다음과 같이 경고했다. 즉, 현 추세가 계속된다면, 향리도 '속신'하게 된다는 것이다. 이것은 향리가 조선의 사회 계층에서 노비 바로 위의 존재에 불과한 것으로 인식되었음을 시사하는 왕조실록의 많은 사례 중의 하나이다.

14   문과, 무과, 생진과나 잡과를 통과한 향리는 그들의 자손 대에 향리역에서 면제될 수 있었다. 이것은 삼정일자(三丁一子, 문자 그대로 세 아들 중 한 명) 규정, 즉 한 집에 세 아들이 있으면 그중 한 명은 잡과 시험에 응시하도록 한 규정에 따른 것이다. 그러나 부, 조부가 향리였던 사람 중에 어느 누구도 면제받은 경우는 없다. 『경국대전』, 「이전」, '향리'조.

15   위의 책, 「형전」, '원악향리'조. 이 조항이나 이와 동일한 규정들은 1865년 왕조 법전의 마지막 개정인 『대전회통』에까지 그대로 남아 있었다.

16   『조선왕조실록』, 1484년 1월 4일 임진(10:556a).

17   예를 들어, 『조선왕조실록』, 1439년 11월 9일 계축(4:251a-b); 1470년 3월 6일 을유(8:478b-c) 참조.

18   『조선왕조실록』, 1433년 5월 28일 경진(3:480b-d).

19   『조선왕조실록』, 1468년 4월 20일 기유(8:180b).

20   『조선왕조실록』, 1469년 8월 25일 병자(8: 413b).

21   『조선왕조실록』, 1484년 10월 5일 기미(10: 629a).

22   『조선왕조실록』, 1436년 10월 16일 무인(4: 35b), 1443년 7월 11일 갑자(4: 492b), 1466

년11월 13일 신사(8: 49b).

23 이성무, 「조선 초기의 향리」 73쪽; 「조선왕조실록」 1466년 11월 13일 신사(8: 49b).

24 1484년 중앙의 관리들이 그 직전까지도 향리가 외부에서 충원되고 있던 서북 고을들의 지방행정에 대해 논의하면서, 향리는 꽤 빠르게 융합되는 경향이 있다고 했다. "원래 평안도에는 향리가 거의 없었다. 그리고 리(吏, 향리)로 불리는 이 관리들도 단지 임시직이었다. 그러나 이 '임시적인' 향리들이 한동안 있게 되자, 각 마을 대소사의 모든 것에 정통하게 되었다."(「조선왕조실록」 1484년 5월 21일 정미[10: 592a-93b]).

25 Hulbert, "The Ajun," pt. I, p.69.

26 이진흥, 「연조귀감」 「이직명목해(吏職名目解)」 209쪽.

27 김필동, 「조선 후기 지방 이서집단의 조직구조」 100쪽. 6방의 위계는 이, 호, 예, 병, 형, 공 순이다.

28 이훈상, 「조선 후기의 향리」 60쪽; 이훈상, 「조선 후기 읍치와 질청」 312쪽; 김필동, 「조선 후기 지방 이서집단」 110-111쪽.

29 샤를 달레는 향리를 '집정관(pretorian)'이라고 불렀다. 달레의 향리 묘사는 19세기 초중기 외국인 관찰자라는 이상적 시점으로부터 이 현상을 바라본데 따른 흥미로운 통찰을 제공한다. 즉, "고을마다 집정관들은 꽤 많다. 6~8명의 고위직[호장에 육방을 더한 짓은 중앙 각료[육조]에 유비되는 관직명을 가지고, 그와 본질적으로 동일한 기능을 작은 수준에서 수행하고 있다. 각 관부[고을 행정]가 중앙정부를 본떠서 조직되었기 때문이다. 따라서 그들은 매우 큰 권위를 가지고 있으며, 관료[수령]를 능가하는 경우도 많다. 수령은 이들을 종처럼 부리면서도 일상적으로 이들의 안내를 따랐기 때문이다. 고위직을 제외한 기타 집정관은 이 고위직들의 서기(書記), 보좌관, 하인 들이었다. 이들 모든 집정관은 독자적인 사회 계급이라고 할 만한 것을 형성하고 있었다. 그들은 거의 언제나 자기들끼리 혼인했다. 자식도 똑같은 이력을 추구하여, 대대로 관아에서 높고 낮은 직책에 그것을 획득하고 유지하는 능력에 따라 충원된다. 이들이 없으면 행정이 불가능하다고 말하는 사람도 있는데, 정황을 보면 근거가 없지는 않다("Traditional Korea," p.63).

30 김필동, 「조선 후기 지방 이서집단」 107쪽.

31 '중재 엘리트'는 이훈상이 자신의 글 「조선 후기의 향리와 근대 이후 이들의 진출」에서 향리의 사회적 지위를 묘사하기 위해 사용한 용어이다.

32 Hulbert, "Tax Collection in Korea," pp.367-370.

33 이훈상의 사례 연구에는 경상도 거창, 경주, 상주, 안동과 전라도 남원이 있다. 이훈상, 「조선 후기의 향리」 1~3장; 이훈상, 「조선 후기 이서집단과 무임 집단」 참조.

34 고석규, 「19세기 조선의 향촌사회연구: 지배와 저항의 구조」 149-150쪽.

35 김필동, 「조선 후기 지방 이서집단」 94쪽; 이훈상, 「향리 생활」 240-243쪽.

36 김필동, 「조선 후기 지방 이서집단」 98쪽; 이훈상, 「조선 후기의 향리」 35-37쪽 참조.

37 전라도 영광에서 16세기까지 소급되는 상호 부조 단체(계)의 오랜 전통은 유난히 강력하

고 차별화된 향리의 조직적 삶을 반영한다. 이것은 조선 후기에도 끈질기게 살아남았다. 나선하, 「조선중후기 영광군 이서의 계조직 연구」 참조.

38 정약용, 『목민심서』 4, 90–91쪽·298쪽.

39 안병태, 『한국근대경제와 일본 제국주의』 175–178쪽; 이훈상, 『조선 후기의 향리』 105–112쪽 참조.

40 이훈상, 『조선 후기의 향리』 118–125쪽 참조. 1700~1817년간 전라도 56개 고을 중에서 감영 소재지인 전주에서 일한 전체 영리 수의 5퍼센트 이상을 배출한 고을은 나주, 김제, 고부를 위시한 11개 고을이었다. 이러한 집중이 황해도에서는 훨씬 더 분명했다. 1860년 등록부에 나오는 거의 모든 영리가 감영소재지 해주의 향리 가문 출신이었다.

41 조선 초기 역리 배정은 종종 완악한 향리에 대한 처벌이었다. 예를 들어, 『조선왕조실록』 1429년 12월 1일 계유(3:207a) 참조.

42 김준형, 「조선 후기 울산 지역의 향리층 변동」 37쪽 참조; 김필동, 「조선 후기 지방 이서 집단」 95쪽.

43 달레(Dallet)는 두 가지 종류의 '재판소 관리'가 있으며, 그 하나는 '문관 수령을 섬기는 자'(향리, 즉 집정관)이고, 다른 하나는 '무관 수령, 즉 형사재판관에 딸린 자'라고 한 바 있다. 이때 그가 묘사한 것이 바로 군교(장교)인 것 같다. 달레는 후자를 'guard'(안영열 외 번역의 『한국천주교회사』 한국교회사연구소, 1979, 108쪽은 이를 사령(使令)으로 옮기고 있음. 여기서는 이를 따름.–역주)라 칭하면서 다음과 같이 적었다. 즉, "사령(guard)은 아전처럼 따로 한 계급을 이루어 같은 직무를 상속권처럼 대대로 내려오며 행하는 것은 아니다."("Traditional Korea", pp.63–65).

44 『우서』 7: 37d(유수원, 『(국역) 우서』 수록).

45 『국역 증보문헌비고』 권229, 「잡직·이서」 279쪽.

46 『한국세제고』 3장 1절, 「징수기관」 참조. 이 문헌에서 향리는 군리(郡吏)로 불리는데, 그 부패함이 1905년 세제 개혁으로 '영구히 제거(永杜)'된 것으로 나온다.

47 이훈상, 「조선 후기의 향리와 근대 이후 이들의 진출」 246쪽 각주 2.

48 『국역증보문헌비고』 권229, 「잡직·이서」 276쪽.

49 Palais, *Confucian Statecraft*, pp.683, 840.

50 「향리론」 및 「간리론」(이태진·신용하, 『사료로 본 한국문화사』 235–241쪽 수록) 참조.

51 수령의 책무에 대한 정약용의 논의는 향리의 책략을 저지해야 한다는 당부로 가득 차 있다. 왕조 법전(「이전(吏典)」)의 적용에 대한 정약용의 논평은 '향리 단속(束吏)'에 관한 장(章)으로부터 시작한다. 하지만, 향리의 책략에 관해 경고하면서도 정약용은 다음과 같은 당부도 함께 시작한다. 즉, 수령 그 자신이 바른 몸가짐으로 올바른 행정의 모범을 보여야 한다는 것이다. 수령이 제대로 하면, 향리도 그것을 따라 고을을 올바르게 관리할 것이며, 수령이 제대로 하지 않으면 향리는 오직 자기 자신의 이익만을 위해 일할 것이라고 한다. 정약용, 『목민심서』 2, 68–70쪽·291–292쪽 참조.

52 『우서』7: 37a-b(유수원, 『국역 우서』수록).

53 같은 책 7: 37-40.

54 Hulbert, "The Ajun," pt. I.

55 위의 글, p.68.

56 이훈상, 「조선 후기 읍치 사회의 구조와 제의」, 74-91쪽; 이기태, 『읍치 성황제』, 127-128
    쪽; Walraven, "Popular Religion in a Confucianized Society," pp.178-179.

57 이훈상, 『조선 후기의 향리』제4장 「향리집단과 의례화된 반란으로서의 탈춤연행」참조.

58 Hulbert, "The Ajun," pt. I, p.69.

59 신재효의 가문은 고창의 지배적인 6개 향리 가문의 하나였다. 그의 부친 신광흡은 지역의
    약국(官藥房)을 운영했다. 신재효의 아들인 신순경은 1894년 동학농민군으로부터 읍치
    지역을 지키는 친정부군(民堡軍)의 일원으로 이름을 날렸다. 이기화, 『고창의 맥』, 93쪽;
    박찬승, 「동학농민봉기와 고창지방 향촌사회」, 206-207쪽. 신재효의 손자도 이방(吏房)으
    로 봉직했다.

60 이 명칭은 이기화, 『고창의 맥』, 96쪽에 나온 것이다. 신재효의 판소리 여섯마당 판본에 대
    해서는 강한영 편, 『(신재효)판소리 사설집』참조.

61 이태진·신용하 편, 『사료로 본 한국문화사』, 229-235쪽·511-513쪽.

62 이 저작은 1776년 이경범의 아들인 이진흥에 의해 편집되었지만, 이를 처음 간행한 것은
    70년 후 이진흥의 증손인 이명구이다. 이명구는 여기에 수정과 보론을 가하여 출간하였다
    (이훈상, 『조선 후기의 향리』, 233-234쪽).

63 이기백, 「19세기 한국사학의 새 양상」, 480쪽; 이훈상, 『조선 후기의 향리』, pp.226-31. 이
    저서에 이 서문들에서만 이런 주장이 펼쳐진 것은 아니다. 하지만 저자들이 귀족이었고,
    『연조귀감』의 나머지 대부분은 역사와 전기에 할애되었기 때문에 이 부분이 가장 유명하
    다.

64 그레고리 헨더슨(Gregory Henderson)은 20세기 중반 향리의 탁월함에 주목했다. 이는 틀
    림없이 한국인과의 대화를 통한 것이다. '아전'들이 식민지기 '한국 최대의 지주'가 된 점을
    언급한 후, 다음과 같이 적고 있다. "1945년 이후, 민주주의[원문 그대로임] 향리들의 기
    술과 인맥에 매우 우호적인 환경을 조성했다. 그들은 수많은 지방선거에 열정적으로 출마
    하여 아마도 재탄생한 한국에서 가장 중요한 독자적 정치층이 되었다"(Henderson, Korea:
    The Politics of the Vortex, p.49).

65 稻葉岩吉, 『朝鮮文化史研究』, 87쪽 참조. 이나바(稻葉)는 식민지기 개편된 행정조직이 아
    니라 조선 후기의 군현제도를 조사했다. 이나바가 살던 시기에는 어느 군이든지 군수의 사
    회적 신분 배경을 알고자 한다면 해당 지역 사람들에게 물어보기만 하면 됐을 것이다. 그
    는 향리의 번영을 가능케 했던 주된 전환점은 1910년 병합과 함께 왔다고 생각했다. 이나
    바(같은 책, 160쪽)는 아전이 지방에서 실무적이고 개인적인 행정 경험을 가진 관리였다는
    점에서 당대 일본에서 지도적 지위를 이어받은 (하급) 사무라이와 유사하다는 인상을 강력

하게 암시한다.

66 韓國內部, 警務局, 『顧問警察小誌』, 1910; 홍성찬, 「韓末·日帝初 鄕吏層의 變動과 文明 開化論」, 114쪽에서 재인용.

67 예를 들어서 홍성찬, 「한말 일제하의 사회변동과 향리층」, 494-503쪽 참조.

68 『대전회통 연구 1』, 99쪽.

69 갑오개혁은 국가와 사회의 여타 모든 영역에 그러했듯이, 조선의 조세제도를 전적으로 재 정비하고 그것을 제도화하고자 했다. 특히, 부패를 야기하는 요소들이 대상이었다. 군국 기무처의 첫 번째 작업은 모든 조세를 토지에 대한 현금 납세로 통일함으로써 여러 지방세 를 철폐하는 것이었다(1894. 7. 10). 이듬해, 정부는 모든 잡세(雜稅)를 철폐했다(1895. 8. 25.). 이것들은 지방 관리와 그들에 의해 고용된 상인들이 유착함으로써 생기는 수많은 문 제의 근원이었다. 다른 주요 조치로는 고을 수령과 향리를 징세 업무에서 배제하는 것이었 다. 이것은 1894년 가을, 각 지역별로 징세 업무를 감독하기 위해 향회(鄕會)를 설치할 것 을 선포하면서 시도되었다. 향회의 구성원은 지역의 신망받는 저명인사로 하도록 했다. 이 것은 1895년 3월 26일 칙령 제56호(관세사급징세서관제管稅司及徵稅署官制—역주)에 의해 보강되었는데, 그 내용은 각 도 및 군현에 탁지부가 관할하는 중앙정부의 세무 기구 (관세사管稅司와 징세서徵稅署—역주)를 설치하는 것이다. 각 기구에는 고위 중앙관리와 두 명의 주사(主事)를 둔다. 이 새로운 체계는 정부가 지방행정구역 개편 과정에서 후속 법령을 발표하면서 이행되었다(『한말근대법령 자료집』 1895년 4월 5일 수록). 곧, 각 지역 의 모호한 '세무 담담관'에 대해 과세와 징세의 절차를 세부적으로 규정한 칙령 제71호 「수 입조규(收入條規)」 그리고 칙령 제74호 「각읍부세소장정(各邑賦稅所章程)」이 그것이다. 그러나 이 법령들은 그해 가을까지 시행이 유예되다가, 이를 대체하여 칙령 제161호(세무 시찰관장정—역주), 162호(각군세무장정—역주)가 발포되었는데, 이는 징세 책임을 각 고 을 수령으로 되돌리고, 또한 새로 설치한 세무 기구 대신에 전국 23개 부(府)마다 '세무 감 독관(세무시찰관—역주)을 1명 임명케 하는 것이었다. 게다가 각 고을 수령은 이제 이 과정 을 감독하기 위해 자신의 '세무 담당 사무원'(세무주사—역주)을 임명할 수 있었다.

70 이영호, 「1894-1910년 지세제도 연구」, 82-88쪽. 이것은 병합 직전 정부가 조세제도에 대해 수행한 연구의 결론이기도 하다. 『한국세제고』(1909).

71 이후 곧이어 발간된 공식 규정에 따르면, 이 서기들은 이제 학원(學員)이라고 불리게 되 며, 이들은 중앙정부 관리의 지도 아래 훈련을 받고 그 과정에서 사업 전반을 감독하는 지 역 토지조사위원으로도 역할하였다. 「양안조례」(한국역사연구회, 『대한제국의 토지조사사 업』, 59쪽·62-63쪽 참조.

72 같은 책, 18쪽.

73 Gragert, Edwin H., *Landownership Under Colonial Rule*, p.71.

74 첫 번째 조치는 1906년 9월 칙령 제54호(관세관관제管稅官官制—역주)가 각 도 관찰사 아 래에 새로운 세무기관을 창설케 하면서 시행되었다. 각 도에 각 1명씩 13명의 세무 감독관

(세무감稅務監-역주)과 36명의 지방 세무담당 관리(세무관-역주), 168명의 지방 세무 담당자(세무 주사)를 설치하는 것이다. 이 관리들이 지방 징세 과정의 조직을 담당하는데, 그 과정의 책임은 한 달 후 탁지부령 제22호(「조세징수규정 시행세칙」-역주)에 따라 면(面) 수준에 할당되었다. 이제 각 면의 면장이 새로운 도 단위의 세무관과 함께 일하면서, 세금 액을 부과하고 그 징수를 감독하는 것을 담당했다. 『한말근대법령 자료집』 5, 192-194쪽 (1906. 9. 24)·276-287쪽(1906. 10. 24.) 참조. 이듬해 5월(1907. 5. 13.-칙령 제31호), 이 제도는 세무관 주재지인 36개 지역에 지방위원회를 설치함으로써 보강되었다. 각 지방 위원회는 해당 관할 지역에서 상당한 자산이 있는 개인으로 구성되며, 위원들은 조세 부담 의 분배율을 공식화하고 징세에 관해 중앙정부에 보고한다.

75 홍성찬, 「한말·일제초 향리층의 변동과 문명개화론」, 120쪽·126쪽.

76 이영호, 「1894-1910년 지세제도 연구」, 272-283쪽; Hulbert, "Tax Collection in Korea."

77 물론 이것은 조선시기에 향리의 부패가 발견되지 않는다는 말이 아니다. 다만 19세기 후 반 민중봉기의 사례에서 그러했듯이 농민과 국가와 재지사족의 감시제도가 작동하여 그들 을 처벌할 때까지 향리가 취할 수 있었던 부정 수취의 양에 한계가 있었다는 말이다.

78 이훈상, 「조선 후기의 향리와 근대 이후 이들의 진출」, 264-265쪽. 이 시기 나타난 무역네 트워크에 대한 설명은 Eckert, *Offspring of Empire*, pp.9-11; Duus, *The Abacus and the Sword*, pp.270-288 참조.

79 「박영철의 (양)손자 박병식과의 인터뷰」, 1996년 여름.

80 박영철, 『五十年の回顧』, 10-11쪽. 저자는 또한 그의 부친이 한동안 군청에서 이서직을 수행했으나 벼슬살이 몇 년 만에 쌀 무역으로 되돌아갔다고 주장했다. 기본적으로 이것은 그의 부친이 세습 향리가 아니라는 말이다. 그러나 그럴 가능성은 매우 낮아 보인다. 이 문 제는 이 장의 뒷부분에서 더욱 상세히 논의될 것이다.

81 홍성찬, 『한국 근대 농촌사회』, 24쪽.

82 위의 책, 25-28쪽.

83 위의 책, 322쪽; 오재양의 이력과 사상에 대한 사례 분석은 홍성찬, 「한말 일제초 향리층의 변동과 문명개화론」 참조.

84 이훈상, 「조선 후기의 향리와 근대 이후 이들의 진출」, 265쪽.

85 1996년 6월 안동의 향토사학자 서주석과의 인터뷰. 정치가 권오기가 부총리, 통일부장관 및 《동아일보》 사장으로 재직했다. 권중휘는 1960년대 서울대학교 총장이었는데, 그는 영 어를 전공하고 동경제대를 졸업했다. 한국인물총감 편집위원회, 『한국인물총감』, 376쪽에 수록된 그의 이력 참조.

86 홍성찬, 「한말 일제하의 사회변동과 향리층」, 459-478쪽; 박찬승, 「동학농민봉기와 고창 지방 향촌사회」, 185-186쪽.

87 김민영, 「한말 일제하 영광지역 대지주 조희경, 조희양 연구」; 정근식 외, 『근현대의 형성과 지역 엘리트』, 53-58쪽; 이기홍, 『호남의 정치』, 182-184쪽 참조.

88　이 세 인물의 향리 배경은 이훈상의 현장조사를 통해 명확히 밝혀졌다. 이훈상, 「근대이후 향리집단의 사회진출과 지역의식」 449~450쪽 참조. 나는 이상백의 옛 학생이었던 김준 길을 인터뷰했는데, 그는 이상백이 자신의 향리 배경을 공공연하게 얘기했다고 회고했다.

89　헐버트는 "고을 최고의 한학자가 아전 중에 있다"고 주장했다("The Ajun" pt. I, p.67). 한 국의 행정기관용 문자였던 이두는 신라 시대까지 거슬러 올라가는데, 이 역시 향리가 사족 관료보다도 훨씬 더 숙달한 의사소통 형태였다.

90　이태진·신용하 편, 「사료로 본 한국문화사: 조선 후기편」 237쪽·514쪽.

91　박수영, 「한말 전남지방 학교설립의 과정과 주체」; 더 많은 사례로는 홍성찬, 「한말 일제하 의 사회변동과 향리층」 487쪽 참조.

92　능주 고을에서 특히 창녕조씨, 신안주씨, 능성구씨 향리 가문이 이런 활동을 지배했다. 박 찬승, 「한말 일제하 능주 지방의 민족운동과 사회운동」; 박찬승, 「일제하 나주 지방의 민족 운동과 사회운동」 참조.

93　이기, 「해학유서」 「향교득실(鄕校得失)」 67쪽.

94　안동의 서주석과의 인터뷰, 1996.

95　향리 출신 인물에 대한 정보를 찾아가는 과정은 제2 신분집단 출신의 여느 인물을 찾는 것 과 다를 것이 없지만, 한 가지 점에서 훨씬 더 어렵다. 그것은 결정적인 증거가 보통 해당 인물의 고향에만 있다는 것이다. 고향이나 성족(姓族) 정체성 같은 그 인물의 필수적인 기 본 정보를 찾았다면, 그 다음에 처음으로 맞닥뜨리는 중요한 난관은 그 관료의 계보 연결 을 확정하는 것이다. 즉, 그의 조상과 친척을 특정하는 것이다. 이것은 족보를 가지고 가장 잘 수행할 수 있다. 만약 그 인물이 확실한 사족 계보 인물의 후손이 아니라면, 이제 작업 은 그의 향리 계보를 확증할 여타 자료의 증거를 찾는 것이 된다. 그것은 주로 족보 및 기 타 집안 자료 속의 이름을 관찬 사료의 향리 명단과 매칭하는 일이다. 향리 후손들은 20세 기에 관해서는 자발적으로 자신들의 출신에 관한 정보나 족보를 제공하는 법이 좀처럼 없 다. 그러나 훨씬 이전에 관해서는 종종 제공하기도 한다. 하지만 이 경우에도 어떤 인물이 (호장 같은) 향리직을 보유했음을 지칭하는 경우는 없다. 그 이유는 간단하다. 낙인이 너무 컸기 때문이다. 지금도 그러하다.

96　구연수의 동족(同族)인 창원구씨(昌原具氏)는 유명한 시조 구성길(仇成吉)이 고려조의 공 신(功臣)으로 훗날의 창원 지역에 토지까지 하사받았지만, 조선왕조에서는 사족이 아니었 다. 이 성관은 원래 지금과는 다른 한자를 썼는데,('仇'-역주) 18세기 말 정조가 '성씨를 하 사(賜姓)'한 이후에야 비로소 더 유명한 구씨인 능성구씨(綾城具氏)가 쓰는 것으로 바뀌었 다. 한국인의 족보 편찬위원회, 「한국인의 족보」 141쪽.

97　이훈상, 「조선 후기 읍치와 질청」 319~321쪽 참조. 이 논문 331~333쪽에 이 명부 전체를 수록함.

98　구연수는 1907년에서 1909년에 이르는 기간 그의 이력서에서 그가 정부에 의해 파견되었 지만, 일본 관비 유학생 명단에 이름이 누락된 것이라고 주장했다. 이광린, 「한국개화사의

제문제』, 45–57쪽 참조.

99 구연수에 관한 전기(傳記)적 항목은 『경성시민명감』, 208쪽 참조.

100 실제로 기영회라는 명칭의 단체로 여전히 비공식적으로 모이고 있는 부산의 그들 향리 후손들 사이에서 더 유명한 것은 그의 부친이 아니라 구용서이다.

101 변정실은 초계변씨뿐 아니라 밀양변씨의 시조로도 유명하다. 『변씨대동보』 1, 2쪽 참조.

102 최승희, 「조선 후기 향리신분이동여부고」

103 최승희는 이 가문이 양반 혹은 적어도 양반에 버금가는 지위로의 상층 이동을 달성했다고 주장한다. 하지만 이 결론에는 두 가지 의심스런 전제가 있다. 첫째, 그가 조사한 종류의 가문 문서는 양반이 아니면 다른 어떤 계층도 가질 수 없다는 것(실제로는 향리뿐이 아니라 중인도 그런 기록을 유지한 경우는 없다는 것). 둘째, 이 가문의 호적 기록에서 3대 이전 세대의 대다수가 가진 직역이었던 '유학(幼學)'과 '학생(學生)' 직역은 양반 신분을 가리킨다는 것. 조선 후기에, 특히 '유학'의 경우, 직역명을 양반 신분과 동일시하는 것의 위험성에 대한 더 상세한 논의에 대해서는 이 책 5장 참조.

104 변영화의 아들인 변선규는 2000년 5월의 인터뷰에서 부친이 "아전 일을 했다"고 회고했다.

105 『대한제국관원이력서』에 이력서가 등재된 어떠한 관료도 자신의 출신 배경을 향리(혹은 그러한 종류의 직군)로 기재한 경우는 없다.

106 『변씨대동보』 6: 391. 2000년 5월 필자가 변선규를 면담했을 때, 그는 여전히 부산 서면에서 유명한 '변 내과'를 운영하고 있었다.

107 이하 단락의 정보는 부분적으로 1996년 전주에서 박영철의 손자인 박병식과 가진 인터뷰에서 수집한 것이다.

108 박영철, 『五十年의 回顧』, 96–104쪽. 이 회고록에서 박영철은 사관학교 유학 당시 그가 일본 '관비유학생'이었다고 주장했다. 하지만 일본으로 몰래 도망친 후 그가 어떻게 그 지위를 얻을 수 있었는지에 대한 설명은 없다. 정부 관비유학생에 관해 활용할 수 있는 몇 안 되는 기록에도 그의 이름은 들어 있지 않다. Abe Hiroshi, "Kyūkanmatsu ni Nihon ryūgakusei" 참조.

109 박영철, 『五十年의 回顧』, 102쪽.

110 『人の面影』, 59쪽 참조. 『五十年의 回顧』의 사진은 첫 도지사직 시기이다. 군복을 입고 있다.

111 阿部薫, 『朝鮮人物選集』, 72–74쪽; 『대한제국관원이력서』, 212–213쪽.

112 Eckert, *Offspring of Empire*, pp.13·327.

113 박영철, 『亞洲紀行』

114 박영철, 『五十年의 回顧』, 629쪽.

115 같은 책, 8–9쪽.

116 「국조문과방목」 참조.

117 『충주박씨세보』(1994) 권2, 628–629쪽·648–649쪽·784–785쪽.

118 『충주박씨세보』(1881) 권2. 이 족보에는 관료였던 박금에게 세 아들이 있었는데, 막내가 서자였다고 나온다. 1994년 족보에 따르면, 전주로 이거한 7대조가 바로 이 서자의 둘째 아들 박우경이다. 하지만 우경은 1881년 족보에는 나오지 않는다. 이것은 그가 2세대 서얼임을 감안한다면, 그리고 박영철의 설명대로 그가 서울 밖으로 이주한 것이 맞다면, 이 자체로는 이례적인 것은 아니다. 하지만 이것은 두 가지 가능성을 열어둔다. 첫째, 박우경 같은 인물은 없었으며 박영철의 조상과 박금 사이의 연결은 허구의 것일 수 있다. 혹은 둘째로 박영철의 설명이 맞을 수도 있다. 후자가 맞는 것으로 보이는데, 왜냐면 자기의 계보를 서자에 붙이면서까지 허구의 조상을 지어낼 사람은 없을 것이기 때문이다. 그렇다면 박우경은 가문의 계승에서 배제되어 스스로 그 지역에서 생계를 추구할 수밖에 없었다고 보인다.

119 박영철, 『五十年의回顧』, 17–19쪽.

120 『연조귀감』은 이 단락에서와 마찬가지로 향촌의 기득권화된 향리를 강조한다. 하지만 「향리직 명칭에 관한 해설(吏職名目解)」 절에서는 또한 군교나 가리 같은 다양한 하위 향리 집단도 다루고 있다. 박영철의 이 논의에서 그가 '이속'이라고 부르는 것이 포함되는 범위는 중앙정부에서 일한 세습 서리, 즉 관용적으로나 법적으로 중인이 아니라 서리 혹은 '경아전'으로 간주된 사람들에게까지도 확장되고 있다.

121 Reed, *Talons and Teeth*.

122 위의 책, pp.51–53.

123 Duara, *Culture, Power, and the State*, 특히 2장 참조. 여기서 두아라는 청나라의 브로커 시스템에서 서리와 차역(差役)의 중요성을 소개하고 있다. 또한, 8장 특히, pp.226 이하 참조. 여기서 두아라는 청나라 서리와 20세기초 브로커 사이의 연관에 대해 암시하면서도 명확한 서술은 하지 않는다.

124 후버의 여타 주장, 즉 이 서비스직 지식인 집단의 멤버십이 소득 수준에 조응한다거나, 혹은 조슈번 출신의 메이지유신 지도자들이 개혁을 수행하면서 자신들의 옛 스승인 요시다 쇼인(吉田松陰)이 설계한 특정 프로그램을 따랐다거나 하는 주장을 확신할 근거는 찾지 못하겠다. 하지만 이들 하층 무사에게 (그리고 여타 계층에 대해서도) 세습적 준엘리트 조건이 동기부여가 되었다는 역사상과 이를 묘사하기 위한 '서비스직 지식인' 개념은 설득력 있다. Huber, *The Revolutionary Origins of Modern Japan*, 특히, pp.3–4·214 참조.

5장 서열

※　EPIGRAPH: Yi Injik et al., *Han'guk sin sosŏl*, pp.28–29.

1　체계적인 논문으로는 해방 후 마에마 쿄오사쿠(前間恭作)의 「庶孽考」(1953)와 이상백의 「서얼금고(庶孽禁錮)의 시말(始末)」(1954) 두 편의 선구적인 연구가 문제제기를 개시하였

다. 마에마는 (중국과는 대조되는) 신분 제도의 엄격성을 강조했다. 그것은 서얼에게서 관료적, 사회적 기회를 박탈했다는 것이다. 이상백은 서얼에 대한 법적 차별의 발전 과정에 초점을 맞추었다. 그의 연구 이후 1960, 1970년대에 소규모 연구가 뒤를 잇다가, 이종일의 종합적인 연구인 「조선 시대 서얼신분 변동사 연구」로 절정을 보았다. 이 연구에서는 서얼의 기원을 조선 초기의 복잡한 정치적, 이데올로기적 행렬 속에 위치시키고, 그 이후 자유를 얻기 위한 서얼의 끊임없는 시도를 상세히 다루었다. 1994년 배재홍도 서얼에 관한 논문을 내고 조선 후기 향촌사회에서 성장하던 서얼의 존재(그리고 그로 인해 발생한 갈등)에 대한 중요한 탐구로 기여했다. 영어 논저로는 함병춘(Hahm Pyong-Choon)이 그의 단행본 *The Korean Political Tradition and Law*(1971)의 제3장 "An Historical Study of Discriminatory Legislation Against the Descendants of Concubines in Korea, 1415–1894"로 이 주제에 관해 기여했다. 이종일과 마찬가지로 함병춘도 서얼 차대와 귀족의 사회정치적 지배권 유지라는 목표 사이의 직접적 관계를 통찰력 있게 추론해내었다. 마지막으로, 조선 사회에서 신유교적 가치의 어수선한 작용을 탐구하는 전면적인 프로젝트의 일환으로, 마르티나 도이힐러가 저술한 극도로 중요한 연구가 있다. 이 연구는 서얼 차별의 기원을 논하고 자유를 얻기 위한 서얼의 노력이 성장하는 과정을 추적한다. 이 저술들에 관한 더 상세한 참고 사항에 관해서는 이하의 논의들을 참조.

2   『조선왕조실록』 1413년 3월 10일 기축(1: 665).

3   Deuchler, *The Confucian Transformation of Korea*, p.120. 일부 독자는 조선에서 첩의 아들을 지칭하면서 '불법'이라는 용어를 사용하는 것이 적절한지 의문을 품을지도 모른다. 왜냐하면 이것은 가족 내의 의례와 위상에서 우선권이 없는 사람을 구별해내는 것이 주된 관심사였던 역사적 맥락에 대해 서양의 문화적 이분법을 억지로 적용하는 것처럼 보일 수도 있기 때문이다. 그러나 나는 예를 들어 미국 사회에는 '혼외'아에 대해 혼인관계 밖에서 태어난 사람에게 붙는 사회적 낙인을 제외한다면 법적으로는 '불법적 측면'이 훨씬 덜하다는 점을 주장하고 싶다. 조선 시대 첩의 아들을 표시하는 데도 동일한 기준이 적용되었지만, 나아가 이 장에서 알 수 있듯이 전근대 한국에서는 극히 중대한 법적 차별이 이루어졌다.

4   Deuchler, "Heaven Does Not Discriminate," pp.126–128; Peterson, *Korean Adoption and Inheritance*, pp.83–85 참조.

5   『경국대전』, 「예전(禮典)」, '입후(立後)', 869쪽(『경국대전』 등 조선 시대 법전 규정에 대한 번역은 조선시대 법령자료(인터넷)의 번역을 참고하였다(http://db.history.go.kr/-역주).

6   위의 책, '봉사(奉祀)', 868쪽.

7   이 구절에 따르면, 이 선택지가 실행되었을 때, 아버지는 그의 서자가 의례상 별개 가계를 설립할 것을 허락하지만, 그것은 그 아버지 당대까지만 이어지고 더 위의 조상에게는 이어지지 못하게 된다. 즉, 본가의 계보에서는 분리된, 전적으로 새로운 제사 가계를 만들어야 되는 것이다(원문에는 이 구절의 괄호 친 내용이 작은 글씨로 삽입되어 있다).

8   가계 상속인과 제사 상속인이 통합되는 이 같은 변동에 관한 사례 연구는 Deuchler,

"Heaven Does Not Discriminate," pp.131-132 참조.

9   정윤주, 「규사(1859)의 편찬과 간행동기」, 42쪽; 이종일, 「조선 시대 서얼신분 변동사 연구」, 111쪽; Peterson, *Korean Adoption and Inheritance*, pp.97-98. 피터슨(Peterson, pp.18-19·p.97)은 율곡 자신의 가족 환경에 대한 유익한 논평을 제공한다. 즉, 율곡에게는 '적자'가 없었고, 단지 한 명의 첩으로부터 얻은 서자 2명만 있었다. 『규사』의 내용과 역사적 배경에 관한 더 상세한 논의에 대해서는, 이기백, 「19세기 한국사학의 새 양상」 참조. 『규사』의 축자적 의미는 '해바라기의 역사'라는 것이며, 이는 "해바라기는 줄기에 있든 가지에 있든 해를 바라본다. 군주에 대한 신하의 충성이 어찌 적자와 서자가 다르겠는가?"라는 국왕 선조의 언명과 관련된 것이다(정윤주, 『규사』(1859)의 편찬과 간행동기」, 35쪽에서 재인용).

10 『조선왕조실록』, 1724년 12월 병술(41:445c).

11 대부분 사족임이 확실한 생진시 급제자 사이의 입양 빈도는 다음과 같이 나타난다. 즉, 입양자의 비율이 1500년 1퍼센트에서 1550년 3퍼센트로 뛰며, 1600년까지는 이 수준을 유지한다. 하지만, 이 비율은 1700년 무렵이 되면 거의 10퍼센트로 증가하며, 왕조의 나머지 기간 동안 계속해서 증가한다(Peterson, *Korean Adoption and Inheritance*, p.164).

12 위의 책, pp.100-101.

13 위의 책, p.106.

14 『속대전』, 235-236쪽.

15 『조선왕조실록』, 1778년 8월 1일 무오(45: 52c).

16 이종일, 「18·19세기의 서얼소통운동에 대하여」, 51-52쪽.

17 『조선왕조실록』, 1823년 7월 25일 신묘(48: 228d-29a, 229d).

18 유수원, 『우서』 권9, 『사료로 본 한국문화사: 조선 후기편』, 205-206쪽·504쪽 수록.

19 송준호, 「신분제를 통해서 본 조선 후기 사회」, 23-24쪽.

20 송준호, 『조선사회사연구』, 454-455쪽.

21 『한말근대법령자료집』 1, 15쪽(1894. 6. 28).

22 Ebrey, "Concubines in Sung China"; Watson, "Wives, Concubines, and Maids," p.214; Waltner, *Getting an Heir*, pp.22-23. 월트너는 첩의 자녀가 전적으로 평등한 사회적 인정을 받은 것은 아니지만, 그들이 "완전한 합법성을 누렸다"는 것은 분명하다고 했다.

23 『조선왕조실록』, 1724년 12월 17일 병술(41: 445d). 오명의 지속성은 서얼과 그들의 지지자들의 주장에 반복적으로 나타나는 불만점이다. 예컨대, 『조선왕조실록』, 1823년 7월 25일 신묘(48: 230a) 참조.

24 송준호, 『조선사회사연구』, 487쪽.

25 송준호, 「신분제를 통해서 본 조선후기 사회」, 17-18쪽.

26 한국에서 율곡은 매우 존경받는 위치여서 그의 초상이 법정화인 오천원 지폐에 인쇄되어 있다. 하지만 이러한 율곡조차도 그의 후손들의 오명을 줄이기에 역부족이다. 이들 후손은

그의 두 서자로부터 나왔다. 그중 한 명은 율곡이 자신의 계승자로 지정했다(율곡에게는 '적자'가 없었다). 마크 피터슨은 그가 1974년 서울에서 율곡의 종손(宗孫)들을 만난 것을 언급했다. 하지만 그가 "그 집의 역사에 대해 알고 있는 어떤 사람들과 만나자는 논의를 꺼내자, 종손 일행은 귀엣말로, 자기 가문이 서파라는 오명 때문에 수년간 겪었던 문제들에 대해 말했다"고 한다(Peterson, *Korean Adoption and Inheritance*, p.97 참조). 나도 이와 유사한 상황을 마주친 적이 있다. 나는 1996년 양주군을 방문하여 그곳의 밀양박씨 문중공동체 대표들과 환담을 나눈 적이 있는데, 그때 그들은 이 공동체 출신의 유명한 학자 박제가에 대해, 그래봐야 '서자'라면서 웃었던 것이다.

27 이종일, 「조선후기의 적서신분변동에 대하여」에 등장하는 이 분쟁사에 관한 흥미진진한 설명을 참조.

28 『조선왕조실록』, 1778년 8월 1일 무오(45: 53b-c).

29 배재홍, 「조선 후기의 서얼 허통과 신분지위의 변동」, 219~228쪽 참조.

30 이 관행은 '종모법(從母法)'에 따른 것이다. 이 법은 양천교혼에서 세습 노비를 비(婢)의 자녀로 제한하기 위해 고려 초기에 제정되었다. 하지만 제임스 팔레(James Palais, *Confucian Statecraft*, pp.233~234)가 지적했듯이, 이 법은 사실상 무시되어서, 양천교혼 상황의 모든 자식들은 모(母)의 양천(良賤) 여부와 무관하게 노비로 되었다.

31 『조선왕조실록』, 1778년 8월 무오(45: 52d); 1823년 7월 신묘(48: 230b).

32 서얼 인구 규모에 관한 일반적 인식을 증언하는 18, 19세기 『조선왕조실록』 상소문 및 기타 기록에 대해서는 이종일, 「18·19세기의 서얼소통운동에 대하여」, 34쪽 참조.

33 『조선왕조실록』, 1724년 12월 병술(41: 445d).

34 법전에는 천첩 출생의 귀족 자제가 특별 예비군대인 보충대에 등록되어 이를 통해 평민지위를 획득할 수 있는 조항이 있다. 『경국대전』, 「형전」, '천첩자녀' 참조.

35 구완회, 「조선 중엽 사족얼자녀의 속량과 혼인」, 67~71쪽 참조. 구완회는 16세기 사족 관료 유희춘이 남긴 일기에 기반해서 유희춘과 그의 가족의 삶을 재창조해냈다. 여기에는 유희춘이 천첩에게서 얻은 네 딸도 포함되어 있다. 이 중 두 명은 무관의 첩이 되었다(구완회는 만약 그들이 평민 첩의 딸이었다면 문관의 첩이 되었을 것이라고 주장했다). 나머지 둘은 다른 얼자, 즉 천첩의 아들과 혼인했다.

36 국사편찬위원회, 『한국사』 34, 46~51쪽 참조. 이 책의 서얼에 관한 장에서는 몇몇 양반 가계를 살펴보고 있다. 한 사례에서는 16세기 초 관료 김굉필 후손의 숫자를 족보에서 찾아서 집계하였다. 김굉필 그 자신은 첩에게서 얻은 자식이 없었다. 그런데 그의 적자 4명에게서 서자가 4명이 나왔다. 이때부터 적서 두 계보는 2세기 동안은 상대적으로 동일한 수의 남자 후손을 배출하기 시작했다. 하지만, 18세기 초 18세 후손에서 시작해서는 서얼 후손의 숫자가 적손의 숫자를 크게 앞지르기 시작했다. 적손이 서손의 숫자를 앞지르는 사례도 있긴 하다. 그러나 일반적인 추세는 서얼 후손이 수적으로는 적다고 해도 중요한 비중을 유지했다는 것이다.

37 첩의 비율에 관한 정확한 통계는 없다. 그러나 조선 후기 높은 입양 비율과 20세기 이전 족보의 조사에서 나온 일반적 인상은, 사족 남성 중 다수는 아니더라도 상당한 비율이 적어도 1명 이상의 첩을 두고 있었다는 것이다. 이런 일반적 인상 중에서, 예를 들어서 샤를 달레의 *Histoire de l'eglise de Coree*(『한국천주교회사』) 저술에 메모를 제공한 19세기 선교사들처럼 외부인에 의한 인상은 당시 이런 관행을 광범위하게 퍼져 있는 것으로 여기는 경향이 있었다. 한국 해안에서 난파된 네덜란드 선원의 일원으로서 1653년부터 1666년까지 한국에 붙잡혀 있었던 헨드릭 하멜(Hendrik Hamel)은 다음과 같이 썼다. "일반적으로 귀족은 집에 2~3명의 여성을 데리고 있다. 그중 1인[처妻]이 가계를 관장한다(*Hamel's Journal and a Description of the Kingdom of Korea*, 1653-1666, p.64).

38 몇몇 왕족 후손 숫자에 대해, 국사편찬위원회, 『한국사』 34, 49쪽 참조. 왕실 인물들은 자주 다수의 첩(후궁)을 취하곤 했다. 세종대왕의 넷째 아들인 임영대군의 경우, 엄청난 불균형이 있었다. 그의 3대손까지 서파의 숫자는 적손 숫자를 278 대 22로 압도했던 것이다!

39 이준구, 『조선후기 신분직역변동연구』, 144쪽 수록 시카타 히로시(四方博, 대구), 김영모(대구, 울산), 이준구(단성)의 인구통계 분석 간의 비교 참조.

40 이홍두, 『조선 시대 신분변동 연구』 참조.

41 김용만, 『조선 시대 사노비 연구』는 이런 사례들을 부각시키고 있다.

42 이준구, 『조선후기 신분직역변동연구』.

43 위의 책, 143-160쪽.

44 위의 책, 130-133쪽.

45 Kawashima, "A Yangban Organization in the Countryside," pp.21-22.

46 이종일, 『조선 시대 서얼신분 변동사 연구』 31쪽 이하 참조.

47 이준구, 『조선후기 신분직역변동연구』, 197-198쪽.

48 조선에서 사회적 신분의식의 작동을 고려한다면, '진짜' 양반들은 서자인 이복형제들이나 혹은 여타 제2 신분집단조차도 유학(幼學)이라는 특권에 부합하게 되었다는 것을 알게 된 순간, 자신들이 그러한 유학으로 기록되는 것을 꺼렸으리라고 쉽게 상상할 수 있다.

49 배재홍도 이것이 개연성 있음을 주장한다. 『조선 후기의 서얼 허통과 신분지위의 변동』, 115쪽·303쪽 참조.

50 『경국대전』, 「예전」, '제과(諸科)'.

51 이 1553년의 결정 및 양측 주장에 대한 체계적인 설명은 Deuchler, "Heaven Does Not Discriminate," pp.134-142 참조. Peterson, *Korean Adoption and Inheritance*, pp.93-95 참조.

52 이종일, 『조선 시대 서얼신분 변동사 연구』, 110쪽; Peterson, *Korean Adoption and Inheritance*, pp.97.

53 송준호, 「조선 시대의 과거와 양반 및 양인」, 135쪽.

54 위의 책; 17-18세기 이후 이들 합격자 중 일부의 정보에 관한 면밀한 목록은 前間恭作,

「庶孽考」 pt. II, 60−67쪽 참조.

55 이종일, 「18·19세기의 서얼소통운동에 대하여」 40쪽; Deuchler, "Heaven Does Not Discriminate," pp.142−144.

56 이종일, 「조선 시대 서얼신분 변동사 연구」 115쪽.

57 Palais, *Confucian Statecraft*, pp.198·748. 유형원도 가(家)와 학(學)을 구분했다. 그는 이상적인 학교제도 구상에서, 예컨대 자리배치 같은 것에 나타나듯이 서얼이 평등을 누려야 한다고 주장했다. 하지만 가족 내에서 적서 간에 엄격한 차별이 유지되어야 한다고 주장했다.

58 이종일, 「조선 시대 서얼신분 변동사 연구」 119−120쪽; Deuchler, "Heaven Does Not Discriminate," p.145. 1746년 개정된 왕조 법전인 『속대전』에서는 이 규정들을 그대로 유지했다.

59 비조(鼻祖)는 업유, 업무인데 그의 후손들은 유학 직역명을 보유한 계보에 대한 사례 연구는 이준구, 『조선후기 신분직역변동연구』 223−226쪽 참조.

60 영조 모친 최씨의 낮은 신분에서 야기된 영조 시기의 갈등에 대해서는 Haboush, *A Heritage of Kings*, pp.54−63 참조. 최씨는 무술이로 궁녀 생활을 시작하여 후궁이 된 인물이었다.

61 실제로, 영조 즉위 초기에 서얼 상소가 너무 야단스럽고 빈번해서 실록 편찬자들은 조정과 궁중의 질서가 위험해졌다고 불평했다. 『조선왕조실록』 1724년 12월 병술(41: 445d) 참조.

62 이종일, 「18·19세기의 서얼소통운동에 대하여」 40−42쪽; Deuchler, "Heaven Does Not Discriminate," pp.152−153.

63 사검서에 대한 더 상세한 정보는 Peterson, *Korean Adoption and Inheritance*, pp.102−103 참조.

64 『밀성박씨족보』(1831) 4, 29쪽의 박씨 항목 참조.

65 김용덕, 「박제가」 1장 참조.

66 이종일, 「18·19세기의 서얼소통운동에 대하여」 46−47쪽.

67 위의 글, 49−51쪽.

68 『대전회통 연구 1』 99쪽.

69 『속대전』 「예전」 '제과'.

70 『고종실록』 1869년 1월 24일(1: 312d).

71 군국기무처의 서얼 의원 명단은 이 책 101쪽(표 2.2) 참조.

72 당시의 영자신문 Japan Weekly Mail의 1894년 11월 24일자 한 기사에 다음과 같은 내용이 나온다. "[한국] 개화파의 구성원들은 거의 모두가 서자이다. 하지만 그들이 휘두른 권력은 대단해서 한때 개혁위원회 위원 20명 중 12명이 그들로부터 충원되기도 했다." 미국 대사도 본국에 비슷한 설명을 타전했다. 이 두 인용에 대해서는 유영익, 『갑오경장연구』 190−191쪽 참조. 황현(『매천야록』 109−111쪽) 또한 갑오개혁에서 서얼의 우세를 언급했

다.

73 Yŏng-ho Ch'oe, *The Civil Examinations and the Social Structure in Early Yi Korea*, pp.128 이하 참조.

74 이진영, 「동학농민전쟁과 전라도 태인현의 재지사족: 도강김씨를 중심으로」 4장.

75 『경국대전』 「이전」 '한품서용(限品敍用)'.

76 역사적 주제로서의 허준의 중요성과 오늘날의 인기를 반영하듯, 그의 생애와 이력에 관해 셀 수 없이 많은 저술과 기사가 존재한다. 그리고 2000년에 방송된 그에 관한 TV 시리즈물은 인기 기록을 세우며 하나의 문화 현상이 되었다. 허준의 가족 배경에 대해 족보 및 여타 자료를 활용한 철저하고도 흥미로운 조사는 김호, 『허준의 동의보감 연구』 93-106쪽 참조. 흥미롭게도, 허준에게는 허징이라는 남동생이 있었다. 그도 역시 서자였는데(아마도 이복 서자였던 것 같다), 중간급 무관직에 종사하던 중, 1586년 문과에 급제했다. 즉, 허징은 16세기 중엽에 시행되기 시작한 서얼허통의 첫 수혜자였던 것이다. 그러나 예상대로 그는 서얼 여성과 혼인했다. 이 사례에서 그 서얼 여성은 유명한 학자이자 재상이었던 노수신의 딸이었다.

77 예를 들어서, 이중환은 한국의 사회 위계를 분석하면서 '서얼'과 '잡색인(기술관료)'을 중인으로 묶었다. 1746년 『속대전』도 이 두 집단을 묶어서 수령직 제수 가능자로 분류하고 있다. 이중환, 『택리지』 265쪽·268쪽 참조.

78 『대전회통 연구 1』 175쪽·190쪽.

79 『고종실록』 1874년 2월 23일(1 : 446cd).

80 이종일, 「18·19세기의 서얼소통운동에 대하여」 68쪽.

81 윤효정과 관련된 한 일화(『한말비사』 39쪽)에서는 조선 후기 이 두 집단 간의 때로 격렬했던 경쟁의식이 지적된다. 서얼은 자신들이 통례원에서 같은 지위를 중인과 공유한다는 점을 모욕적으로 생각했던 한편, 중인은 이러한 서얼들의 편견에 기분 상해했던 것이다. 어느 날 한 중인 관료가 통례원 관청에 입장하기를 거부하면서 대신에 관청 바깥에 방석을 깔고 앉는 선택을 했다. 이유를 묻자 그 중인이 답하기를, 자신은 "기생 냄새 때문에" 들어가고 싶지 않다는 것이다. 즉, 안에 있는 서얼을 조롱한 것인데, 그들 중에는 분명히 기첩(妓妾)의 자식도 있을 것이기 때문이다.

82 김두헌, 「조선 후기 중인의 서류(庶流) 및 첩에 대한 차별」

83 이진흥, 『연조귀감』 220쪽.

84 제7장 '무반' 참조.

85 前間恭作, 「庶孼考」 pt. I, 7쪽. 참조.

86 황현, 『매천야록』 109쪽 참조; 정해은은 서얼이 고위 무관을 뽑는 추천직에 고려대상이 아니었음을 밝혔다. 정해은, 「조선 후기 무과입격자의 신분과 사회적 지위」 233쪽; 마에마(前間, 「庶孼考」 pt. I, 7-8쪽)는 또한 서얼이 선전관(宣傳官)직에서도 배제되어 있었다고 언급했다. 선전관직은 고위 무관으로 진출이 예정된 무반 자손이 중간에 거쳐가는 수준의

하위직이었다.

87 『조선왕조실록』, 1823년 7월 25일 신묘(48: 228d); 1778년 8월 1일 무오(45: 52d, 53b~c).

88 국사편찬위원회, 『한국사』 34, 54쪽; 배재홍, 「조선후기의 서얼 허통과 신분지위의 변동」 참조.

89 『조선왕조실록』, 1823년 7월 25일 신묘(48: 230a).

90 권중현의 전기적 정보는 아래와 같은 자료로부터 수집되었다. 『안동권씨추밀공파대보』 15, 94쪽; 大村友之丞, 『朝鮮貴族列傳』, 92~94쪽; 細井肇, 『現代漢城の風雲と名士』, 99~102쪽; 안용식, 『한국행정사연구』 권2.

91 근대 족보(이전 주석 참조)에는 물론 서자 표시가 없다. 그러나 권중현이 1세대 서얼, 즉 서자라는 점이 강력하게 암시되고 있다. 권홍섭에게는 중건이라는 단 1명의 적자가 있었 다. 중건은 통상적 관행에 따라 아들이 없는 홍섭의 형 영섭에게 입후되었다. 중건이 서자 일 리는 없다. 서자는 양자로 입후될 수 없었기 때문이다. 권중현이 서자라는 증거는 황현 의 『매천야록』 그리고 미국 대사가 워싱턴에 1894년의 정치 상황을 언급하면서 타전한 전 보에 나온다. 거기에 다음과 같이 권중현, 김가진(Kim Ka Chin), 안경수(An Kyung Soo) 가 소개되고 있다. 즉, "이들은 현 단계에서 이들에 대한 계급적 편견을 가급적 불러일으키 지 않을 목적으로 부차적 직위를 부여받았다. 왜냐면, 이들은 서자, 즉 첩의 자식으로서 지 금까지대로라면 순수한 귀족과 동등한 관계를 맺을 수 없기 때문이다. (McCune, *Korean-American Relations* 2: 349; 유영익, 『갑오경장연구』, 190~191쪽에서 재인용).

92 이윤영의 전기적 정보는 아래와 같은 자료로부터 수집되었다. 細井肇, 『現代漢城の風雲 と名士』, 102~104쪽; 大村友之丞, 『朝鮮貴族列傳』, 235~237쪽.

93 호준은 윤용의 6대조와 마찬가지로 문과 급제자였다. 『만성대동보』 I, 140A: 1b 참조. 흥 미롭게도 『만성대동보』는 일반적으로 서자는 수록하지 않는데, 윤용 그 자신은 여기에 등 장한다(허준도 등장한다). 하지만, 관례대로 윤용은 장남임에도 입후자인 완용 다음에 기 록되어 있다. 서자가 기록된 족보는 통상 이것이 관례였다.

94 윤용의 처는 혼인 후 비교적 일찍 사망했다. 그는 재혼했다.

95 『만성대동보』 I, 6B: 2b 이경하 항목 참조. 관례대로 서자인 범진은 등재되어 있지 않다.

96 와그너-송준호 문과 프로젝트(Wagner-Song Munkwa Project) #13505번 급제자.

97 『한국민족문화대백과사전』 항목; 황현, 『매천야록』, 107쪽 참조. 황현도 이범진이 기첩의 자식이라고 말한다.

98 이범진은 1963년 박정희 정부에서 사후 훈장이 추서되기까지 했다. 『한국민족문화대백과 사전』은 그를 '순국지사'로 칭한다.

99 실제로, 서얼은 상소문에서 유자광이라는 악명 높은 인물의 죄상을 지적하곤 했다. 그가 자신들의 운명을 결정지었다는 것이다. 유자광은 고위관료의 서자였는데, 자신을 정치적 실권자에 빗대는 의심스런 행위, 15세기 후반 정치에서 갈등의 획책, 폭군 연산군과의 내 밀한 공모 등을 통해 서얼 이미지를 더럽힌 것으로 얘기된다. 물론 이 논리의 문제점은 서

얼에 대한 차별이 유자광 시대보다 적어도 반세기 앞선 시대부터 있었다는 점이다. 16세
기 전환기 당쟁 과정에서 유자광의 활동에 관해 더 상세한 내용은 Wagner, *The Literati
Purges* 참조.

100 족보에서 김가진 항목은 『안동김씨세보』 3, 931쪽 참조.

101 황현이 이를 언급한 것은 놀랍지 않지만(『매천야록』, 111쪽), 호소이 하지메 같은 인물이
이에 관해 그리고 김가진의 출신 배경에 대한 여타 정보를 재차 언급한 것은 놀라운 일이
다. 細井肇, 『現代漢城の風雲と名士』, 167쪽 참조. 『춘향전』의 가상의 주인공 춘향도 이
와 동일한 환경하에서 출생했다.

102 와그너-송준호 문과 프로젝트(Wagner–Song Munkwa Project) #13931번 급제자.

103 McCune, *Korean-American Relations*, 2, no. 483, "Horace Allen to Secretary of
State"(Confidential), 1893. 11. 20.

104 大村友之丞, 『朝鮮貴族列傳』, 227쪽.

105 안경수가 서자였는지 아닌지, 그의 가계가 언제 서얼 계보가 되었는지는 불명확하다. 안경
수의 족보 자료는 『죽산안씨대동보』, 1222쪽 참조; 『한국민족문화대백과사전』, '안경수' 항
목도 참조.

106 『고종시대사』, 1887년 6월 8일 갑오.

107 대부분 무관으로 구성된 몇몇 다른 인물과 함께 안경수는 11월 말 800명의 소부대를 이끌
고 대궐에 들어가서 일본인 무리로부터 국왕 고종을 '구출'하고, 이를 통해 친일 갑오 지도
부를 무너뜨릴 계획을 수립하였다. 친위대장 이진호가 협조하도록 되어 있었으나, 그는 이
계획을 정부에 보고하였고, 정부는 쿠데타를 예방할 수 있었다(이진호는 식민지기에 도지
사가 된다). 지도부 2인은 처형되었고, 안경수는 태형 100대를 받았다. 이듬해 2월 아관파
천은 본질적으로 동일한 계획으로부터 일어났다. 실패한 계획을 아관파천이 성공시킨 것
이다.

108 윤치호와 그의 사상에 관해 영어권의 가장 상세한 논의로는 de Cuester, Koen, "From
Modernization to Collaboration" 참조. 흥미롭게도, 윤치호의 (현대) 족보 항목은 그를 애
국가 작사자로 기록하고 있다. 이 주장은 일반적으로 받아들여지고 있지만 논쟁의 대상이
기도 하다.

109 『해평윤씨인맥』, 809–811쪽.

110 『해평윤씨대동보』.

111 『해평윤씨인맥』, 781–782쪽; 『해평윤씨대동보』. 치왕은 윤웅렬의 후처 소생으로 치호보다
30년이나 뒤에 태어났다.

112 윤영렬은 1895~1904년간 4개 도에 걸쳐 6개 고을의 수령을 역임했다. 안용식, 『한말지방
관록』; 『해평윤씨대동보』, 559쪽 참조.

113 『대한제국관원이력서』, 631·637쪽.

114 『해평윤씨대동보』, 617쪽. 윤보선은 1963년, 1967년 대통령 선거에서 박정희의 주된 경쟁

자였다. 두 번 다 패했다.

115 『해평윤씨대동보』, 627쪽.

116 위의 책, 613-615쪽.

117 Martínez López, "The Spanish Concept of Limpieza de Sangre and the Emergence of the 'Race/Caste' System in the Viceroyalty of New Spain" 참조.

118 예컨대, Berreman, "Caste in India and the United States"; A. Davis et al., *Deep South; and K. Davis, Human Society*, chap.14 참조. 베러만(p.126)은 하위 카스트 집단이 상층 카스트를 주장할 수 있는 한 가지 특별한 방법에 대해 간략히 언급한다. 그것은 현재 자신과는 매우 멀지만, 고위층 인물이었던 부계 조상을 이용하는 것이다. 그 조상이 하층 카스트 여성과 '혼인'했고, 이 여성의 후손들은 마치 한국의 서얼이 그랬듯이 낮은 신분에 처하게 되었다는 식이다. 제임스 데이비스(F. James Davis)는 남부에서 '카스트와 유사한' 짐 크로우(Jim Crow) 제도를 언급한다(F. J. Davis, *Who Is Black?*, p.15). Warner, Meeker, and Ells(*Social Class in America*)는 미국 남부에서의 사회계층화를 표현하기 위해 '피부색 카스트 제도(color-caste system)'라는 용어를 사용한다. 미국 남부에서 "이 제도의 지배로 인해 하위 카스트에 속한 사람들은 그것을 벗어나서 상승하는 것이 금지되었다. 그들과 그들의 아이들의 지위는 영구히 고정되었던 것이다.

119 미국에서 인종 간 성적 관계 및 그것이 인종의 사회사에 미치는 파장에 관해 폭넓은 논의가 있다. 관련 연구로는 Williamson, *New People; Talty, Mulatto America; Rothman, Notorious in the Neighborhood* 등이 있다.

120 배재홍, 「조선 후기의 서얼 허통과 신분지위의 변동」, 288쪽.

121 See Rothman, Notorious in the Neighborhood, pp.14, 133; DuBois, "Miscegenation," pp.97 이하) Jordan, *The White Man's Burden*, p.70.

122 Talty, Mulatto America, p.53; F. J. Davis, *Who Is Black?*, 2장; Degler, *Neither Black nor White*, p.101.

123 A. Davis et al., *Deep South*, pp.31-42. 하지만 남북전쟁 이전 시기에 혼혈 자손들이 흑인 커뮤니티 내에서 다소 높은 지위를 누렸다는 관념은 존 블레싱게임(John Blassingame)에 의해 논박되었다. 그는 혼혈 자손들이 흑인 노예 커뮤니티에서 배척되거나 심지어 자신의 백인 조상을 혐오하기도 했다는 점을 밝혔다.

124 DuBois, *The Souls of Black Folk*, p.7. 1935년, 뒤부아는 다음과 같이 노골적으로 말했다. 즉, "미국에서 흑/백인이 피를 섞었던 정도의 문제, 그리고 과거, 현재, 미래에 있어 이러한 혼혈의 결과야말로 많은 점에서 미국의 소위 흑인문제의 핵심이다("Miscegenation," p.96).

125 F. 제임스 데이비스는 이제는 고전이 된 '한 방울의 피 법칙'에 관한 자신의 연구, *Who is Black?*에서 지배자의 개념이 어떻게 그 희생자의 언어 속에 쉽게 스며들었는지를 상기시키고 있다. 즉, 흑인에 관한 이 규정이 본래는 인종 차별을 유지시키기 위한 것이었음에도

이제는 백인뿐 아니라 흑인에게도 당연한 것으로 여겨졌다는 것이다.

126 David Rice, "Slavery Inconsistent with Justice and Good Policy"(1792).

127 Geschwender, *Racial Stratification in America*, p.133.

128 제임스 데이비스(F. James Davis, *Who Is Black?*, pp.6–7 · 21)는 그 수치를 75퍼센트로 잡으며, 90퍼센트나 될 수도 있다고 한다. 일부 저명한 '흑인' 지도자들은 그 자신들이 조상 중에 백인 비중이 더 높다. 뒤부아도 그중 한 명이다.

129 뉴올리언스에서 이런 사건이 일어난 적이 있다. 이에 관해, Chambers, "Things as They Are in America"(1853) 참조.

130 페기 파스코가 지적하듯, 교혼금지법은 사회 관습의 힘 때문에 남북전쟁 전에는 불필요했지만, 17세기 중엽에 처음 제정되어, 노예제 말엽부터 1960년대 폐지될 때까지 "미국 백인 우월주의의 궁극적인 승인 장치"로 역할했다(Pascoe, "Miscegenation Law, Court Cases, and the Ideologies of 'Race' in Twentieth-Century America," p.49).

131 두 종류의 법규가 20세기 중반까지 살아남았다. 교혼금지법과 미국 센서스 범주규정(American census categorization)이 그것이다. 둘 다 흑인을 규정하는 한 방울 법칙의 다양한 변주를 지속적으로 적용하고 있었다.

132 Degler, *Neither White nor Black*. 또한 브라질 학계가 엄청난 교혼과 인종적 다양성을 어떻게 받아들였는지, 그리고 이 과정이 브라질 사회의 특성을 어떻게 규정했는지에 관한 흥미진진한 사회사로서 Schwarcz, *The Spectacle of the Races* 참조.

6장 서북인

※ EPIGRAPH: W. M. Baird("Friar Martin"), "Notes on a Trip into Northern Korea," *Independent*, 1897. 5. 20.

1 Sun Joo Kim, "Marginalized Elite."; 고석규, 『19세기 조선의 향촌사회연구』; 오수창, 『조선 후기 평안도 사회발전 연구』 참조.

2 이광린, 「개화기 관서지방과 개신교」

3 이중환, 『택리지』, 102쪽 · 105쪽.

4 Duncan, "The Social Background to the Foundation of the Chosŏn Dynasty."

5 이성계가 취한 첫 번째 조치는 그 지역에 살았던 자기 고조부의 왕릉 부지를 마련하기 위해 자신의 아들 이방원(이후 태종이 됨)을 두만강변의 경흥 지역으로 파견한 것이다(이성계의 조상은 이후 남쪽의 함흥 지역으로 이주했다). 이것은 부모에 대한 효(孝)와 영토적 야심을 효과적으로 통합한 사례이다. 그런 영토적 주장에 대한 또 다른 정당화는 고구려와 발해 왕조의 고토를 수복한다는 것이었다. 국사편찬위원회, 『한국사』 22, 161쪽 · 168쪽 참조.

6   『조선왕조실록』 1395년 2월 1일 을축(1: 75a).

7   배우성, 「고지도를 통해 본 18세기 북방정책」 78-79쪽.

8   국사편찬위원회, 『한국사』 25, 147-148쪽.

9   『조선왕조실록』 1512년 6월 15일 정사(14: 591d-92b); 1523년 12월 11일 정미(16: 275a-b).

10 『조선왕조실록』 1410년 3월 30일 병신(1: 537b); 1428년 11월 19일 정묘(3: 154d-55a); 1441년 10월 5일 무진(3: 365c-d); 1501년 7월 5일 신해(13: 445b-c).

11 『조선왕조실록』 1442년 5월 13일 임신(4: 41c-d).

12 『조선왕조실록』 1422년 12월 28일 신사(2: 518c-d).

13 『조선왕조실록』 1433년 11월 21일 경자(3: 527b-c); 1442년 5월 13일 임신(4: 410c-d).

14 예조의 중간 관리인 이선로는 1445년 서북을 방문한 후, '광활한 새땅(新地)'이 있으며 압록강과 북청-함흥 사이는 산지에다 물길로 가득차 있지만 경작과 정주에 적합하다고 보고했다. 이선로는 이 지역에 희박한 인구만이 거주하는데, 그들은 나라의 요역을 피해서 도망 온 무지한 백성이라고 했다. 의정부는 이 땅이 가망 없으므로, 조정은 그 대신에 함경도 북쪽인 갑산과 삼수 사이의 회랑 지역에 집중해서 백성을 정주시켜야 된다고 반박했다. 『조선왕조실록』 1445년 11월 4일 계유(3: 643b-d) 참조.

15 국사편찬위원회, 『한국사』 22, 170-176쪽.

16 Robinson, "From Raiders to Traders."

17 『조선왕조실록』 1455년 7월 22일 을미(7: 73a-c).

18 남부 지방의 관찰사와 수령들은 이주민을 모으고 준비시키는 것을 책임졌다. 서북 지방의 관찰사와 수령들은 정착 후보지를 고르고 재정착을 조직하는 일을 담당했다. 도(道) 단위의 새로운 관직들, 특히 사민정책을 담당할 관직들이 만들어졌다. 사민순찰사(徙民巡察使, 이주 총지휘)가 남부 지방에 배정되어 이주 후보자들의 선별 작업을 조직했다. 사민경차관(徙民敬差官, 이주 감독)은 서북의 각 도(道)에 배치되어 새 정착민에게 정착 목표지를 지시했다. 『조선왕조실록』 1460년 11월 2일 갑신(7: 434b-d); 1461년 8월 3일 경오(7: 478b).

19 조정의 기록에는 이주자로 선정된 백성의 저항 징후가 지속적으로 있음에도, 임금이 사민사업, 특히 변경지대에 대한 사민사업을 재촉하는 모습이 자주 나온다. 선정된 백성의 대부분은 범죄자였다. 16세기 중엽에는 여진족 무장 집단의 결집과 힘이 커지면서 잦아진 기습으로 인해, 변경 지역에 한국인의 거주지를 유지시키는 것이 특히 어려워졌고, 정부에서는 도망친 조선인을 변경으로 돌려보내기 위해 엄격한 조치를 취해야 했다. 이장희, 「임란 전의 서북변계 정책」 참조.

20 사민에 관한 초기의 얼마 안 되는 연구 중에서 이인영의 연구(「이씨 조선 세조때의 북방이민 정책」 110쪽)에 따르면, 세조 재위기 동안 남부 지방에서 평안, 함길(함경), 황해, 강원 서북으로 이주한 것은 전체 인구 대략 700만 명 중에서 1만 명 내외였다고 한다. 역사학자

이수건이 이인영의 것도 포함한 기존 연구들에 기반하여 추정하기로는 대략 2만 호(4만 ~5만 구) 이상이 15세기 중엽에 서북으로 보내졌다고 했다. 이것은 세종~성종 시기이다. 하지만, 이수건은 이 같은 도표가 본질상 매우 추측적임을 인정한다. 즉, 조선 초기, 특히 서북 지방의 인구 수치는 호적에 기재된 '호(戶)' 규모의 지역적 격차, 특정 지역에 있어 호의 과소평가나 초기의 행정적 통제 등으로 인해 신뢰할 수 없는 것이다. 그러나 만약 이수건의 수치가 15세기 간 인구 이동의 실제 범위에 근사한다면, 15, 16세기에 서북으로 이주한 사람의 전체 수는 10만 명에 근접할 것이다. 이수건, 「인구동향과 사회신분」 31-33쪽 참조. 『함경남도지』(158-159쪽)는 1960년대에 월남한 함경도민들에 의해 편집 출간되었는데, 여기에는 세종 재위기(1418~1450) 동안 '수천 명의 농민'이 길주 남쪽 지역(현재의 함경남북도 경계의 바로 북쪽)으로 이주했다고 되어 있다. 15세기 후반, 여진족을 몰아내기 위한 세 번의 정부 차원의 군사작전에 따라 약 1만 명의 사람이 두만강 변방으로 이주했다.

21 『조선왕조실록』 1460년 4월 23일 기사(7: 390c-d).

22 『경국대전』 1071쪽.

23 『조선왕조실록』 1479년 6월 22일 정미(10: 29b-c); 1494년 7월 24일 경술(12: 565a-66a).

24 박옥걸, 『고려 시대의 귀화인 연구』

25 Duncan, "The Social Background to the Foundation of the Chosŏn Dynasty," p.57.

26 『조선왕조실록』 1501년 7월 8일 갑신(13: 448b); 1514년 10월 13일 임인(15: 35a). 또한 Duncan, "Hyanghwain: Migration and Assimilation in Chosŏn Korea" 참조.

27 『전주이씨안원대군파보』 7-9쪽. 이씨의 조상은 13세기에 전주에서 서북으로 이주했다. 이성계의 고조부인 이안사(李安社, 이후, '목조'로 추존)는 정치 싸움에 휘말려 자기의 가솔을 오늘날 함흥 부근의 변경 지역으로 이주시키고, 거기서 무관직을 얻었다. 종국에 그는 몽골 침략 당국에 투항했다. 이안사의 넷째 아들 이행리(李行里)의 후손은 원왕조에 대한 군사적 부역을 통해 동북면 호족으로 자임했다. 한편, 이안사의 둘째 아들 이진(李珍)의 후손은 오늘날 평안도 지역인 서북면으로 이주하여 마침내 정주군에 자리를 잡았다. 위의 책, 7-9쪽 참조.

28 『조선왕조실록』 1433년 11월 21일 경자(3: 527b-c); 1440년 11월 26일 을축(4: 325c-26b); 1460.11#.2 갑신(7: 434b-d); 1471년 2월 3일 병오(8: 553d-54a); 1483년 12월 3일 임술(10: 547a-b); 1491년 5월 12일 정해(12: 36b-c).

29 송준호, 『조선사회사연구』 250-259쪽.

30 『조선왕조실록』 1429년 11월 13일 을묘(3: 205b).

31 『조선왕조실록』 1517년 4월 23일 무진(15: 272b).

32 오수창, 『조선 후기 평안도 사회발전 연구』 177-178쪽.

33 송준호, 『조선사회사연구』 177-178쪽.

34 『조선왕조실록』 1698년 1월 22일 무술(39: 483d).

35 『조선왕조실록』 1687년 5월 11일 무자(39: 101d).

36 『대전회통 연구 2』 52쪽.

37 고승희, 『조선 후기 함경도 상업연구』; Kenneth Robinson, "From Raiders to Traders," pp.97-101.

38 배우성, 「조선 후기 변지관의 변화와 지역민 인식」 43쪽.

39 오수창, 『조선 후기 평안도 사회발전 연구』 99-101쪽.

40 이광린, 「개화기 관서지방과 개신교」 38쪽.

41 이중환, 『택리지』 195쪽.

42 최근 역사학자 배우성은 조선 시기의 지배적인 영토, 주권 개념을 탐구하는 흥미진진한 일련의 연구를 발표했다. 「고지도를 통해 본 18세기 북방정책」(118-123쪽)에서, 그는 다음과 같이 주장했다. 18세기까지 서북 두 도(道)에 대해 놀라우리만치 부정확한 지도는 이들 영토를 단지 북방 침략에 맞서는 제1방어선 정도로밖에 보지 않는 지배적 관념의 증거라는 것이다. 마찬가지로, 이 지역들을 '국토'로 인정하는 조정의 태도 변화와 그에 따른 정보 수집의 증가는 18세기 중반부터 더욱 정확해지고 상세해진 지도들에 나타난다고 한다.

43 권내현, 「18세기 전반 평안도의 군량 운영」

44 Sun Joo Kim, "Marginalized Elite."

45 강석화, 「영·정조대의 함경도 지역개발과 위상강화」 56-59쪽.

46 오수창, 『조선 후기 평안도 사회발전 연구』 209-220쪽.

47 제7장 참조.

48 오수창, 『조선 후기 평안도 사회발전 연구』 205-209쪽; 『조선왕조실록』 1772년 1월 25일 신유(44:410).

49 고석규, 『19세기 조선의 향촌사회연구』 76-86쪽.

50 『조선왕조실록』 1675년 8월 29일 갑신(38: 299d).

51 강석화, 「영·정조대의 함경도 지역개발과 위상강화」 61-66쪽.

52 오수창, 『조선 후기 평안도 사회발전 연구』 165쪽.

53 이중환, 『택리지』 98쪽.

54 『조선왕조실록』 1781년 10월 28일 정유(45: 274b-c).

55 Wagner, "The Civil Examination Process as Social Leaven," pp.2-3.

56 이것은 서북인이 정기시험인 식년시에만 응시할 수 있었다는 점을 감안한다면 훨씬 더 인상적이다. 빈번하게 열렸던 별시(別試)는 공지 기간이 너무 짧아서 서북 출신자가 서울까지 여행하기에 충분한 시간이 주어지지 않았다.

57 『정주군지』 193쪽.

58 Wagner, "The Civil Examination Process as Social Leaven," p.5.

59 예를 들어, 조정의 기록에는 국왕 영조가 평안도에 파견된 관찰사, 수령들에 의해 자행되

고 있던 부패의 상세한 정황을 전해 듣자마자 격노했다고 나온다. 그것은 중앙관과의 공모에 의한 것이었다. 또한, 이 부패로 인해 심지어 기근 시기에 국가의 진휼 노력마저 차단되고 있었던 것이다. 『조선왕조실록』 1771년5월 13일 계축(44:381d-82b); 이광린, 「개화기 관서지방과 개신교」 참조.

60 배우성, 「조선 후기 변지관의 변화와 지역민 인식」 27–33쪽.

61 『조선왕조실록』 1787년 12월 15일 무신(45: 679b–c).

62 『조선왕조실록』 1682년 8월 16일 신묘(38: 597c–d).

63 『조선왕조실록』 1685년 3월 5일 을축(39: 30a).

64 『조선왕조실록』 1685년 6월 25일 갑인(39: 35d–36a).

65 『조선왕조실록』 1756년 9#. 7일 임인(43: 632b).

66 평안도 전체 문과 급제자는 여느 때와 같이 압도적으로 가장 많은 문과 급제자를 배출한 서울의 거의 40퍼센트였다. 한국역사연구회, 『조선정치사, 1800–1863』 192쪽 참조. 이 유일한 서북인 고위관료는 아마도 (평안도) 영변 출신의 학자로서 19세기 초 잠시 한성부 판윤 바로 아랫자리에 재직했던 이응거(李膺擧)이거나, 혹은 저명한 정주 수원백씨 집안 출신의 문과 급제자 백종걸(白宗杰)일 것이다. 수원백씨에 대해 더 상세한 것은 아래 참조.

67 Quinones, "The Prerequisites for Power in Late Yi Korea," pp.133–134. 이 사람은 아마도 서얼일 것이고, 이로 인해 서북 지역에 거주하게 되었을 것이다.

68 특히 정석종, 「홍경래 난의 성격」 200–204쪽 참조. 정석종은 평안도 농업생산과 상업의 발달에 따라 그 시기 계층격차가 더욱 첨예해졌고, 이것이 반란으로 이어졌다고 주장했다. 반란의 지도자들은 상대적으로 부유하고 교육받은 무인–상인 엘리트였다고 하며, 반란의 초기 단계에서는 상인의 후원을 받았다고 한다. 반란은 봉건 국가와 상충하는 단계의 계급의식에 도달했던 지도부가 하층의 영세한 농민을 대규모로 참여하도록 설득할 수 없자, 결국 실패했다고 한다. 우연찮게도 이것은 1894년 동학 봉기 실패, 나아가 1884년 갑신정변 실패에 대한 오늘날의 지배적인 역사학적 설명법이다.

69 Sun Joo Kim, "Marginalized Elite."; 오수창, 「조선 후기 평안도 사회발전 연구」.

70 고석규, 『19세기 조선의 향촌사회연구』 106쪽·118쪽.

71 「서적격문(西賊檄文)」, 『관서신미록』 16–17쪽. 흥미롭게도 '평서대원수'라는 명칭은 적(敵)이 부과한 상징을 차용한 사례이다. 이 명칭은 12세기 중앙관이던 김부식이 받은 칭호였다. 김부식은 과거 평안도 출신의 카리스마 있는 지도자인 승려 묘청이 이끈 반란에 대해 고려 조정의 진압을 이끌었다.

72 조선 시기 일반적으로 기자와 단군은 각각 한국문명의 설립자와 한국인의 시조로 생각되었다. 둘 다 평양을 영토로 하였다. 20세기를 거치면서 단군이 천상으로부터 정령과 함께 강신(降神)한 이야기는 한국 토착 종교의 샤머니즘적 기류를 불러일으키면서 폭넓게 받아들여졌다. 하지만 주나라 왕에 의해 한국 땅에 봉해진 이후, 한반도에 중화문명을 도입한

것으로 가정되는 기자에 대해서는, 그 관념이 한국 전통시대 사대주의의 잔재로 여겨져서 버려졌다. 평안도의 엘리트들은 종종 기자와의 관련을 선전했는데, 특히 그들의 지역이 문화적으로 낙후되었다는 인식에 대처할 때 그러했다. 이들은 점점 지역적 연대를 결집시키기 위해 기자와 단군 양쪽과의 관련을 모두 활용했다. 여기 보는 홍경래 격문도 마찬가지이다. 오수창, 『조선 후기 평안도 사회발전 연구』, 148–150쪽 참조.

73 오수창, 『조선 후기 평안도 사회발전 연구』, 257–260쪽; 정석종, 「홍경래 난'의 성격」, 163–164쪽.

74 Sun Joo Kim, "Marginalized Elite," p.51.

75 『조선왕조실록』, 1714년 7월 26일 갑자(40: 533c); 오수창, 『조선 후기 평안도 사회발전 연구』, 152쪽.

76 『조선왕조실록』, 1806년 9월 16일 경신(47: 564d).

77 「관서진신록」.

78 「관북빈흥록」(1797); 「함경도내공영생녹명성책(咸鏡道內功令生錄名册)」(1797).

79 고석규, 『19세기 조선의 향촌사회연구』, 121쪽.

80 『조선왕조실록』, 1811년 12월 23일 정묘(47: 703a).

81 『조선왕조실록』, 1812년 5월 5일 병자(48: 23a); 『비변사등록』 20, 496–497쪽. 『조선왕조실록』이나 『비변사등록』 등에 보듯이, 백경한의 죽음은 그가 붙잡히자마자 반란군의 대의를 반항적으로 거부한 것 때문이라고 한다. "나라에서 나의 동생 백경해에게 [경해의 문과급제와 그에 뒤이은 관직 임명과 관련하여] 큰 영예를 주었다. 그래서 나는 너를 죽여야 한다. 왜냐면 [그렇게 해야] 나의 영혼이 죽어서도 충혼이 될 것이기 때문이다."

82 『조선왕조실록』, 1824년 6월 9일 신축(48: 240c–d); 1851년 9월 14일 병인(48: 571a); 『비변사등록』 21, 867쪽.

83 『조선왕조실록』, 1827년 12월 7일 무인(48: 306c–d); 1856년 12월 1일 갑신(48: 609c).

84 족보는 백종걸이 우승지까지 역임했다고 주장한다. 하지만 『조선왕조실록』에서는 단지 그가 통례원 좌통례로 재직한 것만 확인된다. 두 직책은 모두 정3품이다. 『조선왕조실록』, 1861년 1월 7일 병신(48: 642a) 참조.

85 백인제 박사 전기간행위원회 편, 『선각자 백인제』 참조.

86 『정주군지』, 373쪽; 안용식, 『한국행정사연구』 2, 125–126쪽. 식민지 말기 다른 여러 지역 엘리트들이 그러했듯이, 백붕제 역시 1950년 북한군 남침 시 포로로 잡혀서 납북된 것으로 추정된다.

87 고석규, 『19세기 조선의 향촌사회연구』; Sun Joo Kim, "Marginalized Elite."

88 백경해의 글들에 대한 김선주의 연구, "A Rebel or a Loyal Subject?(역적인가, 충신인가?)"에도 나오지만, 백경해 그 자신이 홍경래 봉기가 일어나기 수년 전 자기 지역 사람들이 당했던 관직 차별에 대해 상당한 괴로움을 호소한 바 있다. 김선주는 백경해가 관군(官軍)측에 가담하게 된 과정에 큰 어려움이 있었다고 주장했다. 1960, 1970년대에 간행된 지방

공보물의 설명은 이러한 전통적 차별에 대한 강력한 인식을 반영하고 있다. 함경남도 연감에 다음과 같이 기록되어 있다. 즉, 함경도 주민들은 "관직 임명과 시험 과정에서의 차별"에도 불구하고 조선 국가에 충성했다는 것이다(『함경남도지』, 408쪽) 황해도 연감은 이 차별에 대해 더욱 적극적으로 논평을 가한다. 즉, 고려 정부에서 황해도 출신 관료의 우세로 인해, 조선의 건국자인 이성계가 황해도 주민을 배제할 수밖에 없었다는 것이다(『황해도지』, 75쪽) 비슷한 정조가 『평안남도지』(137–138쪽)에도 나타나 있다. 『오산칠십년사』, 46–47쪽도 참조.

89 善生永助, 『朝鮮總督府 生活狀態調査: 平壤府』, 3–4쪽.

90 Eckert, "Total War, Industrialization, and Social Change in Late Colonial Korea," pp.13–14.

91 이광린, 『한국개화사의 제문제』, 168–201쪽.

92 『고종실록』, 1894년 6월 25일; 1894년 7월 20일; 1894년 8월 7일.

93 안용식, 『한국행정사』 2; 『대한제국관원이력서』, 884쪽; 『조선인사흥신록』, 513쪽; 阿部薰, 『朝鮮功勞者 名鑑』, 59쪽7.

94 『대한제국관원이력서』, 885쪽; 『조선인사흥신록』, 518쪽; 阿部薰, 『朝鮮功勞者 名鑑』, 648쪽; 안용식, 『한국행정사』 2.

95 『조선인사흥신록』, 148쪽; 안용식, 『한국행정사』 1·2.

96 안용식, 『한국행정사』 2; 『조선인사흥신록』, 142쪽; 阿部薰, 『朝鮮功勞者 名鑑』, 133쪽.

97 이기동, 『비극의 군인들』, 470쪽; 『조선인사흥신록』, 529쪽.

98 『조선인사흥신록』, 539쪽; 이기동, 『비극의 군인들』, 467쪽; 안용식, 『한국행정사』 1·2.

99 박상준, 「고아산림학자 동포」, 52–54쪽 참조.

100 안용식, 『한국행정사』 2; 『조선인사흥신록』, 419쪽; 阿部薰, 『朝鮮功勞者 名鑑』, 150쪽.

101 『한국인명대사전』, 274쪽.

102 *Korean Repository*(1897), p.351; *Korean Review*(1906), p. 99. 특히 평안도에서 개신교의 엄청난 성공에 대한 논의는 Kim, Chong Bum. "Christianity in Colonial Korea", pp.26–27 참조.

103 Wells, *New God, New Nation*; 이광린, 「개화기 관서지방과 개신교」, 43–47쪽.

104 김윤식, 『속음청사』 2: 239; 사설, 「西北兩學會」, 『황성신문』 1907. 5. 14. 서북학회가 명성을 얻은 것 중의 하나는 "관리, 신사, 상인 혹은 농부, 노소, 남녀" 등 회원의 사회적 배경에 대해 어떠한 제한도 두지 않았다는 것이다. 『황성신문』 사설, 「開關北之風者」(1908. 9. 1)의 함경도에 새롭게 등장한 지식인군에 대한 유사한 정서를 참조. '서북'이라는 것은 축자적으로는 '서쪽과 북쪽'을 의미한다. 여기서 '서'는 전통적으로 평안도, '북'은 함경도에 대한 지칭이다. 하지만 '서북'에 대한 더 적합한 영어 번역은 'northern'임이 확실하다.

105 박은식, 「사설」, 『서우』, 1908. 2.(『서북학회월보』(1908.6~)는 『서우』(~1908.5)에서 명칭을 바꾸어 이어진다. 이 때문에 『서북학회월보』의 창간을 축하하는 사설이 『서우』에 실린 것이

다.-역주)

106 서북학회는 1910년까지 존속하였고, 폐쇄될 때까지 계속해서 월보(月報)를 발행하였다. 각 호에는 사설과 진행 상황 보고서(회원 명부 포함) 외에도 교육, 역사, 그리고 당시 지식인 잡지의 특징인 위생에 관한 기사와 에세이가 실렸다. 1908년 6월호를 시작으로, 이 저널은 서북의 모범적인 인물들의 일대기도 수록했는데, 흥미롭게도 여진인 이지란도 포함되어 있다(1908년 7월호).

107 『한말근대법령 자료집』 7, 227-279쪽·283-303쪽; 이원호, 『개화기교육정책사』, 168-178쪽.

108 『오산칠십년사』.

109 稻葉岩吉, 『朝鮮文化史研究』, 86쪽; Jihang Park, "Trailblazers in a Traditional World," pp.540-541.

110 『오산칠십년사』, 148쪽 이하.

111 이승만의 조상은 조선왕조의 건국자인 이성계에게까지 올라간다. 이 가계는 왕족에 속하기는 하지만, 이승만의 직계 선조는 양녕대군의 서자였기 때문에 황해도에 묻혀 살아왔다. 양녕대군은 이성계의 손자이고 세종의 큰형이며 한때 왕세자였다. 이승만 전기의 저자인 연세대 유영익 교수는 이승만이 이 낙인으로 인해 받은 쓰라린 경험이 젊은 날 이승만으로 하여금 조선의 신분제를 파괴하는 노력을 하도록 부추겼다고 지적한다. 유영익과의 개인적 대담 및 유영익, 『젊은 날의 이승만』 참조.

112 Silberman, *Ministers of Modernization*, pp.38 이하.

113 20세기 초 정부 편찬 백과사전의 집대성판인 『증보문헌비고』에는 시기별 조사에 따른 정부 인구통계가 나온다. 이 수치는 나라 전체 인구에 대해 크게 과소평가하고 있는 것 같지만, 지역별 상대 수치를 보면 조선 후기 전국 추세에 대해 서북 지역이 이렇다 할 만한 분기를 보이지는 않는다. 아마도 한 가지 예외는 대략 18세기 중반부터 19세기 중반까지 평안도가 약 40만 명의 대규모 인구 손실을 겪었다는 것이다(『증보문헌비고』, 878-893쪽). 농업 통계나 유의점에 대해 더 상세한 사항은 Michell, "Fact and Hypothesis in Yi Dynasty Economic History." 참조.

114 SarDesai, Vietnam, pp.27-28; Woodside, *Community and Revolution in Modern Vietnam*.

115 Taylor, "Surface Orientations in Vietnam."

7장 무반

※ EPIGRAPH: Chung, *The Case of Korea*, p.31.

1 『백씨통보』(19세기 말 작성), 『만성대동보』(식민지기 작성), 『한국계행보』(20세기 중반 작

성) 등은 가장 폭넓은 수록 범위를 가진 종합보이다. 이 족보들은 일반적으로 서얼 등 제2 신분집단은 수록하고 있지 않지만, 무반은 대부분의 경우 수록되어 있다.

2 이와 더불어 1864~1894년간의 모든 무관 엘리트가 서울, 경기, 충청 지역 출신이라는 사실은 이들이 권세 있는 중앙 무반 가문의 핵심 집단 출신임을 다시 한 번 입증한다. Quinones, "Military Officials of Yi Korea." 참조.

3 정해은, 「조선 후기 선천(宣薦)의 운영과 선천인의 서반직 진출 양상」; 「병자호란기 군공 면천인의 무과 급제와 신분 변화」.

4 Eugene Park, "Military Officials in Chosŏn Korea, 1392–1863"; 장필기, 「조선 후기 무반 가문의 벌열화와 그 성격」; 차장섭, 『조선 후기 벌열연구』.

5 정약용, 「동호론(東胡論)」, (『여유당전서』 수록), 박석무·정해렴 편, 『다산논설선집』.

6 Shultz, *Scholars and Generals*, pp.175–176.

7 위의 책, pp.9–10; Duncan, *The Origins of the Chosŏn Dynasty*, pp.14–22 참조. 왕건은 지방 군벌에 대해 지배권을 확실히 하기 위해 스스로가 그 가운데 29명의 딸과 전략적 혼인 계약을 맺었다!

8 이성무, 『조선왕조사』 권1, 서문.

9 김세은, 「대원군집권기 군사제도의 정비」, 297–299쪽·315–322쪽. 김세은은 19세기 전반 안동 김, 풍양 조, 남양 홍 등 왕실 외척 인사들이 빈번하게 군부 최고직인 훈련대장직을 담당했던 시기와 대조적으로, 대원군 집권기에 여러 부대의 장수와 삼군부 사령관에 임명된 거의 모든 무관들이 조선왕조 후기 저명 무반 가계 출신임을 보여주었다.

10 이홍직, 『국사대사전』, 1137쪽.

11 인조는 정변으로 광해군을 전복하고 등극하였다. 호위청은 인조 1년인 1623년에 정권 반대 시도를 방어하기 위해 개인적인 부대로 창설되었다.

12 『대전회통 연구 3』, 40–41쪽.

13 유수원, 『국역 우서』 2, 185쪽.

14 나머지 4개 군영 중 3개는 얼마 후 1623년 인조가 집권한 쿠데타와 1636년 병자호란 사이의 17세기 초 불안정한 정세 속에서 경쟁하는 붕당들에 의해 지원 부대로 설립되었다. 이 시기 붕당은 왕권뿐 아니라 만주족의 지속적인 위협에 대한 조정의 올바른 대응을 두고도 갈등했다. 이런 분화가 생기고 지속된 과정을 둘러싼 복잡한 정치적 맥락에 관해 몇 가지 연구가 있다. 특히, Palais, *Confucian Statecraft*, pp.92–104; 육군사관학교 군사연구실 편, 『한국군제사』 II부; 이태진, 『조선 후기의 정치와 군영제 변천』; 장필기, 「조선 후기 무반가문의 벌열화와 그 성격」 pp.26ff 참조.

15 『한국학기초자료선집: 근세(II)편』, 473쪽; 육군사관학교 군사연구실 편, 『한국군제사』, 169–174쪽.

16 제임스 팔레가 주장하듯이, 개혁은 이러한 군영의 수익이 흐르는 특정 경로를 위태롭게 했을 것이다. "서울 지역 오군영의 사령관들 그리고 그들과 결탁한 문신 관료들은 세수의 징

수가 유지되는 한 그것을 존치하는 쪽으로 이해관계가 있었다. 서울 군영의 병력을 지방으로 보내거나 수천 명의 지원세력을 다른 부대에 재배치하는 것은 단지 기존 네트워크를 무너뜨리는 것만으로도 불안할 정도로 혼란스러운 상황을 만들었을 것이다. 개인적 관계가 매우 중요했던 사회에서, 사람들은 그들이 수년 동안 상대해온 군관(軍官), 서리, 관리들로부터 뇌물, 갈취, 사례금 등의 방법으로 무엇을 기대해야 할지 알고 편안함을 느꼈을 것이다."(*Confucian Statecraft*, p.541).

17 하지만 원래의 삼군부와는 달리 부활한 삼군부는 훈련도감, 용호영, 비변사의 세 기구로 구성되었다. 이것들은 군사 기구로서의 본연의 역할로 복귀한 후, 삼군부에 의해 완전히 장악되었다. 대원군이 이처럼 군사기구를 재조직화하게 된 것은 그의 대부분의 행동과 마찬가지로 수십 년간 외척 지배 이후 왕권을 부흥시키고 군비 태세에 있어 부패를 제거하기 위한 것이었다. 예를 들어, 19세기 전반기 훈련도감 그 자체는 당대의 군부 지도자들이 탄식하듯이 오로지 거대한 궁정수비대가 되어 있었다. 김세은, 「대원군집권기 군사제도의 정비」, 293–297쪽·303–310쪽.

18 『대전회통 연구 3』, 37–40쪽.

19 같은 책, 65–93쪽.

20 이 기능은 '군정(軍政)'이라 불렸는데, 수령의 '일곱 가지 직무(守令七事)' 중 하나였다.

21 조선 후기 영장(營將)은 '토포사(討捕使)' 임무를 맡았고, 이 권한으로 19세기 주요 반란을 진압하는 데 중요한 역할을 했다. 서태원, 『조선 후기 지방군제 연구』 참조.

22 백낙신은 가장 성공적인 무반 가계의 하나였던 수원백씨 출신이다. 1862년 그의 죄상도 그를 관직에서 영구 추방시키지는 못했다. 그는 1865년 유배형에서 풀려났고, 곧 이어 프랑스 함대의 (조정의 천주교 박해에 대한 대응으로) 강화도 보복 출정에 맞선 전투에서 군대를 지휘했다. 『한국인명대사전』 참조. 백낙신은 또한 부패의 악명에도 불구하고 족보에도 빠지지 않았다. 그는 『만성대동보』(2:239A)에도 보인다.

23 『국역증보문헌비고』 191, 87–88쪽: 「선거고」 8, '과제(科制, 과거제도)'.

24 『국역증보문헌비고』 191, 22쪽·92쪽. 구인후는 왕가와의 친족 연망에도 불구하고 그 자신이 조선 후기 저명 무반 가계인 능성구씨의 일원이었기 때문에 걱정할 만했다.

25 같은 책, 102–103쪽.

26 같은 책, 25–26쪽·104–105쪽.

27 『속대전』은 식년시의 경우, 복시에서 병서(兵書) 숙달에 관한 『경국대전』 본래의 규정을 따라야 한다고 규정했다. 증광시의 경우, 무경칠서(武經七書)나 오경(五經) 중 1개를 시험한다고 하였다. 위의 책, 106쪽 참조.

28 송준호, 「이조 후기의 무과의 운영 실태에 관하여」, 부록7, 42쪽; 심승구, 「조선 선조대 무과급제자의 신분」 50쪽. 1460년에 두 번의 주목할 만한 무과 시험이 있었다. 하나는 1,813명의 급제자를 배출했고, 나머지 하나는 평안도 별시로서 100명을 배출했다. 1556년에 시험에는 200명의 급제자가 나왔다. 1583년에는 202명이다. 1591년에는 300명이다. 1460

년 무과시험은 무인 일반의 위신에 거대한 타격을 주었다. 하지만 이것은 세조가 직면한 특수한 정치적 상황에서 나온 예외적 사례이다. 그는 서북 변경에서의 군사 작전 이후, 이 곳의 농민들을 안정시키는 것과 지역 주민을 왕조에 통합시키는 두 가지의 시급한 문제를 안고 있었다. 이를 이 이례적인 무과를 통해 해결하고자 했던 것이다. 이홍열, 「만과 설행의 정책사적 추이」, 214–215쪽 참조.

29 심승구, 「조선 선조대 무과급제자의 신분」, 51–53쪽.

30 위의 글, 58–59쪽·72–73쪽. 유진 박(Eugene Park)도 "16세기까지 진정한 문무 분리는 없었다"는 것을 발견했다("Military Officials in Chosŏn Korea, 1392–1863," pp.136–144·227).

31 심승구, 「조선 선조대 무과급제자의 신분」, 62–64쪽. 심승구는 이 유형들이 귀족과의 인맥을 확증하는 것이라고 주장한다. 그러나 이 세 사례는 나머지 사례들의 일반성, 이 경우 추세를 증명하는 예외라고 주장할 수도 있을 것이다.

32 위의 글, pp.70–71.

33 이성무, 『한국의 과거제도』, 156–157쪽; 심승구, 「임진왜란 중 무과급제자의 신분과 특성」, 112–113쪽.

34 심승구, 「임진왜란중 무과급제자의 신분과 특성」, 135쪽.

35 『국역증보문헌비고』 191, 90쪽.

36 송준호, 「이조 후기의 무과의 운영 실태에 관하여」, 42쪽; 이성무, 『한국의 과거제도』, 156–158쪽.

37 『국역증보문헌비고』 191, 92쪽.

38 위의 책, 89쪽.

39 위의 책, 100–101쪽.

40 정해은, 「조선 후기 무과입격자의 신분과 사회적 지위」, 202쪽.

41 위의 글, 206–208쪽. 중인의 서얼 후손의 경우, 잡과보다 무과 급제의 비율이 월등히 높았다. 김두헌, 「조선 후기 중인의 서류」 참조.

42 『국역증보문헌비고』 191, 101쪽.

43 같은 책, 102쪽.

44 송준호, 「이조 후기의 무과의 운영 실태에 관하여」

45 무과 식년시는 보통 28명의 급제자를 배출했다. 조선 시대 무과 급제자 총수는 전체 방목이 없고 개별 인원이 많기 때문에 알 수 없으나, 만과를 포함하여 수백 번의 별시를 고려할 때, 20만여 명에 이를 것으로 추산된다. Eugene Park, "Military Officials in Chosŏn Korea, 1392–1863" 참조.

46 송준호, 「이조 후기의 무과의 운영 실태에 관하여」, 33쪽.

47 정해은, 「조선 후기 무과입격자의 신분과 사회적 지위」, 232–234쪽.

48 이런 조치들 중 하나가 무과를 초월한 특별시험일 것이다. 18세기 중엽 『속대전』이 편찬

된 시기와 19세기 중엽 왕조 법전의 마지막 판본인 『대전회통』이 공포된 때 사이의 어느 시기에, 하급 무관을 대상으로 하는 고급 시험이 국왕 친전에서 열려서, 고위직을 위한 엘리트 무관 집단을 선별했다. 도시(都試)라고 불리는 유사한 시험이 1471년 『경국대전』 편찬 때부터 존재하기는 했지만, 이런 특별한 무과후시험은 1746년의 『속대전』에는 언급되지 않는다. 시간이 지남에 따라 더욱 빈번하게 열렸다(Quinones, "Military Officials of Yi Korea," p.696).

49 장필기, 「조선 후기 무반가문의 벌열화와 그 성격」, 3–4장; Eugene Park, "Military Officials in Chosŏn Korea, 1392–1863," p.273; 차장섭, 「조선후기 벌열연구」, 제2장.

50 Eugene Park, "Military Examinations in the Late Chosŏn," pp.25–29 참조. 유진 박 (Eugene Park)은 1700년 이래 문무 양반 가문 사이의 혼인 사례에 근거하여 18세기 전환기에 사회적으로 독특한 무반이 형성된다고 지적하면서도, 그는 이것을 무반이 주변적 신분집단으로 강등된다기보다는 위계는 있을지언정 어쨌든 양반이 다양화되는 것으로 보고 싶어한다. 그가 강조하고자 하는 요소 속에는 조선 후기 문–무–재지 양반 가문을 가로지르는 입후(入后)가 있다.

51 Dallet, "Traditional Korea," p.36.

52 확실히 이런 태도는 극복하기가 어려웠다. 19세기 말 매우 영향력 있는 개혁가였던 유길준조차도 『서유견문』의 「양병제도(養兵制度, System of Raising a Military)」라는 제목의 장(章)에서 보듯이 무인을 경계했다. 유길준은 만약 무관들이 윤리와 행실을 닦지 않는다면 이어질 대참사는 "난세와 같을 것"이고, 무관의 양성은 "호랑이를 키우는 우환(養虎ㅎㄴ 患)"과 같은 역효과를 낼 것이라고 하였다(『서유견문』 245쪽).

53 조우석, 『무비요람』 서문, 3–7쪽.

54 군국기무처에는 의원 21명 중 단 2명만이 무반이었지만 서얼은 많이 있었는데, 이들은 조선왕조에서 대부분 군직에 배치되어 있었다. 이것은 비귀족 신분의 반영이었다.

55 1880년대 군사제도 변화의 빈도는 어지러울 지경이다. 김세은, 「개항 이후 군사제도의 개편과정」, 90–91쪽 참조. 통리기무아문의 군사 기능에 대해 더 상세한 내용은 최병옥, 「교련병대 연구」참조.

56 『한말근대법령 자료집』 1, 35쪽(1894. 7. 14.) 군국기무처는 병조(兵曹)를 군무아문(軍務衙門, 곧이어 군부軍部)으로 재조직했다. 그리고 궁정수비대인 친위대만 제외하고 모든 부대가 군무아문(군부) 산하의 단일 군대로 통합되었다.

57 남한의 전 대통령인 박정희의 부친이 이런 흐름의 주된 사례라고 할 것이다. 그(박성빈–역주)는 1890년대 무과 급제자였다.

58 최병옥, 「교련병대 연구」, 102–105쪽, 특히 각주 95·96. 이 논문의 앞부분에서 저자는 별기군이라는 명칭은 자료에 나오지 않으며, 이 명칭의 사용은 식민지기의 부정확한 역사적 설명에서 비롯되었음을 보인다. 즉, 교련병대를 '별기군'이라고 불린 훈련도감 내의 특별부대와 결부시켰다는 것이다. 최병옥은 또한 원래 조선의 조정이 근대 군사 기법의 특별

부대를 양성하기 위해 중국인 교관을 배치하려고 하였으나, 정치적 상황-일본군의 기술
적 우위가 아니라-으로 인해 호리모토라는 일본인 교관을 초빙하였음도 보인다.

59 이광린, 「미국 군사교관의 초빙과 연무공원」 176-177쪽. 조희연, 김학우, 권영진(교련병
대의 사관후보생이었다)이 연무공원의 운영진이었다. 이들은 모두 개화운동의 주요 인물
이자 이후 군국기무처의 구성원이었다. 이후 명망 있는 관직 이력을 쌓게 되는 일부 학도
중에 이진호가 있다. 그는 1920년대 총독부 조선인 관료로서 가장 고위층까지 올라갔다.

60 『한말근대법령 자료집』 2, 5쪽(1896. 1. 11).

61 임재찬, 『구한말 육군무관학교 연구』 32-38쪽·116-132쪽. 식민지 말, 해방 정국에서 관
료를 역임한 많은 인사들이 이 학교를 졸업했다. 가장 저명한 인물로 이범승이 있다. 임재
찬은 이 학교 졸업생의 영향력은 정부 관료를 공급하는 역할을 훨씬 넘어선다고 언급한다.
실제로 1907년 한국군 해산 이후 많은 졸업생이 일제 통치에 저항하는 의병군대를 이끌었
다.

62 김세은, 「대원군집권기 군사제도의 정비」 315-322쪽.

63 Palais, *Politics and Policy in Traditional Korea*, p.263 참조.

64 『구한국관보』 1, 396쪽(1894); 유영익, 『갑오경장연구』 172쪽.

65 각각 전의 이씨 이진호와 평양조씨 조희문이다.

66 6~8명을 헤아렸던 것으로 보이는 무반 후손에는 청주한씨 한규설, 전주이씨 이근호, 평양
조씨 조희문이 포함된다. 세 성관 모두 조선 후기에 성공적인 무반 가계를 배출했다.

67 유진 박이 참조한 4가지 별개의 무보(武譜)에 수록된 모든 급제자의 거의 3분의 1이 이 6개 성
관에 포함된다(Eugene Park, "Military Officials in Chosŏn Korea, 1392-1863," pp.252-
254). 이들 성관 소속 무반 가계는 여기 수록되지 않은 여타 가계와 더불어, 지속적으로 무
관을 배출하면서 서로 간에 혼인관계를 맺은 것으로 유명한 '무가(武家)' 집단을 이루었다.
나아가, 무반의 기원 연대를 확인하면, 평산신씨를 제외하고는 이 중 어느 성관도 심승구
가 분석한 1583, 1584년 5개 무과방목 수록 급제자 배출 상위 성관에 포함되지는 못했다
(심승구, 「조선 선조대 무과급제자의 신분」 78-79쪽).

68 덕수이씨는 특별한 경우로 여겨질 수 있는데, 단지 거의 모든 무과 급제자가 한국사에서
가장 유명한 군사 영웅인 이순신 장군의 직계 후손들이었기 때문이다. 16세기 후반 해상
에서 일본 침략군의 공격을 물리친 뛰어난 전략가 이순신 장군은 1579년 무과 시험에 급
제하였다. 그의 시대에는 무관과 관련된 낙인이 아직 심하지 않았고, 그는 저명한 귀족 가
문 출신이었다. 그러나 무반 형성의 일반적인 패턴을 반영하듯, 관직을 가진 그의 후손은
19세기 말 1명을 제외하고는 모두 무관이었다. 실제로 이 덕수이씨 무반 가계는 1870년대
까지 고위 무관을 배출했지만, 다른 최고위 무반 가계와는 달리 이순신 장군의 후손은 개
화기나 식민지 시대 관료제에서 고위관직 진출을 추구하지 않거나 혹은 그럴 능력이 없었
다. 덕수이씨 출신의 유명한 의병부대 지도자도 있지만, 흥미롭게도 20세기 초에 왜군에
맞서 싸운 매우 유명한 두 장군 이세영과 이춘영은 이순신 장군의 후손이 아니라 문인 양반

가계의 후손이었다. 이춘영에 대해 더 자세한 내용은 김상기, 『한말의병연구』, 186쪽 참조.

69 『한국인명대사전』, 633쪽.

70 김세은, 「대원군집권기 군사제도의 정비」, 316쪽.

71 안용식, 『대한제국관료사연구』.

72 『전의이씨족보』3, 99쪽; 『한국인명대사전』.

73 안용식, 『한말지방관록』.

74 『대한제국관원이력서』, 465쪽.

75 『대한제국관원이력서』, 705쪽; 안용식, 『한국행정사연구』2, 474쪽.

76 『조선지방행정』6, no. 1(1927.1).

77 『人の面影』, 141쪽.

78 한국인의 족보 편찬위원회 편, 『한국인의 족보』, 1134-1135쪽.

79 문인 양반 가계는 관료제에서 빼어난 직책을 보유하고 있던 15세기에 다수의 성공적인 후보를 배출했지만, 1619년 시험을 마지막으로 문과 급제자는 더 배출되지 않았다.

80 조희룡에 대해 더 자세한 내용은 제3장 참조.

81 『한국인명대사전』, 898쪽; 안용식, 『한말지방관록』, 97쪽.

82 안용식, 『한국행정사연구』2, 391쪽.

83 위의 책, 383쪽; 『평양조씨세보』14, 47쪽.

84 안용식, 『한말지방관록』.

85 위의 책; 『평양조씨세보』14, 95-98쪽.

86 『대한제국관원이력서』, 582쪽(종현); 안용식, 『한국행정사연구』; 『평양조씨세보』.

87 안병태, 『한국근대경제와 일본 제국주의』, 240쪽.

88 『평양조씨세보』14, 19쪽; 『한국인명대사전』; 大村, 『朝鮮貴族列傳』.

89 『대한제국관원이력서』, 778쪽. 흥미롭게도, 조희연의 이력서는 1894년 군부대신 임명으로부터 시작한다.

90 『평양조씨세보』14, 19-20쪽; 『대한제국관원이력서』, 896쪽.

91 안용식, 『한국행정사연구』2.

92 유진 박은 이러한 흥미로운 가설을 "Military Officials in Chosŏn Korea, 1392-1863"에서 제기한다.

93 Michael Mann, *Sources of Social Power* 2, pp.419-436.

94 Farris, *Heavenly Warriors* 참조.

95 Ikegami, *The Taming of the Samurai*, pp.41-43.

96 위의 책, pp.48-49.

결론 제2 신분집단과 한국의 근대성

1 Berman, *All That Is Solid Melts into Air*.

2 Koselleck, *The Practice of Conceptual History*, pp.160–169.

3 Giddens, *The Consequences of Modernity*, pp.36 이하.

4 위의 책, pp.55–63.

5 Duara, *Sovereignty and Authenticity*.

6 Eisenstadt and Schluchter, "Introduction," p.4.

7 Barloewen, *Cultural History and Modernity in Latin America*, pp.187 이하.

8 Eley, "German History and the Contradictions of Modernity."

9 Gilroy, *The Black Atlantic*, 1–2장; 인용문은 p.70.

10 Eisenstadt and Schluchter, "Introduction," p.4.

11 Chakrabarty, *Habitations of Modernity*, p.28.

12 Weber, *Economy and Society*, 11장, "Bureaucracy." 베버는 비화폐 경제도 지속적인 세원(稅源)이 있는 한 관료제화와 양립할 수 있음을 고려한다. 하지만 그는 "오직 완전히 발전한 화폐 경제만이 그러한 징세 체계의 안정적 기반을 제공한다"고 결론 내린다(위의 책, p.968).

13 Foucault, "Governmentality." 참조.

14 Weber, *Economy and Society*, p.948.

15 이것이 헨더슨이 제시한 명제이다. Henderson, *Korea—The Politics of the Vortex*.

16 식민지기 한국 자본가 1세대를 다룬 것으로 Eckert, *Offspring of Empire* 참조. 남한 자본가의 사회-경제적 기원을 조사한 것으로 Mason et al., *The Economic and Social Modernization of the Republic of Korea*, p.283 참조.

17 Eckert, "The South Korean Bourgeoisie."

18 Palais, *Confucian Statecraft*, pp.999–1001.

19 한국 개화운동의 쟁점과 관련자에 대한 보도나 고려 사항에 대해 전면적인 최근의 연구는 Schmid, *Korea Between Empires* 참조. 또한 Chandra, *Imperialism, Resistance, and Reform in Late Nineteenth-Century Korea*도 참조.

20 무반은 한국의 개화에도 지도적 역할을 하였다. 남궁억은 1890년대부터 지속적으로 독립협회를 이끌었고, 20세기 첫 10년간 몇 가지 신문을 창간했다. 저명한 평양조씨 무반 가계 출신의 조희연은 군 장교로서 중국과 일본에 시찰차 파견되었고, 이어 한국 정부의 신식 군사 및 교통 기술 도입 과정에 참여하였다. 이후 그는 갑오개혁에서 중심 역할을 하였다. 마지막으로 저명한 서얼 출신 학자-관료들이 있다. 김가진, 안경수 그리고 특히 윤치호 등이다. 이들은 자신들의 초기 이력을 한국의 독립을 확보하기 위한 서구 지향적 정부 개혁에 바쳤다.

21 19세기~20세기 한국 민족주의의 강력하고 다면적인 표출 형식과 그 효과들에 대해서는 Eckert, "Korea's Transition to Modernity" 참조.

22 Greenfeld, *The Spirit of Capitalism*.

23 Hobsbawm, *Nations and Nationalism*.

24 예컨대, Lett, *In Pursuit of Status* 참조.

25 이러한 역사적 특수주의의 지속에 대해, 학자들이 일본인의 사회적 행동을 설명하려고 시도했던 것과 같은 방식으로 파악할 수도 있겠다. 예를 들어서, 에이젠슈타트(S. N. Eisenstadt, *Japanese Civilization*)는 '내재적인' 일본 유형과 불교, 유교, 서구 합리주의 같은 다양한 형태의 '초월성' 사이의 이분법을 정립하였다. 에이코 이케가미(Eiko Ikegami, *The Taming of the Samurai*)는 일본인의 행위 동학의 핵심은 명예에 기반한 형태의 개인주의였다고 주장했다. 이것은 전근대기 사회 엘리트인 사무라이들에 의해 실천되고 발전되어왔다고 한다. 이들은 그것이 내부의 것이든 혹은 특히 근대 시기처럼 외래한 것이든 간에, 순응과 중앙집중화를 지향한 반대파의 경향에 지속적으로 저항했다.

26 Shin and Robinson, *Colonial Modernity in Korea*.

27 Gilroy, *The Black Atlantic*, p.44. 이 정식화는 마셜 버만의 개념인 '근대주의 정신'과 공명하는 것 같다. 이것은 무엇보다 '억눌린 것들의 복귀'를 이루어내는 포괄적이고 끊임없는 문제제기와 활성화가 특징이다(*All That Is Solid Melts into Air*, p.125).

566